MAGHREB-STUDIEN 4

Herbert Popp (Hrsg.)
Die Sicht des Anderen –
Das Marokkobild der Deutschen,
das Deutschlandbild der Marokkaner

MAGHREB-STUDIEN

(vormals: *Passauer Mittelmeerstudien, Sonderreihe*)

Herausgegeben von HERBERT POPP

Heft 4

Herbert P o p p (Hrsg.)

Die Sicht des Anderen –

Das Marokkobild der Deutschen,
das Deutschlandbild der Marokkaner

1994
Passavia Universitätsverlag Passau

DIE SICHT DES ANDEREN –

DAS MAROKKOBILD DER DEUTSCHEN, DAS DEUTSCHLANDBILD DER MAROKKANER

Referate des 3. Deutsch-Marokkanischen Forschungs-Symposiums in Rabat, 10.–12. November 1993

Mit 75 Abbildungen (davon 2 in Farbe) und 17 Tabellen

Herausgegeben von Herbert Popp

1994
Passavia Universitätsverlag Passau

Gedruckt mit Unterstützung der
Universität Passau und der
Deutsch-Marokkanischen Gesellschaft e.V.

- **Titelumschlag:**

oben, links:
Marokko: Sandwüste am Erg Chebbi (mit „fliegendem Händler",
der seine Ware den ausländischen Touristen anpreist)

oben, rechts:
Deutschland: Innerdeutsche Mauer am Brandenburger Tor in Berlin;
bis zur Öffnung im Jahr 1989 Symbol der deutschen Teilung

unten, links:
Marokko: Die neue, prächtige Hassan-Moschee von Casablanca,
ein architektonisches Meisterwerk des 20. Jahrhunderts

unten, rechts:
Deutschland: Eine der häufigsten Deutschland-Assoziationen der
Marokkaner: die Automarke Mercedes

- **Umschlagrückseite:**

oben, links:
Marokko: Die „heilige Stadt" Moulay Idriss mit der Zaouïa und dem
Marabout von Idriss I. sowie der unregelmäßigen Stadtlandschaft

oben, rechts:
Deutschland: Stadtpanorama von München (mit Siegestor, Theatinerkirche
und Frauenkirche). Im Hintergrund die Landschaftskulisse der Alpen

Mitte, links:
Marokko: Periodischer Wochenmarkt (Souk) in Erfoud, wo sich die
Menschen der näheren Umgebung zum Kaufen und Kommunizieren einfinden

Mitte, rechts:
Deutschland: Bayerische Folklore mit dem „Nationalgetränk" Bier und der
malerischen Lederhosentracht samt Gamsbarthut

unten, links:
Marokko: Pittoresker Qsar („Kasbah") von Aït Benhaddaou oberhalb
des Asif Mellah, am Südrand des Hohen Atlas gelegen

unten, rechts:
Deutschland: Neuschwanstein, bekanntes Schloß des bayerischen
„Märchenkönigs" des 19. Jahrhunderts, Ludwig II.

© 1994
Printed in Germany
Fotosatz und Lithos: Fach Geographie der Universität Passau,
 Geographisches Institut der Technischen Universität München
Verlag: Passavia Universitätsverlag und -Druck GmbH, Passau

CIP-Titelaufnahme der Deutschen Bibliothek

> **Die Sicht des Anderen – Das Marokkobild der Deutschen,
> das Deutschlandbild der Marokkaner /**
> hrsg. von Herbert Popp. – Passau: Passavia Univ.-Verl., 1994
> (Maghreb-Studien; H. 4)
>   ISBN 3-86036-018-3
> NE: Popp, Herbert [Hrsg.]; GT

Vorwort

Die Referate des vorliegenden Bandes sind während des deutsch-marokkanischen wissenschaftlichen Symposiums vom 10.-12. November 1993 an der *Faculté des Lettres et des Sciences Humaines* der Universität Rabat zum Thema „**Die Sicht des Anderen – Das Marokkobild der Deutschen, das Deutschlandbild der Marokkaner**"[1] vorgetragen und diskutiert worden. Dieses Symposium ist bereits das dritte seiner Art, nachdem vorher schon Symposia zum Thema „**Marokko und Deutschland. Studien über menschliche, kulturelle und wirtschaftliche Beziehungen**" (Universität Rabat 1988)[2] und „**Raum und Gesellschaft in Marokko**" (Universität Passau 1989)[3] stattgefunden hatten.

Für das diesmalige Symposium hoffen wir, ein besonders ergiebiges und aktuelles Thema in den Mittelpunkt des wissenschaftlichen Diskurses gestellt zu haben. Nicht nur, daß das gewählte Leitthema wirklich beide Länder – Marokko und Deutschland – gleichermaßen betrifft. Auch die große Breite der Fachdisziplinen, die zur Thematik beitragen können, erscheint als extrem günstig. Vor allem aber gibt es gesellschaftlich derzeit vielerlei Anlässe, die Thematik der Fremdwahrnehmung und -bewertung anderer Länder und Gesellschaften – und zwar vorurteilsfrei, sachlich und mit dem Ziel, einen Beitrag zum Verstehen des Anderen zu leisten –, bevorzugt in den Mittelpunkt einer wissenschaftlichen Auseinandersetzung zu stellen. Gerade in der jüngsten Geschichte der Bundesrepublik müssen wir die leidvolle Erfahrung machen, wie Fremdenfeindlichkeit, ja Fremdenhaß aufzukeimen beginnen, die zunächst einmal Zeugnis davon ablegen, daß die Kenntnis der Bevölkerung, die hier ausgegrenzt wird, so gut wie nicht vorhanden ist. Es ist wohl von fundamentaler Wichtigkeit, Kenntnisse über das als fremd wahrgenommene Andere zu besitzen, um es verstehen und achten zu können, um es nicht vorschnell zu diskriminieren.

Vor diesem Hintergrund hofft dieser Band, einen Beitrag leisten zu können zum wechselseitigen Verstehen und Tolerieren, ja Achten und Wertschätzen zwischen Marokkanern und Deutschen. Bei offiziellen Anlässen werden von Politikern immer die wenig belasteten und traditionell von Freundschaft geprägten Beziehungen zwischen dem Königreich Marokko und der Bundesrepublik Deutschland betont. So richtig dies auf politischer Ebene ist, so notwendig erscheint es doch, dieses pauschale Bild in den verschiedensten Facetten zu differenzieren. Dieser Band versucht, aus der Sicht marokkanischer und deutscher Wissenschaftler Beiträge zur Differenzierung, Relativierung und Entlarvung der bislang existierenden Stereotype, Klischees und Vorurteile zwischen unseren beiden Ländern beizutragen. Dabei muß es auch darum gehen, unerfreuliche Kapitel im Verhältnis zwischen Deutschen und Marokkanern nicht zu verdrängen, sondern offensiv zu thematisieren.

Im einzelnen wird aus pragmatischen Erwägungen eine Untergliederung der Beiträge in drei Themenblöcke vorgenommen: *Das Marokkobild der Deutschen, Wechselseitige Wahrnehmung* und *Das Deutschlandbild der Marokkaner*. Zu jedem Themenblock erfolgt eine kurze Einstimmung in die Thematik mithilfe von Photos und einer Textpassage. Sofern es für die behandelte Thematik angebracht erschien, wurde versucht, mit Photos, Karten oder Tabellen die Anschaulichkeit und damit auch Lesbarkeit zu erleichtern.

Die gastgebende Institution für dieses 3. deutschmarokkanische Symposium war turnusgemäß die *Faculté des Lettres et des Sciences Humaines* der Universität Rabat. Die Organisation erfolgte im Rahmen der seit 1989 bestehenden formellen Partnerschaft zwischen den Universitäten Rabat und Passau. Eine besondere Freude war es, als Repräsentanten dieser Partnerschaft den Rektor der Universität Rabat, den Dekan der Philosophischen Fakultät der Universität Rabat sowie den Präsidenten und den Kanzler der Universität Passau im Kreis der Tagungsteilnehmer zu wissen. Als treuem Partner und Hauptorganisator gilt hierbei unser besonderer Dank dem Prodekan der Philosophischen Fakultät der Universität Rabat, Herrn Prof. Dr. A. Bencherifa.

Der Tradition der beiden ersten wissenschaftlichen Symposia folgend, sollten die Tagungsergebnisse ein weiteres Mal publiziert werden. Turnusgemäß wird das in naher Zukunft in einem Band der wissenschaftlichen Reihe der *Faculté des Lettres et des Sciences Humaines* in Rabat in französischer Sprache erfolgen. Die diesmal gewählte Thematik erschien jedoch auch für die deutsche Öffentlichkeit so wichtig und interessant, daß ich – in Absprache mit den marokkanischen Gastgebern – beschloß, die Tagungsergebnisse zusätzlich auch in deutscher Sprache in Deutschland veröffentlichen zu wollen. Der vorliegende Band ist das Ergebnis dieses Bemühens.

---

[1] In französischer Sprache lautete das Thema des Symposiums « **Marocains et Allemands : la perception de l'Autre** ».

[2] Erstes deutsch-marokkanisches Symposium vom 21.-23. November 1988 an der Universität Rabat, mit finanzieller Unterstützung durch die *Konrad-Adenauer-Stiftung*. Publiziert als: **Le Maroc et l'Allemagne. Actes de la Première Rencontre Universitaire.** – Rabat 1991 (= Publications de la Faculté des Lettres et des Sciences Humaines, Rabat, Série: Colloques et Séminaires, N° 17). Mit 12 Beiträgen in Französisch und 4 Beiträgen in Arabisch (146 und 89 Seiten).

[3] Zweites deutsch-marokkanisches Symposium vom 24.-27. April 1989 an der Universität Passau, mit finanzieller Unterstützung durch die *Deutsche Forschungsgemeinschaft* und die *Friedrich-Ebert-Stiftung*. Publiziert als: **Abdellatif BENCHERIFA & Herbert POPP (Hrsg.): Le Maroc : espace et société. Actes du colloque maroco-allemand de Passau 1989.** – Passau 1990 (= Passauer Mittelmeerstudien, Sonderreihe, H. 1). Mit 30 Beiträgen in Französisch (286 Seiten).

Um das Erscheinen des Bandes zu ermöglichen, war jedoch einige Arbeit zu leisten, wofür ich den Beteiligten herzlich danken möchte:
- Meinem Freund, Herrn Prof. Dr. A. Bencherifa für die Überlassung der französischen Referatfassungen der marokkanischen Teilnehmer;
- den Kollegen und Freunden, die durch die Übersetzung einiger Beiträge ins Deutsche geholfen haben, die Arbeit auf vielen Schultern ruhen zu lassen, und zwar namentlich: Dr. Gerd Becker (Hamburg), Dr. Hans-Joachim Büchner (Mainz), Ute Faath, M.A. (Karlsruhe), Prof. Dr. Martin Forstner (Germersheim), Dr. Hubert Lang (Bonn), Dr. Ulrich Mehlem (Berlin), Christiane, Cornelia und Dietrich Rauchenberger (Hamburg);
- den Kartographie-Ingenieuren L. Maier (TU München) und E. Vogl (Passau) für ihre Hilfe bei der Erstellung und Reproduktion sowie Montage und Zurichtung des Textes, der Karten und Photos;
- dem Verlagsleiter das Passavia Universitätsverlages, Herrn P. Schwibach, für die großzügige Unterstützung bei der Drucklegung des vorliegenden Bandes, der nunmehr der erste in einer umbenannten Reihe (bisher: Passauer Mittelmeerstudien, Sonderreihe; ab Heft 4: Maghreb-Studien) ist.

Last but not least ist es mir ein aufrichtiges Bedürfnis, der *Konrad-Adenauer-Stiftung* und ihrem Repräsentanten in Marokko, Herrn Prof. Dr. M. Weischer, für die großzügige finanzielle Unterstützung des Rabater Symposiums zu danken. Ebenfalls gilt mein Dank der Universität Passau und der *Deutsch-Marokkanischen Gesellschaft e.V.*, Bochum, für die Gewährung von Druckkostenzuschüssen.

München, im September 1994 *Herbert Popp*

Inhaltsverzeichnis

Seite

5 Vorwort

7 Inhaltsverzeichnis

■ Das Marokkobild der Deutschen

● *Historische Aspekte*

13 Dietrich RAUCHENBERGER, Hamburg:

Ein besonderer Aspekt des Marokkobildes der Kaiserzeit: der Holzstich als Vehikel für Information und Vorurteil

31 Mohammed KENBIB, Rabat:

„Marokkanische" Impressionen deutscher Reisender um die Jahrhundertwende: Pietsch (1878), Horowitz (1887), Artbauer (1911)

39 Omar AFA, Rabat:

Die deutsche Präsenz in Südmarokko am Ende des 19. und zu Beginn des 20. Jahrhunderts

45 Boussif OUASTI, Tétouan:

„Die deutsche Meinung zur Marokkofrage" oder Wie man die öffentliche Meinung manipuliert

53 Hans-Jürgen LÜSEBRINK, Saarbrücken:

Die marokkanischen Kolonialsoldaten (*Tirailleurs*) in Deutschland 1919–1923. Präsenz, Wahrnehmungsformen, Konflikte

65 Hubert LANG, Bonn:

Die Darstellung Abd el Krims in der zeitgenössischen deutschen Publizistik

71 Erhard GABRIEL, Ahrensburg:

Ouarzazate aus der Sicht deutscher Kriegsgefangener (1944–1946)

● *Literarische und kulturelle Aspekte*

79 Khadija MOUHSINE, Rabat:

Hans Stumme – Erzähler des marokkanischen Tazerwalt

85 Ute FAATH, Karlsruhe:

Das Bild Marokkos in der deutschen Fremdenlegionärsliteratur

91 Regina KEIL, Heidelberg:

Zur Rezeption marokkanischer Literatur französischer Sprache in Deutschland

101 Hanspeter MATTES, Hamburg:

Das Bild Tangers im deutschen Schrifttum des 20. Jahrhunderts

113 Hans-Joachim BÜCHNER, Mainz:

Das Bild der saharischen Oasen des Maghreb im deutschen Erdkunde-Schulbuch

131 Ulrich MEHLEM, Berlin:

Wie nehmen deutsche Lehrer ihre marokkanischen Schüler wahr und was wissen sie über deren Herkunftsland und Kultur?

139 Lucette HELLER-GOLDENBERG, Köln:

Das Marokkobild deutscher Studenten. Empirische Ergebnisse einer Befragung an der Universität Köln

145 Gerd BECKER, Hamburg:

Marokkanische Migranten in Norddeutschland und ihre Wahrnehmung durch Studenten der Ethnologie an der Universität Hamburg

● *Touristische Aspekte*

149 Gerhard KUHN, Marburg/L.:

Wahrnehmungen und Einschätzungen deutscher Studienreiseteilnehmer in Marokko

153 José A. SERRANO, Hamburg:

Die Reisemotive und Reiseerwartungen deutscher Marokko-Reisender aus der Sicht eines Studienreisenveranstalters

161 Herbert POPP, München:

Das Marokkobild in den gegenwärtigen deutschsprachigen Reiseführern

171 Jochen PLEINES, Bochum:

Die Sprachlosigkeit des Touristen

Wechselseitige Wahrnehmung

179 Gustav DEUTSCH, Wien:

Augenzeugen der Fremde – Témoins oculaires de l'étranger. Ein authentisches Filmexperiment

187 Andrea GAITZSCH-LHAFI, Rabat:

Gemeinsamkeiten im Anders-Sein. Gedanken zur Notwendigkeit eines umfassenden Ansatzes

Das Deutschlandbild der Marokkaner

● *Historische Aspekte*

193 Jamma BAIDA, Rabat:

Die Wahrnehmung der Nazi-Periode in Marokko. Indizien für den Einfluß der deutschen Propaganda auf die Geisteshaltung der Marokkaner

197 Mokhtar EL HARRAS, Rabat:

Die Printmedien und das Deutschlandbild in der spanischen Protektoratszone von Nordmarokko (1934 bis 1945)

209 Driss BENSAID, Rabat:

Die marokkanischen Ulemas und der Krieg, 1914–1945

221 Mostafa Hassani Idrissi, Rabat:

Die Wahrnehmung Europas und speziell Deutschlands im Geschichtsunterricht Marokkos

● *Literarische, kulturelle und touristische Aspekte*

225 Ahmed Bouhsane, Rabat:

Der Stellenwert der deutschen Literaturwissenschaft in Marokko – die Rezeptionstheorie als Impuls

229 Rahma Bourqia, Rabat:

Die Wahrnehmung der Fremde bei marokkanischen Landfrauen

239 Mohamed Berriane, Rabat:

Die Wahrnehmung Deutschlands durch marokkanische Gastarbeiter in der Bundesrepublik

251 Mohamed Kerbout, Rabat:

Das Image deutscher Technologie in Marokko: am Beispiel der Stationen zur Gewinnung von Solarenergie im Gharb

261 Anton Escher, Berlin:

Die Wahrnehmung und Einschätzung deutscher Touristen in Fes aus der Sicht der marokkanischen „Guides"

Das Marokkobild der Deutschen

> „Die Marokkaner kennen noch nicht den Gebrauch der Messer und Gabeln. [...] edleren Regungen ist der Marokkaner kaum fähig. [...] Diebstahl, Lug und Betrug kommen zwar oft genug vor, [...] indeß wird dieß kaum als sündhaft betrachtet. [...] Die Faulheit und Sorglosigkeit der Bewohner ist derart, daß trotz des reichen und jungfräulichen Bodens oft Mißernten erzielt werden."
>
> *Otto Lenz: Land und Volk in Marokko. – Das Ausland 45. 1872, S. 1051-1053*

Deutschland und Marokko sind zwei Länder, die in ihrer historischen Vergangenheit keine sehr intensiven Berührungspunkte zueinander besaßen – weder im Guten noch im Schlechten. Das läßt eigentlich hoffen, daß keine übermächtigen, schwer ausrottbaren länderspezifischen Klischees erst ausgeräumt werden müssen, um das andere Land und seine Menschen vorurteilsfrei zu beurteilen. Doch leider kann davon keine Rede sein. Schon seit dem 19. Jahrhundert wird die deutsche Öffentlichkeit – z.T. über die Reiseberichte von Forschungsreisenden – mit Klischees konfrontiert, die das Verstehen Marokkos nicht gerade erleichtern, wie das obige Zitat aus einem Beitrag des Wissenschaftlers Otto Lenz aus dem Jahr 1872 überdeutlich macht. Die Wahrnehmung Marokkos durch Deutsche beginnt im vergangenen Jahrhundert mit schiefen, einseitigen, verzerrten und falschen Wahrnehmungen. Wir müssen zwar nicht die Hypothek einer durch historisch-imperiale Geschehnisse belasteten Vergangenheit aufarbeiten, aber wir haben es mit der Hypothek eines sehr einseitigen Wahrnehmungsprozesses und daraus resultierenden klischeehaften, undifferenzierten Images der Marokkaner als „Andere" zu tun.

Entscheidender für die Gegenwart ist aber die Frage: Was sind denn eigentlich die wichtigsten Dimensionen einer Wahrnehmung und Einschätzung Marokkos vonseiten der Deutschen? Hier gibt es vor allem zwei wichtige Perzeptionsstränge, die heute unterschiedlich stark wirken, da sie auch in unterschiedlichen Epochen entstanden sind:

- Zum einen gab es ein relativ starkes Interesse an Marokko im Deutschland der Kaiserzeit, d.h. in den letzten Jahrzehnten des 19. Jahrhunderts und bis zum Ende des Ersten Weltkrieges. Neben eher exotischen Informationen, die der deutschen Öffentlichkeit in jener Zeit vermittelt wurden (und mehrheitlich von einem fehlenden Verständnis der marokkanischen Gesellschaft Zeugnis ablegen), spielte eine ganz wichtige Rolle das gewachsene imperiale Interesse an diesem nordafrikanischen Land als wirtschaftlichem und politischem Einflußraum des Deutschen Reiches – bis hin zur Idee eines Erwerbs Marokkos als deutsche Kolonie. Das Interesse an Marokko war somit von einem recht präzisen Erwartungshorizont geprägt. Es ging um die Nutzung der natürlichen Ressourcen des Landes, aber auch um die Frage, mit welchen Bevölkerungsteilen man sich besonders gut arrangieren könne – woraus ein erhebliches Interesse an der Berberfrage resultierte. Schließlich hingen mit geopolitischen Strategien auch räumliche Schwerpunkte deutschen Interesses zusammen: Tanger als „Brückenkopf" nach Marokko; das Rif- und Antiatlasgebirge als erzreiche Regionen; der marokkanische Süden, einschließlich Marrakech, ganz generell als Einflußraum, der vom deutschen Konsulat in Mogador (heute: Essaouira) aus diplomatisch „betreut" werden sollte. Wie wir heute wissen, war das damalige Interesse machtpolitisch ohne Erfolg; es endete nicht mit dem Erwerb Marokkos als einer deutschen Kolonie, sondern mit dem kläglichen politischen Säbelrasseln des „Panthersprungs vor Agadir".
- Zum anderen gibt es – für unser Anliegen sehr viel wichtiger – eine recht junge Dimension der Wahrnehmung Marokkos seit den sechziger Jahren, die in zweierlei Erfahrungen manifest wird: zuvörderst der touristischen Begegnung mit Marokko als Zielland eines inzwischen merklichen Fremdenverkehrs und daneben (regional vergleichsweise konzentriert auf nur wenige deutsche Gebiete) der Begegnung mit den Marokkanern als Gastarbeiter.

Durch den Tourismus wurde sowohl das Image von Marokko als vielfältigem, landschaftlich reizvollem und mit herrlichen Badestränden gesegnetes Land als auch als islamisches Land, verbunden mit all den Mißverständnissen, die Mitteleuropäer mit dieser Religion verbinden, virulent. Sonne und Strand, Berberteppiche und Berberschmuck, Königsstädte und Kasbahs, Zedern und Palmen, Cous-cous und Tajjine sind die touristisch eher positiv besetzten Assoziationen; fremder, verunsichernder Islam, lästige „Führer" in den Königsstädten und sprachliche Kommunikationsprobleme für den nur des Deutschen und Englischen mächtigen Touristen werden eher als negativ und kritisch an dem Reiseland Marokko wahrgenommen.

Demgegenüber ist das Wahrnehmungsmuster der Deutschen gegenüber den marokkanischen Gastarbeitern in Deutschland lediglich schwach entwickelt, befinden sich doch auch nur ca. 80.000 Marokkaner in der Bundesrepublik.

Den genannten Anknüpfungspunkten einer Auseinandersetzung mit Marokko und den Marokkanern entsprechend, wird im folgenden Themenblock der „deutsche Blick auf Marokko" sowohl durch Referate zu historisch vermittelten Wahrnehmungsformen als auch zum gegenwärtigen Massentourismus und zur Präsenz der Marokkaner in Deutschland berücksichtigt. Selbst eher durch Detailaspekte gekennzeichnete Sonderformen der Wahrnehmung sollen nicht ausgeblendet werden, um ein möglichst vielfältiges Muster des gegenwärtigen Marokkobildes der Deutschen zu beleuchten.

Fotos auf der vorhergehenden Seite:
oben: „Marokko als Land exotischer Lebensformen": Berberfrauen im Souk Sebt des Beni Saïd (westliches Rif).
unten: „Marokko als Land der Wüsten und Oasen": Bewässerungsflur bei Rissani in der Oase Tafilalet.

Dietrich Rauchenberger (Hamburg)

Ein besonderer Aspekt des Marokko-Bildes der Kaiserzeit: der Holzstich als Vehikel für Information und Vorurteil

Mit 19 Abbildungen

1. Der Holzstich als Textillustration

Zwei relativ kurze Perioden haben eine besondere Bedeutung für die Entstehung eines Bildes von Afrika und von Marokko. Zum einen handelt es sich um das 15. Jahrhundert, in dem die Portugiesen die Küsten Afrikas erkundeten. Der andere Zeitraum ist die zweite Hälfte des 19. Jahrhunderts, in der die Europäer plötzlich ihre Niederlassungen an den Küsten verließen und in das Innere des sagenumwobenen Kontinents vordrangen.

Zu den Gründen für die Entwicklung am Ende des Mittelalters gehört die Beschleunigung der Wissensverbreitung durch den Druck mit beweglichen Lettern. Diese Erfindung verbesserte nicht nur die Möglichkeiten der Seefahrer, sondern vermittelte deren Erkenntnisse gebildeten Kreisen, die nicht mit Seefahrt und Handel zu tun hatten. So erwarben die Humanisten ein neues Bild Afrikas, das die römisch-griechische Überlieferung weit übertraf.

Die Beschäftigung mit dem deutschen Bild Marokkos im vorigen Jahrhundert fördert einen ähnlichen Sachverhalt zutage: Der plötzliche Aufbruch der Europäer nach 400jährigem Verweilen an den Küsten verläuft zeitgleich mit einer ebenso jähen Leistungssteigerung der Druckkunst. Eine Feststellung, die zu einer kurzen Schilderung dieses weniger bekannten Aspekts des Industriezeitalters zwingt.

Am Anfang steht die Konstruktion einer funktionsfähigen Dampfschnellpresse, die in London 1814 erstmals zum Druck von Zeitungen verwendet wurde. Die Auflagen, die bis dahin tausend Exemplare nur selten überschritten, erreichten in wenigen Jahren fünfstellige Zahlen. Als es 1832 gelang, Holzstiche in den Druckvorgang zu integrieren, war auch die Grenze 100.000 schnell bewältigt. Zehn Jahre später erschienen dann die ersten Wochenzeitungen mit aktuell illustrierten Berichten; wie gewohnt zuerst in England: 1842 die *Illustrated London News* und 1843 die *Illustrirte [!] Zeitung* in Leipzig. Während schon diese Magazine das Informationsmonopol der Männer aufbrachen, wendeten sich die Familienblätter – *Die Gartenlaube, Über Land und Meer, Daheim, Das Buch für Alle* u.a. – seit 1853 ganz besonders an die Frauen, an die Kinder und an die Hausangestellten. Sie erfaßten also das ganze Bürgertum und strahlten darüber hinaus[1]. Die im folgenden vorgestellten Abbildungen sind überwiegend den genannten Zeitschriften entnommen.

2. Das Marokko der Illustrationen in Deutschland

All dies geschah just in den Jahren, in denen Marokko durch die Konfrontation mit Frankreich für die Medien interessant wurde. So kam es, daß unter den allerersten Bildern fremder Länder, die deutsche Haushalte in großer Auflage erreichten, solche waren, die einen Blick in das Scherifenreich gewährten. Das unmittelbar betroffene französische Publikum hatte keinen zeitlichen Vorsprung.

Im allerersten Jahr – 1843 – ist Nordafrika nur in einer karikaturhaften Modezeichnung zu ahnen[2]. Die in der Rubrik „Lächerliche Moden" dargestellten überdimensionierten Zylinder „au colon d'Algérie" hätten in der algerischen Wirklichkeit sicher keine Chance gehabt. Erst 1844 – nach der Schlacht am Isly – wird es konkret. Vom Ereignis überrascht, fand der Verleger zunächst wohl nur die nicht ganz passende Ansicht von Tetuan (*Abb. 1*)[3].

Die imposante Festung wirkt wenig fremd; sie mußte den deutschen Betrachter an heimische Vorbilder erinnern. Etwas später folgte ein Bild, das den regierenden Sultan Mulei Abderrahman darstellen wollte (*Abb.*

---

[1] Eva-Maria HANEBUTT-BENZ: Studien zum deutschen Holzstich im 19. Jahrhundert. – Frankfurt a.M. 1984, Halbseiten 685 u. 797 [zit. als Hanebutt-Holzstich].
[2] *Lächerliche Moden. Hüte au colon d'Algérie* (6 x 6 cm), in: *Illustrirte Zeitung*, Leipzig 1843, S. 48.
[3] *Ansicht von Tetuan in Marokko* (10,5 x 15 cm), in: *Illustrirte Zeitung*, Leipzig 1844 (2. Hälfte), S. 133.

Abbildung 1: „Ansicht von Tetuan in Marokko" (1844)

2)[4]: nicht mehr als eine Staffage, die in jedes Orientmärchen gepaßt hätte, ganz auf der Linie der damaligen Illustrationen zu „Tausend und eine Nacht". Allein der Sonnenschirm bringt das Bild mit Marokko in eine vage Verbindung. Wie dieses Attribut scherifischer Autorität wirklich aussah, war in der *Illustrirten Zeitung* wenige Seiten weiter festzustellen, dort wo die Beute aus der Schlacht am Isly abgebildet war (*Abb. 3*)[5]. Im gleichen Jahr hat auch Eugène Delacroix den Zeremonialschirm realistisch dargestellt. Als einziger bekannter Maler, der Marokko selbst erlebt hatte, war er nach Isly höchst gefragt. Deshalb gelangte dieser blutvolle Reiter aus seiner Hand mit dem gleichen Bericht in deutsche gute Stuben (*Abb. 4*)[6]. Auch eine präzise Karte des Grenzgebietes konnte dem Leser geboten werden[7].

Von Anfang an also eine Mischung von Traum und Wirklichkeit, von Kunst und Kitsch. An diesem Jahr 1844 wird aber auch deutlich, wie schnell sich die Wirklichkeit durchsetzte.

Abbildung 2: „Mulei Abderrhaman, Sultan von Marokko" (1844)

---

[4] *Mulei Abderrhaman* [!], *Sultan von Marokko* (10,5 x 15 cm), in: *Illustrirte Zeitung*, Leipzig 1844 (2. Hälfte), S. 244.
[5] *Illustrirte Zeitung*, Leipzig 1844 (2. Hälfte), S. 387.
[6] E.D., *Marokkanischer Soldat* (7,5 x 10 cm), in: *Illustrirte Zeitung*, Leipzig 1844 (2. Hälfte), S. 308.
[7] *Karte der Grenze zwischen Algerien und Marokko* (15 x 18 cm), in: *Illustrirte Zeitung*, Leipzig 1844 (2. Hälfte), S. 309.

Abbildung 3: Zeremonialschirm des „Kaisers von Marokko" (1844)

Abbildung 4: „Marokkanischer Soldat" (1844)

Bevor nun eine Auswahl von Illustrationen zu einem engeren Themenkreis folgt, erscheint noch ein Exkurs in die Jahrhunderte zwischen Johannes Gutenberg und Friedrich König, dem Erfinder der Dampfschnellpresse geboten[8].

Schon vor dem 19. Jahrhundert gab es einige Darstellungen, die erste Elemente eines Marokkobildes nach Deutschland trugen: es handelt sich um Kupferstiche, die nach einer relativ kurzen Holzschnittphase den einzigen Weg bildeten, gedruckte Texte zu illustrieren.

Da sind zunächst die einem begüterten Publikum und Fachkreisen vorbehaltenen Karten. Daneben wird schon 1575 in Köln die Ansicht des Peñon de Velez de la Gomera an der Rifküste gedruckt (*Abb. 5*)[9]. Es ist wahrscheinlich die erste von der Wirklichkeit inspirierte Darstellung einer marokkanischen Landschaft. Dieser Stich erschien in der frühesten gedruckten Sammlung von Städteansichten. Der Priester Braun, der sie in Köln verlegt hatte, kaufte Zeichnungen aus ganz Europa an, die er – meist von Hogenberg – in Kupfer stechen ließ[10]. Im vorliegenden Fall war der Lieferant wohl ein Teilnehmer an dem 1564 gescheiterten Angriff der Spanier auf die Insel.

Um 1670 entstanden 18 Ansichten von Tanger, die Wenzel Hollar, der große böhmische Zeitgenosse Rembrandts, von der damals britischen Festung gefertigt hatte (*Abb. 6*)[11]. Hollar, der sein Handwerk in Köln gelernt und dort auch für Braun gearbeitet hatte, war später in englischen Dienst getreten und hatte so den Weg in die nordafrikanische Stadt gefunden. Die Hollarstiche sind die ersten Ansichten marokkanischer Landschaften, die ein gänzlich unverfälschtes Bild nach Europa trugen. Hinzu kommt ein Portrait des Sultans Mulei Raschid, auf das später eingegangen werden soll.

---

[8] Hanebutt-Holzstich, Hs. 688.
[9] Georg BRAUN und Franz HOGENBERG: De praecipuis totius universi urbibus liber secundus. – Köln 1575, Blatt 57 (23 x 21 cm).
[10] Friedrich BACHMANN: Die alten Städtebilder. Ein Verzeichnis der graphischen Ortsansichten von Schedel bis Merian. – Leipzig 1939, S. 8; Wolfgang BRUHN: Alte deutsche Städtebilder. – Leipzig 1938, S. XI.
[11] Wenceslaus HOLLAR [Vaclav Wenzel], in: The Moores [!] Baffled: Being a Discourse concerning Tanger, Especially when it was under the Earl of Teviott; By which you may find what Methods and Governement is fittest to secure that place against the Moors. – London 1681, hinter S. 27 (12 x 21,5 cm; Zeichnung von 1669) und Portrait in: Tafiletta. Warhaffte und merckwürdige Geschichts-Erzehlung von Tafilette [!], dem großen Bestreiter und Kayser der Barbarey. Aus dem Englischen in die Französische, und aus solcher in die Teutsche Sprach übersetzt. – Nürnberg 1670 (12,6 x 15,6 cm) [zit.: Tafiletta].

Abbildung 5: „Peñon de Veles" de la Gomera bei Bades, nördlich von Beni Boufrah/Rif (um 1575)

Der Zeitpunkt ist bemerkenswert, denn zur gleichen Zeit wurden noch Bilder von afrikanischen Drachen gestochen[12].

In der Holzschnittzeit, die vor allem mit dem Namen Albrecht Dürers verbunden ist, gibt es neben groben Karten so gut wie keine Hinweise auf Marokko. Die vielleicht ältesten Bildchen, die hierher passen, stellen imaginäre Bewohner des Atlas (hier Acclas) dar neben symbolhaften Verkürzungen (*Abb. 7*)[13] – man könnte Piktogramme sagen – für ein Unwetter an der Küste Libyens und für Gibraltar, eine der Säulen des Herkules.

Mit diesen Hinweisen ist der technische und der kunsthistorische Rahmen gesetzt, in den sich die nun folgenden Beispiele einfügen.

3. Das Bild von Staat, Verfassung und Gesellschaft in Marokko als Beispiel für die Leistung des Holzstichs

Das ausgewertete Material umfaßt mehrere hundert Holzstiche, zumeist Buchillustrationen. Die vorliegende Studie greift meist auf die erwähnten Zeitschriften zurück. Nach Ausscheiden der Abbildungen von Trachten, leeren Landschaften und Stichen minderer Qualität, blieben vor allem Szenen des öffentlichen Lebens.

---

[12] Alain Manesson MALLET: De l'Afrique ancienne et moderne. – Band 3 von: *Description de l'Univers ...*, 5 Bände. – Paris 1683, Abb. 100 – S. 253. Das Bild kontrastiert mit einem authentisch wirkenden „Ambassadeur de Maroc" in demselben Band, Abb. 79 – S. 203. Das Werk erschien im folgenden Jahr auch in Frankfurt.

[13] John MANDEVILLE (Montevilla): Reisebuch, illustriert mit Holzschnitten von Bernhard Richel, Basel um 1481; Holzschnitte: „Die Säule des Hercules", „Die Satyrn auf dem Berge Acclas"[!]; „Das siedende und wütende Meer vor Libyen"; abgebildet bei: Albert SCHRAMM: Der Bilderschmuck der Frühdrucke. Band XXI: Die Drucker in Basel, 1.Teil. – Leipzig 1938, S.9 und Taf. 38.

Abbildung 6: „Prospect of y Innerpart of Tangier with the upper Castle from South-East" (1669)

Abbildung 7: Holzschnitte von Bernhard Richel (um 1481); von links nach rechts: „Die Säule des Hercules", „Die Satyrn auf dem Berge Acclas", „Das siedende und wütende Meer vor Libyen"

So ergab sich die folgende, repräsentative Auswahl und das Thema Staat, Verfassung, Gesellschaft.

a. Das Einsammeln der Steuern

Das erste von drei themengleichen Bildern stellt einen Steuereinnehmer im Kreise seiner Bediensteten dar (*Abb. 8*)[14]. Es vermittelt dem erfahrenen Betrachter den Eindruck einer Mischung von Elementen unterschiedlicher Herkunft. Am auffälligsten ist eine Person im Zentrum der Szene, die eher nach Griechenland gehört. Eine kurze helle Tunika erinnert an die Hellenen, deren Freiheitskampf vierzig Jahre vorher Lord Byron und die europäische Jugend begeistert hatte. Der Kopfschmuck eines Reiters entstammt offensichtlich dem fernen Algerien und weitere Details mögen ebenfalls nicht recht zum marokkanischen Alltag passen. Diese Unvollkommenheiten stören jedoch nicht die Aussage des Bildes, die etwa lautet: Der marokkanische Staat finanziert sich aus Steuern. Dies geschieht in Verfahren mit strenger Form – z. B. schriftlich. Das Bild strahlt Autorität und Ruhe aus, Werte, die dem Sultanat von den europäischen Medien im allgemeinen nicht zugebilligt wurden. Es gibt keinen Hinweis auf die sonst häufig genannte Willkür der Staatsverwaltung.

---

[14] *Le Monde Illustré*, Paris 1861, S. 728 (33,2 x 23,7 cm; Zeichnung: M.Ch. Yriarte; Stich: G.W. Ganes (?); Werkstatt: C. Maurand).

Abbildung 8: „Der Kodja, Steuereinnehmer in Marokko" (1861)

Abbildung 9: „Ein Steuereinnehmer in Marokko" (ca. 1880)

Auch das Bild auf der vorherigen Seite (*Abb. 9*) stammt aus spanischer Produktion[15]. Die hohen Reparationen, zu denen sich Marokko gegenüber Spanien nach dem Krieg von 1860 verpflichten mußte, haben die Blicke des iberischen Publikums offensichtlich für das Steuerwesen geschärft. Das Bild stellt einen Steuereinnehmer dar, der mit bewaffnetem Gefolge eine unwirtliche Schlucht heraufzieht.

Der Begleittext sagt u.a.:

„Das Einsammeln der Steuern hat in den orientalischen Ländern einen ganz besondern Charakter. Die Gesetze in jenen Reichen sind nur Waffen, deren sich die Höhergestellten und Mächtigen bedienen, um Vortheile zu erreichen. Das Volk ist auch überall viel zu wenig kultivirt und unselbstständig, um zu erfassen und zu fühlen, was ein Gesetz ist. [...] Unsere Illustration zeigt einen [...] Steuererheber in Marokko. Er reitet an der Spitze seiner Soldaten durch einen öden, wüsten Gebirgspaß. Die Reise sieht nicht geheuer aus – der Einsammler aber auch nicht gerade vertrauenserweckend. Sein hartes, wildes, entschlossenes Gesicht mahnt uns an einen Räuberanführer, wie denn dieser Aufzug überhaupt mehr einen kriegerischen Anstrich hat, als daß er an ein friedliches Geschäft des Staates erinnert – ächt orientalisch, ächt marokkanisch ist dieß Steuereinsammeln jedenfalls."

Dies ist ein drastisches Beispiel für die Empfindungen eines Deutschen des 19. Jahrhunderts, der beim Betrachten eines solchen Bildes allein von seinen Vorurteilen zehren konnte. Die Lage des Kommentators ist schnell rekonstuiert. Wahrscheinlich hatte der Verlag das Klischee ohne weitere Erläuterung gekauft. Und wo hätte der Journalist sich erkundigen sollen? Bis 1873 gab es in Deutschland kaum mehr als zehn Personen, die Marokko erlebt hatten. Auch entspricht das Bild dem Anliegen der Leser, wohlig die Behaglichkeit der guten Stube bei einem Blick auf ferne Wildheit zu genießen. So entsteht ein abonnentengefälliger Allerweltstext, wie er auch heute manchem Bild aus anderen Kontinenten beigegeben wird. Was wird sich beim Leser durchgesetzt haben? Die Nüchternheit des Bildes oder die Ideologie des Textes?

Der Zeichner des nächsten Holzstichs betont Ordnung und Obrigkeit (*Abb. 10*)[16]. Einem Anführer gegenüber ist die Mannschaft angetreten – zwei Nachzügler folgen noch aus dem nahen Dorf. Das Gewehr vorne ist verpackt. Die Sonne steht flach. Alles sieht nach Aufbruch aus. Ein paar Dorfbewohner beobachten die Szene. Nichts deutet auf Gewalt oder Unfrieden hin. Wenn man das Gesicht des Reiters genau betrachtet und mit anderen Darstellungen vergleicht, dann erkennt man das Profil von Sultan Hassan I., das der Zeichner hier eingearbeitet hat. Bei aller Fremdheit, die das Bild nach Deutschland trägt, kann sich der ferne Betrachter kaum der günstigen Wirkung entziehen.

Dieses Bild soll das Beispiel „Steuern" abschließen. Blicke in weitere Bereiche des öffentlichen Lebens des Sultanats erlauben eine Überprüfung des gewonnenen Eindrucks.

b. Andere Bereiche des öffentlichen Lebens

Diese Szene aus dem Jahr 1891 trägt den Titel „Rückkehr des Sultans von Marokko von einer Pilgerfahrt" (*Abb. 11*)[17]. Auffällig ist das soeben angesprochene Profil des Herrschers, und deutlich ausgeprägt sind die Hoheitsmerkmale Schirm, Fahnen und Uniformen. Der Respekt des Chronisten ist spürbar; auch der Leser von 1891 wird beeindruckt gewesen sein.

Es folgt eine Gerichtsszene, die anscheinend Gewalt, Härte und Geringschätzung des Angeklagten ausstrahlt (*Abb. 12*)[18]. Erst beim zweiten Hinsehen gewinnen Einzelheiten und mit ihnen eine andere Idee an Kraft. Da sitzen Richter und Geschworene; ihnen gegenüber liegt der Beschuldigte; erniedrigt, aber nicht so, als wäre er schon verurteilt. Dazwischen ein Verteidiger; im Hintergrund unübersehbar die Öffentlichkeit, die von Ordnungskräften in Schach gehalten wird. All das vor einer Architektur, die einen geistigen Rahmen abgibt. Das Bild spiegelt ein durchsetzungsfähiges, aber auch anhörungsbereites Rechtssystem wider. Die Worte eines deutschen Konsulatssekretärs aus denselben Jahren stützt es nicht: „In Wirklichkeit aber [...] ist der marokkanische Unterthan in Allem der reinen Willkür preisgegeben"[19]. Welche Aussage des Bildes wird aber in den europäischen Obrigkeitsstaaten stärker nachgewirkt haben, in denen Gesetzesbrecher ebenfalls keinen Respekt genossen? Man möge an die nicht viel jüngeren Dreyfus-Szenen denken. Wird der deutsche Betrachter wirklich Augen für die Rechtsfragen gehabt haben? Wird er sich nicht auf die Banalität beschränkt haben, festzustellen, daß das hohe Gericht in Afrika ohne Stühle auskommt?

Ein Werk des angesehenen Malers Benjamin Constant erlaubt einen Blick in die Welt des Kampfes um Macht (*Abb. 13*)[20]. Unterworfene liegen tot oder lebendig neben den Beutestücken am Boden. Der Herrscher nimmt in Siegerpose Kenntnis von ihnen. ohne menschliche Regung – weder Grausamkeit noch Erbarmen. Sichtbar ist das Amt, das er trägt, nicht die Person. Das Bild läßt die Härte der vorangehenden Auseinandersetzung ahnen – aber auch die durch einen Sieg wiedergewonnene Stabilität. Wichtig ist, daß sich alles vor der Öffentlichkeit und nicht im Verborgenen abspielt. Der Sultan ist zwar deutlich herausgehoben, aber dennoch nicht von der Menge losgelöst. Der Betrachter sieht ihn innerhalb des Systems, nicht darüber. Ausgeschlossen sind allein die Rebellen. Der Rang des Künstlers und die in den Trachten belegte Detailtreue verleihen der Darstellung Gewicht.

Daß das Publikum unserer Tage für die Ausstrahlung dieser Werke ebenso empfänglich ist wie die Zeitgenossen der Maler, beweist der Kunsthandel. Bei Sotheby in New York wurde im Mai 1993 ein Bild des vergleichsweise wenig bekannten Spaniers Villegas y Corderos mit dem Titel „Marokkanische Raucher" für

---

[15] Nicht identifizierte deutsche Quelle (32,7 x 22,5 cm; Zeichnung: Balaca).
[16] *Für alle Welt*, Heft 15, Wien-Berlin-Leipzig 1903, S. 356 (31,7 x 22,7 cm; Zeichnung C.R. Caton Woodville; Stich: P. Naumann).
[17] *Illustrierte Chronik der Zeit*, Stuttgart 1891, S. 395 (42 x 27 cm).
[18] *Das Buch für Alle*, Stuttgart-Berlin-Leipzig 1885, S. 300/301 (47 x 31,5 cm; T. Moragas, Roma 78).
[19] Victor J. HOROWITZ: Marokko. Das Wesentlichste und Interessanteste über Land und Leute. – Leipzig 1887, S. 135.
[20] Nicht identifizierte deutsche Quelle (39 x 25,5 cm).

Abbildung 10: „Der Steuereintreiber des Sultans von Marokko" (1903)

Abbildung 11: „Rückkehr des Sultans von Marokko von einer Pilgerfahrt" (1891)

Abbildung 12: „Eine Gerichtssitzung in Marokko" (1885)

Abbildung 13: „Die letzten Rebellen" (1894)

Abbildung 14: „Ein Brautzug in Marokko" (1881/86)

knapp 300.000 Dollar zugeschlagen[21]). Vielleicht erkennen die Menschen heute das Wesen jener Zeit besser als die vier Generationen dazwischen?

Wieviel nachhaltiger drückt dieser Holzstich Ernst und Schwierigkeit des Regierens aus als der von jenem Mulei Abderrahman, der 1844 in einer europäischen Großstadtphantasie entstanden war. Wer diese beiden Extreme vergleicht, vermag vielleicht der Annahme zu folgen, daß die Wirksamkeit einer Abbildung entscheidend von künstlerischer Kraft und Wirklichkeitsnähe bestimmt wird.

Die Serie von Bildern über die marokkanische Gesellschaft soll mit dem Hochzeitsfest abgeschlossen werden, einem Band zwischen öffentlichem und privatem Leben im Maghreb (*Abb. 14*)[22]). Der Betrachter muß sich zunächst vom Blickfang „Gewehre und Pulverdampf" und von der äußeren Fremdheit der Szene lösen, um zum Inhalt vorzustoßen: Braut und Familie als Kern der sittlichen Ordnung.

Alle diese Darstellungen sind ein Beleg dafür, daß es in Deutschland möglich war, einen Eindruck von der Existenz eines funktionierenden marokkanischen Gemeinwesens zu gewinnen.

4. Marokkanische Gesichter

Zugang zu einem Volk, zu dem Geist, der es erfüllt, findet man aber vor allem über Menschen, über ihre Gesichter. Dem Portraitieren stand in Marokko allerdings die religiöse Überzeugung entgegen. Deshalb sind Darstellungen marokkanischer Persönlichkeiten vor dem ersten Weltkrieg rar.

1889 erregte eine marokkanische Gesandtschaft im winterlichen Berlin Aufsehen. Zum Bild eines die Diplomaten begleitenden Offiziers schreibt der Reporter (*Abb. 15*)[23]):

> „In den ersten Tagen ihres Hierseins erholten sich die Mitglieder der Gesandtschaft von den Reisestrapazen und hielten in Berlin ein wenig Umschau. Die Dolmetscher sowie zwei von den Offizieren wissen hier Bescheid; dieselben haben vor einigen Jahren beim 2. Garderegiment zu Fuß eine längere Dienstübung erledigt. Das heilige Buch verbietet leider den Rechtgläubigen das Photographieren, und es sind daher keine Bilder von ihnen vorhanden. Doch gelang es der Momentphotographie, einen der marokkanischen Krieger heimlich aufzunehmen, und wir können daher in der beistehenden Abbildung den stattlichen Offizier wiedergeben."

Es gibt keine Holzstiche von der ersten marokkanischen Gesandtschaft in Deutschland, der von 1878. Die nebenstehenden kunstvollen Aufnahmen, die sich die Tochter des Gastgebers, des Industriellen Krupp, erbeten hatte, konnten aus technischen Gründen erst viel später gedruckt werden (*Abb. 16*)[24]). Sie zeigen den Gesandten Tibi Ben Hima und drei seiner Begleiter, deren Bilder die Zeit in einem privaten Album überdauert haben.

Abbildung 15: „Ein Mitglied der marokkanischen Gesandtschaft" (1889)

Eine geringe Reichweite hatte auch das erste marokkanische Gesicht, das deutsche Leser schon 1670 zu Lebzeiten des abgebildeten Sultans Mulei Raschid betrachten konnten – kurz nach der Machtübernahme der Alawiten (*Abb. 17*)[25]). Der Text des abgebildeten Kupferstichs – „Muley Ismail ..." ist nicht korrekt. Er kennzeichnet eine Kopie, die ca. 50 Jahre später zur Regierungszeit von Mulei Ismail, des Bruders von Mulei Raschid, entstanden ist, als der regierende Sultan tatsächlich 80 Jahre alt war. Dieser Fehler wird manchen deutschen Betrachter verführt haben, an die ewige Jugend der marokkanischen Herrscher zu glauben. Das Prestige

---

[21]) *Handelsblatt*, Düsseldorf, vom 4./5. Juni 1993, S. G3.
[22]) Nicht identifizierte deutsche Quelle (32,5 x 15,8 cm; Photograph: B. Schlesinger, Stuttgart; Maler: D. Gallegos, Tanger; Stich: X.I. Reimann; Werkstatt: A. Closs).
[23]) *Über Land und Meer*, Stuttgart 1889, S. 475/6 (11 x 16 cm; Zeichnung: A.v. Rößler; Text: Heinrich Hacke).
[24]) Krupp. Zeitschrift der Kruppschen Werksgemeinschaft, Jahrgang 26, Heft 1934, S. 89; Text unter den Bildern: „Sidi Ben Hama [!], Gouverneur von Safi, Chef der Gesandtschaft von 1878; Ibrahim Ben Hama, Bruder des Chefs der Gesandtschaft; Ein Offizier der Lehnsritter, im Gefolge der marokkanischen Gesandtschaft; Der 1. Sekretär der marokkanischen Gesandtschaft."
[25]) [Tafiletta] 1670; neuere Kopien in: D. FASSMANN: Gespräche im Reiche derer Todten, 45. Entrevue, Leipzig 1722 und John WINDUS: Reise nach Mequinez ... – Hannover 1726 (12,6 x 15,6 cm); die vorliegende Abbildung ist diesem Buch entnommen. Vergl. Portrait des Mulei Ismail, in: Germain MOÜETTE: Histoire des conquestes de Mouley Archy, connu sous le nom de roy de Tafilet, et de Mouley Ismael, ou Semein, son frère et son successeur à présent régnant. – Paris 1683. Nachdruck in: *Sources inédites à l'Histoire du Maroc*, 2ème série, France, Bd II. – Paris 1922-1960, S. 1-201.

Abbildung 16: „Eine marokkanische Gesandtschaft bei Krupp im Jahre 1878" (1934)

Aus unserer historischen Bildermappe

Eine marokkanische Gesandtschaft bei Krupp im Jahre 1878

In Erwiderung des Besuches einer deutschen Gesandtschaft in Fez im Jahre 1877 kam im folgenden Jahre eine aus 13 Köpfen einschließlich der Dienerschaft bestehende marokkanische Gesandtschaft nach Berlin und machte von hier aus auch der Kruppschen Gußstahlfabrik einen Besuch. Am Spätnachmittage des 6. Juni 1878 traf die in Essen Aufsehen erregende Gesandtschaft mit dem Berliner Schnellzuge in Altenessen ein. Hier wurde sie am Bahnhof von dem damals 24jährigen Herrn Friedrich Alfred Krupp empfangen und in fünf Kruppschen Wagen über die Rott-, Burg- und Kettwiger Straße nach dem Hügel gefahren. Im ersten Wagen befanden sich Herr Krupp mit dem Gesandtschaftschef Sidi Tibi ben Hama und einem Militärattaché aus Berlin. Dann folgten die anderen Würdenträger und zuletzt die Dienerschaft. In Vertretung des abwesenden Herrn Alfred Krupp begrüßte Frau Bertha Krupp die Gäste in der ihr eigenen, liebenswürdigen und gewinnenden Weise, von der Sidi Tibi ben Hama später noch, als er wieder in seine Heimat zurückgekehrt war, einem Kruppschen Vertreter gegenüber lebhaft zu erzählen wußte. Sidi Tibi war damals Gouverneur von Saffi an der nordwestlichen Küste von Afrika, einer Stadt, die 200 Europäer zu ihren Einwohnern zählte.

Am 7. Juni besichtigten die Marokkaner in Begleitung von Herrn F. A. Krupp die Fabrik. Auf dem Schießplatz wurden ihnen eine 25-cm-Kanone und ein Feldgeschütz vorgeführt. Eine marokkanische Bestellung auf Geschütze erfolgte erst im Jahre 1884: 12 Gebirgs-, 7 Feldkanonen und 1 Mörser. Weitere Bestellungen gingen in den Jahren 1888 bis 1912 ein.

Die Gesandtschaft scheint Essen am Abend des 7. Juni wieder verlassen zu haben. Am 27. Juni war sie wieder in Tanger eingetroffen.

Zehn Jahre später, vom 17. bis 19. Februar 1888, wiederholte sich der Besuch einer marokkanischen Gesandtschaft auf dem Hügel und in der Fabrik. Jetzt waren es 22 Personen, darunter 1 Gebetsverkündiger, 2 Köche, 1 Barbier, 4 Offiziere, 4 Diener usw. Der Chef der Gesandtschaft führte den Namen Sidi Abdessalam ben Rechid el Harisi.

F. G. K.

Sidi Tibi ben Hama, Gouverneur von Saffi, Chef der Gesandtschaft von 1878

Ibrahim ben Hama, Bruder des Chefs der Gesandtschaft

Ein Offizier der Lehnsritter, im Gefolge der marokkanischen Gesandtschaft

Der 1. Sekretär der marokkanischen Gesandtschaft

des Malers Hollar, sein Aufenthalt in Marokko und die Lebendigkeit des Bildes sind starke Indizien für die Authentizität dieses Portraits.

Abbildung 17: „Mulei Raschid (Tafilette)" (1670)

Abbildung 18: „Sid-el-Hadsch Abd-el-Kader Ben-Mohamed-Aschasch-Pascha, marokkanischer Gesandter in Paris" (1846)

Das erste Bild eines Marokkaners, das mit einer Auflage von über 100.000 Exemplaren eine breite Öffentlichkeit erreichte, ist das in Frankreich entstandene Portrait von Sid-el-Hadsch Abd-el-Kader Ben-Mohamed-Aschasch-Pascha, der 1846 als Gesandter in Paris weilte (*Abb. 18*)[26].

Interessant ist auch ein Holzstich von Hadsch Abdesslam aus dem Hause Wazzan, dessen äußere Erscheinung allerdings nicht viel Marokkanisches hergibt. Diese Persönlichkeit wird dort als „Papst von Marokko" bezeichnet. Der Autor des begleitenden Textes ist der berühmte Forschungsreisende Gerhard Rohlfs, der dem Herrn von Wazzan ein Jahr lang als Arzt gedient hatte und gerade deshalb genau wußte, daß er mit dem Begriff Papst eine falsche Fährte legte. Die Wahl des Wortes wird verständlicher, wenn man erkennt, daß Rohlfs in diesem Artikel eigentlich den Papst in Rom meinte, der nur wenige Jahre vorher mit dem Unfehlbarkeitsdogma eine zusätzliche Angriffsfläche für den „Kulturkampf" geschaffen hatte. Diese Manipulation am Marokkobild durch eine besonders vertrauenserweckende Person diente dem Anheizen der Polemik in Deutschland und nicht der Information.

Einen Höhepunkt und gleichzeitig das Ende der Holzstichtechnik verkörpert das Bild von Sultan Mulei Hafidh (*Abb. 19*)[27]. Es handelt sich um eine raffinierte Kombination aus Photographie und Holzstich, bei der die erstere schon eindeutig das Übergewicht erlangt hatte. Allein die Schraffur der Stoffbahnen läßt die Mitwirkung des Holzstechers erkennen. Dieses Bild verdeutlicht die ungünstige Entwicklung für die Graveure: von den 280 deutschen Werkstätten der Jahrhundertwende gab es 1915 gerade noch 38. Photographie und Lithographie hatten aber keinen leichten Sieg davongetragen. Sie brauchten noch lange, um Präzision und Stimmungsvielfalt der Holzstiche zu erreichen[28].

5. Schluß

Ein solcher Blick in das 19. Jahrhundert war immer möglich und ist dennoch lange Zeit überflüssig erschienen und deshalb unterblieben.

Die Bilderreihe soll eine Möglichkeit aufzeigen, die übliche Interpretation von Texten auf eine breitere Basis zu stellen. Das Feld der Illustrationsanalyse ist weit.

---

[26] *Illustrirte Zeitung*, Leipzig 1846 (1.Hälfte), S. 177 (12,5 x 13 cm).

[27] *Das Buch für Alle*, Heft 5, Stuttgart-Berlin-Leipzig 1908, S. 108 (22 x 28 cm).
[28] Hanebutt-Holzstich; Hs.793.

Auch Photographie, Steindruck und Stahlstich müßten einbezogen werden.

Vielleicht ist es jetzt nach einem Jahrhundert möglich, die Zeichner und die Betrachter jener Zeit wieder besser zu verstehen? Vielleicht kann jetzt dem marokkanischen Staat der Jahre vor dem Protektorat eine unterschätzte Dimension zurückgegeben werden?

Abbildung 19: „Mulay-Hafid, der neu ausgerufene Sultan von Marokko" (1908)

Mohammed Kenbib (Rabat)

„Marokkanische" Impressionen deutscher Reisender um die Jahrhundertwende: Pietsch (1878), Horowitz (1887), Artbauer(1911)[*]

1. Einleitung

Das Thema dieses Kolloquiums fordert einige einleitende Anmerkungen. Die erste gilt dem Konzept der „Wahrnehmung des Anderen" selbst. Es ist offensichtlich, daß sich der Umgang mit der Andersartigkeit nicht nur im Aspekt der Wahrnehmung des Anderen und in dem der Ordnung von Fakten manifestiert, die sich so auswirken, daß man eine mehr oder weniger starke Empfindung von Fremdheit oder Nähe hat. Die Beziehung zum Anderen setzt etwas voraus: Die Identität dessen, der wahrnimmt oder wenigstens die Vorstellung, die er sich davon macht. Es erübrigt sich, die Vielfältigkeit der Teile dieses Spiels der Spiegelungen, ihrer jeweiligen Mechanismen und ihrer Artikulationsweisen besonders zu betonen.

Die zweite Anmerkung betrifft den eigentlichen historischen Kontext, der die Elemente umfaßt, denen sich diese Mitteilung widmen möchte. Es handelt sich also um den Ausklang des 19. und den Beginn des 20. Jahrhunderts, um eine Phase, die von der Hegemonie Westeuropas auf der Weltbühne geprägt ist. Soweit es unmittelbarer Marokko betrifft, charakterisiert diesen Zeitabschnitt die sich unter dem gebündelten Druck der vielgestaltigen kolonialen Bestrebungen beschleunigende Zerfaserung der traditionellen Wirtschafts- und Sozialstrukturen. Das stetige und verhältnismäßig schnelle Wachsen der wirtschaftlichen und anderer Interessen Deutschlands in diesem Land war eines der wesentlichen Merkmale dieses Zusammenhangs[1].

Eine dritte Bemerkung gilt der Natur und den Grenzen der „Eindrücke", von denen die Rede sein wird, und der besonderen Optik, durch die sie untersucht wurden. Vielleicht ist es zweckmäßig, lediglich deutlich zu machen, daß es darauf ankam, im Rahmen der Untersuchungen über die Veränderung des Staates und der Gesellschaft in Marokko sowie der Auswirkungen dieser Veränderungen auf die jüdisch-muslimischen Beziehungen, zu betrachten, welche die mögliche Einwirkung Deutschlands auf die innergesellschaftlichen Veränderungen hätte sein können.

Zumal die führenden Kreise jenseits des Rheins, bei der Aufmerksamkeit, die sie der „marokkanischen Frage" widmeten, nicht versäumten, die Bedeutung der Rolle des *Board of Deputies of British Jews*, der *Anglo-Jewish Association* und der *Alliance Israélite Universelle* bei der Entwicklung des jeweiligen Einflusses Großbritanniens und Frankreichs in Marokko und im Ottomanischen Reich besonders hervorzuheben. Auch sie haben also versucht, den *Hilfsverein der Deutschen Juden* (Gründung 1901) für dieselben Zwecke zu verwenden.

Darüberhinaus sollte man auch nicht aus den Augen verlieren, daß Deutschland im 18. Jahrhundert die Wiege der jüdischen Aufklärung, der Haskalah, gewesen ist und für das aschkenasische (Aschkenase: deutsch) und jiddischsprechende Judentum die kulturelle Metropole war. Es ist schwer, in diesem Zusammenhang nicht den zu erwähnen, der der „dritte Moses" genannt wurde, Moses Mendelsohn (1729-1786), ein Philosoph, den man mit Maimonides vergleichen könnte und der sich als Deutscher mosaischer Konfession verstand. Übersetzer der Bibel ins Deutsche und Vertreter von Ideen, die sich einer Konvergenz von Judentum, Christentum und bürgerlicher Vernunft näherten, hatte er einen bedeutenden Einfluß auf die Entwicklung der Gedankenwelt in Deutschland; er beeinflußte neben anderen Fichte[2].

Man sollte auch die Rolle nicht vernachlässigen, die die deutschen Juden bei Entstehung und Festigung des zionistischen Projektes hatten. Über den Anteil hinaus, den beispielsweise ein Moses Hess an der Entwicklung von Argumenten zur Unterstützung des „jüdischen Na-

---

[*] Übersetzt von Dietrich Rauchenberger.
  Anmerkung des Übersetzers: Ein geringer Teil der Zitate mußte aus dem Französischen ins Deutsche zurückübersetzt werden.
[1] P. GUILLEN: L'Allemagne et le Maroc, 1870-1905. – Paris 1967.

[2] A. RUPPIN: Die Juden der Gegenwart. – Berlin 1911.

tionalismus" hatte – besonders in seinem Buch *Rom und Jerusalem* (1862) –, geschah es in Frankfurt, daß Anhänger orthodoxer Rabbinen, vor allem Zevi Hirsch Kalischer (1795-1874), Esriel Hildesheimer und Isaak Ruelf eine israelitische Gesellschaft für die Kolonisierung in Palästina gründeten oder unterstützten[3].

Vor dem ersten Weltkrieg zählten die maßgeblichen Zionisten bezüglich der Konkretisierung ihrer territorialen Projekte vor allem auf Deutschland. Sie zeigten sich damals geneigt, sich für seine Interessen einzusetzen und ihre Glaubensbrüder dafür zu gewinnen. In gewisser Weise entsprach es dem berühmten „Drang nach Osten", daß sie sehr deutlich feststellten, daß das Jiddische die jüdische Welt zu einem Teil der „Einflußzone der deutschen Kultur" machte. Nach einer ersten Audienz in Konstantinopel, wohin er ihm mit einer kleinen zionistischen Delegation gefolgt war, geschah es auf noch bezeichnendere Weise in Palästina in Mikwe-Israel und danach in Jerusalem, daß Theodor Herzl erneut Kaiser Wilhelm II. traf, der 1898 das Heilige Land bereiste[4].

2. Die hier berücksichtigten Autoren: Pietsch, Horowitz, Artbauer

Diese Art von Fakten ist nicht uninteressant, wenn man die Berichte von Deutschen untersucht, die Marokko bereist haben. Im vorliegenden Fall geht es nun darum, zu sehen, auf welche Weise sich ihr Blick auf Marokko richtete und wie dies besonders in ihren Äußerungen über die marokkanischen Juden zum Ausdruck kommt; und soweit möglich, inwieweit sich ihre Schriften mit Reiseberichten anderer Europäer deckten oder sich von ihnen unterschieden[5].

Es handelt sich also um Auszüge aus Werken, die 1878, 1887 und 1911 erschienen, das heißt, in Abständen, die im Prinzip ausreichen, um mögliche Veränderungen der Sichtweise wahrzunehmen, mit der ihre Autoren Marokko betrachteten und die manche Veränderung der Lage des Landes oder eine Verschiebung der Politik Deutschlands ihm gegenüber vermitteln können. Es muß hervorgehoben werden, daß die Gesamtlage von einer Verschärfung der kolonialen Rivalitäten und von einer Polarisierung der Bündnisse in einer Weise geprägt war, daß die „Marokkanische Frage" zweimal als Zünder fast eine allumfassende Explosion ausgelöst hätte, 1905 und 1911[6].

Das erste Werk verdanken wir übrigens einem der Journalisten, Ludwig Pietsch, durch den sich der deutsche Gesandte in Tanger auf seiner Gesandtschaftsreise nach Fes im Mai 1877 auf Weisung Bismarcks begleiten ließ, und die den Zweck hatte, einen Handelsvertrag und Waffenbestellungen zu erwirken. Theodor Weber hatte Wert darauf gelegt, sich gut über Sitten und Gebräuche zu informieren, um jede „Ungeschicklichkeit" zu vermeiden. Anders gesagt, Pietsch hat nicht einfach Literatur produziert. Das Auswärtige Amt hatte übrigens selbst Wert darauf gelegt, den Rat Gerhard Rohlfs einzuholen, der Marokko bereits als Muslim verkleidet besucht hatte[7].

Unter den Journalisten, die Gelegenheit gehabt hatten, sich mehrfach in Marokko aufzuhalten, entwickelte sich übrigens eine Tendenz, die Erkenntnisse über das Land gewissermaßen „nutzbar" zu machen und dabei die Grenzen ihres Berufes weit zu überschreiten. So führten sie Aufträge unter anderem für Handelshäuser und Geschäftskreise aus. 1905 im Prinzip als Korrespondent der *Vossischen Zeitung*, des *Berliner Lokal-Anzeigers* und der *Täglichen Rundschau* entsandt, entfaltete Rudolf Zabel vor allem Aktivitäten als Vertreter der *Marokkanischen Gesellschaft*. In diesem Zusammenhang versuchte er alle möglichen Konzessionen zu erlangen, besonders die Schaffung landwirtschaftlicher Modellbetriebe im Gharb und die Herrichtung eines schiffbaren Wasserweges auf dem Sebou zwischen Fes und dem Atlantik. 1907 und dann 1911 erneut in Marokko wurde er schließlich von den Brüdern Mannesmann angestellt und versuchte in Marrakesch eine „Deutsche Schule für Marokkanisches Handwerk" einzurichten. Ebenso wie die marokkanischen Botschaftssekretäre, die *Rihlas* unter Verschweigung des wirklichen Gegenstandes ihres Europaaufenthaltes verfaßt hatten, überging auch Zabel in seinem „Tagebuch" die Geschäftsverhandlungen, die er in Fes mit dem Sultan und den Wesiren hatte[8].

Einem Diplomaten der deutschen Gesandtschaft in Tanger, Viktor Horowitz, ist das zweite Werk zu verdanken, das 1887 ebenfalls in Leipzig erschien und den Titel hat: *Marokko. Das Wesentlichste und Interessanteste über Land und Leute.*

Das dritte Buch, *Ein Ritt durch Marokko*, ist das Werk von Otto C. Artbauer. Es erschien 1911 in Regensburg, gibt aber eine Reise aus dem Jahre 1905 nach Fes und in das Tafilalet wider[9].

Am Rande sei gesagt, daß es sich als notwendig erwiesen hat, das Material und die Eindrücke, die diese drei Autoren liefern, gelegentlich mit der systematischeren Beobachtungsarbeit zu vergleichen, die zwei „Professionelle" der geographischen und ethnographischen Exploration hervorgebracht haben, Gerhard Rohlfs (1862, 1863-1864, 1870 u.s.w.) und Oskar Lenz (Reise von 1879-1880)[10].

---

[3] H.I. BACH: The German Jew. A Synthesis of Judaism and Western Civilisation, 1730-1930. – Oxford, New York 1984, S. 152.
[4] T. HERZL: L'Etat juif, suivi d'Extraits du Journal. – Paris 1981, S. 25 und 188-192; I. HALEVI: Question juive. La tribu, la loi, l'espace. – Paris 1981, S. 170 f.
[5] Aus sprachlichen Gründen bezieht die Studie nur Kapitel oder Abschnitte ein, die die Juden betreffen. Die Übersetzung ins Französische ist von meiner ausgezeichneten Freundin Renate Laroui vorgenommen worden. Ich danke ihr für diesen wertvollen Beitrag.
[6] J.C. ALLAIN: Agadir 1911. – Paris 1973.

[7] L. PIETSCH: Marokko. Briefe von der deutschen Gesandtschaftsreise nach Fes im Frühjahr 1877. – Leipzig 1878.
[8] R. ZABEL: Im Muhammedanischen Abendlande. Tagebuch einer Reise durch Marokko. – Altenburg 1905; GUILLEN a.a.O. S. 708 f.
[9] V. HOROWITZ: Marokko. Das Wesentlichste und Interessanteste über Land und Leute. – Leipzig 1887;. O.C. ARTBAUER: Ein Ritt durch Marokko. Reiseroman. – Regensburg 1911; und von demselben Autor: Kreuz und Quer durch Marokko. Kultur- und Sittenbilder aus dem Sultanat des Westens. – Stuttgart 1911.
[10] G. ROHLFS: Mein erster Aufenthalt in Marokko und Reise südlich

3. Wahrnehmung der marokkanischen Wirklichkeit

Um diese „Eindrücke" richtig in den Kontext „einzuordnen", der ihnen zukommt, um sie mit dem Stellenwert in Verbindung zu bringen, den die Deutschen auf der marokkanischen Bühne hatten, und mit den Anstrengungen, die das Reich entfaltete, um den Rückstand gegenüber den rivalisierenden Kräften (d.h. Großbritannien, Frankreich) aufzuholen, sollte hier daran erinnert werden, daß Deutschland von der marokkanischen Bevölkerung und vom *Makhzen* als „befreundete Nation" betrachtet wurde. Der Sultan schätzte sie um so mehr, als ihre Gesandtschaft sich durch eine restriktive Handhabung der Vergabe von Protektionsscheinen und der Bildung von Agrargesellschaften mit Autochthonen hervortat[11].

Deutschland hatte jedoch während der internationalen Konferenz von Madrid (1880) nicht die ihm entgegengebrachten Hoffnungen erfüllt. Aus „übergeordneten politischen" Gründen und auf Weisung des Auswärtigen Amtes, das bemüht war, den „gallischen Hahn" zu veranlassen, sich seine „Sporen" so weit entfernt wie irgend möglich von der „blauen Linie der Vogesen" zu verdienen, hatte sich Graf Solms, der Vertreter in der spanischen Hauptstadt, Zurückhaltung auferlegt, die tatsächlich aber die Maximalpositionen stützte, die Admiral Jaurès, sein französischer Kollege, verteidigte. Zufällige, recht virulente Krisen (d.h. Ultimatum, Drohung mit der Entsendung von Kriegsschiffen, Forderung völlig überzogener Entschädigungen wegen der Vorkommnisse Neumann, Rockstroh und Haessner) hatten im übrigen am Vorabend des Todes von Moulay Hassan zur Zuspitzung der deutsch-marokkanischen Beziehungen geführt (1894)[12].

Zunächst waren die wenigen Marokkaner, die den Ausweis eines deutschen *Semsars* besaßen, vornehmlich jüdische Kaufleute, die mit Firmen in Leipzig, Hamburg, Berlin, Hannover usw. zusammenarbeiteten. Pietsch, Horowitz und Artbauer konnten die Bedeutung ihrer Rolle für die Verbreitung deutscher Produkte und für die Vergrößerung des deutschen Anteils am Außenhandel Marokkos schwerlich übersehen haben. Selbst wenn sie Kanonen und andere Waffen ausliefern wollten, mußten beispielsweise die von Krupp entsandten Vertreter vor Ort auf jüdische Dolmetscher zurückgreifen[13].

Was die Anleihen angeht, so wendeten sich die jüdischen Bankiers aus Tanger, die Moulay Abdel-Aziz beauftragt hatte, Kreditgeber zu finden, um zu helfen, den immer drückender werdenden Zugriff der Franzosen zu lockern, nach 1904 und der Schaffung der *Entente Cordiale* an deutsche Glaubensbrüder.

1905 wurden zu diesem Zweck Kontakte vor allem mit dem Bankier Mendelssohn, Mitbegründer der *Gesellschaft zum Schutz der deutschen Interessen in Marokko* und mit Gerson Bleichröder, einem der wichtigsten Finanziers Bismarcks, Architekt der Kriegsentschädigung, die 1870 Frankreich auferlegt wurde, und führend im *Hilfsverein der Deutschen Juden*.

Ob den drei genannten Autoren diese Sachverhalte bekannt waren oder nicht, wichtig ist ganz generell, daß ihre Wahrnehmung der marokkanischen Wirklichkeit sich kaum von der der Mehrheit jener anderer Europäer unterschied, die schriftliche Spuren von ihrem Besuch Marokkos hinterlassen haben. Mit dem einen Unterschied, daß die Darstellungsweise im vorliegenden Fall wie üblich, hauptsächlich beschreibend ist, hier und da aber mit sehr konkreten Versuchen durchsetzt, die gesammelten Erkenntnisse zu erläutern und kommentierende Stellungnahmen zu formulieren.

Pietsch, Horowitz und Artbauer befassen sich mit dem Land und den Menschen, die sie ihren Landsleuten näherbringen wollen, also ausgehend von Gemeinplätzen und Klischees, die damals in dieser Art von Literatur verbreitet waren. Sie betonen das im übrigen selbst. Indem sie sich faktisch die „Bürde des weißen Mannes", die Rudyard Kipling so liebte, zueigen machen, hämmern sie fast unermüdlich auf den Themen von der Rückständigkeit Marokkos, von der Wildheit seiner Einwohner und von der Willkür seiner Regierung herum und machen daraus fast ein Leitmotiv.

Diese „Wildheit" scheint von Horowitz teilweise aus einem gewissermaßen „rousseauistischen" Blickwinkel wahrgenommen zu werden. Er läßt erkennen, daß er in der Bevölkerung, die er beschreibt, auch einige Charakterzüge des „edlen Wilden" entdeckt hat. So schreibt er, sind im Verhalten des Mauren wesentliche Eigenschaften festzustellen, wie seine Naturnähe und seine Schlichtheit, die ihn von diesem Blickwinkel aus besserstellen gegenüber der „Hyperkultur sogenannter Zivilisierter, die dem Naturmenschen, der einfach und logisch denkt, unverständlich bleibt, weil [diese Natur] deformiert und denaturiert ist durch eine Unmenge [sozialer] Konventionen, Formeln und Zeremoniale."

Diese – man ist versucht zu sagen: „ökologischen" – Reflexe sollten aber keine Illusion hinterlassen. Über die suggestive und klassische Assoziation „Natur/Tierische Wildheit" des rassistischen Diskurses hinaus bilden die „Marokkaner tatsächlich nicht mehr als eine barbarische und ungebildete Nation" für diesen Autor. Nach seiner Meinung sind sie unfähig, ihren Beuteinstinkt zu beherrschen, leben meistens in völliger Teilnahmslosigkeit, gefallen sich in allerlei Arten von Lastern, bleiben in ihrer überwiegenden Mehrheit unempfänglich für jeden fremden Einfluß und für jeden Kontakt mit Europa. Er bezeichnet sie ausdrücklich als „Horde". Dieses Konzept steht im Mittelpunkt zahlrei-

---

vom Atlas durch die Oasen Draa und Tafilalet. – Bremen 1873; O. LENZ: Timbuktu. Reise durch Marokko, die Sahara und den Sudan, ausgeführt im Auftrage der afrikanischen Gesellschaft in Deutschland in den Jahren 1879 und 1880. 2 Bände. – Leipzig 1884.

[11] ZABEL i.a. Werk, S. 211. Dort finden sich Angaben über den Verkauf von Semsar- und Mochalatenscheinen durch Deutsche, der über die Maßgabe ihrer Legation hinausging. Ähnliche Fälle erwähnt A. WIRTH: Der Kampf um Marokko. – München 1925, S. 100.

[12] M. KENBIB: Les protections étrangères au Maroc aux XIXème siècle et début du XXème. – Université de Paris VII, 1980 (unveröff. Diss.), S.35-45; G. AYACHE: La première amitié germano-marocaine, 1885-1894. – in: *Etudes d'histoire marocaine*. – Rabat 1979, S. 229-247. Von demselben Autor: La crise des relations germano-marocaines, 1894-1897. – Rabat a.a.O., S.248-291.

[13] GUILLEN a.a.O., S.406-408.

cher und nicht der geringsten Arbeiten, die sich gerade mit den germanischen Stämmen des Altertums und des Mittelalters befassen. Um sich über den Grad an Wildheit und Blutrünstigkeit klar zu werden, der an diesem Begriff hängt, muß man das heranziehen, was der bedeutende Gelehrte und berühmte französische Autor Georges Dumézil 1936 in seinem Buch *Mythes et dieux des Germains* bezüglich dessen schreibt, was er „hordes germaniques" nennt. Darin daß er wie beispielsweise auch Marcel Mauss die Existenz einer „Volksseele" behauptet, wird ganz offensichtlich, daß er das zu beweisen versucht, was seiner Meinung nach eine Kontinuität zwischen dem alten Germanien und dem heutigen Deutschland herstellt.

Zum Vergleich – und unabhängig von der Wirkung der Reaktionen auf die wachsenden Gefahren, die sich im akademischen Milieu von 1933 an abzuzeichnen begann – ist es vielleicht nicht ganz unangebracht, den „mohammedanischen" Bestandteil der deutschenfeindlichen Stereotypen anzusprechen, die in Frankreich in Mode waren und die Ähnlichkeit des Tonfalls mit dem der Klischees, die deutsche Besucher benutzten, um die Marokkaner zu beschreiben. Im 14. Jahrhundert empfand der Chronist Jehan Froissart die Deutschen wie „Leute ohne Regeln und Vernunft [...] schlimmer als die Ungläubigen und die Sarazenen". Der Abbé Mathieu de Morgues seinerseits sah in ihnen „Häretiker" und ordnete sie auf derselben Ebene wie die „Türken" ein. Und wenn Montaigne finster den „barbarischen Stolz der Alamannen" vermerkte, machte sich Montesquieu über die „Wasserscheu" der Deutschen und ihre „bacchantischen" Exzesse lustig. Voltaire sieht seinerseits im germanischen Reich nicht mehr als eine „confusio divinitus instituta"[14].

Der „Fanatismus" der Marokkaner – nennen wir ihn mal so – wird jedenfalls durch Oskar Lenz bestätigt, der angesichts der geringen Zahl von Kirchen in Tanger und des nahezu vollständigen Mißerfolgs der Evangelisierung, den die Franziskanermissionare verbucht hatten, folgendes schreibt: „Die Einwohner [der Stadt an der Meerenge] – Mohammedaner ebenso wie Juden – zeichnen sich durch eine ganz ausgeprägte Strenggläubigkeit und durch ihre religiöse Intoleranz aus".

Diese Auffassung muß man natürlich mit dem lauten Geschrei von *Ulema* und *Fuqaha* gegen diese kosmopolitische Stadt in Verbindung bringen, die sie für den hohen Ort der Sündhaftigkeit hielten. „Tanger, die Hündin" sagte man damals, von der aus die Auflösung der Sitten in das Hinterland vorzudringen und diesen ganzen Teil des Dar al Islam „anzustecken" drohte[15].

Lenz hingegen mäßigt seine Äußerungen zu diesem Punkt. Über seinen Aufenthalt in Marrakesch berichtend, stellt er fest: „Obwohl jeder wusste, daß ich Christ bin, so nahm man doch nicht den geringsten Anstoss daran, und ich fand nie eine Spur von einem religiösen Fanatismus". Er unterscheidet zwischen einem latenten „Fanatismus", den er dennoch den Marokkanern zuschreibt, und den Bedingungen, unter denen er hervortritt[16].

Ihm zufolge würden die in Marokko niedergelassenen Europäer nur dann wirklich in Gefahr geraten, wenn „die Existenz des Landes oder die Interessen des Islam bedroht erscheinen sollten, [dann] würden die jetzt so ruhigen und friedlichen Marokkaner [selbst Städter] gleichfalls brutal und grausam vorgehen". Er fügt hinzu, daß in einem solchen Fall „die Explosion des politischen und religiösen Fanatismus der Marokkaner wesentlich brutaler" sein würde als dies beispielsweise „1882 in Ägypten zutage getreten" sei[17].

Das berühmte Gründungsmitglied des Kolonialvereins (1882) konnte sich allerdings nicht versagen, seine Darlegung mit bezeichnenden Gedanken und Zitaten zu versehen. So zitiert er und scheint sie sich zueigen zu machen, die Feststellung des spanischen Franziskaners Manuel Castellanos, Verfasser einer „Historia de Marruecos", derzufolge die entscheidende Schlacht am Oued el Makhazine (1578), „Anstatt der Ausgangspunkt der Regeneration Afrikas zu werden, [im Gegenteil ...] der Anfang der tiefen Nacht [war], die noch heute jene Länder in den dunklen Schatten der Barbarei hüllt"[18].

4. Charakterisierung des marokkanischen Judentums

Wenn man die Bemerkungen dieser Autoren über die jüdischen Gemeinden Marokkos betrachtet, kann man in noch konkreterer Weise feststellen, daß sie sich nicht wesentlich von denen anderer Europäer unterscheiden. Bis auf wenige Ausnahmen und Nuancen decken sie sich generell mit denen der Franzosen, der Spanier und der Engländer. Wie diese sind sie so formuliert, daß nirgends die Virulenz des Antisemitismus zutage tritt, der zu dieser Zeit Europa erschütterte, und das Deutschland der achtziger Jahre zweifelsohne stärker als den Rest des Westens. – Übrigens war es in diesem Land, wo das eigentliche Konzept des Antisemitismus geschmiedet wurde; durch Wilhelm Marr, wie es scheint, einen bis zum Erscheinen seines Buches *Der Sieg des Judenthums über das Germanenthum* unbekannten Publizisten[19].

Bei der Schilderung des Lebens der jüdischen Bevölkerung verfahren Pietsch, Horowitz und Artbauer in der Tat so, als wüßten sie nichts vom Wirken Adolf Stöckers, Prediger seines Zeichens und einer der wichtigsten Herolde des Rassenhasses am Hofe selbst von Wilhelm II., Gründer der „Christlich-sozialen Arbeiterpartei" und einer der führenden Köpfe des „Vereins zur Ausrottung der Juden". Sie schreiben auch, daß das, was man gemeinhin „die Emanzipation der Juden" zu nennen pflegte, die man im Westen juristisch, politisch und kulturell unwiderruflich verwirklicht hatte, ganz und

---

[14] A. MARQUIS: Aux origines de la germanophobie: la vision de l'Allemand en France aux XVII-XVIII siècles: – *Revue Historique*, N° 580, Okt./Dez. 1991, S.283-294.
[15] A. BEDOURI: Al'tahaddut 'an masawi' Ahl Tanja. – Manuskript, Bibliothèque Générale, Rabat (Ausführungen über die Verirrungen und Missetaten der Leute von Tanger).
[16] LENZ a.a.O., S. 236.
[17] LENZ a.a.O., S. 37.
[18] LENZ a.a.O., S. 109.
[19] P. SORLIN: L'Antisémitisme allemand. – Paris 1969, S. 54-58.

endgültig verinnerlicht durch alle ihre Mitbürger – integrierender Bestandteil des berühmten „Volksgeistes" der verschiedenen Nationen Europas geworden war.

Von dieser Verinnerlichung kann man sich eine Vorstellung machen, wenn man bedenkt, daß selbst in Ländern, in denen die Assimilierung der Israeliten schon seit sehr langer Zeit verwirklicht zu sein schien, in einigen großen Städten lebhafte Spannungen nach Überschreiten der „Toleranzgrenze" aufkamen, eine Folge der Zuwanderung von Juden aus Osteuropa, die der Welle von Pogromen zu entkommen suchten, die ganze Gemeinden in Rußland verwüstet hatte, ganz besonders in der Ukraine[20].

Es geschah nicht ohne Grund, daß der Vertreter der Vereinigten Staaten auf der Konferenz von Madrid (1880), General Lucius Fairchild, dies aus Anlaß der Debatte über die Zweckmäßigkeit, die Frage der Religionsfreiheit auf die Tagesordnung dieser Versammlung zu setzen sagte: „Es ist zu hoffen, daß der Sultan von Marokko über das, was gerade in Europa geschieht, nicht gut informiert ist; denn wenn er über die antisemitische Agitation aufgeklärt würde, die gerade Deutschland erschüttert [...] könnte er sich ermuntert fühlen, die Unterdrückung geradezu zu verstärken, anstatt sie zu verringern [deren Opfer dieselbe Rasse] in seinem Land [ist]. Wir können nicht erwarten, in Marokko einen aufgeklärteren Liberalismus vorzufinden als den, der im kultiviertesten Volk Europas herrscht"[21].

Übrigens, selbst in Großbritannien, in mancherlei Hinsicht Symbol der Demokratie und der Integration der Juden, mußte ein Konvertierter wie Benjamin Disraeli sich von seinen politischen Gegnern „Premier Jew" nennen lassen. Und was eine Vereinigung wie das *Board of Deputies of British Jews* betraf, so wurde es von den Milieus, die seine „Verbindungen" zur Regierung, besonders zum *Foreign Office*, feindselig betrachteten, „Imperium Judaeorum in Imperio Britannico" und „Semitic Inquisition" genannt[22].

Auf der Grundlage der Rechte, die den Israeliten in Westeuropa zuerkannt wurden, glaubten diese Autoren sich verpflichtet, all das besonders zu betonen, was sie den „Zustand der Verelendung" nannten, „in dem die Bevölkerung der Mellah gehalten wurde".

Mit der Entscheidung für einen „Diskurs", der damals – in welcher Weise auch immer, selbst für ein durch seine inquisitorische Vergangenheit so schwer gehandicaptes Land wie Spanien – die Übernahme der Verantwortung für Marokko durch eine Macht bedeutete, deren moralische Pflicht es sein würde, die einzige nicht-muslimische, ethno-religiöse Minderheit zu „zivilisieren" und zu „emanzipieren". Sie insistierten in der Tat, daß die Lebensbedingungen der überwiegenden Mehrheit der jüdischen Bevölkerung zu hart seien.

Ihre Beschreibungen des *Mellah* brachten gegenüber dem, was die Europäer damals über diese Viertel sagten, im allgemeinen nichts Neues hervor: Ihre Übervölkerung, ihr Schmutz, die äußerste Armut der Massen, die dort lebten, der überraschende Reichtum der Interieurs der Häuser der Kaufleute und Finanziers mit ihren großen Geschäften, der aufdringliche Luxus der Kleidung und des Schmuckes ihrer Frauen, die Fälle von Polygamie, die frühen Verheiratungen, die Ausbreitung ansteckender Krankheiten, die in der modernen Ausbildung erreichten Fortschritte, die der Schaffung eines Schulnetzes durch die *Alliance Israélite Universelle* zu verdanken war, und die besondere Eignung im Hinblick auf Europa, die sie deutlich von einer muslimischen Mehrheit unterschied, die sich ganz grundsätzlich zurückhaltend oder feindselig verhielt.

Es ist möglich, in diesen Darstellungen immer wieder die völlig nuancenlose Übertragung des Schemas auszumachen, das sich von der Wirklichkeit des Stetl und des Judenviertels Zentral- und Osteuropas herleitet. Pietsch erwähnt so bei der Beschreibung des *Mellah* von Fes „das Elend des auserwählten Volkes Jehovas [das gezwungen ist] eingepfercht in ein scheußlich verpestetes Ghetto [zu leben ... und dessen Kinder] gedrückt, gequält und willkürlich ausgepreßt [werden]"[23].

Artbauer erklärt seinerseits, daß „der Marokkaner (und nicht der Muslim!) den den Juden vorbehaltenen Raum Mellah, das heißt, unreiner Boden, nennt" und daß „die Verwahrlosung dieser Stadtteile ins Unbeschreibliche geht"[24].

Horowitz verfolgt dieselbe Richtung, wenn er schreibt, daß die Juden „innerhalb des streng abgeschlossenen Judenquartiers, Melách – Salzstätte, d. i. verwünschte Stätte – genannt, ganz auf sich selbst angewiesen, hat sich im Laufe der Generationen ein ganz eigenthümliches gesellschaftliches Leben entwickelt, wie es sich nur in einiger Ähnlichkeit in den frühern Judenquartieren und Ghettos Europas vorgefunden haben mag"[25].

Lenz zitiert seinerseits Mephistopheles, um von den *Mellahs* zu sprechen: „Man findet hier zu jeder Zeit gewiss Gestank und Thätigkeit" und fügt hinzu, daß sich die Juden „inmitten dieser verpesteten Luft [...] wohl" fühlen. Eine Wertung, die De Foucauld sich mühelos zueigen gemacht hätte und die zu Beginn des Protektorats auch von den Brüdern Tharaud nicht abgelehnt worden wäre, die ebenfalls Dante in ihren Ausführungen über das Mellah von Marrakesch beschwören[26].

Was in diesem Fall und ganz allgemein in den Schriften der Europäer über das *Mellah* überrascht, ist die deutliche Diskrepanz ihrer Betonung der Übervölkerung und des Drecks dieser Viertel auf der einen Seite und der Feststellung von Dürreschäden während ihrer Reisen durch das Land auf der anderen, die manchmal mehr als sechs aufeinanderfolgende Jahre das Land verwüstet haben (z. B. 1878-1884). Es wird auch nie eine kausale Beziehung hergestellt, wie sie dagegen in den diplomatischen und konsularen Berichten jener Zeit unterstrichen wird, die den Akzent unter anderem deutlich auf die politische und sicherheitsrelevante Dimension

---

[20] HOLMES, C., Anti-Semitism in British Society, 1876-1939. – London 1979.
[21] *Papers Relating to the Foreign Relations of the United States.* – Madrid 1881 (12th december 1880).
[22] HOLMES a.a.O.

[23] PIETSCH a.a.O., S. 175.
[24] ARTBAUER a.a.O, S. 21.
[25] ARTBAUER a.a.O.
[26] ARTBAUER a.a.O., S. 141.

der Landflucht setzen und des Zustroms der Landbevölkerung – Muslime wie Juden – in die Städte einschließlich Tangers.

Jedenfalls nehmen unsere Autoren die Beziehungen zwischen Muslimen und Juden wahr, indem sie sich die geläufigen Themen der Epoche zueigen machen, die erzwungene „Einpferchung" der Juden und die „Unterdrückung" durch die barbarischen und fanatischen Muslime, die man unterstellte.

Ihnen zufolge tolerierten letztere die Anwesenheit der Juden im Land allein der Nützlichkeit wegen. Indem er die damals besonders gängige Vorstellung von der „Trägheit der Mauren" und von ihrer „Untätigkeit" übernahm, Schlagworte, die sich mit dem des „Parasitismus" deckten, der im Westen für die Israeliten verwendet wurde, schreibt Pietsch, daß „die Juden trotz alledem die stolze Gewißheit haben, daß sie ihren Unterdrückern in zahlreichen lebenswichtigen Belangen unentbehrlich sind".

Und Horowitz hält seinerseits fest, „Die Juden in Marokko bilden einen wichtigen, geradezu unentbehrlichen Factor im Lande, ohne welchen das Reich sich nicht einmal auf der jetzigen Stufe, so niedrig dieselbe auch ist, erhalten könnte". Auch Lenz sagt, daß „die Jhoudis für die Araber unentbehrlich [sind] und ohne sie würde der ganze Handel und Geldwechsel stagniren"[27].

In diesem Zusammenhang erwähnen unsere Autoren die Gewinne, die die Juden beim Handel machen und ihre wucherischen Praktiken. Ihre Gewinne auf diesem Gebiet werden als eine Art Rache der Unterdrückten gegen ihre Unterdrücker dargestellt; „Der Jude treibt gegen Mauren und Berber Wucher soviel er kann" schreibt Artbauer. Nach Lenz: „[...] aber auch die Juden würden ungern, trotz aller Demüthigungen und täglich sich wiederholenden Insulten ein Land verlassen, in welchem ihr unbegrenzter Schachertrieb und eine angeborene Gewinnsucht nach jeder Richtung hin befriedigt wird"[28].

Auf dieser Ebene gibt es einen deutlichen Abstand zwischen Horowitz und seinen Landsleuten. Selbst Jude, erwähnt er zwar Gewinn und Vermögen seiner Glaubensbrüder, zieht es aber vor, ihr Übergewicht in Handel und Handwerk ihrem Arbeitseifer, ihrem Beharrungsvermögen, ihrer Anpassungsfähigkeit und der Abneigung, ja der Ablehnung, die die Muslime gegen direkte Geschäftsbeziehungen mit Europäern haben zuzuschreiben. Indem er sich gewissermaßen dem anschließt, was Werner Sombart über Horowitz' Glaubensgenossen in seinen ersten Werken schrieb, besonders in *Die Juden und das Wirtschaftsleben* (Leipzig 1911), etwa der Assoziation zwischen Homo Judaeus und Homo Capitalisticus, kommt er zu dem Schluß, daß die Juden (Marokkos) „das einzige Element im Lande [darstellen], daß wenigstens einige Aehnlichkeit mit dem europäischen Bürgerthum hat"[29].

Die Eigenschaften und der Vorsprung dieses Elementes des Fortschritts gegenüber den Muslimen, denn das ist es, was dieser Autor suggerieren will und was andere Europäer expliziter sagen, für die „der marokkanische Jude als Instrument des Fortschritts und der Zivilisation in Frage kam", waren nach den einen wie den anderen auf vielen Ebenen sichtbar. Eines der beweiskräftigsten Indizien lag diesbezüglich zum Beispiel in Stellung der jüdischen Frau und in ihrer Bewegungsfreiheit.

Auch dieses Mal versäumten die drei deutschen Schriftsteller wie andere ausländische Besucher nicht, den Kontrast zwischen Musliminnen und Jüdinnen hervorzuheben. Einerseits war es die Abgeschiedenheit der Frau oder ihre Erscheinung auf der Straße als unförmige Masse, ganz umhüllt von einem *Haik*, und die Größe des Risikos, das für jeden unter den Christen bestand, der an irgendein galantes Abenteuer in der *Medina* dachte. Auf seiten der Jüdinnen waren es hingegen die größere Freiheit, der Ausgang mit unbedecktem Gesicht, die Verwendung europäischer Kleidung, Gespräche mit den Leuten auf der Straße und die Tatsache, daß die Hausfrau nicht den Blicken des europäischen Gastes entzogen wurde.

Pietsch schreibt folgendes über die, die er im *Mellah* von Fes gesehen hat: „Zum Glück gebietet den Jüdinnen wenigstens kein Gesetz, ihr Antlitz zu verhüllen. Vor jeder Tür hielten wir an, wie gebannt durch den mächtigen Zauber eines oder mehrerer von diesen weiblichen und kindlichen Gesichtern mit den großen, tief dunkeln, sanft glühenden, feucht verklärten Sternen, den echten Abkömmlingen jener, von welchen der weise Sänger des Hohenliedes sagt, daß sie seien »wie die Teiche zu Hesbon am Thor Bathrabbim«"[30].

Während sich Pietsch und Artbauer allerdings damit begnügen, ihre Bewunderung für die Schönheit dieser Frauen zum Ausdruck zu bringen, bemüht Horowitz sich, den Vorwurf der Leichtfertigkeit zurückzuweisen, den die Europäer den Jüdinnen machten. In seiner Sicht handelte es sich da um Klischees, die von Einzelfällen „verlorener Geschöpfe" abgeleitet wurden, die soweit heruntergekommen waren, in den Küstenstädten ihre Reize an die Touristen zu verkaufen. Immerhin, schreibt er, ist ihre Zahl deutlich niedriger als die ihrer christlichen Schwestern in Südeuropa[31].

Er fügt an: „Man kann von den marokkanischen Jüdinnen sagen, dass sie besser sind als ihr Ruf, jedenfalls besser als die Maurinnen. Sie sind treue und liebreiche Töchter und Gattinnen, einfach, bescheiden und arbeitsam". Entscheidendes Argument zur Stützung dieser Schilderung: Das angenommene Martyrium einer jungen Frau aus Tanger, Solikha Hachouel, unter der Herrschaft von Moulay Abderrahmane (1822-1859) ungerecht beschuldigt, das muslimische Glaubensbekenntnis gesprochen zu haben (*Chahada*), hingerichtet, weil sie sich von ihm distanziert hat und seither als Heilige betrachtet (*Saddiqa*) – ihr Grab in Fes wird von Juden ebenso wie von Muslimen verehrt. Horowitz schreibt: „Die junge und schöne Jüdin starb heroisch für ihre Überzeugung, bewundert vom ganzen Land"[32].

---

[27] HOROWITZ a.a.O., S. 56.
[28] LENZ a.a.O., S. 141.
[29] HOROWITZ a.a.O., S. 56.

[30] PIETSCH a.a.O., S. 177.
[31] HOROWITZ a.a.O., S. 54.
[32] HOROWITZ a.a.O., S. 55.

Diesem Autor ging es allerdings nicht lediglich darum, Tugend und Mut seiner Volksgenossen an sich darzustellen. Sein Anliegen war es, gleichzeitig klar zu machen, daß sie den Muslimen moralisch überlegen waren: „Der Maure", schreibt er, „der unter einem Willkürregime [lebt] und dem Recht und Gesetz vorenthalten wird, wird zur Lüge und zur Verstellung verleitet. [... Er ist] gegen den in seiner Gewalt befindlichen Feind gefühllos, roh und brutal". Beim marokkanischen Juden findet man selten die „persönliche Feigheit und Furchtsamkeit, dieser den europäischen Juden so oft gemachte Vorwurf [...] Der ebenfalls in Europa so oft gehörte Vorwurf, dass der Jude arbeitsscheu sei und besonders harte Arbeit scheue, würde in Marokko geradezu lächerlich klingen und höchstens auf die Araber passen"[33].

Natürlich hebt Horowitz mehrfach die Bedeutung hervor, die die marokkanischen Juden für Europa haben. Da er aber ein Amt in der deutschen Legation in Tanger bekleidete, hütete er sich vor jedem ausdrücklichen Aufruf zur direkten ausländischen Einmischung in Angelegenheiten des Landes. Er beschränkt sich auf verschleierte Appelle zur „Mitverantwortung".

So schreibt er: „Obwohl an Zahl bedeutend geringer als die Mauren, sind die Juden für den Fremden in Marokko fast wichtiger als die eigentlichen Inhaber des Landes" und er fügt hinzu: „Das Judenthum in Marokko wird erst dann zur vollen Geltung im Lande gelangen, wenn dasselbe vom Joche afrikanisch-mohamedanischer Barbarei befreit sein wird"[34].

Pietsch seinerseits hatte seit 1878 die für Europa günstigen Eigenschaften der marokkanischen Juden herausgestellt, mit denen er Kontakt gehabt hatte. Ihm zufolge waren jene nicht weit davon entfernt, sich Europa als „ein modernes Kanaan [vorzustellen], wo Milch und Honig fließt, wo ihren Männern und Söhnen die Herrschaft über die Finanzpolitik [...] gegeben ward"[35].

Appelle in diese Richtung waren übrigens schon von Gerhard Rohlfs formuliert worden, dessen Schriften einen bedeutenden Widerhall in Deutschland hatten und den der Kanzler Bismarck persönlich zu Rate zog. Seine Feststellung betraf jedoch nicht allein die Juden, sondern die Gesamtheit der Bevölkerung des Landes. Er schreibt: „Die Marokkaner werden durch ihre despotischen Regierung und das erdrückende Gewicht ihrer Religion vernichtet; es wäre sogar treffender, zu sagen, daß die Marokkaner unter der religiösen Monomanie leiden, der sie seit Generationen ausgeliefert sind"[36].

Artbauer bemühte sich wahrscheinlich deswegen um keinerlei verbalen Umweg, weil er kein öffentliches Amt innehatte. Auch er erwähnte natürlich die Verbesserung des juristischen und sozialen Status der marokkanischen Juden, die von der Ausweitung des europäischen Einflusses erwartet wurde. Er rief seine Volksgenossen aber vor allem zu einem Wettlauf mit den Franzosen auf, indem er sie darüber nachzudenken mahnte, welche Errungenschaften diese der *Alliance Israélite Universelle* zu verdanken hatten und die „nichtjüdische" – wie er betont – „deutsche Schule, die 1909 in Tanger eröffnet wurde", zu fördern[37].

Er stellt fest: „Der Deutsche sollte überlegen, daß die Republik seit Jahrzehnten dem Atlasjuden schmeichelt, um diesen gar nicht gering einzuschätzenden Faktor an seiner Seite zu haben, sobald es nötig scheint. Der marokkanische Jude repräsentiert marokkanischen Handel – ein Grund mehr für unsere Politiker, scharfe Wacht zu halten über französisches Vorgehen in Marokko!"[38].

5. Zusamenfassendes Ergebnis

Diese Muster erlauben, sich klar zu machen, daß die hier erwähnten Autoren mit ihrer Sichtweise ihren französischen Pendants in nichts nachstanden. Es sind dieselben Blickwinkel, dieselben Bezugsgrößen und dieselben Vorurteile, mit denen sie die marokkanische Wirklichkeit, die ihre Aufmerksamkeit auf sich zieht, wahrnehmen und interpretieren.

Einige von ihnen nuancieren hier und da ihre Äußerungen, tun es aber so, daß diese Vorsichten keinesfalls die sehr entschiedenen Ansichten beeinträchtigen, die sie sich von den Marokkanern, ihren Traditionen und Sitten, vom *Makhzen* und von der „Sendung" machen, die Europa in diesem Land vorbehalten zu sein scheint.

Abgesehen von einigen marokkanischen „Lektoren" in Deutschland war diese Literatur für deren Landsleute völlig unerreichbar. Die tiefe Trennung zwischen „Gläubigen" und „Ungläubigen" sowie die Verwurzelung der Vorurteile beiderseits des Mittelmeeres, machten sie vielleicht sogar ganz indifferent für das Bild, das welche Europäer auch immer sich von ihnen machten oder darstellten. Sie waren deutlich aufmerksamer für die Härte der französisch-deutschen Rivalität, für die Äußerungen, die man „Haj Guillaume" anläßlich seines Besuchs zuschrieb, für die antifranzösische Propaganda der von der Regierung in Berlin vor Ort entsandten Agenten und für die Qualität der Mauser und anderer Kriegswaffen deutscher Herstellung, die zu den Stämmen geschmuggelt wurden. Lauter Tatsachen, die angesichts der Verschärfung der französischen Bedrohung und der flagranten Räubereien der Engländer nichts anderes bewirken konnten, als die Marokkaner mit dem Eindruck zu beruhigen, daß Deutschland sich um die Bewahrung ihrer Unabhängigkeit sorgte und tatsächlich eine „befreundete" Macht war.

---

[33] HOROWITZ a.a.O., S. 54-59.
[34] HOROWITZ a.a.O., S. 59 f.
[35] PIETSCH a.a.O., S. 176.
[36] ROHLFS a.a.O., S. 82-84.

[37] ARTBAUER a.a.O., S. 29.
[38] ARTBAUER a.a.O.

Omar Afa (Rabat)

Die deutsche Präsenz in Südmarokko am Ende des 19. und zu Beginn des 20. Jahrhunderts[*]

Mit 2 Abbildungen

Einleitung

Wenn der Historiker die Bedingungen einer bestimmten Epoche rekonstruiert, dann tut er das zu einem ganz präzisen Zweck. Welche Befunde kann man ganz konkret aus dem historischen Kenntnisstand, über den wir verfügen, zur Frage der wechselseitigen Wahrnehmung der Marokkaner und Deutschen am Ende des 19. und zu Beginn des 20. Jahrhunderts erschließen? Wir versuchen somit in vorliegendem Beitrag, uns mit der Situation zu beschäftigen, wie sie durch die deutsche Präsenz in Südmarokko in der damaligen Zeit geschaffen wurde.

Im einzelnen soll dieses Thema anhand folgender Teilaspekte behandelt werden:
- Der allgemeine Kontext der deutsch-marokkanischen Beziehungen zu jener Zeit;
- Das Interesse der Deutschen an Südmarokko;
- Die Formen deutscher Präsenz im Souss und in Südmarokko;
- Wie war die wechselseitige Wahrnehmung und welchem Ziel diente sie?

1. Der allgemeine Kontext der deutsch-marokkanischen Beziehungen

Die erste Begegnung der Deutschen mit dem marokkanischen Süden geht auf das 16. Jahrhundert zurück. Damals hat ein deutscher Reisender, der auf dem Weg nach Brasilien war, eine Zwischenlandung im Hafen von Agadir gemacht. In Küstennähe sah er kastilische Seeleute und vor Anker gegangene Schiffe, die mit Zucker, Mandeln, Datteln, gegerbten Ziegenhäuten und *Gummi arabicum* beladen waren[1].

Dieses Ereignis zeigt, daß Marokko in Deutschland auf gewisses Interesse gestoßen war, das aber erst richtig begann, nachdem es seine staatliche Einheit durch die Reichsgründung gefunden hatte. Diese Aktivitäten fielen in die Phase der Regierung des Sultans Moulay Hassan (1873–1894), während derer die ausländische Konkurrenz um die Einflußsphären in Marokko ihren Höhepunkt erreichte. Im Rahmen seiner neuen imperialen Weltpolitik beanspruchte Kaiser Wilhelm II. den Anteil, der Deutschland zukommen solle in der Türkei, in China und in Marokko[2].

Im Jahr 1873 ernannte Deutschland erstmalig einen Repräsentanten in Marokko. Aber es vergingen mehrere Jahre bis es sich dazu entschließen konnte, sich im Weltmaßstab zu engagieren. Mit Bismarcks Unterstützung der französischen Politik gegen Großbritannien, Spanien und Italien anläßlich der Konferenz von Madrid im Jahr 1880 trat Deutschland mit ganzer Kraft in den internationalen Konkurrenzkampf ein[3].

Ab 1885 begann Deutschland Verhandlungen mit Marokko aufzunehmen, um ein Handelsabkommen anzustreben. Der Sultan Moulay Hassan nutzte diese Situation politisch aus. Um sich aus der internationalen Konkurrenz Vorteile zu verschaffen, beschloß er, sich mit den Deutschen zu verbünden. Er fragte deshalb nach der Meinung der *Ulemas*, der Händler und der Notablen zur Frage der Genehmigung des Verkaufs von Getreide an Nichtmuslime im Rahmen eines solchen Abkommens[4]. Aber trotz der eher ablehnenden Stellungnahmen der genannten Parteien und erfolgloser Verhandlungen kam eine Annäherung zwischen dem *Makhzen* und Deutschland zustande. Die „deutsch-marokkanische

---

[*] Übersetzt von Herbert Popp.
[1] *Les sources inédites de l'histoire du Maroc*, 1ère série, Dynastie Saâdienne, Bd. 4, Portugal 1951, S. 112.
[2] Allal LAKHDIMI: La crise d'Agadir (1911) et les relations germano-marocaines. – in: *Colloque d'Agadir. Axe historique.* – Agadir 1990, S. 125 (= Publications de la Faculté des Lettres d'Agadir) [*in Arabisch*].
[3] Germain AYACHE: Etudes d'histoire marocaine. – Rabat: SMER 1979, S. 231.
[4] Omar AFA: Les consultations du Sultan dans le domaine des réformes au Maroc du XIXème siècle. – *Majallat Kulliyat Al-Adab*, N° 16, 1991, S. 57-64 [*in Arabisch*]; vgl. auch Ibnou ZAIDANE: Al Ithaf..., Bd. 2, S. 389-394.

Freundschaft", wie G. Ayache sie bezeichnet, dauerte bis zum Ende der Regentschaft von Moulay Hassan (1894). Während dieser Regierungszeit scheint es, daß die marokkanische Regierung eine gewisse Sympathie für Deutschland im Gegensatz zu Frankreich und Großbritannien empfand. Mehrere Gesten der marokkanischen Regierung verdeutlichen diese Poltik einer Annäherung an Deutschland: so z. B. der Freikauf von sieben deutschen Händlern, die von den saharischen Stämmen der Tekna am Strand in Südmarokko gefangen genommen worden waren, durch den *Makhzen*. Zweifellos hatten diese Schmuggel und Spionage betrieben. Doch wie dem auch war, der *Makhzen* beeilte sich, Handelsvereinbarungen mit der deutschen Krupp-Gruppe abzuschließen, die ja unter anderem auf die Herstellung schwerer Waffen spezialisiert war. 1882 zögerte der Sultan nicht, deutsche Architekten nach Marokko kommen zu lassen, die er mit dem Bau einiger Wachtürme in Rabat und Essaouira betraute[5]. Deutschland wurde derart zu einem Land, das nicht nur diplomatische Hilfestellung leistete, sondern Marokko auch mit Rat bei den Meinungsverschiedenheiten mit anderen fremden Ländern zur Seite stand, vor allem hinsichtlich der marokkanisch-amerikanischen Beziehungen.

Hiernach begann der Austausch von Botschaften zwischen Deutschland und Marokko. Damals erfolgte auch die Botschaft des *Kaid* Abdessalam Berrechid, der in Deutschland empfangen wurde. Dies bewirkte in den französischen und britischen Zeitungen eine spürbare Unruhe[6]. Deutschland ernannte seinerseits Herrn Tattenbach als seinen Botschafter in Marokko mit dem Ziel, die Verhandlungen mit Marokko zum Abschluß eines Handelsabkommens wiederaufzunehmen, die auch tatsächlich Anfang Juni 1890 zu einem Abschluß kamen und von marokkanischer Seite durch den Minister Mohammed El M'Faddal Gherritt und von deutscher Seite durch den Unterhändler Tattenbach unterzeichnet wurden. Unter den wichtigsten Klauseln dieses Vertrages muß die genannt werden, die sich auf die Handelserleichterungen bezog, und hierbei speziell auf den Getreideexport[7]. Doch wurde der Vertrag erst in die Tat umgesetzt, nachdem der Sultan ihn am 28. März 1891 bestätigt hatte.

Von diesem Zeitpunkt an rückte die Freundschaft zu Deutschland ins Zentrum der marokkanischen Außenpolitik. Die auswärtige Konkurrenz um Marokko verschärfte sich: Großbritannien stellte an den Sultan ungerechtfertigte Forderungen. Sein Botschafter in Fes hißte die britische Flagge, was die Bevölkerung der Hauptstadt aufbrachte. Und Spanien führte einen blutigen Angriff durch, der gegen die Bewohner von Melilla gerichtet war.

Nach dem Tode des Sultans Moulay Hassan im Jahr 1894 gerieten die Beziehungen mit Deutschland wegen der inneren Unruhen in Marokko ins Stocken – eine Krise, die von 1894 bis 1897 dauerte. Die Unruhen waren das Ergebnis von Vorkommnissen, die auch zum Tod deutscher Staatsbürger führten, wie z. B. Rockstrock oder Franz Nomann (der tot in Casablanca aufgefunden wurde und der das Opfer seines gewalttätigen Vorgehens gegenüber Bewohnern und der Mißachtung von Anweisungen des *Makhzen* wurde), des Angriffs auf ein holländisches Schiff und der Verhandlungen, die auf diese Ereignisse folgten. Diese Krise spitzte sich im übrigen zu infolge einer Serie von Provokationen, die der deutsche Botschafter Tattenbach ausgelöst hatte, indem er vom *Makhzen* überzogene Reparationsleistungen forderte[8].

Die Krise dauerte bis 1905, als Kaiser Wilhelm II. seine Rede in Tanger hielt, in der er erklärte, daß der marokkanische Sultan eine vollständige Souveränität genieße. Es ist bekannt, daß Deutschland in diese Haltung getrieben wurde, nachdem Frankreich mehrere Abkommen geschlossen hatte (darunter auch zwei mit Marokko, die 1901 und 1902 zustande kamen), die das Ziel verfolgten, die übrigen Länder von Marokko fernzuhalten, so z. B. durch den Vertrag mit Italien im Jahr 1902 und die *Entente Cordiale* mit Großbritannien und Spanien 1904[9]. Diese Politik Frankreichs veranlaßte Deutschland, mit seinem Nachbarland zu verhandeln, um ein Abkommen zu erzielen, das schließlich die Beendigung der deutschen Präsenz in Marokko ermöglichte und Frankreich freie Hand einräumte, um sich Marokko ganz alleine anzueignen[10].

2. Deutschlands Interesse an Südmarokko

Nach der Unterzeichnung des deutsch-marokkanischen Vertrags im Jahr 1890 nahmen die deutschen Aktivitäten in Marokko sowohl im Bereich des Handels als auch der Diplomatie zu. Obwohl die Anzahl der Deutschen in Marokko im Vergleich zu den anderer ausländischer Kolonien klein war, war ihre Tätigkeit origineller und führte schnell zum Erfolg. Deutsche Handelsunternehmen haben sich rasch in allen Regionen Marokkos niedergelassen[11], unterstützt durch ein konsularisches Netz und einen Postdienst, der effizienter arbeitete als der der Franzosen, Briten und Spanier.

Die Deutschen waren in mehreren Regionen präsent. Aber ihr Interesse für das Souss wurde nach der Rede in Tanger und der Konferenz von Algeciras größer. Zweifellos war dieses wachsende Interesse das Ergebnis mehrerer Faktoren, und zwar vor allem der folgenden:

---

[5] Germain AYACHE: Etudes d'histoire marocaine. – Rabat 1979, S. 235.
[6] Germain AYACHE: Etudes d'histoire marocaine. – Rabat 1979, S. 336.
[7] A. TAMSAMANI KHALLOUK: Le traité du 1er juin 1890 entre le Maroc et l'Allemagne. – Al-Alam Attakafi (Kulturbeilage zur marokkanischen Tageszeitung *Al-Alam*), N° 761, Februar 1992, S. 3 u. 6.

[8] Germain AYACHE: La crise des relations Germano-Marocaines. – in: Germain AYACHE: Etudes d'histoire marocaine. – Rabat 1979, S. 225 u. 283.
[9] Allal LAKHDIMI: L'intervention étrangère et la résistance marocaine (1894–1910): l'incident de Casablanca et l'occupation de la Chawiyya. – Casablanca: Edition Afrique-Orient 1991, S. 47-48 [*in Arabisch*].
[10] Allal LAKHDIMI: La crise d'Agadir, a.a.O., S. 128.
[11] Allal LAKHDIMI: L'intervention étrangère, a.a.O.

1. Deutschland mied es, in einen direkten Konflikt mit den konkurrierenden europäischen Nationen einzutreten. Nachdem die Briten und Spanier bereits in Nordmarokko und die Franzosen in Ostmarokko und dem Touat präsent waren, blieb ihm, auch wenn es hier bereits einige Gesellschaften entlang der Küste gab, das Souss als Einflußzone.
2. Die Südregion (von der Linie Essaouira – Marrakech bis zum Verlauf des Drâa im Süden mit dem Souss und dem Antiatlas) war reich an einheimischen Produkten. Die Region war zudem vielversprechend in der Ergiebigkeit ihrer Erzlagerstätten[12] und hinsichtlich seines Absatzmarktes und seiner Wiedervermarktungsmöglichkeiten.
3. Es gab lokale Führer, die die Sicherheit der deutschen Kaufleute sicherten. Zu ihnen zählen *Kaids* der Südregion, und zwar vor allem im Gebiet der Haha. Somit entwickelte Deutschland eine Marokkopolitik, die sich ganz speziell auf die Region Souss konzentrierte[13].

Die Strategie der Präsenz in Südmarokko und die Frage der Sicherheit der deutschen Staatsbürger

Die Deutschen bauten auf ein Netz von erfahrenen Führern, Unterhändlern und Abenteuerern, die von Zeit zu Zeit die Region bereisten. Noch größer allerdings war ihr Vertrauen zu den lokalen Führern, die gegen die französische Politik opponierten, wie z. B. den *Kaids* der Haha, die Ma'el Einine, und unter diesen vor allem Ahmed El Hiba, und einige *Kaids* des Souss.

Im Gebiet der Haha konnten die Deutschen seit Beginn des 20. Jahrhunderts Beziehungen zu den *Kaids* Kloulis von Essaouira und der Haha (dem *Kaid* Saïd el Klouli und seinem Sohn, dem Kaid M'barek, auf den sein Bruder Abderrahmane folgte, und dem *Kaid* Mohamed Anflous) aufnehmen. Außer den *Kaids* waren Händler aus Essaouira, wie Bouchaïb Essaouiri und andere, Personen, die mit den Deutschen zusammenarbeiteten[14].

Die Deutschen gewährten ihrerseits ebenfalls Schutz, finanzielle Hilfe und Waffenlieferungen. Dadurch wurde die Region der Haha ein Brückenkopf zwischen Essaouira und dem Souss. Mehrere deutsche Geheimexperten, Händler und Geschäftsleute durchquerten das Gebiet, um sich von dort aus im Souss, und zwar um Umkreis von Agadir bis nach Taroudannt, niederzulassen[15].

Deutschland profitierte vom Konflikt der Söhne des *Scheikh* Ma'El Einine, die in der Sahara gegen die Franzosen gekämpft und sich auf der Flucht vor der französischen Unterdrückung in Tiznit niedergelassen hatten.

Kaid M'barek El Klouli vermittelte Kontakte zwischen den Ma'el Einine und Deutschland. Al Mokhtar Soussi ist der Auffassung, daß der Widerstand der Ma'El Einine, und hierbei vor allem die Revolte von Ahmed El Hiba gegen die Franzosen, von den Deutschen zusammen mit den *Kaids* der Haha geschürt worden sei[16].

Auf der Basis der bestehenden Beziehungen zwischen den Hahis und den *Kaids* des Souss (wie z. B. Kappa, dem berühmten *Kaid* von Taroudannt) fanden die Deutschen im Souss Schutz, der es ihnen ermöglichte, die Region Stück für Stück zu bereisen, Land aufzukaufen und eine Lagerstättenprospektion vorzunehmen.

3. Die Formen deutscher Präsenz in Südmarokko

Die deutsche Präsenz in der südmarokkanischen Region Souss läßt sich, je nach Ziel, das konkret verfolgt wurde, in vier große Typen untergliedern.

a. Präsenz zum Zwecke der Erkundung

Die Art der Präsenz war unauffällig und kaum wahrnehmbar wegen ihres geheimen Charakters. Wir besitzen keine Dokumente, die über diese Tätigkeiten sprechen. Doch handelt es sich hierbei um eine der ältesten Formen von Präsenz – eine ganz generelle Form, die eigentlich alle anderen mit umfaßt. Zur Frage der Anwesenheit der Deutschen im Souss bemerkt Al Mokhtar Soussi, daß „die Handels- und Politikspione sich oft tarnen, um Marokko von einem Ende zum anderen erkunden zu können"[17]. Indem er die sieben von den Stämmen der Tekna gefangen genommenen Deutschen erwähnt, meint G. Ayache, daß diese Männer „unter dem Deckmantel der »Geographie« Schmuggel und zweifellos auch etwas Spionage betrieben"[18]. Die Deutschen seien in das Souss infiltriert und hätten sich hier auch als Studenten in den traditionellen Schulen eingefunden[19]. Wenn man den mündlichen Mitteilungen Glauben schenken darf, schickten sie sich an, den Koran zu lernen und konnten die wichtigsten Texte auswendig aufsagen. Die Einheimischen bezeichneten sie als „Aussätzige" (*Borsane*) wegen der semantischen Ähnlichkeit, die der Name dieser Hautkrankheit hat, die auf Arabisch *Brs* heißt, und dem Land Preußen, das auf Arabisch *Broucia* heißt. Die Deutschen hatten nach Angabe oraler Informationen blonde Haare, blaue Augen, kümmerten sich minutiös um ihre äußere Erscheinung[20] und gaben vor, aus Algerien zu stammen[21],

---

[12] Omar AFA: La question monétaire dans l'histoire du Maroc au XIXème siècle. Le Souss, 1822–1906. – Casablanca: Imprimerie Najah el Jadida 1988, S. 288-304.

[13] Mohamed AL MOKHTAR SOUSSI: Al Maâsoul. – Casablanca: Imprimerie Najah El Jadida 1962, Bd. 15, S. 233.

[14] Mohamed AL MOKHTAR SOUSSI: Al Maâsoul. – a.a.O., Bd. 4, S. 104; Bd. 14, S. 159; Bd. 15, S. 233.

[15] Omar AFA: La dimension historique de l'économie d'Agadir. – in: *Les actes du Grand Colloque d'Agadir. Axe historique*. – Agadir 1990, S. 216 (= Publications de la Faculté des Lettres d'Agadir).

[16] Mohamed AL MOKHTAR SOUSSI: Al Maâsoul. – a.a.O., Bd. 15, S. 233; Bd. 4, S. 104.

[17] Mohamed AL MOKHTAR SOUSSI: Al Maâsoul. – a.a.O-, Bd. 14, S. 159.

[18] Germain AYACHE: a.a.O., S. 235.

[19] Es kursierte das Gerücht, daß die Deutschen den Unterricht in der Schule von Angarfa, unweit des Souk von Aït Baâmrane, besucht hätten (freundl. mündl. Mitteilung von Jihadi El Housseine Al Baâmranie).

[20] Mündl. Mitteilung von Moradi Abdel Hamid Albaâmranie (verstorben 1983).

hielten aber häufig ihre nicht näher bekannte Identität geheim. Wie weiter unten zu zeigen sein wird, stellen sich einige von ihnen, nachdem sie von der Bevölkerung enttarnt worden waren, den lokalen *Kaids*.

b. *Präsenz aus wirtschaftlichen Motiven*

Die deutsche Präsenz aus wirtschaftlichen Gründen war anfänglich so wenig bedeutend, daß Deutschlands Anteil am gesamten Warenwert vor Abschluß des Handelsabkommens von 1890 lediglich bei 2,9 % gelegen hat. Danach jedoch erhöhte er sich schnell auf 10 % für das Jahr 1905[22]. In der Tat wurden die deutschen Handelshäuser aktiver und weiteten schnell ihre Initiativen aus, und zwar vornehmlich in Südmarokko und dem Souss. Dadurch wurde es ein unleugbarer Konkurrent für die Handelsaktivitäten der Briten und Franzosen. Der Trend zu einem wirtschaftlichen Engagement in Marokko wurde durch kapitalistische Interessen der deutschen Geldgeber und Geschäftsleute beschleunigt. Aber auch die öffentliche Meinung in Deutschland, die eine respektable Stellung Deutschlands in der Außenpolitik – vergleichbar der der anderen europäischen Mächte – ersehnte, war förderlich für das Marokko-Engagement.

Es gelang den Deutschen, 70 % der Handelsaktivitäten in Marrakech und dem Haouz an sich zu ziehen. Sie gingen ausgesprochen solide Beziehungen mit den Händlern des Souss ein. Sie kauften einheimische Produkte auf und lieferten im Gegenzug für die Verbraucher importierte deutsche Güter, die nachgefragt wurden und die die Funktionen erfüllten, die die marokkanische Klientele anstrebte[23]. Über die Erschließung der Achse von Essaouira nach Marrakech gelang es dem deutschen Handel, sich im Souss zu etablieren und trat dort in Konkurrenz zu Briten, Franzosen und Spaniern.

Wir haben auch versucht, die in der *oral history* tradierten Trassen der wirtschaftlichen Präsenz Deutschlands aufzuspüren, und zwar über die Bezeichnungen, die sich umgangssprachlich noch im Vokabular der Menschen wiederfinden. Im folgenden beschränken wir uns nur auf einige besonders anschauliche Beispiele, die die Herkunft der Güter, die im Souss zum Kauf anstanden, zum Thema haben. Man benutzte z. B. gewöhnlich *Tinglizt* (Englisch) zur Bezeichnung eines Gewehres englischer Herkunft. Das weist darauf hin, daß die Briten Waffen in Marokko verkauft hatten. Das Wort *Talémant* (Deutsch) wird verwendet für die Bezeichnung einer Emailleschüssel, die überall im Souss verbreitet war. Ebenso wurde auch die Bezeichnung *Malka* verwendet für ein spezielle spanische Töpferware, die im Raum Malaga fabriziert wurde. Die französischen Waren waren zahlreich und fanden die Bezeichnung *Taroumyyt*.

c. *Präsenz zur Lagerstättenprospektion im Souss*

Der Reichtum Marokkos an Erzen zog die europäischen Kapitalinteressen unwiderstehlich an. Die Konkurrenz war stark, vor allem zwischen französischen und deutschen Firmen über die Lagerstättenexploration und das Recht der Ausbeutung. Aber der *Makhzen* weigerte sich, Reichtümer des Landes an Ausländer zu veräußern.

Die europäischen Länder, die am Abkommen von Algeciras beteiligt waren, forderten den *Makhzen* auf, ein Gesetz (*Dahir*) zu erlassen, das das Recht der bergbaulichen Nutzung und der Steinbrüche (d. h. den gesamten Montanbereich) auf eine Basis stellen würde, wie im Falle vergleichbarer europäischer Gesetze[24]. Da die Regionen des Souss und des Antiatlas erzreich waren, wurde 1909 von den Mannesmann-Brüdern eine Gesellschaft mit überwiegend deutscher Beteiligung, die S.M.M. ins Leben gerufen[25]. Diese Gründung war nur ein Mittel, um im Souss und Antiatlas intensiv präsent zu sein. Deutschland kaufte Land im Sousstal zwischen Agadir und Taroudannt, um dort nach Metallen zu suchen[26]. Die Einheimischen berichten, daß der *Fquih* Mohammed Ben Ahmed Drakh Student in Fes war. Nachdem er an die Spitze der Habous-Verwaltung in Taroudannt berufen worden war, schloß er Verkaufsverträge von Land mit dieser Gesellschaft ab[27]. Um genügend Geld für all die Landkäufe zur Verfügung zu haben, errichtete die S.M.M. in der Festung (*Kasbah*) von Taroudannt eine Falschgeldwerkstätte, wo gefälschtes marokkanisches Geld, das ja während der Regentschaft von Moulay Abdel Aziz in Deutschland gedruckt wurde, hergestellt wurde[28]. Noch heute reden die Leute über diese Gesellschaft. Ihre Mitglieder genossen den Schutz von Kappa und bereisten systematisch das Gebiet des Souss zwischen Taroudannt und Agadir. Aber weil einige von ihnen von der Bevölkerung entdeckt wurden, wurden sie gefangen genommen und den *Kaids* vorgeführt. Maâsoul berichtet über mehrere solcher Fälle, darunter auch den eines Deutschen, der vom *Kaid* Ksimi in Inezgane festgenommen wurde[29] oder den eines weiteren Deutschen, der von Ali Dlimi in Hachtouka ins Gefängnis geworfen wurde[30]. Der *Kaid* der Haha kaufte mehrfach die Gefangenen auf Kosten der in Essaouira wohnenden deutschen Kolonie frei.

---

[21] Mohamed AL MOKHTAR SOUSSI: Al Maâsoul. – a.a.O., Bd. 14, S. 159.
[22] Omar AFA: L'histoire du Maroc au XIXème siècle – Rabat [Vorlesungsmanuskript] 1992, S. 27.
[23] Allal LAKHDIMI: L'intervention étrangère..., a.a.O., S. 56.

[24] Omar AFA: Question monétaire..., a.a.O., S. 288-304.
[25] Djamal GUENANE: Les relations franco-allemandes et les affaires marocaines de 1901 à 1911. – Alger 1975, S. 174-176.
[26] Omar Afa: Les dimensions historiques de l'économie d'Agadir, a.a.O., S. 216; vgl. auch: Mohamed AL MOKHTAR SOUSSI: Al Maâsoul, Bd. 14, S. 159; Bd. 15, S. 233.
[27] Mündl. Mitteilung von Mohammed Najmi Roudani. Vgl. auch: Mohamed AL MOKHTAR SOUSSI: Khilal Jazoula. – Tétouan: Imprimerie Mahdia o.J., Bd. 4, S. 112.
[28] Mündliche Mitteilung des *Fquih* Mohammed Harmas Roudani.
[29] Mohamed AL MOKHTAR SOUSSI: Al Maâsoul, a.a.O., Bd. 14, S. 159; Bd. 15, S. 233.
[30] Mohamed AL MOKHTAR SOUSSI: Al Maâsoul, a.a.O., Bd. 14, S. 125; Bd. 14, S. 233.

Abbildung 1: Geheimschreiben des deutschen und türkischen Botschafters in Madrid an El Hiba

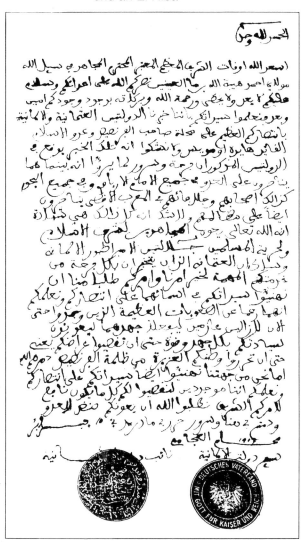

Abbildung 2: Schreiben der französischen Generalresidenz, in dem das Geheimschreiben an El Hiba enttarnt wird

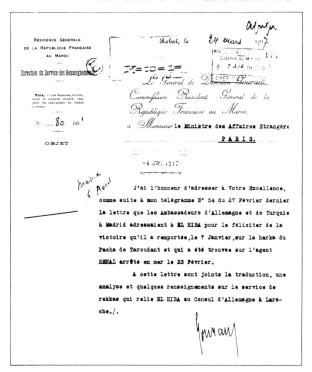

d. Diplomatische Präsenz

Nach mehreren Vereinbarungen zwischen Frankreich einesteils und Großbritannien, Spanien und Italien andererseits, und zwar mit dem Ziel, die Besetzung Marokkos zu regeln, nahm Deutschland gegen Frankreich eine Oppositionshaltung ein. Denn der Vertrag, den beide Länder am 9. Februar 1909 gemeinsam abgeschlossen hatten, hat nichts unmittelbar geregelt. Als Frankreich am 21. Juni 1911 Fes okkupierte, verschlechterten sich die deutsch-französischen Beziehungen merklich. Das Deutsche Reich bereitete einen Plan vor, der Frankreich auf diplomatischer Ebene einen schweren Schlag versetzen und es verpflichten sollte, eine beträchtliche Abfindung für seine Marokkointeressen zu berappen. Da der Hafen von Agadir es Deutschland ermöglichte, den natürlichen Zugang zur reichen Souss-Region, die von einer gewissen Anzahl deutscher Staatsbürger kolonisiert worden war, zu sichern, entschied der Staatssekretär im deutschen Außenministerium, Kriegsschiffe nach Agadir zu entsenden, die nur dann wieder zurückkehren sollten, wenn Deutschland eine angemessene Abfindung erhielt. Um die Durchführung dieses Planes zu erleichtern, kontaktierte er die *Kaids* des Souss und beruhigte sie mittels des deutschen Konsulats in Essaouira und einiger Kunden der deutschen Gesellschaften in Südmarokko[31].

Unter dem Vorwand, die deutschen Händler und ihre Interessen schützen zu wollen, ankerte ein deutsches Kriegsschiff am 1. Juli 1911 im Hafen von Agadir, nachdem der deutsche Botschafter in Paris ein Memorandum an das französische Außenministerium und die Signatarmächte der Konferenz von Algeciras gerichtet hatte. Eine diplomatische Krise, die „Agadirkrise" begann und sollte auf die europäische Politik große Auswirkungen haben[32].

Die Unterredungen zwischen Deutschland und Frankreich sollten vier Monate andauern, um schließlich in eine Vereinbarung zu münden, die besagte, daß Deutschland die französische Besetzung Marokkos nicht behindern werde und Frankreich im Gegenzug einige wirtschaftliche Konzessionen der Deutschen im Kongo nicht in Frage stellen wolle und Deutschland einen Teil seiner eigenen Kolonien im Kongo überlasse.

Indes ist dieser Vertrag keineswegs das Ende der deutschen Präsenz in Südmarokko, selbst nachdem dieses Land bereits von Frankreich besetzt war. Geheimbeziehungen der Deutschen währten weiter, und zwar vor

---

[31] Allal LAKHDIMI: La crise d'Agadir, a.a.O., S. 144.
[32] Nähere Einzelheiten finden sich bei J. Claude ALLAIN: Agadir, 1911. – Paris 1976.

allem mit Ahmed El Hiba[33]). Frankreich verfolgte die deutschen Bewegungen mit großem Interesse, was ihm schließlich auch ermöglichte, eine geheime Botschaft, die an Ahmed El Hiba 1917 gerichtet war und den Stempel der Botschafter Deutschlands und der Türkei in Madrid trug, zu entdecken (*Abb. 1*). Darin wird Ahmed El Hiba dazu beglückwünscht, einen Sieg über die französische Armee unter dem Kommando von Hida Maïs in Aït Baâmrane davongetragen zu haben. Die Deutschen und die Türken erklärten darin, daß ihre beiden Länder bereit seien, den marokkanischen Widerstandskämpfern Verstärkung angedeihen zu lassen, um ihr Vaterland von der französischen Kolonialisierung zu befreien[34]). Die Meldung der Generalresidenz an den französischen Außenminister (*Abb. 2*) samt einer französischen Übersetzung des fraglichen Schreibens zeigen, daß dieses Geheimdokument enttarnt worden war.

4. Wie war die wechselseitige Wahrnehmung und welchem Zweck diente sie?

Abschließend kann man die Frage stellen, welche wechselseitige Wahrnehmung in dieser historischen Phase auf deutscher wie auf marokkanischer Seite nach dieser Präsenz, die der wir in groben Zügen soeben abgehandelt haben. Eine Antwort darauf muß man auf zwei Maßstabsebenen geben, nämlich der nationalen und der regionalen.

a. Nationale Ebene

Während die deutsch-marokkanische Freundschaft für den marokkanischen Widerstand eine tatsächliche Hilfe gegen die anderen europäischen Länder, die sich darum zankten, wer Marokko besetzen dürfe, bedeutete, blieb diese Hilfe in der öffentlichen Meinung Marokkos weitgehend unbekannt. Vielmehr nahm diese mit Verbitterung die unerfreulichen Folgen des Vertrages wahr, der auf Dauer den Export von Getreide regelte, was automatisch eine unzureichende Eigenversorgung in diesem Bereich zur Folge haben und zu Preissteigerung führen

---

[33]) Wir habe eine Kopie des Briefes, der von Ahmed El Hiba an die Botschafter Deutschlands und der Türkei in Madrid adressiert war, gefunden, der diese Beziehung eher noch wahrsheinicher macht. Im folgenden sei eine entscheidende Passage des Briefes angeführt: „Er [der Brief] hat uns durch Euer Ehren Hajj Omar sowie Brahim Tétouani und die beiden Emissäre von Laroche erreicht", und zwar auf dem Weg vom Hafen von Arxis nach Aït Baâmrane (Brief vom 1. Moharram 1335, das entspricht dem 28. Oktober 1916, im Besitz eines der Enkel von Ma'el Einine). Um die gleiche Zeit besuchten Offiziere, ein Deutscher und zwei Türken, Ahmed El Hiba in seinem Hauptquartier, um ihm gegen die französischen Truppen beizustehen. Die Offiziere boten ihm Geschenke an, darunter auch ein Schwert und ein Fernglas. Aber da sie sich an der Opposition der Partisanen El Hibas stießen, brachen sie heimlich wieder in Richtung der Küste von Arxis auf, unterstützt von der Familie des *Scheikh* Hammou (lt. eines mündlichen Berichts von Jihadi El Housseine).

[34]) Dieses Dokument haben wir in den Archiven des französischen Außenministeriums gefunden unter der Rubrik *Maroc: 1917-1940, Bd. 557.*

mußte. Die öffentliche Meinung gab Deutschland die Schuld an einer solchen Situation der Versorgungsknappheit. Marokko war zudem beunruhigt über das Bestreben aller europäischen Länder, die nationale Souveränität abzubauen. Zweifellos darf man diese Beunruhigung nicht als Ausländerfeindlichkeit mißverstehen.

c. Regionale Ebene

Auf regionaler Ebene führt Al Mokhtar Soussi die Einstellung der Bevölkerung gegenüber Ausländern zu Beginn des 20. Jahrhunderts an, indem er sagt: „[...] zu jener Zeit waren es die Leute nicht gewohnt, einen Ausländer unter sich zu haben, wer er auch immer sein mochte". Als ein deutscher Kaufmann vom *Kaid* Ali Dlimi gefangengenommen und gefesselt wurde, fragten ihn die Soussis, die ihm begegneten: „Aina wadaâta-l-foulous?" (Wo hast Du Dein Geld?). Auch wenn er nichts verstand, was man ihm auf Arabisch sagte, antwortete er jedesmal, falls ihn jemand ansprach: „Aina wadaâta-l-foulous?".

Somit ist die wechselseitige Wahrnehmung zwischen Deutschen und Marokkanern, egal ob auf regionaler oder nationaler Ebene, nicht ganz eindeutig infolge mangelnder Klarheit über die wechselseitigen Einstellungen und ungleicher Bedingungen in der Respektierung und Wertschätzung des Anderen. Von da her darf jede Antwort der historischen Forschung auf die eingangs gestellte Frage nicht so etwas wie eine Bestätigung der Vergangenheit und der Folgerungen, die damit zusammenhängen, sein. Vielmehr sollte sie versuchen, genau dies zu vermeiden und dazu beitragen, eine neue Sehweise vorzuschlagen, die auf der Basis der Gleichheit und des wechselseitigen Respektes basiert.

Boussif Ouasti (Tétouan)

„Die deutsche Meinung zur Marokkofrage" oder Wie man die öffentliche Meinung manipuliert[*]

1. Einleitung

Das Thema unserer Ausführungen soll nicht die deutsche oder französische Meinung über Marokko ganz generell sein, und schon gar nicht deren Geschichte, fällt doch solch ein Thema kaum in den Kompetenzbereich eines Literaturhistorikers. Wir möchten vielmehr einige Aspekte über die praktizierten Manipulationsstrategien, die der Diskurs der politischen Propaganda für sich genutzt hat, am Beispiel eines konkreten Textes aufzeigen. Zunächst werden wir versuchen, unseren Beitrag mit einem Rückblick auf einige prägende Tatsachen und Ereignisse der deutsch-marokkanischen Beziehungen zu beginnen, die unerläßlich sind, um den soziopolitischen Zusammenhang in Erinnerung zu rufen, in den sich der Text einfügt. Wir beschränken unsere eigene Untersuchung auf die Art, wie dieser Diskurs innerhalb der vielen Quellen französischer Kolonialpropaganda geführt wird: in den Geographischen Gesellschaften, den Handelsgesellschaften, der *Union coloniale*, der *Parti colonial*, in Akademien, Instituten, der *Mission Scientifique du Maroc* und dem *Comité du Maroc*.

Bei der Frage nach den Ursprüngen dieses politischen Diskurses in schriftlicher Form werden wir einige Argumente darlegen, die zeigen, daß es notwendig ist, die Frage der Funktionalität der Voraussetzungen hierzu künftig noch detaillierter zu untersuchen.

2. Der deutsche Einfluß in Marokko seit 1870

Selbst wenn einige hanseatische Städte regelmäßige und weitzurückreichende Verbindungen zum Scherifischen Reich hatten, wie das Beispiel der Zahlung einer Abgabe an den Sultan im 19. Jahrhundert zeigt, so wurde Deutschlands Präsenz in Marokko doch erst mit dem Jahr 1870 wirklich bedeutend[2]. Dr. Heinrich Barth, der 1845 das Scherifische Reich bereist hatte, veröffentlichte ein Werk, dessen erster Band Marokko behandelt: *Wanderungen durch die Küstenländer des Mittelmeers ausgeführt in den Jahren 1845, 1846 und 1847.*

Der Oberst von Cronring, der gegen 1878 mit einem dienstlichen Auftrag an den marokkanischen Hof gekommen war, mußte einen empfindlichen Mißerfolg einstecken, der für die damalige Zeit deutsche Produkte in Mißkredit brachte, nachdem die Vorführung einer deutschen Kanone in Gegenwart von Sultan Moulay Hassan mißglückt war. Man erzählt auch von der Explosion einer Eismaschine, die mehrere Helfer tötete. Deutschland zeichnete damals El Hadj Ali bou Thaleb aus, indem es ihn zum Verbindungsmann der Gesandtschaft in Tanger machte.

Der Forscher Gerhard Rohlfs hatte Marokko unter dem Schutz und Einfluß der berühmten Familie des Scherifen von Ouezzane bereist. Es erübrigt sich, daran zu erinnern, daß die Scherifen dieser *Zaouia* als Kollaborateure der Kolonialmacht Frankreich auch die deutsche Protektion nutzten, um ihre Machenschaften und Intrigen ungestört und ungestraft durchzuführen zu können – die Gutgläubigkeit der Bevölkerung dabei schamlos ausnutzend. Mit Gerhard Rohlfs und Oskar Lenz wurden die Absichten Deutschlands im Hinblick auf Marokko sehr klar. La Martinière beschuldigt die beiden Reisenden antifranzösischer Intrigen in Nordafrika und behauptet, daß seit Ende 1877 das Scherifische Reich nunmehr Interessensbereich der deutschen Politik geworden war.

Im übrigen konnte bereits die Gesandschaftsreise des Jahres 1880, die von dem Krupp-Sohn persönlich angeführt wurde, einen umfassenden Erfolg verbuchen und das Vertrauen der Marokkaner in deutsche Produkte wiedergewinnen. Das wirtschaftliche Interesse Deutschlands an Marokko verstärkte sich zunehmend, obwohl Bismarck immer wieder betonte, sein Land habe keine

---

[*] Übersetzt von Christiane Rauchenberger und Herbert Popp.

[2] Wir verdanken diese Betrachtungen über die Deutschen in Marokko H. DE LA MARTINIERE: Souvenirs du Maroc. – Paris: Plon-Nourrit o.J.

besonderen Interessen am Scherifischen Reich. Zur Thronbesteigung Wilhelm II. hatte der Sultan den *Kaid* der Chaouia, Ben Rachid, als Botschafter nach Berlin entsandt.

1890 machte die Botschaftsreise des Grafen Tattenbach nach Fes die wachsende Rolle Deutschlands in Marokko sehr deutlich. In Berlin entwarf man ein Marokko-Programm, das eine Bedrohung für die europäischen Kräfte darstellte und Konflikte zwischen Spanien, der Türkei und Frankreich auslösen mußte. Das Ziel dieses Programms war aber auch die Fortsetzung und Verstärkung einer wirtschaftlichen Eroberung. Dank ihrer gut ausgerüsteten Schiffe entwickelten sich die Deutschen zu einer beachtlichen Konkurrenz für Frankreich und Spanien. Die kaiserliche Gesandschaft erneuerte ihre Schutzfunktion für Marokko und bemühte sich, die anderen europäischen Länder auszustechen, die ebenfalls Ansprüche auf das Land anmeldeten.

Schon 1889 wurde ein eventueller Besuch des deutschen Kaisers in Tanger erwogen, der dann 1905 tatsächlich zustande kam. Bei dieser Gelegenheit bekräftigte Wilhelm II. Marokkos Unabhängigkeit und versicherte, die wirtschaftlichen Interessen seines Landes im Scherifischen Reich unterstützen zu wollen. Der französische Gesandte und ehemalige Geschäftsträger in Tanger läßt sich breit über die angeblichen deutschen Intrigen in Marokko aus, erwähnt jedoch nicht die geheimen französisch-englischen oder spanischen Übereinkünfte über die Abgrenzung von Einfluß-Sphären dieser Länder in Afrika.

Marokkos politische Labilität und wirtschaftliche Schwäche zu Anfang des 20. Jahrhunderts ermöglichten es General Lyautey, seine Expansionspolitik (»tache d'huile« genannt), so wie sie von Galliéni gelehrt wurde, durchzuführen. Er ist es, der die militärische Penetration in Marokko recht spektakulär einläutet. Außenminister Delcassé störte sich an der Anmaßung und am Ungehorsam Lyauteys, als er gegen die Engländer, Franzosen und Spanier Front machte. Lyautey verdankte jedoch seinen Erfolg der Unterstützung durch die öffentliche Meinung in Frankreich, die zwar über die örtlichen Verhältnisse in Marokko schlecht informiert, aber stolz auf ihre siegreiche Armee in fernen Ländern war. Zudem wurde der wirtschaftliche Niedergang Marokkos durch die französischen Handlungsreisenden (*commis voyageurs*) noch beschleunigt, da diese ein gefährliches Ungleichgewicht der marokkanischen Finanzverhältnisse bewirkten, indem sie wiederholt Anleihen vermittelten, um die Einrichtung des Protektorats zu beschleunigen. Dieser Zielrichtung dienten auch Frankreichs Bemühungen, Moulay Abdelaziz von der Notwendigkeit von Reformen zu überzeugen[3].

Die Geheimtreffen der europäischen Verbündeten zielten darauf ab, Marokko wirtschaftlich zu ruinieren und Deutschland von ihren Vorhaben auszuschalten. Diese Provokation veranlaßte Wilhelm II. dazu, nach Marokko zu kommen, um seine feste Absicht zu bekräftigen, sich jeglichen Plänen eines marokkanischen Protektorats zu widersetzen. In seinem Buch *La politique marocaine de l'Allemagne*[4] zieht MAURICE eine Verbindung zwischen dem Verhalten Deutschlands am Anfang des Jahrhunderts und seiner Expansion, die den Weltkrieg auslöste, und er beschreibt die antifranzösische Politik des Reichs mit folgenden Worten:

„Während dieser zwei Jahre, 1904 bis 1905, nahm Marokko nach dem Willen der deutschen Regierung einen wichtigen Platz in seiner Diplomatie ein, denn Deutschland nutzte es als Sprungbrett für seine Politik gegen Frankreich, verursachte einen Vorfall nach dem anderen, provozierte unaufhörliche Konflikte, vervielfachte die Provokationen und gefährdete fortwährend den Frieden."[5]

Es wird aus diesen historischen Betrachtungen klar, daß Marokko in jener Zeit eine akute Krise durchlebte, die die Entstehung des französischen Protektorats beschleunigte. Es lief damals eine konkurrierende Kolonialpolitik zwischen Frankreich und Deutschland ab, die sich in ihren Strategien und Maßnahmen übertrumpften, um ein Marokko, das sich in einer verzweifelten Lage befand, unter ihren Herrschaftseinfluß zu bekommen[6]. Frankreich verkündete unablässig seine berühmte „friedliche Eroberung" (*pénétration pacifique*) und sein „reformerisches Werk" (*oeuvre réformatrice*). Nach Ansicht von La Martinière hatte Deutschland „eine Kampagne in der ganzen Welt geführt, um die ganze Welt und die französische Nation selbst zu überzeugen und um die Verantwortung für den Konflikt, den Deutschland hervorgerufen hatte, abzuwälzen auf den Außenminister Delcassé". Es muß in diesem Zusammenhang betont werden, daß die Marokkoreise des deutschen Kaisers tatsächlich darauf zielte, den *Makhzen* in seinem Widerstand gegen die französische Politik zu bestärken. Im übrigen erfolgte dieser Besuch zeitgleich mit dem einer französischen Gesandtschaft, die in Fes war, um dem Sultan vergeblich den Beistand Frankreichs aufzudrängen, wobei es mit dem Beispiel der Sicherheit Algeriens warb.

3. Die Propagandaschrift *L'opinion allemande et la Question du Maroc*

Die Möglichkeiten, die Kolonialpolitik zu legitimieren und sich den Rückhalt der öffentlichen Meinung zu sichern waren zahlreich. Aus den vielen Quellen der politischen Propaganda, die zu diesem Zweck eingesetzt wurden, haben wir eine Broschüre des berühmten *Comité du Maroc* exemplarisch ausgesucht, dessen Verbreitung dazu bestimmt war, die maßgeblichen Kreise zu informieren und die französische öffentliche Meinung zu beeinflussen: *L'opinion allemande et la Question du Maroc*, verfaßt von CAMILLE FIDEL (1905)[7].

Dieses übersichtliche und handliche Büchlein umfaßt 40 Seiten im Folio-Format, und es wurde verfaßt

---

[3] B. LUGAN: Histoire du Maroc. – Paris: Critérion 1992.
[4] L. MAURICE: La politique marocaine de l'Allemagne. – Paris: Plon 1916.
[5] Ibid., S. 10–11.
[6] J.-L. MIEGE: Le Maroc et l'Europe. – Rabat: La Porte 1989.
[7] Sinngemäß zu übersetzen als: *Die deutsche Meinung zur Marokkofrage*. Vgl. C. FIDEL: L'opinion allemande et la Question du maroc (Rapport au Comité du Maroc). Paris: Comité du Maroc 1905.

als Bericht (*Rapport au Comité du Maroc*). Das 1905 erschienene Büchlein kostete nur einen Franc pro Exemplar. Die Inhaltsbeschreibung läßt die effekthaschende Rhetorik deutlich werden, die der Autor nutzte, um die Öffentlichkeit zu manipulieren. Das Büchlein besteht aus drei durch Absätze und Überschriften deutlich voneinander abgegrenzten Kapiteln:
– Die Kolonialkreise (*Les milieux coloniaux*, 11 Seiten);
– Die Finanzwelt (*Les milieux financiers*, 9 Seiten);
– Die Geschäftswelt (*Les milieux commerciaux*, 21 Seiten).

Der Text präsentiert sich in der Form einer wissenschaftlichen Abhandlung mit dem berühmten argumentativen Dreischritt Hegelscher Prägung (Triptik) These–Antithese–Synthese und ist natürlich mit einer Einleitung und einer Schlußbetrachtung versehen. Der Text gibt vor, zur Wahrheitsfindung beizutragen und beruft sich auf politische und intellektuelle Autoritäten aus schriftlichen Quellen.

Der Bericht ist im narrativen und diskursiven Stil einer soziologischen Untersuchung geschrieben, in der der Autor auf eine Vielzahl von Informationsquellen zurückgreift: Vorträge, Presseberichte, Bücher, Erinnerungen... Das Ergebnis dieser Untersuchung richtet sich nach Aussage des Autors an das *Comité du Maroc*:

„Unser Bericht sollte vor allem von Siedlern in den Kolonien gelesen werden, von Personen, die sehr gut über das französische Werk im muslimischen Afrika unterrichtet sind oder von Personen, die daran teilgenommen haben ..."[8]

Die Vokabel „Siedler in den Kolonien" (*coloniaux*) beschreibt sehr genau den intendierten Leser des Textes und entlarvt die propagandistische Dimension des Berichts. Sein geringer Preis (1 FF) und seine Aktualität verdeutlichen, daß er für eine breite Leserschaft bestimmt war. Der *Rapport au Comité du Maroc* von CAMILLE FIDEL war eine Propaganda-Schrift, die auf die Manipulation der öffentlichen Meinung zielte. Die Marokkofrage trat just in dem Moment auf den Plan, als Frankreich sich offenkundigen Schwierigkeiten in Algerien und Tunesien gegenüber sah, wie ein Vortrag von Eugène Etienne, einem Abgeordneten aus Oran, bei einem Bankett der Kolonialunion beweist:

„Um ehrlich zu sein, empfinde ich Mitleid mit Ihnen, wenn ich Sie so streiten sehe. Ist es denn unmöglich, daß Algerien aufblüht, ohne Tunesien zu lähmen? Und könnte Tunesien nicht zu Reichtum kommen, ohne Algeriens Entwicklung zu behindern? Ich bitte Sie, meine lieben Freunde, diese kleinlichen Streitigkeiten zu beenden. Lenken wir unsere Blick auf höhere und weitere Ziele. Sehen Sie nach vorne, ganz in Ihrer Nähe gibt es Marokko: ein fruchtbares Land, welches den doppelten Segen der Regenfälle des Mittelmeers und des Atlantiks erhält."[9]

FIDEL meidet es, über diese Krise zu reden, und wenn er es tut, führt er ihren Einfluß auf „einige französische Publizisten" zurück, deren Argumente Deutschland für seine antifranzösische Kampagne begierig aufgreife. Alles deutet darauf hin, daß dieses Werk veröffentlicht wurde, um die Unsicherheit der öffentlichen Meinung über die deutsch-französischen Meinungsverschiedenheiten aus dem Weg zu räumen und um sich die Unterstützung zu sichern, die notwendig war, um das *Quai d'Orsay* festzulegen. Um seine Argumente auszubreiten, stützt sich der Autor auf vielfältige Mittel und „Beweise".

a. Einleitungskapitel

Die Einleitung beginnt mit einer Erinnerung an den deutsch-französischen Streit und seine Auswirkungen:

„Die deutsch-französischen Meinungsverschiedenheiten, die die Ereignisse in Marokko bewirkt haben, hatte man in Frankreich zuerst als vorübergehend und oberflächlich angesehen. Man glaubte, daß es sich auf der deutschen Seite nur um gekränkte Eitelkeit handelte, hervorgerufen durch die Enttäuschung darüber, von den französisch-englischen Abmachungen ausgeschlossen worden zu sein. Und man hoffte, daß das Problem sich in nichts auflösen würde, wenn erst gewisse Loyalitätsbekundungen ausgetauscht wären. Man täuschte sich in Frankreich, wenn man hinter dieser etwas lautstarken Unzufriedenheitsbekundung nichts Tieferes vermutete. In Wahrheit war dies für Deutschland nur der Vorwand für eine Haltung, deren Unnachgiebigkeit eine Spannung zwischen den beiden Ländern bewirkt hat, die sich erst heute zu beruhigen scheint."[10]

Der zweideutige und ironische Stil versucht, die Haltung Deutschlands als heimtückisch zu entlarven. Gegenüber dieser unerwarteten und undeutlichen Reaktion sollten die französischen Siedler die wirklichen Absichten Deutschlands erfahren:

„Angesichts der Unsicherheit und Nervosität, die in der französischen öffentlichen Meinung vorherrschen, hat es das *Comité du Maroc* für richtig gehalten, uns die Aufgabe einer Befragung verschiedener Persönlichkeiten in Deutschland zu übertragen, um die deutschen, Marokko betreffenden Absichten und die deutsche Einstellung gegenüber Frankreich zu erkunden."[11]

Die Ausführung dieses offiziellen Auftrags wurde offenbar erleichtert durch die Hilfe diplomatischer Kreise, Politiker, Finanzleute, Hochschullehrer, Siedler und Geschäftsleute. Getreu der klassischen methodischen Vorgehensweise einer wissenschaftlichen Abhandlung endet die Einleitung mit einer in Frageform gekleideten Problematik, gefolgt von der Ankündigung der angestrebten Zielsetzung der Studie:

„Wie sehen die deutschen Absichten im Hinblick auf Frankreich aus? Welches Ziel verfolgt Deutschland in Marokko? Auf diese beiden Fragen, die in Wahrheit nur eine Frage ist, weil sie eng miteinander zusammenhängen, kann es nicht nur eine einzige Antwort geben. Soviele Menschen man auch immer zu diesem Thema befragt, soviele verschiedene Antworten erhält man. Die Meinungen unterscheiden sich je nach sozialer Zugehörigkeit, und wir halten es für notwendig, diese verschiedenen Meinungen darzulegen. Zu diesem Zweck werden wir die Kolonialkreise, die Finanz- und die Handelswelt getrennt betrachten und versuchen, nach der Gegenüberstellung der wichtigsten Meinungen eine Gesamtbewertung herauszuarbeiten."[12]

Diese Einleitung legt den Ablauf der Darlegung fest. Ebenso wie die Rhetorik dient sie dazu, die Aufmerksamkeit des Lesers mittels der »captatio benevolentiae« auf sich zu lenken.

---

[8] Ibid., S. 11.
[9] F. DELAISI: Comment on lance une conquête coloniale. – in: *Le Crapouillot*, 1936.

[10] C. FIDEL: L'opinion allemande..., op. cit., S. 3.
[11] Ibid., S. 4-5.
[12] Ibid., S. 5.

b. Die Kolonialkreise

Der Autor beginnt mit der Darstellung der Tatsachen: der Schlüsselrolle, die Marokko im deutsch-französischen Gegensatz spielt. Die Untersuchung wird in denjenigen Kolonialkreisen durchgeführt, die Frankreich wenig freundlich gesonnen sind und die über die vom *Alldeutschen Verband* durchgeführte Propaganda-Kampagne gut unterrichtet sind. Der Text erwähnt den Bericht dieser Kampagne von 1904 jedoch nicht im Hauptteil, sondern verbannt ihn als sehr knappe Zusammenfassung der zwei Broschüren, „1. Marokko verloren? Ein Mahnruf in letzter Stunde" von Rechtsanwalt Lass aus Mainz und „2. Warum brauchen wir Marokko?" von Joachim Pfeil, in eine Fußnote. Nach dem französisch-englischen Abkommen richtete der Vorstand des *Alldeutschen Verbandes* zwei Eingaben an den Reichskanzler, um den Erwerb der marokkanischen Atlantik-Küste, wo die deutsche Überschußbevölkerung angesiedelt werden sollte, und den Pachtbesitz eines Küstenhafens (zum Beispiel Mehdia, Rabat oder Casablanca) zu fordern, welcher der Einrichtung eines Kohlelagers und eines Marinestützpunktes dienen sollte.

Die Kolonialkreise werden von Geographischen Gesellschaften und Kolonial-Gesellschaften vertreten, wie zum Beispiel der *Gesellschaft für Erdkunde zu Berlin*, der *Deutschen Mittelmeer-Gesellschaft* in Berlin, der *Geographischen Gesellschaft Hamburg* und der *Kolonial-Gesellschaft* in Hamburg. Obwohl diese der französischen Expansion in Marokko ablehnend gegenüberstehen, räumt der Autor ein, daß sie gegen einen Krieg seien, vielmehr eine Verständigung derjenigen Mächte erhofften, welche die englisch-amerikanische Vorherrschaft im Mittelmeerraum aufheben könnten. Sie zögen in der marokkanischen Sache sogar eine französisch-deutsche Aktion in Betracht. Einige glaubten fest an den Erfolg einer deutschen Einwanderung in Marokko, während sich andere skeptisch über dieses utopische Projekt äußerten. Wenn man Spanien verdrängen würde, könnte Frankreich die Grenzregionen zu Algerien behalten, während Deutschland sich der Gegend zwischem dem Atlas und dem Atlantischen Ozean, der produktivsten Region, bemächtigen könnte. So könnte Frankreich seine Neuorganisation und seine Reformen im marokkanischen Reich in Angriff nehmen, solange das territoriale deutsche Interesse an Marokko sehr gering sei. In dieselbe Richtung dieser Argumente, wie sie Freiherr von Richthofen, der Präsident der Berliner *Gesellschaft für Erdkunde*, und der Sekretär derselben Gesellschaft, Georg Kollm, äußerten, gehe auch die Meinung Dr. Sanders, des Generalsekretärs der *Deutschen Kolonial-Gesellschaft*, der für eine Konferenz eintritt, welche Frankreich ein „internationales Mandat" übertragen sollte, das ihm die Vollendung seiner Reformen erlauben könnte.

Die arabisch sprechenden Deutschen, Dr. P. Mohr, Direktor der *Deutschen Mittelmeer-Gesellschaft*, und Professor Theobald Fischer aus Marburg, äußerten hingegen Vorbehalte gegen diese Strategie, die Frankreich in Marokko mehr Ansehen und Macht verleihen würde. Sie vertraten die Meinung, daß die Eisenbahnstrecke Fes–Oujda ohne eine militärische Eroberung, für die menschliche und materielle Opfer nötig wären, nicht realisierbar sei. Ein Zustand ohne militärische Intervention könnte sogar eine Revolte in Marokko auslösen. Um einem solchen eventuellen Aufstand entgegenwirken, schlägt Deutschland statt muslimischer und algerischer, europäische Truppen vor, um im Scherifischen Reich wieder Ordnung herzustellen. Deutschland befürchtet nämlich, daß muslimischen Soldaten im Dienste Frankreichs gemeinsame Sache mit den Marokkanern gegen die Europäer im allgemeinen und die Franzosen im speziellen machen würden. So würde der Konflikt zwischen Europa und den Muslimen noch umfassender. Es wird offensichtlich, daß die deutschen Argumente sich für eine europäische Zusammenarbeit stark machten, die gleichsam Frankreichs Ansprüche auf Marokko zunichte machen würde.

CAMILLE FIDEL zitiert nicht ohne Ironie die Worte eines Soldaten, des Oberst Max Hübner, der in seinem Reisebericht *Militärische Betrachtung über Marokko* (1905)[13] Frankreichs Einfluß in Marokko nicht mit militärischer Stärke, sondern mit „gemeinsamem Glauben mit den Marokkanern" begründet. Er behauptet, daß die meisten Franzosen die Sprache des Landes sprächen und die gleiche Religion wie die Marokkaner pflegten:

„Die meisten Mitglieder der *Mission française* sehen die Marokkaner nicht etwa als verhaßte »Roumis«, sondern als ihre Glaubensbrüder an, deren Anleitung sie ohne Demütigung akzeptieren können, was im Falle der Befehle, die ein Christ gibt, nicht der Fall wäre."[14]

Er fügt hinzu, daß die Eisenbahnstrecke zwischen Fes und Oujda sich als wirksames Mittel erweise, um das östliche Marokko, das Hauptursprungsgebiet aller Revolten, zu befrieden. Der Aufbau geschäftlicher Verbindungen (so der deutsche Plan), würde besser als die Kanone (Frankreichs) eine Befriedung Marokkos erlauben.

Es muß festgestellt werden, daß die Partei, die der reformerischen Organisation Frankreichs in Marokko negativ gegenübersteht, auch die französische Herrschaft in Algerien und Tunesien als ungesichert darstellt. Das Kapitel endet mit einer Infragestellung dieser deutschen Argumente, die das Ziel hätten, die öffentliche Meinung zur Befriedung Marokkos negativ zu beeinflussen.

Zusammenfassend läßt sich sagen, daß dieses Büchlein die friedfertigen Gefühle Frankreichs herauszustellen versucht und das deutsche Projekt als eines darstellt, daß die französische Vorherrschaft in Marokko verhindern will. Andererseits betont Fidel in seiner Argumentation aber auch, daß ein eventueller deutsch-französischer Krieg zur Aufteilung Marokkos unmöglich sei, da Frankreich investieren und Deutschland daraus seinen Profit ziehen würde, ohne selbst Opfer bringen zu müssen. Er stellt die militärische Eroberung Marokkos unter schönfärberischen kolonialistischen Slogans dar, wie zum Beispiel „das friedvolle Eindringen", „das marokkanische Werk", „das muslimische Werk" und „die

---

[13] M. HÜBNER: Militärische und militärgeographische Betrachtungen über Marokko. – Berlin: Reimer 1905.
[14] Übersetzt durch FIDEL: op. cit., S. 12.

muslimische Aktion".[15] Auf diese Weise benutzt er einige Fragmente des kolonialistischen Diskurses für seine persönlichen Ziele.

Offenbar hatten die deutschen Kolonialkreise keine klaren Pläne in Marokko, und sie stellten folglich keine besondere Gefahr für Frankreich dar – solange sie nur ihre geschäftlichen Interessen in Marokko wahren konnten. Die bedrohliche Unruhe ist offenbar nur ein Gespenst, das diplomatische Schritte aus der Welt zu schaffen vermögen.

c. Die Finanzwelt

Was die Erhebung in der Finanzwelt angeht, so legt der Autor auf leicht durchschaubare Weise dar, daß deutsch-französische Verhandlungen sehr wohl möglich wären. Ein langer Exkurs über die wirtschaftlichen Interessen Deutschlands in China und Kleinasien zeigt die deutschen Interessen auf, die wegen des Widerstandes der Türken auf dem Spiel stünden. Der Bau der Schantung-Eisenbahn sei beendet, aber jene nach Bagdad wegen fehlenden Kapitals unterbrochen. Zu allem Überfluß kritisiere England die deutsche Vorherrschaft in China:

> „Das Interesse Deutschlands an China ist laut Herrn Dr. Fischer ausschließlich wirtschaftlicher Art: Er nennt die in der englischen Presse verbreiteten Gerüchte, nach denen die Deutschen die Integrität des chinesischen Reiches angreifen wollten, reine Erfindung. Aber es versteht sich von selbst, daß die materiellen und moralischen Vorteile, die Deutschland aus dieser Unternehmung zieht, seinen Einfluß und sein Prestige im Fernen Osten nur vergrößern können."[16]

Im Fernen Osten scheint England, ein Alliierter Frankreichs, Deutschland in die Quere zu kommen. Frankreich hat dieselben Interessen in Asien wie das deutsche Reich. Also droht eine unmittelbare Gefahr am Horizont, wenn die von den Japanern unterrichteten Chinesen daran denken würden, ihre Reichtümer über chinesische Unternehmen zu vermarkten. Alles deutet darauf hin, daß der Autor eine anderes Gebiet für Verständigungen und Verhandlungen mit Deutschland als gerade Marokko sucht.

Da die Finanzleute ausschließlich wirtschaftliche Interessen hätten, sei eine Verständigung zwischen den beiden Ländern unumgänglich. Auch solle das gegenseitige Mißtrauen zugunsten des Interesses an einer wirtschaftlichen Entwicklung ausgeräumt werden. Trotz Kapitalmangels dränge Deutschland, den unterbrochenen Bau der Bagdad-Bahn zu beenden, um seinen Einfluß in Kleinasien zu stärken. Frankreich scheine bereit, Deutschland für diesen Zweck die gewünschten finanziellen Mittel zur Verfügung zu stellen, natürlich zu bestimmten Bedingungen. Es würde gerne Marokko als Einflußsphäre gegen die asiatische Türkei eintauschen. So basiere der Tausch auf einer fairen Kompensation.

Die Argumentationsweise des Autors erweist sich als eloquent und aus mehreren Gründen bedeutsam. Die lange Abhandlung über die deutschen Interesse in Asien versucht, die Auseinandersetzung auf einen anderen Schauplatz zu verlagen: in einen anderen geographischen Raum, in dem das finanzielle Interesse offensichtlicher ist. FIDEL benutzt noch einmal dieselben Waffen, um die deutschen Argumente anzugreifen: Deutschlands Stellung in Asien scheine ebenso unsicher wie die Stellung Frankreichs in Marokko. Der Diskurs zeigt einen Vorteil für Deutschland auf, dem eine finanzielle Hilfe angeboten wird, die sein nahezu gescheitertes wirtschaftliches Projekt retten würde. Allen Auffassungen, sowohl den politischen als auch den wirtschaftlichen, ist gemein, daß sie den deutschen Einfluß im Orient anerkennen. Als Argument gegen die Auffassungen der Kolonialkreise führt Fidel das wirtschaftliche Interesse an, dem die Gesamtheit nur zustimmen kann.

d. Die Geschäftswelt

Deutschland wird aufgefordert, seinen gefährdeten wirtschaftlichen Projekten in Asien Priorität zu geben. Dies muß nun nur noch mit greifbaren Beispielen belegt werden, um die öffentliche Meinung zu überzeugen. Das dritte Kapitel der Untersuchung soll die Argumente des Autors gebührend würdigen. Selbstverständlich stützt sich die Untersuchung in der Geschäftswelt auf offizielle Statistiken über deutsche Exporte nach Marokko mit Daten der *Deutschen Exportbank*. Der Autor untersucht die Exporte nach Marokko, die von Hamburg und Bremen aus mit deutschen Schiffsunternehmen ausgeführt werden: *Atlas Linie, Wörmann Linie, Oldenburg-Portugiesische Dampfschiffsreederei...* Es erscheine als schwierig, die Statistiken der deutschen Exporte nach Marokko ganz genau einzugrenzen, wenn man berücksichtige, daß viele nicht-deutsche Schiffe, vor allem belgische, im Auftrag Deutschlands arbeiteten. Das Organ des *Centralvereins für Handelsgeographie und Förderung deutscher Interessen im Auslande*, die große Wochenzeitschrift *Export*, deren Herausgeber Professor Jannasch ist, und die *Denkschrift betreffend den Schutz der deutsch-marokkanischen Handelsbeziehungen durch das Reich* desselben Autors liefern FIDEL die nötigen statistischen Informationen.

Diese Statistiken machen deutlich, daß die Anzahl der Transaktionen zwischen Marokko und Deutschland erheblich größer ist, als es die offiziellen Zahlen zeigen. Hiernach nimmt Deutschland den zweiten Platz in Marokkos gesamtem Außenhandel ein. FIDEL bestätigt diese Behauptung natürlich nicht, sondern bestreitet sie.

Es sei offensichtlich, daß der deutsche Handel von einem französischen Protektorat, dessen Tarife sehr hoch liegen, wie es die Verhältnisse in Algerien und Tunesien belegen, negativ beeinträchtigt wäre:

> „Wenn das französische Protektorat in Marokko eingerichtet würde, wäre es mit dem deutschen Handel an der gesamten Küste Nordwest-Afrikas, von Tripolitanien bis nach Senegambien, vorbei".[17]

---

[15] Über den kolonialistischen und archaischen Diskurs vgl. unsere Thesen:
B. OUASTI: L'Image de l'Egypte dans la relation de Vivant Denon: »Voyage dans la Basse et la Haupte-Egypte pendant les campagnes du général Bonaparte (1802).« Dissertation Fes 1988.
B. OUASTI: Image(s) du pays des Pharaons dans le récit de voyage égyptien de Denon à Nerval (1802-1850). – Habilitationsschrift (Thèse d'Etat) Fes 1991.
[16] C. FIDEL: L'opinion allemande..., op. cit., S. 14.

[17] Ibid., S. 26.

Andererseits sei die englische Konkurrenz zu fürchten, weil dieses Land die Mediterranäis bereits in eine Art »mare clausum« verwandelt habe. Deshalb bestehe Deutschland auf der Unabhängigkeit Marokkos und auf wirtschaftlicher Freiheit im Scherifischen Reich.

FIDEL will diese Argumente entkräften, indem er alle Hamburger Handelshäuser auflistet, um damit zu zeigen, daß deren Angaben überzogen seien. Beiläufig sei erwähnt, daß Frankreich nach Angaben von DE LA MARTINIERE in Marokko bereits 1904 eine exakte Erhebung gemacht habe und dabei 135 Deutsche in 12 Handelshäuser gezählt habe. FIDEL stützt sich indes auf das *Hamburger Adreßbuch*, mit dessen Hilfe er die Handelshäuser, die Beziehungen mit Marokko haben, auflistet:

– Wilhelm Behrens, Stadthausbrücke 3.
  Import von Rohprodukten aus Nordafrika.
– Brauer & Westphal, Große Bleichen 9.
  Export nach Marokko.
– Julius Colpe, Ferdinandstr. 67.
  Export nach Marokko.
– Carlos Lange & Co., Hohe Bleichen 20.
  Export nach Marokko.
– Carl Malter, Schultzweg 6.
  Export nach Marokko.
– Gebr. Marx & Co., Grimm 12. Besitzer: J. Marx, Hamburg und H. Marx, Mogador.
  Export nach Marokko: Kaffee, Zucker, Tee, Alkohol, Eisen, Glaswaren, Tücher usw. **Import** aus Marokko: Leder, Wolle, Mandeln, Wachs, Olivenöl.
– Emil Nolting & Co., Rolandsbrücke 4. Export nach Marokko.
  Import aus Marokko: Wachs, Mandeln usw.
– Retzmann & Co., Steinstr. – Posthof 57/58.
  Export nach Marokko. **Import** aus Marokko: Wolle, Öl, Mandeln, Wachs, Leder usw.
– Waldemar Scheefisch Nachf., Kurt Webendorfer, Königstr. 7/9.
  Export nach Nordafrika.
– Gustav Schönfeld & Co., Kaiser-Wilhelm-Str. 47.
  Export nach Marokko. Import aus Marokko.
– Vogler & Klug, Alte Gröninger Str. 13/17.
  Export und **Import**.
– Julius Wahlers, Seilshoper Str. 75.
  Import von Früchten aus Marokko.
– Weiß & Maur, Alsterdamm 16/17 und Ferdinandstr. 38/40. Besitzer: W.-A. Weiß. Filialen in Mogador und Safi.
  Export nach Marokko: Eisen, Eierkisten, Taschen, Fässer, Alkohol. **Import** aus Marokko: Naturprodukte.

Der Autor bemüht sich anhand dieser Aufstellung zu zeigen, wie die Deutschen bei ihren Angaben übertrieben, was nur die Funktion habe, besser als der französische Handel erscheinen zu wollen.

Schließlich setzt FIDEL zu einer Generalkritik an, um die deutschen Argumente zu entkräften. Auf der Grundlage eines Vergleichs mit dem französischen Handel, der über Tanger und Tetuan abgewickelt wird, gelangt er zu dem Ergebnis, daß die deutschen Schiffe neben Lebensmitteln aus eigener Produktion vor allem europäische Güter beförderten. Sein Argument geht dahin zu behaupten, daß der nach Marokko exportierte Zucker belgischer Herkunft sei.

„Es wäre interesant zu erfahren, was denn die Belgier über diese Praxis der Deutschen denken, gerade weil Belgien offenbar keinerlei Interesse mehr an der künftigen Entwicklung in Marokko hat."[18]

Zu der Frage des zweiten Ranges, den Deutschland in den Handelsbeziehungen mit Marokko bei einer Höhe von 15 Mio. Reichsmark einnimmt, versichert uns FIDEL, daß die statistischen Angaben den französischen Handel über die Häfen Melilla und Ostmarokkos überhaupt nicht erfaßten. Die Beurteilungen des Autors erfolgen somit ohne konkrete Datenbasis und sind ein Glaubensbekenntnis des Herrn FIDEL.

e. *Das Schlußkapitel*

Die Folgerungen, die FIDEL anstellen will, leitet er dadurch ein, daß er zunächst die Ergebnisse der Erhebung und seine bereits getroffenen Vorschläge ins Gedächtnis ruft: „Aus diesen etwas widersprüchlichen Eindrücken müssen wir nun noch eine abschließende Folgerung ziehen."[19] Die gesamte Erhebung reduziert sich auf „widersprüchliche Eindrücke", und der Autor hält sich für vertrauenswürdig genug, eine abschließende Richtigstellung leisten zu dürfen.

FIDEL hat einerseits viel Sympathie für den Wunsch einer deutsch-französischen Verständigung. Aber er ist skeptisch darüber, wie so etwas realisiert werden kann vor dem Hintergrund der entschiedenen Gegnerschaft vieler gegen diese Idee. Die deutschen Finanzkreise erscheinen ihm als umgänglicher und empfänglicher für eine Funktionalisierung im Sinne französischer Interessen. Demgegenüber reklamierten die deutschen Kolonialkreise eine gewichtige Beteiligung Deutschlands bei der endgültigen Regelung der marokkanischen Frage. Sie seien es auch, die Frankreich das Recht bestritten, in Marokko gewisse Sonderrechte beanspruchen zu können – außer für den Grenzsaum zu Algerien.

Das Interesse Deutschlands an Marokko sei das Interesse einiger Persönlichkeiten. Das Interesse Frankreichs dagegen sei durch Komplexität und Verschiedenartigkeit (*altérité*) geprägt. Deutschland lasse durchaus Frankreich sein reformerisches Werk in Marokko fortsetzen, wenn es davon ohne eigenen Einsatz profitiere. FIDEL nennt keine konkreten Schritte einer neuen französischen Politik; dies überläßt er den Diplomaten. Aber er schlägt eine Fortsetzung der Reformmaßnahmen in Marokko vor, ohne daß Frankreich unbedingt das Recht des Landes anzutasten brauche. Für die Reformen müsse es sein Prestige in die Waagschale werfen in Form einer friedlichen Eroberung mit Hilfe der Eisenbahn. Anders ausgedrückt: Frankreich könne durchaus sein Programm der Errichtung eines Protektorats fortsetzen, ohne sich um die deutsche Opposition in Marokko kümmern zu müssen. Die Erhebung habe gezeigt, wie verwundbar der deutsche Einfluß in Marokko sei.

---

[18] Ibid., S. 38.
[19] Ibid., S. 39.

4. Schlußfolgerungen

In dem „Bericht" (*rapport*) von FIDEL kommen zwei aktive Handlungsträger vor: Deutschland und Frankreich; daneben auch eine dritte Kraft, die völlig passiv bleibt, ja keine Rolle spielt: Marokko selbst. Seine Funktion in dem polemischen Büchlein bleibt auf die Rolle des Komparsen oder eines Phantoms reduziert. Die Marokkaner bleiben in der Auseinandersetzung vollkommen unberücksichtigt. Die „Meinung" – es handelt sich hierbei um einen der Schlüsselbegriffe des Büchleins – bleibt stets die Meinung der politischen „Vordenker". Die Öffentlichkeit, an die ja eigentlich der Diskurs gerichtet ist, spielt in der Erhebung überhaupt keine Rolle. Als passives Element soll sie sich die von den Entscheidungsträgern vorgebrachten Argumente zu eigen machen und sie unterstützen. Die Öffentlichkeitswerbung in dem Bändchen greift bei zu mehreren Vorgehensweisen.

Der Autor stellt zwei entgegengesetzte Denkfiguren einander gegenüber: einmal eine Argumentation, die teilweise parteilich und polemisch sei – nämlich die der deutschen Behörden – und zum anderen eine heuchlerische Argumentation, die vorgibt, die guten Gründe des Gegners zu entlarven. Der koloniale Diskurs bedient sich der Sprache des Gegners, um ihn von innen her zu untergraben. FIDEL greift die deutschen Argumente auf, stellt sie in einer für seine Zwecke nützlichen Auswahl dar, kritisiert sie und widerlegt die Gedankengänge, die sie aufweisen. Demgegenüber sind die französischen Argumente fast nur als Slogans gefaßt, als abgedroschene Gemeinplätze. Dabei bedient sich sein Diskurs einiger Versatzstücke, die er für zutreffend hält: friedliche Eroberung, reformerisches Werk, muslisches Werk, marokkanisches Werk ...

Elemente der Redundanz bestimmen den gesamten Text. Der Autor betont immer wieder die friedlichen Absichten Frankreichs und daß die Interessen der Deutschen in Marokko so gut wie nicht vorhanden oder zumindest gering seien. Dennoch verschweigt er die kolonialen Realitäten und die Auffassung der Marokkaner von den französisch-deutschen Vorhaben im Scherifischen Reich. Es ist interessant zu verfolgen, mit welchen rhetorischen Mitteln der Diskurs der politischen Propaganda arbeitet: Ironie des Autors, Metaphorik, Sprachfunktionen (metalinguistisch, referentiell, phatisch ...), konstatierende und performative Aussagen, Berücksichtigung aktueller Ereignisse und der Geschichte, ausgesprochene und unausgesprochene Anspielungen im Text ...

Auch die literarische Form, die der Autor heranzog, ist sehr aussagekräftig. Die Form der wissenschaftlichen Abhandlung nimmt Bezug auf die klassische Rhetorik und verwendet die bekannten narrativen Codes (schulische Übungen), in denen sich der Leser leicht wiedererkennt. Die rhetorischen Spielregeln zur Entwicklung von Plädoyers sind ebenfalls schriftlich faßbar: Präsentation der Argumente des Gegners, Kritik und Zurückweisung seiner Argumente (konstatierende und performative Aussagen). Die Übersichtlichkeit erleichtert die Lektüre des Textes (Gliederung in Kapitel) und trägt der Trägheit des Lesers Rechnung, dem man alle Daten präsentiert, ja sogar für ihn urteilt und – mehr noch – ihn „programmiert" und manipuliert. Der „Bericht" von FIDEL wird in Form eines einzelnen Büchleins präsentiert, das aber völlig ausreichend zu sein vorgibt (mit Informationen, Diskussionen, Beispielen, Anmerkungen, statistischen Daten). Es ist ein hochrangig didaktisches Werk (mit der Argumentationsstruktur These–Antithese–Synthese).

Abschließend ist nicht zu übersehen, daß der koloniale Diskurs ganz grundlegend ideologisch im Sinne von BAECLER ist: „Die Ideologie ist ein Diskurs, der mit politischen Entscheidungen verknüpft ist."[20] Die manipulatorische Vorgehensweise mit der öffentlichen Meinung werden sehr viel deutlicher anhand der effekthaschenden Rhetorik als anhand des Inhalts. Ebenso sollte man den „Bericht" von CAMILLE FIDEL aber auch unter dem Aspekt lesen, welche semantische Struktur er aufweist, welche diskursiven und narrativen Mittel er einsetzt.

---

[20] J. BAECLER: Qu'est ce que l'idéologie? – Paris: PUF 1976, S. 23.

Hans-Jürgen Lüsebrink (Saarbrücken)

Die marokkanischen Kolonialsoldaten (*Tirailleurs*) in Deutschland 1919–1923

Präsenz, Wahrnehmungsformen, Konflikte

Mit 13 Abbildungen

1. Präsenz

Die erste intensive Begegnung zwischen der deutschen Bevölkerung und den Männern des afrikanischen Kontinents, vor allem aus Nordafrika und der südlichen Sahara, ereignete sich nach dem Ersten Weltkrieg in einer äußerst konfliktreichen und gespannten Situation. Infolge der deutschen militärischen Niederlage, die den Ersten Weltkrieg beschloß, und des Versailler Vertrages wurden nämlich mehr als 40.000 senegalesische, algerische, madagassische und marokkanische Kolonialsoldaten (*Tirailleurs*) in den Besatzungszonen westlich des Rheins, im Rheinland und im Saarland stationiert. Hinzu kam 1923 die Ruhr-Besetzung, an der ebenfalls große Kontingente an Soldaten aus Nordafrika und der südlichen Sahara beteiligt waren. Diese Truppen stellten den Hauptteil der französischen Besatzungsarmee und ersetzten größtenteils die Soldaten aus dem eigentlichen Frankreich, die in Frankreich selbst blieben oder 1919 aus wirtschaftlichen, sozialen und demographischen Gründen beurlaubt wurden, da Frankreich nach dem Krieg von 1914-1918 ausgeblutet und traumatisiert war. Die Stärke der französischen Truppen aus Afrika belief sich im Jahre 1919 auf 10.000 Mann, stieg dann 1920 auf 35.000 an und variierte im Laufe des Jahres 1921 zwischen 20.000 und 25.000 Soldaten[1] bei einer Gesamtstärke von ungefähr 85.000 in Deutschland stationierten Soldaten. Anläßlich eines Besuches der französischen Truppen im Rheinland im August und September 1931 erhöhte der französische Oberst Godchot die damalige Präsenzstärke um 22.000 nordafrikanische *Tirailleurs* – davon 5.000 Europäer –, verteilt auf 11 verschiedene Regimenter: drei Regimenter mit tunesischen, sechs Regimenter mit algerischen Tirailleurs und schließlich das 63. und das 66. Regiment mit marokkanischen Soldaten, die hauptsächlich in der Region Mainz/Frankfurt stationiert wurden, das heißt in den Kasernen von Kastel, Weisenau, Höchst und Griesheim[2]. Die marokkanische Division, der madagassische Bataillone angeschlossen waren, stellte auch den Hauptteil der Besatzung in der Pfalz, bei einer Truppenstärke, die, nach Aussage von Oberst Godchot, insgesamt 10.000 Mann nicht überstieg[3].

Die Besatzung des Rheinlandes während der Jahre 1919 bis 1921, in erster Linie gewährleistet durch Einheiten aus den überseeischen Kolonien Frankreichs und aus Algerien, stieß auf eine doppelte Form von Widerwille und Widerstand, sowohl bei der Bevölkerung als auch bei einem Teil der politischen Meinung Deutschlands: erstens ein Widerwille gegen die Besatzung selbst, die als eine weitere, dem besiegten Deutschland von den Alliierten auferlegte Strafe angesehen wurde, denn das Saarland, das Rheinland und die Region Frankfurt/Mainz waren – im Gegensatz beispielsweise zu Elsaß-Lothringen – von den alliierten Armeen nicht militärisch erobert worden; und zweitens stieß diese Besatzung auf einen umso stärkeren Widerstand, da sie teilweise durch nicht-europäische Kolonialtruppen gewährleistet wurde, deren Präsenz von einem Teil der Presse als eine Provokation und eine Demütigung angesehen wurde.

---

[1] Georges BOUSSENOT: La France d'Outre-Mer participe à la guerre. – Paris: Félix Alcan, 1916; Marc MICHEL: L'appel à l'Afrique. Contributions et réactions à l'effort de guerre en Afrique Occidentale française. – Paris: Publications de la Sorbonne, 1982; über die Rolle der nordafrikanischen Truppen vgl. insbesondere Paul AZAN: L'Armée indigène nord-africaine. – Paris/Limoges: Charles-Lavauzelle, 1925; Gustave MERCIER: Les indigènes nord-africains et la guerre. – *Revue de Paris*, 1er juillet 1918, S. 203-222; Lieutenant Indigène BOUKABOUYA (Hadj Abdallah): L'Islam dans l'armée française. – Lausanne: Librairie Nouvelle de Lausanne, 1917; Ch. GENIAUX: L'armée d'Afrique. Les tirailleurs musulmans. – *Revue Hebdomadaire*, Oktober 1915, S. 59-82.

[2] Colonel GODCHOT: Die Schwarze Schmach (La honte noire) (I). – *La Revue de l'Afrique du Nord*, Bd. I (November/Dezember 1921), 1. Jahrgang, S. 213-230, hier S. 230).

[3] Ebd. S. 217.

Die Kampagnen einer gewissen Anzahl von politischen Organisationen und Vereinigungen sowie eines Teils der damaligen deutschen Presse begannen im Mai 1920 und gewannen schnell unter dem Namen „Kampagne gegen die »Schwarze Schmach«" eine nicht nur deutsche und deutsch-französische, sondern auch internationale Dimension. Zwischen Mai 1920 und Ende 1921 kann man das Erscheinen einer großen Anzahl von Pamphleten feststellen (vgl. *Abb. 1*), die zum Teil von rechtsextremen militärischen Vereinigungen wie dem „Deutschen Notbund gegen die Schwarze Schmach" und dem „Deutschvölkischen Schutz- und Trutzbund" verfaßt wurden, welche mit unverhohlen fremdenfeindlichen und rassistischen Darstellungen die Präsenz „farbiger Truppen" auf deutschem Boden anklagten. Diese

Abbildung 1: Titelblatt des Pamphletes von W.F. VON DER SAAR (²1921)

Kampagne wurde unterstützt durch einen Film mit dem Titel „Die Schwarze Schande"[4], an dessen rassistische Darstellungsweise ab Sommer 1920 eine große Zahl von deutschen Periodika, insbesondere Tageszeitungen, anknüpfte; diese berichteten von angeblichen Gewalttaten und Übergriffen der Besatzungstruppen in Deutschland. Ein Dutzend deutscher Periodika wurden von der französischen Regierung zensiert, verboten und beschlagnahmt wegen Verbreitung falscher Tatsachen und Verunglimpfung der französischen Obrigkeit, darunter die Tageszeitungen *Rheinische Zeitung, Kölnische Volkszeitung, Pfälzischer Merkur, Wiesbadener Neueste Nachrichten* und *Urseler Zeitung*[5].

Die französischen Behörden, alarmiert durch die Ausmaße der Kampagne und ihre Auswirkungen auf die öffentliche Meinung sowohl in Deutschland als auch im Ausland – besonders in den Vereinigten Staaten –, entwickelten ab Sommer 1920 Gegenstrategien: Zunächst widerlegten sie die Beschuldigungen der deutschen Presse durch Broschüren wie den *Rapport du Capitaine Bouriand* – der mit der Leitung einer Untersuchungskommission im Rheinland beauftragt wurde –, veröffentlicht unter dem Titel *La Campagne allemande contre les troupes noires*; dann führten sie eine Gegenkampagne in der französischen Presse; sie priesen die Kolonialtruppen auf überzogene Weise durch Denkmäler und nationale Festakte wie die Paraden am 14. Juli; und schließlich befahlen sie bei der Räumung des Rheinlandes Ende 1920 den Abzug der Regimenter der senegalesischen *Tirailleurs*, die die Hauptzielscheibe der Kampagne geworden waren.

Die Studie der journalistischen und gerichtlichen Archivakten dieser heftigen Kontroverse erlaubt eine doppelte Feststellung: einerseits ein beträchtliches Auseinanderklaffen zwischen den Anschuldigungen gegen die farbigen Okkupationstruppen und der Anzahl der gerichtlich nachweisbaren Taten, die den Grad der gewaltsamen Übergriffe, die fast »notwendigerweise« eine Präsenz von Soldatengarnisonen in einer Stadt begleiten, nicht übersteigt. Die *Haute Commission Interalliée des Territoires rhénans* übermittelte so im Juli 1920, „nach der Überprüfung der gewollten Ungenauigkeit und der tendenziösen Art der untersuchten Artikel"[6], den deutschen Behörden ein offizielles Protestschreiben mit den folgenden Richtigstellungen:

„Gewisse deutsche Zeitungen betreiben seit einiger Zeit eine Kampagne gegen die französischen Besatzungstruppen aus Afrika. Die Angaben gegen diese Truppen entbehren jeglicher Präzisierung. Die seltenen Vorkommnisse, die den Militärbehörden formal angezeigt worden sind, sind ihrerseits Gegenstand von sorgfältigen Untersuchungen gewesen, konnten aber nur in ganz wenigen Fällen, bei denen die Täter sofort und exemplarisch bestraft worden sind, bestätigt werden."[7]

---

[4] Michel LARRAIN: La propagande par le cinéma. Où il est démontré que, sous le prétexte de la « Honte Noire », les Boches se moquent de nous. – *La Dépêche Coloniale et Maritime*, 18. Juni 1921, S. 1.

[5] GODCHOT: Schwarze Schmach, S. 224.
[6] Ebd. S. 224.
[7] „Le Président de la Haute Commission interalliée des Territoires rhénans, à Monsieur le Commissaire d'Empire allemand pour les territoires occupés. Signé P. Tirard." Koblenz, 3. Juli 1920. Zit. n. GODCHOT: Schwarze Schmach, S. 225:
„*Une certaine presse allemande poursuit, depuis quelque temps, une campagne dirigée contre les troupes françaises d'occupation d'origine africaine. Les allégations portées contre ces troupes n'ont aucun caractère de précision. Les rares faits qui ont été formellement dénoncés aux autorités militaires ont été, de la part de celles-ci, l'objet d'enquêtes minutieuses, mais n'ont été reconnus exacts que dans un nombre de cas extrêmement restreints, cas où les coupables ont été immédiatement et exemplairement punis.*"
[Hier wie nachfolgend wurden die Originalzitate, die in den Fußnoten aufgeführt sind, im Text übersetzt.]

Die relative Seltenheit der nachweisbaren Anschuldigungen stand im Gegensatz zu der hohen Anzahl von Gewalttaten, die insbesondere von der Presse erhoben wurden (vgl. *Abb. 2*) und die sich oft auf Gerüchte und zweifelhafte Angaben stützten. „Sehr häufig", stellte z. B. der Hauptmann Bouriand in seinem Missionsbericht fest, „wurden diese Beschwerden von jungen Mädchen verfaßt, die lediglich bemüht waren, den mit ihrem deutschen Liebhaber begangenen Fehltritt zu verbergen,

Abbildung 2: „Die Schandtafel der Rheinarmee" – Vorwürfe über angebliche Verfehlungen marokkanischer *Tirailleurs* (aus: WECKMANN o.J. [1922], S. 3)

> **Die Schandtafel der Rheinarmee.**
>
> Aus der Zeitung „Der freie Rheinländer" entnehme ich folgende Meldungen, die ich dem deutschen Volke nicht vorenthalten darf. Aus Oberingelheim wird hier berichtet: „Am 10. April, vormittags zwischen 9 und 10 Uhr, überfiel im Walde ein Marokkaner vom 17. Regiment eine in Deidersheim wohnhafte Frau, die mit ihrem 14jährigen Sohn Holz sammelte und vergewaltigte sie in der rohesten Weise, obwohl die Frau auf den Knieen den Soldaten um Schonung bat. Als der Junge weglaufen wollte, legte er sein geladenes Gewehr auf ihn an und schlug ihn mit dem Seitengewehr. Der Marokkaner setzte der Frau, als diese sich zur Wehr setzte, ein Messer an den Hals und warf sie zu Boden. Der Junge wurde unter ständigen Drohungen gezwungen, sich nieder zu setzen und Zeuge der Tat zu sein. Der Ehemann erstattete sofort Anzeige. Bei einer Gegenüberstellung wurde der Täter von der Frau wiedererkannt und festgenommen. Die hessische Regierung hat entsprechende Schritte unternommen."
>
> Aus Trier wird folgendes berichtet: „Am Mittwoch, den 14. 3. 1923 hatte der Bruchmeister Nicolaus K. aus Hoffen seine 13jährige Tochter Katharina nach dem benachbarten Ovenhoven geschickt. Das Kind hatte den Weg gegen 3 Uhr angetreten. Gegen 4 Uhr kam das Kind schreiend ins Dorf zurückgelaufen und erzählte, es sei auf dem Rückwege von Ovenhoven nach Hoffen in Gegenwart der sie begleitenden 5jährigen Kath. H. von einem französischen Soldaten in blauer Uniform vergewaltigt worden. Das Kind hatte sich nicht wehren können, weil der Soldat Gewalt anwandte. Nachdem der Soldat von dem Kinde abgelassen hatte, ist er davon gelaufen. Der Vater begab sich mit dem Kinde nach Daufenbach zum Bahnhof. Dort warteten gerade Anzahl Soldaten auf den nach Trier fahrenden Zug. Die Katharina K. suchte aus diesen denjenigen heraus, der sie vergewaltigt hatte. Auch die Katharina H. war mit ihrem Vater anwesend. Auch sie erkannte den Soldaten wieder.
>
> Am Samstag, den 24. März, abends 9 Uhr, wurde der 18 Jahre alte Friseurlehrling Paul S. auf dem Heimweg von Conz nach Wasserliesch in der Nähe des Bahnwärterhäuschens oberhalb des Conzer Wasserwerks von zwei Marokkanern, die zu der in der Nähe postierten Wache gehörten, überfallen und vergewaltigt. Die Marokkaner sprangen aus der Dunkelheit von der Seite an ihn heran, faßten ihn und schleppten ihn unter eine Eisenbahnbrücke an der Strecke Trier-Metz. Beide hatten ein Gewehr bei sich. Sobald er einen Laut hervorbringen wollte, sagten sie: „Kaputt", was darauf schließen ließ, daß sie ihn töten würden, falls er flüchten würde, was übrigens unmöglich war.

oder die hofften, eine mehr oder weniger hohe Geldsumme erpressen zu können"[8]. Selbst ein sonst eher vorsichtiges amtliches Merkblatt des deutschen Ministeriums für die Besatzungsgebiete, veröffentlicht im Januar 1925, schreckte nicht davor zurück, extrem tendenziöse Broschüren als Informationsquellen zu zitieren wie *Farbige Truppen am Rhein. Ein Notschrei deutscher Frauen* (Berlin, 1923) oder *The World's Shame on the Rhine*, ein Pamphlet von M. Liljeblad, erschienen 1924 in Hälsingborg. Die in dem Merkblatt enthaltene Aufstellung der von der Gesamtheit der Besatzungstruppen begangenen Ausschreitungen – darunter 24, die den marokkanischen *Tirailleurs* zugeschrieben wurden – ließ in der Tat den Wahrheitsgehalt der mitgeteilten Fälle bewußt im Unklaren, indem es abwechselnd von „Ausschreitungen", „bekannt gewordenen Verletzungen" und „mitgeteilten Fällen" sprach.

2. Wahrnehmungsformen

Wichtiger als die Frage – die im nachhinein unmöglich definitiv zu lösen ist – nach der Richtigkeit der gegen die französischen Besatzungstruppen aus den Kolonien erhobenen Anschuldigungen erweist sich die nach der Wahrnehmungsform, die ihr zugrundeliegt. Die soziale Wahrnehmung der afrikanischen Soldaten in Deutschland ist in der Tat in einem Netz gedanklicher Vorstellungen verwurzelt, in dessen Zentrum die Begriffe „Rasse", „völkische Reinheit" und „Demütigung" stehen.

Die Verwendung des Begriffes „Rasse" implizierte seit dem Beginn der von einem Teil der deutschen Presse geführten Kampagne ein Verwischen der ethnischen und sozio-kulturellen Unterschiede zwischen den afrikanischen Truppen. An deren Stelle traten nämlich allgemeinere Bezeichnungen mit stärkerer rassischer Konnotation wie „schwarze Soldaten", „farbige Soldaten", „Soldaten in kakifarbenen Uniformen", „Soldaten mit roten Mützen", sogar „schwarze Horden", eine Bezeichnung, die am 21. Januar 1921 in einem Artikel der *Täglichen Rundschau* verwandt wurde. Im Gegensatz zu den französischen Behörden, die die Kolonialsoldaten nach ihrer Herkunft unterteilten (*Tirailleurs* aus Senegal, Marokko, Algerien, Annam usw.) und zwischen „farbigen Truppen" („Nordafrikaner") und „schwarzen Truppen" („Senegalesen und Madagassen") unterschieden, stellten die deutschen Behörden im Mai 1920 fest, daß „man unter schwarzen Truppen alle farbigen Truppen zu verstehen habe, nicht nur die Senegalesen und Madagassen, sondern auch die Männer brauner Hautfarbe aus Nordafrika"[9]. Die rassische und damit pauschalisierende Wahrnehmung der Besatzungssoldaten aus den französischen Kolonien setzte sich folglich nicht nur in einem Aufkommen von Stereotypen fort, sondern auch in der nahezu zwanghaften Vorstellung von Verunreinigung.

Rassistische Stereotypen, sozusagen in der »Rohform«, sind bereits anhand der Titel der zahlreichen deutschen, aber auch amerikanischen Pamphlete wahrnehmbar, die sich gegen die Präsenz afrikanischer Truppen in Deutschland wandten (vgl. *Abb. 3*). Unter diesen Pamphleten, die oft von der deutschen Presse aufgenommen und zitiert – und danach von den französischen Behörden und der öffentlichen Meinung in Frankreich

---

[8] Capitaine BOURIAND: La Campagne allemande contre les troupes noires. Rapport sur les missions en pays rhénans. – Paris: Gauthier-Villars, 1922, S. 5: *„Très souvent, ces plaintes sont produites par des jeunes filles soucieuses uniquement de cacher la faute commise avec leur amant allemand ou désireuses d'extorquer une somme d'argent plus ou moins élevée"*.

[9] Ebd. S. 6: „*par troupes noires, il fallait entendre toutes les troupes de couleur, non seulement les Sénégalais et Malgaches, mais encore les hommes de race brune de l'Afrique du Nord*".

widerlegt – wurden, befinden sich unter anderen die folgenden: *Der Blaue Schrecken und die Schwarze Schmach* von Wilhelm von der Saar, 1921 in Stuttgart in zweiter Auflage erschienen (vgl. *Abb. 1*); *Schwarze Schmach und schwarz-weiß-rote Schande* von L. Jannasch[10]; *Farbige Franzosen am Rhein. Ein Notschrei deutscher Frauen* vom Volksbund „Rettet die Ehre" in Bremen; die Broschüre *Ein Welt Problem: Schwarze am Rhein* von von Eberlein, erschienen 1921 in Heidelberg; das Pamphlet *Die schwarze Pest in Europa* von dem englischen Journalisten und Politologen Morel, Herausgeber der *Foreign Affairs*, der dieses äußerst bissige Pamphlet im April 1920 zunächst in der Originalsprache im *Daily Herald* veröffentlichte; das links und anti-imperialistisch orientierte Pamphlet mit dem Titel *Französischer Kolonial-Militarismus*, das im Gefolge der Friedensverhandlungen von 1919 erschien und sogar die Legitimation jeglichen Einsatzes von afrikanischen Truppen in Europa während und nach dem Krieg in Frage stellte[11]; oder auch die amerikanische Schmähschrift *The Horror on the Rhine, a Catechism*, verfaßt von Edmund von Moch und veröffentlicht 1921 in New York unter der Schirmherrschaft der *Steuben Society of America*.

Die Wahrnehmungsmuster, die den Rahmen für diese erste, überaus konfliktreiche und vom Kriegstrauma gezeichnete Begegnung zwischen der deutschen Bevölkerung und den Männern – hier Soldaten – vom afrikanischen Kontinent bildeten, waren also, wie die zitierten Titel deutlich machen, verbunden mit den Begriffen „Rasse", „Reinheit", „Demütigung", aber auch „Ansteckung" und „Barbarei". Ein im Januar 1920 in der *Ärztlichen technischen Rundschau*, einer populärwissenschaftlichen medizinischen Zeitschrift, die an sich als eher seriös und entfernt von jedem ideologischen Verdacht gelten könnte und außerdem von den französischen Behörden nicht zensiert wurde, erschienener Artikel bezog wie folgt Stellung zur Präsenz von afrikanischen Besatzungstruppen in Deutschland und äußerte damit deutlich die genannten Schlüsselbegriffe, die zugleich Wahrnehmungsprojektionen darstellen:

> „Die farbigen Truppen sind die Basis der französischen Macht. Ohne diese Truppen konnte Frankreich weder seine Besatzung aufrechterhalten noch drohen, neue Gebiete zu besetzen, noch die Umsetzung des geringsten Details des Friedensvertrages verlangen. [...] Die schwarze Schande ertragen heißt akzeptieren, daß unsere Bevölkerung entartet, sich die Syphilis zuzieht und daß die Gesundheit unseres Volkes auf immer ruiniert ist.
>
> Frankreich weiß, daß es Deutschland während dieser Besatzung nicht zugrunde richten kann. Es sieht also die folgenden Gründe für das Halten der schwarzen Truppen: 1. ständige Terrorisierung Deutschlands; 2. Verunreinigung unseres Volkes; 3. Entfernen dieser kampffähigen Männer aus seinen Kolonien; 4. Dezimierung dieser Männer durch die dem nordischen Klima eigene Epidemien; 5. Demütigung Deutschlands und der weißen Rasse"[12].

Diese Art von Argumenten, geäußert in einer ansonsten »seriösen« und pragmatischen Zeitschrift wie

Abbildung 3: Titelblatt der vierseitigen Hetzschrift von J. WECKMANN (o.J. [1922])

---

[10] L. JANNASCH: Schwarze Schmach und schwarz-weiß-rote Schande. – Berlin: Verlag Neues Vaterland, 1921 (Flugschriften des Bundes Neues Vaterland, Nr. 18/21); vgl. auch Pamphlete wie diejenigen von Joachim WECKMANN: Die Schande Frankreichs! - o.O., o.J. (vgl. *Abb. 3*); Adolf Viktor VON KOERBER: Bestien im Land. Skizzen aus der mißhandelten Westmark. – München: Deutscher Volksverlag, 1923; Joachim WECKMANN: Die Schande Frankreichs. Brutale Gewaltmaßnahmen der französischen Besatzungsarmee gegen die rheinische Bevölkerung. - o.O., o.J.

[11] Vgl. E.D. MOREL: Die schwarze Pest in Europa [erweiterter Abdruck von E.D. MORELs Aufsatz im *Daily Herald* vom 10. April 1920]. – Berlin, 1920; engl. Ausgabe: The horror on the Rhine. - London, 1920.

[12] Ärztliche Technische Rundschau, 20. Januar 1921. Zit. nach Camille FIDEL: Die Widerlegung des Beschuldigungsfeldzuges gegen die farbigen Truppen im besetzten rheinischen Gebiet. – Paris, 1932, S. 14:
„*Les troupes de couleur sont la base de la puissance française. Sans ces troupes la France ne pouvait ni maintenir son occupation ni menacer d'occuper de nouveaux territoires ni demander la mise en pratique du moindre détail du traité de paix. [...] Supporter la honte noire veut dire d'accepter que notre population se bâtardisse, attrape la syphilis et que la santé de notre peuple soit à jamais ruinée.*
La France sait qu'elle ne peut pas ruiner l'Allemagne sous cette occupation. Elle voit donc les raisons suivantes pour le maintien des troupes noires: 1. afin de pouvoir terroriser l'Allemagne en permanence; 2. afin de pouvoir contaminer notre peuple; 3. afin de dépourvoir ses colonies d'hommes susceptibles de combattre; 4. afin de décimer ces hommes à travers des épidémies propres au climat nordique; 5. afin d'humilier l'Allemagne et la race blanche".

die *Ärztliche Technische Rundschau*, findet sich nicht nur – und in weit heftiger Form – in den genannten Pamphleten wieder (vgl. *Abb. 4*), sondern ebenfalls – und hauptsächlich – in einem Teil der Presse und des deutschen politischen Diskurses der unmittelbaren Nachkriegszeit. Vielmehr findet man im geistigen und kulturellen (hier im Sinne von „politischer Kultur") Bereich einen direkten Zusammenhang zwischen Artikeln wie dem in der *Täglichen Rundschau* erschienenen, der so weit ging, am 21. Januar 1921 in einem Artikel zu behaupten, „daß Frankreich einen Teil seiner schwarzen Horden in den rheinischen Gebieten unterbringe, nur um Deutschland zu bestrafen und durch Krankheit und Tod zu dezimieren"[13], und einigen Äußerungen Adolf Hitlers in seinem Manifest *Mein Kampf*. Dort stellte Hitler die These auf, daß die „Bastardisierung des Rheinlandes" durch die farbigen Truppen eine jüdische Strategie sei, um das besiegte Deutschland noch mehr zu demütigen und seine Kraft völlig zu zerstören. Diese zwanghafte Vorstellung – vollkommen konstruiert, aber von einer großen sozialen Wirkung – einer »rassischen Verunreinigung« basierte auf Dichotomien und Polarisierungen, die jegliche kulturelle Differenzierung verwischten: das heißt, sie beruhten auf den Gegensätzen zwischen Schwarz und Weiß, Unschuld und Sinnlichkeit (Triebhaftigkeit, Wollust), Zivilisation und Barbarei. Das Kollektivsymbol des Rheins nahm in diesem Zusammenhang einen zentralen Platz ein, da dieses in Deutschland ja traditionell sowohl mit der Vaterfigur („Vater Rhein") als auch mit dem Bild des reinen, unschuldigen Mädchens mit blauen Augen und blonden Haaren, verkörpert durch die Lorelei, assoziiert wird. Sogar amtliche Erklärungen, wie diejenige des deutschen Außenministers, der 1921 erklärte, daß Frankreich „»50.000 schwarze und farbige Soldaten ins Herz des weißen Europas« verpflanzt"[14] habe – obgleich die Stärke dieser Truppen, einschließlich der marokkanischen und algerischen Regimenter, niemals 25.000 Männer überschritten hatte –, tragen die Spur dieser Denkweise. Sie äußert sich ebenso in reinen Phantastereien wie der des Vampirismus, die beispielsweise im Juli 1921 von den beiden Tageszeitungen *Münchener Neueste Nachrichten* und *Frankfurter Zeitung* artikuliert wurden. Dort waren in verschiedenen Artikeln, die sich auf Vergewaltigungsanschuldigungen bezogen, u. a. folgende Behauptungen zu lesen: „Die Schwarzen, besonders die Marokkaner, beißen in ihrer Wut in die Halsadern ihrer Opfer"[15] (vgl. *Abb. 5*). Andere diffamierende Gerüchte schrieben den Marokkanern – die nach den Senegalesen, aber weit vor den Algeriern, Madagasken und Annamiten die am häufigsten genannte *Tirailleurs*-Gruppe waren – eine ausgeprägte Sinnlichkeit und „ganz gefährliche päderastische Neigungen"[16] zu (*Abb. 6*). So verbreitete eine regionale Tageszeitung in Naumen/Rheinland im April 1920 das ebenfalls völlig frei erfundene Gerücht, daß die arbeitende Bevölkerung Elsaß-Lothringens lebhaft gegen die Präsenz der marokkanischen Division protestiert habe, bevor diese ins Rheinland versetzt worden sei[17].

Abbildung 4: Textausschnitt aus einem Pamphlet zur angeblichen unrühmlichen Rolle der marokkanischen *Tirailleurs* (aus: VON DER SAAR ²1921, S. 38 f.)

Zwangsbordell und Mädchenhandel als Kulturmittel.

Die Militarisierung der afrikanischen Eingeborenen durch die französischen Militärbehörden ist nicht nur ein Verbrechen an der weißen Rasse, nicht nur die Wahnsinnstat einer kurzsichtigen, selbstmörderischen Politik, die um der Gewinne einiger Stunden des Tages willen die langen Abend- und Nachtstunden unsicher macht, sondern eine Kulturdummheit ersten Ranges, die sich schon rächt! Die Franzosen haben heute rund 15 000 Marokkaner im besetzten Gebiet, die als Wächter, Aufseher, Kontrolleur und Paßrevisor zugleich tätig sind, aber sie werden es nicht wagen, nur einen in dieser zivilisierten Wilden in seine Heimat zu entlassen, so unsicher sieht es heute in den französischen Kolonien Nordafrikas aus. Aehnlich verhält es sich mit den Negern in den Jurkoregimentern, mit den Senegalnegern und den Madagassen: so fühlbar rächt sich das Kulturverbrechen der ausgedehnten Verwendung farbiger Heere in Europa schon heute an ihren Urhebern und an dem selbstmörderischen System, das nur den französischen Drückebergern, den „embusqués" zugute kam und sofern sie Söhne und Neffen von Deputierten, Ministern, Industriemagnaten und sonstigen Notablen, in brenzlichen Zeiten stets zugute kommen wird. Deshalb neuerdings die in Deutschland wie im besetzten Gebiet mit Hochdruck betriebenen Werbungen für die Fremdenlegion, vor denen in allen christlichen Herbergen, Jünglingsvereinen, Fortbildungsschulen und Asylen nicht eindringlich genug gewarnt werden kann.

Entpuppt sich also die Militarisierung der farbigen Eingeborenen als das, was sie heute ist, als eine verbrecherische Kulturdummheit, so ist die von den französischen Machthabern in den schönsten Städten des Saargebiets, der Pfalz und der Rheinlande auf Kosten der städtischen Kassen durchgeführte, und in welch' schamloser Weise durchgeführte Errichtung von Zwangsbordellen für die farbigen Truppen eine Kulturgemeinheit ersten Ranges, die selbst vor den internationalen Badestätten Ems, Homburg und Wiesbaden nicht halt machte. Auf die Höhe der Kosten kommt es nicht an, denn die Ausporungen der besetzten Gebiete liegt im System; so bezahlt z. B. Saarbrücken für seine „maisons de joie" jährlich ca. 75 000 Mk. Die Bürgermeister der betreffenden Städte wurden einfach vorgeladen, ihnen unter Drohung mit dem Kriegsgericht die Errichtung der Zwangsbordelle befohlen und ihnen erklärt, daß, wenn sie nicht schleunigst dafür sorgten, die Schwarzen deutsche Frauen, Mädchen und — Knaben „requirieren" würden; es fehlte nicht mehr viel, und man forderte — Knabenbordelle für die Herren Marokkaner, die, wie wir sehen werden, ganz gefährliche päderastische Neigungen haben und auch sonst die schlimmsten Wilden sind.

Diese Darstellungen, die sich bei weitem nicht auf die – zugegebenermaßen äußerst unruhigen – unmittelbaren Nachkriegsjahre beschränkten, setzten sich im Kollektivgedächtnis der Zeit zwischen den Weltkriegen fest und wurden besonders beim Abzug der französischen Truppen Ende der zwanziger Jahre und am Vorabend der nationalsozialistischen Machtergreifung wieder aktualisiert. In einer 1930 als Beilage der regionalen Tageszeitung *Trierer Zeitung* erschienenen Broschüre, die der französischen Besatzung Triers und der umliegenden Gebiete von 1918 bis 1930 gewidmet war, wur-

---

[13] Zit. n. BOURIAND: Campagne allemande, S. 19: „ce serait « pour punir l'Allemagne et la réduire par la maladie et la mort que la France cantonnerait en pays rhénans une partie de ses hordes noires »".

[14] Colonel GODCHOT, « Die Schwarze Schmach » en Rhénanie (II). – *Revue de l'Afrique du Nord*, Bd. II (Januar-April 1922), S. 110-125, hier S. 112.

[15] Colonel GODCHOT: « Die Schwarze Schmach » en Rhénanie (II). – *Revue de l'Afrique du Nord*, Bd. II (Januar-April 1922), S. 110-125, hier S. 112.

[16] VON DER SAAR: Schrecken, S. 39.
[17] FIDEL: Widerlegung, S. 25.

Abbildung 5: Textausschnitt aus einer Hetzschrift zu angeblicher Notzucht und Vampirismus durch Marokkaner (aus: VON DER SAAR ²1921, S. 48 f.)

> 1. Am 12. November 1918 wurde die Bauerntochter Anna St., geb. 20. Dez. 1897, in der Behausung ihres Dienstherrn, des Landwirts W. in Mauschbach (Pfalz), von einem farbigen Soldaten wiederholt vergewaltigt. Der Soldat drang bei dem Bauern ein und erklärte, er wolle Zigarren haben, die ihm dieser holen sollte. Als W. sich weigerte, jagte ihn der Marokkaner zur Türe hinaus. „Jetzt stieß er mich ins Nebenzimmer," gab Anna St. zu Protokoll an: „warf mich auf das Bett, hielt mir mit der einen Hand das Seitengewehr vor das Gesicht, und als ich zweimal um Hilfe rief, drückte er mir mit der andern Hand den Mund zu, so daß ich nicht mehr schreien konnte. Hierauf....... Während dessen kam der Bauer zur Tür hinein. Im Zimmer war es dunkel, der Soldat hatte mit dem Seitengewehr das Licht zerschlagen. Als der Bauer kam, rief ich ihm zu, mir zu helfen. Er wollte Licht machen, im selben Augenblick ging der Soldat von mir weg, schlug dem Bauer das Zündholz aus der Hand und stieß ihn wieder zur Tür hinaus. Ich stand schnell vom Bett auf und wollte ebenfalls zur Tür hinaus. Der Soldat stieß mich wieder auf das Bett zurück und gebrauchte mich nochmals in der gleichen Weise geschlechtlich. Ich konnte jetzt nicht mehr schreien, da ich ganz schwach geworden war. Gleich darauf ging er fort und ließ sein Koppel mit der Seitengewehrscheide zurück. Ich war auch hatte ich große Schmerzen, daß ich mich in Behandlung des praktischen Arztes Dr. K. in Hornbach begeben mußte."
>
> Die sadistischen Einzelheiten, die in diesem wie in den meisten Fällen, vorgekommen sind, lassen sich selbst nicht andeutungsweise wiedergeben. Die schwarzen Bestien laufen, wenn sie der Alkohol und der Geschlechtstoller übermannt, förmlich sexuell Amok und betragen sich ihren Opfern gegenüber wie wilde Tiere. „Es sind bei Aerzten ohnmächtige Mädchen eingeliefert worden, deren Adern beinahe blutleer waren. Die Schwarzen, besonders die Marokkaner beißen in ihrer Wut ihren Opfern die Schlagader am Halse an und saugen gierig von dem Blut; es sind eben die reinen Bestien," lesen wir in einem Privatbrief. Wir bemerken bei dieser Gelegenheit, daß wir nur die charakteristischsten Fälle hier wiedergeben; zu einer vollständigen Schilderung der vielen bekannt gewordenen Verbrechen, fehlt uns der Raum.
>
> 2. 3. und 4. An den Abenden des 19. und 20. Januar 1919 abend zwischen 6 und 7 Uhr, wurde die Witwe W. aus Oggersheim, 33 Jahre alt; Gretchen S. von Ludwigshafen, 20 Jahre alt und Elise B. von Ludwigshafen, 18 Jahre alt, auf dem Wege nach Oggersheim von einer Rotte Marokkaner überfallen, die ihre Begleiter in die Flucht jagten, die Frauen ins Feld schleppten, um sie hier einer nach dem andern zu vergewaltigen.

Abbildung 6: Textausschnitt aus einer Hetzschrift zu angeblichen homosexuellen Vergehen marokkanischer *Tirailleurs* (aus: VON DER SAAR ²1921, S. 57)

> Am 2. März 1919, abends gegen 7 Uhr, ist der 7 Jahre alte Knabe Karl B. von einem Marokkaner bei Ludwigshafen auf das Feld geführt und dort in nicht zu beschreibender Weise mißbraucht worden.
>
> Am 12. April 1920 ward der 13jährige Gymnasiast Philipp B. in Bad Homburg von drei Marokkanern hinter dem Kaiser Wilhelmsbad überfallen, ihm die Hosen heruntergemacht und der Versuch zur päderastischen Notzucht begonnen. Die Unholde wurden dabei gestört, zum Glück für den Jungen, der ihnen entwischte.
>
> Am 9. Mai wurden in einem Kornfeld bei Euskirchen die beiden 11 und 14 Jahre alten Knaben Peter H. und Peter Josef Sch. aus Elsig auf dem Heimweg von Marokkanern überfallen und päderastisch mißbraucht.
>
> Am 1. Juni ist das 7½jährige Söhnchen der Ehefrau Franz R. in Trier, bei der ein Kapitän im Quartier liegt, von dessen marokkanischen Burschen päderastisch mißbraucht und schwer verletzt worden.
>
> Am 28. Juni wurde der 12jährige Knabe Josef K. von Eschweiler von zwei Marokkanern im Walde überfallen, von dem einen mißbraucht, wobei das arme Kind kolossale Schmerzen erduldete; während der andere nur den Versuch dazu machen konnte, nachdem der Begleiter Josef Sch.
>
> Wie aus Bingen a. Rh. gemeldet wird, erfahren jetzt Fälle ihre amtliche Bestätigung, in denen sich farbige französische Soldaten in scheußlichster Weise an verschiedenen männlichen Einwohnern dieser Stadt vergangen haben. So wurde im Monat Mai 1921 ein technischer Beamter am Krefelder Hafen nachts 2 Uhr von zwei algerischen Soldaten überfallen und genotzüchtigt. Die Uebeltäter sind zu 1½ Jahren Gefängnis verurteilt worden. Ferner wurde Ende Juni ein Arbeiter nachts auf offener Straße von vier Marokkanern niedergeschlagen, am Kopfe schwer verletzt und dann widernatürlich gebraucht.

de die Stationierung madegassischer und marokkanischer Truppen – insbesondere in Bitburg, Trier und Kyllburg – als „Schwarze Schande" und besondere Demütigung der deutschen Bevölkerung bezeichnet[18]. Die Broschüre veröffentlichte auch Fotos mit marokkanischen *Tirailleurs* vor dem Kyllburger Bahnhof und von Spahis bei der Wachübernahme am Moselufer. Ihr stolzer und zugleich würdiger Gesichtsausdruck schien im Widerspruch mit den sehr negativen Kommentaren im begleitenden Text zu stehen. Eine vergleichbare Darstellungsweise findet sich in anderen Broschüren mit großer Auflage von 1930, zum Beispiel in der Broschüre der Koblenzer Tageszeitung *Koblenzer General-Anzeiger* mit der Überschrift „Elf Jahre in Fesseln. Koblenz in der Besatzungszeit", die ebenfalls äußerst stereotypisierende Passagen über die marokkanischen Einheiten in den französichen Besatzungstruppen enthält[19]. Sie wurden in einem der Kapitel mit ehemaligen Sklaven verglichen, die durch eine glückliche Fügung die Rolle wilder Sklavenhalter übernommen hätten[20].

---

[18] [Anonym:] Trier und das Trierer Land in der Besatzungszeit (Sonder-Beilage der Trierischen Landeszeitung). Trier, Paulinus-Druckerei, o.J. (1930), Kapitel „Die Schwarze Schmach", S. 53-54, hier S. 54:
„*Wir werden es den Franzosen nie vergessen, was sie unseren Frauen und Kindern angetan, als sie Schwarzen auf die Bevölkerung losließen. Sie haben deren Gefährlichkeit gekannt und es trotzdem jahrelang zugelassen!*"
Vgl. auch den außerordentlich rassistischen Unterton des Kapitels „Die Rache der Soldateska. Die Spahis werden losgelassen", der sich auf die Beteiligung marokkanischer Truppen bei der Niederschlagung des Generalstreiks in Trier am 25. Januar 1923 bezieht:
„*Dann kamen sie [...] die Wüstensöhne Afrikas, die sich später in vereinzelten Fällen geäußert, daß die weißen Franzosen ihnen Schnaps gegeben und gesagt hätten, von der aufrührerischen Bevölkerung seien einige Spahis ermordet worden, und fegten auf ihren schnellen Pferden durch die Straßen, alles niederschlagend, was ihnen vor die Klinge kam, Kinder, Frauen, Greise, Polizeibeamte und Kriegskrüppel.*"

[19] [Anonym:] Elf Jahre in Fesseln. Koblenz in der Besatzungszeit. – Koblenz: Druck und Verlag Koblenzer General-Anzeiger, 1930, S. 61 („Franzosen besetzen den Hauptbahnhof", Kapitel über die Ruhr-Besatzungszeit 1923): „*Am 27. Januar drangen französische Truppen (weiße Franzosen und Marokkaner), beritten und zu Fuß, von der Kartause her in den Eilgutschuppen ein; [...]. Frauen und Kinder flohen vor den teuflisch grinsenden Gesichtern im hellen Entsetzen durch die Bahnsperre ins Freie [...]; und während Marokkaner mit bajonettbewehrten Schießprügeln in den braunen Tatzen vor dem Eingang Wache hielten, stiegen die gewitzten Eisenbahner aus den Hinterfenstern nach der Römerstraße ins Freie.*"

[20] Ebd., Kap. „Mit Bajonett und Sklavenpeitsche", S. 85: „*Teuflisch grinsende Marokkaner, mit anderthalb Meter langen, schweren Sklavenpeitschen ausgerüstet, hieben in fanatischer Wut auf die Ohnmacht protestierenden wehrlosen Deutschen, die in ihrem staatserhaltenden Willen das verräterische Gesindel aus dem Schloß herausholen wollten. [...] Wehrlos – rechtlos! Das wußten sie, sowohl die französischen Gendarmen, wie die französischen Jäger und Kavalleristen; das erkannten in ihrem niederen Instinkt auch die braunen Marokkaner, die sich hier einmal wie Sklavenhalter fühlen durften und denen bei jedem Stoß und Hieb die afrikanischen Glutaugen in reiner Berserkerwut funkelten.*"

3. Konflikte (Rechtfertigungen und Apologien)

Die Kampagne eines Teils der deutschen Presse und öffentlichen Meinung gegen die Präsenz afrikanischer Truppen auf deutschem Boden, die im allgemeinen mit dem Begriff „Schwarze Schmach" bezeichnet wurde, traf – insbesondere in Frankreich, aber auch in anderen Ländern, ebenso in Deutschland – auf lebhaften Protest. Diese Proteste bürsteten teilweise unmittelbar diejenigen Wahrnehmungsmuster mit rassistischer Tendenz gegen den Strich, die sich um die Thematisierung der „Schwarzen Schmach" gewoben hatten, und blieben deswegen paradoxerweise – und vielleicht unbewußt – hiervon in ihrer Grundstruktur bestimmt. Dem von Stereotypen geprägten Diskurs, der auf die Barbarei und die angebliche Wildheit der *Tirailleurs* verwies, stellte sich ein anderer entgegen, der im Gegensatz dazu ihre Würde, ihre Schönheit und ihren militärischen Einsatz betonte. So schrieb der Senator Saint-Germain über die bei der Parade des 14. Juli 1919 anwesenden marokkanischen, algerischen und senegalesischen Regimenter, die er als die „schönsten Soldaten der Welt"[21] bezeichnete. Er formulierte in dem erwähnten, im September 1919 in der *Dépêche Coloniale et Maritime* erschienenen Artikel, folgendermaßen:

„Alle diese nunmehr berühmten Tapferen, die durch ihre Aufopferung und ihre denkwürdigen Erfolge das Recht erhielten, am 14. Juli 1919 unter dem Arc de Triomphe de l'Etoile durchzumarschieren: algerische, tunesische, marokkanische, madagassische und somalische Tirailleurs, die unter dem Befehl von Mangin so furchterregende Stoßtrupps waren und deren ruhmreiches Gedächtnis verbunden ist mit den Offensiven in der Champagne, an der Somme und in den Ardennen, bei der Einnahme des Fort von Douaumont und der Mühle von Laffaux; Tirailleurs aus Annam, Kambodscha und Laos, die sich als nützliche und unermüdliche Kämpfer erwiesen haben, alle sind sie vereinigt mit unseren unsterblichen Frontsoldaten, ihren Waffengefährten.".

L'Echo d'Oran rief am selben 14. Juli im Reportage-Stil pathetisch in Erinnerung:

„Jetzt kommen die Kolonialsoldaten vorbei mit ihrem von Schnittwunden gezeichneten, wie aus Kupfer gegossenen Gesicht. [...] Die ganze Afrika-Armee sorgt für einen vortrefflichen Enthusiasmus. Besonders ein Zuave mit weißem Bart ist Gegenstand eines warmherzigen Jubels. Die Nouba hat zunächst leichte Überraschung verursacht, aber schnell ist daraus Begeisterung geworden."[22]

Die Jahre 1919 bis 1923 waren im französischen Kolonialreich geprägt von der Bemühung, der Opfer unter den afrikanischen und indochinesischen Truppen während des Krieges zu gedenken. So wurden in der Lokalpresse unzählige Artikel über die Beteiligung von *Tirailleurs* aus Schwarzafrika und Nordafrika am Krieg sowie über die Enthüllung von Denkmälern publiziert, beispielsweise in Bamako in Mali, in L'Arba in Algerien und in Oran. Anläßlich der Enthüllung des Armeedenkmals 1923 in Bamako verwies General Achinard explizit auf die deutsche Kampagne gegen die afrikanischen Truppen und verurteilte sie heftig:

„Dies sind die Tapferen, die die Deutschen als roh und wild bezeichnen. Sie geben vielmehr jenem ergreifenden Ausspruch recht, den einer der Senegalesen der berühmten Marchand-Mission durch Afrika eines Tages gegenüber Hauptmann Baratier äußerte: »Ich sein schwarz, aber haben weißes Herz«"[23].

General Mangin, der 1910 die schwarze Armee gegründet hatte, unterstrich in einem im Juli 1920 der Tageszeitung *L'Echo d'Alger* gegebenen Interview die wichtige Rolle der Kolonialtruppen während des Krieges, die das Bewußtsein eines „größeren Frankreich" gefestigt hätte[24]. Mangin bezog sich auch auf die deutsche Kampagne gegen die Präsenz afrikanischer und madegassischer Truppen im Rheinland, als er deren loyales und korrektes Verhalten hervorhob: „Die von den Deutschen über die Eingeborenen-Truppen erfundenen Legenden sind zu offensichtlich parteilich, als daß es der Mühe wert wäre, ihre Nichtigkeit zu beweisen. Es ist ziemlich normal, daß Deutschland es ungern sieht, daß Frankreich möglicherweise erneut eine starke Armee aus seinem Kolonialreich rekrutieren könnte, um die Verteidigung und die Ausübung seiner legitimen Rechte sicherzustellen."[25]

Nachdem er im August 1920 den französischen Regimentern im Rheinland einen Besuch abgestattet hatte, berichtete Oberst Godchot in einem in der *Revue de l'Afrique du Nord* erschienenen Artikel folgendes über eine Parade marokkanischer *Tirailleurs* in Wiesbaden:

„Und dort, auf der Plattform deutscher Waffen, wo sich früher die Regimentsabteilungen von Hessen und Nassau aufgereiht haben [...], marschierten unsere verwegen aussehenden marokkanischen Tirailleurs, in vorbildlicher Haltung, stolz auf ihre Mission, los, präsentierten ihre Waffen und paradierten zur ruckartigen und rhythmischen Musik ihrer Nouba."[26]

Eine ästhetische Faszination auf deutscher Seite zeigte sich bereits in jener Galerie von Porträts von Kolonialsoldaten – darunter zahlreiche Abbildungen von marokkanischen und algerischen Tirailleurs –, die der deutsche Ethnologe Leo Frobenius 1918 unter dem Titel *Der Völkerzirkus unserer Feinde* veröffentlichte (Abb.

---

[21] Sénateur SAINT-GERMAIN: Les plus beaux soldats du monde. L'héroïsme colonial. – La Dépêche Coloniale et Maritime, 2. September 1919, S. 1.

[22] [Anonym:] Les Vainqueurs sous l'Arc de Triomphe. Paris et la France saluent pieusement ses morts et font une apothéose aux poilus et à leurs chefs. – L'Echo d'Oran, 15. Juli 1919, S. 1: „*ce sont maintenant les coloniaux qui passent, leur visage balafré d'entailles et qu'on dirait sculptés dans du cuivre [...]. Toute l'armée d'Afrique soulève un enthousiasme formidable. En particulier un zouave à barbe blanche est l'objet d'une chaleureuse ovation. La nouba d'abord provoqué un peu de surprise, mais bientôt c'est le délire.*" Vgl. auch das im Januar desselben Jahres in *La Dépêche Coloniale et Maritime* erschienene Dossier, Januar 1919, S. 1–5 unter dem Titel „La Coopération de nos Indigènes dans la Grande Guerre. Le loyalisme de nos indigènes coloniaux."

[23] [Anonym:] Pour les héros de l'armée noire. – Les Annales Coloniales, 15. Juli 1924, S. 1: „*Voilà les braves que les Allemands traitent de brutes et de sauvages. Ils justifient, au contraire, ce mot touchant qu'un des Sénégalais de la fameuse mission Marchand à travers l'Afrique dit un jour au capitaine Baratier: « Moi, y a noir, mais y a coeur blanc »*".

[24] [Anonym:] Les drapeaux des troupes noires. Interview du général Mangin. – L'Echo d'Alger, 16. Juli 1920, S. 1: „*Une plus grande France est sortie de la guerre, si une et si forte qu'elle reste dans la paix la plus sûre sauvegarde de la liberté des peuples.*"

[25] Ebd., S. 1: „*Les légendes créées par les Allemands contre les troupes indigènes intéressées pour qu'il vaille la peine d'en démontrer l'inanité. Il est assez naturel que l'Allemagne voie d'un mauvais oeil que la France pourrait tirer éventuellement encore une forte armée de son empire colonial pour assurer la défense et l'exercice de ses droits légitimes.*"

[26] GODCHOT: Die Schwarze Schmach, S. 214: „*Et là, sur la plateforme aux armes allemandes où s'étaient alignés autrefois les pelotons des régiments de Hesse et de Nassau [...], nos tirailleurs marocains, à l'aspect martial, admirablement tenus, fiers de leur mission, partaient et présentaient les armes, et défilaient aux sons des airs saccadés et rythmés de leur nouba.*"

7-13). Frobenius kritisierte in seiner Schrift zwar heftig den Einsatz vorwiegend afrikanischer Truppen auf den europäischen Schlachtfeldern. Er betonte jedoch nicht etwa – wie die künftigen Wortführer der Kampagne gegen die Schwarze Schmach – ihre rassische Minderwertigkeit, sondern im Gegenteil ihre grundlegende Andersartigkeit, ihre kulturelle Verschiedenheit und ihre Reinheit, die jeder intensive Kontakt mit der europäischen Zivilisation zu zerstören drohte. Die Fotos seines Buches zeugen sowohl von einer deutlichen Faszination gegenüber dieser Andersartigkeit als auch von der stolzen Würde selbst der – in diesem Fall marokkanischen – *Tirailleurs* in einer seiner Meinung nach von Grund aus fremden Umwelt[27)] *(Abb. 7-13).*

– Stimmen der deutschen Presse und der deutschen Behörden ihre Ergebenheit und Hilfsbereitschaft in schwierigen Situationen unterstrichen. So machte Gustave Mercier in einem der Rolle der „nordafrikanischen Ureinwohner" im Krieg gewidmeten Artikel die beispiellose Tapferkeit der marokkanischen und algerischen *Tirailleurs* geltend; er bezeichnete sie als „Soldaten von ganzer Seele, versehen mit atavistischen Instinkten und schlummernden Kräften"[28)]. Zahlreiche Feste und Gedenkfeiern, insbesondere anläßlich des Nationalfeiertags – beispielsweise in Rabat am 14. Juli 1920 – hoben die Rolle der *Tirailleurs* während des Krieges hervor[29)].

Abbildung 7: „Verwundete Marokkaner" (aus: *Der Völkerzirkus unserer Feinde*, 1918)

Abbildung 8: „Französischer Hilfskrieger aus der Sahara-Atlas" (aus: *Der Völkerzirkus unserer Feinde*, 1918)

Auf französischer Seite erfolgte die Aufwertung der afrikanischen *Tirailleurs* zweitens hauptsächlich durch die Betonung ihrer soldatischen und patriotischen Tugenden, während einige – isolierte aber wahrnehmbare

Amtliche Lobreden wie die aus Anlaß des 14. Juli dienten der Unterstreichung der „Verbundenheit mit der Heimat" der zur Unterstützung Frankreichs aus den Kolonien gekommenen Truppen und bemerkten, wie 1913

[27)] Der Völkerzirkus unserer Feinde. Mit einem Vorwort von Leo Frobenius. – Berlin: Eckert-Verlag, 1918.

[28)] Gustave Mercier: Les indigènes nord-africains et la guerre. – *Revue de Paris*, 1. Juli 1918, hier S. 209.

[29)] [Anonym:] La Fête Nationale – Au Maroc. – *L'Echo d'Alger*, 15. Juli 1920, S. 1.

Abbildung 9: „Typen aus einem Gefangenenlager" (aus: *Der Völkerzirkus unserer Feinde*, 1918)

Phot. A. Grohs, Berlin.

Typen aus einem Gefangenenlager:
Araber, Senegalschützen, Inder, Turkos, Marokkaner und Zuaven.

Abbildung 10: „Marokkaner am Verbandplatz" (aus: *Der Völkerzirkus unserer Feinde*, 1918)

Abbildung 11: „Marokkanischer Barbier im Felde" (aus: *Der Völkerzirkus unserer Feinde*, 1918)

Abbildung 12: „Marokkanische Schützen in Reserve" (aus: *Der Völkerzirkus unserer Feinde*, 1918)

Abbildung 13: „Marokkaner beim Schützengrabenbau" (aus: *Der Völkerzirkus unserer Feinde*, 1918)

die *Dépêche Coloniale et Maritime*, daß „die Pariser bei der Schau am 14. Juli die schöne Haltung der Abteilungen unserer Eingeborenen-Regimenter bewundert haben"[30]. General Mangin, der Initiator der Rekrutierung afrikanischer Einheiten vor und während des Ersten Weltkrieges, sah in ihrem „Blutzoll" eine der stärksten Bande

> „[...] eines größeren Frankreichs, das aus dem Krieg so einig und so stark hervorgegangen ist, daß es in Friedenszeiten der sicherste Schutz der Freiheit der Völker bleibt. Das gemeinsam auf den Schlachtfeldern vergossene Blut hat zwischen den Soldaten Bande von Tapferkeit und vollendete Aufopferung geschaffen: Manche sind schwer verwundet worden; einige sind tot. Die Einwohner des Rheinlands, die nie an der verwerflichen, »Schwarze Schande« genannten Kampagne teilgenommen haben, haben diesen ausgezeichneten Truppen mittels ihrer offiziellen Vertreter ein wohlverdientes Lob ausgesprochen"[31].

Ein in Französisch verfaßter Brief eines Pfälzers an den befehlshabenden General der Rheinarmee rief die Erinnerung an den marokkanischen *Tirailleur* Mohammed Ben Brahim wach, der vor seiner Demobilisierung bei ihm untergebracht war:

> „Meine Eltern behalten Herrn Mohammed in guter Erinnerung, denn er war gut, liebenswürdig und dankbar, und er war das Beispiel eines ausgezeichneten Soldaten Ihrer bewunderten Armee, die seit Ende 1918 der rheinischen Bevölkerung die Wohltaten der Ordnung, die Sicherheit ihrer Lebensmittelversorgung und ihre vorbildliche Disziplin brachte. Bei uns wurde Herr Mohammed behandelt und geschätzt wie der eigene Sohn und Bruder"[32].

Man muß jedoch feststellen, daß selbst zahlreiche Verteidigungen der afrikanischen Soldaten, sowohl in der Presse als auch bei amtlichen Stellungnahmen, durchaus geprägt blieben von den durch die rassistische Kampagne gegen die „Schwarze Schande" vermittelten Wahrnehmungsformen, indem sie zwar deren Wertesysteme umkehrten, aber den selben Denkkategorien verhaftet blieben. So stellte ein amtliches französisches Schreiben der hinsichtlich der genannten Zahlen völlig überzogenen Behauptung einiger deutscher Periodika, daß „Frankfurt von 20.000 Männern aus ausschließlich senegalesischen (schwarzen) Truppen besetzt gewesen ist", die – paradoxerweise auch in gewisser Hinsicht einer rassischen Wahrnehmungsform verhaftete – Erklärung entgegen, „daß Frankfurt nicht von Senegalesen, sondern zunächst von marokkanischen und algerischen *Tirailleurs* und dann von weißen französischen Truppen

---

[30] *La Dépêche Coloniale et Maritime*, 24. Juli 1913, S. 1. Vgl. auch *La Dépêche Coloniale et Maritime*, 20. Juni 1923, S. 1, die bereits drei Wochen vor den Feierlichkeiten des 14. Juli hervorhebt, daß ein Bataillon nordafrikanischer *Tirailleurs* an der Schau des 14. Juli in Paris teilnehmen wird.

[31] BOURIAND: Campagne, S. 49: „*une plus grande France [qui] est sortie de la guerre, si une et si forte qu'elle reste dans la paix la plus sûre sauvegarde de la liberté des peuples. Le sang versé en commun sur les champs de bataille a créé entre les soldats des liens de courage et le plus parfait dévouement: certains ont été grièvement blessés; quelques-uns sont morts. Les populations rhénanes qui n'ont jamais pris part à l'odieuse campagne menée sous le titre de la « honte noire », ont fait un éloge mérité, par l'organe de leurs représentants officiels, de ces excellentes troupes*".

[32] GODCHOT: Schwarze Schmach, S. 219: „*Mes parents ont conservé une bonne pensée de Monsieur Mohamed, car il était bon, aimable et reconnaissant, et il était le type d'un excellent soldat de votre armée admirée qui apportait depuis la fin de 1918 aux populations rhénanes les bienfaits de l'ordre, le secours de leur ravitaillement et l'exemple de leur discipline. Chez nous, Monsieur Mohamed a été traité et estimé comme un propre fils et frère*".

besetzt gewesen ist"³³⁾. Und sogar ein fortschrittlicher Journalist, wie es Maximilien Harden zweifellos war, vermochte sich nicht völlig in rassischen Kategorien denkenden Wahrnehmungsmustern zu entziehen, als er in der Zeitschrift *Die Zukunft* die farbigen französischen Besatzungstruppen in Deutschland zu verteidigen beabsichtigte:

„Die Pflicht, ein weißes Besatzungsheer zu stellen, hätte Frankreich also gefährdet, über das noch Erträgliche hinaus geschwächt. Nur deshalb wurden Dunkelhäutige vorgeschickt. Marokkaner und Senegalesen, deren Mannszucht und Haltung im Kriege gut bewährt war. Schon die Erinnerung an den langwierigen, gestern noch hörbaren Streit über die ethnologische Auffassung warnt vor der Verwechselung der Mauren und anderer Stämme aus Afrikas Nord und Nordwest mit Negern. Den zu Aufschürung deutschen Zornes gegen »Franzosenfrechheit« in Witz- und Hetzblättern jetzt gezeigten Niggertypen ähneln Frankreichs Kolonialtruppen durchaus nicht"³⁴⁾.

Die Beschäftigung mit diesen manchmal schmerzlichen und schockierenden Dokumenten der deutschen Kampagne gegen die „Schwarze Schmach" stellt also eine Trauerarbeit in doppeltem Sinne dar:

– Zunächst eine Arbeit der Bewußtmachung einer Hypothek, die unbestreitbare Wirkungen gehabt hat auf die Beziehungen zwischen Deutschland und Nordafrika, besonders Marokko, sowie Schwarzafrika in der Zeit zwischen den Weltkriegen und besonders während des Dritten Reichs, wo im Gefolge der Rassengesetze die Zwangssterilisierung aller Kinder aus Ehen zwischen deutschen Frauen und marokkanischen, algerischen oder senegalesischen *Tirailleurs* angeordnet wurde³⁵⁾.

– Aber zugleich stellt diese Trauerarbeit eine Form der Distanzgewinnung dar, die versucht, deutlich den von Grund aus imaginären – und doch gelegentlich äußerst wirksamen – Charakter von Wahrnehmungsformen und -begriffen wie „Rasse", „rassische Verunreinigung", „Bastardisierung", „ethnische Reinheit" und „Demütigung" aufzuzeigen, die immer noch wie eine entfernte, aber äußerst gefährliche Rückkehr des Verdrängten in den Tiefenschichten der kollektiven Mentalitäten des modernen Europas zu finden sind.

---

33) BOURIAND: Campagne, S. 28.
34) Maximilien HARDEN: Wehmutterhäublein. – *Die Zukunft*, Bd. 109, April/Juni 1920, S. 292-299, hier S. 293.

35) Vgl. zu diesem Punkt das Buch von Katharina OGUNTOYE, May OPITZ & Dagmar SCHULTZ (Hrsg.): Farbe bekennen. Afro-deutsche Frauen auf den Spuren ihrer Geschichte. – Berlin: Orlanda Frauenverlag, 1986.

Hubert Lang (Bonn)

Die Darstellung Abd el-Krims in der zeitgenössischen deutschen Publizistik

Mit 1 Abbildung

1. Wer ist Mohammed Ben Abd el-Krim el-Khattibi?

Heute sind sein Platz und sein Rang nicht mehr länger umstritten. Er ist in die marokkanische Geschichte eingegangen, durch die Hintertür zunächst, um dann aber schließlich doch auf einen Ruhmessockel im Pantheon der marokkanischen Nationalhelden zu steigen, an der Seite von Allal al-Fassi, Allal Ben-Abdallah oder Mohammed Zerktouni.

Die marokkanische Geschichtsschreibung würde ihn gerne zu einem zweiten Jugurtha machen, jenem legendären Berberführer, der ein Jahrhundert vor unserer Zeitrechnung die römischen Besatzer aus dem Land jagen wollte und den der französische Historiker Stéphane GSELL als „den Größten unter den großen Berberfürsten" bezeichnet[1].

Man hat ihn auch oft verglichen mit ᶜAbd el-Kader, der achtzig Jahre vor Abd el-Krim im westlichen Algerien eine Art Staat errichten konnte, bevor er schließlich im Jahre 1847 aufgeben mußte, so wie Mohammed Abd el-Krim el-Khattibi am 27. Mai 1926 seine Niederlage eingestanden und aufgegeben hat. Kaum bekannt ist, daß der *Emir* Abd el-Kader nach seiner Niederlage nach Marokko flüchtete, wo er von *Sultan* Abdarrahman mit dem Ehrentitel eines *Khalîfa* für die Rif-Region ausgestattet wurde.

Man hat Abd el-Krim viele plakative Bezeichnungen angehängt, wie „traditionelle Führergestalt", „Kriegsführer", „Vorkämpfer der Volkskriege (Ho Chi-Min)", „Aufwiegler", „Revolutionär", „Marabut", „Salafi", „Nationalist" und „Anti-Europäer", „Patriot", „Held der arabischen Welt", „legendäre Gestalt" (Hassan II.). Moa Tse-Tung selbst hat ihn einer palästinensischen Besuchergruppe gegenüber als „eine der Hauptquellen" bezeichnet, „aus denen er gelernt habe, was Volksbefreiungskriege sind."[2]

In den marokkanischen Geschichtsbüchern wird nur wenig über die Rif-Republik gesagt, die der „*Emir*" Abd el-Krim el Khattabi etwa im Jahr 1925 gründete, mit ihren fast demokratisch zu nennenden Strukturen, mit Regierung und Armee. Für die offizielle marokkanische Geschichtsschreibung bedeutet Abd el-Krim zuallererst der Held aus dem Rif, der Sieger der Schlacht von Anoual im Juli 1921 gegen die Spanier, „durch die er den durch jahrzehntelanges nationales Unglück entmutigten Marokkanern ein gewisses Maß an Selbstvertrauen zurückgegeben hat".[3]

Moulay Ahmed Alaoui, Journalist, Politiker und Historiker, sieht im Rif-Krieg die „Geburt der nationalen Bewegung", die zunächst in die *Salafiya*-Bewegung, später in das „Marokkanische Aktions-Komitee" einmündete, um dann schließlich im Jahr 1944 – auf dem Umweg über die Nationalpartei – in der Gründung der *Istiqlâl*-Partei zu enden. In seinem 1976 veröffentlichten biographischen Buchwerk *Le Défi* (= Die Herausforderung) erwähnt Hassan II. die historische Rolle Abd el-Krims eher beiläufig[4].

Tatsächlich existieren erstaunlich wenig rein marokkanische Forschungsarbeiten über die historische Komplexität Abd el-Krims; einen Versuch in diese Richtung stellte ein Kolloquium zu dem Thema „*Abd el-Krim und der Rif-Krieg*" dar, das in einem von Maspero (Paris 1976) verlegten Tagungsband Niederschlag fand. Hingegen findet sich eine ganze Reihe von Monographien französischer, spanischer und angelsächsischer Autoren, wie beispielsweise Pierre Fontaine, Léon Ga-

---

[1] Vgl. den Beitrag von Mustapha EL KASRI über Jugurtha, in: *Mémorial du Maroc*, Bd. 1, S. 124 ff.

[2] Vgl. *Mémorial du Maroc*, Bd. 5, S. 186.
[3] Vgl. den Beitrag von Mohamed ZNIBER: „Mohamed Ben Abdelkrim et la guerre du Rif" in: *Mémorial du Maroc*, Bd. 5, S. 161 ff.
[4] HASSAN II, *Le Défi*, Paris 1976, S. 16, erwähnt lediglich den Besuch, den sein Vater, Sultan Mohammed V., der „*legendären Gestalt*" Abd el-Krim 1960 im Kairoer Exil abgestattet hat; er fügt hinzu, daß er persönlich „*ausgezeichnete Beziehungen zur Familie Abd el-Krims*" pflege.

brielli, Walter Harris, Tomas García Figueras, Rafael López Rienda usw.

Im großen und ganzen ist man fast geneigt zu sagen, daß die Geschichte Abd el-Krims noch nicht ganz geschrieben ist, daß seine historische Rolle und wahre Dimension nocht nicht erfaßt und niedergelegt sind.

Aus diesem Grund erscheint eine Untersuchung darüber sinnvoll und nützlich, wie Abd el-Krim von seinen Zeitgenossen im Ausland gesehen und wahrgenommen worden ist, insbesondere von der interessierten Öffentlichkeit in Deutschland.

Abbildung 1: Bildnis Abd el Krims mit einer Widmung (*aus der deutschen Übersetzung seiner Memoiren, 1927*)

2. Abd el-Krim in der deutschen Zeitungspresse der zwanziger Jahre

Wie waren die Verhältnisse in Deutschland während der Epoche Abd el-Krims und des Rif-Krieges, d.h. zwischen 1919 und 1926? Der Große Krieg war gerade zuende, das Deutsche Reich traumatisiert und erniedrigt zugleich, durch den Versailler Vertrag zutiefst verletzt in seinem Nationalstolz und tödlich getroffen in seiner Stellung als europäische Großmacht. Dazu kamen die wirtschaftlichen Probleme der Nachkriegszeit. Eigentlich hatte Deutschland andere Probleme, als sich für Ereignisse zu interessieren, die ein paar tausend Kilometer von seinen Grenzen entfernt stattfanden.

Da aber in einem gewissen Sinne der Protektoratsvertrag von 1912 Marokko zu einem Teil Frankreichs gemacht hatte – ähnlich wie Algerien – war zumindest das Interesse der Reichsregierung an diesem Teil der Welt latent gegeben. Immerhin verfügte sie durch die Berichterstattung ihrer Botschaften in Paris und Madrid über einigermaßen exakte Vorstellungen über die Ereignisse im Scherifenreich und in dessen nördlichen Territorien. Über welche Erkenntnisse aber verfügte die große Masse der Deutschen, welche Informationsquellen standen ihr zur Verfügung? Auf diese Fragen möchte dieser Beitrag eingehen.

Da wäre zunächst die Schriftpresse, d.h. die Zeitungen und Illustrierten, aber auch sonstige Veröffentlichungen wie beispielsweise die Militär-Zeitschriften. Diese verfügten vielfach über Auslandskorrespondenten, die von ihren Reisen in die umkämpfte Gegend berichteten und ihre Eindrücke, Erlebnisse und Analysen von Tanger, Ceuta, Fes oder Rabat aus an ihre Heimatredaktionen kabelten. Die Namen dieser Korrespondenten sind nicht in allen Fällen bekannt[5]. Dank dieser Vor-Ort-Berichte verfügen wir über eine beachtliche Menge erstklassiger Informationen von erstaunlicher Authentizität über die Person Abd el-Krims und sein Umfeld.

Unter den deutschsprachigen Zeitungen, die regelmäßig Reportagen und Berichte über Marokko, den Krieg im Rif und über Abd el-Krim veröffentlichten, sind zu nennen:

- *Neue Zürcher Zeitung* (Erscheinungsort Zürich)
- *Neue Freie Presse* (Wien)
- *Kölnische Zeitung* (Köln)
- *Münchener Neueste Nachrichten* (München)
- *Die Tägliche Rundschau* (Berlin)
- *Deutsche Allgemeine Zeitung* (Berlin und Frankfurt)
- *Frankfurter Zeitung* (Frankfurt)
- *Deutsche Zeitung*
- *Berliner Tageblatt* (Berlin)
- *Illustrierte Zeitung* (Wochenzeitung, Leipzig)
- *Vossische Zeitung*
- *Weser-Zeitung*

Die nachstehenden Artikel-Überschriften und auszugsweisen Zitate geben einen lebhaften Eindruck von der Sichtweise der deutschen Presseorgane im Hinblick auf die Ereignisse in Marokko, insbesondere auf den Krieg im Rif und seine Schlüsselfigur Abd el-Krim:

- *Berliner Tageblatt* vom 21. Mai 1925. Titel: *„Was geschieht in Marokko?"*, Artikel von P. Block.
- *Frankfurter Zeitung* vom 1. Oktober 1924. Titel: *„Deutsche Kämpfer in Marokko"*.
- *Deutsche Zeitung* vom 7. März 1926. Titel: *„Erlebnisse an der Seite Abd el Krims"*.
- *Münchener Neueste Nachrichten* vom 27. September 1925. Titel: *„Der Marokko-Krieg: Abd el Krim der*

---

[5] So veröffentlichte die *Deutsche Allgemeine Zeitung – Ausgabe für Berlin –* am 19 Juni 1925 einen Artikel unter der Überschrift „Was will Abd el Krim?", wo anstelle des Namens des Verfassers ein einfaches „Von unserem Korrespondenten" vermerkt war. Bekannt ist jedoch, daß dieser Artikel am 12. Juni 1925 von Ceuta aus an die Redaktion in Berlin ging.

Lage gewachsen", Artikel von Alfred von Mierka (ehemaliger Armee-General, der auch mehrere Artikel für die *Kölnische Zeitung* schrieb).

- *Die Tägliche Rundschau* vom 3. Oktober 1925. Titel: *„Tragödie im Rif"*, Artikel von Paul Mohr. In einem zweiten Beitrag innerhalb derselben Ausgabe stellt sich Mohr die Frage, ob man Abbd el-Krim zurecht als Rebellen betrachten und behandeln könne. Seiner Meinung nach kämpfe Abd el-Krim für das Selbstbestimmungsrecht seines Rif-Volkes, ein Recht immerhin, für dessen Durchsetzung dem Deutschen Reich im Versailler Vertrag große Gebietsabtretungen auferlegt wurden, wie das Elsaß und die östlichen Reichsgebiete wie das Hutschiner Ländchen und das Memel-Gebiet. Mohr kommt für sich zu dem Schluß, daß Abd el-Krim für eine gerechte Sache kämpfte.

- *Neue Freie Presse* vom 10 November 1925. Titel: *„Abd el Krims europäische Helfer. Die Rolle der Ausländer im Rif"*, Artikel von Vincent Sheean. Auszug:

  „Es darf hinzugefügt werden, daß Abd el Krims Milde sowohl gegen europäische als auch gegen arabische Gefangene von seinen eigenen Leuten scharf kritisiert wird. Weit und breit wird gesagt, daß er alle europäischen Gefangenen hinrichten lassen sollte, besonders seitdem er der Praxis, sie gegen Geld freizulassen, ein Ende bereitet hat. Wüßten die Leute der Stämme, daß Abd el Krim den Gefangenen tatsächlich gestattet, von Zeit zu Zeit mit ihren Familien in Verbindung zu treten, so würden sie sich noch mehr über seine »Schwäche« ärgern."

  Nur wenige Tage zuvor, am 8. November 1925, schrieb derselbe Vincent Sheean in der *Neuen Zürcher Zeitung*, daß Abd el-Krims Kampf früher oder später in einer Niederlage enden müsse; es sei allein der grenzenlosen Loyalität seiner Truppen zu verdanken, daß er so weit gehen konnte. Das *Berliner Tageblatt* vom 2. Oktober 1925 veröffentlichte ebenfalls einen Beitrag von Sheean unter der Überschrift *„Im Hauptquartier der Rif-Armee"*, in dem der Verfasser über seine Begegnung und sein ausführliches Gespräch mit dem Bruder Abd el-Krims, Sidi Mohammed, berichtete.

- *Deutsche Allgemeine Zeitung* vom 19. Juni 1925. Titel: *„Was will Abd el Krim?"* Auszug:

  „Abd el Krim wird so sehr als ein Mann des praktischen und nüchternen Denkens dargestellt, daß ihn die Bewunderung des gesamten Islams, die heute auf ihm ruht, in keiner Weise veranlassen soll, sich in überehrgeizigen Machtplänen zu verlieren und von seinen ursprünglichen Zielen abzugehen. [...]. Es fragt sich sehr, ob das nicht für die beteiligten Mächte eine sehr gute Lösung wäre, um diesen so wichtigen Faktor der Marokko-Wirren auszuschalten, denn man kann an der Person Abd el Krims nicht vorbeigehen, ohne ihr sehr hohe Bewunderung und Achtung zu zollen, und sicherlich werden die in den Krieg verwickelten Mächte einen harten, langen und verlustreichen Kampf führen müssen, wenn sie die vollkommene und bedingungslose Unterwerfung dieses Mannes erreichen wollen."

Die bestinformiertesten und kompetentesten Informationsquellen über die Verhältnisse in Marokko waren zweifellos jene Publikationen – hauptsächlich Wochenzeitungen, aber auch Jahrbücher und politische und militärische Handbücher –, die sich schwerpunktmäßig mit dem Militär-Geschehen in der Welt oder mit außenpolitischen Themen befaßten. Die Verfasser der marokkobezogenen Beiträge waren ausnahmslos Soldaten, vorwiegend im Ruhestand. Als Beispiele für diese Art von Veröffentlichungen seien hier nur genannt:

- *Militär-Wochenblatt* (Erscheinungsort Berlin)
- *Wissen und Wehr* (Berlin)
- *Preußische Jahrbücher* (Berlin)
- *Der Deutsche Gedanke* (Berlin)
- *Marine-Rundschau* (München)

Das Erscheinungsbild Abd el-Krims in dieser von kenntnisreichen Analysen und strategischen Überlegungen geprägten Literaturgattung (Beispiel: „Für Bombardements boten sich keine guten Ziele. Das Gas scheint ziemlich versagt zu haben")[6] ist äußerst ambivalent und schwankend. Der Leser entdeckt auf der einen Seite eine außergewöhnliche, mit hervorragenden Charaktereigenschaften ausgestattete Persönlichkeit[7], auf der anderen Seite trifft er auf einen despotischen Machtmenschen und armseligen Kleingeist[8].

Nicht verwunderlich ist, daß die Berichterstattung in diesen Veröffentlichungen einen stark antifranzösischen Zungenschlag enthielt. So ist beispielsweise in der *Weltbühne* vom 1. Juni 1925 folgender Satz zu lesen:

„Es erschüttert, daß französische Demokraten so gar nichts von dem Phänomen Abd el Krim erahnen: zum ersten Mal stand hier ein Afrikaner gegen europäische Großmächte, kein romantischer Reiter mehr wie jener Abd el Kader vor hundert Jahren, sondern ein militärisch und politisch in den Mitteln Europas geschulter Mann". Und in einem Beitrag im Militärwochenblatt vom 4. Juli 1925 mit der Überschrift „Das marokkanische Problem" schreibt der Major a.D. Otto Welsch: „Ich bin nicht der Ansicht, daß Abd el Krim der Angreifer gewesen ist. Er war es höchstens, wie Deutschland anno 14, weil er dazu herausgefordert worden ist".

3. Abd el-Krim im Bild deutscher Fremdenlegionäre

Eine weitere, wichtige Informationsquelle sind Berichte und Erzählungen einer ganz besonderen Sorte von Deutschen, die sich in jenen Jahren in Nordafrika aufhielten: die Rede ist von deutschen Angehörigen der französischen und spanischen Fremdenlegion. Eine ungefähre Schätzung aller deutschen Fremdenlegionäre, die in den drei gegen die Rif-Rebellen kämpfenden französischen Regimentern dienten, geht von ungefähr 7.000 Mann aus, von denen eine beträchtliche Anzahl desertierte und in der Rif-Armee Abd el-Krims gegen ihre vormaligen Einheiten kämpfte[9]. Was die Größenordnung dieser Hilfstruppe der Rif-Armee anbetrifft, so unterscheiden

---

[6] Eugen v. FRAUENHOLZ: *Der spanische Krieg in Marokko*, in: *Wissen und Wehr*, Bd. 8, 1927, S. 112.

[7] Vgl. z.B.: *Wissen und Wehr*, Bd. 8, 1927, S. 108: „[Abd el Krim] besaß in seltenem Maße die Gabe, Hoffnungen bei den Seinen zu erwecken und sie immer wieder zum Kampf mit fortzureißen."

[8] Vgl. z.B.: *Wissen und Wehr*, Bd. 8, 1927, S. 104: *„Die eigentlichen Gründe zur Aufgabe des Kampfes sind unklar. Es scheint, daß ihm die angestrebte politische Einigung des Rifs mißlungen war, und daß sich ein Teil der Stämme, durch französisches und spanisches Geld verlockt, von ihm lossagte. [...] und schließlich ist es keineswegs ausgeschlossen, daß das französische Geld bei Abd el Krim selbst seine Wirkung getan hat."*

[9] Emil RUDOLF: *Unter der Sonne des Maghreb. Kleine Erzählungen aus Marokko und dem Leben der Fremdenlegion*, Stühlingen/Bad. 1926, S. 44.
Albrecht WIRTH: *Der Kampf um Marokko*, Dachau 1925, S. 116.

sich die genannten Zahlen ganz enorm, je nach der Provenienz der befragten Quellen. Einem Artikel in der Wiener Tageszeitung *Neue Freie Presse* vom 10. November 1925 ist zu entnehmen, daß die Anzahl der Deutschen im Solde Abd el-Krims in der französischen Presse auf 10.000 Kämpfer geschätzt wurde und daß der Generalstab der Rif-Armee zum Großteil aus deutschen Offizieren bestünde[10]. Allem Anschein nach hat sich der Korrespondent der *Neuen Freien Presse* und Verfasser des erwähnten Artikels[11] sehr intensiv mit dieser Frage befaßt, denn er bezeichnet alle bis dahin genannten Zahlen als plumpe Übertreibungen. Tatsächlich habe er während seines zweimonatigen Aufenthalts nicht mehr als 30 Deutsche im ganzen Rif angetroffen, allesamt Deserteure aus der Fremdenlegion. Seiner Schätzung nach habe die Gesamtzahl aller deutschen Deserteure im Dienste Abd el-Krims in den beiden letzten Kriegsjahren (zwischen 1923 und 1925) allerhöchstens 150 Mann betragen. Einer der wichtigsten deutschen Helfer sei ein gewisser Walter Noah gewesen, den Sheean persönlich in Targuist angetroffen habe. Dieser Noah, ehemaliger Soldat der Reichswehr und seines Zeichens Techniker, habe das Telefonnetz im Rif aufgebaut, welches Abd el-Krim die Möglichkeit verschaffte, von Ajdir aus jederzeit mit seinen militärischen Außenposten und Basislagern in Verbindung zu treten.

Andere Deutsche machten sich als Kanonenschützen unentbehrlich, vor allem weil sie die entlang der Küste stationierten Luftabwehrbatterien hervorragend bedienen konnten. Ajdir selbst, die „Hauptstadt der Rif-Republik"

> „[...] wurde so durch erfahrene deutsche Artillerie aus der französischen Fremdenlegion verteidigt und ihrer Kaltblütigkeit und Tüchtigkeit ist es zu danken, daß die spanische Armee, die Ajdir am 17. Oktober überfiel, mit schweren Verlusten zurückgeschlagen wurde" (SHEEAN).

Der bekannteste und auffälligste unter diesen Deserteuren dürfte wohl der „*Câ'id Hadji Alemân*" gewesen sein, ein Düsseldorfer, dessen richtiger Name Josef Klems lautete. Klems hatte zuvor acht Jahre lang in der französischen Fremdenlegion gedient, bevor er desertierte und dann vom Stammesgebiet der Bani Warain aus einen persönlichen Rachefeldzug gegen die Franzosen führte. Schließlich verdingte er sich bei Abd el-Krim, u.a. als Kartograph. Klems war bei der Bevölkerung im Rif hoch angesehen und beliebt, auch der *Emir* selbst war ihm sehr zugetan und überließ ihm ein Haus mit vier Frauen, mit Pferden und Maultieren. Der Korrespondent der *Neuen Freien Presse* wußte auch noch zu berichten, daß Josef Klems „vollständig mohammedanisiert und ein fanatischer Feind der Christen"[12] war.

Verständlicherweise sind die Berichte, Erzählungen und Erinnerungen ehemaliger Fremdenlegionäre in Deutschland auf ein gewisses Interesse gestoßen, nicht zuletzt weil sie alle fast ausnahmslos einen ausgeprägt antifranzösischen Zungenschlag enthielten, der in jener Zeit sehr in Mode war. So entstand übrigens eine neue Literaturgattung, die Fremdenlegionärsliteratur[13].

Was das Bild Abd el-Krims in dieser Art von Veröffentlichungen angeht, so erscheint er zuallererst als eine Gestalt von mythischen Dimensionen, als einer, der Franzosen und Spanier herausgefordert und ihnen militärische Niederlagen beigebracht hat; vertiefte Charakterstudien oder detaillierte Beschreibungen sucht man allerdings vergeblich. Immerhin war das Interesse an dieser Literaturart in Deutschland so groß, daß auch die Werke französischer und spanischer Autoren, ehemalige Legionäre oder reguläre Soldaten, ins Deutsche übersetzt wurden[14]. In einem dieser Werke finden wir eine detailfreudige und dramatische Schilderung der berühmten Schlacht um Anoual. Folgender kurzer Auszug läßt uns die ganze Grausamkeit dieser Kampfeshandlungen erahnen:

> „Zum ersten Male, seit er in Marokko ist, verliert er den Glauben an die Vorgesetzten. Bereits zweimal hat er erlebt, daß General S [= Sylvestre, HL] einen Mißerfolg hatte. Die Mohren haben Pferde in Menge und gute Maschinengewehre. [...] Gestern haben sie ein Flugzeug heruntergeholt, den Führer auf einen spitzen Pfahl gespießt und wie ein Karussell herumgedreht"[15].

4. Die Rezeption der Memoiren des Abd el-Krim

Neben dieser Soldaten- und Legionärsliteratur findet sich eine weitere Art von Publikationen, die dem deutschen Publikum zugänglich war. Die Rede ist von jenen Veröffentlichungen, die sich direkt oder indirekt auf die sogenannten Memoiren von Abd el-Krim beziehen bzw. von diesen inspiriert sind, so wie sie von dem französischen Journalisten J. Roger-Mathieu niedergelegt und in einem Buch „*Mémoires d'Abd-el-Krim*" (Paris 1927) veröffentlicht wurden. Noch im Erscheinungsjahr 1927 wurde dieses Buch von Artur Rosenberg ins Deutsche

---

[10] WIRTH berichtet, daß die französische Regierung im Mai 1925 in einer Protestnote die Reichsregierung in Berlin aufgefordert habe, die Anwesenheit deutscher Fremdenlegionäre in der Rif-Armee zu unterbinden. Berlin habe daraufhin geantwortet, daß man dort über die Tatsache zwar unterrichtet, im übrigen aber machtlos sei. WIRTH erwähnt, daß ein im selben Jahr in Bayern aufgetauchter Deserteur der Fremdenlegion die Zahl der wöchentlich zu Abd el-Krim überlaufenden Deutschen mit rund 500 beziffert habe.

[11] Es handelt sich hier um den amerikanischen Journalisten Vincent SHEEAN, der für die *North American Newspaper Alliance* als Sonderberichterstatter arbeitete und dessen Berichte von der *Neue Freie Presse* in Wien, der *Neuen Züricher Zeitung* und dem *Berliner Tageblatt* übernommen und abgedruckt wurden.

[12] Vgl. den Artikel von Vincent SHEEAN in der *Neuen Freien Presse* vom 10. November 1925.

[13] Kleine Anthologie der Fremdenlegionärsliteratur:
LORENZ: *Deutsche Frontkämpfer in Marokko. Söldner und Deserteur der spanischen Fremdenlegion.* Berlin 1926.
Emil RUDOLF: *Unter der Sonne des Maghreb. Kleine Erzählungen aus Marokko und dem Leben der Fremdenlegion*, Stühlingen/Bad. 1926.
Franz SEHRING: *Auf den Schlachtfeldern in Marokko. Die Leiden eines Deutschen in der spanischen Fremdenlegion*, Gumbinnen 1925.
Karl SIBER: *Der Hölle von Marokko entronnen! Lebensbild aus der Fremdenlegion in 2 Aufzügen*, Mühlhausen 1925.

[14] Zwei Beispiele:
Ramón SENDER: *Imán – Kampf um Marokko. Aus dem Spanischen übersetzt von G.H. Neuendorff*, Berlin 1931.
Pierre SEMARD: *Marokko*, Hamburg 1925.

[15] Ramón SENDER: *op. cit.* S. 68.

übersetzt, der in einem reichlich pathetischen Nachwort die Gründe für die deutsche Übersetzung darlegte:

> „Wenn Verlag und Übersetzer sich zu einer deutschen Ausgabe der Memoiren Abd el Krims entschlossen haben, geschah es nicht, um dem augenblicklich herrschenden Verlangen nach exotischer Literatur Rechnung zu tragen. Es geschah auch nicht, um der Propaganda gegen Frankreich Material zu bieten. Es geschah aus der Überzeugung, daß hier ein Dokument vorliegt, das einer Zeit neuer weltpolitischer Gestaltung Verständnis bahnt."[16]

Abd el-Krim bezeichnet er als „Mann der Tat. Er war [...] nicht bewußter Lenker, sondern Werkzeug des Geschicks. Er wollte sein Volk befreien, weiter nichts" (vgl. Fußnote 16).

Die Memoiren Abd el-Krims in der Rosenbergschen Übersetzung haben später einen weiteren Deutschen namens Friedrich Jarschel zu einem wahren Heldenepos inspiriert, in welchem Dichtung und Wahrheit, Fiktion und Realität geschickt miteinander vermischt werden, welches im Ergebnis aber eine Phantasiegestalt entstehen läßt, die der Verfasser sinnigerweise „Löwe des Atlas" nennt[17]. Er beschreibt Abd el-Krim als erhabenen Fürsten mit absoluter Machtbefugnis, von bestialischer Grausamkeit zu seinen Feinden, aber ein Ausbund von Güte und Großzügigkeit gegenüber seinen Freunden. Kein Klischee ist dem Verfasser zuviel oder zu stark, selbst die preußischen Offiziere müssen dazu herhalten, in die ungebändigten Horden wilder Berberkrieger Schliff und Ordnung zu bringen, um sie zu einer disziplinierten und organisierten Armee zu machen. Natürlich darf auch Juanita, die junge, liebreizende spanische Gefangene nicht fehlen, die nicht nur eine wichtige Beraterin des „Löwen vom Atlas" wird, sondern auch seine Geliebte.

Vieles an diesem epischen Werk erinnert an John Knittels großen Roman „*Abd el-Kader*", erschienen 1931 in Berlin, der sehr wahrscheinlich durch die faszinierende Persönlichkeit Abd el-Krims zu diesem Werk inspiriert wurde.

5. Monographien über Abd el-Krim und den Rifkrieg

Der Vollständigkeit halber sind hier noch zwei weitere zeitgenössische Publikationen über Abd el-Krim und den Rif-Krieg zu erwähnen, nämlich die Monographien von Hans Felix Wolff[18] und Hermann Bartels[19], die beide sehr sachkundige und detailgenaue Beschreibungen über Geschichte und Geographie des Rif-Gebirges darboten und weniger über die aktuelle politische und militärische Situation informierten, obwohl Hans Felix Wolff im Spätsommer 1925 von dem Leipziger Verlags- und Zeitungshaus Weber als Kriegsreporter ins marokkanische Rif entsandt worden war. Er schreibt nur wenig über Abd el-Krim, aber wenn er es tut, dann in ausgewählt lobenden Worten über seine noblen Charaktereigenschaften; seine militärischen Analysen entsprechen hingegen eindeutig der spanischen Sichtweise und Interessenlage.

Als letzte Quelle in diesem Zusammenhang soll hier noch das in mehrfacher Hinsicht merkwürdige Elaborat Albrecht Wirths „*Der Kampf um Marokko*" erwähnt werden, welches 1925 in Dachau bei München erschien. Wirth sieht in Abd el-Krim einen Vorkämpfer des Islam, der für die Zukunft seines Glaubens kämpft. In jedem Fall sorge schon der Panislamismus dafür, „daß der Befreiungskampf [...] ein Echo bis in die fernsten Länder der islamischen Welt findet"[20]. Wirth fährt fort: „Da nun durch seine jüngsten Erfolge Abd el Krim an die Stelle von Mustafa Kemal rückte und er jetzt als Vorkämpfer des Islams gilt, so hat sich die Möglichkeit verstärkt, daß der Magreb el aksa der mohammedanischen Welt wieder einen Kalifen schenken werde"[21].

Wirth nimmt das Gerücht, daß Abd el-Krim in Heidelberg studiert habe, für bare Münze und mutmaßt, daß er Ingenieurwissenschaften studiert habe. Er spekuliert auch über die Unterstützung Abd el-Krims aus dem Ausland. Nach Argentinien ausgewanderte Marokkaner, mit denen der „*Emir*" in stetem Kontakt stand, hätten ihm Geld und diplomatische Schützenhilfe zuteil werden lassen. Eine Abordnung dieser marokkanischen Emigranten sei sogar nach Madrid gereist, um über einen Waffenstillstand zu verhandeln. Wirth läßt sich zu den absurdesten und naivsten Übertreibungen hinreißen; seine Beschreibung Abd el-Krims gipfelt in folgender Apotheose: „Inzwischen war nämlich den Rifioten ein genialer Diktator erstanden, Abd el Krim, der mit selbstbewußter Sicherheit das große Ziel verfolgt: Marokko den Marokkanern!"[22]

Als Schlußfolgerung ließe sich sagen, daß die Sicht, das Bild und die Darstellung Abd el-Krims in den verschiedenartigsten Druckerzeugnissen und Veröffentlichungen, sowohl der literarischen Produktion als auch – und vor allem – in der Schriftpresse im Deutschland der zwanziger Jahre, den im Entstehen begriffenen Mythos dieser außergewöhnlichen Persönlichkeit aufnehmen, übernehmen und verstärken. Abd el-Krim beeindruckt die Menschen, die ihm begegnen, er fasziniert sie, bringt sie zum Träumen, macht ihnen Angst; gleichgültig läßt er aber keinen.

Das Deutschland seiner Zeit mußte in ihm einen Mitstreiter, einen Mitbruder, einen Kameraden sehen, dessen Ideen man teilt, vor allem aber einen Streitgenossen im Kampf gegen ein und denselben Feind. Nur er, Abd el-Krim, war in jenen Jahren in der Lage gegen den gemeinsamen Erbfeind, gegen Frankreich, anzugehen. Abd el-Krims Sieg in der Schlacht von Anoual und im ganzen Rif gegen Spanien und Frankreich mußte in Deutschland gleichsam als Rache empfunden werden, als Rache für die tiefe Demütigung, die die europäischen Großmächte dem Deutschen Reich in den zwei Marokko-Krisen angetan hatten. Und nicht zuletzt auch als Rache für den Versailler Vertrag!

---

[16] Abd el Krim: *Memoiren. Mein Krieg gegen Spanien und Frankreich*, Reissner-Verlag, Dresden 1927, S. 175 und 176.
[17] Friedrich Jarschel: *Abd el Krim. So kämpfte der Löwe des Atlas*, Limburg/Lahn u. Kreuzweingarten/Rhld. 1961.
[18] Hans Felix Wolff: *Das Gesicht des Rif*, Berlin 1927.
[19] Hermann Bartels: *Auf eigene Faust im Rif*, 1925.

[20] Wirth: *op. cit.*, S. 124.
[21] Wirth: *op. cit.*, S. 154.
[22] Wirth: *op. cit.*, S. 189.

Erhard Gabriel (Ahrensburg)

Ouarzazate aus der Sicht deutscher Kriegsfangener (1944–1946)

Mit 10 Abbildungen (davon 2 in Farbe) und 2 Tabellen

1. Einleitung

Vom Dezember 1944 bis Oktober 1946 bestanden in Ouarzazate – einem Garnisonstädtchen rund 150 km südostwärts von Marrakech – zwei französische Kriegsgefangenenlager für deutsche Offiziere.

In meinem Referat will ich folgenden Fragen nachgehen:
- Wie kamen deutsche Kriegsgefangene nach Ouarzazate?
- Welche Kenntnisse über Nordafrika besaßen die *prisonniers*?
- Wie erlebte ein *prisonnier* seine Umwelt?
- Welches Marokkobild hatten die *prisonniers*?
- Welches Bild von Marokko blieb haften?

Um die Frage „Wie kamen deutsche Kriegsgefangene nach Ouarzazate?" beantworten zu können, soll in wenigen Worten zunächst ein historischer Rückblick vorgeschaltet werden (vgl. auch *Tab. 1*).

Kurz nach dem siegreichen Frankreichfeldzug Deutschlands erklärte Italien im Juni 1940 seinerseits Frankreich und den Alliierten den Krieg. Einem Einmarsch italienischer Truppen in Ägypten folgte eine britische Gegenoffensive, die so erfolgreich verlief, daß der Verlust der gesamten italienischen Kolonie Libyen drohte. Um dies zu verhindern, sandte die deutsche Heeresführung – auf Wunsch Italiens – Soldaten nach Nordafrika. Am 11. Februar 1941 landete die deutsche 5. leichte Division in Tripolis. Es war die Geburtsstunde des *Deutschen Afrikakorps*.

Unter Erwin Rommel begann nun in Nordafrika ein Bewegungskrieg, der als harter, aber auf beiden Seiten ritterlich geführter Krieg in die Geschichte eingehen sollte. Nach mehrfachem Hin und Her über hunderte von Kilometern kreuz und quer durch die Cyrenaika erfolgte Ende Januar 1942 ein furioser Stoß auf Kairo, den – nach 900 km – mangelnder Treibstoff in El Alamein zum Stehen brachte. Und das im Angesicht des offenen, militärisch nicht verteidigungsbereiten Nildeltas, dessen Bevölkerung die Deutschen mit offenen Armen als Befreier von den Briten erwartete ...

Die Briten gewannen Zeit sich zu sammeln und starke Kräfte heranzuziehen. Ende Oktober 1942 begann dann die britische Gegenoffensive, die im Mai 1943 mit der bedingungslosen Übergabe des ausgebluteten, nunmehr fast waffenlosen *Deutschen Afrikakorps* in Tunesien ihren Abschluß fand.

Die französischen Besitzungen in Nordafrika waren zunächst dem Mutterland, d.h. Marschall Pétain und seiner deutschfreundlichen Regierung, treu geblieben. Die von de Gaulle gegründete Résistance gewann aber mit der Zeit an Boden und war der Grund, daß sich die französischen Behörden in Algerien und Marokko nach der Landung der Alliierten im November 1942 de Gaulle, und damit den Alliierten, unterstellten. Das Afrikakorps war eingeschlossen.

Die Schwierigkeit, über das Mittelländische Meer zu entkommen, wie auch die Weigerung Hitlers, eine Evakuierung zu versuchen, zwangen mehr als 100.000 Soldaten des *Deutschen Afrikakorps* in Tunesien zur Kapitulation, und damit in die Kriegsgefangenschaft. Die Amerikaner brachten ihre Gefangenen in die USA, die Briten nach Ägypten und die Franzosen zwangsläufig nach Algerien, da in Frankreich die Vichy-Regierung noch auf Seiten Hitlers stand. Mannschaften und Offiziere wurden getrennt und in verschiedene Lager gebracht. Und so landeten etwa 800 deutsche Offiziere des *Deutschen Afrikakorps* Ende Mai 1943 im algerischen Géryville (heute: El Bayadh), einer kleinen Oase südlich der Schotts, etwa 350 km südlich Oran. Die dortigen Baracken der Fremdenlegion waren Ende 1942 geräumt und als Lager für die ersten deutschen und italienischen Kriegsgefangenen (»*prisonniers de guerre*«, kurz: P.G.) eingerichtet worden.

Mit der Zeit kam Zuwachs von den Kriegsschauplätzen in Italien und Südfrankreich. Das Lager Géryville wurde zu eng. Man ergriff die Gelegenheit, die unruhigen Geister, die sich durch verschiedene Ausbruchsversuche im Januar 1944 und durch obstinate Haltung

71

Tabelle 1: Das Deutsche Afrika-Corps (DAK) in Stichworten

Das Deutsche Afrika-Corps (DAK) in Stichworten	
1939	
September	Beginn des II.Weltkrieges – Polenfeldzug
1940	
Mai	Frankreichfeldzug
Juni	Italien erklärt Frankreich den Krieg (10.)
September	Graziani nimmt Sidi Barani (80 km östlich der libyschen Grenze)
Dezember	Britische Gegenoffensive (unter General Wavell)
1941	
Februar	Die Briten nehmen El Agheila [660 km Vormarsch]; Verlust: 10 italienische Divisionen – 130.000 Gefangene; **die deutsche 5. leichte Division landet in Tripolis (11.)**
März	Gegenoffensive General Rommels bis nach Sollum [570 km Vorstoß]
April	Bengasi, Sollum wird genommen [ohne Tobruk]
Mai	Einmarsch in Rußland
November	Gegenoffensive General Auchinlecks bis nach Agedabia [450 km]
Dezember	Aufgabe der Belagerung von Tobruk; Abwehrschlacht bei Agedabia
1942	
Januar	Offensive General Rommels bis El Alamein [Vorstoß von 820 km]
Juni	Tobruk genommen
Juli	El Alamein Stellung
August	Durchbruch geglückt, aber der Angriff stoppt – kein Treibstoff mehr!
Oktober	Britische Groß-Offensive unter General Montgomery (bis Tunis)
November	Rückzug aus El Alamein beginnt Alliierte Truppen landen in Marokko und Algerien (8.)
1943	
Januar	Tripolis geräumt
März	Rommel verläßt Afrika (9.)
April	XIX. franz. Korps unter General Koeltz marschiert auf die Zaghouan-Stellung zu
Mai	bedingungslose Übergabe am Djebel Zaghouan (10.), der Rest des DAK ergibt sich bei Cap Bone unter von Arnim (13.)

hervorgetan hatten, los zu werden und schuf im südmarokkanischen Ouarzazate – weit weg von der spanischen Grenze und der Küste des Mittelmeers – zwei neue Lager, deren armselige Beschaffenheit nicht nur uns veranlaßte, sie „Straflager" zu nennen.

Erst später haben wir erfahren, daß hier bereits von 1915 bis 1920 deutsche Kriegsgefangene stationiert waren, die beim Bau der Straße über den Hohen Atlas eingesetzt waren.

Und so fuhren im Dezember 1944 einige hundert unruhige Geister in geschlossenen Güterwagen mit der Eisenbahn in vier Schüben von Géryville über Oujda nach Fes. Von dort ging es mit Lkws über Marrakech und den Tizi-n-Tichka-Paß nach Ouarzazate, wo sie in zwei getrennten Unterkünften, den Lagern P und W, untergebracht wurden.

2. Welche Kenntnisse über Nordafrika besaßen die »prisonniers«?

Fast alle deutschen Soldaten kamen nach Nordafrika mit romantischen Vorstellungen über das Leben der Araber und Berber. Geprägt hatten dieses Klischee die in Arabien spielenden Erzählungen von Karl May, die seinerzeit zu den Bestsellern der Jugendliteratur gehörten. Übrigens gar nicht einmal ein schlechter Eintritt in die für uns so fremdartige andere Welt, deren Verständnis uns durch religiösen Fanatismus jahrhundertelang verbaut worden war. Vom Geschichtsunterricht her wußte man wenig über Nordafrika: abgesehen von den Bemühungen Kaiser Wilhelms II. in Marokko und Syrien. Casablanca, Marrakech, Tanger, Algeciras, Fes und Lyautey, Abd el-Krim und Rifkabylen: das waren Stichworte, mit denen man nebulöse, abenteuerliche Vorstellungen verband.

In den Jahren vor dem Zweiten Weltkrieg waren Auslandsreisen nur einem kleinen Kreis möglich. Nach Eintritt in den Weltkrieg änderte sich das. Man war unvermittelt gezwungen, sich mit anderen Völkern, anderen Lebensweisen auseinander zu setzen. Die meisten deutschen Offiziere waren vor ihrem Eintreffen in Nordafrika bereits an mehreren anderen Kriegsschauplätzen im Einsatz gewesen, d.h. sie traten dem Neuartigen nicht völlig unvorbereitet entgegen. Man ging nicht ungern nach Nordafrika, viele – wie ich – freiwillig. Das hatte eine Reihe von Gründen: Man vermied unangenehme Schauplätze wie Rußland oder Serbien; der Brite galt als fairer Gegner; die deutschfreundliche Einstellung der Araber war bekannt und – das Abenteuer Afrika reizte.

Nach dem Eintreffen in Afrika hatte man nicht viel Zeit zum Eingewöhnen. Man landete sofort im Frontbereich, der wegen der britischen Luftüberlegenheit und der in der Wüste mangelnden Deckungsmöglichkeiten nicht gerade viel Zeit zum Eingewöhnen ließ. Womit man sich sofort befaßte – befassen mußte – waren Landschaft und Klima.

Die Kontakte mit der Bevölkerung mehrten sich im Verlauf des Rückzuges, als wir in Tripolitanien und Tunesien stärker besiedelte Gegenden erreichten. Die Erfahrungen, die wir im Bewegungskrieg in der Wüste über die Wüste gesammelt hatten, erleichterten uns das Verständnis seiner Bewohner. Angehörige eines anderen Kulturkreises zu verstehen, ist äußerst schwierig ohne Kenntnis ihres Lebensraumes.

Die Einwohner, die wir während des Feldzuges in Ägypten, Libyen oder Tunesien trafen, kamen uns ausgesprochen freundlich, ja freundschaftlich entgegen. Den Grund für diese Einstellung verriet mir der Dorfälteste eines Berberdorfes im Djebel Nefusa anläßlich eines Festessens zu meinen Ehren. Er sagte mir: „*Habibi, denk an das alte arabische Sprichwort: »Der Feind meines Feindes ist mein Freund.«*" Und das galt auch noch nach der Kapitulation.

Die meisten von uns verfügten also über landeskundliches Wissen. Was uns fehlte, waren Kenntnisse der Geschichte dieses alten Kulturraumes. In unserem ersten Lager im algerischen Géryville hatten wir dann Zeit und Gelegenheit, uns damit zu befassen, soweit das die beschränkte Auswahl von Büchern zuließ. Unvergessen bleiben das Werk von André Servier über den Islam sowie eine französische Übersetzung von Ibn Khaldouns *Muqaddimah*.

Wir waren also nicht unvorbereitet, als wir in Ouarzazate eintrafen.

3. Wie erlebte ein »prisonnier« seine Umwelt?

Als Soldat lernt man notgedrungen, seine jeweilige Umgebung intensiv zu beobachten; und zwar unter dem Blickwinkel der Nutzung: als Deckung, als Schutz vor Feinden – was übrigens der Natursicht der Sammlerund-Jäger-Stufe der frühen Menschheit nahekommen dürfte. Gerät man in Kriegsgefangenschaft, ändert sich zwar die gesamte Weltsicht, aber die Fähigkeit, seine Umgebung recht genau zu betrachten, bleibt erhalten. Im Grunde verschiebt sich nur der Blickwinkel, der Standpunkt; denn man ist buchstäblich aus dem Verkehr gezogen – mit allen Vor- und Nachteilen.

Man muß sich entscheiden: Soll man alles daran setzen zu entfliehen, um schließlich wieder an der Front kämpfen zu können? Oder soll man resignieren und sich auf die Gefangenschaft als längeren Lebensabschnitt einstellen? Die Entscheidung war für jeden Einzelnen – nach heftigen Diskussionen – bereits in den ersten Wochen der Gefangenschaft gefallen und daher in den Camps in Ouarzazate kein Thema mehr. Hier galt es vielmehr, die in der Gefangenschaft bereits gewonnenen Erfahrungen und Einsichten so schnell wie möglich wieder zu verwirklichen.

Das waren
- den Krieg gesund zu überleben;
- möglichst viele Bewachungstruppen zu binden, d.h. sie vom Kriegsschauplatz fern zu halten;
- die Zeit in der Gefangenschaft zu nutzen für die Nachkriegsjahre;
- die Zeit so angenehm wie möglich zu verbringen.

Dementsprechend wurde
- dem Sport und der körperlichen Ertüchtigung viel Zeit gewidmet;
- die militärische Ordnung und Disziplin aufrecht erhalten;
- der Lehrbetrieb einschließlich der Lagerhochschule wieder eingerichtet;
- ein regelrechter Kunstbetrieb mit Konzerten, Theateraufführungen usw. wieder aufgenommen (vgl. *Abb. 1*) – und natürlich
- wieder Fluchtpläne geschmiedet,

Wenn ich das heute so sage, klingt es eigentlich völlig normal: „... ein regelrechter Kunstbetrieb wurde wieder aufgenommen ...". Welche Anstrengungen, Überwindungen und welche Erfindungsgabe dahinter steckte, ist aus heutiger Sicht kaum nachvollziehbar. Es fällt mir schwer, darüber zu berichten ohne theatralisch zu klingen.

Abbildung 1: Theater-Aufführung in Géryville der Komischen Ritter-Kurzoper „Kunibert und Kunigunde"

Machen wir es kurz: Da wurden Ende 1944 einige hundert deutsche Offiziere in abgerissenen Uniformen, mit ewigem Hunger und Untergewicht (ich wog damals etwa 50 kg) in das südmarokkanische Ouarzazate verlegt. Vorhanden waren als Schlaf-/Wohn-/Eßraum im wesentlichen zwei alte, leere Fahrzeughallen, bestückt mit sogenannten Viererblöcken – mit Maschendraht bespannte Liegen für vier Personen (vgl. auch *Abb. 2*). Ansonsten gab es noch einige lange Tische und Bänke. Das einzige, was es reichlich gab, war die Zeit und waren die Wanzen.

Hier war man in einer kalten Winternacht frierend gelandet und versuchte so schnell wie möglich sich einzurichten. Nach zwei Wochen fingen der Schulbetrieb und die Theaterproben wieder an (vgl. *Tab. 2*); nach zwei Monaten startete die erste Theateraufführung und beim Weihnachtsbazar kauften französische Offiziere von uns gebasteltes Spielzeug für ihre Kinder.

Diese Aktivitäten waren nur möglich, weil wir mit unserem unbändigen Lebenswillen erkannt hatten, daß die Gefangenschaft nur mit dem Verstand überwunden werden kann. Wir hatten begriffen, daß es „grenzenlose" Freiheit nur im Geiste geben kann; und daß Naturverständnis, Naturerlebnis der geistigen Freiheit adäquat ist. Und so waren unsere Tage angefüllt – und wurden ausgefüllt – mit intensivem Lernen – teils aus Büchern und teils von der Natur.

Tabelle 2: Die Kriegsgefangenschaft in Géryville und Ouarzazate in Stenogrammform

---

Phasen unserer Kriegsgefangenschaft (in Auswahl)
in den Offiziers-Lagern Géryville und Ouarzazate
(aus der Sicht der »prisonniers«)

Géryville

1942	Dez.	Einrichtung des »dépot N° 1« Géryville
1943	Mai	Eintreffen der Offiziere des DAK
	Juli	1. Vortragsabend
	Okt.	Beginn der Lagerhochschule
	Nov.	Wilhelm Tell (Bühneneinweihung), Die Räuber, Clavigo
	Dez.	Faust I
1944	Jan.	1. Ausbruchwelle
	Febr.	2. Ausbruchwelle Egmont
	Apr.	Ostersportfest Götz v.Berlichingen, Don Carlos, Prinz von Homburg
	Mai	Kabale und Liebe Pfingstsportwoche
	Sept.	Minna von Barnhelm
	Nov.	Der zerbrochene Krug
	Dez.	Verlegen von 400 Offizieren nach Ouarzazate/Marokko

Ouarzazate

1945	März	Nachmittagskonzert auf neuer Außenbühne
1946	Febr.	Maria Magdalena
	Okt.	Auflösung der Camps in Ouarzazate Rückkehr nach Géryville

Géryville

1947	Mai	Auflösung des Lagers in Géryville
	Juni	mit der »Pasteur« von Alger nach Marseille

Abbildung 2: P.G. bei der Einnahme seines kärglichen Mahls, auf einem Viererblock sitzend, der durch eine Decke unterteilt worden ist

4. Welches Marokkobild hatten die »prisonniers«?

Es gab also viele gute Gründe, sich mit der Umgebung, der Landschaft und dem Klima intensiv zu beschäftigen. Kontakte zu den Menschen außerhalb des Lagers waren streng verboten. Das galt vor allem zu den Wachmannschaften, die übrigens keine Marokkaner, sondern Senegalesen waren. Bei aller Härte der Natur, die wir hautnah erlebten, da wir der sommerlichen Hitze und der winterlichen Kälte ziemlich schutzlos ausgesetzt waren, entging uns nicht die herbe Schönheit der Landschaft des Hochlandes von Ouarzazate.

Unser Bewegungsraum war eng begrenzt. Das Lager P umfaßte etwa 80 x 150 m. Das entspricht der Größe zweier Fußballfelder (vgl. *Abb. 3-5*). Nicht gerade viel für 250 Offiziere. Um so beliebter waren Möglichkeiten, das Lager wenigstens für einige Stunden zu verlassen. Diese „Ausgänge" – natürlich stets in kleinen Gruppen, umringt von schwer bewaffneten Wächtern – gab es je Monat höchstens einmal: im Sommer ging es zum Baden an die Pferdeschwemme (vgl. *Abb. 6 u. 9*); im Winter gab es Spaziergänge. An diesen Fußwanderungen beteiligten sich vor allem zwei Gruppen: die Fluchtanwärter und die Maler. Zu letzteren gehörte der Architekt Heinz Demmler, dem wir ein eindrucksvolles Bild der Landschaft um Ouarzazate verdanken (*Abb. 7*).

Bereits ein kurzer Blick auf das Aquarell zeigt die Liebe zur Landschaft, zum Detail und zur Präzision. Fast alle Örtlichkeiten sind benannt. Das ist schon erstaunlich, denn Kontakte zu Personen außerhalb des Lagers waren verboten. Markante Erhebungen oder Punkte ohne Namen erhielten von Demmler einfach einen; einige in Verbindung mit Familiennamen von Mitgefangenen: Djebel Hissmann, Tafelberg »Langhans«, Gärtnerei Mörs, Rennsteig Wiedemann. Hier wird in Selbstironie auf liebenswerte Marotten von Mitgefangenen angespielt. Den guten Beobachter und eifrigen „Ausgänger" verraten Namen wie „Am markanten Kugelbaum", „Uralte Tamariske", „Musterpalme", „Bambus »Dicke Ernte«", „Rabenklippe", „Piknik-Ufer", „Tafelberg »Dadesblick«", „Frühlingsufer", „Karl-May-Schlucht" u.a... Wer der „Taube Ali", der „Schreihals", der „Dattel-Johann" oder die „Feigenwirtin" war, läßt sich heute nur noch vermuten.

Unklar bleibt die offensichtlich falsche Bezeichnung des Ighil M'Goun (4.071 m), der in der Karte »Tischka« heißt. Vermutlich hat Demmler, der seit unserer Fahrt über den Tizi-n-Tichka-Paß nur diesen Landschaftsnamen des Hohen Atlas kannte, diese Bezeichnung, die ja einen Fluß benennt, auch für den Berggipfel (dessen wirklicher Name ihm unbekannt war) verwendet[1].

---

[1] Ein ähnliches Phänomen, nämlich, daß eine landschaftliche Bezeichnung nicht zutreffend wiedergegeben wurde, ist etwa bei der Sepia-Zeichnung von Abb. 8 anzutreffen. Das darauf abgebildete Motiv stammt vom Flußtal bei Ouarzazate, ganz in der Nähe der Pferdeschwemme (dem P.G.-Freibad, wie Demmler diese Stelle nennt), wo der Fluß Oued Ouarzazate heißt und noch nicht Oued Draa – das ist erst seine Bezeichnung nach dem Zusammenfluß mit des Oued Dadès.

Abbildung 3: Blick in Richtung Westen auf das Lager P. In den U-förmig angeordneten Gebäuden im Vordergrund befand sich im linken Gebäudeteil auch unser geliebter Theaterraum.

Abbildung 4: Blick auf das Kriegsgefangenenlager P in Ouarzazate. Hinter der Stacheldrahtumzäunung erkennt man links außen den Antreteplatz im Bereich des unteren Hofes.

Abbildung 5: Grundrißplan des P.G.-Lagers P in Ouarzazate

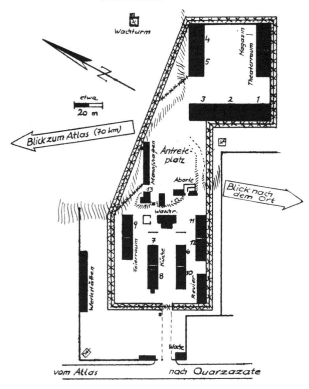

Akribisch genau ist der Ortskern von Ouarzazate wiedergegeben. Es sind nicht nur die Verwaltungsgebäude (»Territoire«, »Cercle«, »C.T.A.«) eingezeichnet, sondern auch Lokalitäten angegeben, die entweder einen spezifischen Bezug zur Alltagswelt der Kriegsgefangenen hatten: der »Deutsche Friedhof«, das »Arabische Freudenhaus« (das die P.G.s nur von außen zu sehen bekamen), das »P.G.-Freibad« direkt am Oued Ouarzazate (vgl. *Abb. 6*), oder die im Ortsbild so markant waren, daß sie bei einem »Ausgang« auffielen: der Souk-Platz (der als »Karawanserei« bezeichnet wird), die einzige Kirche des Ortes[2] (*Abb. 10*), der Schlachthof oder ein Schwimmbad neben der Kreisverwaltung. Die Lokalisierung dieser Bauten ist so exakt, daß man sich noch heute (ergänzt durch den aktuellen Stadtplan) mit der Demmler-Karte zurechtfindet.

Wenn zuweilen die Bezeichnungen für Lokalitäten nicht ganz zutreffend erfolgten oder wenn sie eine (ironisierende) Benennung im P.G.-Jargon erhielten, ja wenn sogar über der Karte in arabischen Lettern das Wort »Ouarzazate« prangt, so steht dies in keinem Widerspruch zum eigentlichen Anliegen des Bildes: Fluchtskizze zu sein. Darum auch nannte der inzwischen in Deutschland verstorbene malende Architekt seine Zeichnung „Kartogramm". Dieser Aufgabe dienen zunächst die präzisen Entfernungs- und Ortsangaben. So können wir lesen: „Straße nach Skoura: 40 km, Ksar el Souk 330 km" oder „Straße nach Marrakesch 200 km"; selbst der Fluchtweg in die falsche Richtung ist (zur Tarnung) berücksichtigt: „Straße draa-abwärts nach Agdz 76 km, Zagora 172 km". Daneben aber sind auch Hinweise auf militärische Anlagen (die es zu meiden galt) verzeichnet, wie etwa der „Vorposten" im Norden, und sind markante Wegzeichen, „Flucht-Fixpunkte" einbezogen, deren teilweise humorvollen Bezeichnungen, wie z.B. »Whisky-Palme« oder »Mittellandkanal« über die eigentliche Bedeutung und Funktion hinwegtäuschen sollten!

Abbildung 6: Das Gebiet um unseren Badeplatz »Pferdeschwemme« (1993)

Aquarell oder Kartogramm – das Bild ist ein Kunstwerk, das vollkommener als Worte es vermögen, unseren Erlebnisraum, unser Bild von Marokko anschaulich darstellt und (beim Vergleich mit der Photographie der Gegenwart; *Abb. 8*) deutlich macht, welche exakte Wiedergabe der Landschaft wir Heinz Demmler verdanken.

---

[2] Diese Kirche ist übrigens in der Gegenwart (1993) – neben den Kasbahs von Taourirt und Tifoultoute, dem »Grand Hôtel« und der (heute marokkanischen) Kaserne (»Territoire«) das einzige bauliche Element, das in der Gegenwart noch aus der Entstehungszeit der Demmler-Karte erhalten ist. Räumlich eindeutig zu lokalisieren, aber baulich völlig erschwunden sind die beiden Lager P und W – was bei dem sehr provisorischen Baubestand nicht überrascht.

Abbildung 9: Motiv mit Bewässerungskanal (Séguia) und Wasserfläche des Oued Ouarzazate, der hier fälschlicherweise mit Oued Draa bezeichnet wird, unweit der »Pferdeschwemme«. Sepia-Zeichnung (1945)

Abbildung 10: Die Kirche von Ouarzazate: in der Gegenwart (1993) einer der letzten baulichen Zeugen der kolonialen Vergangenheit und der P.G.-Zeit

5. Welches Bild von Marokko blieb haften ?

Beim Zusammenstellen der Unterlagen für meinen Beitrag stieß ich auf eine meiner ersten wissenschaftlichen Arbeiten. Es war ein Vortrag, den ich in meinem ersten geographischen Seminar im Sommersemester 1948, also neun Monate nach meiner Heimkehr aus Marokko, an der Universität Hamburg hielt. Der Titel „Das Hochland von Ouarzazate". Die Antwort auf die Frage, welches Bild von Ouarzazate, von Marokko haften blieb, geben Ihnen die „dramatischen" Sätze, mit denen ich – beschwingt von den gefühlvollen Arbeiten Ewald Banses – 1948 meinen Vortrag schloß. Das Schönste: für mich gelten die Worte noch heute!

Viel stärker als in Europa beherrscht in Nordafrika den Betrachter der Landschaft ein intensiver „[...] *Raum-Eindruck [...], der in der nordafrikanischen Landschaft und speziell im Hochland von Ouarzazate immer als Dominante mitschwingt. Es ist ein Gefühl unendlicher Ausdehnung und Unermeßlichkeit, das manchem das Land verleidet, sehr vielen aber zum Haupterlebnis unvergessen bleibt.*

Zum Schönsten gehören die Sonnenauf- und -untergänge. Sie tauchen den ganzen Raum in eine Fülle von Farben. Man muß dort einmal das Erwachen der Natur erlebt haben, um zu verstehen, warum viele ihr Leben lang eine Sehnsucht nach diesem Lande mit sich herumtragen.

Nach dem Verblassen der Sterne folgt eine kurze, silbrige Atempause, in deren Halbdunkel sich die gesamte Natur [schlaftrunken] räkelt und dehnt. Ein erstes zartrosa Wölkchen steht plötzlich im Osten und beginnt zu glühen und zu leuchten. Im Norden und Westen setzen sich die schneeigen Bergspitzen rote Kappen auf, die sich sichtlich vergrößern. Die bläulichen Schatten verkriechen sich in das neblige Gebräu am Fuße der Berge und verschwinden in den Schlünden und Schründen. Plötzlich fangen die Gipfel zu leuchten an als seien sie aus purem Gold. Hinter einem Berge sprang in voller Majestät die Sonne hervor, daß man meint, es müßte knallen.

Inzwischen erwacht die Natur.

In das erste Krähen der Hähne mischen sich die durchdringenden Trompetentöne der Esel. Auf den Straßen beginnt allmählich ein reger Verkehr. Eingeborene – zum Teil beritten – trippeln die Straße entlang, Autos rattern vorbei, in den Gärten regen sich die ersten Hände.

Hoch vom Burgberg schmettert das Clairon nach allen vier Himmelsrichtungen seinen Weckruf und läßt die Kasernenhöfe mit kribbelnden, schreienden Soldaten anfüllen.

Unberührt steigt die Sonne am Firmament empor. Aus einer dunkelroten Scheibe wird ein glühender Feuerball, dessen Weißglut ein Anschauen unmöglich macht. Hitzewellen steigen auf und verzerren die Ferne bis zur Unkenntlichkeit.

Die Fliegen sind da.

Der Tag beginnt – die Sonne wird zur Qual. Aber in der Erinnerung verblaßt das Widerwärtige.

Was bleibt – ist das Schöne.

Und die Sehnsucht danach."

Khadija Mouhsine (Rabat)

Hans Stumme – Erzähler des marokkanischen Tazerwalt[*]

Der Titel dieses Kolloquiums: *„Marocains et Allemands: La perception de l'autre"* hat diesen Beitrag veranlaßt; es schien mir nicht ohne Interesse zu sein, bei diesem Treffen die folgenden Geschichten, die im Berberischen des südlichen Marokkos, dem Tachelhiyt, verfaßt sind und die am Ende des 19. Jahrhunderts durch einen Deutschen, Hans Stumme, gesammelt wurden, vorzulegen. Diese Erzählungen sind in zwei Bänden in Deutschland 1894 und 1895 in Leipzig veröffentlicht worden. Bis heute gibt es keine französische Übersetzung[1]. Im Rahmen einer Forschungsarbeit über berberische Erzählweise hatte ich Gelegenheit, diese schwer zugänglichen Texte zu lesen und an ihnen zu arbeiten[2]. Unter einem ganz anderen Aspekt habe ich nun das Vergnügen, mich damit erneut zu beschäftigen, wobei ich folgende Fragen behandeln möchte:

1. Kann man mit Hilfe dieser literarischen Texte ein Bild der südmarokkanischen Region, genannt Tazerwalt, am Ende des 19. Jahrhunderts erstellen, indem man die Sprache, die Abbildung des Raumes, die Typen der Personen und ihre Verhältnisse zueinander befragt? Welche Vorstellungen und welche Informationen übermittelt Stumme dem deutschen Publikum über dieses doch ziemlich entlegene Gebiet?
2. Die Erzählungen und die Geschichten gehören in ihrer großen Mehrheit zur Literatur, obwohl sie eine Genre darstellen, das lange Zeit als weniger wichtig betrachtet wurde, nämlich das der mündlichen Überlieferung. Ist es erlaubt, von der Literatur eines mündlichen Textes zu sprechen? Wir werden uns mit dieser Eigenart und dieser literarischen Qualität der Texte zu befassen haben.

1. Darstellung

Die zu behandelnden Texte liegen in zwei Sammlungen vor[3]:
- **Elf Stücke im Silha Dialekt von Tazerwalt:** sie enthalten 11 Texte, davon sind 9 Märchen über Tiere; der Rest sind Rätsel.
- **Märchen der Schleuh von Tazerwalt:** 207 Seiten, davon 67 Seiten für 35 Texte in Tachelhiyt.

Zu diesen Texten gehört jeweils eine deutsche Übersetzung. Es ist hier sicherlich angebracht, mitzuteilen, daß Hans Stumme, der sich für Nordafrika als Linguist interessierte, auch der Verfasser einer *Grammatik des Tunesischen* ist und einer Märchensammlung im tunesisch-arabischen Dialekt. Seine *Gesänge der Beduinen von Tripolis und Tunesien* wurden ins Französische übersetzt[4].

Was nun genannten Erzählungen auf Tachelhiyt anlangt, so wurden die Aufnahmen in Deutschland gemacht. Hans Stummes Gewährsmann war ein gewisser Haj Abdallah ben Mohammed, Direktor einer marokkanischen Akrobatentruppe aus Tazerwalt, die zur Leipziger Messe gekommen war.

Der Textkorpus besteht aus einer Abfolge von Erzählungen, von denen die meisten fiktional sind; entsprechend der ethno-folkloristischen Tradition seiner Zeit versuchte Stumme, möglichst viele Texte in der betreffenden Sprache zu liefern, wobei es ihm nicht auf ihren literarischen Charakter ankam. So liest man etwa nach einer Abfolge von Erzählungen und Legenden auch Rätsel, Sprichwörter oder sogar Dialoge. Anders ausgedrückt: der literarische Maßstab war nicht ausschlaggebend bei der Wahl der vorgelegten Texte. Die Literatur war vielmehr ein Dokument wie andere Dokumente auch; sie dient als Text, der die Sprache und die Mentalitäten zu studieren gestattet. Glücklicherweise kann man bei Stumme, verglichen mit anderen Sammlungen, die zu Beginn des 20. Jahrhunderts gemacht wurden, das Nichtliterarische vernachlässigen.

---

[*] Übersetzt von Martin Forstner.
[1] Ich muß darauf hinweisen, daß diese Sammlungen in der Bibliothek der *Faculté des Lettres de Rabat* nicht aufzufinden sind, obwohl sie diese vom *Institut des Hautes Etudes Marocaines* geerbt hat; man findet dort aber ein weiteres Werk Stummes: *La Grammaire du Tunisien*. Die Ausgaben, die ich in Paris konsultiert habe, befinden sich im INALCO (*Institut des Langues Orientales*).
[2] Ich mußte selbst diese Texte von Stumme, die ich untersucht habe und auf die ich mich beziehe, neu transkribieren und übersetzen; ich verweise auf meine Thèse d'Etat: *Le conte berbère marocain (en Tachelhiyt): Analyse sémio-pragmatique*; Université de Toulouse Le Mirail, 1992.
[3] Veröffentlicht in Leipzig 1894 bzw. 1895.
[4] Übersetzung von Adrien Wagnon, herausgegeben in Paris 1894 bei Ernest Leroux.

Es gibt keine Gattungseinteilung oder -untereinteilung; man liest kreuz und quer. Es gibt herrliche Märchen und dazwischen wieder Erzählungen zum Lachen oder Tierfabeln[5]. Sie sind durchnumeriert, aber man hat nicht den Eindruck, als ob diese Zählung irgendeine Ordnung widerspiegele; alle haben einen Titel, eine Überschrift: *lqist n* „Die Geschichte von ...". Der Gattungsbegriff bleibt „Geschichte", während man bei Laoust, Basset und Roux, auch andere Begriffe findet wie *tahazit, umyyn* ... Der Eingangssatz ist fast immer derselbe, nämlich *ikka-t-in*: eine feste Formel, die einem „es war einmal" entspricht.

Schwierigkeiten der Transkription:
Die Lektüre der Texte ist nicht leicht, sie ist sogar ziemlich schwierig wegen des Transkriptionssystems, das keinen syntaktischen Segmentierungsregeln folgt. Beispiele:

ajintslikimt = *a yyi n tsslkm t* „Damit du mich dort hinunterführst"; das ist eine Zusammenfügung des Verbums mit dem *a*:Partikel des Verbums, dem *yyi* »für mich« als regierendes Pronomen, und der Richtungspartikel *n* »dort unten«.

iwissanigenwan = *i wi ssa ignwan* „im siebten Himmel".

aryawass = *ar ya wwass* „bis zu einem Tag" = „bis heute ..."

Partikeln, Präpositionen und Pronomina sind dem Verbum oder dem Nomen angefügt. Noch viele andere Probleme treten auf: die Wiedergabe der doppelten Konsonanten ist nicht systematisch. Eine Verwechslung von stimmlos und stimmhaft ist nicht selten (Beispiel: *zdokrn* für *sduqqrn*).

Diese Probleme führen dazu, daß man manchmal die Wörter mit Hilfe des Kontextes erraten muß, was diese Texte schwer zugänglich macht, insbesondere dann, wenn man das Deutsche nicht aktiv spricht. Dieser Nachteil beschränkt vor allem das Publikum, das von diesen Erzählungen Kenntnis nehmen könnte; er schließt die Nichtdeutschsprachigen und die Nichtberbersprachigen aus. Eine neuerliche Transkription und eine Übersetzung wären angebracht, da eine große Zahl dieser Erzählungen von großer Qualität sind.

Der Versuch, diese Texte in Untergattungen einzuteilen, ergibt folgendes: ich habe 13 Märchen gezählt, 11 Abenteuergeschichten und solche zum Lachen, darunter eine schlüpfrige Erzählung, 11 Erzählungen, die Tiere betreffen, und 2 Heiligenlegenden.

Geographisch gesehen liegt das Tazerwalt südlich von Agadir in der Region von Tiznit; dies ist das Gebiet, das das Heiligtum des bekanntesten Heiligen des Gebietes der Chleuh beherbergt, des Sidi Hmad ou Moussa; eines der bedeutendsten *Moussems* findet dort jedes Jahr im Sommer statt[6]. Die Geschichte dieser Region wird beherrscht von der Geschichte der Sippe der Iligh, die während fast zweier Jahrhunderte die Region kontrollierten[7].

2. Die sozio-historischen Gegebenheiten

Welche Vorstellung kann man sich von der Chleuh-Gesellschaft dieses Gebietes am Ende des 19. Jahrhunderts machen, wenn man von diesen Texten als allgemeinem Bezugssystem ausgeht? Wir werden versuchen, diese Frage mit Hilfe folgender narrativer Kategorien zu beantworten: die Personen, ihre Beziehungen untereinander, die Natur ihres Handelns, der Raum, seine Einbindung, seine Natur, seine Charakteristika.

a. Art und Beziehungen der Personen

Betrachtet man die Protagonisten dieser Geschichten und Erzählungen, so erhält man das Bild einer stark hierarchisierten Welt, aber nicht nur hierarchisiert in Starke und Schwache. Es gibt diejenigen, die die Macht innehaben, und diejenigen, die sich ihr zu unterwerfen haben; die Autorität des Vaters, die rechtliche Autorität des *agllid* „Königs", des *ssix* oder des *caid*, des Stammesführers; die religiöse Autorität des *taleb*, gegebenenfalls auch die des Heiligen.

In ihrer großen Mehrheit gehören die Personen zur ländlichen Welt – Schäfer, Bauern, Holzfäller. Die Helden, seien sie nun Menschen oder Tiere, gehören benachteiligten Gruppen an:

- benachteiligt durch ihre Natur: häßlich, räudig, zwergenhaft oder gar verkleinert usw;
- benachteiligt von Geburt: etwa das letztgeborene der Kinder;
- benachteiligt durch das Schicksal: das Kind ohne Mutter, das Kind ohne Vater und Mutter, Ziel der Feindschaft einer Rabenmutter.

Eine der Aufgaben der Erzählung besteht darin, das Geschick des Helden zu beschreiben; dieser befindet sich in einer schlechten oder unvorteilhaften Lage und muß sie nun meistern, er muß ein Hindernis übersteigen und erreicht schließlich ein glückliches Ende. Diese Verwandlung seiner Lage entsprechend den Erzähltypen kann abhängen von Wundern (Eingreifen eines mit magischen Kräften versehenen Helfers) oder eines Wunderzeichens; oder es stellt sich ganz einfach als Ergebnis der List und Intelligenz des Helden ein.

Hausfrauen, Mütter usw. entsprechen der vorherrschenden Einteilung der Gesellschaft und stellen immerwährende Stereotypen dar: sie sind unwissend, oder sie können kein Geheimnis bewahren; sie sind Rabenmütter, sie sind beherrschend oder boshaft; sie zwingen ihre Ehemänner, sich der Kinder aus deren früherer Ehe

---

[5] Man müßte überprüfen, ob die deutsche Übersetzung ausführlicher ist auf diesem Gebiet.

[6] *Moussem*: Pilgerfahrt zum Grab eines Heiligen und großer Markt, der bei diesem Anlaß abgehalten wird.

[7] Zur Geschichte der Region vgl. auch Léopold JUSTINARD: Un petit royaume berbère: le Tazeroualt. Un Saint berbère: Sidi Ahmed ou Moussa. – Paris 1954; Mokhtar AS-SOUSSI: Iligh qadîman wa hadîtan. – Rabat 1960; Paul PASCON: La maison d'Iligh et l'histoire sociale du Tazerwalt. – Rabat 1984.

zu entledigen. Als Ehefrauen sind sie insgesamt treu, aber sie können auch untreu, d.h. ehebrecherisch, sein. Junge Mädchen – schön wie die Sonne oder schön wie der Mond – sind höchste und erträumte Belohnung für die Großtaten des Helden.

Einmal abgesehen von diesen banalen Verallgemeinerungen können wir doch feststellen, daß es im Märchen beispielsweise auch eine ganze Anzahl von weiblichen Helden gibt. Allein oder begleitet von einem jüngeren Bruder trotzt die junge Heldin denselben Gefahren: sie bietet monströsen Menschenfressern und/oder Geistern (*afrits*) die Stirn. Befindet sich die Heldin allein in einer schrecklichen Umgebung (einem Wald zum Beispiel), so hilft ihr ihre Intelligenz, ihr Scharfsinn, ihre Weisheit, ihr Mut oder das Eingreifen eines zaubermächtigen Helfers, die verschiedenen Prüfungen zu bestehen. Am Ende heiratet sie dann einen König oder einen Königssohn, oder sie findet wieder zurück zu ihrem Ausgangsort, wo sie anerkannt und rehabilitiert wird.

Die Gestalt des Juden ist in diesen Erzählungen ebenfalls sehr häufig in verschiedenen Figuren vorhanden: Hausierer, Handwerker, Juwelier. In der mündlichen Überlieferung des Tachelhiyt, schon vor diesen Texten, griff man auf den Juden zurück wegen seines Wissens, das im übrigen auch unheilvoll sein kann; er ist einerseits Wissender, andererseits Zauberer. Er entschlüsselt und löst alle Rätsel. Seine Fähigkeit, durch Worte zu manipulieren, und seine Überredungskunst erlauben es ihm, Fallen zu stellen und die – weibliche – Beute zu fangen, die ein mächtiger Auftraggeber, der König oder einer seiner Vertreter, begehrt. Erzählungen, die dem Lachen dienen, setzen den gewieften, bestens dafür geeigneten Juden in Szene, wobei er noch übertroffen wird durch die List seines Helfershelfers und seines muslimischen Freundes.

In dieser ganz offensichtlich manichäischen Welt werden diejenigen, die als Vertreter der religiösen Ordnung und als Prediger der guten Worte eingestuft werden, nicht immer ein Beispiel, dem man folgen soll. Der *Taleb* oder der *Muezzin* können lügnerisch, habgierig oder sogar lüstern sein. Die eine oder andere Person zögert nicht, die Tochter oder die Frau desjenigen, der nach Mekka gezogen ist, um dort seine religiöse Pflicht zu erfüllen, und der ihm in aller Zuversicht Familie und Vermögen anvertraut hat, zu umschwärmen und zu vergewaltigen.

Andererseits wird der Wegelagerer oft sehr positiv und nicht etwa verdammenswert dargestellt; das Lachen kann die Moral aufwiegen, allerdings unter der Bedingung, daß die Sache sehr gut gemacht ist. Seine Aktivität, selbst wenn unerlaubt und moralisch verdammenswert, bietet die Gelegenheit, Intelligenz, Virtuosität und List zu entwickeln, was ihn dann entschuldigt. In dieser Weltordnung kann es vorkommen, daß das Opfer herabgewürdigt wird; denn Naivität als Zeichen der Schwäche ist unverzeihlich.

b. *Das Reisemotiv und Raumbilder*

Die Reise, d.h. die Veränderung im Raum, ist ein immer wieder auftretendes Motiv; fast immer ist der Grund für eine lange Reise in den verschiedenen Typen der Erzählungen die Durchführung einer Pilgerfahrt zu heiligen Stätten. In den Erzählungen Stummes ist man viel unterwegs, in vielen dieser Erzählungen wird der Aufbruch des Helden ausführlich dargestellt, und die Motive sind unterschiedlich: Armut, Ungerechtigkeit, Zwang oder Vernachlässigung zwingen die Personen, ihren Heimatort zu verlassen und einen anderen, genehmeren Ort zu suchen. Diese Ortsveränderungen haben eine erzählerische Funktion. Sie entsprechen der Suche nach Leistung; nachdem er verschiedene Prüfungen, denen er unterworfen wurde, überstanden hat, gelingt es dem Helden, die Unzulänglichkeit auszugleichen oder die Missetat, deren Opfer er geworden war, zu überwinden. In diesem Sinne hat die Ortsveränderung eine rituelle Funktion. Sie zielt auf Vollendung, wodurch die handelnde Person das Ansehen eines Helden erwirbt – eines positiven, anerkannten, belohnten Helden.

Bleibt noch die Frage, in welchen Räumen sich die Personen entwickeln? Welches sind die beschriebenen Räume, wie stellen sie sich dar?

Es ist hauptsächlich der Raum der ländlichen Welt mit seinen Feldern, Ernten und seinem Baumbestand, der thematisiert wird. Auch der Wald kommt oft vor; er hat zwei Funktionen: als schwer zu beherrschende Welt beunruhigt er, schreckt er ab durch seine Menschenfresser, seine wilden Tiere, seine Geister; andererseits kann er aber auch den armen Menschen ernähren, etwa den Holzfäller, der von den Bäumen des Waldes lebt.

Die Hinweise auf die bäuerliche Lebensweise sind zahlreich; die jeweilige Geschichte spielt sich oft in einem *Douar* oder in einem Gebirge ab. Der häusliche Bereich reduziert sich auf *tgmmi* oder *taxamt* „das Haus", „das Zelt". Ein Obstgarten zeigt bereits den Reichtum an.

Seltsamerweise sind die Menschenfresserinnen als Personen des Waldes oft seßhafte Bäuerinnen. Sie haben auch ihren Obstgarten, ihre Herde, sie bebauen das Land. Diesem Bild widerspricht ein anderes, das häufiger ist, nämlich, daß Menschenfresser oder Menschenfresserinnen, die, ausgestattet mit der Fähigkeit, an mehreren Orten gleichzeitig sein zu können, den menschenleeren Raum besetzen und dort alles ausrotten.

In den Märchen sind die Hinweise auf den Reichtum eher sehr summarisch; nirgends eine Spur von großen Palästen, Edelsteinen usw. Die Wohlhabenheit oder der Reichtum müssen eher erschlossen werden, etwa aus Äußerungen wie *ikka-t-in yaˆurgaz / yaˆuglid labas dar-s* oder auch *dar-s-kada wa kada bnal* „er war ein begüterter Mensch/König" oder „er hatte sehr viel Geld"[8].

Auch die Geister, die in die Kategorie der Mächtigen gehören, können auch sehr reich sein und bedeutende Güter besitzen; die Beschreibung beschränkt sich jedoch auf den mehr wunderbaren Bereich und den paradiesischen Aspekt; er ist nur dem Helden, der über einen magischen Helfer verfügt, der ihm dazu verhilft, zugänglich.

---

[8] Wörtlich: „er hat Güter", „er hat bei sich so und soviel Geld".

Man kann also allgemein sagen, daß der Raum ziemlich unbestimmt und fiktiv ist, nur vage Ausdrücke betreffen diesen Aspekt: *yat lmdint* „eine Stadt", *yaˆlxla* „ein Wald", *yaˆwduwwar* „ein Douar".

Die Stadt als Raum erscheint in einer recht präzise faßbaren Gattung der Geschichten: Geschichten zum Lachen oder auch vergnügliche Geschichten; in ihnen sind die Sachen und der Raum oft stärker determiniert. Es handelt sich um eine Welt, die anscheinend eine realistischere Vorstellung schafft. Es ist allerdings keine Beschreibung dieses Raumes, sondern es sind eher Hinweise auf das städtische Milieu, wie etwa „das Café", wo man nicht mehr Tee als Getränk, sondern Kaffee serviert. Der Aufenthalt und die Freizeit sind dort begleitet vom Spiel *ar ttlcabn dama* „sie spielten Dame".

Die Stadt ist gewöhnlich Marrakesch; man geht dorthin (vom Land, von den Bergen, aus dem Draa kommend), um Arbeit zu suchen, was wiederum die ganzen Abenteuer auslöst. Linguistisch gesehen bemerkt man eine besondere Nuance hinsichtlich der wundersamen oder der legendenhaften Gattung, daß es einen berberisierten arabischen Wortschatz gibt: *acskri, asffar, ibulisn, lhukuma* ... „der Soldat, der Dieb, die Polizei, die Regierung".

Die Geschichte von den zwei Räubern „Nachträuber/Tagräuber"[9] lebt von der Konkurrenz von zwei Städten, aus denen die beiden Räuber stammen, nämlich Marrakech und Fes; das Komische ergibt sich aus den Streichen, die die Diebe anderen und sich gegenseitig spielen; die Geschichte unterstellt dem Dieb aus Fes mehr Wissen, ihm überlegen ist jedoch der Dieb aus Marrakech, der weniger klug, aber gerissener ist.

Ich habe sogar Ausdrücke gefunden, die einer fremden Sprache entlehnt sind: *skrg ak xmsa minut* „ich gewähre dir fünf Minuten" oder *miat duru* „100 Duros" oder *alf lira n ingliz* „1000 englische Pfund".

Außerdem findet man in der Stadt auch andere sozio-professionelle Kategorien: alle möglichen Händler (vom Pfannkuchenverkäufer bis zum reichen Kaufmann), Handwerker wie Juweliere, Schuster, Schmiede usw.

Die Unsicherheit des Raumes ist ein stets gegenwärtiges Motiv in den Erzählungen, gleich welcher Gattung sie angehören. Die Unsicherheit der Straßen, der großen Plätze »xla«, der Friedhöfe – sie alle sind Räume ohne Menschen, dort kommt man sich verlassen vor. Der Raum ist abschreckend, bevölkert von Ungeheuern aller Arten: die *afrits*, die siebenköpfige Schlange (das ist die Chleuh-Figur des Drachens), die Menschenfresser und vor allen Dingen die Menschenfresserinnen, für die es viele Bezeichnungen gibt: *tag⁰mart n isndal/ lgalya bnt mansur* oder sehr häufig *cisa*. Manchmal gehen von diesen weiblichen Figuren, die genauestens beschrieben werden, Strahlen, Blitze aus. Diese weiblichen Ungeheuer haben Zähne, die alles Maß überschreiten; sie haben Brüste, die sie sich über die Schultern werfen, sie atmen wie ein Löwe.

Der Held muß diesen Ungeheuern tapfer widerstehen. Er unterwirft sich dieser Prüfung, denn es ist eine Art von Initiationsritus. Dabei hilft in den Märchen häufig ein mit magischen Kräften ausgestatteter Helfer oder eine Person, die *Baraka* hat, aus der er dann Nutzen zieht: etwa ein Heiliger in einer Heiligenlegende.

Manchmal, etwa in den Geschichten zum Lachen, die profaner sind, kommt es vor, daß der Held nicht dieses Ausnahmewesen ist, sondern daß er wie ein gewöhnlicher Sterblicher auch unterliegt; er stirbt manchmal vor Angst im wortwörtlichen Sinne des Ausdrucks. Dieser Tod ist dann nicht sehr ehrenvoll; die Angst, die dies bewirkt hat, wird abwertend mit dem Wort „*tayhudit*"[10] bezeichnet.

Um diese gefährlichen Situationen zu vermeiden, ist es angebracht, sagen die Erzählungen, gewisse Vorsichtsmaßnahmen zu ergreifen: man darf sich nicht allein in ein Abenteuer begeben, man darf nicht in der Dämmerung alleine herumziehen.

3. Die literarischen Eigenheiten der behandelten Texte

Um meine erste Fragestellung beantworten zu können, habe ich mich für den kontextuellen Aspekt interessiert; ich habe versucht, von einer gewissen Anzahl von Referenzen auszugehen, die die Darstellung der Welt beschreiben durch die Behandlung einiger erzählerischer, narrativer Kategorien. Mein Vorgehen unterscheidet sich aber dennoch vom ethno-folkloristischen Ansatz, für den selbst der literarische Text vor allem ein historisches Dokument darstellt.

Sich auf die Betrachtung der Welt, auf die man sich bezieht, zu beschränken, wäre reduktionistisch, diese Erzählungen gehören nämlich zur Literatur, sie sind fiktional, gleich welcher Gattung sie angehören. Deshalb benutzen sie auch eine literarische Sprache, eine Art der Beschreibung, d.h. es gibt einen Typ der Anordnung, der Inhalte, der Figuren, eine Art der Erzählung, von denen einige ganz konventionell sind. Es ist diese Besonderheit, die unter anderem das Vergnügen des Textes hervorbringt.

a. Der Stil der Texte

In den meisten Erzählungen des vorliegenden Textkorpus ist der Aufbau klar und der „rote Faden" gut geführt; die verschiedenen Prüfungen, die den Weg der Helden abstecken, folgen einer Ordnung ansteigender Schwierigkeit. Die Erzählung folgt im allgemeinen als Leitfaden dem Schicksal der Hauptperson, was der Erzählung eine Kohärenz verleiht. Erzählung und Rede wechseln miteinander ab, Dialoge und überlieferte Reden sind ebenso vorhanden und geben den Erzählungen eine gewisse Lebendigkeit.

In diesem von Hans Stumme gesammelten Textkorpus konnte ich die längsten Texte der oralen Literatur in Tachelhiyt lesen; einige umfassen 8 bis 10 Seiten. Das

---

[9] *srq llil / srq nnhar* sind arabische Ausdrücke, die nicht berberisiert sind.

[10] *Tayhudit*: ein Substantiv, das abgeleitet ist von *ihudi* und das auf Arabisch Jude bedeutet.

ist sehr wichtig, denn sie repräsentieren ein äußerst ausgearbeitetes Erzählniveau. In diesen Erzählungen, die ziemlich oder sehr lang sind, findet man im allgemeinen eine verschachtelte Struktur, d.h. daß sekundäre Erzählungen sich über die Haupterzählung legen; sie haben andere Protagonisten, deren Geschichte sie erzählen, die aber in einem geeigneten Augenblick wieder zur Geschichte des Haupthelden zurückkehrt.

Die Übergänge von einem Niveau der Geschichte auf ein anderes erfolgen zumeist durch einen plötzlichen erzählerischen Bruch; dabei greift der Berichterstatter bzw. Erzähler direkt ein, wendet sich an die Zuhörer und bringt uns gewissermaßen von neuem auf das Niveau der eigentlichen Erzählung. Die dabei verwendete übliche Formel lautet: **add nurri gila s-dar** „kommen wir nun zurück zu ..."[11].

Diese lebendige ausgearbeitete Erzählkunst überschneidet sich mit der erzählerischen Monotonie, die man zuweilen findet; manchmal ist die Abfolge überhaupt nicht unterbrochen, ist sie uniformiert, wiederholend, sie verwendet dauernd in banaler Weise Hilfsverben – *izayd, iddu, inkr* –, die als Flickwörter des Berichts dienen[12].

Der Erzähler ist nicht immer in den Hintergrund gedrängt; viele Aussagen spiegeln dies wider oder beschreiben sogar direkt seine Gegenwart im Text, wie etwa durch die Verwendung des Adverbs „was sicher ist = schließlich"; Ausdrücke wie: *a nqssr* „kürzen wir unseren Bericht ab"; *ad ak fsrrg* „ich erkläre dir", wobei letzteres eine direkte Anrede des Zuhörers ist.

b. *Abwechslung und Vielfältigkeit*

Ohne zu übertreiben, muß man dem Erzähler bzw. Berichterstatter, der Hans Stumme als Informant diente, große und fruchtbare Erfindungsgabe zuschreiben. Sein Repertoire ist sehr vielgestaltig, insbesondere unter dem Aspekt der verschiedenen Gattungen. Gewisse Erzählungen sind ein einzigartiges Beispiel für die überlieferte und in Tachelhiyt publizierte orale Tradition. Ich möchte mich hier darauf beschränken, die originellsten aufzuzeigen, von denen ich anderswo keinerlei Varianten gefunden habe.

- **Die Erzählung 4: „Die Geschichte vom Bruder und der Schwester, die beide Waisen sind"**

Vor die Tür gesetzt durch eine Rabenmutter irren sie durch eine Einöde »xla« und gelangen schließlich zu einer Stadt, die von einem König regiert wird, die aber gleichzeitig durch die Gegenwart eines Ungeheuers in Trauer versetzt ist; bei diesem Ungeheuer handelt es sich um eine Schlange mit sieben Köpfen, der jeden Freitag eine Jungfrau des Landes vorgeworfen werden muß. Genau an jenem Tage ist die Reihe an der Königstochter.

Diese Geschichte erinnert an die Geschichte des Typs 30 in der Typologie von Aarne und Thompson: „Le tueur du dragon". BREMOND ET AL. haben kürzlich eine hagiographische Originalfassung in der Sammlung „Formes médiévales du conte merveilleux"[13] veröffentlicht. Dort wird das Ungeheuer überwältigt von Sankt Georg, der die Prinzessin befreit; er heiratet die Befreite jedoch nicht, wie man es ihm anbietet, sondern er verlangt dafür die Bekehrung des Königs und seines Volkes; die Bedingungen des Vertrags werden also transponiert.

In der Version von Hans Stumme werden die herkömmlichen Vertragsbedingungen eingehalten, der Held überwältigt das Ungeheuer und heiratet die Tochter des Königs. Es ist interessant, die Anpassung einer weltweit verbreiteten Erzählung an die lokalen berberischen Verhältnisse zu verfolgen: die Figur der Schlange, das religiöse Symbol der Wahl des Tages, nämlich des Freitags usw.

- **Die Erzählung 11: „Die Geschichte von Sidi Fadl, der zur Zeit des Königs Muhammed lebte"**

Es ist eine sehr schöne Liebesgeschichte, die uns hier erzählt wird; eine Tachelhiyt-Version des Mythos des ewigen Paares Romeo und Julia oder Tristan und Isolde. Der König erfährt, daß seine Tochter in ihrem Zimmer einen jungen Mann empfängt; er läßt eine Falle stellen, überrascht den jungen Mann und läßt ihn töten. Die Prinzessin stirbt vor Kummer; man beerdigt die beiden an den Enden der Stadt. Aber die Palmen, die aus jedem Grab wachsen, vereinigen sich; ihre Zweige verschlingen sich ineinander, obwohl man sie jedesmal zurückschneidet. Der König ruft alle die Gelehrten zusammen; sie wissen aber keinen Rat. Als letzte Hilfe bleibt schließlich nur der Jude, dem es gelingt, die Palmen auszurotten, indem er die Gräber mit Pech beschmiert, aber es brechen dann plötzlich zwei Quellen hervor, die in Windungen davonfließen und die sich dann mitten in der Stadt vereinigen. Der Erzähler fügt dann hinzu: **bkan sul s gassad** „sie sind geblieben bis auf den heutigen Tag".

Diese Erzählgattung ist sehr schwierig zu klassifizieren. Abgesehen von der Beschreibung als *Sidi*, was darauf verweist, daß die Person einen besonderen Status hat, gibt es keinerlei Hinweise über traditionelle Motive aus der Hagiographie, keinen Wundertäter – abgesehen von den beiden Quellen. Aber man sieht, daß die Quellen wie die Palmen vor allen Dingen die unverbrüchliche Vereinigung der beiden Liebenden, die nichts mehr trennen kann, bekräftigen. Man könnte, veranlaßt durch den Kommentar des Erzählers, hervorheben, daß die Erzählung umgewandelt wird in eine ätiologische Legende, die die Wahrheit der Erzählung wider besseres Wissen beglaubigt. Es ist sehr selten, dieses Thema in der Prosaliteratur des Tachelhiyt zu finden; die leiden-

---

[11] Beispiel: **ad nurri gilad s dar babas n tfuxt lli** „Jetzt kommen wir zurück zum Vater der Tochter in dieser Angelegenheit".

[12] *zayd / ddu* sind Synonyme, die wortwörtlich „gehen/weggehen" bedeuten; aber sie können auch noch andere Bedeutungen haben als Hilfsverben, etwa als Incohativ, z.B. *nkr:* eigentlich „sich erheben"; aber im Erzählungszusammenhang kann man sie annähernd übersetzen mit „dann", „schließlich", „danach".
In den *Contes berbères du Maroc* von E. Laoust, um nur einen zu zitieren, habe ich Berichte gelesen, in denen die Abfolge allein durch »nkr« erfolgte; man muß sich einmal vorstellen, welche Wirkung eine Geschichte, die allein durch „und dann" gegliedert ist, hat.

[13] Veröffentlicht bei Stock, Collection »Moyen âge«, Paris 1989.

schaftliche Liebe wird eher gesungen oder in der Dichtung dargestellt.

- **Die Erzählung 22: „Die Geschichte vom Muezzin und vom Taleb"**

Das ist das einzige Beispiel einer obszönen Geschichte, die ich im Verlaufe meiner Untersuchungen gefunden habe; hier sei die kurze Zusammenfassung wiedergegeben: Vor dem Aufbruch zu einer Pilgerfahrt zu heiligen Orten vertraut der *Taleb*[14] seine schwangere Frau seinem *Muezzin* an; letzterer erkundigt sich nach der Gesundheit der Frau, die ihm darauf sagt, sie sei etwas leidend. Er erklärt ihr sogleich dessen Ursache: der Ehemann habe ihr das Kind nicht ganz fertig gemacht. Sie bekam Angst und forderte den *Muezzin* auf, ihr bei der Vollendung dieser Aufgabe Beistand zu leisten. So ist er zu ihrem Liebhaber geworden. Als der *Taleb* von der Pilgerfahrt zurückkehrt, findet er, daß sein Sohn sehr schwächlich sei, worauf ihm seine Frau ganz naiv entgegnet: „Wie wäre er erst geworden, wenn der Muezzin seine Vollendung nicht übernommen hätte". Die Sache endet damit, daß der *Taleb* sich schließlich an seinem Mitbruder rächt: Dessen Frau verliert einen wertvollen Edelstein; er schlägt ihr vor, er würde ihr helfen, diesen wieder zu finden – dies geschieht dann ausgerechnet in den intimsten Regionen.

Das ganze ist äußerst amüsant erzählt mit einem etwas schlüpfrigen Vokabular, das weder umschreibt, noch auf Bilder zurückgreift. Betonen wir noch, daß diese Gattung sich überhaupt nicht mit moralischen und religiösen Überlegungen aufhält; die »vergewaltigten« Frauen willigen ein, und sie werden deswegen auch nicht verstoßen; es ist auch wichtig zu bemerken, daß diese Geschichte sich in einem Milieu abspielt, das eigentlich tugendhaft zu sein hat.

Ich möchte auch noch auf zwei Erzählungen hinweisen, die von „Tausend und einer Nacht" inspiriert sind und die als Protagonisten den Khalifen Harun ar-Raschid haben. Sie zeichnen sich nicht etwa durch eine besondere Präsenz des Orients (Raum, Lebensweise usw.) aus, sondern durch zahlreiche linguistische Spuren, nämlich des Arabischen:
– Vokabular: Méchouar, Wesire.
– das Rätsel, das Gegenstand einer der beiden Erzählungen ist, wird arabisch ausgedrückt „*a sidi kan sllf u ntllf u nrd ssrf*" = „Herr, ich entleihe, ich verschleudere und ich erstatte zurück."

Durch diesen kurzen Überblick kann ich den Reichtum dieser Erzählungen als literarische Dokumente überhaupt nicht ausschöpfen. Es bedarf tiefergehender Studien; viele von ihnen haben originelle oder interessante Motive, wie etwa die Geschichten von Menschenfressern und Menschenfresserinnen – etwa diese Geschichte, in der die Menschenfresserin ein sehr geliebtes und erwünschtes Kind ist, das aber schon bald durch seinen Hunger alles vernichtet und schließlich seine eigenen Eltern, die es bisher verschont hat, verschlingt; das ist ein ziemlich einzigartiges Motiv in der Tachelhiyt-Tradition.

4. Zusammenfassung

Die von Hans Stumme gesammelten Texte sind ein wertvolles literarisches und historisches Dokument. Sie geben uns nicht das Bild einer geschlossenen Gesellschaft, die erstarrt ist, die strenge Moralvorstellungen hat. Ganz im Gegenteil, es wird deutlich, daß Leistung geschätzt wird, selbst dann, wenn sie sich von den gemeinsamen Moralvorstellungen abwendet. Schlauheit, Intelligenz und Tüchtigkeit werden belohnt.

Der konventionelle literarische Aspekt wird beibehalten. Bei den Erzählschemata kommt es darauf an, die Regeln einzubehalten. Selbst auf der Ebene der Formulierung kann die Nichteinhaltung einer Regel Schaden bewirken, was in den Rätselerzählungen oft vorkommt.

Auf der fiktionalen Ebene kommt es allein auf die außergewöhnlichen Wesen an. Hinsichtlich des Erzählers beschreibt die Sprache das Gebiet von Tazerwalt, aber die Texte umfassen sehr viel mehr als diese geographischen Grenzen des Territoriums und gelten für das gesamte Gebiet der Chleuh.

Es ist seltsam, daß diese Berichte überhaupt nichts enthalten hinsichtlich des Heiligen des Tazerwalt, Sidi Hmad ou Moussa[15], während viele andere Sammlungen und die ganze mündliche Tradition des Tachelhiyt überfließen von Geschichten, in denen er der Held ist. In zahlreichen hagiographischen Legenden und sogar Märchen wird seine Allgegenwart immer wieder signalisiert. Es gibt überhaupt sehr wenige hagiographische Legenden in dieser Textsammlung von Stumme; die Erklärung dafür könnte sein, daß diese Kategorie von Erzählungen das westliche Publikum weniger interessieren würde. Tazerwalt ist nur auf dem Niveau des Sprechers gegenwärtig, aber die Erzählungen bringen nichts über die wichtige Vergangenheit dieser Region, in der das Haus Iligh eine hervorragende Rolle spielte. Ausgehend von diesen Berichten kann man sich ein Bild von einem Erzähler am Ende des 19. Jahrhunderts machen: ein offener liberaler, vielleicht sogar gebildeter Mann; der wahrscheinlich die arabische Sprache beherrschte, wie es das Vokabular, das sich auf den Orient bezieht, beweist.

---

[14] Der *Taleb* ist eine sehr häufig in den Erzählungen zu findende Person; er ist sowohl Kleriker als auch Lehrer; als geistlicher Führer leitet er die Gläubigen, führt er das Gebet an; bei seinen Aufgaben geht ihm der *Muezzin* zur Hand, der u.a. die Aufgabe hat, zum Gebet zu rufen.

[15] Zur Person vom Sidi Ahmed ou Moussa vgl. auch H. LANG: Der Heiligenkult in Marokko. Formen und Funktionen der Wallfahrten. – Passau 1992, S. 163-167 (= Passauer Mittelmeerstudien, Sonderreihe, H. 3)

Ute Faath (Karlsruhe)

Das Bild Marokkos in der deutschen Fremdenlegionärsliteratur

„Der Verfasser schildert in anschaulicher Weise die Einrichtungen der Fremdenlegion, sowie die vielseitigen und wechselnden Schicksale eines deutschen Legionärs und gewährt einen tiefen Einblick in die vielfach recht traurigen Verhältnisse dieser eines großen, europäischen Kulturvolkes nicht würdigen Truppe. Die Schrift ist daher in hohem Maße geeignet, unsere jungen Landsleute vor unbedachten Schritten zu warnen und sie so vor körperlichem und moralischem Siechtum zu bewahren."[1]

So das Präsidium des Württembergischen Kriegerbundes in einem kurzen Geleitwort zu Christian Müllers „5 Jahre Fremdenlegionär in Algier, Marokko und Tunis". Die Warnung vor der Legion, die den tatsächlichen oder vorgeblichen Erinnerungen eines Fremdenlegionärs von offizieller Seite vorangestellt wird, ist kein Einzelfall. Von manchen Publikationen wurden überarbeitete jugendfreie Ausgaben herausgegeben[2], die die männliche Jugend von dem unüberlegten Eintritt in die Legion abhalten sollten. Als Bundesvorsitzender des Schutzverbandes gegen die französische Fremdenlegion veröffentlichte Fred Westphal eine Briefsammlung mit dem dramatischen Titel „Gemarterten-Schreie in die Kulturwelt. Briefe deutscher Söhne aus der Hölle der Fremdenlegion". Er überschreitet die Grenze zum Kuriosen, wenn er in seinem Vorwort nicht nur die Zahl der Deutschen, die als Opfer der Legion bislang im Dienste Frankreichs gestorben seien, auflistet, sondern sogleich noch errechnet, wieviele deutsche Mädchen – um in Westphals von nationalem Pathos getragenen Sprachgestus zu bleiben – in Ermangelung heiratsfähiger Männer ledig und unglücklich bleiben mußten, so daß folgedessen

„durch viele Generationen hindurch die deutsche Volkskraft einen Verlust von vielen Millionen Menschen zu tragen hatte. Frankreich – Deutschlands Schicksal!"[3]

Die Fremdenlegion wird zur Form einer mit besonderem Raffinement durchgeführten subversiven und indirekten Kriegsführung Frankreichs gegen Deutschland stilisiert. Seit die Legion 1831 gegründet worden war, zog sie zahlreiche Männer im wehrhaften Alter und der verschiedensten Nationalitäten an. Die Beweggründe, sich als Fremdenlegionär zu verdingen, waren unterschiedlichster Art. Sieht man von der klassischen Werbung ab, die die Berichte der ehemaligen Legionäre zu genüge wiedergeben – das heißt von der Überrumpelung unbedarfter junger Menschen mit Hilfe von Alkohol und leerer Versprechungen –, zeigen sich weitere Motive. Einige trieb wohl reine Abenteuerlust oder enttäuschte Liebe in die Ferne, andere hatten die strafrechtliche Verfolgung im eigenen Land zu fürchten. Häufig ließ die anhaltende ökonomische Krise in Deutschland manchem Arbeitslosen die Legion als letzten Ausweg erscheinen. Wohl niemand wurde durch ein Interesse an fremden Kulturen zum Eintritt in das Söldnerheer bewogen, aber selbst ein jahrelanger Aufenthalt im fremden Kulturkreis veränderte die Sichtweisen nicht, was fremd war, blieb fremd. Die Publikationen verfolgen zumindest vordergründig die pädagogische Absicht, vor den Schrecken und Grausamkeiten der französischen wie der spanischen Legion zu warnen. Der plumpe Konsens ihrer Abschreckungsversuche gilt nicht humanitären oder völkerrechtlichen Motiven, sondern letztlich der Befürchtung, daß im Ernstfall keine wehrhaften Truppen mehr zu rekrutieren wären, die das Vaterland verteidigen könnten: Deutsche sollten gefälligst im deutschen Schützengraben sterben.

Allein der offensichtliche Erfolg dieser Schriften führte dazu, daß fiktive Erfahrungsberichte veröffentlicht wurden, die tatsächlich nicht mehr auf reale Vorkommnisse und Erlebnisse zurückgriffen. Es entstanden ganze Reihen: Groschenromane zur Fremdenlegion. Das läßt bereits die Kluft zwischen der offiziellen Intention mancher Autoren und den Prämissen der tatsächlichen Rezeption erahnen[4]. Die Leser suchten die Mi-

---

[1] Christian MÜLLER 1911.
[2] So Erwin ROSENS *In der Fremdenlegion. Erinnerungen und Eindrücke.* Stuttgart 1909, von dem 1914 eine „für Jugend und Volk" bearbeitete Fassung herausgegeben wurde.
[3] WESTPHAL 1931, S. 12. Westphals Zahlen sind zudem maßlos übertrieben.

[4] Der Anspruch der Hefte und Reihen war freilich nur noch möglichst hohe Verkaufszahlen zu erzielen. Von 1913 bis 1921 wurde die Reihe um Heinz Brandt veröffentlicht, der Titelheld ist sicherlich identisch mit dem Rolf Brand, den Ernst Jünger erwähnt, vgl. Anm. 5. Die Serie *Zehn Jahre in der Fremdenlegion* umfaßte al-

schung aus trivialer Abenteuer- und Reiseliteratur. Ernst Jünger verarbeitet in seinen Roman „Afrikanische Spiele" seine Erlebnisse und Erfahrungen als Siebzehnjähriger, der von der Schule in die Legion entwich, um das Abenteuer zu suchen.

> „Irgendwo mußte es sie [die Fremdenlegion; U.F.] zwar geben, so viel war sicher, denn oft genug las ich in den Zeitungen über sie Berichte von so ausgesuchten Gefahren, Entbehrungen und Grausamkeiten, wie sie ein geschickter Reklamechef nicht besser hätte entwerfen können, um Tunichtgute meines Schlages anzuziehen. Ich hätte viel darum gegeben, wenn einer dieser Werber, die junge Leute betrunken machen und verschleppen und vor denen mit Engelszungen gewarnt wurde, sich an mich herangemacht hätte; doch diese Möglichkeit kam mir für unser so friedlich im Wesertale schlummerndes Städtchen recht unwahrscheinlich vor."[5]

Herbert Berger, der Held in Jüngers Roman, zieht aus, die Tat zu suchen. Zivilisationsüberdruß treibt ihn zum Aufbruch. Er flieht aus der ebenso kleinbürgerlich geordneten wie entfremdeten Welt. So zieht er aus in die Fremde, wo seiner Vorstellung gemäß existentielle Bedrohungen die Selbstbehauptung des Einzelnen fordern. Er liebäugelt mit einer anderen, weitaus intensiveren Erfahrungswelt, wo es möglich scheint, in Grenzerfahrungen jene Selbsterfahrung zu erlangen, die der berechenbare Schulalltag ihm nicht gewähren wollte. Unter diesen Voraussetzungen erwächst freilich keine Reflexion und Brechung des eigenen kulturellen Hintergrunds, der mit der fremden Kultur konfrontiert wird. Diese Grundhaltung einer egozentrischen Fixierung auf die eigene Person kennzeichnet die meisten Publikationen. Allerdings bleiben sie weit entfernt von dem intellektuellen Reflexionsgrad, der Jüngers Roman auszeichnet, der immer noch Distanz zu den eigenen Motiven ausspricht. Kaum sind die Autoren für Erfahrungen und Wahrnehmungen offen, die nicht unmittelbar die eigene Existenz betreffen; schon gar nicht sind sie bereit, sich mit Erfahrungen auseinanderzusetzen, die unvorhergesehen festgelegte Positionen ihres Denkens in Frage stellen könnten.

Die Auswahl an Texten, die hier behandelt werden soll, beschränkt sich auf Veröffentlichungen aus den Jahren zwischen 1909 und 1932. Eine Ausnahme bildet der Roman von Ernst Jünger, der erst 1936 erschien, aber auf Erlebnisse des noch minderjährigen Jüngers von 1913 zurückgreift[6].

1. Polititsche und gesellschaftliche Hintergründe – außer Sicht

Der betont dokumentarische Charakter der Schriften bedingt, daß der Ich-Erzähler und dessen subjektive Erlebnisse im Vordergrund stehen. In der Regel folgt der Gang der Handlung einem stets gleichen Schema: der verzweifelte Held erfährt in der Fremde am eigenen Leib die Wahrheit des Legionärslebens, erfüllt von Reue ob des unüberlegten Schrittes, sich für Jahre einem solchen Sklavenleben zu verdingen, trotzt er dennoch mutig den menschenverachtenden Qualen und den infamen Bestrafungen der ungerechten Vorgesetzten. Er behauptet sich gegen jedweden Versuch, seine Persönlichkeit zu brechen und entrinnt dem Verderben, das die Legion bedeutet; am Ende steht jeweils die Rückkehr in die Heimat[7]. Der Blick bleibt auf das je eigene Schicksal konzentriert.

Leopold Gheri beschreibt in *In die Falle gegangen* die Situation eines kleinen Postens der Legion.

> „[...] die dortigen Einwohner galten als ruhig und den Franzosen freundlich gesinnt. Und ich hatte sie während meines bisherigen Aufenthaltes an diesem Orte auch als ganz harmlose oder wenigstens nicht böswillige Menschen kennengelernt. Mit den aufständischen Kabylen hielten sie keinen Verkehr, lag ja deren Gebiet auch viele Tagreisen vom Kastell entfernt."[8]

Die Legionäre haben die Aufgabe, artesische Brunnen anzulegen und damit die Wasserversorgung des Ortes zu sichern, was dem Wunsch der Ortseinwohner wie des *Kadis* entspricht.

> „Durch derlei Hilfeleistungen sollte die Bevölkerung immer mehr gewonnen und dem französischen Einfluß unterworfen werden."[9]

Unter der Führung eines Derwischs, der die Bevölkerung aufruft, sich den Ungläubigen zu widersetzen und sie zu töten, kommt es zum Aufstand. Der Ich-Erzähler triumphiert aufgrund seiner Bildung, auf deren naturwissenschaftlichem Fundus seine rationale Überlegenheit aufbaut. Er vermag den Derwisch mit einer elektrischen Spielerei zu überrumpeln. Dieser Sieg wird stilisiert zum Ausdruck einer prinzipiellen Überlegenheit des rationalen Individuums als Bildungsträger und Gesandten des Fortschritts, das gegen die irrationale, leicht fanatisierbare Masse steht. Die Darstellung des Derwischs bemüht alle gängigen Klischees, die die Gestalt eines religiösen Fanatikers zu beschwören vermögen. Es sei hier lediglich ein Auszug aus seiner Beschreibung zitiert:

> „Ihr [der aufständischen Menge; U.F.] voran schreitet eine lange dürre Gestalt, den Pilgerstab in der Hand, in Lumpen gekleidet, den

---

lein 65 Hefte. Weitere Hinweise finden sich im Lexikon der Abenteuer- und Reiseliteratur, Bd. 4, Teil 1.

[5] JÜNGER 1987, S. 7. Auch an anderer Stelle erwähnt er die Publikationen zur Fremdenlegion. Vgl S. 56: „Er erzählte mir eine lange Geschichte von dem Fremdenlegionär Rolf Brand, einem der Helden seiner bunten Hefte, den er sehr zu lieben schien." oder S. 67: „Hier hatte ich also das Beispiel einer Anwerbung, wie sie die Bücher schildern." Beide Textstellen sprechen sowohl für die weite Verbreitung dieser Schriften und Hefte, wie auch dafür, daß sie die Vorstellungen von der Legion prägten, ohne die Jugend in irgendeiner Weise abzuschrecken.

[6] Zur etwa gleichen Zeit hat auch Friedrich GLAUSER 1937/38 einen Roman über die Fremdenlegion veröffentlicht, der bereits 1928/29 verfaßt wurde. In *Gourrama* greift der Schweizer Kriminalautor – wie Jünger – auf eigene Erfahrungen in der Legion aus den Jahren 1921-23 zurück. Der Roman unterscheidet sich nicht allein durch seine literarische Qualität von allen anderen Publikationen; Glauser zeichnet ein ebenso sensibles wie verhaltenes Psychogramm des Lebens der Legionäre, der Lethargie wie der Resignation, die in direkter Verbindung wie in hartem Kontrast zu den Ausbrüchen an Gewalt stehen. Gerade im Vergleich zu den anderen Publikationen zur Legion fällt auf, wie Glauser sich wegbegibt von Klischees, von dem Versuch zu urteilen oder Maßstäbe anzulegen. Sein Blick fällt nicht pauschal auf den Araber, den Marokkaner, ebensowenig auf den Legionär; Glauser entdeckt immer nur verletzliche oder auch verletzende Menschen.

[7] Gerade diese Darstellung der heldenmütigen Protagonisten, wie sie sich ungebrochen gegen alle Widrigkeiten behaupten und letztlich bewähren, hat wahrscheinlich die Attraktion dieser Publikationen für den jugendlichen – wie wohl auch älteren – Leser ausgemacht, der in ihnen Material fand, die Konflikte mit Schule oder Berufsalltag sowie Elternhaus in überhöhter Form auszuräumen. Es ist, wie Heinz J. GALLE im Lexikon der Abenteuer- und Reiseliteratur, Bd. 4, Teil 1, bemerkt, das Thema vom verlorenen Sohn, das immer wiederkehrt.

[8] GHERI o.J., S. 5.

[9] Ebda., S. 6.

Schädel mit einem schmutzigen Turban umhüllt, das Gesicht bronzefarben und voller Runzeln, die Augenlider rot entzündet – häßliche Triefaugen – die Lippen so kurz, daß sie kaum das Zahnfleisch bedecken und dem Mann das Aussehen einer zähnefletschenden bissigen Bulldogge geben. Den langen grauen Bart wirr und voll Schmutz bis zur Magengrube niederreichend."[10]

Gheri bezieht eindeutig Position, er sieht sich als Vertreter einer überlegenen Kultur. Der politische Vertreter Marokkos, der *Kadi*, wird als korrupter und einfältiger Opportunist geschildert, den Vertreter der religiösen Kultur des Landes diffamiert er als irren Fanatiker. Die restliche Bevölkerung wird schlicht als „halbwilde Insurgenten"[11], als so unmündige wie manipulierbare Masse abgetan. Jedoch wird zumindest das Verhältnis des *Kadis* zur französischen Regierung angerissen, die Konstellation von Sultan und Gegensultan, dessen Anhänger der Derwisch sei, wird erwähnt. Das ergibt fast mehr an Information über politische und religiöse Hintergründe und Zusammenhänge als die anderen Publikationen zusammengenommen vermitteln. Doch auch Gheris borniert arroganter Ton ist nicht die Regel. Denn da die meisten Autoren diese Hintergründe nicht wahrnehmen und ihre Kontakte zur Bevölkerung ohnedies kaum von Bedeutung sind, bleibt ihr Bedürfnis nach Abgrenzung der eigenen Positionen gering. Sie beschränken sich auf wenige Äußerungen, die die Überlegenheit des eigenen kulturellen Umfelds hervorheben, das ihnen letztlich weniger wichtig ist als die Identifikation mit einer nationalen Identität, die in ihrer Vorstellung durch gewisse hervorragende Charaktermerkmale gekennzeichnet ist.

Überaus befremdlich ist allerdings auch die vollkommen unreflektierte Haltung der meisten Autoren, was die politischen Gegebenheiten betrifft. Die Aufgaben der Legion in Marokko bleiben für sie ohne weitere Bedeutung und werden thematisch nicht erfaßt. Die Frage nach der Berechtigung ihrer militärischen Aktivitäten und Übergriffe wird schon gar nicht gestellt oder wird durch die Vorstellung der kulturellen Überlegenheit der europäischen Völker als nichtig abgetan. Das Feindbild, das im allgemeinen von Frankreich gezeichnet wird, führt nicht zu einer prinzipiellen Verurteilung seiner Kolonialpolitik.

Der Widerstand der Bevölkerung wird nicht als Befreiungskampf gegen die fremde Besatzungsmacht verstanden. Meistens wird nur der Aufstand der Rifkabylen unter Abd el Krim erwähnt. Lediglich Sehring in *Auf den Schlachtfeldern Marokkos. Die Leiden eines jungen Deutschen in der spanischen Fremdenlegion* spricht den europäischen Mächten Spanien und Frankreich die Legitimation ihres Übergriffs auf Marokko ab.

„Die Rifkabylen Mauren haben aber ein Anrecht auf das Land, denn weit über ein Jahrhundert schon wohnen sie dort."[12]

So deutlich spricht das sonst keiner aus. Allerdings gerinnt Sehring diese Anerkennung des Anspruchs der Marokkaner aufs eigene Land ebenso wie seine Wertschätzung der marokkanischen Kultur und des islamischen Glaubens zur Kontrastfolie, gegen die er die barbarische Grausamkeit und Kulturlosigkeit der Spanier hervorhebt.

Doch in der Regel wird der politische Anspruch der Kolonialmächte auf Nordafrika und Marokko nicht zum Thema und damit auch nicht in Frage gestellt. Selbst wenn Erwin Rosen erkennt, daß das Motiv, Marokko zu erobern, einzig der Wunsch nach Bereicherung ist, der auf der Vorstellung von Marokko als einem Eldorado beruhte, bleibt es dabei, daß er diesen Sachverhalt lediglich konstatiert[13]. Zwar bedauern die Legionäre, ihre Kampfkraft nicht für das Vaterland einsetzen zu können, doch gehen die Zweifel nicht so weit, die Ziele ihres Einsatzes überhaupt in Frage zu stellen. Politische Struktur und Machtkonstellationen in Marokko, die Position, die die französische und spanische Fremdenlegion in diesem Geflecht einnehmen, sind für die Legionäre in ihren Erinnerungen ohne jedes Interesse.

2. Die Bevölkerung – das Bild des Arabers

Die Posten der Legion liegen marokkanischen Siedlungen benachbart, die Legionäre haben Ausgang und können diese Siedlungen besuchen, dennoch wird die marokkanische Bevölkerung kaum einmal geschildert. In den Darstellungen dieser Publikationen gleicht die Legion einer Insel, die keine Beziehung zur Außenwelt hat. Auch die Spahis, als unmittelbare Mitglieder der Legion, bleiben unbeachtet von den Autoren und finden lediglich am Rande Erwähnung.

Zwar werden nicht selten militärische Aktionen geschildert, die gegen die Aufständischen geführt werden, aber der Feind bleibt weitgehend anonym und hinter der militärischen Vorgehensweise verborgen. Der Feind, das ist der gefährlich unberechenbare Araber. Selbst Autoren, die mehrere Staaten Nordafrikas kennenlernen, zeichnen nur ein pauschales und wenig differenziertes Bild des Arabers, unter das alle Bevölkerungsteile subsumiert werden. Lediglich die Rifkabylen werden namentlich genannt, unterliegen aber auch keinem anderen Beschreibungsmodus[14].

Stets kehren die gleichen stereotypen Beschreibungen wieder. Der Araber, gerne auch als Wüstensohn betitelt, ist wild und stolz und vor allen Dingen unberechenbar. Seine Rachsucht ist grausam, im Kampf macht er keine Gefangenen, sondern er schneidet dem überwältigten Gegner die Köpfe ab. Einheimische Frauen werden nur selten erwähnt, und wenn meist als Prostituierte und Verbreitungsherde von Geschlechtskrankheiten, so daß sie eine weitere Gefahr des Legionärslebens bedeuten.

Doch innerhalb dieses festgelegten Beschreibungsmodus, in dem die immer gleichen Vokabeln wiederkehren, bleibt dennoch Raum zu unterschwelligen Wertungen. Die Briefsammlung Fred Westphals prägt ein

---

[10] Ebda., S. 11.
[11] Ebda., S. 20.
[12] SEHRING 1925, S. 4.

[13] ROSEN 1909, S. 239 f.
[14] Zum Vergleich sei nur darauf hingewiesen, daß die Autoren bei Bekanntschaften mit deutschen Legionären der regionalen Herkunft immer große Bedeutung beimessen.

durchaus verächtlicher Grundton. Wiederholt wird der Wilde – ein Begriff, der in den Briefen häufig auftritt – beschworen; zum Bild des brutalen Barbaren, der der Feind ist, stellt sich das Bewußtsein der eigenen kulturellen Überlegenheit ein.

Dennoch erfährt in den meisten Publikationen, obgleich sie auf einen ähnlichen Wortschatz und ähnliche Bilder zurückgreifen, die militärische Geschicklichkeit und die kämpferische Haltung des Gegners Anerkennung:

„Der Kabyle ist ein Gegner, mit dem sehr zu rechnen ist. Spanien allein wird offensiv kaum viel gegen ihn ausrichten, und wenn es dem gereizten Löwen einmal freien Spielraum zu lassen gezwungen sein sollte, wer weiß, ob dann nicht auch dem Franzosen Marokkos Boden brenzlig heiß werden wird."[15]

Freilich wird selten so offen Bewunderung geäußert wie bei Sehring, der die Grausamkeiten der Spanier drastisch schildert und im Gegenzug gegen deren angebliche kulturelle Überlegenheit die arabische Kultur preist.

„Ich traute meinen Augen kaum, als ich sah, daß ein Spanier zu diesem Armen [ein verwundeter Kabyle; U.F.] trat und ihm bei vollem Bewußtsein einfach den Kopf abschnitt! Dieser wurde dann auf die Spitze der Banderenfahne gesteckt und im Triumph mitgeführt. Und diese Tat im Angesicht der Mutter Gottes!

Ist das etwa Religion, ist das etwa Kultur? Braucht sich Spanien denn da zu wundern, wenn die Kabylen dasselbe mit unsern Verwundeten tun? Wenn Spanien auf diese Art dem Maurenvolk zur Kultur bringen will, dann wehe ihm! Aber ich weiß, daß es eher umgekehrt sein könnte! Die Araber könnten den Spaniern eher etwas von ihrer Genialität in der Kriegsführung und auch von ihrer Kultur und ihrer Ehrfurcht vor ihrem Gott abgeben."[16]

Diese Anerkennung der Kultur und Religion wie des Rechts auf Widerstand bleibt allerdings ein Einzelfall. Wiewohl sonst häufig die Brutalität in der französischen und spanischen Legion geschildert und verurteilt wird, zielt die Kritik lediglich auf die Verhaltensweisen und Strafregelungen gegenüber den Legionären selbst. Die Maßnahmen gegenüber den Aufständischen und der einheimischen Bevölkerung werden gar nicht unter diesem Aspekt betrachtet.

Es ist ein noch ungebrochen an althergebrachten kriegerischen Tugenden orientiertes Männlichkeitsideal, das hier zu Tage tritt. Mut, Furchtlosigkeit im Kampf, Kampfeslust sind charakterliche Werte *per se*, die das Denken der Legionäre bestimmen, und die sie sich in ihren Berichten selbst zuschreiben: man stirbt noch gern auf dem Feld der Ehre[17].

Diese Vorstellungswelten verdeutlichen, daß, wenn von der kriegerischen Kompetenz des arabischen Feindes, seinem kriegerischen Wesen und seinen Fähigkeiten im Kampf die Rede ist, durchaus ein Moment der Anerkennung mitschwingt. Im gleichen Zusammenhang zeichnet sich in den Beschreibungen jedoch ab, wie die Gefahren, die von dieser militärischen Kompetenz ausgehen, einem tierhaft, instinktsicheren Wesen zugeschrieben werden, also als Eigenschaften geschildert werden, die einer ursprünglichen Naturhaftigkeit entstammen und die nur jenseits aller zivilisatorischen Einflüsse existieren. Der Feind nähert sich katzengleich[18], er verfügt über ein gutes, scharfes Auge[19] – die Assoziation des Adlers stellt sich beim Leser unwillkürlich ein – und reitet wie dies eben nur ein Araber vermag[20] oder er gleicht einem gereizten Löwen. Die Autoren beschreiben häufig gar nicht eigene Eindrücke, sondern beschränken sich darauf gängige Vorstellungen wachzurufen, die als „ethnologische Allgemeinbildung" des Lesers vorausgesetzt werden. Es existieren bereits fertige Bilder, auf die zurückgegriffen wird, und die von der Notwendigkeit eigener Darstellung entheben.

3. Tradierte Muster des Erfahrens – der reproduzierende Blick

Es bleibt bei Stereotypen und Klischees, die ständig wiederkehren. So bleiben die Bilder Marokkos und seiner Bevölkerung, die entworfen werden, merkwürdig homogen und aussageschwach. Das betrifft allerdings auch die Beschreibungen der Franzosen oder Spanier als Legionäre, desgleichen die Selbstdarstellungen der Deutschen. Festgefügte Vorstellungen von den Nationalcharakteren dienen als Raster, die im Genre literarischer Trivialität die Autoren der Mühe, eigene Erfahrung zu verarbeiten, entheben. Freilich bietet die Stellung der Legionäre als militärische Vertreter der Kolonialmacht wenig Gelegenheit, neue Sichtweisen auf das fremde Land zu erproben, da die Positionen und die Ebene der Konfrontation vorweg festgelegt sind.

Wenige Abweichungen von den versatzstückartigen Beschreibungen treten auf. Oelbermann schildert in *Unter Torreros und Fremdenlegionären* die Reise einer Jugendgruppe durch Spanien und Marokko, die unter anderem die Fremdenlegion in Ceuta besucht[21]. Bereits das Motiv der Reise ist freilich ein anderes als bei den Legionären und so zeigt Oelbermann deutliche Bereitschaft, sich von der fremden Umgebung faszinieren zu lassen. Er bewundert etwa, im Gegensatz zu einem der anderen Autoren, der überall nur maßloses, sprich unzivilisiertes Geschrei vernimmt,[22]

„die überlegene Ruhe und den unerschütterlichen Gleichmut der Araber. Das Hasten und Treiben des europäischen Lebens, den so aufreibenden Existenzkampf unter den meisten Kulturvölkern, alles das suchen wir hier unter der heißen Sonne Marokkos vergebens. In langen Reihen sitzen die gläubigen Kinder Mohammeds am Straßenrande, pflegen der Ruhe und Besinnlichkeit oder plaudern über die kleinen Dinge, die sie bewegen."[23]

Mit der europäischen Hast als Gegenbild beschwört der Autor eine verlorene Ursprünglichkeit des Daseins und des Glaubens. Er ist ein Vorläufer jener zivilisationsmüden Europäer, die später scharenweise auf der Suche nach nicht entfremdeten Lebensformen und ver-

---

[15] LORENZ 1926, S. 23.
[16] SEHRING 1925, S. 53.
[17] LORENZ (1926) formuliert denn recht knapp und prägnant in seinem Nachwort, S.87: „Dem knochenerweichenden, schleimigen Friedengefeixe aller Pazifisten zum Trotz – alle echte Mannhaftigkeit wurzelt im Krieg!"

[18] LORENZ 1926, S. 21.
[19] KINDLER 1932, S. 43.
[20] Ebda., S. 50.
[21] OELBERMANN 1928.
[22] KINDLER 1932, S. 19 f.
[23] OELBERMANN 1928, S. 192 f.

lorener Unmittelbarkeit des Daseins Nordafrika und andere, entferntere Weltgegenden bereisen.

Oelbermanns Schilderungen der Städte und Menschen, ihrer Gastfreundschaft, ja selbst der persönlichen Kontakte bleiben an der Oberfläche. Er zeichnet ein Bild Marokkos, das als Konglomerat der Lektüre Karl Mays und der Märchen aus Tausendundeiner Nacht unschwer zu erkennen ist. Sie bilden die Quellen seiner Vorstellungswelt, die eine Grunddisposition des Blicks und der Erfahrung schaffen.

„Mit dieser beginnenden Selbständigkeit der Individualität ist dann zugleich treue Freundschaft, Gastfreundschaft, erhabener Edelmut, doch ebenso auch eine unendliche Lust der Rache und das unauslöschliche Gedächtnis eines Hasses verbunden, der sich mit schonungsloser Leidenschaft und völlig gefühlloser Grausamkeit Raum und Befriedigung verschafft."[24]

Diese Äußerung über Charaktermerkmale der Araber entstammt Hegels Ästhetik. Hegel, der weder Marokko noch einen anderen nordafrikanischen Staat je bereist hat und schon gar nicht Fremdenlegionär war, beschreibt hier knapp im Rahmen seiner geschichtsphilosophischen Konstruktion der Entwicklung der Kunst das Bild eines Charakters, den gegensätzliche, dialektische Züge prägen. Die Legionäre, etwa hundert Jahre später und vor Ort, bilden meist nur einen Komplex dieser Charakterzüge nach, in der Regel den letzteren. Doch was sie beschreiben, gehört einem Vorstellungsrepertoire an, das bereits tradiert ist.

Als Vertreter der Kolonialmächte hatten die Legionäre gewiß wenig Interesse an der Erfahrung eines fremden Landes und seiner Bevölkerung, als Autoren trivialer Legionärsromane oder von Erlebnisberichten zeigen sie sich noch weniger daran interessiert, Vorurteile abzubauen. Was Hegel noch dialektisch verband, wird meist polarisiert, die Autoren entscheiden sich für Edelmut oder Grausamkeit. So wäre ein Fortdauern spezifischer Zuweisungen festzustellen, die ein pauschales Bild des Charakters des Arabers entwerfen. Ein Bild, das zudem so eng und undifferenziert gefaßt bleibt, daß den Lesern dieser Schriften die politischen und historischen Dimensionen der Vorgänge, die beschrieben werden, wohl kaum zu Bewußtsein kamen. Indem die Autoren diese Aspekte einfach ausgrenzen, ist es das Ereignis Fremdenlegion, zu dessen gleichsam fiktiven, kulissengleichen Schauplatz Marokko reduziert wird; Marokko, dem dann schon gar keine historische Realität mehr zukommt, die für den Leser noch faßbar werden könnte.

Literatur

Primärliteratur

GHERI, Leopold: In die Falle gegangen. Ein Abenteuer in Marokko. – Leipzig o.J.

GLAUSER, Friedrich: Gourrama. Ein Roman aus der Fremdenlegion. – Zürich 1989.

JÜNGER, Ernst: Afrikanische Spiele. – München 1987.

KINDLER, Christian Heinrich: Unter der Peitsche in Spanisch-Marokko. – Göppingen 1933.

LORENZ, Fritz: Deutsche Frontkämpfer in Marokko. – Berlin, Leipzig 1926.

MÜLLER, Christian: Fünf Jahre Fremdenlegionär in Algier, Marokko und Tunis. – Stuttgart 1911.

OELBERMANN, Robert: Unter Toreros und Fremdenlegionären. Mit deutschen Jungens durch Spanien und Marokko. – Berlin o.J.

PAASCHE, Hans: Fremdenlegionär Kirsch. Eine abenteuerliche Fahrt von Kamerun in den deutschen Schützengraben in den Kriegsjahren 1914/15. – Berlin 1916.

ROSEN, Erwin: In der Fremdenlegion. Erinnerungen und Eindrücke. – Stuttgart 1909.

ROSEN, Erwin: In der Fremdenlegion. Erinnerungen und Eindrücke. Für Jugend und Volk bearbeitet von Nicolaus Henning sen. – Stuttgart 1914.

SEHRING, Franz: Auf den Schlachtfeldern Marokkos. Die Leiden eines Deutschen in der spanischen Fremdenlegion. – Gumbinnen 1925.

SIBER, Carl.: Der Hölle von Marokko entronnen. – Mülhausen (Thüringen) o.J.

WESTPHAL, Fred: Gemarterten-Schreie in die Kulturwelt. Briefe deutscher Söhne aus der Hölle der Fremdenlegion. – Stuttgart 1931.

ZAEPER, Alfred: Unter der Glutsonne Marokkos gegen Abd el Krim. – Leipzig 1932.

Sekundärliteratur

Lexikon der Abenteuer- und Reiseliteratur, Hrsg. v. Friedrich Schegk. – Meitingen 1993.

HORNUNG, Peter: Die Legion. Europas letzte Söldner. – München 1981.

---

[24] Georg Wilhelm Friedrich HEGEL: Vorlesungen über die Ästhetik. – Frankfurt a.M. 1986. Bd. 2, S. 17.

Regina Keil (Heidelberg)

Zur Rezeption marokkanischer Literatur französischer Sprache in Deutschland

Mit 4 Tabellen und 1 Anhang

1. Marokkanische und maghrebinische Literatur: Entstehung und Entwicklung

„Parler de littérature marocaine de langue française avant 1966 ne peut manquer de paraître prétentieux, voire ridicule. Quelques oeuvres et, depuis 1954, un seul romancier, pouvaient-ils permettre de parler de réalité littéraire en français?" (M'hamed ALAOUI ABDALLAOUI)[1]

Es ist schon seltsam: Zehn Jahre nach dem Ende des französischen Protektorats läßt der marokkanische Literaturwissenschaftler M'hamed Alaoui Abdallaoui die Geschichte der franko-marokkanischen Literatur überhaupt erst beginnen. Zu einer Zeit, da sie längst von der Bildfläche hätte verschwunden sein müssen, zusammen mit ihren algerischen und tunesischen Schwestern – so jedenfalls die Prognosen der Spezialisten aus den Fünfzigern. Unter ihnen so prominente Kritiker wie der tunesische Schriftsteller Albert Memmi, der 1957 in seiner soziologischen Programmschrift *Der Kolonisator und der Kolonisierte*[2] die maghrebinische Literatur französischer Sprache als totgeborenen Zwitter ansieht, als illegitimen Sproß einer erzwungenen Verbindung.

Doch eingetreten ist das Gegenteil: trotz aller Skrupel, Komplexe, Arabisierungskampagnen stellt die französischsprachige Literatur des Maghreb unter veränderten Vorzeichen mehr denn je ihre Vitalität unter Beweis: innerhalb von nur vier Jahrzehnten hat sie einen steilen Aufschwung genommen und ist mit über 1000 Titeln und Hunderten von Autoren in der mittlerweile dritten Generation von der internationalen Literaturszene nicht mehr wegzudenken.

Eindrucksvoller als alle Worte: ein kurzer Blick auf die Statistiken des Père Déjeux, des Archivars der maghrebinischen Literatur[3] *(Tab. 1)*. Es springt ins Auge, daß der Löwenanteil Algerien zukommt, das aufgrund der langen Kolonialzeit (1830-1962) als erstes eine autochthone französischsprachige Literatur hervorgebracht hat, die, folkloristisch-ethnographisch gefärbt, sich bis in die zwanziger Jahren zurückverfolgen läßt und ab 1945 zunehmend an Boden gewinnt. Allein zwischen 1945 und 1960 bringt Algerien mehr als 150 Texte hervor, Tunesien etwa 20[4], Marokko – wir sahen es bereits – kaum ein Dutzend. In Algerien gibt es früh eine Fülle von Repräsentanten dieser neuen Literatur, in Tunesien lange Zeit nur Albert Memmi, in Marokko lediglich Séfrioui und Chraïbi ...

Doch ein Jahr, nachdem Malek Haddad in Algerien dem französischsprachigen maghrebinischen Autor die Existenzberechtigung bestreitet und selber verstummt, leitet in Marokko die Gruppe um die Zeitschrift *Souffles* diese Literatur überhaupt erst ein. Und während sich in Algerien in den Sechzigern und Siebzigern eine ganze literarische Richtung in Panegyrik, Befreiungskriegsreminiszenzen und Hymnen auf die Revolution ergeht, wird in Marokko die literarische Avantgarde ausgerufen, die dann ihrerseits wieder nach Algerien und Tunesien ausstrahlt.

Lange Zeit wurde die maghrebinische Literatur französischer Sprache global betrachtet und analysiert – vor dem Hintergrund des gemeinsamen Angehens gegen die französische Okkupation – doch mit wachsendem zeitlichem Abstand von der Entlassung der drei Maghrebstaaten in die Unabhängigkeit verstärken sich auch die Bemühungen, die tunesische, algerische, ma-

---

[1] M'hamed ALAOUI ABDALLAOUI: »La littérature marocaine de langue française: itinéraire d'une dualité«. – In: *Itinéraires et contacts de cultures* 4/5: *Littérature du Maghreb*. – Paris: L'Harmattan 1984, S. 247-266, hier: S. 250.
[2] Übersetzt von Udo RENNERT, Frankfurt: Syndikat 1980; im Original: *Portrait du colonisé précédé du portrait du colonisateur*. – Paris: Buchet-Chastel 1957 und Gallimard 1985, S. 129 f.
[3] Trotz der Überschneidungen mancher Autorennamen in den einzelnen Gruppen und trotz der notorischen Permissivität des Père Déjeux, der das Kriterium literarischer Qualität mitunter recht locker handhabt, sind diese Zahlen literatursoziologisch äußerst aufschlußreich.
[4] vgl. Abderrahmane TENKOUL: »Littérature marocaine d'écriture française: arguments pour une nouvelle réception.« – In: *The Maghreb Review* 9 (3-4), London 1984, S. 73 - 76; hier: S. 75.

Tabelle 1: Maghrebinische Literatur französischer Sprache 1945-1989*⁾

	Romane	Erzählbände	Lyrikbände	Theaterbände	Summe
Algerien	242	63	382	52	739
Marokko	75		122	10	207
Tunesien	58		136	6	200
Summe	361	77	640	68	1146

*⁾ Zusammengestellt nach den Angaben bei Jean Déjeux: *Maghreb. Littératures de langue française.* Paris: Arcantère 1993, S. 47, 61, 67, 79.

Tabelle 2: Maghrebinische Autoren französischer Sprache 1945-1989**⁾

	Romanciers und Novellisten	Lyriker	Dramatiker	Summe
Algerien (1945-1989)	165	219	24	408
Marokko (1949-1989)	35	65	9	109
Tunesien (1953-1989)	43	64	5	112
Summe	243	348	38	629

**⁾ Zusammengestellt nach den Angaben bei Jean Déjeux: *Maghreb. Littératures de langue française.* Paris: Arcantère 1993, S. 449 ff., 495 ff., 529 ff.

rokkanische Literatur aus dem gesamtmaghrebinischen Kontext herauszulösen und in ihrer Spezifizität zu betrachten. In den Achtzigern etwa treten erstmals ausschließlich auf Marokko zentrierte Studien auf[5], es bilden sich Forschungsgruppen, es werden Kongresse an marokkanischen Universitäten abgehalten, es mehren sich die Verlage, die überwiegend oder ausschließlich französischsprachige Literatur publizieren[6].

2. Maghrebinische Literatur französischer Sprache im deutschen Sprachraum

Doch von der verfügbaren Fülle maghrebinischer Literatur, die die Literaturwissenschaftler weltweit in Atem hält, von den Nuancen und Differenzierungen zwischen einzelnen Autoren und Richtungen ist im deutschen Sprachraum vergleichsweise wenig bekannt.

Zwar wurden – die Tabelle 3 zeigt es – seit 1956 immerhin 71 Titel übersetzt, 46 Titel von 25 algerischen Autoren, 17 Titel von 6 marokkanischen Autoren und 8 Titel von 3 tunesischen Autoren.

Doch bei näherer Betrachtung erweist es sich, daß das Interesse an Literatur aus dem Maghreb häufig durch außerliterarische Faktoren gesteuert wird. Seit bald einem Jahrzehnt bin ich nun um die Vermittlung maghrebinischer Literatur französischer Sprache bemüht – und oft stelle ich fest, daß das, was ihren Reiz und ihre Essenz ausmacht, der bisweilen halsbrecherische Balanceakt zwischen zwei Welten, drei Sprachen, vielerlei Kulturen, ignoriert oder nicht verstanden wird, jedenfalls kaum einen Verlag aus der Reserve lockt, solange kein Blut fließt „da unten". Interessant wird es hierzulande, so scheint es, vor allem dann, wenn „hinten in der Türkei" die Köpfe rollen[7]. Die Geschichte der Übersetzung und Rezeption franko-maghrebinischer Literatur in Deutschland demonstriert das ziemlich deutlich, wie schon ein Blick auf die Chronologie beweist (*Tab. 4*).

---

[5] **1981:** Marc GONTARD: *La violence du texte.* – Paris: L'Harmattan, Rabat: SMER; **1985:** Abderrahmane TENKOUL: *Littérature marocaine d'écriture française: Essai d'analyse sémiotique.* – Casablanca: Afrique-Orient 1987; **1987:** Lahcen MOUZOUNI: *Le roman marocain de langue française.* – Paris: Publisud 1990.

[6] Wie zum Beispiel seit 1987 die Editions Eddif in Casablanca.

[7] Wie auch das nach jahrelanger Überredungsarbeit dieser Tage nun erscheinende, den Literaturen des Maghreb gewidmete *Rowohlt Literaturmagazin* (33/1994) eindringlich und nicht zuletzt durch die Wahl seines Arbeitstitels bezeugt: »*Bedrohte Welten. Maghrebinische Literatur unter fundamentalistischem Terror.*«

Tabelle 3: Maghrebinische Autoren französischer Sprache in deutscher Übersetzung 1956-1993

	Neuerscheinungen	Autoren	Lizenzen und Neuauflagen	Autoren
Algerien	46	25	20	9
Marokko	17	6	8	2
Tunesien	8	3	3	1
Summe	71	34	31	12

Tabelle 4: Maghrebinische Literatur französischer Sprache in deutscher Übersetzung: Chronologie

Jahr	Erstveröffentlichung	Lizenzen etc.	Summe	Jahr	Erstveröffentlichung	Lizenzen etc.	Summe
1956	3	2	5	1976	–	–	–
1957	2	–	2	1977	–	–	–
1958	2	–	2	1978	2	1	3
1959	2	1	3	1979	2	–	2
1960	–	–	–	1980	2	–	2
1961	1	–	1	1981	–	–	–
1962	–	2	2	1982	1	1	2
1963	1	–	1	1983	–	1	1
1964	–	–	–	1984	1	–	1
1965	–	–	–	1985	2	1	3
1966	–	–	–	1986	3	–	3
1967	–	1	1	1987	5	1	6
1968	–	1	1	1988	4	–	4
1969	–	–	–	1989	5	3	8
1970	–	–	–	1990	8	3	11
1971	–	–	–	1991	10	4	14
1972	–	–	–	1992	8	4	12
1973	–	–	–	1993	7	5	12
1974	–	–	–	**Summe**	**71**	**31**	**102**
1975	–	–	–				

Die chronologische Aufschlüsselung läßt zwei Publikationsschübe erkennen, die unter dem Eindruck gesellschaftlicher und politischer Konstellationen erfolgten: zunächst in den Fünfzigern, als der Algerienkrieg auch hierzulande Sympathie, Neugier und Solidarität auslöst; und dann erst wieder seit Mitte der Achtziger, mit großer Wahrscheinlichkeit befördert durch para- und periliterarische Ereignisse – Krisen und Kriege, Skandale und Preise. Allein 50 Titel wurden ab 1986 übersetzt. Der Nobelpreis für Naguib Machfudh (1988) und der Prix Goncourt für Tahar Ben Jelloun (1987), die Salman-Rushdie-Affäre (1989), Betty Mahmoody und der Golfkrieg: sie haben das ihre dazu getan. Während die eigentliche literarische Revolution, in Marokko von Abdellatif Laâbi und der Gruppe um die Zeitschrift *Souffles* (1966-1972) initiiert, von Khaïr-Eddine, Nissaboury, Khatibi etc., bis heute nicht so recht zu uns durchgedrungen ist. In dieser Zeit, zwischen 1964 und 1977, war im deutschsprachigen Bereich gewissermaßen Sendepause: die verfügbaren Kapazitäten schienen mit der – ohnehin verspäteten – Rezeption des lateinamerikanischen *boom* voll ausgelastet[8].

---

[8] Cf. Marion HÖFS-KAHL: *Zur Rezeption der lateinamerikanischen Literatur in der Bundesrepublik Deutschland.* – Frankfurt/Main: Haag + Herchen 1990.

3. Marokkanische Literatur französischer Sprache in deutscher Übersetzung: Mechanismen und Motivationen der Rezeption

Was heißt das nun speziell und ganz konkret für die Literatur Marokkos? Zunächst setzt ihre Rezeption im deutschen Sprachraum mit eben der Verspätung ein, mit der sie selber – im Vergleich zu Algerien – sich konstituiert hat. Aus der ersten Phase (1956-1963), die weitgehend parallel die bedeutendsten Werke der neu entstehenden maghrebinischen Literatur französischer Sprache im deutschen Sprachraum rezipiert, fällt sie völlig heraus: zehn der elf übersetzten Titel stammen von algerischen Autoren, ein Titel aus Tunesien[9] – während Driss Chraïbi, einziger marokkanischer Vertreter dieser sogenannten »Generation von 1952« – und bis auf den heutigen Tag fruchtbarster Autor Marokkos – mit seinem furiosen Skandalerfolg *Le passé simple* (1954) bis heute kein Echo in Deutschland findet: lediglich eine Kurzgeschichte von ihm wird 1962 in einer Schweizer Anthologie abgedruckt[10].

Zwischen 1978 und 1984 setzt mit acht Titeln und drei Lizenzausgaben eine zaghafte Wiederbelebung ein, an der die marokkanische Literatur durch Ben Jelloun (1979) und Chraïbi (1982/83) mit zwei Titeln partizipiert, von denen einer – Chraïbis zärtlich-humorvolle Utopie einer weiblichen Emanzipation: *Diese Zivilisation, Mutter!* – charakteristischerweise gleich dreimal verlegt wird.

Ein Schicksal, das Chraïbi mit Ben Jelloun teilen wird, wie der folgende chronologische Überblick belegt, der die Wanderung der Werke durch die Verlage reflektiert[11]:

TAHAR BEN JELLOUN
Die Mandelbäume sind verblutet. Lyrik und Prosa.
(Les amandiers sont morts de leurs blessures. Paris: Maspero 1976)
1979 Aufbau (Weimar/Berlin).

Harrouda.
(Harrouda. Paris: Denoël 1973)
1985 Rütten & Loening (Berlin).
1990 Rotbuch (Berlin).
1993 Rowohlt (Reinbek bei Hamburg).

Die tiefste der Einsamkeiten.
(La plus profonde des solitudes. Paris: Seuil 1977)
1986 Stroemfeld/Roter Stern (Basel/Frankfurt).
1989 Rowohlt (Reinbek bei Hamburg).

Sohn ihres Vaters.
(L'Enfant de sable. Paris: Seuil 1985)
1986 Rotbuch (Berlin).
1989 Rowohlt (Reinbek bei Hamburg).

Der öffentliche Schreiber.
(L'écrivain public. Paris: Seuil 1983)
1987 Rütten & Loening (Berlin).

Die Nacht der Unschuld.
(La nuit sacrée. Paris: Seuil 1987)
1988 Rotbuch (Berlin).
1991 Rowohlt (Reinbek bei Hamburg).

Der Gedächtnisbaum.
(Moha le fou, Moha le sage. Paris: Seuil 1978)
1989 Rotbuch (Berlin).
1992 Rowohlt (Reinbek bei Hamburg).

Das Gebet an den Abwesenden.
(La prière de l'absent. Paris: Seuil 1981)
1990 Rütten & Loening (Berlin).

Tag der Stille in Tanger.
(Jour de silence à Tanger. Paris: Seuil 1990)
1991 Rowohlt (Reinbek bei Hamburg).

Mit gesenktem Blick.
(Les yeux baissés. Paris: Seuil 1991)
1992 Rowohlt (Reinbek bei Hamburg).

DRISS CHRAIBI
Diese Zivilisation, Mutter!
(La civilisation, ma mère!... Paris: Denoël 1972)
1982 Reclam (Leipzig)
1982 Union (Zürich) (unter dem Titel: *Die Zivilisation, Mutter!*)
1983 Union (Zürich) [Taschenbuchausgabe]

Ermittlungen im Landesinnern.
(Une enquête au pays. Paris: Seuil 1981)
1992 Lenos (Basel)

[*Die Sündenböcke.*
(Les boucs. Paris: Denoël 1955)
1994 Kinzelbach (Mainz).]

LEILA HOUARI
Zeïda.
(Zeïda de nulle part. Paris: L'Harmattan 1985)
1987 Orlanda Frauenverlag (Berlin).

ABDELHAK SERHANE
Messauda.
(Messaouda. Paris: Seuil 1983)
1987 Edition Orient (Berlin).

Kinder der engen Gassen.
(Les enfants des rues étroites. Paris: Seuil 1986)
1988 Edition Orient (Berlin).

[*Die Sonne der Finsteren.*
(Le soleil des obscurs. Paris: Seuil 1992)
1995 Kinzelbach (Mainz).]

---

[9] Und zwar die Trilogien von **Mohammed DIB** [1956 *Das große Haus* (La grande maison, 1952) und *Der Brand* (L'incendie, 1954), 1959 *Der Webstuhl* (Le métier à tisser, 1957)] und von **Mouloud FERAOUN** [1956 *Die Heimkehr des Amer-U-Kaci* (La Terre et le sang, 1953), 1957 *Der Sohn des Armen* (Le fils du pauvre, 1954), 1958 *Die Wege hügelan* (Les chemins qui montent, 1957)]; 1957 **Mouloud MAMMERI** mit *Verlorener Hügel* (La Colline oubliée 1952); 1958 **Kateb YACINE** mit *Nedschma* (Nedjma, 1956); 1959 **Assia DJEBAR** mit *Die Ungeduldigen* (Les impatients, 1958); 1961 **Malek HADDAD** mit *Die Brücken tanzen* (La dernière impression, 1958) und 1963 als erster Tunesier **Albert MEMMI** mit *Die Salzsäule* (La Statue de sel, 1953).

[10] »Vier Koffer« (»Quatre malles«, aus: *De tous les horizons*, 1958). In: François BONDY (Hg.): *Das Sandkorn und andere Erzählungen aus Nordafrika*. Zürich: Diogenes 1962.

[11] Die folgende Übersicht beschränkt sich auf Monographien. Veröffentlichungen in Anthologien und Zeitschriften sind im Anhang mit aufgeführt.

ABDELLATIF LAABI
Kerkermeere.
(Le chemin des ordalies. Paris: Denoël 1982)
1990 Lenos (Basel).

MOHAMMED KHAIR-EDDINE
Agadir.
(Agadir. Paris: Seuil 1967)
1992 Kinzelbach (Mainz).

Vor dem Hintergrund der gesamtmarokkanischen Literaturproduktion in französischer Sprache erscheint das obige Bild wenig repräsentativ: lediglich Serhane und zumal Ben Jelloun sind angemessen vertreten. Das Oeuvre von Chraïbi und Edmond Amran el Maleh, von Laâbi, Khaïr-Eddine und Khatibi – letzteres Autoren, deren Werk im Umkreis der Zeitschrift *Souffles* wurzelt und den »Palimpsest«-Charakter maghrebinischer Literatur, das Phänomen der *bilangue* (Khatibi), der *interlangue* (Bounfour), des kreativen Verschränkens araboberberischer und französischer Sprach- und Kulturcodes in Theorie und Praxis besonders eindrucksvoll zum Ausdruck bringt – ist demgegenüber absolut unterrepräsentiert[12].

Das mag zu tun haben mit den (vermeintlichen) Erwartungshaltungen der Leserschaft hierzulande, die den Maghreb offenbar weniger als Terrain für literarische Entdeckungsreisen ansieht denn als Projektionsfläche für Klischees und Vorurteile: Orientalismus-Kitsch und Dritte-Welt-Misere, das grimmige Antlitz des Islam und die Unterdrückung der muslimischen Frau. Als Tummelplatz für Evasionsbedürfnisse und als Brennpunkt von Furcht, Faszination und Anteilnahme, Mitleid, Neugier und Solidarität ...[13].

... Und es spiegelt sich wider in der Topographie der hiesigen Verlagslandschaft, auf die sich die Literatur aus dem Maghreb verteilt, und die ihr offenbar nur die Wahl zwischen Marginalität und Kommerz läßt: 10 der 11 Verlage, die sich in die 17 Titel teilen, lassen sich den sechs für die Rezeption maghrebinischer Literatur typischen Kategorien zuordnen: engagierte Verlage aus der DDR bzw. der ehemaligen DDR (*Aufbau, Reclam, Rütten & Loening*) stehen neben Verlagen mit linken Sympathien (*Rotbuch, Stroemfeld/Roter Stern*), die sich für Literatur aus dem Maghreb wie für Drittweltliteratur allgemein stark machen. Daneben Verlage aus der – traditionell mehrsprachigen, kulturell nicht so verkapselten – Schweiz wie *Lenos* und *Union*, freilich auch wieder mit den Schwerpunkten »Arabische Literatur« und »Dritte Welt«. Eindeutig geographisch orientiert auch Kleinverlage wie *Edition Orient* und der literarisch ambitionierte, idealistisch geprägte Verlag *Donata Kinzelbach*, der sich ausschließlich der Literatur des Maghreb verschrieben hat. Und daneben immer wieder einschlägige Verlage für Frauenliteratur: zum Beispiel *Orlanda Frauenverlag*.

Ein durchaus repräsentatives Bild: zieht man die restlichen 54 tunesischen und algerischen Titel mit heran, so wächst die Zahl der deutschsprachigen Verlage zwar auf 34, doch die Kategorien bleiben dieselben[14]. Erst zweimal hat sich ein großer, angesehener Literaturverlag an Literatur aus dem Maghreb herangewagt: bereits 1958 der renommierte *Suhrkamp*-Verlag mit dem Klassiker *Nedjma* von Kateb Yacine. Doch Verkaufsquoten und Feuilletonecho blieben hinter den Erwartungen zurück – nicht zuletzt vermutlich infolge der lückenhaften »literarischen Sozialisation« (Kinzelbach) der Feuilletonchefs, die in der Regel germanistisch vorgeprägt sind – und so stellte *Suhrkamp* seine Bemühungen um den Maghreb bald ein.

Erst drei Jahrzehnte später wagt sich wieder ein Riese an den Maghreb heran, und da ist das Terrain bereits ein Jahrzehnt lang von den Kleinverlagen gut vorbereitet: von *Aufbau* (1979), *Rütten & Loening* (1985, 1987, 1990), *Stroemfeld/Roter Stern* (1986) und *Rotbuch* (1986, 1988, 1889, 1990) hochgepäppelt, landet Tahar Ben Jelloun, der 1987 den begehrten Prix Goncourt erhält und sich damit als relativ sichere Investition erweist, 1989 schließlich bei *Rowohlt*. Mit der Übernahme der Lizenzen zweier erfolgreicher Titel steigt der Verlag ins risikolose Geschäft ein: *Die tiefste der Einsamkeiten* – ein Sexualreport zur Misere der maghrebinischen Gastarbeiter in Frankreich[15] – und *Sohn ihres Vaters*. Es folgen, wiederum in Lizenz, 1991 *Nacht der Unschuld*, der Goncourt-gekrönte Roman, sodann die beiden Klassiker aus Ben Jellouns von *Souffles* inspirierter Frühzeit: 1992 *Der Gedächtnisbaum* (*Moha le fou, Moha le sage*, 1978), 1993 *Harrouda* (*Harrouda*, 1973); danach dann direkt in deutscher Erstausgabe die jeweils aktuellen Werke: 1991 *Tag der Stille in Tanger*, 1992 *Mit gesenktem Blick*. Doch seitdem ist nichts mehr nachgefolgt: der Paradigmenwechsel, den Ben Jelloun wenig später mit einem Lyrikband zu Palästina (1991) und einem italienischen Mafiaroman (1992) vollzogen hat, scheint hiesigen Erwartungshaltungen zuwiderzulaufen – handelt es sich doch, wie Mohammed Dib, der Doyen unter den Autoren des Maghreb, der seine eigenen Romane schon mal in Finnland ansiedelt, zynisch vermerkt, um alles andere als einen dieser »*tajines bien de chez eux*«[16]...

Ein Eindruck, der durch die Reihentitel noch verstärkt wird, durch die viele Verlage den Büchern einen neuen, bundesrepublikanischen Kontext geben. Ganz selten sind rein literarische Reihen wie zum Beispiel die »Edition Neue Texte« (Aufbau-Verlag 1979: *Die Mandelbäume sind verblutet*); typische Reihentitel sind demgegenüber »Dialog Dritte Welt« (Unionsverlag 1982: *Die Zivilisation, Mutter*), »Studienreihe Interna-

---

[12] Vgl. die Liste im Anhang.
[13] Vergleich auch die Klage der engagierten Verlegerin Donata Kinzelbach im *Arabischen Almanach* 94 (Bonn: Frank & Frei 1993), S. 36-37, über »Eurozentrismus und Ethno-Kitsch«.
[14] Vgl. Regina KEIL: »>Finalement l'Algérie devenait commerciale même sur le plan littéraire ...< Mécanismes et motivations de réception de la littérature maghrébine d'expression française en Allemagne«. Actes du Colloque *Littérature maghrébine et contexte mondial*, 14-15-16 octobre 1993 à Heidelberg (= *Itinéraires et contacts de cultures* 18 (1994). – Paris: L'Harmattan, S. 35-47).
[15] 1986 auf Empfehlung des Deutschen Jugendinstituts publiziert und vom deutschen Erstverleger Stroemfeld/Roter Stern dank des Pornographievorwurfs von seiten des bayerischen Innenministeriums äußerst erfolgreich verkauft ...
[16] In: *Ruptures* 6, 16.-22.2.1993, Algier.

tionale Texte zu Problemen von Emigration« (Stroemfeld/Roter Stern 1986: *Die tiefste der Einsamkeiten*), oder auch geographische Demarkationslinien wie »Arabische Literatur im Lenos-Verlag« (1982 *Kerkermeere*). Insgesamt ist die bisherige ins Deutsche übersetzte franko-marokkanische Literatur davon freilich weniger stark tangiert als das untersuchte Gesamtkorpus, d. h. zumal die algerische Literatur in deutscher Übersetzung.

Eine Folgeerscheinung dieser »Entliterarisierung« maghrebinischer Literatur im deutschen Sprachraum ist es, daß die großen, wichtigen Feuilletons ihr nur selten das Interesse entgegenbringen, das sie verdient – und wenn doch, dann tun sie sich häufig schwer damit, wie folgende Stimme aus dem Feuilleton der angesehenen *Süddeutschen Zeitung* beweisen mag[17]:

„Wer Tahar Ben Jellouns »Sohn ihres Vaters« (1986) gelesen, wer dem Marokkaner, der sich in die Großstadt Paris vor der brutalen Energie seines Heimatlandes zurückgezogen hat, in »Die Nacht der Unschuld« (1988) gefolgt ist, mit dem weisen Narren Moha den »Gedächtnisbaum« (1989) besetzt hat [...], muß vom Frühwerk »Harrouda« (bereits 1973 in Frankreich erschienen) enttäuscht sein." (Verena AUFFERMANN, *Süddeutsche Zeitung*, Nr. 207, 8./9. September 1990, S. IV)

In das gleiche Horn stößt die *Frankfurter Allgemeine Zeitung*, die die Verhunzung eines an und für sich „virtuosen Textes" durch den „Schwadroneur" Ben Jelloun beklagt, der „über die Erzählung eine zähe Soße aus gedörrten Lesefrüchten [ergießt], verrührt mit einem Extrakt aus Lacan und Foucault" (Heinrich DETERING: »Das Beben am Leib der Sprache« in der *Frankfurter Allgemeinen Zeitung*, Nr. 294, 18. Dezember 1990, S. 28).

Wenn es einem Autor oder einem Werk doch einmal gelingt, sich das Lob eines deutschen Cheffeuilletonisten zuzuziehen, dann sind es häufig weniger die dem Werk inhärenten literarischen Meriten als zufällige Koinzidenzen mit aktuellen bundesrepublikanischen Zeitströmungen und Zeitgeistmoden, die das Werk in den Wahrnehmungshorizont des Rezensenten katapultieren und es erlauben, das Fremde in vertraute Kategorien einzusortieren und sich so einen vermeintlichen Zugang zu schaffen: 1989 beispielsweise begrüßt DIE ZEIT Ben Jellouns *Gedächtnisbaum* im Modejargon als „Märchen eines Multikulturellen" (13. Oktober 1989, S. 10), und 1992 macht Mohammed Khaïr-Eddines Erdbebenroman *Agadir*, 1967 verfaßt und als einer der schwierigsten Texte überhaupt geltend, überraschend Furore, da von Bodo Kirchhoff, einem deutschen Modeschriftsteller, in der ZEIT enthusiastisch besprochen und in den aktuellen Kriegs- und Katastrophenkontext integriert: „Über Mohammed Khaïr-Eddines Roman *Agadir*, der auch heißen könnte: Pompeji, Dresden, Sarajevo." (Nr. 49 vom 27. November 1992, S. 68).

4. Abschließende Bemerkungen

Nicht zur Sprache kommen konnten in den obigen Ausführungen die nichtfranzösischen bzw. nichtfiktionalen Erzeugnisse marokkanischer Autorinnen und Autoren. Ich möchte mir jedoch den Hinweis erlauben, daß sich die Bücher der Soziologieprofessorin Fatima Mernissi zur Stellung der Frau im Islam[18] sowie die der Tradition der *oral history* wie dem pikaresken Erzählen verpflichteten Texte der »écrivains de Tanger«, der von Paul Bowles entdeckten Autodidakten und Analphabeten Charhadi, M'rabet, Choukri, von der Kritik auch unter dem Namen der »littérature de pauvreté« (Mouzouni) zusammengefaßt, hierzulande großer Beliebtheit erfreuen: bislang wurden – aus dem Englischen oder Arabischen – 9 Titel von ihnen ins Deutsche übersetzt: „Willkommen, Mohamed Choukri – »Merhaba!«" war seinerzeit die begeisterte Reaktion in der ZEIT (Nr. 14, 27. März 1987). Eine vergleichende Analyse der Rezeptionsmodalitäten beider Literaturen wäre mit Sicherheit aufschlußreich.

*

Es gibt trotz allem auch behutsame Stimmen, weniger selbstgewisse Meinungen, und häufig findet man sie in den Feuilletons der Peripherie – dort, wo es offenbar mehr Berührungspunkte mit der Außen- und Anderwelt gibt als im Zentrum. Deshalb möchte ich meine Ausführungen schließen mit einem Zitat aus der *Badischen Zeitung*, einer Stimme zu Tahar Ben Jelloun, von der *Der Gedächtnisbaum* eingestuft wird als ...

[...] „ein bemerkenswertes literarisches Experiment. [...] Zeugnis einer Literatur, die in Europa erst zögernd wahrgenommen wird. Die Begegnung mit den wenigen ins Deutsche übersetzten marokkanischen Autoren ist lohnend genug." (*Badische Zeitung*, Nr. 92 vom 21./22. April 1990, S. 4)

Dem ist nichts hinzuzufügen.

---

[17] Eine detaillierte Analyse des Presseechos der marokkanischen wie der maghrebinischen Literatur im deutschen Sprachraum ist in Vorbereitung.

[18] Vier Titel liegen bislang in deutscher Übersetzung vor: *Geschlecht, Ideologie, Islam*, München: Kunstmann 1987 (*Sexe, Idéologie, Islam*. Paris: Tierce 1983); *Der Harem ist nicht die Welt* (Neuwied ³1989) (*Le Maroc raconté par les femmes*, Rabat: SMER 1983); *Der politische Harem. Mohammed und die Frauen*. Frankfurt: Dagyeli 1989 (*Le harem politique – Le Prophète et les femmes*. Paris: Albin Michel 1987); *Die Sultanin. Die Macht der Frauen im Islam*. Frankfurt: Luchterhand 1991 (*Sultanes oubliées*. Casablanca: Le Fennec/Paris: Albin Michel 1990).

Anhang: Marokkanische Literatur der Gegenwart (in Auswahl)

Tahar Ben Jelloun (*1944):
- *Hommes sous linceul de silence*. Casablanca: Atlantes 1971. Gedichte
- *Cicatrices du soleil*. Paris: Maspero 1972. Gedichte
- *Harrouda*. Paris: Denoël 1973. Roman
- *Le discours du chameau*. Paris: Maspero 1974. Gedicht
- *Grains de peau. Asilah... mémoire d'enfance*. Photos und Gedichte. Casablanca: Shoof 1974
- *Les amandiers sont morts de leurs blessures*. Paris: Maspero 1976. Prosa und Gedichte
- *La réclusion solitaire*. Paris: Denoël 1976. Roman
- *La mémoire future*. Paris: Maspero 1976. Anthologie neuer marokkanischer Dichtung, eingeleitet von TBJ
- *La plus haute des solitudes*. Paris: Seuil 1977. Essay
- *Moha le fou, Moha le sage*. Paris: Seuil 1978. Roman
- *A l'insu du souvenir*. Paris: Maspero 1980. Gedichte
- *La prière de l'absent*. Paris: Seuil 1981. Roman
- *Haut Atlas. L'Exil de pierres*. Paris: Chêne-Hachette 1982. Photos und Texte
- *L'écrivain public*. Paris: Seuil 1983. Roman
- *Hospitalité française*. Paris: Seuil 1984. Essay
- *La fiancée de l'eau*. Arles: Actes Sud 1984. Theater
- *L'enfant de sable*. Paris: Seuil 1985. Roman
- *La nuit sacrée*. Paris: Seuil 1987. Roman (Prix Goncourt 1987)
- *Jour de silence à Tanger*. Paris: Seuil 1990. Erzählung
- *Les yeux baissés*. Paris: Seuil 1991. Roman (Prix de littérature francophone *Hémisphères*, April 1991)
- *La remontée des cendres*. Suivi de: *Non identifiés*. Paris: Seuil 1991. Gedichte, zus. mit Jihad Kadhim (arab. Version)
- *L'ange aveugle*. Paris: Seuil 1992 (gleichzeitig ital. Version: *Dove lo Stato non c'è*, zus. mit Egi Volterani)
- *L'homme rompu*. Paris: Seuil 1993. Roman

Davon in deutscher Übersetzung:
1979: *Die Mandelbäume sind verblutet*. Übersetzt von Helmut T. Heinrich. Ostberlin/Weimar: Aufbau
1985: *Harrouda*. Übersetzt von Horst Lothar Teweleit. Berlin: Rütten & Loening (Neuauflagen 1990: Rotbuch, 1993: Rowohlt)
1986: *Die tiefste der Einsamkeiten – Das emotionale und sexuelle Elend der nordafrikanischen Immigranten*. Übersetzt von Dorothe Schnyder. Basel/Frankfurt: Stroemfeld/Roter Stern (Neuauflage: Reinbek bei Hamburg: Rowohlt 1989)
1986: *Sohn ihres Vaters* (Originaltitel: *L'Enfant de Sable*). Übersetzt von Christiane Kayser. Berlin: Rotbuch (Neuauflage 1989: Rowohlt)
1987: *Der öffentliche Schreiber*. Übersetzt von Horst Lothar Teweleit. Berlin: Rütten & Loening
1988: *Die Nacht der Unschuld* (Originaltitel: *La nuit sacrée*.) Übersetzt von Eva Moldenhauer. Berlin: Rotbuch (Neuauflage 1991: Rowohlt)
1989: *Der Gedächtnisbaum* (Originaltitel: *Moha le fou, Moha le sage*) Übersetzt von Christiane Kayser. Berlin: Rotbuch (Neuauflage 1992: Rowohlt)
1990: *Das Gebet an den Abwesenden*. Übersetzt von Horst Lothar Teweleit. Berlin: Rütten & Loening
1991: *Tag der Stille in Tanger*. Übersetzt von Uli Aumüller. Reinbek: Rowohlt.
1992: *Mit gesenktem Blick*. Übersetzt von Uli Aumüller. Reinbek: Rowohlt.

Driss Chraïbi (*1926):
- *Le passé simple*. Paris: Denoël 1954. Roman
- *Les boucs*. Paris: Denoël 1955. Roman
- *L'âne*. Paris: Denoël 1956. Roman
- *La foule*. Paris: Denoël 1961. Roman
- *De tous les horizons*. Paris: Denoël 1958. Erzählungen
- *Succession ouverte*. Paris: Denoël 1962. Roman
- *Un ami viendra vous voir*. Paris: Denoël 1967. Roman
- *La civilisation, ma mère!...* Paris: Denoël 1972. Roman
- *Mort au Canada*. Paris: Denoël 1975. Roman
- *Une enquête au pays*. Paris: Seuil 1981. Roman
- *La mère du printemps*. Paris: Denoël 1982. Roman
- *Naissance à l'aube*. Paris: Seuil 1986. Roman
- *L'inspecteur Ali*. Paris: Denoël 1991 (Gallimard 1993). Roman
- *Une place au soleil*. Paris: Denoël 1993

Davon in deutscher Übersetzung:
1962: »Vier Koffer«. (»Quatre malles«, aus: *De tous les horizons*.) In: François Bondy (Hg.): *Das Sandkorn und andere Erzählungen aus Nordafrika*. Zürich: Diogenes (Neuauflage 1980)
1982: *Die Zivilisation, Mutter!* Übersetzt von Helgard Rost, Leipzig: Reclam. Als leicht veränderte Lizenzausgabe auch noch: *Die Zivilisation, Mutter!* Zürich: Union 1982 (Taschenbuchausgabe 1983)
1989: »Der Orient vergangener Zeiten« (»L'Orient des temps passés«, aus: *De tous les horizons*), übersetzt von Martina Hasse. In: Regina Keil (Hg.): *Hanîn – Prosa aus dem Maghreb*. Heidelberg: Wunderhorn
1989: »Ein Haus am Meer« (»Une maison au bord de la mer«, aus: *De tous les horizons*), übersetzt von Ellen Althaus. In: Regina Keil (Hg.): *Hanîn – Prosa aus dem Maghreb*. Heidelberg: Wunderhorn
1992: *Ermittlungen im Landesinnern*. Übersetzt von Angela Tschorsnig. Basel: Lenos
[1994: *Die Sündenböcke*. Übersetzt von Stephan Egghart. Mainz: Kinzelbach]

Leïla Houari (*1958)
- *Zeïda de nulle part*. Paris: L'Harmattan 1985. Roman (*Prix Laurence Tran* 1985)
- *Les cases basses*. Paris: L'Harmattan 1993. Theater

Davon in deutscher Übersetzung:
1987: *Zeïda*. Übersetzt von Annette Lallemand. Berlin: Orlanda Frauenverlag

Salim Jay (*1951):
- *Portrait du géniteur en poète officiel*. Paris: Denoël 1985. Roman
- *L'oiseau vit de sa plume*. Essai d'autobiographie alimentaire. Paris: Belfond 1989
- *Les écrivains sont dans leur assiette*. Paris: Seuil 1991. Essay.

Davon in deutscher Übersetzung:
1989: »Der Vogel lebt von seiner Feder« (Auszug aus *L'oiseau...*), übersetzt von Stephan Egghart. In: Regina Keil (Hg.): *Hanîn – Prosa aus dem Maghreb*. Heidelberg: Wunderhorn

Mohammed Khair-Eddine (*1941):
- *Nausée noire*. London: Siècle à mains 1964. Gedicht
- *Faune détériorée*. Bram: Encres vives 1966. Gedicht
- *Agadir*. Paris: Seuil 1967. Roman
- *Corps négatif suivi de Histoire d'un Bon Dieu*. Paris: Seuil 1968. Roman
- *Soleil arachnide*. Paris: Seuil 1969. Gedichte
- *Moi l'aigre*. Paris: Seuil 1970. Dramatischer Monolog
- *Le déterreur*. Paris: Seuil 1973. Roman
- *Ce Maroc!* Paris: Seuil 1975. Gedichte
- *Une odeur de mantèque*. Paris: Seuil 1976. Roman
- *Une vie, un rêve, un peuple, toujours errants*. Paris: Seuil 1978. Roman
- *Résurrection des fleurs sauvages*. Paris: Stouky 1981. Gedichte
- *Légende et vie d'Agoun'chich*. Paris: Seuil 1984. Roman
- *Mémorial*. Paris: Cherche-Midi 1991. Gedichte

Davon in deutscher Übersetzung:
1989: »Ein Leben, ein Traum, ein Volk, in der Irre« (Auszug aus *Une vie, un rêve...*), übersetzt von Steffen Heieck. In: Regina Keil (Hg.): *Hanîn – Pro-sa aus dem Maghreb*. Heidelberg: Wunderhorn
1992: *Agadir*. Übersetzt von Steffen Heieck. Mainz: Kinzelbach

Abdelkebir Khatibi (*1938):
- *La mémoire tatouée*. Paris: Denoël 1971. Autobiographie
- *La blessure du nom propre*. Paris: Denoël 1974. Essay/Pamphlet
- *Vomito blanco (Le sionisme et la conscience malheureuse)*. Paris: Collection 10/18, 1974

- *Le lutteur de classe à la manière taoiste*. Paris: Sindbad 1976. Aphorismen/ Poesie
- *Le prophète voilé*. Paris: Harmattan 1979. Theater
- *Le livre du sang*. Paris: Gallimard 1979. Roman
- *De la mille et troisième nuit*. Rabat: SMER 1980
- *Amour bilingue*. Montpellier: Fata Morgana 1983. Erzählung
- *Le même livre*. (Zus. mit Jacques Hassoun). Paris: Editions de l'Eclat 1985
- *Par-dessus l'épaule*. Paris: Aubier 1988
- *Un été à Stockholm*. Paris 1990

Davon in deutscher Übersetzung:
1989: »Zweisprachige Liebe« (Auszug aus *Amour bilingue*), übersetzt von Steffen Heieck). In: Regina Keil (Hg.): *Hanîn – Prosa aus dem Maghreb*. Heidelberg: Wunderhorn

Abdellatif Laâbi (*1942):
- »Race«. In *Souffles*. Rabat: Atlantes 1967. Gedicht
- *L'oeuil et la nuit*. Casablanca: Atlantes 1969. Roman-Itinéraire
- *L'arbre de fer fleurit*. Paris: Oswald 1974. Gedichte
- *Le règne de Barbarie*. Paris: Inéditions Barbare 1976 / Seuil 1980. Gedichte
- *Chroniques de la citadelle d'exil*. Paris: Inéditions Barbare 1978. Briefe und Gedichte aus dem Gefängnis, 1972-1977
- *Histoire des sept crucifiés de l'espoir*, suivi de *Oraisons marquées au fer rouge*. Roissy-en-Brie: La Table rase 1980. Récit-poème
- *Sous le bâillon, le poème*, écrits de prison (1972-1980). Paris: L'Harmattan 1981. Gedichte
- *Le chemin des ordalies*. Paris: Denoël 1982. Erzählung
- *La brûlure des interrogations*. Entretiens réalisés par Jacques Alessandra. Paris: L'Harmattan 1985. Interview-Essay
- *Le baptême chacaliste*. Paris: L'Harmattan 1987. Theaterstück
- *L'écorché vif: prosoèmes*. Paris: L'Harmattan 1987. Prosa-Gedichte
- *Les rides du lion*. Paris: Messidor 1989. Roman
- *Tous les déchirements*. Paris: Messidor 1990. Gedichte
- *Le soleil se meurt*. Paris: Editions Différence 1992. Gedichte

Davon in deutscher Übersetzung:
1989: »Berichte aus der Festung des Exils« (»Chroniques de la Citadelle d'Exil« (1976), entnommen aus: »Littérature marocaine«, *Europe* 602/603 (1979), übersetzt von Christiane Weber). In: Regina Keil (Hg.): *Hanîn – Prosa aus dem Maghreb*. Heidelberg: Wunderhorn
1990: *Kerkermeere. Bericht aus Marokko* (Originaltitel: *Le chemin des ordalies*.). Übersetzt von Giò Waeckerlin-Induni. Basel: Lenos.
1993: »Die Liebe allein« (»Seul l'amour«, Auszug aus *Le Soleil se meurt*), übersetzt von Michael Heller. In: *Cahier d'Etudes Maghrébines* Nr. 5, Köln 1993, S. 106-128.

Edmond Amran El Maleh (*1917):
- *Parcours immobile*. Paris: Maspero 1980. Erzählung
- *Aïlen ou La nuit du récit*. Paris: Maspero/La Découverte 1983. Roman
- *Mille ans un jour*. Grenoble: La Pensée sauvage 1986. Roman
- *Jean Genet: Le captif amoureux*. Grenoble: La Pensée sauvage/Casablanca: Toubkal 1988. Essays
- *Le retour d'Abou el Haki*. Grenoble: La Pensée sauvage 1990
- *L'Oeil et la main: Khalil el-Ghrib*. Paris: La pensée sauvage 1993. Kunstkritik

Mostafa Nissaboury (*1943):
- *Plus haute mémoire*. Rabat, »Souffles«, Atlantes 1968
- *La mille et deuxième nuit*. Casablanca: Shoof 1975. Gedichte

Ahmed Séfrioui (*1915):
- *Le chapelet d'ambre*. Paris: Julliard 1949/ Seuil 1964. Erzählungen
- *La boîte à merveilles*. Paris: Seuil 1954. Roman
- *La maison de servitude*. Algier: SNED 1973. Roman

Davon in deutscher Übersetzung:
1989: »*Vom Armen, der zum König wurde*« (»*Le Pauvre devenu roi*«, aus: *Le chapelet d'ambre*), übersetzt von Martina Hasse. In: Regina Keil (Hg.): *Hanîn – Prosa aus dem Maghreb*. Heidelberg: Wunderhorn
1989: »*Der Säbel meines Bruders*« (»*Le sabre de mon frère*«, aus: *Le chapelet d'ambre*), übersetzt von Martina Hasse. In: Regina Keil (Hg.): *Hanîn – Prosa aus dem Maghreb*. Heidelberg: Wunderhorn

Abdelhak Serhane (*1950):
- *Messaouda*. Paris: Seuil 1983. Roman
- *Les enfants des rues étroites*. Paris: Seuil 1986. Roman
- *Le Soleil des obscurs*. Paris: Seuil 1992. Roman
- *Chant d'Ortie*. Paris: L'Harmattan 1993. Gedichte

Davon in deutscher Übersetzung:
1987: *Messauda*. Übersetzt von Uli Wittmann. Berlin: Edition Orient
1988: *Kinder der engen Gassen*. Übersetzt von Barbara Rosenvold. Berlin: Edition Orient
1989: »*Marokko – Die Farben seiner Gegenwart*« (»*Le Maroc aux couleurs de son temps*«), übersetzt von Stephan Egghart. In: Regina Keil (Hg.): *Hanîn – Prosa aus dem Maghreb*. Heidelberg: Wunderhorn
[1995: *Die Sonne der Finsteren*. Mainz: Kinzelbach]

Driss Ben Hamed Charhadi (Pseudonym von Larbi Layachi; *1937):
- *Une vie pleine de trous*. Paris: Gallimard 1965 (nach der englischen Transkription von Paul Bowles: *A Life Full of Holes*, 1964, von Céline Zins ins Französische übersetzt)

In deutscher Übersetzung:
1985: *Ein Leben voller Fallgruben*. Deutsch von Anne Ruth Strauss nach der englischen Übertragung von Paul Bowles. Nördlingen: Greno; 1967 bereits als *Schuldlos schuldig* erschienen bei Luchterhand (Neuwied/Berlin)

Mohamed Choukri (*1935):
- *Le pain nu*. Aus dem Arab. üs. von Tahar Ben Jelloun. Paris: Maspero 1980
- *Jean Genet et Tennessee Williams à Tanger*. Paris: Quai Voltaire 1992
- *Le fou des roses*. Paris: La Découverte 1992 (aus dem Arab. von Mohamed El Ghoulabzouri, Originaltitel: *Madjnûn al-ward*, Beyrouth 1978, Casablanca 1985). Erzählungen

In deutscher Übersetzung:
1986: *Das nackte Brot*. Aus dem Arabischen von Georg Brunold und Viktor Kocher. Nördlingen: Greno (Neuauflage 1990: Eichborn Verlag; 1992: Piper Verlag)
1994: *Zeit der Feder*. Aus dem Arabischen von Doris Kilias. Frankfurt/M.: Eichborn. Erzählungen (Original: *Zamân al-ahta'*, Copyright by Mohamed Choukri, 1992

Mohammed Mrabet (*1940):
(sämtliche Werke aus dem Dialektarabischen Marokkos aufgezeichnet und ins Englische übertragen von Paul Bowles)
- *Love with a few hairs*, 1967
- *The Lemon*, 1969
- *M'Hashish*, 1969
- *The Boy who set the fire and other stories*, 1974
- *Look and move on*, 1976
- *Harmless Poisons, Blameless Sins*, 1976
- *The Beach Cafe & The Voice*, 1980
- *The Chest*, 1983
- *Marriage with papers*, 1986
- *The big mirror*, 1989

In deutscher Übersetzung:
1987: *M'Haschisch*. Deutsch von Carl Weissner. Bremen: Maro (Neuauflage 1989 und 1990: Goldmann, München)
1989: *El Limón*. Deutsch von Lilian Faschinger und Thomas Priebsch. Graz/Wien: Droschl (Neuauflage 1992: Goldmann, München)
1991: Der *große Spiegel*. Deutsch von Dieter Offenhäußer. Zürich: Unionsverlag
1991: *Harmlose Gifte, verzeihliche Sünden*. Aus dem Amerikanischen von Roberto de Hollanda. Bremen: Maro
1992: *Haarige Liebe*. Bremen: Maro
1993: *Ramadan & andere Erzählungen*. Aus dem Amerikanischen von Klaus Schachner. Graz: Droschl

Hanspeter Mattes (Hamburg)

Das Bild Tangers im deutschen Schrifttum des 20. Jahrhunderts

Mit 4 Abbildungen

> O Tingis! O dementa Tingis!
> *Franz von Assisi*

1. Einleitung

Marokko hat bekannterweise zahlreiche und bedeutende Städte:
- Casablanca, die wirtschaftliche Metropole des Landes;
- Rabat, eine der Königsstädte und die politische Hauptstadt des Landes;
- Fes, die älteste der vier Königsstädte, bis Anfang des Jahrhunderts vor allem geistiges und kulturelles Zentrum des gesamten Maghreb;
- Marrakesch, die „Perle des Südens", die Marokko den Namen gab und zweitälteste *Makhzen*-Stadt nach Fes ist;
- Meknes, die Stadt mit ismaᶜilischem Palastbezirk voller Pavillons, Gärten, Wasserbassins und prunkvollen Residenzen, den Reisende im 17. und 18. Jahrhundert nicht zu unrecht mit Versailles verglichen.

Es war aber Tanger und nur Tanger, das historische „Tor nach Afrika", das soviel Aufmerksamkeit vor allem bei europäischen Reisenden, Dichtern und Schriftstellern gefunden hat, daß mit Leichtigkeit ganze Bücher über diese Bindung und Beschäftigung geschrieben werden konnten[1]: Gemeint ist z.B. das Buch von Iain FINLAYSON *Tangier: city of a dream* (London: Harper Collins, 1992, 372 S. mit Illustrationen) oder auch der von den Professoren Abdelwahed BENDAOUD und Mohammed MANIAR herausgegebene Sammelband *Tanger – espace imaginaire* (Rabat/Tanger, 1992, 187 S. französisch, 192 S. arabisch). Andere Bücher mit einer *hommage* an Tanger kommen hinzu[2].

Diese traditionelle Aufmerksamkeit und Würdigung Tangers vor allen anderen marokkanischen Städten[3] auch im deutschen Schrifttum kommt indes nicht von ungefähr, sondern hat ihre nachvollziehbaren Gründe. „Pourquoi Tanger?" fragt bereits Tahar Ben Jelloun in seinem Beitrag in der französischen Tageszeitung *Le Monde* vom 14. März 1992 und versucht eine erste Antwort: „Est-ce à cause de son passé de ville internationale, à cause de son histoire qui remonte à l'aube des temps?"

Sehr wahrscheinlich ist die Antwort nicht auf einen Faktor zu reduzieren, sondern die Parallelität von Gründen für das deutsche und internationale Interesse an Tanger ursächlich.

Neben dem spezifischen Entstehungsmythos von Tanger, eng verbunden mit dem Namen Herkules oder auch Noah[4], sind dies einmal die geographische Nähe

---

[1] Es hat zwar auch zu den anderen Städten die eine oder andere literarische Verarbeitung gegeben (vgl. z.B. *Cahier d'Etudes Maghrébines*, Köln, Band 4, 1992: *Villes dans l'imaginaire: Marrakech. Tunis. Alger*), ohne allerdings je den Umfang der Produktion zu Tanger zu erreichen.

[2] Vgl. z.B. auch Daniel RONDEAU: Tanger. – Paris: Quai Voltaire, 1989, 194 S.; Paul BOWLES & Jellel GASTELLI: Tanger. Vues choisies. – Paris: Eric Koehler/ Sand, 1992, 72 S.; Jean-Louis MIEGE & Georges BOUSQUET: Tanger – porte entre deux mondes. – Paris: ACR, 1992, 288 S; Hugh A. HARTER: Tangier and all that. – Washington, D.C.: three Continents Press, 1993, 186 S. Mit dieser Fülle an monographischen Publikationen und Bildbänden kann die deutsche „Tanger-Produktion" natürlich nicht konkurrieren. Dennoch läßt sich sagen, daß in früheren Marokkopublikationen Tanger stets einen großen Raum einnahm.

[3] Vielleicht sollte hier angeführt werden, daß im Medium Film der Streifen *Casablanca* (Erstaufführung 1942) mit Humphrey Bogart und Ingrid Bergman dominierte. Im öffentlichen Fernsehen der Bundesrepublik wurde der Film allein zwischen 1952 und Juli 1992 dreiundzwanzig Mal aufgeführt.

[4] Die gängigste Version berichtet LENZ (1884, S. 14): „Was das arabische Wort Tandscha betrifft, so wurde mir in Beziehung auf die Entstehung desselben folgende Fabel erzählt: »Als Noah noch in der Arche herumschwamm und sehnsüchtig nach Land ausblickte, kam eines Tages eine Schwalbe an Bord geflogen mit etwas Erde im Munde. Da rief er fröhlich aus: tin dschâ! Land kommt! (tin = feuchte Erde, Lehm; dschâ, besser idschâ, kommen). Noah erreichte denn auch bald die Küste und gründete eine Niederlassung, die dann ihren Namen von diesem denkwürdigen Ausspruch erhielt.«" Diese Version gibt auch Tahar Ben Jelloun wieder (vgl. *Le Monde*, Paris, 14. März 1992). Davon abweichend und etymologisch richtiger weist GENTHE (1906, S. 16) auf die Ableitung des Namens

zu Europa, die Tanger zum Tor nach Marokko machen; zum anderen historische Gründe wie der aufsehenerregende Besuch von Kaiser Wilhelm II. in Tanger am 31. März 1905[5]. Hinzu kommt die mit der internationalen Zone verbundene Entwicklung, aber auch die Tatsache, daß Tanger im Laufe der Jahre selbst Aufenthaltsort zahlreicher Künstler wurde[6], darunter so berühmte wie der inzwischen zum Kultautor avancierte Paul Bowles[7], aber auch weniger bekannte Schriftsteller wie der von 1952-1955 in Tanger residierende Raffael Ganz (geboren 2. April 1923 in St. Margrethen), dem wir eine Sammlung marokkanischer Erzählungen[8] verdanken.

2. Tanger als Gegenstand der Beschreibung in Deutschland – ein historischer Überblick

Tanger ist – so kann die bilanzierende Feststellung lauten – auch in Deutschland Gegenstand der Beschreibung, der Berichterstattung und der (leichten) Literatur. Als erste haben Tanger die Diplomaten und Reiseschriftsteller mehr oder weniger ausführlich beschrieben, zu denen – wenn wir uns auf die Zeit seit Ende des letzten Jahrhunderts beschränken – vor allem Oskar Lenz, Siegfried Genthe, Erling Bache, Leonhard Karow und Otto Graf zählen. Ihre Darstellungen sind bis auf wenige Ausnahmen, wie Oskar Lenz, jedoch wenig strukturiert, sondern eher Bericht des vor Ort Erlebten. Nach dem Zweiten Weltkrieg erfährt diese Reiseschriftstellerei, verbunden mit dem Anspruch, informieren und „bilden" zu wollen, in den in hoher Auflage erscheinenden landeskundlichen Werken von Gisela Bonn, Rolf Italiaander, Margret und Eberhard Wohlfahrt ihre Blütezeit. Ergänzend kommen Übersetzungen wie Bernard Newmans *Nordafrika* hinzu. Aus dem Rahmen fällt hingegen die 1957 im Hamburger Hoffmann und Campe Verlag erfolgreich verlegte Reportage des gebürtigen Finnen und eingebürgerten Amerikaners Aleko Lilius. Laut Umschlagtext des Buches Journalist und Abenteurer großen Stils,

> „drang er in den Sultanspalast vor, traf im Dampfbad Marokkos Nationalisten und war Freund und Komplice einer verwegenen arabischen Dame. Aus allem, was er erlebte, schuf er ein handfestes, farbiges Abenteuerbuch, das solide durchflochten ist von Reportagen aus nächster Nähe. Lilius ist es auf unmerkliche Weise gelungen, Erlebnis und Kommentar miteinander zu verbinden. Wer sein Buch liest, wird intim mit einer ungewöhnlichen Stadt in einem ungewöhnlichen Land, er hat teil an Ereignissen, die zu den turbulentesten zählen in Tangers turbulenter Geschichte."

Als Marokko, inzwischen längst unabhängig und Tanger seines Status als internationale Zone verlustig, Ende der siebziger Jahre zunehmend Ziel ausländischer Touristen wird, entstehen ganze neue Kategorien von Publikationen, in denen Tanger eine Rolle spielt:

– Zur ersten Kategorie zählen zwangsläufig Reiseführer und Marokko-Bildbände, von denen derzeit im deutschen Buchhandel weit über 20 lieferbar sind, vom vierfarbigen *Apa pocket guide* bis zum *Polyglott Land & Leute Marokko*;

– Damit hängen die periodisch wiederkehrenden Reportagen zu Marokko in den deutschen Reisezeitschriften *Merian, Geo-Journal, ADAC Special Reisemagazin* oder *Tours* zusammen, darunter als beste immer noch Klaus HARPPRECHTs *Mythos Tanger* im *Merian*-Heft vom Januar 1987.

– Eine dritte Kategorie bilden jene Romane und Krimis wie Hammond INNES' *Es begann in Tanger* (Reinbek 1959), Rupert EVERETTs *Wildes Weekend in Tanger* (München 1993) oder Andreas HÖFELEs *Tod in Tanger* (Hamburg 1990), die an den Tanger-Mythos anknüpfen und ihn verwerten. Dies trifft vereinzelt auch auf Kindergeschichten zu wie jene von Hansjörg MARTIN und Guy BUENO: *Zwischen Mallorca und Tanger. Abenteuer des ehrlichen Schmugglers Tomeo* (Reinbek 1992).

– Die vierte und letzte Kategorie bilden Artikel in Zeitschriften und Zeitungen, die entweder ganz Tanger gewidmet sind oder zumindest einzelne Aspekte streifen. Artikel, die in diese Kategorie gehören, sind in der deutschen Publizistik allerdings selten. Eine beachtenswerte Ausnahme stellt z.B. der Artikel von Rolf SEELER in der *Frankfurter Allgemeinen Zeitung* vom 9. August 1990 dar. Der Autor unternimmt Streifzüge „durch die dreitausend Jahre alte Medina" (Untertitel) und bezeichnet Tanger als „Labyrinth für Stadtnomaden". Jüngstes Beispiel ist die Übersetzung eines in *Le Monde* am 26. September 1992 erschienenen Artikels von Tahar BEN JELLOUN zu jenen Schwarzafrikanern, die sich in Tanger sammeln, um illegal nach Spanien ins erhoffte Paradies überzusetzen. Für sie ist Tanger das nahe Tor Afrikas zu Europa. Dieser Artikel findet sich mit der Überschrift *Afrikanische Schatten in Tanger* in der *taz* vom 12. Oktober 1992 wieder. Ansonsten wird jedoch von den Entwicklungen in und um Tanger[9] in den deutschen Tageszeitungen wenig wahrgenommen: so finden sich keine Berichte im Zeitungsausschnittarchiv des Deutschen Orient-Instituts in Hamburg vom „grand réveil", wie ihn Tahar BEN JELLOUN begeistert in *Le Monde* vom März 1992 oder Michèle AMZALLAG in *Jeune Afrique* vom März 1993 beschreiben[10], keine

---

Tanger von dem in der Umgebung siedelnden Andschera-Stamm hin.

[5] Vgl. hierzu die Ausführungen in: MATTES 1991, S. 264; ein ausführlicher Augenzeugenbericht des Kaiserbesuchs findet sich bei KAROW (1909, S. 107-117; mit Photos).

[6] Vgl. zu den Künstlern und ihrer Subkultur in Tanger den Überblick in HARPPRECHT (1987, S. 73); ausführlicher RONDEAU, a.a.O.; nachgewiesen ist Tanger auch als Wohnsitz deutscher Künstler, z.B. trifft dies auf die Schauspielerin Christine Kaufmann zu (vgl. Bericht in: *Hamburger Abendblatt*, 27. Oktober 1993: *Wie ich höre*).

[7] Vgl. z.B. die Bowles-Biographie von Robert BRIATTE: Paul Bowles – 2117 Tanger Socco. Ein Leben. – Reinbek: Rowohlt, 1991, 376 S. oder Paul BOWLES: Tagebuch. Tanger 1987-1989, Graz: Droschl Verlag, 1991, 91 S.; vgl. auch den Kommentar von Jörg VON UTHMANN, in: *Frankfurter Allgemeine Zeitung*, Frankfurt/M., 17. Oktober 1991, S. 34: *Warum nur immerfort Tanger? Biographisches von und über Paul Bowles*.

[8] Vgl. Raffael GANZ: Orangenträume. Erzählungen aus Marokko. – Zürich: Artemis, 1961, 249 S.

[9] Vgl. hierzu meine Ausführungen in: Hanspeter MATTES: Tanger – Facetten einer Stadt in Geschichte, Gegenwart und Zukunft.– in: *Wuqûf* 4-5 (1989-1990), Hamburg, 1991, S. 245-304, besonders S. 269 ff.

[10] Tahar BEN JELLOUN: Tanger, le grand réveil. – in: *Le Monde*, Paris, 14. März 1992, S. 23-24; Michèle AMZALLAG: Le réveil de Tanger. – in: *Jeune Afrique*, Paris, Nr. 1680, 18.3.1993, S. 62-63.

Abbildung 1: „Ansicht von Tanger" (aus LENZ 1884, nach S. 10)

Berichte zu den Plänen, Tanger zu einem offshore-Bankplatz auszubauen, keine Darstellung der Pläne, zwischen Gibraltar und Tanger eine „feste Verbindung" (liaison fixe) zu errichten.

3. Beispiele für das Bild Tangers im deutschen Schrifttum

a. Die Annäherung an die Stadt und ihre Bewohner

Die Annäherung an Tanger erfolgte bis in die Neuzeit klassischerweise mit dem Schiff. Die Beschreibungen der Stadt gleichen sich[11], ob Oskar Lenz, der hier am 13. November 1879 anlandet und sachlich schreibt:

„[...] näher rücken die Gebirge des afrikanischen Rif, immer prächtiger erheben sich die weissen Kalkmassen des Gebel Musa aus den umgebenden Hügelreihen hervor, und eine weite, ruhige Bucht thut sich auf, in deren Hintergrund die weissen Häuser Tangers terrassenförmig ansteigen." (LENZ 1884, S. 10; vgl. auch *Abb. 1, oben*)

oder Gisela Bonn, die 1950 in höchsten Tönen jubiliert:

„Als ich sie wiedersah, war ich von neuem geblendet durch ihre Schönheit. Ein glücklicher Einfall Gottes – so wächst die Stadt Tanger aus der zerklüfteten Steilküste Nordafrikas dem ewigen Himmel entgegen. Die rauschenden Wogen des Atlantiks, die sich den Wellen des blauen Mittelmeeres hier in der Meerenge von Gibraltar vermählen, umspülen die Füße der Stadt. Der Gesang des Meeres ist wie eine Huldigung an ihre Schönheit, die in manchen Nächten zur stürmischen Forderung wird." (BONN 1950, S. 9)

Selbst im *dtv-Merian-Reiseführer* zu Marokko von 1987 wird von einem „verheißungsvollen Panorama" gesprochen[12]. Nicht nur Siegfried Genthe mußte jedoch erfahren, daß zwischen der „Fernsicht" und erlebtem Tanger ein beträchtlicher Unterschied klafft:

„Der erfreulich echte und unberührte Eindruck, den Tanger von der Seeseite gewährt, verwischt sich doch gar bald, wenn man sich erst in den Straßen und Gassen etwas umgesehen hat. Krumm und winklig genug sind sie zwar, steil und schlecht oder gar nicht gepflastert und so gänzlich bar jeder Andeutung von baupolizeilicher Tätigkeit und dem stillen Walten des ordnungsliebenden Schutzmanns, daß für jemanden, der noch vor fünf Stunden sich der anmutigen Wohlanständigkeit der Cadizer Straßen erfreut hat, das Bewußtsein, sich in der Barbarei zu befinden, recht lebhaft wird." (GENTHE 1906, S. 20)

---

[11] Vgl. auch Werner WRAGE 1942, S. 14 („und nun steigt der fremde Erdteil aus dem Meer [...] Eine Stadt liegt am Fuße des Gebirges [...] Das muß Tanger sein.") oder GRAF 1933, S. 20, kurz und bündig: „Hügel, an denen eine kubisch-rechtwinklige Stadt emporklimmt. Weit droben die Casba, der altarabische Stadtteil. Im Hintergrund nackte, rote, heiße Berge: Das Rif."

[12] Nur Rolf ITALIAANDER ist distanzierender, spricht auf der Suche nach den Kontrasten in Marokko von „der falschen Mär einer schönen Stadt". Seinem Tangerbeitrag, der die Zeit der fünfziger Jahre, die Blütezeit Tangers als internationale Stadt, widerspiegelt, stellt er einen Koranvers voran: „Es vergnügt euch die Mehrsucht. Bis ihr die Begräbnisplätze aufsucht." (Koran 102, 1-2)

Oskar Lenz relativiert mit seiner Beschreibung Tangers jedoch diesen Eindruck, weist er doch z.B. darauf hin, daß „in Tanger eine Strassensäuberung [existiert], dank dem energischen Auftreten einiger Consuln, sodass die Stadt im allgemeinen nicht so schmuzig [sic!] ist wie viele andere von Mohammedanern bewohnte Ortschaften" (LENZ 1884, S. 16). Überhaupt ist Lenz – obwohl Reisender des späten 19. Jahrhunderts – weitaus wohlwollender in seinen Ausführungen als etliche Nachfolger Anfang des 20. Jahrhunderts, was sich auch in seiner allgemeinen Lagebeschreibung der Stadt niederschlägt. Für ihn liegt Tanger an der westlichen Seite „einer schönen, seichten Bucht" hinter der sich die Häuser den Berg hinaufziehen:

> „Die Häuser sind nach orientalischer Manier mit flachen Dächern versehen, die als Terrasse benutzt werden, meist einstöckig, äusserlich ohne allen Schmuck, im Innern aber oft hübsch und reich ausgestattet, denn es gibt zahlreiche wohlhabende Leute dort, sowol [sic!] unter den Arabern wie auch unter den hispanischen Juden" (LENZ 1884, S. 17).

Sein Blick gilt aber auch den Moscheen der Stadt (vgl. *Abb 2*), sechs an der Zahl, „mit Minarets, oder richtiger mit hohen viereckigen Thürmen, an denen theilweise recht hübsche durchbrochene Stuckarbeit sowie eine schöne Fliesenbedeckung zu finden ist" (LENZ 1884, S. 33) – um anzufügen, daß die „Construction kleiner zierlicher Ziegel" zur Verkleidung der Zimmerwände oder des Fußbodens in Marokko „noch heute eine hervorragende Industrie" sei.

Abbildung 2: „Thurm einer Moschee in Tanger" (aus LENZ 1884, nach S. 32)

In allen Reisebeschreibungen, alten wie neuen, dominieren die Ausführungen zu drei Orten Tangers: dem Großen Socco, dem Kleinen Socco und der Kasbah.

• **Der Große Socco**

Der Große Socco ist jene „kleine Ebene vor dem Südtore der Stadt, auf welchem die Wochenmärkte abgehalten werden" (LENZ 1884, S. 34). Es ist das dort anzutreffende Spektakel, das anziehend wirkt und für einen Besuch empfohlen wird. Bache schreibt z.B. 1942:

> „Auf »Grand Socco« ist das Leben so bunt, daß man kaum glauben kann, daß man sich in einer europäisierten Stadt aufhält. Die Berberfrauen mit ihren enorm großen Hüten, die mit dicken blauen Samtschnüren garniert sind und sie vor der Sonne schützen, sind in überwiegender Mehrzahl. Sie prägen das Bild des Marktes, der von den schönsten Blumen, allen Gemüsesorten des Südens, heimgewebten groben Stoffen aus dem Rifgebirge, riesengroßen Melonen, Mandarinen, Orangen und Früchten strotzt." (BACHE 1942, S. 102)

Fast identisch beschreibt über vierzig Jahre später Dieter Gronau das auf dem Grand Socco präsentierte „marokkanische Alltagsleben in seiner ursprünglichsten Form" (GRONAU 1989, S. 26):

> „Der Platz ist angefüllt mit Händlern und Käufern, Schlangenbeschwörern, Erzählern und Gauklern. Alle zusammen produzieren eine Geräuschkulisse, die in ihrer Gleichmäßigkeit fast hypnotisierend wirkt. Jeden Donnerstag und Sonntag findet zusätzlich noch ein Bauernmarkt statt. Dann sitzen in rot, weiß und blau gestreifte Baumwolltücher, Foutas genannt, gehüllte Landfrauen aus der Umgebung und dem Rif-Gebirge – auf dem Kopf riesige Strohhüte, an denen bunte Pompons hängen – neben ihren Körben und verkaufen Obst und Geflügel." (GRONAU 1989, S. 26)

Eine weitaus wichtigere Rolle in der Geschichte Tangers spielte hingegen der Kleine Socco, der innerhalb der Stadtmauer gelegene Sûq dâkhil (Innerer Sûq).

• **Der Kleine Socco** (vgl. *Abb. 3*)

Heißt es im Marokko-Band von *Merian* (1987, S. 141) knapp und vollkommen aus dem historischen Kontext herausgelöst, daß sich „auf dem Suk Dakhel mediterranes Flair" entfalte, wo man „das turbulente Treiben beobachten kann" (DÄRR 1987, S. 255), gehen andere zeitgenössische Reiseführer, vor allem aber die Reiseberichte aus früherer Zeit ausführlich auf die zentrale Rolle des Kleinen Socco für die Abwicklung von „Geschäften" und für die Nachrichtenbeschaffung ein. Zunächst die Ortsbeschreibung mit den Worten von Graf:

> „»Le petit socco«, der kleine Markt: ein schmales Rechteck, leicht abfallend. Oben abgeriegelt durch »le magasin chic«, unten bei der Moschee ein schmaler Ausgang. Die beiden Breitseiten: das englische und spanische, das italienische und arabische Kaffeehaus. Davor überall Tische und Stühle und grelle Sonne. Darüber rote und gelbgestreifte Sonnendächer und dazwischen, zwischen französischen, spanischen, italienischen, englischen und arabischen Palavern, kleine Esel mit großen Lasten [...]." (GRAF 1933, S. 21)

Der Kleine Socco, auch Socco Chico genannt, war vor allem während der Zeit Tangers als internationale Stadt 1923-1956 der wirkliche Mittelpunkt der Stadt. Gisela Bonn gibt 1950 folgende Situationsbeschreibung:

> „Weiß und geheimnisvoll türmte sich vor uns die alte Araberstadt Tanger auf. Die Gasse ist eng und steil, die zum Kleinen Markt, dem »Zocco Chico« führt. Sie weitet sich plötzlich zu einem winzigen Platz, der einer Goldonischen Theaterdekoration gleicht. [...] Finste-

Abbildung 3: Kleiner Socco („Small Sok") von Tanger um 1900 (aus: *Tangier Views* o.J.)

Abbildung 4: Kasbah von Tanger („Kasbah and treasury") um 1900 (aus: *Tangier Views* o.J.)

re Gestalten, Männer, die den Tag scheuten, standen dumpf und drohend beieinander. Dicht gedrängt saßen die Menschen in den Straßencafés und tranken Absinth und Mocca double. Hier schlug seit jeher das böse Herz der Stadt. Von der internationalen Geburtsstunde Tangers an wurde an diesen schmutzigen Marmortischchen jene Hintertreppenpolitik gemacht, die oft das diplomatische Spiel der Mächte störte. Nicht selten liefen über die Kabel der Nachrichtendienste die sogenannten »Zocco-Chico-Gerüchte«, und es bedurfte in Tanger immer besonderer Vorsicht, das Wahre vom Unwahren zu scheiden[13]. [...] Schon immer blühte auf diesem kleinen Platz, in den verschwiegenen Cafés und Bars ein dunkler Handel. Millionengeschäfte werden hier getätigt. Waffen für Palästina, Maschinengewehre und Zucker für Italien, Algier und Tunis, Schweizer Uhren für Spanien und Portugal, U-Boote und Flugzeugteile für geheimnisvolle Kunden, was gäbe es hier nicht! Und die Kanäle, durch welche diese Waren fließen, bleiben unbekannt. Die Mittelsmänner bilden einen geheimen Klub – wer verrät, ist seines Lebens nicht mehr sicher." (BONN 1950, S. 12)

Auf dem Kleinen Socco traf man sie alle: „Reiche, Touristen, Abenteurer, politische Flüchtlinge und betrübliche geldlose Existenzen" (BRACHE 1942, S. 96) – und heute sind nur noch die Touristen geblieben: „Die alten Hotels und Cafés sind noch immer vorhanden und auch heute noch gut besucht. Verschwunden ist dagegen das illustre Publikum [...]", stellt GRONAU (1989, S. 26) nicht gerade werbewirksam fest.

- **Die Kasbah** (vgl. *Abb. 4*)

Die Kasbah wird von den meisten Reisenden als Gegensatz zum hektischen Treiben auf dem Kleinen Socco oder in der Neustadt gesehen. Während LENZ (1884, S. 18) sachlich feststellt, daß sich in der hochgelegenen Kasbah das „officielle Leben abspielt", weil dort der jeweilige Gouverneur von Tanger residiert, Gericht, Gefängnisse[14] und Militär ihren Sitz haben, der Palast des Gouverneurs wegen seines maurischen Stils als sehenswert bezeichnet wird und die schöne Aussicht über die Stadt hervorgehoben wird, stellen z.B. Graf, Bache und Bonn die Gegensätze in den Vordergrund:

„Einen unverfälschten Eindruck macht in Tanger lediglich noch das hochgelegene Burgviertel der Casba. Hier fühlt man auch in der internationalen Hafenstadt wenigstens etwas noch von einer eigenen Kultur und Geschichte." (GRAF 1933, S. 23)

„Aber in Kasbah, dem altarabischen Stadtteil, wird das Leben unberührt von europäischem Einfluß weitergelebt. Hier schlendern die Araber durch die schmalen gewundenen Straßen, die oft wie Treppen angelegt sind, da die Stadt an steile Berghänge gebaut ist; Kasbah bildet einen vollständigen Kontrast zu dem neuen französischen Stadtteil, der erst – ebenso wie in Casablanca – in den letzten Jahren aus der Erde aufschoß." (BACHE 1942, S. 98/99)

Einen eher atmosphärischen Unterschied beschreiben hingegen Gisela Bonn und – zeitgenössisch – Dieter Gronau:

„Aber endlich, oben auf der weißen Kasbah, der Burg von Tanger, verblaßten die Erscheinungen der Unterwelt. Die fiebernde Atmosphäre des Zocco Chico schwand dahin. Aus den Gärten des Paschas wehte der betörende Duft orientalischer Blumen. Rot leuchtete die arabische Kamelie aus dem tiefen grünen Grunde." (BONN 1950, S. 13)[15]

„Die maurische oder, im Hinblick auf die arabische Tradition, orientalische Atmosphäre, die jeden Besucher hier [auf dem Platz der Kasbah, der Verf.] umfängt, entsteht aus dem Nebeneinander von Enge und Weite, von Würde und Heiterkeit, von äußerer Schlichtheit und verborgenem Glanz. Der Dar ech Cherâ (das ehemalige Gericht des Paschas), der Dar el Makhzen (der Palast des Sultans) und der Bit el Mal (die alte Schatzkammer) liegen auf engstem Raum zusammengedrängt. Doch von den Mauern ringsum geht der Blick in die Ferne. In Anbetracht der Schönheit der Räume des Palastes und des Gartens vergißt man schnell die Strenge der massiven Architektur. Und jede falsche Ehrfurcht vor den geschichtsträchtigen Monumenten und der feudalen Prachtentfaltung im Inneren der Paläste verliert sich spätestens beim Feilschen mit den flinken und wortreichen Händlern auf dem Platz der Kasbah." (GRONAU 1989, S. 28)

Diese letzte Bemerkung leitet zu einer kurzen Betrachtung über, wie die Reisenden die Bevölkerung von Tanger wahrnahmen. Maßstäbe setzt hierbei sowohl hinsichtlich der Präzision der Wahrnehmung als auch hinsichtlich der „relativen" Vorurteilslosigkeit Oskar Lenz. Die Beschreibungen anderer Autoren wie Siegfried Genthe oder Otto Graf sind dagegen weitaus nationalistischer geprägt. Als Lenz Tanger besuchte, lebten in der Stadt etwa 20.000 Personen, also weniger als ein Zehntel der heutigen Bevölkerung von rund 270.000 Einwohnern. Hinsichtlich der ethnischen Zusammensetzung stellt Lenz fest:

„Diese Bevölkerung besteht aber aus den verschiedensten Elementen: Araber und Berber aus dem Rifgebirge, Juden und Neger sowie Christen aus den verschiedenen Theilen, besonders aus dem Süden Europas. Die Stadt ist dicht bevölkert, da sie sich der Festungsmauern wegen nicht ausdehnen kann; besonders die ärmere Bevölkerung ist in den engen Gassen dicht zusammengedrängt. Hier in Tanger ist kein eigentliches Judenquartier mehr wie in den meisten andern Städten Marokkos, sondern es wohnt alles durcheinander. Während des Winters kommen gar nicht so selten europäische Touristen nach Tanger und bringen oft Monate daselbst zu; auch von Gibraltar aus kommen häufig Besucher, um von hier aus Jagdpartien zu unternehmen." (LENZ 1884, S. 27)

Gerade letztere, die Touristen, sind Genthe ein Dorn im Auge, allerdings aus recht eigenartigen Motiven:

„Zwar wird man keine Minute darüber im Zweifel sein, daß die eigentliche Bevölkerung Mauren, Berber und Neger in ihren verschiedenen Abstufungen von Rassenreinheit und Vermischung sind. Aber die europäischen Gestalten mitten in diesem afrikanischen Gewoge sind doch von schmerzlicher Häufigkeit für den überberatenen Rei-

---

[13] Der Kleine Socco als „Herd aller Nachrichten", als Ort, wo aus Mücken Elefanten gemacht werden, hat aber bereits GENTHE (1906, S. 25) beschrieben und ein anschauliches Beispiel, wie dies laufen kann, beigefügt: „Wenn zum Beispiel in diesen Tagen kriegerischer Unruhen ein Berber irgend einem Juden, der ihm nicht rasch genug ausweicht, einen Schlag versetzt, wird schon in kürzester Zeit das Gerücht umlaufen, ein Jude sei zu Boden geschlagen worden. Nach ein paar Stunden sind daraus mehrere geworden, die lebensgefährlich verletzt sind. Und am Abend heißt es: »Haben Sie schon gehört? Die Berbern haben das Judenviertel gestürmt und alles kurz und klein geschlagen und ein schreckliches Blutbad angerichtet.«"

[14] Zu den Gefängnissen (Männer- und Frauengefängnis sowie das Gefängnis für Minderjährige) auf der Kasbah liefert Lenz die selbst hundert Jahre später noch teilweise zutreffende Beschreibung: „Die Gefängnisse in der Qasba von Tanger sind wie in allen marokkanischen Städten etwas Grauenhaftes, und das Gefängniswesen bildet in dem ganzen Justizverfahren dieses Landes, das überhaupt wenige lichte Punkte aufzuweisen hat, den dunkelsten Punkt. In schmuzigen, engen und finstern Löchern werden die Unglücklichen eingesperrt und ohne Nahrung und Pflege gelassen, sodass viele in den Gefängnissen an Krankheit, Schmuz und Nahrungsmangel zu Grunde gehen. Die Gefangenen sind auf die Wohlthaten von aussen und die Unterstützung ihrer Angehörigen sowie den minimalen Verdienst angewiesen, den sie sich durch Korbflechten verschaffen können; von seiten der Verwaltung erhalten sie nichts." (LENZ 1884, S. 18) Vgl. auch GRAF 1933, S. 23, zu den Gefängnissen Tangers.

[15] Anläßlich ihrer zweiten Reise nach Tanger fügt Gisela Bonn sogar hinzu, daß „Wer nicht hier oben war, Tanger nicht gesehen habe" (BONN 1955, S. 61).

senden, der in seinem Mittelmeerhandbuch gelesen hat, Marokko sei das unbekannteste Land der Erde. Neben dem Burnus und der Dschellaba, dem Kaftan und dem Haik der Eingebornen, zeigt sich ohne Unterbrechung die europäische Hose (Rock und Weste sind weniger häufig), und die Schirmmütze in allen nur denkbaren Formen." (GENTHE 1906, S. 21)

Trotz der bereits im letzten Jahrhundert anzutreffenden Internationalität der Einwohner gab es kaum größere Konflikte zwischen den unterschiedlichen Volksgruppen. Lenz schreibt über das europäisch-marokkanische Zusammenleben Positives:

„Das Verhältnis der Europäer zu der arabischen Bevölkerung Tangers ist ein vollkommen gutes und Reibereien kommen selten vor. Es ist demnach auch der Aufenthalt in dieser Stadt ein relativ sicherer." (LENZ 1884, S. 37)

Allerdings fügt er einschränkend hinzu:

„Uebrigens sind Mohammedaner doch stets unberechenbar, und im Falle die Existenz des Landes oder die Interessen des Islam bedroht erscheinen sollten, würden die jetzt so ruhigen und friedlichen Marokkaner gleichfalls brutal und grausam vorgehen."16) (LENZ 1884, S. 37)

Im allgemeinen ist diese negative Sicht jedoch bei Lenz die Ausnahme. Zumindest äußert er sich über mehrere Dinge positiv, darunter die schnelle und ohne Trinkgelder vor sich gehende Einreise nach Tanger17) und die Wohltätigkeit der Muslime:

„Es gibt eine grosse Zahl armer und krüppelhafter Leute in Tanger, die in Mitleid herausfordernder Weise in den Strassen herumliegen und Almosen erbitten; der Muslim ist ja im allgemeinen wohltätig, und so leben Hunderte von Elenden von der öffentlichen Wohlthätigkeit." (LENZ 1884, S. 27/28)

Lenz stellt aber auch fest, daß „die Kleidung der Marokkaner nicht unschön ist", daß die Leute „über den Kaftan oder der Dschellaba, einer Art Burnus mit Kapuze, meist einen feinen weissen Hayak tragen, der mit großer Kunst um den Körper geworfen wird, um einen gefälligen Faltenwurf zu erzeugen" (LENZ 1884, S. 28). Er bemerkt ferner, daß in Tanger viele Araber weiße Strümpfe und die allgemein üblichen gelben Lederpantoffeln zu tragen pflegen.

Ganz den Zeitgeist widerspiegelnd sind die Ausführungen von Genthe bezüglich der Juden, die um 1900 fast ein Drittel der Bevölkerung Tangers stellten18), pejorativer Natur. So heißt es bei GENTHE (1906, S. 21): „Etwa Zehntausend von diesen merkwürdigen Untertanen des Sultans soll es hier geben." Genthe berichtet an anderer Stelle, daß Tanger – die diplomatische Hauptstadt des Scherifenreiches – wegen der vielen ansässigen christlichen Europäer in den Augen der Regierung zur „Stadt der Hunde" (medinat el klâb) geworden sei, die autochthonen Einwohner von Tanger „nicht mehr als richtige Landeskinder und treue Muselmänner gelten" würden.

Otto Graf schließlich bringt in seinem Werk von 1933 das deutsche Element und die deutsch-französische Konfrontation ins Spiel, die sich auch in Tanger auswirkte, nach der Unabhängigkeit Marokkos jedoch mehr und mehr an Bedeutung verlor19):

„Frankreich ist ängstlich, allzu ängstlich darauf bedacht, daß sich in Tanger keine Deutschen ansiedeln. Trotzdem stößt man immer noch bei jedem Schritt und Tritt auf die deutsche Arbeit der Vorkriegszeit, auf die Bedeutung und auf den Einfluß, den deutsche Industrie, deutscher Handel und deutsche Technik hier gehabt haben; auf Spuren, die man heute, koste es, was es wolle, auslöschen will. Die Absicht, die wirtschaftspolitische Bedeutung Deutschlands von ehedem nicht mehr aufkommen zu lassen, ist auch gelungen. Nicht eine deutsche Firma, nicht ein deutsches Haus ist hier mehr zu finden. Zwar legen die Schiffe der Oldenburger Dampfschiffsreederei seit einiger Zeit in Tanger wieder an, aber praktisch will das nicht viel bedeuten." (GRAF 1933, S. 24)

Newman schließlich, Anfang der 50er Jahre – noch vor der Unabhängigkeit Marokkos – im Lande unterwegs, beschäftigt sich mit der marokkanischen Nationalbewegung und den Lebensbedingungen der Bevölkerung von Tanger, um zugleich politisch Stellung zu beziehen:

„Die Marokkaner in Tanger arbeiten, genau wie die in der spanischen Zone, für elende Löhne und haben dementsprechend einen niedrigen Lebensstandard. Deshalb haben sie auch Grund zu berechtigten Klagen. Die marokkanischen Nationalisten, die gegen die Franzosen losziehen, sollten einmal einen Blick auf die spanische Zone und Tanger werfen [...]." (NEWMAN 1957, S. 276)

Von ganz anderer Art sind hingegen die Betrachtungen über Tanger aus dem Jahr 1953 von Rolf Italiaander. In seinem Reisebuch läßt Italiaander einen Erzähler auftreten, den er „Cosmo" nennt. Ihn läßt er besonders über die Kinder und Frauen von Tanger berichten:

„Wie anmutig und reizend sind die kleinen Kinder von Tanger! [...] Und wie sie lachen können, ganz gleich, ob sie aus arabischen oder berberischen Familien stammen, von spanischen, französischen oder sonstwelchen europäischen Eltern. Nie hörte Cosmo ein freches Wort von den Lippen dieser Kinder. Nie sah er sie unartig. Die Götter müssen ihr Reservat der liebsten kleinen Engel hier in Tanger haben. Und wie schön die Frauen von Tanger sind! Diese guten Figuren, diese bestechend schönen Augen, diese Koketterie. Was in dieser Stadt geflirtet wird! Die Liebe scheint hier von allergrößter Bedeutung zu sein. Kein Wunder, daß die Kinder so hübsch und glücklich sind; nur wirklich im erotischen Überschwang erzeugte Kinder werden unter einem glücklichen Sternbild geboren. Man sagt den Frauen von Tanger allerdings nach, die meisten von ihnen seien Prostituierte. Welch dummes Wort! Muß eine Frau, die schön ist und von ihrer Schönheit Gebrauch macht, gleich verwerflich sein?" (ITALIAANDER 1953, S. 15)

---

16) Dieses Klischee von unberechenbaren und brutalen Marokkanern, von Marokko als „schreckliches Land voller Diebe und Mörder, blutdürstiger Raubtiere und noch schlimmerer Tiere in Menschengestalt" wurde im übrigen von den Reiseleitern der Anfang des Jahrhunderts Marokko besuchenden Reisegruppen kräftig geschürt. Über die Konsequenzen erzählt GENTHE (1906, S. 24): „Auf eine große Reisegesellschaft von Amerikanern tauchte einmal auf, die sich für ihren eintägigen Besuch in Tanger ausgerüstet hatte wie zu einer Karawanenreise durch die Sahara. Alles prangte in funkelnagelneuen gelben Ledersachen, Gamaschen, Revolverbehältern an breiten Gürteln, und auf dem Kopf leuchtete Männlein wie Weiblein ein strahlendweißer Turban, der der jüdisch=spanisch=arabischen Straßenjugend der Stadt nicht wenig Spaß machte." Selbstverständlich wirkte dieser Aufzug – so BACHE (1942, S. 98) in ähnlichem Zusammenhang vierzig Jahre später – „auf die Eingeborenen lächerlich".

17) Vgl. hierzu LENZ 1884, S. 13; ähnlich äußerte sich auch fünfundzwanzig Jahre später GENTHE 1906, S. 14.

18) Vgl. zur Geschichte der Juden in Tanger die Studie von M. Mitchell SERELS: A history of the Jews of Tangier in the nineteenth and twentieth centuries. – New York: Sepher-Hermon Press, 1991, 326 S.

19) Ein halbes Jahrhundert später schreibt – wieder mit Bezug auf Deutschland – Klaus HARPPRECHT (1987, S. 73) neutral: „Tüchtige deutsche Jung-Manager, von den niedrigen Löhnen und vom Fleiß der Arbeiter beeindruckt, bauten florierende Betriebe des Textilgewerbes auf, die (für die Landesverhältnisse) recht sozial geführt werden. Doch das Gros der Einheimischen fristet, wie es immer war, sein Dasein von den Dienstleistungen unterschiedlicher Art."

b. Der obligatorische historische Rückblick

In allen Publikationen, die sich mit Tanger beschäftigen, findet sich eine mehr oder weniger lange und mal mit griechischer Mythologie, mal mit den Phöniziern oder den Römern beginnende Stadtgeschichte, eingeleitet mit Sätzen wie:

„Die Stadt Tanger, von den Arabern Tandscha genannt, ist sehr alten Ursprungs; war doch schon zur Zeit der Römerherrschaft hier ein Ort, der Tingis hiess." (LENZ 1884, S. 13)

„Tanger ist eine der ältesten Städte Marokkos. Die alten Phönizier ließen sich hier nieder und schon zu Hannibals Zeiten wurde die Stadt angelegt." (BACHE 1942, S. 95)

„Tanger gehört zu den großen Plätzen mit einer wahrhaft turbulenten Geschichte. Die Stadt verdankt dies natürlich in erster Linie seiner bevorzugten geographischen Lage an der Straße von Gibraltar [...]." (ITALIAANDER 1953, S. 16)

„Der griechischen Mythologie nach gründete Antäus, Sohn des Meeresgottes Poseidon und der Erdgöttin Gäa, an der Straße von Gibraltar den Ort Tingis. Erstmals belegt ist der Ort im 4. Jahrhundert v. Chr., als karthagische Kaufleute zwei Spezialitäten von dort lobend hervorhoben: gesalzenen Fisch und eine aromatische Fischpaste, Garum genannt." (GRONAU 1989, S. 21)

Gestreift wird der Durchzug von Phöniziern, Karthagern, Vandalen, Westgoten und die im 8. Jahrhundert erfolgte arabische Eroberung, unterbrochen durch die 1471 beginnende 200jährige Periode portugiesisch-spanisch-englischer Besetzung. Interessant ist dabei die geschichtliche Bilanz, die einige der Autoren ziehen. Genthe, ganz der kolonialen Euphorie verpflichtet, schreibt denn konsequenterweise:

„[...] wenn auch Goten und Vandalen, Spanier, Portugiesen und Engländer nur ganz geringfügige Spuren ihrer Herrschaft im Lande zurückgelassen haben, Land und Volk selbst leben sind und noch ungebrochen, sind gesund und entwicklungsfähig und einer großen Zukunft gewiß, sobald sie von der wie ein Alp auf dem Lande lastenden Herrschaft befreit sind, mittels deren barbarische Blutsauger und beschränkte Geistliche die gesunde Entwicklung unterdrückt und noch auf lange Zeit hinaus lahmgelegt haben.

Wie ein Sinnbild dieser langen, wechselreichen Geschichte liegt Tanger am Eingang des unglücklichen, gewaltsam niedergehaltenen Landes: anstatt einer freien, blühenden glänzenden Handelsstadt, wie sie der Haupthafen und natürliche Eingang eines reichen Landes sein sollte, ein kleines schmutziges Nest." (GENTHE 1906, S. 19)

Gisela Bonn klingt dagegen weitaus versöhnlicher, weniger herablassend und missionarisch:

„Phönizier, Karthager, Vandalen, Westgoten, Portugiesen und Araber, sie alle haben diese Stadt einmal besessen. Sie gleicht einer verführerischen Geliebten, die alle kommen heißt und keinen halten will. Sie liebt die Veränderung und das Veränderliche. Von jeher war das Internationale ihr Element. Keiner wird die Spuren der Freuden, Leiden und Lasten einer zusammengewürfelten Menschheit mehr von ihr entfernen können. Keiner aber auch kann die Zeichen einer großen Vergangenheit aus ihrem Antlitz löschen." (BONN 1950, S. 16)

Nur in den wenigsten Werken wird auf die wichtige Rolle Tangers als diplomatische Hauptstadt des Scherifenreiches, als „Gesandtschaftsstadt für ganz Marokko" (BACHE 1942, S. 100) hingewiesen, eher noch der Besuch von Kaiser Wilhelm II. in Tanger 1905 (z. B. GRAF, S. 25; GRONAU, S. 22; DÄRR, S. 259; WEBER, S. 27) gewürdigt.

Den größten Raum nimmt in aller Regel die Periode ein, zu der Tanger unter internationalem Statut stand, „internationale Stadt" war.

c. Die Herausbildung des Mythos Tanger: Tanger als internationale Zone 1923–1956

Der bereits zitierte Aleko Lilius faßt in seinem 1957 erschienenen Erlebnisbericht *Tanger im Zwielicht* den damals herrschenden Eindruck zusammen:

„Tanger – schon der Name dieser geheimnisvollen marokkanischen Stadt scheucht auf, macht hellhörig, ja elektrisiert. Seitdem sie besteht – und Tanger ist eine alte Stadt, viel älter als Rom -, hat sie einen höchst eigenartigen Reiz ausgestrahlt. [...] In unseren Tagen ist Tanger international – oder war es bis vor kurzem; eine Stadt mit schlechtem Ruf, wenn auch nicht grundverdorben, so doch immerhin ein Dorado für Spekulanten, Abenteurer und Bankrotteure, für Schmuggler, Dirnen und Knaben, für Heißsporne, Bettler und Spieler, ein Magnet für alle, die es lockt, gefährlich zu leben." (LILIUS 1957, Klappentext)

Den eigentlichen Grund für diese Entwicklung vergißt der Autor indes in dieser Zusammenfassung, obwohl er offensichtlich ist. Gisela Bonn kommt hier schneller zum Kern:

„[...] diese nördlichste Stadt Afrikas – 23 km Luftlinie von Europa entfernt – besitzt den letzten freien Geldmarkt der westlichen Welt. An diesem Ort gibt es keine Devisenkontrollen und keinen Zoll. Gold ist in jeder Menge und in jeder Form erhältlich. Es ist verständlich, daß die Abenteurer der ganzen europäischen Welt hierherdrängen – Emigranten, Bankiers, Spekulanten, Hasardeure, Spieler und Schmuggler.[20]" (BONN 1950, S. 9)

Aber auch die zeitpolitischen Umstände, insbesondere der in Europa tobende Zweite Weltkrieg, hautnah in Form brennender Transporter oder sinkender U-Boote in der Straße von Gibraltar mitzuerleben, war für den Trubel in Tanger besonders in den vierziger Jahren mitverantwortlich. Die in Tanger Zuflucht findenden Menschen stürzten „sich in einen Taumel des Vergessens und versuchten, das nahe Gedonner todbringender Geschosse durch hämmernde Jazzmusik zu übertönen" (BONN 1950, S. 10). Fast unglaublich ist, daß in Tanger, dem „Schanghai am Atlantik", 1956 über 50.000 europäische Bewohner gezählt wurden, von denen sowohl Aleko Lilius als auch Gisela Bonn allerdings nicht den besten Eindruck hatten:

„Wenn in alten Zeiten die Völker einzelne ihrer Untertanen zurückließen, die meist zum Nutzen der Stadt wirkten, so haben in der internationalen Epoche Tangers die Nationen diejenigen ihrer Bürger hierher ausgestoßen, die zum großen Teil in ihrem Vaterland verunglückt waren. Sie fallen am meisten in Tanger auf, wenngleich man eine Menge pensionierter Kleinbürger, Pioniere und Kolonisatoren, einige Großkaufleute, Reeder, Beamte, Juristen und Offiziere nicht übersehen darf." (BONN 1950, S. 18)

Die Entwicklung Tangers 1923-1956[21] schuf ein spezifisches Tangerbild, einen Mythos, der der Stadt bis heute anhaftet, obwohl nach der Aufhebung des Statuts 1956, der Marokkanisierung der Stadt, schnell eine Normalisierung eintrat: „Mit dem Triumph des nationalen Stolzes (1956), so berechtigt er sein mochte, erlosch der Zauber, ob faul oder nicht, der Tanger ein halbes Jahr-

---

[20] Vgl. fast identisch z.B. GRONAU 1989, S. 23: „Ursache für den legendären Ruf Tangers war vor allem die finanziell vorteilhafte Einrichtung eines Freihafens".

[21] Vgl. z.B. zu Tanger zur Zeit der internationalen Epoche den detailreichen Artikel: *Tanger à l'époque internationale*, in: *Le Matin du Sahara*, Casablanca, 4. Mai 1990; über das Wirtschaftsleben und den Hafen zur Zeit des Statuts informieren: WOHLFAHRT 1955, S. 648-656;

hundert überstrahlt hatte" (HARPPRECHT 1987, S. 73). Bereits Italiaander hat 1953 auf diese Kluft zwischen Mythos und Realität hingewiesen:

> „Kaum einer Stadt begegnet man mit so vielen belastenden Vorurteilen wie Tanger. In kaum einer anderen Stadt muß man, je länger man verweilt, Vorurteile stündlich abstreichen, um endlich das wahre Gesicht der Stadt zu erblicken." (ITALIAANDER 1953, S. 16)

Verkleinern konnte indes auch Italiaander mit seinem Bericht die Kluft kaum. Denn noch heute heißt es in den Reiseführern:

> „Tanger – der Ruf der Stadt am westlichen Eingang der Straße von Gibraltar ist nicht der beste; zuviel hat man gelesen und gehört vom Sündenbabel Nordafrikas, von Geschäften mit Drogen und Waffen und von blutjungen Mädchen, die in den düsteren Gassen der Medina spurlos verschwanden. Manch einer der Spanienurlauber, die der Stadt hinter dem Cap Malabata von den Badeorten an der Costa del Sol eine Stippvisite abstatten, blickt ihr deshalb mit gemischten Gefühlen entgegen, und viele greifen vorsichtshalber noch einmal zum Brustbeutel oder zur Handtasche, wenn die Fähre in das riesige Amphitheater der Hafenbucht einläuft." (*HB Bildatlas Marokko* 1991, S. 15)

d. Tanger als „strategisches Marketingobjekt" für Romane

Wegen der Kraft des Assoziativen, des nach wie vor kursierenden Klischees von Tanger als „Schmugglerparadies" und „Stadt der Verbrecher" (Aleko Lilius), ist Tanger bis heute ein Begriff geblieben[22]. Die Reiseberichte von heute stellen dies auch mit aller Offenheit fest. So heißt es beispielhaft im *HB Bildatlas Marokko* (1991, S. 15):

> „Zwischen dem Grand Socco und dem Hafen tummelten sich Waffenschmuggler, Spione. Rauschgifthändler und Scharen leichter Mädchen. Der anrüchige Ruf ist beinahe das Einzige, was aus der mehrtausendjährigen Geschichte Tangers blieb."

Ähnlich heißt es im Marokko-Bildband von Hans WEBER (1989, S. 27):

> „Tanger zehrt heute vom verblassenden Ruhm seiner zwielichtigen Vergangenheit als »offene Stadt«, ein Stück Niemandsland zwischen den Fronten europäischer Kolonialmächte und dem machtlosen Sultanat."

Dieser „Ruf" wird bewußt in Romantiteln eingesetzt und Tanger damit zum strategischen Marketingobjekt gemacht. Es wird an das Tangerbild der dreißiger, vierziger und fünfziger Jahre erinnert und angeknüpft, ohne daß inhaltlich auf Tanger an sich, seine heutige Geographie, seine Menschen, Bezug genommen würde. Der Romantitel *Wildes Weekend in Tanger* lebt von diesem Mythos – während der Titel *Wildes Weekend in Oujda* assoziationslos bliebe. Nach demselben Prinzip wie bereits Hammond Innes in den fünfziger Jahren wählte Andreas Höfele den Titel seines Krimis *Tod in Tanger* aus. Das Lokalkolorit ist nicht dasjenige Tangers, sondern einer beliebigen Stadt in einem nordafrikanischen oder nahöstlichen Land:

> „Er saß in einem Straßencafé am Rand der Altstadt [...] Der eigenartige Geruch der Altstadt stieg ihm in die Nase, ein Geruch von nassen Laken und Muskat. Er trat durch das Tor und war sofort von Kindern umringt, die ihn führen wollten. Er gab dem ältesten Jungen ein paar Münzen, woraufhin dieser die anderen wegscheuchte. Dies war die Gasse der Kupfer- und Silberschmiede [...]." (HÖFELE 1990, S. 148/149)

Eher noch klingt die Vergangenheit Tangers im Kinderbuch von Hansjörg Martin und Guy Bueno an, wo zumindest in einigen Passagen an die Rolle der Stadt als Finanzzentrum angeknüpft wird:

> „Die Pesete ist nicht gestorben. Aber wir mußten nun nach Tanger, um sie dort auf dem schwarzen Markt gegen Dollar einzutauschen. [...] Ich muß Ihnen auch gestehen, daß Tanger mir viel besser gefällt als Gibraltar. Das arabische Viertel der Stadt, das bis zu dem schönen langen Strand reicht, war für mich wie ein Märchen. Die Farben, der Geruch der afrikanischen Erde, die engen Gassen, in denen immer Scharen von dunklen Kindern spielten, begeisterten mich. Und dann die gemütlichen kleinen Cafés, wo man den duftenden *chaucha*-Tee heiß trinken konnte ..." (MARTIN/BUENO 1992, S. 49)

e. Tangers heutige touristische Vermarktung

Anders als in den inhaltlich umfassend und erzählend angelegten Reiseberichten einer Gisela Bonn oder eines Rolf Italiaander, wo allein die Beschreibung der klimatischen Vorzüge Tangers fast eine halbe Seite einnimmt[23], sind die Reiseführer von heute eher kurzgefaßt und sachlich orientiert. Dies trifft insbesondere auf die Stadtbeschreibungen zu, häufig separate Kapitel am Ende von Einleitungen zu Land und Leuten, Religion und Geschichte. Herrschende Vorurteile oder ein spezifisches „Marokkobild"[24] läßt sich folglich primär aus den allgemein einführenden Abschnitten herausfiltern, weniger aus den Ausführungen zu den Städten Marrakesch, Fes, Meknes oder Agadir selbst. Diese Abkoppelung von interpretierendem Text und sachlicher Beschreibung ist indes nicht durchgängig, wie gerade das Beispiel Tanger zeigt. So heißt es im *dtv-Merian-Reiseführer* zu Marokko von LEHMANN/MUKAROVSKY (1988, S. 257) zur Entwicklung der Stadt Tanger nach der Aufhebung des internationalen Statuts 1956[25]:

> „Ein harmloses Provinzstädtchen blieb zurück, das nach einem halben Jahrhundert abenteuerlicher Existenz nun 20 Jahre lang in Lethargie verfiel. Neuen Aufschwung brachten erst der Tourismus und die Ansiedlung von Industrie. Tanger wurde aufpoliert. Mit dem

---

[22] Auch Marokkaner versuchen immer wieder, den Standort Tangers zu bestimmen: „Cité magnifiée ou pervertie par son propre mythe" fragt z.B. M'hamed ALAOUI in seiner Reportage: *Balade dans la vie de Tanger*, in: *Arabies*, Paris, Nr. 69, September 1992, S. 46-58.

[23] Vgl. ITALIAANDER (1953, S. 21): „Ob wohl das Klima der so schön gelegenen Stadt mit dem kleinen, aber abwechslungsreichen Hinterland daran seinen Anteil hat? Rührend sind die Anpreisungen für die Globetrotter: Tanger kennt 160 Sonnentage im Jahr bei einem gemäßigten Klima, 87 Tage sind leicht bewölkt, 61 Tage bewölkt, und höchstens 99 Tage kennen Regen. So war es zumindest in den vergangenen 15 Jahren. Selbst im Winter kennt man noch eine Durchschnittstemperatur von 14 Grad. Man kann am Weihnachtsabend ohne Mantel, Schal und Hut in der seidigen Abendluft spazierengehen. Und diese vielen zauberhaften Gärten, die Tanger besitzt! Keinen Tag im Jahr sind sie ohne Blüten. Noch im Winter kann man Rosen schneiden, die roten Sternblumen, die man in Europa als »Weihnachtssterne« teuer verkauft, wachsen hier üppig, saftig und farbenfroh zwei und drei Meter hoch. Die Milch in Tanger schmeckt wie flüssige Butter. Die Apfelsinen sind saftig und die Zitronen mild. Wirklich, ein gesegnetes Stückchen Erde!" Vgl. auch LENZ 1884, S. 36.

[24] Vgl. zum Marokkobild in der deutschen Reiseliteratur 1918-1945 meinen entsprechenden Beitrag in: *Wuqûf* 4-5 (1989-1990), Hamburg, 1991, S. 343-358.

[25] Vgl. auch die Zusammenfassung von Harpprecht zur Entwicklung seit 1956 (HARPPRECHT 1987, S. 73) sowie GRONAU (1989, S. 23).

neuen Glanz trat aber auch die Unterwelt erneut auf den Plan. Gehandelt wird mit Kif und Haschisch aus den Hanfanbaugebieten des Rif. Der Schwarzmarkt mit Ceuta und Südspanien blüht, die Kriminalität steigt. Neben Casablanca und Tétouan ist Tanger die gefährlichste Stadt Marokkos, insbesondere was Taschendiebstähle betrifft."

Der Autor des HB Bildatlases Marokko relativiert diese Einschätzung jedoch mit seiner Feststellung, daß zwar „Vorsicht vor kleinen Gaunern zweifellos angebracht ist" (wo nicht?), die „großen Bosse des organisierten Verbrechens [...] mittlerweile jedoch eher in den Villenvierteln der Badeorte am diesseitigen Ufer des Mittelmeers [residieren]" (*HB Bildatlas Marokko* 1991, S. 15). Die südspanische Küste wird im übrigen vom Autor des HB Bildatlas noch zu einem zweiten Vergleich herangezogen, wenn er schreibt: „Wer das Nachtleben von Torremolinos kennengelernt hat, wird sich in Tanger zudem vermutlich langweilen." (S. 15)

Kaum ein Autor geht in seiner Ablehnung von Tanger allerdings so weit wie Erika Därr. Ist für Dieter Gronau trotz der Taschendiebe und trotz des Fehlens bedeutender Museen ein Aufenthalt in Tanger ganz gleich, ob der Tourist Erholung im Komfort oder in der Einsamkeit sucht, „stets lohnend" (GRONAU 1989, S. 23), rät Erika Därr zur „Durchreise", um der „modernen Abart von Mädchenhändlern, Schmugglern und Schiebern" auszuweichen:

> „Tanger ist die vom Tourismus und seinen negativen Folgen am meisten geschädigte Stadt und ist wohl auch zum kriminellsten Ort Marokkos geworden. Wer nicht unbedingt muß, sollte die Stadt meiden. Vor allem aus Tanger habe ich die übelsten Geschichten gehört. Dies reicht vom Bedrohen mit dem Messer, wenn man nicht den gewünschten Führer-Preis von 100 DH bezahlt, bis zu aufdringlichen Haschverkäufern und Trickbetrügern. Wo anders ist es genauso interessant[26] und viel angenehmer zu reisen!" (DÄRR 1987, S. 259)

Hier scheint offensichtlich eine persönliche Abneigung – aus welchem Grund auch immer – die Feder geführt zu haben, wenngleich das Problem des Haschischschmuggels de facto besteht:

> „Man sagt, der wichtigste Zweig der Wirtschaft sei der Rauschgiftschmuggel, der offiziell gnadenlos verfolgt, in Wirklichkeit aber seufzend und auch händereibend geduldet werde. (Im Rif-Gebirge wächst Haschisch von besonderer Qualität – genug um ganz Europa zu versorgen.) Wer sich freilich am Hafen mit zehn Gramm in der Tasche erwischen läßt, sollte darum beten, daß ihm schnellstens die Aufmerksamkeit des deutschen Konsuls zuteil werde. Marokkanische Gefängnisse sind kein Sanatorium." (HARPPRECHT 1987, S. 73)

* * * * *

Nach all den Facetten, die in den Zitaten zu Tanger angesprochen wurden, ist es legitim, Hinweise auf die Zukunft der Stadt nachzuschieben. Der Autor ist indes nicht der einzige, der fragt: „Quo vadis, Tingis?" (Aleko LILIUS 1957, S. 292). Während Aleko Lilius sich indes nur in Andeutungen verliert, auf die lange Geschichte der Stadt verweist, und Gisela BONN (1950, S. 18) in einmal mehr bemühten blumigen Worten die Überzeugung äußert, daß „das sündige, liebende, das großzügige und wilde Herz der Stadt nicht verändert werden wird",

---

[26] In anderen Reiseführern heißt es hingegen, Tanger biete einen Vorgeschmack auf die „orientalischen Städte im Hinterland" (*HB Bildatlas Marokko* 1991, S. 16).

ist einzig Rolf ITALIAANDER (1953, S. 20) konkreter und nimmt sogar die Entwicklung der neunziger Jahre vorweg: „»Und welche Chancen geben Sie Tanger für die Zukunft?« fragte Cosmo, [...]. – »Alle Chancen, die jede andere Stadt, jedes andere Land mit einem freien Handel in einer freien Welt hat«", war die Antwort. 1994 kann die Zukunft Tangers relativ optimistisch bewertet werden, vorausgesetzt von dem am 26. Februar 1992 zur Rekonstituierung Tangers als internationales Finanzzentrum verabschiedeten Offshore-Bankgesetz und dem 1993 lancierten Rif-Entwicklungsprogramm gehen tatsächlich die erwarteten Impulse aus.

Von dieser wie auch immer ausfallenden Entwicklung abgesehen wird eines jedoch gleichbleiben, wird sich das vollziehen, was Klaus HARPPRECHT in die Worte gefaßt hat: „Ein jeder versucht, diese Stadt in ein Reservat seiner Träume zu verwandeln ..."

Literatur

Abschied in Marokko. Notizen über eine Geo-Reise aus dem Nachlass Ernst Schnabels. – in: GEO, Hamburg, Nr. 3, März 1988, S. 64-86 (u.a. Tanger S. 66-68)

BACHE, Erling: Salem Aleikum. Unter Fürsten und Sklaven in Marokko. – Oldenburg/Berlin: Stalling Vbh, 1942, 270 S.

BONN, Gisela: Marokko. Blick hinter den Schleier. – Stuttgart: J.G. Cotta, 1950, 202 S. (Tanger, S. 9-63)

BONN, Gisela: Neue Welt am Atlas. Was geht vor in Marokko, Algerien, Tunesien? – Wiesbaden: Brockhaus, 1955, 235 S. (Tanger, S. 52-69)

DÄRR, Erika: Marokko. Vom Rif zum Anti-Atlas. – München: Därr, 1987, 468 S. (Tanger, S. 255-262)

EVERETT, Rupert: Wildes Weekend in Tanger. – München/Zürich: Piper, 1993, 224 S.

GENTHE, Siegfried: Marokko. Reiseschilderungen. – Berlin: Allg. Verein für deutsche Literatur, 1906, 368 S. (Tanger, S. 11-29)

GRAF, Otto: Die marokkanische Mauer. – Berlin: Büchergilde Gutenberg, 1930, 223 S. (Tanger, S. 20-25)

GRONAU, Dietrich: Nach Marokko reisen. – Frankfurt a.M.: Fischer, 1989, 230 S. (Tanger, S. 21-38)

HARPPRECHT, Klaus: Mythos Tanger. In der alten Hochburg der Gangster, Mädchenhändler und Geheimagenten. – in: Merian. Marokko, Hamburg, Nr. 1, Januar 1987, S. 68-73

HÖFELE, Andreas: Tod in Tanger. – Hamburg: Kellner, 1990, 199 S.

INNES, Hammond: Es begann in Tanger. – Reinbek/Hamburg: Rowohlt, 1959, 240 S.

ITALIAANDER, Rolf: Land der Kontraste. Orient und Okzident in Marokko. – Hamburg: Broschek Verlag, 1953, 159 S. (Tanger, S. 10-25)

KAROW, Leonhard: Neun Jahre in marokkanischen Diensten. – Berlin: Wilhelm Weicher Verlag, 1909, 267 S.

LEHMANN, Ingeborg & Geza VON MUKAROVSKY: Marokko. – Hamburg/München: Hoffmann und Campe/ dtv, 1988, 288 S. (Tanger, S. 257-268)

LENZ, Oskar: Timbuktu. Reise durch Marokko, die Sahara und den Sudan. – Leipzig: Brockhaus, 1884, 430 S. (Tanger, S. 10-41)

LILIUS, Aleko: Tanger im Zwielicht. – Hamburg: Hoffmann und Campe, 1957, 298 S.

Marokko. HB Bildatlas special. – Hamburg: HB-Verlagsgesellschaft, 1991, 114 S.

MARTIN, Hansjörg & Guy BUENO: Zwischen Mallorca und Tanger. Abenteuer des ehrlichen Schmugglers Tomeo. – Reinbek/Hamburg: Rowohlt, 1992, 124 S.

MATTES, Hanspeter: Tanger – Facetten einer Stadt in Geschichte, Gegenwart und Zukunft. – in: Wuqûf 4-5 (1989-1990): Marokko, Hamburg, 1991, S. 245-304

MATTES, Hanspeter: Das Bild Marokkos in der deutschsprachigen Reiseliteratur der Zwischenkriegszeit 1918-1939 und des zweiten Weltkriegs. – in: Wuqûf 4-5 (1989-1990): Marokko, Hamburg, 1991, S. 343-358.

NEWMAN, Bernard: Nordafrika. – Lahr: Astra Verlag, 1957, 294 S.

Tanger. Espace imaginaire. Actes de la Deuxième Rencontre Scientifique de Tanger, 23.-26.10.1991. – Rabat, Tanger: Université Muhammad V/Université Abdelmalekh Es-Saâdi, 1992, 187 S. (engl., franz., span.) und 192 S. (arab.)

Tanger Views. Photos von A. Cavilla. – Tanger o.J. [ca. 1900].

WEBER, Hans: Marokko. Land zwischen Meer und Wüste. – Köln: DuMont, 1989, 142 S.

WOHLFAHRT, Margret und Eberhard: Nordafrika. Tunesien-Algerien-Marokko. – Berlin: Safari, 1955, 772 S. (Tanger, S. 648-654)

WRAGE, Werner: Nordafrika. Volk und Landschaft zwischen Rif und Nil. – Leipzig: Fritz Fikentscher Verlag, 2 Bände, 1942 (zu Tanger u.a. Band 1, 137 S.)

Hans-Joachim Büchner (Mainz)

Das Bild der saharischen Oasen des Maghreb im deutschen Erdkunde-Schulbuch

Mit 8 Abbildungen und 2 Tabellen

Wie das Weltbild strukturiert ist, das dem deutschen Schüler durch den Erdkundeunterricht vermittelt wird, läßt sich am anschaulichsten aus seinen Schulbüchern ableiten, mit denen er den Umgang mit der Welt trainiert und sich die Kenntnisse und Erfahrungen aneignet, die in seiner Gesellschaft für wichtig gehalten werden. Das Thema »Oase« bildet dabei augenscheinlich einen markanten Baustein. Denn durchmustert man die Vielzahl der in den deutschen Bundesländern eingeführten Erdkundeschulbücher, dann findet man hier für die Klassen 5/6 oder 7/8 meist bei der Behandlung der ariden Klimazone ein relativ ausführliches Kapitel von mindestens zwei Seiten, das den Kulturlandschaftstyp der Oase vorstellt, und zwar in der Regel nach der Darstellung der Wüste als Naturlandschaft und im Vergleich zum Nomadismus. Und auch dort, wo nicht die Hauptklima- und Vegetationszonen, sondern die Kontinente oder die großen Kulturräume der Erde das Unterrichtsprogramm dieser Altersstufe strukturieren, werden die gleichen Leitbegriffe Wüste, Nomade und Oase thematisiert, jetzt aber als Teilaspekte bei der Behandlung Afrikas bzw. des Orients.

Für die Darstellung des Oasentyps werden in der Regel die saharischen Oasen des Maghreb herangezogen, denen manchmal zum Vergleich die Flußoase des Nils oder z. B. das spektakuläre Kufra-Projekt in Libyen zugeordnet wird. Manche Schulbücher greifen sich sogar nur eine bestimmte Oase heraus, z. B. die Todgha-Oase Marokkos oder die algerische Oase Ghardaia, um daran die verschiedenen Teilaspekte dieses Themenkreises exemplarisch festzumachen. Die dem Schüler fremde Wirklichkeit der Oasen wird im Schulbuch wie mit einem Zoom herangeholt, durch Photos von Brunnen, Dattelpalmhainen, Bewässerungsbeeten, Siedlungen etc. vergegenwärtigt, durch Beschreibungen veranschaulicht und mit Hilfe von Schemata und Karten erläutert. Insgesamt müssen wir also mit recht verschiedenen Oasenversionen rechnen. Bei der Durchsicht nur der aktuellen Schulbücher (Institut für Bildungsmedien/Frankfurt) konnten alleine zehn eigenständige Oasenartikel gezählt werden, die dann zum Teil mit kleinen Veränderungen von den Verlagen in ihre verschiedenen Länderausgaben übernommen worden sind. Was all diese Oasendarstellungen aber wieder vergleichbar macht, ist ihre inhaltliche Konzentration auf bestimmte, meist durch Lehrpläne vorgegebene gemeinsame Schlüsselbegriffe wie zum Beispiel Stockwerkkultur oder Oasenflucht bzw. Oasenwandel.

Während die saharischen Oasen des Maghreb für den deutschen Schüler also recht großmaßstäblich präsentiert, inhaltlich relativ breit aufbereitet und oft auch lagemäßig genau verortet werden, wird man Informationen zum Maghreb außerhalb der Wüstenthematik im deutschen Erdkundeschulbuch vergeblich suchen, wenn man von einigen Daten und Namen absieht, die bei der topographischen Übersicht zu Afrika zu lernen sind. Das heißt, der Maghreb in seiner staatlichen Gliederung, seinem differenzierten Landschaftsgefüge, den Siedlungszeugnissen seiner Kulturtradition, seiner wirtschaftsräumlichen Organisation etc. wird in diesem Weltkonzept des deutschen Erdkundeschulbuchs ebenso ausgeblendet wie viele andere Staaten und Räume der Erde auch.

Denn die modernen deutschen Erdkundeschulbücher bieten weder enzyklopädische Stoffsammlungen zu einer Staatenkunde der Erde noch gefällige Illustrationen zu den verschiedenen Erdregionen, sondern werden als didaktisch-pädagogische Instrumente vorrangig zur Erschließung wichtiger allgemein-geographischer Themenfelder konzipiert. Das heißt, die Unterrichtsthemen werden soweit gefiltert, reduziert und strukturiert, daß der Schüler sie sich entsprechend seinem Alter und seinem intellektuellen Entwicklungsstand durch das Schulbuch erschließen und dabei zu klaren Begriffen und überschaubaren Erklärungszusammenhängen gelangen kann. Damit bekommt das Erdkundeschulbuch gerade durch seine auf Verständlichkeit ausgelegte Konstruktion eine Leitfunktion bei der Prägung des gesellschaftlich vermittelten Weltbildes. Allerdings muß man durch diesen Zwang zur Vereinfachung auch damit rechnen, daß sich immer wieder Verbiegungen, Fehldeutungen und Klischees in die Schulbuchtexte einschleichen. Diese aufzudecken und zu korrigieren, ist eine wichtige Aufgabe der Schulbuchanalyse.

Wenn jetzt das Oasenbild, wie es im deutschen Erdkundeschulbuch erzeugt wird, geortet und analysiert werden soll, dann darf man davon weder eine Auflistung aller Teilaspekte, Fallbeispiele oder Medien, noch eine systematische Textanalyse zur Isolierung der Leitbegriffe erwarten. Hier geht es vielmehr vorrangig darum, die durch das Schulbuch vermittelte Perzeption der saharischen Oasen des Maghreb nach folgenden drei Leitaspekten kritisch zu hinterfragen:

(1) Nur wenn man die Konzeption, den Aufbauplan des Erdkundeunterrichts kennt, kann man nachvollziehen, warum die Oase als Unterrichtsgegenstand aufgegriffen wurde, welche Kernbegriffe damit erarbeitet werden sollen und was sie letztlich im curricularen Kontext zu leisten hat. Unter diesem Blickwinkel soll in Grundzügen dargestellt werden, welche Tradition dieses Thema im Erdkundeunterricht hat, welche Rolle ihm bei der tiefgreifenden Reform der 70er Jahre zugemessen wurde und wie sich dieser Problemkreis heute entfaltet und modifiziert hat.

(2) Oasen gelten im Schulbereich als relativ leicht zu strukturierendes Themenfeld. Daher ist es nur zu verständlich, daß Schulbuchautoren, die ja in all den von ihnen betreuten Schulbuchbereichen nicht forschend tätig sein können, gerne auf bewährte Darstellungsmuster zurückgreifen und damit manche tradierten Vorstellungen weitertragen, auch wenn sich der wissenschaftliche Kenntnisstand oder die Forschungsperspektive mittlerweile schon verändert haben. Auch wenn hier das Oasenbild im deutschen Schulbuch nicht in all seinen Facetten auf wissenschaftliche Gültigkeit „abgeklopft" werden kann, so sollen doch zumindest einige weitverbreitete Klischees und Fehldeutungen revidiert werden. Insofern ist die Auswahl der hier vorgestellten Schulbuchbeispiele etwas einseitig und unausgewogen. Denn es werden Belegstellen herangezogen, die von ihrer Aussage her zwar repräsentativ sind, die Mängel aber deutlich zeigen.

(3) Schulbücher vermitteln nicht nur Begriffe, Kenntnisse und Arbeitstechniken, sondern transportieren auch Einstellungen, gefühlsbetonte Anmutungen, Werthaltungen, die gelegentlich gewollt, oft aber auch unbewußt als „Einkleidung" des Unterrichtsgegenstandes mitgeführt werden. Diese affektive, emotionale Dimension, die dem Oasenbild im Schulbuch anhaftet und damit das entsprechende Menschenbild vom Oasenbewohner als Heterostereotyp bestimmt, soll hier an einigen Beispielen aufgespürt und bewußt gemacht werden.

1. Die didaktische Dimension des Oasenthemas

Anhand der saharischen Oase könnte man die Geschichte des deutschen Erdkundeunterrichts nachvollziehen und illustrieren. Denn seit gut einem Jahrhundert gibt es in engem Zusammenhang mit der Gründung des Deutschen Reiches dieses obligatorische Schulfach mit eigenem Lehrplan und den entsprechenden Schulbüchern. Und seit dieser Zeit bildet das Oasenthema einen Baustein des Weltbildes, das in Deutschland durch die Schule vermittelt wird, und spiegelt damit in der Art seiner Behandlung alle wesentlichen fachdidaktischen Moden, Trends und Konzeptionen, die dieses Fach bislang gestaltet haben.

a. Das „klassische" Oasenbild

Als Beleg für eine frühe Oasendarstellung im deutschen Schulbuch wird die in Millionenauflage verbreitete *Seydlitzsche Geographie* herangezogen, und zwar die Auflage D, die auf den preußischen Lehrplan von 1892 ausgerichtet ist. Im Rahmen des „länderkundlichen Durchgangs" werden hier für die Altersgruppe der 14- bis 15-jährigen Schüler (Untertertia) die außereuropäischen Erdteile behandelt, wobei innerhalb Afrikas der Sahara ein eigenes Hauptkapitel gewidmet ist. Dieser Großraum wird nach dem Prinzip des „länderkundlichen Schemas" aufbereitet, so daß nach einer kurzen Kennzeichnung der Lage und Ausdehnung, des Reliefs, des Klimas das Stichwort »Oase« thematisiert und zusätzlich durch einen Holzschnitt veranschaulicht wird.

Die Komposition des Bildes (*Abb. 1*) ist darauf angelegt, die typischen Merkmale einer saharischen Oase zusammenzustellen: also die isolierte Lage in der Weite der Wüste, den Dattelpalmhain, den Ziehbrunnen, die Siedlung. Und die kleine Karawane, die sich auf die Oase zubewegt, verdeutlicht deren Funktion als Etappen- und Rastplatz des Karawanenhandels. Der Text (*Abb. 1, unten*) nennt unterirdische Wasseradern, Quellen und artesische Brunnen, die „das lebenspendende Naß", und damit die Grundvoraussetzung für die Entstehung von Oasen liefern und durch Bewässerung den Anbau von „Dattelpalmen, Obstbäumen, Getreide etc." ermöglichen. Diese kurze Oasendefinition fast wie im Lexikonstil wird durch eine Wortetymologie (altägypt. „Uah, d. i. Wohnstätte oder Rastort") vertieft und durch den Hinweis auf die libysche Siwa-Oase („berühmteste Oase" durch den „uralten Sitz des Ammôn-Orakels") ergänzt.

Dieses kurzgefaßte Gerüst aus Sachinformation wird sowohl im Bild als auch im Text durch Attribute und Metaphern affektiv aufgeladen. Dabei ist die Wüste negativ besetzt. Der Hinweis auf die „hungernden Wüstenstämme" oder das Gerippe im Vordergrund des Bildes zielen auf die sogenannte Lebensfeindlichkeit der Wüste. Dagegen wird die Oase zur „Speisekammer", zum Zeichen für Üppigkeit und Überfluß gemacht und durch Aussagen wie „Quellen, die den Boden aufs höchste befruchten" oder „reichlich trägt der bewässerte Boden" belegt. Diese Optik wird noch überhöht, wenn die erwähnte Siwa-Oase „wie ein Smaragd auf Goldgrund" gesehen wird. Der dürren Oasendefinition wird also als Konnotation ein Klischee übergestreift, das bis heute fortwirkt, wenn im Schulbuch nach der Behandlung der Wüste auf das Thema »Oase« eingestimmt wird.

Abbildung 1: Das klassische Oasenbild im Schulbuch um 1900

Quelle: E. v. Seydlitzsche Geographie D, H. 3. – Breslau 1900, S. 59 u. 89 (Bild).

Kontext: Afrika – Sahara: Ausdehnung und Teile; die Oberfläche; Klima, Pflanzen, Tiere: Nachttau und vereinzelte Gewitterregen – unterirdische Wasseradern, Quellen.

Text: „[...] so entsteht eine **Oase** (von dem altägyptischen Worte U a h, d. i. Wohnstätte oder Rastort), die Speisekammer der hungernden Wüstenstämme. Denn reichlich trägt der bewässerte Boden D a t t e l p a l m e n, Orangen-, Granat- und Aprikosenbäume, Getreide u. s. w. Die berühmteste Oase ist das –29 m tief gelegene S i w a in der libyschen Wüste, der uralte Sitz des Ammôn=Orakels, zwischen blauen Seeen im gelben Wüstensande »wie ein Smaragd auf Goldgrund«."

Diese Perzeption der Oase hat sich über Jahrzehnte hinweg bis in die 60er Jahre behauptet, nur daß das dürre Begriffsgefüge nach und nach durch beschreibende und erläuternde Texte zur Bewässerung, zur Dattelpalme etc. ausgeweitet und das Typenbild des Holzschnitts durch typische Oasenphotos ersetzt wurde. Hinter diesem Oasenbild steht die Vorstellung von der grünen Siedlungsinsel inmitten der Weite der Wüste, vom isolierten Vorposten der Ökumene in der Unwirtlichkeit der Anökumene. In hervorragender Weise an das natürliche Milieu und ihre lokalen Wasservorkommen adaptiert, gilt sie als ein alter Zivilisationsbeweis, als eine Metapher für die Selbstbehauptung des Menschen in einer extrem lebensfeindlichen Umwelt.

b. Die Konzeption des Oasenthemas im gegenwärtigen Erdkundeunterricht

Zu Anfang der 70er Jahre vollzog sich in der Bundesrepublik Deutschland ein radikaler Umbruch in der Gesamtkonzeption des Erdkundeunterrichts. Denn durch die Abkehr vom „länderkundlichen Durchgang" war jetzt der Weg frei für die Konstruktion eines Curriculums, das das neue Selbstverständnis der Geographie als Raumwissenschaft darzustellen und nach klar definierten Lernzielen zu organisieren hatte. Der schließlich 1980 erarbeitete *Basislehrplan für die Sekundarstufe I* legte dazu einen Orientierungsrahmen fest, der allerdings aufgrund der föderativen Struktur unseres Bildungswesens in den einzelnen Bundesländern dann noch mehrfach z. T. erheblich modifiziert wurde, so daß wir heute in Deutschland über kein einheitliches Lehrplankonzept verfügen können.

Bei dieser kritischen Revision der Ziele und Inhalte des deutschen Erdkundeunterrichts hat sich allerdings das Oasenthema erstaunlich gut behauptet. Es ist in allen Lehrplänen, wenn auch in unterschiedlichem Kontext, präsent und hat seither durch inhaltliche Differenzierung noch erheblich an Gewicht gewonnen.

● **Die Position im Lehrplangefüge**

Die inhaltliche Kombination von „Wüste, Nomaden, Oasen" bildet ein recht stabiles und altbewährtes Bauelement innerhalb der unterschiedlichen Lehrplankonstruktionen, wie sie seit den 70er Jahren für die Sekundarstufe I entwickelt worden sind (*Tab. 1*). Überall dort, wo die Klimazonen als wichtiges globales Ordnungsraster zur Strukturierung von Unterrichtssequenzen eingesetzt werden, greift man auf diesen „»Dreiklang"« zurück, wenn es gilt, die Trockenzone als menschlichen Lebensraum darzustellen. Und das geschieht je nach Lehrplan in zwei Altersstufen:

Wird diese Standardkombination in der Klassenstufe 5/6 im Rahmen des Leitthemas „Sich versorgen in den verschiedenen Klimazonen" aufgegriffen, dann bietet sie nach SCHULTZE (1970, S. 8) ein markantes Beispiel für „einfach-extreme Naturtatsachen und entsprechend einfache Formen der Naturbewältigung". Die Darstellung hat dabei möglichst anschaulich in Form von Einzelbildern zu erfolgen, um so dem Auffassungsvermögen und der Neugier dieser Altersstufe auf die Welt („Robinson-Geographie") entgegenzukommen. Diese Konzeption aus den 70er Jahren, die an den Anfang des geographischen Fachunterrichts also einen ersten Weltüberblick gestellt hat, wird seit Mitte der 80er Jahre zunehmend verdrängt durch die Restauration des Prinzips vom „länderkundlichen Durchgang", der auf dieser Klassenstufe wieder mit Deutschland als regionalem Schwerpunkt einsetzt.

Tabelle 1: Stellung der saharischen Oasen in Lehrplänen des deutschen Geographieunterrichts

Klassenstufe	Stufenziele / Lernzielbereiche	Thematische Schwerpunkte		Oasen als Fallbeispiele	Größräumiger Kontext
5/6	Grundlegende Einsichten in Mensch-Raum-Beziehungen: „Sich versorgen" in den verschiedenen Klimazonen	Die Wüste als Lebensraum von Oasenbewohnern und Nomaden:		Todgha-Oase Dra-Oase El Golea u.a.	Trockenräume der Erde / Sahara
7/8	Analyse von raumprägenden und raumverändernden Faktoren: Naturfaktoren, wirtschafts- und sozialgeographische Faktoren Natur- und Kulturräume der Erde	Grundelemente der traditionellen Oase (Oasentypen, Bewässerung, Stockwerkkultur, Dattelpalme, Tauschhandel usw.)	Gegenwärtiger Oasenwandel durch technisch-ökonomische und gesellschaftliche Prozesse: „Oasensterben"; moderne Oasentypen / Oasenstädte	Ghardaia Ouargla Tozeur Todgha-Oase Hassi Messaoud Kufra-Projekt u. a.	Trockenräume der Erde / Sahara Afrika / Sahara Kulturraum Orient

Da die Klima- und Vegetationszonen als selbständiger Unterrichtsschwerpunkt erst in der Klassenstufe 7/8 behandelt werden müssen, wird unser Oasenthema in der Mehrzahl der heute geltenden Lehrpläne daher auch hier verankert. Allerdings hat sich seit den 80er Jahren die Einstellung durchgesetzt, der allgemein-geographisch ausgerichtete Unterricht brauche wieder ein festgefügtes räumliches Ordnungsraster zur Darstellung der Großräume der Erde (vgl. z. B. HAUBRICH U.A. 1988, S. 122 ff., KIRCHBERG 1990, S. 170 ff.). Die dafür gefundene Kompromißformel vom „thematisch-regionalen" Aufbau des Erdkundeunterrichts der Sekundarstufe I führt zu zwei weiteren regional bestimmten Zuordnungsmöglichkeiten: Das Oasenthema leistet dort einen Beitrag zur Kenntnis Afrikas, wo der Lehrplan für die Klassen 7 oder 8 diesen Kontinent als räumlichen Bezugsrahmen vorgibt. Aber auch diejenigen Bundesländer, die abweichend davon ihr erdkundliches Weltbild der Sekundarstufe I im Lehrplan als ein Gefüge von sogenannten Kulturerdteilen zu strukturieren versuchen, greifen bei der Behandlung des Orients diesen Themenblock meistens auf, weil dieser Kulturraum durch große Wüsten und ausgedehnte Wüstensteppen geprägt ist, in denen sich eine alte, durch Nomadismus und vor allem Oasen entscheidend mitbestimmte Zivilisation entfaltet hat.

Einige Schulbücher, die dem nach Großräumen strukturierten Unterrichtskonzept folgen, haben mittlerweile auf eine umfassende Darstellung des saharischen Oasentypus verzichtet und bei der Behandlung Afrikas bzw. des Orients dafür die Niloase als Schwerpunkt gewählt. Denn daran lassen sich nicht nur die meisten Oasencharakteristika ebenfalls ableiten. Dieses Fallbeispiel bietet außerdem noch weitere wichtige regionale und thematische Aspekte, zum Beispiel das Verhältnis von Staat und Flußoase, die Metropole Kairo und vor allem die Diskussion um den Assuan-Staudamm (dazu IBRAHIM 1984 und als Gegenposition bzw. Korrektur MEYER/SCHMIDT-WULFFEN 1990).

● **Die inhaltliche Differenzierung des Oasenthemas**

Seit der Zäsur der 70er Jahre haben sich parallel mit der Entwicklung der wissenschaftlichen Geographie auch die Schwerpunkte des Schulfachs in charakteristischer Weise verlagert und damit auch die inhaltlichen Perspektiven des Oasenthemas verändert. Dabei lassen sich vier dominante Sichtweisen unterscheiden, die die Konzeption der Oasenartikel und damit auch die Auswahl der Schlüsselbegriffe und Leitaspekte im Schulbuch gesteuert haben (*Tab. 2*):

(1) Bei der Neukonzeption des Curriculums wurde das Oasenthema zunächst im Sinne von SCHULTZE (1970, S. 9) in der didaktischen Kategorie der einfachen „Mensch-Raum-Strukturen" verankert. Unter diesem Blickwinkel werden die verschiedenen Formen der Wassererschließung in der Sahara, der Bewässerungs-

Tabelle 2: Die inhaltliche Differenzierung des Oasenthemas in deutschen Geographie-Schulbüchern

A. Grundelemente der traditionellen Oase	B. Niedergang der traditionellen Oase	C. Neue Oasenstrukturen und Oasentypen durch Innovationen
Leitaspekte 1. Oasentypisierung nach der Form der Wasserbeschaffung 2. Wasserverteilung und Wasserrechte 3. Landwirtschaftliche Produktionsform (Stockwerkkultur) 4. Bedeutung und Nutzungsvielfalt der Dattelpalme 5. Tauschhandel mit den Nomaden **Zusatzaspekte** 6. Siedlungslage der Dörfer und Form bzw. Baumaterial der Häuser 7. Traditionelle Oasenstädte 8. Wochenmärkte	**„Oasenflucht"** 1. Extreme Ungleichheit der Eigentumsstrukturen bei Boden, Wasser und Dattelpalmen 2. Bevölkerungswachstum bei stagnierender Agrarproduktion 3. Attraktionen moderner Arbeitsmärkte (Küstenagglomerationen, Bergbau, Arbeitskräftewanderungen) **„Oasensterben"** 4. Ökologische Faktoren (Bodenversalzung, Einsandung) 5. Soziale Faktoren (Verfall der Bewässerungsanlagen wegen Freisetzung der „Sklaven") 6. Zivilisatorische Faktoren („Ausstieg" aus der beschwerlichen Arbeit des Oasenbauern)	**Oasenmodernisierung** 1. durch technische Innovationen (Motorpumpen, moderne Verkehrsmittel u.a.) 2. durch moderne Stadtentwicklung und Entstehung eines modernen Arbeitsmarktes mit neuen Berufsgruppen 3. Landwirtschaftliche Marktproduktion (Tomaten, Gemüse u.a.) für neue Absatzmärkte **„Neue Oasen"** 4. Entstehung von „Bergbau-Oasen" (Hassi Messaoud, Hassi Rmel) 5. Moderne Bewässerungsperimeter durch Tiefbrunnenbohrungen (z. B. großflächige Dattelpalmanlagen in Südtunesien) 6. Schaffung von agro-industriellen Oasenstrukturen (z. B. das Kufra-Projekt in Libyen)

feldbau und dabei vor allem die Rolle der Dattelpalme herausgestellt. Diese Basisinformationen sind dann fallweise noch durch Hinweise z. B. auf den saharischen Siedlungs- und Haustyp ergänzt worden. DAUM/ SCHMIDT-WULFFEN (1980, S. 63 ff.) verurteilen diese Form der „didaktischen Reduktion" auf modellhaft einfache Muster der Lebensbewältigung als typisch eurozentristisch. Eine solche Sicht verstellt nämlich nicht nur den Blick für die komplexe Wirklichkeit der räumlich-gesellschaftlichen Organisation von traditionellen Oasen. Sie ist vom Ansatz her auch ahistorisch und trägt damit unser altes Oasenklischee weiter.

(2) Die sozialgeographische Perspektive, die ja unsere Lehrplanreform entscheidend bestimmt und strukturiert hat, brachte eine Umwertung des überkommenen Oasenbildes. Die Oase wurde jetzt als Marginalraum gesehen, belastet durch enormen Bevölkerungsdruck und extreme Umgleichheit der Besitzstrukturen, den der aktive Bevölkerungsteil in Richtung auf die attraktiven Arbeitsmärkte der Küstenstädte und Erdölkamps verläßt. In Parallele zu den Begriffen »Landflucht« oder »Höhenflucht« wurde dafür sogar der plakative Begriff von der »Oasenflucht« (u.a. SCHIFFERS 1970, S. 620) ins Schulbuch übernommen. Dieser Schlüsselbegriff weckt in seiner formelhaften Verkürzung die Vorstellung von menschenentleerten oder völlig überalterten Oasen und von der Stagnation, ja dem Verfall ihrer überkommenen Strukturen und produziert damit ein neues Oasenklischee (vgl. Kap. 2 c).

(3) Mit dem Leitthema „Inwertsetzung von Räumen", das in der Klassenstufe 7/8 zu behandeln ist, setzte sich im Verlauf der 80er Jahre verstärkt die funktionale Betrachtung der Oasen durch. Das heißt, der Oasenwandel wurde jetzt vor allem aus dem Blickwinkel der Modernisierung aufbereitet, da durch den Einsatz von Motorpumpen etc., den Aufbau eines leistungsfähigen Verkehrsnetzes, den Ausbau städtischer Infrastrukturen auch in der Sahara moderne Raumstrukturen geschaffen werden. Darin spiegeln sich die erheblichen Investitionen, die die Maghrebstaaten gezielt in verschiedenen Oasen zur Aufwertung und Sicherung ihrer saharischen Räume einsetzen, um die dort vorhandenen Potentiale an Wasser, landwirtschaftlicher Produktion, Bodenschätzen und auch an touristischer Attraktivität besser nutzen zu können.

(4) Bei einigen der in den 90er Jahren neukonzipierten Erdkundeschulbüchern der Klassenstufe 7/8 führt die raumprozessuale Perspektive zu einer „Synthese" der bisherigen Oasenbilder. Dabei wird für den Großraum der Sahara ein Szenario entworfen, das durch zwei gegenläufige Prozesse gesteuert wird, nämlich den Niedergang der traditionellen Oase auf der einen und die Herausbildung eines durch technisch-funktionale Innovationen bestimmten Oasentyps auf der anderen Seite. Dabei werden die Argumentationsketten für jeden der beiden Prozeßverläufe in charakteristischer Weise erweitert:

Der Schritt von der »Oasenflucht« zum »Oasentod« wird nicht nur als Folge soziostruktureller und zivilisatorischer Veränderungen erklärt (Vernachlässigung bzw. Verfall der traditionellen Bewässerungssysteme durch „Sklavenbefreiung" und Bevölkerungsabwanderung), sondern auch durch ökologische Faktoren begründet (Einsandung von Oasen, Bodenversalzung, Gefährdung des Dattelpalmbestandes durch die *Bayoud*-Krankheit). Dem wird als Gegenbild der moderne Oasentypus gegenübergestellt, der sich in verschiedenen Varianten präsentiert. Dazu gehören nicht nur die sogenannten Bergbauoasen oder die modernen Oasenstädte als Verwaltungszentren und industrielle Produktionsstandorte, sondern vor allem auch die durch Tiefbrunnenbohrungen mit Hilfe fossiler Wässer ermöglichten großen Bewässerungsprojekte in Algerien, Tunesien und Libyen. Als Konsequenz ergibt sich dadurch eine Raumdifferenzierung, bei der Regionen des modernen Oasentyps von Zonen des Oasenniedergangs abgegrenzt werden.

Auch wenn in eine solche „raum-prozessuale" Oasendarstellung durch Fachliteratur belegbare Informationen eingebaut werden, muß man den konzeptionellen Grundansatz in Zweifel ziehen. Zwar sind die traditionellen Oasen der Sahara tiefgreifenden Transformationen und auch manchen ökologischen Gefährdungen unterworfen. Die hier konstatierte »sterbende Oase« aber ist ein didaktisch umgemünztes Klischee, das man als Gegenbild zum modernen Oasentyp braucht, um durch diese Polarisierung zu einem einfachen, symmetrisch geordneten Prozeßschema zu kommen, das sich im Unterricht gut erarbeiten läßt.

Bei der Durchsicht der im Erdkundeunterricht gegenwärtig benutzten Schulbücher wird man feststellen, daß unsere Schulbuchautoren diese vier Oasenkonzeptionen, wie sie sich im Laufe der letzten beiden Jahrzehnte schrittweise herausgebildet haben, in unterschiedlicher Weise aufgreifen. So gibt es immer noch einige Schulbücher, die sich nur auf das tradierte Grundschema der traditionellen Oase beschränken. Soziale Strukturveränderungen werden recht oft angesprochen. Die Mehrzahl thematisiert den funktionalen Wandel. Und bei Neuausgaben wird meist auch die Polarisierung zwischen »sterbender« bzw. »verfallender« und moderner Oase herausgestellt, auch wenn dieser Gegensatz oft räumlich nur sehr unscharf fixiert wird. Die modernen deutschen Erdkundeschulbücher liefern also kein allgemein verbindliches, einheitliches Oasenbild, sondern verschiedene Oasenmodelle, die inhaltlich durch die jeweilige Betrachtungsweise bestimmt sind.

2. Zur Revision einiger festverwurzelter Oasenklischees

Das Oasenbild im deutschen Erdkundeschulbuch ist zwei Jahrzehnte nach der Lehrplanreform recht facettenreich geworden. Denn die Schulbuchautoren haben immer wieder versucht, dieses Thema zu aktualisieren und den vorherrschenden fachdidaktischen Trends anzupassen. Auch wenn sie dabei in der Regel nicht aufdecken, welche Informationsquellen ihren Schulbuchartikeln zugrundeliegen, so bemühen sie sich doch um konsenzfähige und durch Fachliteratur abgesicherte Aussagen.

Dazu gehören als Grundelemente zur Ableitung der Oasendefinition die verschiedenen Wassergewinnungstechniken, die Dattelpalme als Leitkultur und der Stockwerkanbau. Bei der Darstellung des gegenwärtigen Strukturwandels benutzen die Schulbuchautoren ein Argumentationsschema, das sich seit den 50er Jahren von SCHIFFERS (1951, 1971) u. a. bis SCHLIEPHAKE (1982) verfolgen läßt. Danach befindet sich die traditionelle Oase in der Krise, ja im Niedergang. Denn die überkommenen Wassertechniken seien ineffizient, die Dattelpalme verliere durch Getreidezufuhr von außen ihre Bedeutung als Nahrungsbasis, und die neuen Arbeitsmärkte entzögen der aufwendigen Oasenlandwirtschaft die notwendigen billigen Arbeitskräfte. Dort, wo durch staatliche Investitionen moderne Wassergewinnungstechniken (Motorpumpe, Staudämme, Tiefbrunnen) eingesetzt, wo große Verwaltungszentren aufgebaut werden, entstehe der Typ der modernen Oase, bei der allenfalls noch „die Kulisse der Dattelpalmenhaine" vorhanden sei, die modernen Siedlungen aber „von der Form her wenig »Saharisches« an sich haben" (SCHLIEPHAKE 1982, S. 219).

Es steht nicht in Frage, daß den saharischen Raum des Maghreb ein tiefgreifender Modernisierungsschub erfaßt hat, der sich sowohl in den staatlichen Infrastrukturen als auch im privaten Lebensrahmen der Oasenbewohner nachweisen läßt. Auch die für traditionelle Oasen typische, streng hierarchische Sozialstruktur ist in Auflösung begriffen, was zu einer durchgreifenden gesellschaftlichen Mobilisierung geführt hat. Nur der als Konsequenz immer wieder behauptete Untergang der traditionellen Oase hat nicht stattgefunden. Die gründlich recherchierten Fallstudien von TAUBERT 1981, BÜCHNER 1986, BENCHERIFA/POPP 1990, 1991, BISSON 1992 u.a. belegen im Gegenteil, daß sich das überkommene System Oase als ausgesprochen flexibel erweist, die technischen und sozialen Neuerungen integriert und sich erstaunlich gut an die modernen ökonomischen Rahmenbedingungen anpaßt. Wenn hier also das Oasenbild im deutschen Schulbuch von seiner inhaltlichen Seite, also von seiner kognitiven Dimension her hinterfragt werden soll, dann geht es vor allem darum, die festen Klischees, die immer wieder mit der traditionellen Oase verknüpft werden, bewußt zu machen und damit aufzubrechen.

a. Das Klischee von der Stockwerkkultur der Oasen

Bei der Darstellung der Oase wird wie im hier dokumentierten Schulbuchtext (*Abb. 2*) der Stockwerkanbau in drei „Etagen" als das typische Anbaumuster der Oasenlandwirtschaft herausgestellt. Die Bodenkulturen mit Getreide, Gemüse, Gewürzpflanzen u. a. bilden danach die Basis, darüber folgt die Etage der Obstbäume und über allem als „Schattenspender" das Kronendach der Dattelpalmen.

Diese Anbauform wird im Kontext mit dem Oasenthema im Erdkundeschulbuch wohl deshalb immer wieder aufgegriffen, weil sie so gut ins Unterrichtskonzept paßt. Denn sie läßt sich recht plausibel als besonders

Abbildung 2: Die Stockwerkkultur der Oasen

> In einer **Oase** hängt alles vom Wasser ab. Nur wenn genug Wasser vorhanden ist, können die Menschen dort leben, kann aus der Wüste Kulturland werden. Der **Oasengarten** wird intensiv genutzt. Dabei wachsen die Pflanzen stockwerkartig übereinander. In der untersten „Etage" Getreide, Gemüse, Tabak und Gewürze. Darüber erheben sich Zitrusbäume, Feigenbäume oder Aprikosenbäume. Überragt wird alles von den Dattelpalmen. Die **Dattelpalme** ist die wichtigste Pflanze in der Oase. Sie spendet Schatten, und sie ist vielfältig zu nutzen. In der Oase findet sie hervorragende Wachstumsbedingungen. Die Bauern sagen: „Die Palme will mit dem Kopf im Feuer und mit den Füßen im Wasser stehen."
>
> *Quelle*: ERNST KLETT VERLAGE: Terra Erdkunde für Gymnasien in Nordrhein-Westfalen 7. – Stuttgart 1989, S. 38 f.

markante menschliche Anpassungsleistung an die natürlichen Zwänge dieses Raumes, nämlich die starke Sonneneinstrahlung und die begrenzten Wasserressourcen, interpretieren: Die Dattelpalme biete dabei nicht nur ein wichtiges Grundnahrungsmittel, sondern ermögliche auch durch den Sonnenschutz ihrer Baumkrone den Anbau der anderen lebensnotwendigen Kulturpflanzen. Damit werde auf kleiner Fläche eine hohe Nutzungsintensität und gleichzeitig ein optimaler Wassereinsatz erreicht.

Was hier als typisch für die traditionelle saharische Oase behauptet wird, läßt sich trotz der Vielfalt der Oasengestaltungen in der Wirklichkeit allerdings nur mit Mühe finden. Am ehesten trifft man den dreistufigen Idealtyp der Stockwerkkultur in den ganzjährig gut mit Wasser versorgten, ummauerten, relativ kleinen Gärten, meist in Dorfnähe oder im unmittelbaren Umkreis von Brunnen. Diese Kleinparzellen dienen in der Regel der häuslichen Selbstversorgung mit Gemüse, Gewürzpflanzen, Minze, eventuell noch etwas Luzerne für die Haustierhaltung, kombiniert mit einigen Obstarten (bes. Feigen, Granatapfelbäumchen, Weinreben und Ölbäumen) und einigen Dattelpalmen. Von ihrer Funktion her entsprechen sie also unseren alten bäuerlichen Hausgärten.

Die Kernflur größerer Oasenkomplexe zeigt aber in der Regel eine andere Anbaudifferenzierung. Dort, wo Dattelpalmen sehr eng zusammenrücken und dichte Haine bilden, gibt es in der Regel keine Unterkulturen, wenn man von wenigen eingestreuten Fruchtbäumen und vielleicht einer schütteren Luzernedecke absieht. In den Flurteilen, wo der Getreide- und Futterbau dominiert, treten die Dattelpalmen und Fruchtbäume zurück. Sie sind dann entweder nur noch relativ locker und weitständig über die Parzellenflächen verteilt oder rücken ganz an den Parzellenrand und begleiten dort in dichter Folge die Bewässerungskanäle (vgl. dazu die Kartierungen von BENCHERIFA/POPP 1991, Beilage 4 u. 16). In beiden Anbauvarianten wird also dafür gesorgt, daß die Bodenkulturen nicht zu stark verschattet werden. Bei jahreszeitlich schwankender Wasserführung bei Quell- und *Khettara-/Foggara*-Oasen finden wir außerdem noch Flurbereiche, wo im Winter Gerste oder Hartweizen auf völlig baumlosen Flächen angebaut wird (BÜCHNER 1986, S. 83).

Das Schulbuchargument, Bodenkulturen bzw. Fruchtbäume könnten nur im Schatten der Dattelpalmen gedeihen, läßt sich also in jeder Oase widerlegen. Es beruht wohl auf einer weitverbreiteten Fehleinschätzung der Wirkung der Sonneneinstrahlung. BISSON (1991, S. 23 u. 1992, S. 80/81) greift mikroklimatische Untersuchungen auf, um zu belegen, daß eine starke Verschattung durch Dattelpalmen den Unterkulturen mehr schadet als nutzt. Das Blattwerk filtert nämlich das für die Photosynthese notwendige Licht, so daß darunter der erhöhte Anteil im Infrarotspektrum sogar zu einer verstärkten Aufheizung und Evaporation führt. Die in diesem Milieu vorhandene Luftfeuchtigkeit steigert außerdem noch die Krankheitsanfälligkeit der Kulturpflanzen (vgl. ACHENBACH 1971, S. 126). Moderne Anbausysteme in den Trockenräumen arbeiten beim Getreide- und Futterbau daher bewußt ohne „Schattenbäume", gerade um die Photosynthese der Bodenpflanzen nicht zu behindern (vgl. dazu die in vielen Schulbüchern vorhandenen Photos zum libyschen Kufra-Projekt), oder sie bevorzugen Reinkulturen bei der Neuanlage von größeren Dattelpalmpflanzungen.

Die unterschiedlichen Anbauformen in traditionellen Oasen, wie sie hier nur grob skizziert werden können, belegen, daß die Oasenbauern um diese mikroklimatischen Zusammenhänge wissen und sie in ihren Anbauentscheidungen auch umzusetzen versuchen. Daß sie dabei nicht so konsequent vorgehen können wie ein moderner marktorientierter Agrarbetrieb, hängt mit den gewachsenen, sehr komplizierten wasserrechtlichen und sozio-ökonomischen Strukturen traditioneller Oasen zusammen. Wer nur über eine kleine Gartenparzelle verfügt, steht unter dem Zwang, auf kleiner Fläche für die Selbstversorgung möglichst von allem etwas anzubauen. Der flächenmäßig dominante zweistöckige Anbau dient hier im wesentlichen der Nahrungsgrundversorgung. Die Stockwerkkultur hängt also eng mit dem Mangel an Boden- und Wasserressourcen in traditionellen Oasen und ihrer kleinbäuerlichen Subsistenzstruktur zusammen und sollte daher nicht als Beleg für die „Üppigkeit der Oase" oder die besondere „Intensität der Nutzung" im Schulbuch eingesetzt werden.

Diese Fixierung auf die Stockwerkkultur verdeckt auch den Blick für den gegenwärtigen Wandel der Oasenlandwirtschaft. Während traditionelle Anbauformen innerhalb des Oasenareals sich vor allem dort halten bzw. konservieren, wo das kollektive Wasserrecht den Bewässerungsrhythmus und damit die Anbaukulturen festlegt, ermöglicht die Erschließung neuer Wasserressourcen und der Einsatz von hochwertigem Saat- und Pflanzgut, von mineralischem Dünger etc. die marktorientierte Agrarproduktion. Und so differenzieren sich aus dieser auf Subsistenzproduktion angelegten traditionellen Oasenwirtschaft in den letzten Jahrzehnten teils durch staatliche Förderung, oft aber auch durch Privatinitiative (Kapitaleinsatz aus der temporären Arbeitsmigration besonders nach Westeuropa) immer deutlicher landwirtschaftliche Produktionsformen heraus, die mit unterschiedlichen Schwerpunkten für den Markt produzieren: z. B. Futterbau zur Milch- und Fleischproduktion, Gemüsebau mit jahreszeitlich wechselndem Angebot (bes. Tomaten und Melonen) oder die Produktion von Qualitätsdatteln für den nationalen oder internationalen Markt (vgl. u.a. BÜCHNER/UTHOFF 1986, BENCHERIFA/POPP 1990, 1991, BISSON 1992, S. 87 ff., COTE 1993).

b. Einige Mißverständnisse bei der Darstellung der Dattelpalme

Die Dattelpalme (*Phoenix dactylifera*) gilt zu Recht als die Leitkultur der altweltlichen Oasen. Daher finden wir im Erdkundeschulbuch im Zusammenhang mit der Oase auch immer Text- und Bildbelege zur Dattelpalme. Je nach Konzeption des Oasenartikels treten dabei unterschiedliche Aspekte in den Vordergrund.

Schulbücher, die sich auf Basisinformationen beschränken, liefern zwei Teilaspekte, nämlich einerseits botanische Charakteristika der Dattelpalme, die ihre vorzügliche Klimaeignung belegen, und andererseits einen Katalog von Verwertungsmöglichkeiten dieser Kulturpflanze, durch die ihre Nutzungsvielfalt aufgezeigt werden soll. Wird der gegenwärtige Wandel der saharischen Oasen thematisiert, dann rücken zwei nur scheinbar widersprüchliche Fakten in den Mittelpunkt: Zum Szenario vom Niedergang der traditionellen Oase paßt der Hinweis auf die *Bayoud* genannte Pilzkrankheit (*Fusarium oxysporum*), deren Erreger über die Wurzeln in die Dattelpalme eindringen und sie innerhalb von zwei Jahren zum Absterben bringen kann. Die Sporen werden mit der Bewässerung weitergetragen und gefährden dabei in den alten Palmhainen die besonders anfälligen hochqualitativen Sorten. Diese Krankheit hat sich seit der Jahrhundertwende von Marokko aus mittlerweile bis in die algerischen Oasen ausgebreitet (vgl. BISSON 1992, S. 135 f. u. 144). Will man den modernen Oasentyp zeigen, wie er durch neu erschlossene Wasserressourcen ermöglicht wird, dann verweist man gerne auf die großen Neuanlagen von Dattelpalm-Reinkulturen in Südostalgerien und Südtunesien (nach COTE 1993, S. 14, sind alleine in der algerischen Sahara in den letzten Jahren immerhin ca. 900.000 Dattelpalmen gepflanzt worden).

Aufgrund der didaktischen Rahmenbedingungen, in die das Oasenthema eingespannt ist, werden andere Aspekte weitgehend ausgespart:

● Es fehlt der geschichtliche Hinweis, daß die Dattelpalme zu den ältesten Kulturpflanzen der Menschheit gehört, die schon um 4.000 v. Chr. im Gebiet des Fruchtbaren Halbmondes angebaut, von den Phoeniken längs der nordafrikanischen Küste verbreitet wurde und mit dem Islam sogar bis nach Südostspanien (Palmenhain von Elche) vorgedrungen ist.

● In vielen Schulbüchern erfährt der Schüler, daß Datteln ein wichtiges Tauschmittel der Oasenbauern mit den Nomaden seien. Über die gegenwärtige wirtschaftliche Bedeutung der Datteln innerhalb der Maghrebstaaten oder auch im Rahmen der Weltwirtschaft wird nichts mitgeteilt, obwohl Schüler selbst in unseren Geschäften leicht feststellen können, daß hier Datteln aus Tunesien, dem Irak, aus Israel oder den USA angeboten werden.

● Die ökologische Rolle der Dattelpalme erschöpft sich in der Regel in der bekannten Formel, sie habe „die Füße im Wasser und den Kopf im Feuer". Die für die Kultivierung wichtigen botanischen Parameter der Dattelpalme, also ihre Salztoleranz, ihre spezifischen Klimaanforderungen, ihre Zweihäusigkeit etc. werden oft nicht erwähnt.

Unterzieht man den in *Abb. 3* hier dokumentierten „lexikalischen" Artikel zur Dattelpalme einer genaueren Analyse, dann stößt man auch im Detail auf erhebliche Mängel:

Abbildung 3: Die Dattelpalme

Die Dattelpalme
Die wichtigste Pflanze in den Oasen ist die Dattelpalme. Man sagt: „Die Dattelpalme will mit den Füßen im Wasser stehen und mit dem Kopf im Feuer." Ihre Wurzeln können das Grundwasser noch in 30 m Tiefe erreichen. Je heißer die Sonne brennt und je trockener die Luft ist, desto höher werden die Stämme und desto süßer die Früchte. In der Sahara, in Ägypten, in Arabien, in Jordanien und im Irak stehen Millionen von Dattelpalmen.
Die reifen Früchte werden frisch gegessen oder zu „Dattelbrot" gepreßt. Junge Palmblätter dienen als Salat. Alte Bäume werden angezapft; der aufgefangene Saft wird vergoren und als Palmwein genossen. Der Stamm liefert Holz: Balken für die Dächer der Häuser. Aus den zähen Blättern werden Matten und Körbe geflochten.

Quelle: ERNST KLETT SCHULBUCHVERLAG: Terra Geographie 5/6 für Rheinland-Pfalz. – Stuttgart 1990, S. 91. Vgl. geringfügig erweiterte Fassung in: Terra Geographie 5. u. 6. Schuljahr. Wir entdecken die Welt. – Stuttgart 1976, S. 90 f.

Das erste Kapitel zur Botanik der Dattelpalme zeigt eine deutliche Tendenz zur Übertreibung. Während REHM/ESPIG (1976, S. 198) eine Wurzeltiefe von bis zu sechs Metern für die auf Grundwasser stockenden Dattelpalmen angeben, nennt unser Text die völlig unwahrscheinliche Zahl von 30 Metern. Und die Höhe des Stammes korreliert natürlich auch nicht mit der Lufttemperatur und -trockenheit, wie im Text behauptet wird. Außerdem hängt der Zuckergehalt der Datteln bei voller Ausreifung nur von der Dattelsorte und nicht von der Lufttemperatur ab.

Das zweite Kapitel beschäftigt sich in einer bis weit in die Antike zurückreichenden Tradition mit der Vielfalt der Nutzungsmöglichkeiten der Dattelpalme (vgl. auch die von MUNTSCHIK 1987 herausgegebene frühe Dattelpalm-Monographie von KAEMPFER aus dem Jahre 1712). Diese Schulbuchangaben sollten aber etwas genauer recherchiert werden: Natürlich zielt der Dattelpalmanbau vor allem auf die Dattelproduktion als Nahrungsmittel. Ganz junge, noch eingerollte Palmblätter aus dem Palmherzen können zwar zu Salaten verarbeitet werden, zerstören aber bei ihrer Entnahme den Baum, sind also selbst in der lokalen Küche nur höchst selten zu finden. Was in der internationalen Gastronomie auch des Maghreb als „Palmherzen" angeboten wird, stammt vom Mark der tropischen Königspalme (Ölpalme) und wird in Konserven eingeführt. Auch der Hinweis auf den Palmwein ist nicht unproblematisch. Gemeint ist hier ein milchig-trüber Palmsaft, den man alten Bäumen aus den Palmherzen abzapft oder wesentlich weniger mühevoll aus dem Stumpf frisch geschlagener Palmen gewinnt, ein z. B. in tunesischen Oasen verbreitetes Erfrischungsgetränk, das sehr schnell in Gärung übergeht und auch dann wohl noch getrunken wird. Allerdings zu behaupten, man trinke in Oasen Palmwein, paßt nicht in den islamischen Kontext. Die Nutzung des Stammholzes als Deckenbalken und die vielfältige Verwendung der Blätter, Stengel und Fasern haben in Oasen eine alte handwerkliche Tradition, die von den ärmeren Oasenbewohnern auch gegenwärtig noch praktiziert wird. Allerdings können viele dieser Produkte nur schwer mit dem konkurrieren, was als Industrieware mit dem Lkw auch in die entlegensten Oasen gebracht wird. Leider wird in diesem Zusammenhang im Schulbuch nicht erwähnt, daß Dattelpalmteile als Brennmaterial und bei der Festlegung von Sanddünen immer noch eine große Bedeutung haben.

Insgesamt wird in diesem Schulbuchtext die Dattelpalme aus der Optik der vorindustriellen bäuerlichen Selbstversorgungswirtschaft gezeichnet, ohne den aktuellen Wandel in der Bewertung dieser Kulturpflanze zu sehen oder ihre hohe marktwirtschaftliche Bedeutung zu erwähnen.

c. Die „sterbende Oase" als Phantom

Schulbuchautoren, die sich um ein aktuelles Bild der Oasen bemühen, haben bereitwillig die in manchen Fachpublikationen angebotenen Begriffe von der »Oasenflucht« und dem »Oasensterben« aufgegriffen, um damit den Niedergang der traditionellen Oase zu kennzeichnen. Es war vor allem POPP (1990, 1993), der sich gegen diese suggestiven Begriffe gestellt und sie als unhaltbare Klischees dekouvriert hat. Dabei beruft er sich nicht nur auf die Ergebnisse neuerer Oasenarbeiten. BENCHERIFA/POPP (1990b, 1991) konnten in ihrer empirisch breit abgesicherten Fallstudie zur Figuig-Oase auch nachweisen, daß sich hier trotz peripherer Lage und ohne staatliche Eingriffe eine traditionelle Oase in einem evolutionären Prozeß transformiert und dabei durchaus erfolgreich an die veränderten sozioökonomischen Bedingungen anpaßt. Dieser Modernisierungsschub erfaßt allerdings das Anbauareal der Gesamtoase nicht in gleicher Weise. Je nach Wasserangebot, Wassererschließungstechnik und betriebswirtschaftlicher Ausrichtung kommt es zur Ausdifferenzierung von Zonen der Stagnation, ja sogar des Niedergangs, und Bereichen mit innovativer Dynamik, die sich, teils verzahnt, meist aber in engem räumlichen Nebeneinander herausbilden. Die das Schulbuch bestimmende Polarisierung von absterbender traditioneller bzw. peripherer und moderner innovativer Oase läßt sich danach nicht mehr aufrechterhalten.

BISSON (1992), der die Bilanz seiner jahrzehntelangen Forschungserfahrungen in den Sahararegionen des Maghreb in einer didaktisch sehr instruktiven Form zusammengestellt hat, widerlegt auch auf großräumiger Maßstabsebene das Klischee vom Niedergang dieses Lebensraumes. Er dokumentiert mit zahlreichen Einzelanalysen für die Wirtschaftssektoren Bergbau, Landwirtschaft, mobile Tierhaltung und Tourismus die Umwertung der saharischen Regionen im Rahmen der nationalen Entwicklungsstrategien der Maghrebstaaten (vgl. auch MATTES 1992 zum algerischen »Grand Sud«). Dieser in der Kolonialzeit nach dem Zweiten Weltkrieg noch als wertlos deklarierte und damit marginalisierte Großraum ist innerhalb der letzten Jahrzehnte mit der nationalen Unabhängigkeit nicht nur durch den Bergbau, das Erdöl und Erdgas, sondern auch durch die neuen Wasserressourcen (Motorpumpen, Staudämme, Erschließung fossiler Wässer), die moderne Infrastruktur, die Arbeitsmigration, die Differenzierung der Berufs- und Erwerbsstrukturen etc. insgesamt zu einem recht dynamischen, aktiven Raum geworden, der durch den raschen Ausbau des Verkehrsnetzes in die nationalen Wirtschaften integriert ist.

Der Saharabereich des Maghreb mit heute rund drei Millionen Einwohnern war noch nie so bevölkerungsreich wie zum gegenwärtigen Zeitpunkt. Er ist in bezug auf die Oasen gekennzeichnet durch starke Urbanisierung und durch eine rasche Ausweitung spezialisierter landwirtschaftlicher Marktproduktion (Datteln, Gemüse, Obst, Fleisch) nicht nur für den wachsenden regionalen, sondern auch nationalen Bedarf.

Wenn vor diesem Hintergrund jetzt ein Schulbuchartikel zum Oasenwandel untersucht werden soll, dann mit dem vorrangigen Ziel, die Hauptargumente, mit denen das sogenannte »Oasensterben« begründet wird, im Detail genauer zu hinterfragen (*Abb. 4*).

Das Photo, das den Zustand einer solchen »sterbenden Oase« belegen soll, könnte am Rande vieler Oasen aufgenommen sein. Im Bildvordergrund sehen wir den

Abbildung 4: Die „sterbende" Oase

▲ Sterbende Oase

Oasen im Wandel
Der technische Fortschritt ist auch an den Oasen der Sahara nicht spurlos vorübergegangen. Schon seit der Kolonialzeit, insbesondere aber mit dem Beginn des Ölzeitalters, begann ein tiefgreifender Wandel. Neue Asphaltstraßen, Autos und Flugzeuge sowie Telefon, Radio und Fernsehen verringerten die Isolierung der Oasen. Allerdings ist die Entwicklung in einzelnen Teilen der Sahara unterschiedlich verlaufen.

Oasen in der zentralen Sahara
Die Bewohner dieses riesigen Raumes werden von den technischen Neuerungen kaum erreicht. Immer mehr junge Menschen wandern zu den Ölfeldern und in die Großstädte des Nordens ab. Später folgen meist die übrigen Familienmitglieder. Viele finden jedoch keine dauerhafte Beschäftigung. Die Elendsviertel am Rand der Großstädte wachsen unaufhaltsam. Trotzdem hält die **Oasenflucht** an. Viele Häuser in den Oasen stehen bereits leer. Da Arbeitskräfte fehlen, werden immer mehr Felder vernachlässsigt. Die Bewässerungskanäle verfallen. Der Boden ist versalzt, die Palmgärten versinken im Wüstensand. Heute sind die abgelegenen Oasen der zentralen Sahara ganz vom Norden abhängig. Sie müssen mit Getreide und anderen lebenswichtigen Gütern versorgt werden.

Quelle: ERNST KLETT SCHULBUCHVERLAG: Terra Erdkunde für Hessen. Band 2. – Stuttgart 1988, S. 14; Terra Geographie 2. Die Welt. Ausgabe für Mecklenburg-Vorpommern, Brandenburg, Sachsen-Anhalt, Sachsen, Thüringen. – Stuttgart 1991, S. 148.

Ausläufer eines dichten Dattelpalmhaines. Im Bildmittelgrund erkennt man einige einzelstehende Dattelpalmen und dazwischen, an der hellgrünen Farbe eindeutig zu identifizieren, ein Getreidefeld. Der Bereich außerhalb dieses Oasenareals zeigt keine erkennbaren Relikte früherer Nutzung. Greifbare Hinweise für das Absterben dieser Oase sind hier also nicht festzustellen. Dabei kann man in vielen Oasen meist im Randbereich, aber z. T. auch in Teilen der Kernflur aufgelassene oder nur sehr extensiv genutzte Flächen finden, die bei oberflächlicher Betrachtung als Indizien für den Niedergang der Oase gedeutet werden könnten. In der Regel sind diese aber auf längerfristige Schwankungen des Wasserangebots oder auf die Verlagerung von Bewässerungsflächen zurückzuführen, die z. B. durch den Einsatz von Motorpumpen oder durch ökologische Probleme (Versandung, Versalzung, *Bayoud* etc.) verursacht sind. In Oasen mußte man immer schon, je nach topographischer Lage und hydrologischer Situation, mit einer gewissen „Mobilität" der Bewässerungsareale rechnen, nur daß sich dieser Vorgang gegenwärtig verstärkt, wenn z. B. bei der Nutzung des oberflächennahen Grundwassers leistungsstarke Motorpumpen in Konkurrenz zu traditionellen Formen der Wassererschließung (Ziehbrunnen, Khettara/Foggara) treten.

Der Schulbuchtext ist ganz darauf ausgerichtet, die „Oasen in der nördlichen Sahara" – gemeint sind damit nach den wenigen topographischen Angaben wohl die großen algerischen Oasen im direkten Einflußbereich der Haupterdöl- und Erdgasfelder – gegen die „Oasen in der zentralen Sahara" (Globalangabe ohne räumliche Fixierung) zu rücken.

Diesen „abgelegenen Oasen" fehle es an „technischen Neuerungen", so daß „immer mehr junge Menschen zu den Erdölfeldern und in die Großstädte des Nordens abwandern". Richtig ist, daß es auch in der Sahara erhebliche Disparitäten im Niveau der techischen Ausstattung und Infrastruktur der Oasensiedlungen gibt. Wenn ein Teil der männlichen ländlichen Oasenbevölkerung die modernen Arbeitsmärkte sucht, dann meist, um sich mit dem Verdienst u. a. auch solche technischen Neuerungen (z. B. Dieselgeneratoren zur Stromerzeugung) zu beschaffen, die dadurch bis in die letzten Oasenwinkel vordringen.

Der Autor, fixiert auf die »Oasenflucht«, behauptet, daß es hier eine sich verstärkende definitive Abwanderung gebe, die ohne Perspektive in die angeblich unaufhaltsam wachsenden Elendsviertel der Großstädte führe (zur Korrektur der stark verzeichneten Aussage zu den Maghrebmetropolen vgl. TROIN 1990). Das aber entspricht nicht den durch die Literatur gut belegten Verhaltensmustern der angestammten Oasenbevölkerung. Hier hat sich in der Regel innerhalb der Familienverbände eine Kombination verschiedener Erwerbsquellen eingespielt. Einige Familienmitglieder bewirtschaften den Oasengarten, betreiben ein Geschäft, arbeiten in der lokalen Verwaltung usw., während andere durch Arbeitsmigration ihren finanziellen Beitrag zum Familienbudget leisten. Es ist allerdings leicht nachvollziehbar, daß bei solchen Arbeitswanderungen ein Teil der Migranten die Heimatoase aus persönlichen Gründen auch definitiv verläßt, ohne dabei in der Regel die ererbten Besitztitel aufzugeben. Selbst wenn im Oasendorf ein Haus längere Zeit leersteht, wird es von den Nachbarn nicht okkupiert, da der Eigentümer ja zurückkommen könnte. Gerade dieser ständige Bevölkerungsab- und -zustrom in den Oasen sorgt dafür, daß sich das System Oase erhält und durch das Geld und die Initiative der Migranten auch modernisiert.

Die Ortsabwesenheit vieler Arbeitskräfte hat natürlich Konsequenzen für die Oasenlandwirtschaft. Der im Text angesprochene Arbeitskräftemangel kann aber durch Lohnarbeit, Technik oder Anbauänderungen (z. B. verstärkten Luzerneanbau) abgefangen werden. Die pauschale Behauptung, Oasen gingen unter, weil durch Abwanderung die Felder vernachlässigt würden und die Bewässerungskanäle verfielen, widerspricht den empirischen Befunden.

Die vom Schulbuchautor sozusagen als letzten Schritt zum »Oasensterben« angeführte Bodenversalzung und Einsandung stellen Oasenbewohner in der Tat vor Probleme. Während die Salzanreicherung im Oberboden durch ausreichende Drainage, organischen Dünger etc. recht gut verhindert werden kann, ist die Oasengefährdung durch Sand nur schwer beherrschbar (Schutzpflanzungen, Sandfanggräben, Palmzweigzäune, Bulldozer). Denn viele junge Dünen sind eine Folge der massiven Zerstörung der wenn auch schütteren Vegetationsdecke in der weiteren Oasenumgebung durch Brennmaterialentnahme oder Überweidung – und damit anthropogen verursacht. Bei einer mehrjährigen Trockenperiode kommt dann durch Wind Sand in Bewegung, der sich bei entsprechender Hauptwindrichtung am Hindernis des Oasenrandes akkumuliert und als Düne in die Siedlungen und Bewässerungsflächen eindringt.

Als Quintessenz dieses Artikels stellt der Autor fest, die „abgelegenen Oasen der zentralen Sahara", – warum eigentlich nur sie? –, müßten „mit Getreide und anderen lebensnotwendigen Gütern versorgt werden" und seien daher „ganz vom Norden abhängig", also im Grunde eigentlich nicht lebensfähig. Nun sind die saharischen Oasen schon lange keine autarken Inseln mehr, sondern Wirtschaftszellen, die in unterschiedlichen Formen und Funktionen mit den großen Küstenagglomerationen über ein gut ausgebautes Verkehrsnetz korrespondieren. Die räumlichen Disparitäten auf nationaler Ebene haben sich dadurch erheblich reduziert. Gewachsen sind allerdings die regionalen Disparitäten innerhalb der Großoasen oder Oasengruppen, d. h. der Unterschied zwischen dem Oasendorf und der Regionalhauptstadt, ein Entwicklungsgefälle also, durch das sich die forcierte Urbanisierung im Sahararaum erklären läßt.

Insgesamt zielt die Analyse dieser drei Schulbuchtexte nicht nur darauf ab, festverwurzelte Klischees zur traditionellen saharischen Oasen zu korrigieren. Die relativ ausführliche Kommentierung soll auch andeuten, daß sich mit diesem Unterrichtsgegenstand durch andere Perspektiven neue Themenstellungen auch für andere Klassenstufen erarbeiten lassen, durch die wichtige ökologische, entwicklungspolitische und soziokulturelle

Leitziele des deutschen Erdkundeunterrichts dargestellt und eingelöst werden können.

3. Die affektive Dimension der „deutschen Schulbuchoase"

Durch Texte, Karten und Bilder werden im Erdkundeschulbuch nicht nur Sachkenntnisse, Begriffe, Zusammenhänge etc. vermittelt. Sie prägen auch Einstellungen zu Menschen in anderen Erdregionen und deren Lebensalltag und Kultur. Damit übernimmt der Geographieunterricht eine besondere Verantwortung im Rahmen der internationalen Erziehung, deren Leitziele 1974 von der UNESCO und unter HAUBRICH (1993) durch die *International Geographical Union* (IGU) 1992 in Washington als „Internationale Charta der geographischen Erziehung" festgeschrieben wurden. Allerdings besteht zwischen der Forderung nach Verständnis und Achtung gegenüber allen Völkern und ihrer konkreten Umsetzung im Erdkundeschulbuch ein schwer auflösbares Spannungsverhältnis, da Stereotypen mit all ihren Verkürzungen, Verbiegungen, Wertungen zum Grundbestand jeder gesellschaftlich-kulturellen Identifikation gehören. Daher bemüht sich auch die Geographiedidaktik recht intensiv darum, die sozialwissenschaftliche Stereotypforschung zu integrieren und solche in Schulbüchern zumeist verdeckt vorgebrachten Klischees bzw. vorurteilsbelasteten Ausagen über die Anderen, die Fremden, aufzudecken und ihnen entgegenzusteuern (vgl. Forschungsstand bei KROSS 1992 u. WEBER 1993, S. 3-34).

Das Themenfeld »Oase« ist unter diesem Blickwinkel allerdings bislang kaum bearbeitet worden. Nur FISCHER (1987, S. 97-99) stößt bei seiner Untersuchung zur Perzeption des Islam im deutschen Erdkundeschulbuch auf die „muslimischen Oasenbauern" als „traditionelle Lebensformengruppe". Mit kritischem Kommentar zitiert er die häufig gebrauchte Metapher von der Oase als „Garten Allahs", den Hinweis auf „die Dattelpalme als besondere Gabe Allahs an seine Söhne" und die in Schulbuchtexten gelegentlich erwähnten Koranverse, die in einigen Oasen als Zeittakt die Wasserzumessung durch den Wasserverwalter steuern sollen. Solche religiösen Anspielungen bilden also nur beiläufige Ausschmückungen des Oasenthemas, sind aber natürlich keine instruktiven Hinweise auf die durch den Islam geprägte Kultur dieses Raumes.

Geht man allerdings das Oasenthema unter dem Blickwinkel des Ethnozentrismus oder Eurozentrismus an, dann wird man hier auf eine Reihe von typischen Klischees stoßen, wie sie uns recht häufig bei der Darstellung der Dritten Welt im Schulbuch begegnen (SCHMIDT-WULFFEN 1982, KÖHLER 1983 u. a.). Dazu sollen einige Beispiele, die eine solche tendenzielle Darstellung besonders deutlich offenbaren, vorgestellt werden.

a. Klischees zum Oasenalltag

Wenn Schulbuchautoren sich bemühen, über Sachinformationen zu Klima, Wirtschaftsform etc. auch die All-

Abbildung 5: Alltag von Kindern in der Todgha-Oase (Marokko)

Oase in der Sahara

In den Subtropen

Hassan lebt zusammen mit seiner großen Verwandtschaft in einem festungsartigen Haus in der Oase Tinerhir in Marokko. Er darf als einziger von vier Geschwistern die Schule besuchen. Nachmittags helfen sie, oft unter sengender Sonne, ihrem Vater im Oasengarten. Gleich dahinter beginnt die Wüste. Sie bewirtschaften das Land eines Großgrundbesitzers.

Was Hassan später macht? – „Ich weiß es nicht. Vielleicht gehe ich einmal in die Stadt, nach Marrakesch oder Casablanca! Eine andere Frage beschäftigt uns jetzt viel mehr. Wir alle hoffen, daß der Brunnen dieses Jahr nicht wieder versiegt. Sonst verdorrt das Getreide auf den Feldern, und die Dattelpalmen geben wenig Früchte. Und das bedeutet für uns immer Hunger."

Quelle: ERNST KLETT SCHULBUCHVERLAG: Terra Erdkunde für Hessen 2. – Stuttgart 1988, S. 92. – U. a. auch in: Terra 7 für Hauptschulen in Rheinland-Pfalz. – Stuttgart 1986, S. 30; Terra Geographie 2. Die Welt. Ausgabe für Mecklenburg-Vorpommern, Brandenburg, Sachsen-Anhalt, Sachsen, Thüringen. – Stuttgart 1991, S. 20.

tagwelt von Erwachsenen und Kindern in fremden Lebensräumen ins Schulbuch zu bringen, ist das eigentlich nur zu unterstützen (vgl. dazu das vorbildliche Unterrichtskonzept von SCHMIDT-WULFFEN 1990 zu Alltagslebensmustern in verschiedenen Klimazonen). Denn „ohne die menschliche Nähe bleibt uns das räumlich Ferne fremd", eine Grunderfahrung, die KROSS (1993,

S. 45) didaktisch umsetzt, um die übliche Entwicklungsländerperspektive unseres Erdkundeunterrichts zu überwinden. Denn will man unsere Schüler zu „globalem Denken" und zu partnerschaftlicher Weltverantwortung erziehen, dann muß man in ihnen auch die Fähigkeit entwickeln, fremde „lokal spezifische Lebenssituationen mit zu erfassen und zu verstehen". Diesen Anspruch einzulösen verlangt aber vom Schulbuchautor nicht nur Sensibilität, sondern auch ein verläßliches Wissen um solche Lebensbedingungen.

Vorgestellt wird dazu ein Schulbuch, das auf einer Doppelseite angeblich typische Alltagssituationen von Kindern in den vier Hauptklimazonen der Erde jeweils mit Hilfe von Bild und Text zum Vergleich nebeneinanderrückt. Für den Trockenraum hat man als Bildbeispiel den gebirgsnahen Teil der marokkanischen Flußoase des Todgha gewählt und im Text dazu als Identifikationsperson den Schüler Hassan erfunden und seine angeblichen Lebensbedingungen in dieser Oase skizziert. Dieser Text (*Abb. 5, vorherige Seite*) soll hier jetzt schrittweise kommentiert werden, um deutlich zu machen, wie gefährlich eine solche pädagogisch motivierte Konstruktion werden kann, wenn der Autor selbst keine vertieften Alltagserfahrungen mit dieser ihm fremden Lebenswelt hat:

(a) Wie viele Maghreboasen gehört auch die Todgha-Oase zu den Räumen, für die die temporäre Arbeitsmigration besonders nach Westeuropa zum Motor eines durchgreifenden Modernisierungswandels geworden ist. Hassan lebt also nicht „mit seiner großen Verwandtschaft in einem festungsartigen Haus", sondern wohl im Rahmen seiner Kleinfamilie in einem Neubau. Das alte Dorf ist nur noch eine Lehmruine, und seine Bewohner haben sich in der Umgebung neue Häuser gebaut (vgl. dazu BÜCHNER 1989, 1990).

(b) In Marokko besteht Schulpflicht, auch wenn sie bislang noch nicht überall im Lande realisiert und durchgesetzt werden kann. In der Regel drängen aber Eltern darauf, daß ihre Kinder, vor allem die Jungen, die Schule besuchen. In dem Dorf, das das Bild zeigt, haben sie sogar durch Mitfinanzierung des Schulbaus vor mehr als einem Jahrzehnt dafür gesorgt, daß der Staat auch in diesen Teil der Oase Lehrer schickt. Die sozialen Aufstiegschancen durch Schule werden hier allemal wichtiger eingeschätzt als Kinderarbeit in der Landwirtschaft, was natürlich nicht ausschließt, daß ältere Kinder bei den Alltagsaufgaben ihrer Eltern mithelfen.

(c) In dieser Oase gibt es keinen Großgrundbesitz, auch wenn hier wie in vielen Oasen das Bodeneigentum recht ungleich verteilt ist. Charakteristisch ist vielmehr eine extreme Kleinparzellierung der Flur, was man auch dem Bild entnehmen kann.

(d) Wenn Hassan in der Schule tüchtig ist, wird sein Schicksal wohl einen anderen Verlauf nehmen, als es der Text andeutet. Er besucht dann im etwa 10 km entfernten Hauptort Tinerhir das *Collège*, wechselt ins *Lycée* nach Boulmalne du Dadès, studiert in Marrakech und wird vielleicht Lehrer für Geschichte und Geographie. Damit soll aber die Gesamtlage der Oasenjugend nicht beschönigt werden. Denn Armut und Arbeitslosigkeit der Eltern schränken für ihre Kinder die Möglichkeiten ein, an diesen realen Bildungschancen zu partizipieren. Und die Jugendarbeitslosigkeit von Schulabgängern auch mit qualifiziertem Abschluß ist mittlerweile erheblich.

(e) Am Oberlauf der Todgha-Oase gibt es nur Hausbrunnen; die Felder werden hier durch die perennierenden Karstquellen des Todghaflusses versorgt. Aber selbst dort, wo während der langen Trockenperiode der 80er Jahre in der Tat in den Oasen viele Brunnen und *Khettaras* versiegt sind, ist die Grundnahrungsversorgung durch Markt und Staat immer sichergestellt worden.

Man muß sich fragen, warum der Schulbuchautor einen solchen Text erfindet, obwohl er sich in der Fachliteratur leicht hätte informieren können. Es ist ganz offensichtlich, daß der Autor ein typisches Dritte-Welt-Klischee (Kinderarbeit in der „sengenden Sonne" für Großgrundbesitzer, berufliche Perspektivlosigkeit, Hunger etc.) auf den angeblich zurückgebliebenen Marginalraum Oase projiziert. Und gleichzeitig liefert er damit auch indirekt ein verzerrtes Bild von der gesellschaftlichen Organisation des gegenwärtigen marokkanischen Staates.

b. Bilder von Menschen – Menschenbilder

Vor allem Photographien von Menschen in Schulbüchern steuern wegen ihres Wirklichkeitsanspruchs meist noch stärker als Texte gerade durch Gestik, Mimik, Kleidung etc. die gefühlsmäßige Einstellung zum Fremden. Mangelnde Sensibilität bei der Bildauswahl wirkt sich daher besonders verhängnisvoll aus und schafft oder verstärkt Vorurteile. Um solchen Suggestionen entgegenzuwirken, empfiehlt HAUBRICH (1988, S. 31; 1989, S. 183), zusammen mit Schülern Bilder von Menschen „auch mit den Augen anderer zu sehen", also vor allem auch mit Blick auf das Interesse des Bildautors an seinem Motiv und umgekehrt mit der Frage nach der Situation und Sicht des Fotografierten.

Das Photo in dem Kapitel mit dem Titel „Im Oasengarten" (*Abb. 6, folgende Seite*) zeigt einen Ausschnitt aus einer traditionellen Oase, ohne daß der Text auf die beiden dort dargestellten Personen eingeht. Bei genauer Bildbetrachtung läßt sich die Aufnahmesituation allerdings recht gut rekonstruieren: Der Mann, natürlich in Arbeitskleidung, hat seine Tätigkeit unterbrochen, weil er mit Distanz und Skepsis verfolgt, was der Photograph eigentlich von ihm will. Die Frau hat sich abgewandt, ist in die Hocke gegangen und hat sich das Tuch über den Kopf gezogen, um nicht fotografiert zu werden. Bei 14jährigen Schülern, denen dieses Bild zur Kommentierung vorgelegt wurde, kam es meist zu ganz anderen Interpretationen, die vom Bild des armen, ausgebeuteten Oasenpächters bis zur Unterdrückung der Frau im Islam reichten.

An exponierter Stelle findet sich in einem anderen Schulbuch das Brustportrait eines alten Mannes (*Abb. 7, folgende Seite*). Sein Gesicht strahlt Würde und Erfahrung eines langen, mühsamen Lebens aus. Gleichzeitig

Abbildung 6: Photoaufnahme von Menschen in der Oase

Abbildung 7: Portrait eines alten Mannes

Die Wüste lebensfeindlicher Raum

Gemüsebeete und Obstbäume

Quelle: ERNST KLETT SCHULBUCHVERLAG: Terra Geographie 5/6. Ausgabe B. – Stuttgart 1981, S. 105. – U. a. auch in: Terra Geographie 5. und 6. Schuljahr. Wir entdecken die Welt. – Stuttgart 1976, S. 92.

Quelle: WESTERMANN SCHULBUCHVERLAG: Diercke Erdkunde für Gymnasien in Baden-Württemberg. Band 3. 7. Schuljahr: Naturräume der Erde. – Braunschweig 1985, S. 42. – U. a. auch in: Diercke Erdkunde für Gymnasien in Nordrhein-Westfalen. Natur- und Kulturräume der Erde 7. – Braunschweig 1986, S. 78.

entsteht durch die Gestik und durch die dem Betrachter entgegengehaltene Schale aber der Eindruck einer demütigen Bettlerhaltung. Auch hier kann man vermuten, daß der Schulbuchautor durch den exotischen Eindruck von Kleidung und Gestik des alten Mannes verführt wurde, dieses Bild hier einzusetzen, obwohl es von seiner Thematik her völlig ungeeignet ist, den Bildtitel, nämlich das plakative Schlagwort von der Lebensfeindlichkeit der Wüste, zu illustrieren.

Obwohl gerade bei Photographien die Gefahr tendenzieller Bildmotive recht groß ist, sollte man im Erdkundeschulbuch nicht auf die Abbildung von Menschen verzichten. Aber man muß Bildthemen auswählen, die die soziale Wirklichkeit nicht einseitig filtern, und den Bildern selbst einen Kontext geben, der einen positiven, verständnisvollen Zugang zum Fremden ermöglicht, zum Beispiel durch die Darstellung typischer Alltagssituationen bei der Arbeit und beim öffentlichen Fest.

Mit dem Titelbild eines aktuellen Schulbuchs (*Abb. 8, folgende Seite*) soll hier als Zusammenfassung ein optischer Beleg vorgestellt werden, der die Einschätzung der traditionellen Oase dokumentiert und damit das Ergebnis der inhaltlichen Schulbuchanalyse recht prägnant spiegelt. Denn die Assoziationen, die hier die Gegenüberstellung zweier Photographien vor der Weltkugel auslösen soll, sind ganz offensichtlich: Der Hochgeschwindigkeitszug ICE ist Symbol für die in die Zukunft weisende Dynamik der modernen, technisch bestimmten Welt. Der Oase mit ihren kleinen Bewässerungsbeeten, den Dattelpalmen, den arbeitenden Kindern wird die Rolle des Archaischen, Rückständigen, Unzeitgemäßen zugewiesen, ein exotisches Relikt also aus der Dritten Welt.

4. Zusammenfassende Wertung

Seit gut einem Jahrhundert bildet das Thema »Oase« einen markanten Baustein des Weltbildes, das in Deutsch-

Abbildung 8: Die traditionelle Oase als Bildmetapher

Quelle: ERNST KLETT SCHULBUCHVERLAG: Terra Geographie 5/6 für Rheinland-Pfalz. – Stuttgart 1990 (Titelbild)

land durch das Erdkundeschulbuch vermittelt wird. Und fast immer sind es die saharischen Oasen des Maghreb, die hier den Oasentypus repräsentieren. Dabei hat sich gezeigt, daß die diaktische Dimension dieses Themenfeldes den konzeptionellen Veränderungen des deutschen Geographieunterrichts angepaßt worden ist und heute von der sozialgeographischen bis zur geoökologischen Perspektive alle fachdidaktischen Leitimpulse der Gegenwart integriert hat.

Die inhaltliche Schulbuchanalyse hat sich vorrangig darauf konzentriert, vor dem Hintergrund des fachwissenschaftlichen Erkenntnisfortschritts gängige Klischees zur Oase aufzudecken, wie sie aus Tradition weitergetragen werden bzw. durch die Rezeption einer überholten Forschungslage neu entstanden sind.

(1) Es gehört zu den Hauptanliegen dieser Analyse, das tradierte Oasenbild und damit das Klischee von der Stockwerkkultur und den Mythos der Dattelpalme zu korrigieren bzw. zeitgerecht zu interpretieren. Bei der Bewertung des gegenwärtigen Oasenwandels geht es vor allem darum, die behauptete Polarisierung von sterbender traditioneller und technisch moderner Oase aufzubrechen. Denn dieses Schema verstellt den Blick für die Anpassungsleistung, mit der Oasenbewohner oft auch mit staatlicher Unterstützung ihre Produktions- und Lebensverhältnisse modernisieren, ohne das überkommene System Oase aufzugeben.

(2) Die Schulbuchautoren haben es in der Hand, welche Bilder von Mensch und Alltag der Oase sie an die deutschen Schüler vermitteln. Vielfach bestimmen Exotik und Dritte-Welt-Optik die Auswahl und belegen damit, daß manche Verfasser selbst den gängigen Vorurteilen über diese ihnen fremde Welt erliegen, statt deren Alltagswirklichkeit in angemessener Differenzierung nachzuzeichnen und zu erklären.

(3) Das Bild des Maghreb, das das deutsche Geographieschulbuch produziert, beschränkt sich in der Regel auf Wüstentypen, Nomaden und vor allem auf Oasen, die vielfach wie exotische Relikte einer untergehenden archaischen Welt dargestellt werden. Kenntnisse von den Staaten, die diesen Oasen zuzuordnen sind, werden bis auf ein dürres Gerüst weniger topographischer Daten in der Regel nicht vermittelt.

Natürlich darf man vom Erdkundeunterricht nicht erwarten, daß er im Schulbuch die ganze Welt detailgenau ausbreitet. Aber man hat doch den Eindruck, daß wir uns in Deutschland aus politisch-geographischer Sicht noch nicht bewußt sind, wie räumlich nahe Europa und Nordafrika zueinander liegen. Und wenn aus Nähe Nachbarschaft werden soll, dann muß sich auch die gegenseitige Kenntnis der Lebensräume und Kulturen verdichten.

Literatur

ACHENBACH, H.: Agrargeographische Entwicklungsprobleme Tunesiens und Ostalgeriens. – Hannover 1971 (= Jahrbuch der Geographischen Gesellschaft zu Hannover für 1970).

BENCHERIFA, A.: Die Oasenwirtschaft der Maghrebländer: Tradition und Wandel. – Geographische Rundschau 42. 1990, S. 82-87.

BENCHERIFA, A. & H. POPP: L'oasis de Figuig entre la tradition et le changement. – in: A. BENCHERIFA & H. POPP (Hrsg.): Le Maroc: espace et société. Actes du colloque maroco-allemand de Passau 1989. – Passau 1990, S. 37-48 (= Passauer Mittelmeerstudien, Sonderreihe, H. 1) [=1990 a].

BENCHERIFA, A. & H. POPP: L'oasis de Figuig. Persistance et changement. – Passau 1990 (= Passauer Mittelmeerstudien, Sonderreihe, H. 2) [=1990 b].

BENCHERIFA, A. & H. POPP: Tradition und Wandel in der Bewässerungswirtschaft der Oase Figuig (Marokko). – in: H. POPP (Hrsg.): Geographische Forschungen in der saharischen Oase Figuig. – Passau 1991, S. 9-133 (= Passauer Schriften zur Geographie, H. 10).

BISSON, J.: L'industrie, la ville, la palmeraie au désert: un quart de siècle d'évolution au Sahara algérien. – Maghreb-Machrek N° 99, 1983, S. 5-29.

BISSON, J.: Le Sahara dans le développement des Etats maghrébins. – Monde arabe. Maghreb-Machrek N° 134, 1991, S. 3-27 (Teil I); N° 135, 1992, S. 79-106 (Teil II).

BISSON, J.: Développement et mutations au Sahara maghrébin. Hrsg. v. *Ministère de l'Education Nationale – Centre Régional de Documentation pédagogique – Académie d'Orléans Tours* – Tours 1992.

BÜCHNER, H.-J.: Die temporäre Arbeitskräftewanderung nach Westeuropa als bestimmender Faktor für den gegenwärtigen Strukturwandel der Todrha-Oase (Südmarokko). – Mainz 1986 (= Mainzer Geographische Studien, H. 18).

BÜCHNER, H.-J.: Le village »post-qsourien« des Aït Atta du Bas Todrha (Maroc présaharien) et l'impact du droit coutumier. – in: J. BISSON (Hrsg.): Le nomade, l'oasis et la ville. – Tours 1989, S. 187-203 (= URBAMA – Fascicule de Recherches, N° 20).

BÜCHNER, H.-J.: Types récents d'habitat oasien en remplacement du qsar. Observations sur les modalités de constitution spontanée des nouvaux villages chez les Ahl Todrha (Sud marocain). – in: A. BENCHERIFA & H. POPP (Hrsg.): Le Maroc: espace et société. Actes du colloque maroco-allemand de Passau 1989. – Passau 1990, S. 23-36 (= Passauer Mittelmeerstudien, Sonderreihe, H. 1).

BÜCHNER, H.-J. & D. UTHOFF: Neue Bewässerungsfluren durch private Motorpumpenkleinanlagen. Agrargeographische Beobachtungen unterhalb der Todrha-Oase (Südmaokko). – in: H.-J. BÜCHNER: Die temporäre Arbeitskräftewanderung nach Westeuropa als bestimmender Faktor für den gegenwärtigen Strukturwandel der Todrha-Oase (Südmarokko). – Mainz 1986, S. 301-319 (= Mainzer Geographische Studien, H. 18).

COTE, M.: Espoirs et menaces sur le Sahara algérien: les formes récentes de mise en valeur agricole. – Les Cahiers d'URBAMA 8. 1993, S. 11-27.

DAUM, E. & W.D. SCHMIDT-WULFFEN: Erdkunde ohne Zukunft? Konkrete Alternative zu einer Didaktik der Belanglosigkeiten. – Paderborn 1980.

FISCHER, G.: Analyse der Geographiebücher zum Thema Islam. – in: A. FALATURI (Hrsg.): Der Islam in den Schulbüchern der Bundesrepublik Deutschland. Teil 4. – Braunschweig 1987 (= Studien zur Internationalen Schulbuchforschung, Bd. 54).

HAUBRICH, H., G. KIRCHBERG, A. BRUCKER, D. ENGELHARD, W. HAUSMANN & D. RICHTER: Didaktik der Geographie konkret. – München 1988.

HAUBRICH, H.: Internationale Verständigung durch geographische Erziehung. – Praxis Geographie 18 (7/8). 1988, S. 30-33.

HAUBRICH, H.: Fünf Thesen zur internationalen Erziehung im Geographieunterricht. – Geographie und ihre Didaktik 17. 1989, S. 177-186.

HAUBRICH, H.: Internationale Charta der Geographischen Erziehung – International Geographical Union Washington 1992. – Geographische Rundschau 45. 1993, S. 380-383).

IBRAHIM, F.: Der Hochstaudamm von Assuan – eine ökologische Katastrophe?. – Geographische Rundschau 36. 1984, S. 236-242.

KIRCHBERG, G.: Lehrplanentwicklung im Erdkundeunterricht der Bundesrepublik Deutschland seit 1970. – Zeitschrift für den Erdkundeunterricht 42 (5). 1990, S. 166-177.

KÖHLER, U.: Ethnozentrismus in Schulbüchern der Geographie. – Geographische Rundschau 35. 1983, S. 35-37.

KROSS, E.: „Global denken – lokal handeln". Eine zentrale Aufgabe des Geographieunterrichts. – Geographie heute 12 (H. 93). 1991, S. 40-45.

KROSS, E.: Internationale Erziehung im Geographieunterricht – Ein Überblick über den Diskussionsstand. – in: E. KROSS & J. VAN WESTRHENEN (Hrsg.): Internationale Erziehung im Geographieunterricht. Zweites deutsch-niederländisches Symposium Bochum 1992. – Nürnberg 1992, S. 31-50 (= Geographiedidaktische Forschungen, Bd. 22).

KROSS, E.: Vom Entwicklungsländer-Unterricht zum Eine-Welt-Unterricht. – Geographie heute 14 (H. 114). 1993, S. 44-45.

MATTES, H.: Der algerische „Grand Sud". Politische und ökonomische Entwicklung im Sahararaum und grenzüberschreitende Einflußfaktoren. – Wuqûf. Beiträge zur Entwicklung von Staat und Gesellschaft in Nordafrika 6. 1991, S.169-258.

MEYER, G. & W.D. SCHMIDT-WULFFEN: Der Assuan-Hochdamm – eine Neubewertung tut not. – Praxis Geographie 20. 1990, H. 6, S. 50-52 (Teil I); H. 7/8, S. 83-84 (Teil II).

MUNTSCHICK, W.: Engelbert Kaempfer – „Phoenix persicus. Die Geschichte der Dattelpalme, 1712" (Übersetzung aus dem Lateinischen). – Marburg 1987, S. 51-175.

POPP, H.: Saharische Oasenwirtschaft im Wandel. – in: J.-B. HAVERSATH & K. ROTHER (Hrsg.): Innovationsprozesse in der Landwirtschaft. – Passau 1989, S. 113-132 (= Passauer Kontaktstudium Erdkunde, H. 2) [= 1989 a].

POPP, H.: Innovation et régression agricoles dans l'oasis de Figuig: le cas des qsour Laâbidate et Zenaga. – in: J. BISSON (Hrsg.): Le nomade, l'oasis et la ville. – Tours 1989, S. 103-114 (= URBAMA. Fascicule de Recherches, N° 20) [= 1989 b].

POPP, H.: Oasenwirtschaft in den Maghrebländern. Zur Revision des Forschungsstandes in der Bundesrepublik. – Erdkunde 44. 1990, S. 81-92.

POPP, H.: Oasenwirtschaft in Nordafrika zwischen Tradition und Wandel – Fallstudie Figuig (Marokko). – Geographie und Schule 15. 1993, H. 81, S. 7-16.

REHM, S. & G. ESPIG: Die Kulturpflanzen der Tropen und Subtropen: Anbau, wirtschaftliche Bedeutung, Verwertung; Stichwort »Dattel« – Stuttgart 1976, S. 197-199.

SCHIFFERS, H: Wasserhaushalt und Probleme der Wassernutzung in der Sahara. – Erdkunde 5. 1951, S. 51-60.

SCHIFFERS, H.: Stichwort »Oasen«. – in: W. TIETZE (Hrsg.): Westermann Lexikon der Geographie. Bd. 3: L-R. – Braunschweig 1970, S. 618-624.

SCHIFFERS, H.: Das Schicksal der Oasen. Vergangenheit und Zukunft einer weltbekannten Siedlungsform in den Wüsten. – Internationales Afrika-Forum 7 (H. 11). 1971, S. 641-645.

SCHIFFERS, H. (Hrsg.): Die Sahara und ihre Randgebiete. Bd. 2: Humangeographie. – München 1972 (= IFO-Institut für Wirtschaftsforschung München, Afrika-Studien, Bd. 62).

SCHLIEPHAKE, K.: Die Oasen der Sahara – ökologische und ökonomische Probleme. – Geographische Rundschau 34. 1982, S. 282-291.

SCHMIDT-WULFFEN, W.D.: Ethnozentrismus/Eurozentrismus. – in: L. JANDER, W. SCHRAMKE & H.-J. WENZEL (Hrsg.): Metzler Handbuch für den Geographieunterricht. – Stuttgart 1982, S. 55-60.

SCHMIDT-WULFFEN, W.D: Menschen in anderen Klimazonen. – Dortmund 1990 (= Schriftenreihe der Pädagogischen Arbeitsstelle Dortmund – Unterrichtsmaterialien).

SCHULTZE, A.: Allgemeine Geographie statt Länderkunde! – Geographische Rundschau 22. 1970, S. 1-10.

TAUBERT, K.: Strukturwandel in den Nefzaoua-Oasen als Schwerpunkt für Studentenexkursionen. – in: K. GIESSNER & H.-G. WAGNER (Hrsg.): Geographische Probleme in den Trockenräumen der Erde. – Würzburg 1981 (= Würzburger Geographische Arbeiten, H. 53).

TROIN, J.-F.: Casablanca, Algier, Tunis. Die drei Metropolen des Maghreb. – Geographische Rundschau 42. 1990, S. 88-93.

UNESCO: Empfehlung über die Erziehung zu internationaler Verständigung und Zusammenarbeit und zum Weltfrieden sowie die Erziehung im Hinblick auf die Menschenrechte und Grundfreiheiten – Paris 1974. – in: E. KROSS & J. VAN WESTRHENEN (Hrsg.): Internationale Erziehung im Geographieunterricht. – Nürnberg 1992, S. 177-190 (= Geographiedidaktische Forschungen, H. 23).

WEBER, R.: Bilingualer Erdkundeunterricht und Internationale Erziehung. – Nürnberg 1993 (= Geographiedidaktische Forschungen, H. 23).

Ulrich Mehlem (Berlin)

Wie nehmen deutsche Lehrer ihre marokkanischen Schüler wahr und was wissen sie über deren Herkunftsland und Kultur?

1. Vorbemerkung

Unbefangen über den Anderen als Anderen zu reden, ist heute in Deutschland wieder zu einem Problem geworden – gerade für diejenigen, die der neuen Welle von Fremdenfeindlichkeit und Rassismus wirkungsvoll entgegentreten wollen, wie auch die 16 Grund- und Hauptschullehrer aus Dortmund, deren Marokko- und Marokkanerbild hier vorgestellt werden soll. Diese Befangenheit hat zwei Ursachen: Einerseits könnte die Thematisierung ethnischer oder kultureller Unterschiede dem Integrationsauftrag der deutschen Schule entgegenwirken, bestehende Unterschiede verfestigen und damit der Ungleichbehandlung Vorschub leisten. Andererseits könnte in ihr eine unzureichende Kenntnis oder eine kritische Haltung zur anderen Kultur sichtbar werden, die dem Paradigma interkultureller Erziehung (AUERNHEIMER 1990, BORELLI 1986), das den Aspekt der Bereicherung und Chance in den Vordergrund stellt, widerspricht. So bleibt oft nur das schlechte Gewissen, viel mehr wissen zu müssen und eigentlich nicht urteilen zu dürfen. Pierre ANDRE-TAGUIEFF sieht hierin einen prinzipiellen inneren Widerspruch des Antirassismus:

„D'une part, le primat de l'assimilation par l'égalité des droits et des traitements; d'autre part, le primat de la conservation ou du développement des caractères constitutifs d'une identité «authentique»- [...] Ou bien l'on met l'accent sur les ressemblances, quitte à réaffirmer le primat de la «nature humaine» sur la diversité ethnoculturelle; ou bien l'on met l'accent sur les différences, et l'on dénonce comme accompagnant une entreprise de dépossession et d'uniformisation «aliénante» toute perspective universaliste" (TAGUIEFF 1987, S. 400 ff.).

Das Prinzip des Vorrangs der „Assimilation auf der Basis gleicher Rechte" rückt den Aspekt einer individuellen Emanzipation des Schülers von traditionellen kulturellen Zwängen in den Vordergrund. Übersehen wird hier, daß auch eine moderne Industriegesellschaft wie die Bundesrepublik nicht *per se* universelle Werte repräsentiert, sondern durch eine Vielzahl kultureller Partikularismen gekennzeichnet ist, die auch den manifesten oder geheimen Lehrplan der Schule bilden. Bei der Bewahrung der kulturellen Identität stehen dagegen Gemeinschaften mit ihrer orientierenden Bedeutung für die individuelle Entwicklung im Mittelpunkt; hier liegt die Gefahr in der Festlegung des Individuums auf die Kultur seiner Herkunftsgruppe. Eine Überwindung dieses Dilemmas erscheint überhaupt nur möglich in der Perspektive eines neuen Universellen, das erst aus den Anstrengungen aller Gesellschaftsmitglieder auf eine gemeinsame Gestaltung ihrer Lebensbedingungen hervorgehen kann.

2. Konzeption und Durchführung der Untersuchung

Die hier vorgestellte Untersuchung geht von folgenden Fragen aus:

- In welchem Zusammenhang stehen die Erfahrungen und Vorstellungen der deutschen Lehrer über Marokko mit ihrer Arbeit mit marokkanischen Kindern in Deutschland?
- Wie werden – unter den Rahmenbedingungen der Lehrertätigkeit – besondere Eigenschaften und Verhaltensweisen von Marokkanern wahrgenommen und eingegrenzt?
- Wie bearbeiten die deutschen Lehrer in ihrem Bild des anderen das Dilemma von Universalismus und Kulturrelativismus und wie wird dies selbst reflektiert?

Das Fehlen von Vorarbeiten[1] und die explorative Form der Forschungsfragen schlossen eine standardi-

---

[1] Erfahrungen und Einstellungen deutscher Lehrer gegenüber ihren ausländischen Schülern sind bisher nur in geringem Umfang am Beispiel von Türken durchgeführt worden. (BEHLEN u. a. 1984, NILSHON 1987). Die Forschungsfragen überschneiden sich aber nur zum Teil mit den hier vorliegenden. Einerseits gehen sie in der

sierte Befragung aus. Den Lehrern mußte die Möglichkeit gegeben werden, in strukturierten Interviews auch über Erfahrungen zu berichten, eigene Schwerpunkte zu bilden, einen Diskurs über die marokkanischen Kinder zu entwickeln. Dafür wurde ein Leitfaden entworfen, der Fragen zu inhaltlichen Schwerpunkten wie „Situation der Kinder", „Situation in der Klasse", „Erfahrungen des Lehrers mit den Kindern", „Behandlung von Aspekten marokkanischer Kultur im Unterricht", sowie „Erfahrungen und Vorstellungen über Marokko" enthielt.

Die Untersuchung wurde im Kontext der Feldforschung zum Promotionsvorhaben *Zweisprachigkeit marokkanischer Kinder in Deutschland* von März bis Mai 1993 in Dortmund durchgeführt. Mit 2.900 Marokkanern gilt Dortmund als eine der größten marokkanischen Gemeinden Deutschlands[2]. Da diese zudem in wenigen Stadtteilen, meist klassischen Arbeiterbezirken mit großen sozialen Problemen, konzentriert sind, stellen sie dort nach Türken und Kindern aus dem ehemaligen Jugoslawien die drittgrößte ausländische Gruppe an Grund- und Hauptschulen.

Die Lehrer wurden teilweise einzeln, teilweise in Gruppen von zwei bis drei interviewt. Nach der Verschriftlichung der mit Recorder aufgezeichneten Interviews wurden für gleichgeartete Antworten zu den jeweiligen Fragen Synopsen erstellt, längere Redefragmente einer genaueren Diskursanalyse unterzogen, um die Struktur der Äußerung, die verwendeten Bilder und Redemittel, die unvermittelten Brüche und Wortverbindungen genauer herauszuarbeiten. Diese Material wurde zu anderen diskursanalytischen Arbeiten[3] in Beziehung gesetzt.

3. Das Marokko-Bild der deutschen Lehrer

Gefragt nach ihren ersten Assoziationen und Bildern, die das Wort Marokko bei ihnen auslöste, wurden etwa 40 verschiedene Stichworte genannt, die relativ wenig Überschneidungen aufweisen, sich aber zu thematischen Gruppen zusammenfassen lassen. Einzig das Stichwort Urlaubsland mit sechs Nennungen fällt aus diesem Rahmen.

Im Bereich des Klimas rangieren „Sonne" (3x) und „heiß, Hitze" (4x) an der Spitze, es folgen je einmal „angenehmes Klima", „Strand", „Wasser". Zur Kennzeichnung der geographischen Lage fallen die Stichwörter Wüste, Sahara (3x), Afrika (2x), Gebirge (2x), einmal mit Hinweis auf Atlas und Rif, Küsten am Atlantik und Mittelmeer (1x), Kamele (1x,) Südfrüchte (1x). In der Mehrzahl korrelieren diese Assoziationen mit „Urlaubsland" und setzen weder eine eigene Reiseerfahrung noch genauere geographische Kenntnisse voraus. Etwa ein Drittel der Lehrer geht über solche Assoziationen kaum hinaus.

Zur Kennzeichnung von Kultur und Lebensweise der Menschen steht „Islam, islamisch" (3x) im Vordergrund, es folgen Zusammensetzungen mit „fremd" (Fremdheit, fremde Sprache, fremd gekleidete Menschen) (3x), Hinweise auf die andere Hautfarbe: dunkelhäutige, südländische Menschen (2x), 1x verschleierte Frauen, 1x Berber, sowie je einmal die negativen Epitheta „schmutzig", „Bettelei im Basar", „zurückgebliebenes Leben". Städte werden 2x erwähnt, einmal im Zusammenhang mit „laut", sowie einmal das Stichwort „weiße Häuser". Explizite Orientalismen[4] sind relativ selten, werden hier aber allerdings vor allem von Lehrern vorgebracht, die selbst in Marokko waren (5 von 16): 2x fällt „Tausend und eine Nacht", je einmal „Souks", „die Straße der Kasbahs", das Wort „orientalisch" und der Hinweis auf den Film „Casablanca", sowie der Bezug auf Buntheit „farbig", „malerisch", „Farbenpracht".

Im engeren Sinne politisch-historische Bemerkungen kommen am seltensten vor. Der Hinweis auf die Monarchie (2x), auf Frankreich als Exkolonialmacht (2x), einmal auf Spanien, einmal die Bezeichnung „Exkolonialland"; es folgen je einmal die Stichwörter „straff regiert", „diktatorisch", „Feudalismus", „Mittelalter" und „amnesty-Berichte".

Während bei den meisten Lehrern, die in Marokko waren, ihre Reiseerinnerungen sofort durchschlagen, tritt das Wort Marokko offenbar zu den Kindern, die die Lehrer haben, in keine Beziehung. Alle Assoziationen, die mit Menschen zu tun haben, heben das Fremde hervor, ob nun in Gestalt von Religion, Hautfarbe (dunkel, südländisch), Kleidung (verschleiert, fremd) oder Lebensweise (laut, Bettelei). Abgesehen von den typischen Orientalismen sind hier negative Bewertungen besonders auffällig. Auch bei den politischen Markierungen nehmen negative Assoziationen großen Raum ein: Feudalismus und Mittelalter rücken die marokkanische Gegenwart in ein Bild der eigenen finsteren Vergangenheit ein; während „straff regiert" noch ambivalent bleibt und einen gewissen Respekt über die Effizienz und Stabilität der Herrschaft erkennen läßt, rückt der Verweis auf die

---

Analyse der Interaktionen von Schule und sozialem Umfeld weit darüber hinaus, andererseits behandeln sie die Probleme der Nationalstereotypen nur um Rande (Elemente davon in NILSHON 1987, S. 122 ff.). Dennoch konnten sie in methodischer Hinsicht (BEHLEN u. a. 1984, S. 59-61, 231 f.) und in einzelnen Bereichen fruchtbar gemacht werden.

[2] Die vier größten marokkanischen Gemeinden in Deutschland befanden sich 1992 in Frankfurt (8981), Düsseldorf (5725), Dortmund (2932) und Wuppertal. Die Gesamtzahl der Marokkaner in Deutschland hatte im selben Jahr 80278 erreicht (*Statistisches Bundesamt* (Hrsg.): Fachserie 1: Bevölkerung und Erwerbstätigkeit, Reihe 2: Ausländer. – Wiesbaden 1993). Die Angaben über die einzelnen Städte wurden in einer direkten Anfrage mitgeteilt.

[3] JÄGER 1992, LEIPRECHT 1990 behandeln das Problem des Bildes vom Anderen unter dem Blickwinkel von Ethnozentrismus und Rassismus, wodurch die Breite ihrer Wahrnehmung eingeschränkt ist. Doch die von Leiprecht bei der Analyse von Gruppeninterviews entwickelten qualitativen Methoden (S. 170-181) und die von Jäger im Anschluß an Foucault gewählte Diskursanalyse stellen wichtige Instrumente dar, um die Repräsentationen des Anderen im Mikrokosmos der Alltagssprache zu entschlüsseln.

[4] Der Begriff wird hier nicht im gesamten Bedeutungsspektrum wie bei Said verwendet, vielmehr sollen hier nur die imaginären Aspekte der Konstruktion des Orients damit erfaßt werden (vgl. SAID 1978, S. 12 f.).

Amnesty-Berichte Menschenrechtsverletzungen in den Vordergrund.

Von 11 Lehrern, die nach dem Geburtsort ihrer marokkanischen Schüler beziehungsweise dem Herkunftsort von deren Eltern gefragt wurden, konnten 5 Namen von Städten (3x Nador, 1x Tanger, 1x Meknes, 1x Oujda) angeben; die anderen hatten nur eine ungefähre Vorstellung (eher nördliches Marokko, arabisch, küstennah), mehrmals wurde berberisch irrtümlicherweise mit Wüste konnotiert. Ein Wissen um den Unterschied der Muttersprache der Kinder hatten vier; zweifelsfrei jedem Kind die richtige Varietät zuordnen konnten aber nur zwei.

Für die interessantesten Äußerungen zu Marokko bildet die Frage, ob das Unterrichten marokkanischer Kinder die Vorstellungen zu Marokko beeinflußt habe, den Bezugspunkt. So kommt ein Lehrer hierbei zum ersten Mal auf seine Marokkoreise zu sprechen:

„Ja, ich muß sagen, also, die Kinder in Marokko haben sich anders verhalten, als sie sich hier verhalten. Klar. Die Bevölkerung is sehr arm, und die versuchen dann eben viele Sachen zu verkaufen oder Dienste anzubieten." (1,1,64)[5]

Dieses Motiv des Belästigtwerdens bleibt für alle weiteren Beschreibungen Marokkos konstitutiv. Allerdings ist dabei hervorzuheben, daß die Gründe (Armut) nicht unerwähnt bleiben. Hieran schließt sich unmittelbar der Passus an:

„Ich weiß, wie es da aussieht, ich weiß, wie die Leute dort leben, daß sie arm sind, aber oft zufriedener als Leute hier, die alles haben [...]." (1,1,73)

Die zumindest zwiespältige Erinnerung dient hier als Übergang zu einer zumindest impliziten Kritik an der Situation in Deutschland selbst, auch wenn sie in gewissem Maß der Erklärung der Auswanderung widerspricht, die im Anschluß vorgetragen wird:

„Ich versteh auch gut, warum die nach Deutschland kommen." (1,1,74)

Um aber gleich wieder dem Vorurteil von Schmarotzern oder Wirtschaftsflüchtlingen entgegenzuwirken, folgt der Satz:

„Um hier zu arbeiten. Ich meine, die arbeiten hier für ihr Geld, die bekommen hier nichts geschenkt." (1,1,75)

So wird aus dieser eigentlich negativen Erfahrung, in Verbindung mit einer kritischen Reflexion über Armut, Reichtum und Arbeit, doch noch ein positives Fazit gezogen.

Andere Akzente finden sich in folgendem Marokkobericht:

„Aber das ist natürlich schon interessant, wenn man das Land dieser Kinder dann wirklich mal gesehen hat. Wie gesagt, das Beeindruckende ist, daß man tatsächlich doch wohl teilweise mittelalterlich lebende Menschen kennenlernt, sieht, in Dörfer kommt, und dann überlegt, wenn die jetzt zu uns kommen, was die für einen Kulturschock haben müssen. Wie werden die jetzt fertig mit so ner Großstadt wie Deutschland, wie Dortmund." (9,14,40)

Der Gegensatz Stadt-Land strukturiert hier diese Gegenüberstellung Marokko-Deutschland so stark, daß

---

[5] Die Zahlen in Klammern beziehen sich auf die Transkriptionen der Interviews, wobei die erste Zahl die Nummer des Interviews, die zweite eine jedem Lehrer zugeteilte Nummer und die dritte die Nummer der Äußerung dieses Lehrers im Interview bezeichnen.

---

ein sprachlicher Lapsus unterläuft, Deutschland mit Großstadt gleichgesetzt wird. Demgegenüber stehen „wohl teilweise mittelalterlich lebende Menschen", die einen Kulturschock erleiden.

Sein prägendes Marokkoerlebnis sind Alter und Konserviertheit der Kultur:

„[...] was ich weitergeben könnte, ist, daß man erstmal enorm beeindruckt is, einmal von dem, von der Kultur, der man ständig begegnet, das is einfach, das is überwältigend, wenn man sich vorstellt, wie alt die is, und wie konserviert die teilweise noch is." (9,14,58)

Die größte Gefahr wird in der Öffnung des Landes gegenüber dem Fortschritt gesehen, der Kulturschock im eigenen Land:

„Ich mag das gar nicht weiter denken. Wenn dieses Land wirklich durch und durch infiziert würde mit westlichen Ideen und diesem Fortschrittsglauben und dem sozialen Denken in Gänsefüßchen. Die haben ja auch ein soziales Denken, aber das ist ganz einfach und primitiv. Das is einfach so ne Art Nächstenliebe, notfalls kann man das so nennen... Dann geht diese Kultur, die so bewahrt ist, ne, ich denke an Fes oder an andere Großstädte... Das ist dann absolut... müßte zusammenbrechen. Das kann ich mir gar nicht vorstellen..." (9,14,59-61)

Auch hier tauchen in der Würdigung des Anderen kritische Bezüge zum eigenen auf: westliche Ideen infizieren wie Krankheitsviren; das soziale Denken hier steht nur in Gänsefüßchen, dem eine in Marokko vorhandene Nächstenliebe gegenübergestellt wird. Der Rückgriff auf dieses Wort, das gleichzeitig als unpassend empfunden wird, verweist in die eigene christliche Tradition (von deren Zusammenbruch seit ca. 200 Jahren die Rede ist, u.a. aufgrund von Ideen wie Fortschrittsglauben). Der Hinweis auf Fes und andere Großstädte legt eigentlich die Assoziation zu Baudenkmälern nahe, das Bild vom Zusammenbruch aber scheint sich mehr auf das soziale Gefüge zu beziehen.

Diese Vorstellung von konservierter Kultur hat etwas Ästhetisierendes; sie geht in ihrer Betonung und in ihrem Respekt vor der Kultur des anderen so weit, daß eigentlich Abschottung als die beste Lösung erscheint. Von hier aus wird auch verständlich, warum dabei das Wort vom Kulturschock einen so hohen Stellenwert erhält.

Schon durch diese erste Annäherung wird sichtbar, wie stark das Bild vom Anderen, je intensiver die Begegnung voranschreitet und die Klischees vom Urlaubsland hinter sich läßt, auf die Wahrnehmung der eigenen Gesellschaft zurückwirkt. Wie abstrakt auch immer die Bezugnahme auf die konkrete Situation der aus Marokko stammenden Kinder sein mag, sie dient als Katalysator, das Eigene und das Fremde gegeneinanderzuhalten.

Wie es Kacem Basfao bei seiner Untersuchung französischer Comics zu Algerien ausgedrückt hat:

„En fin du compte, parler de l'Autre, c'est encore parler de soi. L'ailleurs décrit est toujours étrangement familier puisque l'observateur, impliqué ne serait-ce que par le cadrage de son regard, y imprime inéluctablement ses obsessions." (BASFAO 1992, S.334)

So bleibt das Unbehagen an der eigenen Kultur mit ihrem Wohlstand, Fortschritt, dem anonymen Sozialsystem unübersehbar. Der Orientalismus dagegen, soweit er, wie Basfao meint, auch eine „Maschine zum internen Gebrauch" darstellt, hat dagegen genau die Funktion, das Fremde als das Faszinierende, Exotische, Pittoreske auf einen Sicherheitsabstand zu halten. Je weniger dies als möglich oder notwendig gesehen wird, desto mehr verliert es in den Interviews an Bedeutung.

4. Die Wahrnehmung marokkanischer Schülerinnen zwischen Assimilationsperspektive und Toleranz der anderen Kultur

Die Frage nach besonderen Verhaltensweisen und Fähigkeiten der marokkanischen Schüler, „die sie für typisch halten im Vergleich zu Kindern anderer Herkunft"[6], wurde in der Regel zunächst verneint oder erst nach einschränkenden Bemerkungen positiv aufgegriffen. Dies liegt zum einen an relativ wenigen Erfahrungen mit marokkanischen Kindern bei einer Reihe von Lehrern, so daß diese eigentlich nur von Einzelfällen reden können; bei anderen werden individuelle Verhaltensweisen generell als „wesensbedingt" und nicht von der Nationalität beeinflußt angesehen. Wie stark durch die Frage Vorbehalte gegen nationale Stereotypisierungen überhaupt angesprochen werden, macht folgende Aussage deutlich:

„[...] ich komme in ne blöde Situation, wenn ich das jetzt sage, weil ich dann eigentlich so'n bißchen die Sache auf die Nationalitäten schiebe [...] Also [lacht], wollen wir mal so sagen: Den Eindruck, ich sag das, ich lehn das immer ab, weil das ja immer auf dieses Fahrwasser geht [...], daß sich das auf eine Nation [bezieht]." (10, 15; 27, 109-110)

Hier wird das Tabu überdeutlich, das seit dem Ende des Nazismus in Deutschland, zumindest diesseits einer extremen Rechten, auf nationalen und ethnischen Zuschreibungen liegt: die Sprecherin geht von vornherein davon aus, daß das, was „auf die Nationalitäten geschoben" wird, etwas Negatives ist, weil der Ausdruck „schieben auf" gleichzeitig das Verantwortlichmachen eines anderen und die eigene Entlastung impliziert: nationale Spezifika erscheinen dann als die Ursache bestimmter problematischer Verhaltensweisen oder Charaktereigenschaften. Dies aber ist mit Unbehagen und schlechtem Gewissen verbunden, weil es auf ein bestimmtes „Fahrwasser" geht. Es schien, als würden manche der Lehrer während des Interviews selbst gegen dieses „Fahrwasser" ankämpfen.

Im Folgenden soll an zwei ausgewählten Themenbereichen, der Beziehung zwischen den Geschlechtern und der Religion, das Bild der marokkanischen Schüler rekonstruiert werden.

a. Die Verhältnisse zwischen den Geschlechtern

Zwei Zitate mögen die Vorstellung eines typischen Rollenverhaltens bei den Marokkanern illustrieren:

„Man hört Folgendes, man hört manchmal, daß in andern Schulen, Marokkaner bei Aggressionen relativ häufig beteiligt sind. Also, sozusagen, überdurchschnittlich auffallen." (9,14,27)

„[...] marokkanische Jungen werden als zu sehr aggressiv und aufbrausend und so gehalten ... rechthaberisch und so. In diese Ecke ganz gern geschoben... Während die marokkanischen Mädchen meistens so ganz lieb und hilfsbereit... und vom sozialen Verhalten eben sehr angenehm, weil sie sofort sauber machen, oder dies oder jenes machen." (2,2,82-85)

In zwei Fällen treten nun Probleme mit marokkanischen Jungen auf: einmal im Sozialverhalten gegenüber anderen Kindern, wo sie, stärker als andere, aber im Milieu einer insgesamt beängstigend hohen Gewaltbereitschaft, zu Tätlichkeiten neigen.

Eine Lehrerin zeigt an anderer Stelle, wann es zum Beispiel zu solchen Auseinandersetzungen kommt:

„Aber wenn sie beschimpft werden, dann ducken sie sich eigentlich weniger. Dann reagieren die schon aggressiv auch ...und wehren sich, und – ehmm sind auch sehr – sensibel... Da sag ich dann manchmal auch: Ihr seid wirklich übersensibel... zu empfindlich. ...Also was andere noch einstecken würden, das können die nicht mehr vertragen." (2,2,93-97)

Vor diesem Hintergrund wird auch die Äußerung verständlicher, man müsse bei Jungen „auf der Hut [sein], daß kein falsches Wort zu hören [sei]" (2,2,138). Es geht offenbar um die mangelnde Fähigkeit, mit Kritik umzugehen. Dies leitet über zum zweiten Problembereich, dem der Anerkennung der Autorität von Lehrerinnen:

„Da ist mir also, besonders bei den Marokkanern, aufgefallen, daß sie doch sehr stark mannsbezogen sind... Besonders, was der Lehrer [betont] sagt, eigentlich bedingungslos akzeptieren, und was ne Lehrerin sagt, besonders bei jungen, wenns junge sind, also dann doch da – der Toufik, den wir da hatten,... der ließ sich grundsätzlich nur was von Männern sagen." (8,10,18-19)[7]

In diesen letzten Worten wird deutlicher, von welchem Standpunkt aus Lehrer zu diesem Urteil gelangen: Es ist der eines guten Funktionierens ihres Unterrichts und des Zusammenlebens in der Klasse, es geht um Anpassungsbereitschaft und Anpassungsfähigkeit an die Reglements der deutschen Schule.

Eine interessante Sicht marokkanischer Geschlechter- und Familienverhältnisse wird von einem Hauptschullehrer in einer detailreich präsentierten Heiratsgeschichte entfaltet, in der die sonst oft beobachtete Vorsicht vor Stereotypen aufgegeben wird. Der Vater lädt den Lehrer zu einem Gespräch ein, weil er von einer Beziehung seiner noch minderjährigen Tochter zu einem Deutschen erfahren hat.

Die Geschichte beginnt mit einer positiven Würdigung des Mädchens als „aufgeschlossen" und ihrer guten Deutschkenntnisse: „[...] wenn man hinter einem Vorhang gestanden hätte" (3,3,3), hätte man sie nie als

---

[6] Im Gegensatz zum einflußreichsten Paradigma der Stereotypenforschung (KATZ & BRALY 1933), bei dem die Zuschreibungen bestimmter Eigenschaften zu bestimmten Nationen nach der Häufigkeit der Nennungen in einer Eigenschaftsliste gemessen werden, wurde hier ein Verfahren gewählt, das den Interviewten – auch in der Zurückweisung oder anderen Deutung der Frage – möglichst großen Handlungsspielraum ließ.

[7] Während ein solches Verhalten in anderen Befragungen auch türkischen Jungen nachgesagt wurde (BEHLEN u. a., S. 107), wird hier das Bild der Artigkeit und Autoritätsorientierung (NILSHON 1987, S. 124) in expliziter Abgrenzung zu Marokkanern bestätigt.

Marokkanerin erkannt. Bei der Beschreibung des Besuchs wird sofort auf die untergeordnete Stellung der Mutter hingewiesen: „[...] und Mama, kaum des Deutschen mächtig, hat dann hinterher hinter der Tür gelauscht" (3,3,8). Die unwürdige Situation dieser Frau wird durch das familiär distanzlose „Mama" und die Beschreibung ihrer mangelhaften Sprachkenntnisse als „Ohnmacht" noch verstärkt. Dem Respekt vor der aufgeschlossenen Tochter steht hier eine allenfalls mitleidige Sicht der Mutter gegenüber.

Bei der Wiedergabe des Gesprächs mit dem Vater stehen Beobachtungen über Sonderbarkeiten der Anderen im Vordergrund, die mit großer Liebe zum Detail ausgebreitet werden: Der Vater habe seine Tochter bereits verheiratet, „[...] die Papiere lagen schon im Schreibtisch". Und jetzt müsse er „die Tochter wieder zum Arzt schicken, muß der also wieder feststellen, daß da also auch wirklich nichts passiert war" (3,3,10). Solche Äußerungen bleiben ohne Kommentar, doch gibt der Sprecher zu verstehen, daß er derartige Verhaltensweisen weder versteht noch billigt.

Wie sich der deutsche Lehrer in der Rolle eines Vertrauten des marokkanischen Mädchens geradezu als heimlicher Verbündeter beschreibt, zeigt eine spätere Sequenz der Erzählung:

> „Und vor nem Vierteljahr etwa rief Fatima mich mal wieder an: »Ich wollt mal wieder Ihre Stimme hören«, sagte sie dann. Ich sag dann: »Ja, rufst du von zuhause an?« »Nein!« sagt sie, »ich bin also da und da beschäftigt.« Und ich sag: »Wie ist es denn so ergangen?« »Ach, Herr Schulze, fragen Sie mich nicht!« Ich sage: »Hat er dich geprügelt?« »Ja«." (3,3,21-22)

Der erste Satz des Mädchens klingt selbst zweideutig, deutet eine Beziehung der Nähe und Vertrautheit an, die weit über das normale Verhältnis zwischen Lehrer und Schülerin hinausgeht. Mit dem Hinweis, daß sie nicht von zuhause anrufen kann, um mit ihrem früheren Lehrer zu sprechen, wird das Geheimnisvolle, fast Verschwörerische dieses Gesprächs noch unterstrichen. Daß der Lehrer aus dem Satz „Fragen Sie mich nicht" sofort schlußfolgert, daß das Mädchen von ihrem Ehemann geschlagen wurde, zeigt die Macht eines solchen Vorurteils, ohne daß er selbst „aufgeschlossen" genug wäre, auch etwas anderes zu hören.

Gefragt nach seinen Vorstellungen über Marokko, bringt derselbe Lehrer als seinen zweiten, zentralen Punkt zur Sprache:

> „Diese Dominanz halt der Männer, und das Unterbuttern der Frau. ...und ich kann mir also wirklich vorstellen, wie schlimm es grad für die Mädchen ist, wenn die hier aufwachsen, hier in der Schule behandelt werden gleichrangig mit Jungen, gleiche Rechte haben, fröhlich sind, und dann hinterher praktisch so tief wieder fallen, und wenn sie in... in, ähh, eine Ehe dann wieder eintreten..." (3,3,75)

Der Gegensatz von freiheitlicher deutscher Schule und traditionellen marokkanischen Geschlechtsrollen könnte kaum deutlicher formuliert werden. Auf der einen Seite werden die Mädchen gleichrangig mit Jungen behandelt und sind fröhlich, d.h. danach können sie nur traurig sein und „fallen so tief" (vom gleichen Rang herunter), eine Redeweise, die in der deutschen sprachlichen Tradition sonst gerade umgekehrt artikuliert ist: eine gefallene Frau ist eine, die ihren guten Ruf durch ein verbotenes Verhältnis zerstört hat. Der Bruch zwischen den beiden Bildern scheint dem Lehrer selbst aufzufallen, wenn er beim Übergang zu „in die Ehe eintreten" zögert, wo wieder der gleiche Rang und das aufrechte Gehen konnotiert sind.

Aber auch von der Seite der marokkanischen Jungen her wird dieser Prozeß reflektiert:

> „[...] und dieser, von der Fatima,... der hat das ja nun auch alles mitbekommen, und daß man also sagen könnte, Mensch, daß der nicht so'n bißchen mit rüber bringt in die Ehe jetzt von Gleichrangigkeit und... undsoweiter, sondern daß dann wieder diese alten Mechanismen aufbrechen, ich bin der Boß, ich hab zu sagen, wenn du nicht spurst, dann wirst du verprügelt, bis du also gehorchst... Ja, daß also wenig von dem eigentlich hängenbleibt, ...daß da eigentlich... nichts übrigbleibt. Das is so deprimierend." (3,3,75-77)

Hier sieht sich der Lehrer voll im Einklang mit dem Integrationsauftrag der deutschen Schule, der gleichzeitig als Weg einer Emanzipation für die marokkanischen Mädchen überhöht ist. Mit dem Bild des prügelnden Vaters/Ehemanns vor Augen gibt es in der Tat für Toleranz wenig Spielraum[8].

In dieser Sicht erscheint die Anpassung der Jungen als eine oberflächliche, die in einer anderen Umgebung und einer neuen Rolle schnell aufgegeben wird, während die Mädchen eine tiefgreifende und prägende Akkulturation erfahren, deren Rücknahme nur als schmerzlicher Verlust empfunden werden kann.

Völlig andere Akzente setzt eine mit einem Marokkaner verheiratete Hauptschullehrerin. Hier wird das einleitende Statement: „Die Mädchen sind halt anpassungsbereiter und anpassungsfähiger" sogleich eingeschränkt:

> „Andererseits ist das natürlich auch, die Mädchen sind trotzdem verschlossen, ne. Es ist jetzt nicht so, daß sie sich total öffnen... So nach außen hin zwar ja, aber so ne gewisse Scheu... Und auch ein sich Abgrenzen, so innerlich: Ich bin anders als die. Ich denke, das bleibt." (2,2,144-146)

Mit der Argumentationsfigur äußerlich-innerlich rückt hier das Problem der Identität „Ich bin anders als die" in den Vordergrund. Zur Illustration folgt das Beispiel: „Einerseits zieh'n sie halt modische Jeans an, aber andererseits tragen sie trotzdem das Kopftuch", was die Lehrerin positiv bewertet: sich nicht bedingungslos anzupassen, wie es in den Interpretationen ihres Kollegen, übrigens selbst nicht expliziert, ständig mitschwingt.

Entsprechend ambivalent fällt hier auch die Seite der Jungen auf:

> „Bei den Jungen ist das eigentlich extremer, muß ich sagen. Also, die passen sich eigentlich ganz stärker der Gesellschaft hier an. ...Und die, ja die haben dann auch, glaub ich, noch größere Schwierigkeiten, dieses so zusamenzubringen: diese Tradition und das, was zuhause erwartet wird... und das, was die Clique erwartet." (2,2,152-154)

Anstelle eines bloßen Durchgangs des (letztlich) traditionell bleibenden marokkanischen Jungen wird hier der Konflikt sich widersprechender Erwartungen

---

[8] Hier auf den Rassismusvorwurf zu rekurrieren, wie dies Jäger und seine Mitarbeiter beim selben Thema (JÄGER 1992, S.247-250) getan haben, scheint mir in die falsche Richtung zu gehen. Die Kritik an Verhaltensweisen des Anderen, die mit eigenen Vorstellungen von Menschenrechten unvereinbar sind, läßt sich nicht auf die Abwehr von Kritik an eigenen Verhältnissen reduzieren, auch wenn diese Komponente dabei eine Rolle spielen mag.

namhaft gemacht, der dann sogar oft gegen die Tradition und die alten Mechanismen gelöst werde:

> „Und die Jungen verkrachen sich dann ziemlich leicht mit den Eltern, während die Mädchen das ein bißchen besser auf die Reihe bringen... Weil sie vermitteln dann auch ein bißchen für sich selber – daß sie das irgendwie besser auseinanderhalten können." (2,2,156-157)

Hier geht die Akkulturation, auch wenn sie nicht als Gewinn von Rechten und Fröhlichkeit, sondern als Konflikt und Bruch beschrieben ist, bei den Jungen offenbar weiter, während die Mädchen elastischer mit widersprüchlichen Identitätszumutungen umgehen können. Dieses Interview fällt jedoch insofern aus dem Rahmen, als hier das sonst dominierende Bild der Frauenunterdrückung weitgehend ausgeklammert bleibt, weil sich mit ihm bestimmte Fragen gar nicht mehr oder nur sehr schwer stellen lassen.

b. *Der Islam*

Die Wahrnehmung der Marokkaner als Muslime ist das zweitstärkste Motiv bei der Erarbeitung eines nationalen Stereotyps. Hier ist der Vergleich mit den Türken das hervorstechende Element, deren Präsenz in Dortmund die Gruppe der Marokkaner etwa um das Sechsfache übersteigt. Neben dieser weitgehenden Parallelisierung zu den Türken gibt es auch einzelne Versuche der Abgrenzung, von denen zwei explizit auf den Islam Bezug nehmen:

> „Also bei den Türken [ist] alles, denk ich mir, noch viel religiös verbrämter und gezwungener... Und das is mir bei Marokkanern eigentlich noch nicht so [aufgefallen], ... irgendwie, kommt mir [vor], ein bißchen lässigerer Umgang oder gemäßigterer Umgang ...mit der Religion. ...Ja, so'n bißchen freier..." (8,11,44)

Dies wird unter anderem damit begründet, daß die marokkanischen Mädchen in der Regel keine Kopftücher tragen, und daß es nicht solche Schimpfwörter gäbe wie „Hurensohn" (*piç*), die einen starken religiös-traditionellen Hintergrund hätten.

Fast alle Lehrer haben den *Ramadan* zum Anlaß genommen, um in ihrer Klasse darüber zu diskutieren. Die muslimischen Schüler durften dann erzählen, wie es bei ihnen läuft. In diesen Berichten scheint es weder eine Ausgrenzung noch einen als unangenehm empfundenen Rechtfertigungszwang zu geben. Im Gegenteil: die Muslime erzählen gern, sind stolz, daß sie mal im Mittelpunkt stehen, die Nichtmuslime sind interssiert und hören zu. Zwischen Türken und Marokkanern werden Unterschiede sichtbar. Man diskutiert zum Beispiel die Probleme mit dem Kalender.

Dieses harmonische Bild eines interkulturellen Unterrichts wird ein bißchen getrübt durch die Probleme, die die Lehrer selbst teilweise mit der Beteiligung der marokkanischen Kinder am Fasten haben:

> „Und ich war so erschrocken eigentlich darüber, daß es ja wirklich Kinder gibt, hier in der Klasse, die das auch schon mitmachen. Ich halte das einfach für verk – ... Da muß ich sagen, da hab ich gesagt, das möcht ich doch, daß sie darüber nachdenken, auch mit den Eltern sprechen, weil ich das einfach schlimm finde, wenn die Kinder hier ...morgens nichts essen, ...Is doch total überfordert..." (5,6,97)

Vom pädagogischen (Wohlergehen des Kindes) wie vom Lehrendenstandpunkt aus (Gewährleistung der Aufmerksamkeit im Unterricht) wird hier das islamische Gebot infragegestellt, nicht direkt: schon das Wort „verkehrt" kommt nicht einfach über ihre Lippen, aber doch in Form von Ratschlägen und Bedenken.

Interessant auch die Versuche, den nicht-muslimischen Kindern einen Begriff von Fasten zu vermitteln, der in der christlichen Tradition ebenfalls vorhanden ist.

> „Also Fasten. Zunächst mal alle: ach, wollen die alle dünner werden? War also der erste Punkt... Und dann übertragen auf unsere Religion. Bei uns gibt es ja auch eine Fastenzeit, beim katholischen Glauben... Was bedeutet das jetzt? Und daß jeder Mensch eigentlich auch mal versuchen sollte, nicht mit der Absicht abzunehmen, sondern einfach um mal zu reduzieren, mal zu verzichten. Und worauf könnte man als Kind z. B. am leichtesten verzichten?" (7,8,123-125)

Hier gelingt eine interessante Ausleuchtung eines tendenziell gemeinsamen kulturell/religiösen Hintergrunds, der die Unterschiede und Kuriositäten erstmal zurücktreten läßt. Aber wie schnell schlagen sie wieder durch! Als nämlich in einer analogen Situation ein anderer Lehrer Muslime nach dem Sinn ihres *Ramadans* fragt, erhält er keine befriedigende Antwort. Sein Kollege interpretiert:

> „Die fragen ja auch nicht so sehr nach dem Sinn, dat is so vorgeschrieben, das tut man dann. Das wird dann nicht hinterfragt. Wir hinterfragen ja immer: Welchen Sinn hat das? Und welche Bedeutung? und so... Warum? Das is, glaub ich, für die überhaupt nich so die Frage." (3,4,48)

Dies ein verbreitetes Motiv eines religiös geprägten, aber auch schon differenzierten Islambildes: Der Islam als Gesetzesreligion im Gegensatz zur verinnerlichten Erneuerung des Menschen im Christentum, speziell dem Protestantismus[9]. Hinzu kommt, daß das Christentum durch die Attacken der Aufklärung in dieser Hinsicht geschärft wurde; etwas, das dem Islam grundsätzlich abgesprochen wird. Derselbe Lehrer zeigt sich durchaus seinen muslimischen Schülern gegenüber aufgeschlossen, wenn er über religiöse Gespräche berichtet:

> „Und ich komm auch mal mit dem Koran unterm Arm in die Klasse, wenn dann vorher das Thema irgendwie mal angeklungen war. Und dann kann auch mal gezeigt werden, daß da auch von Jesus die Rede ist. ...Und Jesus als Prophet wird ja auch vom Islam her anerkannt." (3,4,40-41)

Der Satz scheint implizit ein muslimisches Vorurteil gegenüber Christen zu thematisieren und dagegen das Gemeinsame zu betonen. Er könnte auch gegen christliche Vorurteile gelesen werden, aber in der konkreten Unterrichtssituation sind außer dem Lehrer keine Christen anwesend, da die Muslime während des konfessionellen Unterrichts in sogenannten Betreuungsgruppen zusammengefaßt werden. Es liegt im Ermessen des Lehrers, wie er eine solche Stunde gestaltet.

Die besten Voraussetzungen eines besseren gegenseitigen Kennenlernens schienen bei einem Moscheebesuch zu bestehen, den eine Hauptschullehrerin mithilfe eines türkischen Kollegen organisierte, an dem musli-

---

[9] Vgl. z.B. Tilman NAGELs ansonsten sehr einfühlsame Studie über den Koran: „Das Handeln nach bestimmten [...] Regeln [...] entwickelt sich zur kennzeichnenden Eigenschaft der Gläubigen, ein Charakteristikum, das schließlich auch ohne inneres Nacherleben eines sinnstiftenden religiösen Wandels erworben werden kann." (S. 303).

mische (türkische, marokkanische) sowie nicht-muslimische Schüler teilnahmen[10]. Doch was geschieht?

„Und dann kommt auch der Imam und läßt die Jungs vorbeten. Dann wird gleich deutlich, daß die Mädchen nicht mit vorbeten dürfen. Das war schon mal sehr ...Und das is immer sehr eindrucksvoll..." (6,7,101,103)

Mit diesem Schlüsselerlebnis ist der weitere Umgang mit der Moscheeerfahrung determiniert. Das Wort eindrucksvoll, das an zwei weiteren Stellen wiederkehrt, kann nur als Euphemismus verstanden werden. Es wurde auch später, als das Gespräch auf die Reaktion der deutschen Kinder kam, durch „empörend" ersetzt. Daß dies vor allem von Seiten der nichtmuslimischen Schülerinnen Fragen auslöste, kommentiert die Lehrerin so:

„Mir war das ganz recht. Ich hab gedacht, ich hab gesagt, seid vorsichtig, wenn ihr mal einen Mohammedaner heiratet. Überlegt euch das doch." (6,7,111-112)

Die abschließende Bewertung des Vorfalls läßt eine weitere wichtige Begründung hervortreten:

„Ein Mädchen war nämlich sehr intelligent und steckte die Jungs, die dann nach vorne kommen konnten, in den Sack. Und wenn es nach Leistung gegangen wäre, hätte das nicht so passieren dürfen." (6,7,115-116)

Die von der Religion sanktionierte Rangordnung der Geschlechter steht hier dem meritokratischen Prinzip entgegen, wie es von der Schule exemplarisch repräsentiert wird.

Der mutige Schritt der Lehrerin zu einer Annäherung an die fremde Kultur stößt so auf schnelle Barrieren, die aber in der Interpretation noch weiter ins Grundsätzliche und Unüberwindliche erweitert werden: die Differenz, die im Alltag als so harmlos und unbedeutend erschien, wird unüberbrückbar.

Als Schlüsselbereich in der Wahrnehmung der Religion ihrer marokkanischen Schüler stellt sich freilich die Rolle der Koranschulen dar. Danach gefragt, ob sie lieber einen islamischen Religionsunterricht im schulischen Lehrangebot integriert hätten[11], kommen überwiegend kritische Bemerkungen:

„[...] das ist echt schwierig – Das muß ich ehrlich sagen, weil man – überhaupt nicht weiß, was die Lehrer dann so für Unterricht machen... Also da hab ich echt gemischte Gefühle. Ich denke, islamischen Religionsunterricht gibt es ja schon in den Moscheen... das ist schon undurchsichtig genug, und ich möcht mich nicht so, ich möcht mich nicht so ganz dafür ins Zeug legen." (2, 2; 217-219)

Die Ausdrücke „gemischte Gefühle" und „sich ins Zeug legen" sind wieder ein Euphemismus; gemeint sind: negative Gefühle und Ablehnung der Unterstützung.

„Wenn das ihre Religion ist, warum sollte das nicht auch berücksichtigt werden?... Auf der anderen Seite, wenn man daran denkt, dann gehen die ja nachmittags in die Moschee, wie die da beansprucht werden. Also, was wir sicher auch nicht immer alles für richtig oder für gut halten." (5, 6; 108, 111)

---

[10] Vgl. den Bericht über einen Moscheebesuch im Rahmen des Projekts: *Sozialisationshilfen für ausländische Kinder an der Grundschule* in Berlin, vorgestellt in: BERGER, GROßHENNIG, SCHIRMER (1989), S. 12-18.

[11] Vgl. KIESEL, SEIF, SIEVERING (Hrsg.): Islamunterricht an deutschen Schulen? (1986) und die Materialien des *Landesinstituts für Schule und Weiterbildung in Nordrhein-Westfalen*: Religiöse Unterweisung für Schüler islamischen Glaubens (1986, 1991).

Hier wird der Widerspruch am klarsten festgehalten: Eigentlich müßten sie mit den anderen Konfessionen gleichgestellt werden. Doch dieser Abspruch auf Gleichbehandlung wird mit einer Kritik an Inhalt (wir finden das nicht richtig und gut) und pädagogischen Formen des Islamunterrichts (sie werden beansprucht) zurückgewiesen.

Neben Äußerungen, die eine grundsätzlich religionskritische Haltung einnehmen, und daher auch muslimischen Religionsunterricht in der Schule ablehnen, gibt es aber auch Befürworter eines öffentlichen Islamunterrichts – zur besseren Kontrolle:

„Ich würde das für viel besser halten, wenn das hier in der Schule ablaufen würde. ...Damit man einfach mal wüßte, was denn da überhaupt abläuft. Denn was da manchmal mit Mädchen passiert, ... das deckt sich ja nicht mit unserem kulturellen Kreis..." (11,16; 117-119)

Wie stark der außerschulische Koranunterricht seinerseits auf die Schule zurückwirkt, macht folgende Äußerung deutlich:

„Man merkt also, sie sind einem anderen Einfluß ausgesetzt. Sie werden also am Anfang, jedenfalls hab ich festgestellt, sie werden stiller im Unterricht, und, äh, die gucken einem manchmal so an, als würden sie nicht das glauben, was man Ihnen sagt. Also man merkt eine Beeinflussung von der anderen Seite her." (9,13;47)

Der Einfluß von „der anderen Seite" bildet hier den Interpretationsrahmen, in den Beobachtungen wie „stiller werden" und „ungläubig gucken" eingeordnet werden. Erst auf Nachfrage werden als Indikatoren für das „stiller werden" die Disziplin genannt, während das „ungläubig gucken" unausgeführt bleibt. Hervorzuheben bleibt, daß auch bei dem delikaten Thema der Koranschulen nur einmal, und dies eher beiläufig, von „Fanatismus" die Rede ist. Dies macht das Bemühen der meisten Lehrer deutlich, ihre Kritik zu differenzieren und nicht einfach herrschenden Klischees zu folgen, auch wenn deren Einfluß spürbar bleibt.

5. Zusammenfassung

In der Vorstellung der wichtigsten Ergebnisse der Befragung ist deutlich geworden, wie wenig die Präsenz marokkanischer Kinder in der Klasse zur intensiveren Beschäftigung mit Marokko Anlaß gegeben hat. Allerdings wirkten die Erfahrungen von Marokkoreisen auf die Wahrnehmung der Kinder zurück: Gründe für die Migration und kulturelle Konflikte werden nachvollziehbarer. Die schwache Repräsentanz Marokkos in den Vorstellungen der Lehrerinnen und Lehrer ist auch dadurch zu erklären, daß es zwischen Deutschland und Marokko keine z.B. den französisch-maghrebinischen Beziehungen vergleichbare „Dichte des Imaginären" (BRONDINO 1992, S.180) gibt, weder das kollektive Gedächtnis noch die aktuelle Berichterstattung der Medien ein Ensemble von Bildern zur Markierung des Anderen in seiner Spezifik zur Verfügung stellen. Die geringe Zahl der marokkanischen Migranten in Deutschland tut ein übriges, ihre Konturen zu verwischen. Die Lehrer gehen daher meist vom über den Islam verwandten türkischen Fall aus und halten Gemeinsamkeiten und Unterschiede fest.

Die Antworten auf die Frage nach den Besonderheiten des Anderen als Anderem kreisen überwiegend um den Aspekt seiner Assimilierbarkeit: es werden Verhaltensweisen aufgelistet, die teils diesem Ziel entgegenstehen, teils (wie z.B. bei den Mädchen) ihm entgegenzukommen scheinen. Diese dominierende Wahrnemung ist verbunden mit einer weitgehenden Identifikation mit dem Erziehungsauftrag der deutschen Schule, der vor allem unter den Aspekten der Gleichberechtigung der Geschlechter, der Leistungsorientierung (meritokratisches Prinzip) und der Orientierung am Wohl des Kindes (Schutz vor Überlastung, Förderung der Fähigkeiten) gesehen wird. Kritische Bemerkungen zur deutschen Schule und gesellschaftlichen Verhältnissen in Deutschland bilden die Ausnahme, auch wenn sie – vor allem bei den Marokkobeschreibungen – deutlich anklingen. Entscheidend ist der Vorrang dieser Perspektive gegenüber allen manchmal anklingenden kulturrelativistischen Tendenzen.

Dem widerspricht nicht, daß auch Konzepte interkultureller Erziehung einen gewissen Einfluß ausüben. Die Bereitschaft, sich mit religiösen und kulturellen Besonderheiten einzelner ethnischer Gruppen auch im Unterricht befassen, ist weitgehend vorhanden. Angesichts der großen Zahl verschiedener Nationalitäten (bis zu 8 in einer Klasse) und der großen sozialen Probleme in den Einzugsgebieten der Schulen bleibt jedoch hierfür im Alltag wenig Spielraum. Der Anspruch, den Kindern durch die Berücksichtigung kultureller Besonderheiten gerecht werden zu sollen, kann sich so oft nur in Form von schlechtem Gewissen geltend machen. Diese Aufgabe kann auch nicht individuell von den Lehrerinnen und Lehrern geleistet werden, sondern erfordert strukturelle Reformen des Schulsystems.

Wenn sich auch der Einfluß des sehr stark negativ gefärbten Islambildes in den Medien in Grenzen hielt, so bleiben doch gerade hier die Eindrücke einer fast unüberwindlichen Fremdheit (Frauenunterdrückung, Verletzung des Leistungsprinzips, Überlastung der Kinder, rein äußerlicher Ritus ohne Sinn) vorherrschend, ja sie werden durch Versuche der Annäherung eher noch verstärkt. Diese hängen aber auch mit den spezifischen Formen des Islam in der Migration zusammen, der als eine Defensivkultur marginalisierter Gruppen beschrieben werden kann.

Dadurch sind die besonderen Bedingungen der Arbeitsmigration angesprochen, die in der Darstellung bisher vielleicht zu wenig Berücksichtigung fanden, obwohl sie ein strukturierendes Moment für die Wahrnehmung beider Seiten darstellen. Durch rein ökonomische Nützlichkeitserwägungen angestoßen, führte sie zur minderen Rechtsstellung der Einwanderer, ihrer sozialen und kulturellen Marginalisierung bis hin zu ihrer Bedrohung und gewaltsamen Verfolgung durch rechtsextreme Gruppen. Solange hier keine grundsätzliche Umorientierung der deutschen Politik erfolgt, scheinen viele der beschriebenen Orientierungs- und Handlungskonflikte der deutschen Lehrer unvermeidlich. Eine Lehrerin bringt dies nicht ohne Selbstkritik auf den Punkt:

„Als die Arbeiter hierher geholt wurden, da hat man nicht gefragt: Könnt ihr lesen? Könnt ihr schreiben? Da hat man sich nur die Muskeln angekuckt und das Gebiß... So, und dann hat man die hergeholt. Und das sind jetzt alles Analphabeten. Das sind auch nicht die integrationsfähigen Leute, die man jetzt haben möchte... Die anderen hat man ja nicht ausgesucht... Ja, und jetzt müssen wir damit leben. Die müssen hier leben. Die sind nicht bereit, sich zu integrieren, die marokkanischen Frauen, die älteren... Sind die nicht. Und das können wir auch nicht verlangen. Wir haben die nicht unter diesem Gesichtspunkt hierhergeholt." (2,2,106-110)

Literatur

AUERNHEIMER, Georg: Einführung in die interkulturelle Erziehung. – Darmstadt 1990.

BASFAO, Kacem: Arrêt sur images: les rapports franco-maghrébins au mirroir de la bande dessinée. – in: Kacem BASFAO und Jean Robert HENRY (Hrsg.): Le Maghreb, l'Europe et la France. – Paris 1992, S. 225-235.

BEHLEN, Friederike u. a.: Schule im sozialen Umfeld. Die A-Schule in Berlin. Projektbericht aus dem von der DFG geförderten Projekt „Schule im sozialen Umfeld in Gebieten mit hohem Ausländeranteil" (SISU). – Berlin 1985.

BERGER, Hartwig, Ruthild GROßHENNIG & Dietrich SCHIRMER: Von Ramadan bis Aschermittwoch. Religionen im interkulturellen Unterricht. – Weinheim und Basel 1989.

BORELLI, M. (Hrsg.): Interkulturelle Pädagogik. – Baltmannsweiler 1986.

BRONDINO, Michele: L'Italie au croisement des rapports euro-maghrébins: le cas tunisien. – in: Kacem BASFAO und Jean Robert HENRY (Hrsg.): Le Maghreb, l'Europe et la France. – Paris 1992.

JÄGER, Siegfried: BrandSätze. Rassismus im Alltag. – Duisburg 1992.

KIESEL, Doron, Klaus Philipp SEIF & Ulrich O. SIEVERING (Hrsg.): Islamunterricht an deutschen Schulen? – Frankfurt 1986.

Landesinstitut für Schule und Weiterbildung: Religiöse Unterweisung für Schüler islamischen Glaubens. 24 Unterrichtseinheiten für die Grundschule. – Soest 1986

Landesinstitut für Schule und Weiterbildung: Religiöse Unterweisung für Schüler islamischen Glaubens. 12 Unterrichtseinheiten für die Klassen 5 und 6. – Soest 1991.

LEIBRECHT, Rudolf: „....da baut sich ja in uns ein Haß auf..." Zur subjektiven Funktionalität von Rassismus und Ethnozentrismus bei abhängig beschäftigten Jugendlichen. – Hamburg/Berlin 1990.

NILSHON, Ilse: Pädagogische Momente struktureller Distanz zu Ausländern – Ergebnisse einer Befragung von Hauptschülern. – in: Hans MERKENS und Folker SCHMIDT (Hrsg.): Integrationsprobleme von Arbeitsmigranten und ihren Familien. – Frankfurt 1987.

NAGEL, Tilman: Der Koran. Einführung – Texte – Erläuterungen. – München 1983.

SAID, Edward: Orientalism. – New York ²1978.

TAGUIEFF, Pierre-André: La force du préjugé. Essai sur le rassisme et ses doubles. – Paris 1987.

Lucette Heller-Goldenberg (Köln)

Das Marokkobild deutscher Studenten
Empirische Ergebnisse einer Befragung an der Universität Köln[*]

Mit 1 Abbildung

Die Hegemonie eines einzigen kulturellen Modells bedroht unsere Zeit. Je mehr sich der Graben zwischen reichen und armen Ländern vertieft, um so stärker wird auch ein Angleichungsprozeß unter den Kulturen, gemäß einer Hierarchie unzureichender Kriterien, was auf eine Beseitigung des Unterschiedlichen und der Einzigartigkeit von Minderheiten in Bezug auf den amerikanisierten Westen hinausläuft. Immer wenn kleine Restaurants wie „Chez la mère Germaine" oder „Le Marrakech" einem „Burgerking" oder „Mac Donald's" weichen müssen, verarmt das kulturelle menschliche Erbe. Denn lediglich Mannigfaltigkeit ermöglicht es, eine geistige Verarmung zu vermeiden unter Wahrung der kulturellen, sprachlichen und künstlerischen Vielfalt.

Es ist Widerstand angesagt gegen die Anpassung des einzelnen, den man in die dominante Kultur integrieren will und dabei seine einzigartige Spezifik verdrängt. Harmonie ist nicht notwendigerweisae heilsam, nämlich dann nicht, wenn sie das Ergebnis eines Einverleibungsprozesses der Mehrheit ist. Können wir aus der jüngeren Geschichte lernen? Hat nicht die Ideologie der Nazis, indem sie die Rassen und Kulturen »rein« machen wollte, die deutsche Kultur verarmen lassen – so daß sie bis heute nicht wieder die avantgardistische Stellung erreicht hat, die sie zu Beginn der zwanziger Jahre eingenommen hatte?

Weshalb sollte demzufolge ein junger Deutscher, Franzose oder Spanier ein Interesse daran haben, Marokko – oder jedes andere, seiner kulturellen, geographischen oder mentalen Wahrnehmung fernstehende Land – kennen und verstehen zu lernen? Nur die Kenntnis des Anderen wird es ihm ermöglichen, dieses Individuelle, das so anders ist als er, zu respektieren, ohne es gleich als eine Bedrohung für die eigene Identität zu empfinden. Das Interesse am Anderen kann aus der Weltbühne die Aggressivität nehmen, die eine wichtige Triebfeder des Rassismus ist, der in den desorientierten westlichen Gesellschaften derzeit aufkeimt. Eine Öffnung gegenüber dem Anderen würde es ermöglichen, den Gefahren einer Verknöcherung und Versteinerung der Kulturen durch ihre Vermischung zu begegnen, was wohl die einzige Möglichkeit für die modernen Gesellschaften bietet, auf die sich ihnen stellenden Fragen zufriedenstellende Antworten zu finden.

Diese Überlegungen haben mich dazu angeregt, im Mai 1993 eine Befragung von 200 Studenten der Romanistik an der Universität Köln durchzuführen. Diese Universität ist mit ihren 5.000 Romanistik-Studenten, von denen sich allein 2.000 auf Französisch spezialisiert haben, die drittgrößte in Deutschland. Diese jungen Leute aus allen Semestern stellen ein repräsentatives Abbild der Romanisten in Köln (und vielleicht sogar ganz Deutschlands) dar.

Nachdem ich an der Universität seit 1986 einen Forschungsschwerpunkt zur maghrebinischen Literatur eingerichtet habe, wollte ich nun die Kenntnisse der Studenten über Marokko testen. Es muß hierbei festgestellt werden, daß diese Kenntnisse meist sehr mager sind und sich oft auf stereotype Bilder aus der Tourismusbranche beschränken: diese hat sicherlich mit dazu beigetragen, daß das Interesse an Marokko zugenommen hat, allerdings in Form eines Bildes, das einseitig die Exotik des Landes anspricht. Dennoch halten wir es für sinnvoll, sich mit der maghrebinischen Kultur zu beschäftigen. Die jungen Leute zeigen Neugier, meist angeregt durch Schriftsteller, die über ihre Werke und ihre Themen im Rahmen von Vortragsveranstaltungen referiert haben.

1. Kenntnisse zur Geographie und Landeskunde Marokkos

Die ersten neun Fragen des Fragebogens drehen sich um geopolitische Kenntnisse über Marokko.
- 15 % der Studenten können Marokko keinem genauen Kontinent zuordnen, 82 % nennen Afrika, 2 % geben präzisierend Nordafrika und 1 % das arabische Afrika an.
- 31 % der Studenten wissen keine Antwort, wenn man sie bittet zu erläutern, was unter Maghreb zu verste-

---
[*] Übersetzt von Herbert Popp.

hen ist. 35 % nennen demgegenüber die drei Länder (Marokko, Algerien, Tunesien), die diesen Regionsbegriff ausmachen. Für 14 % ist Maghreb die geographische Bezeichnung für die Länder Nordafrikas; 8,5 % führen linguistische Argumente an und weisen darauf hin, daß es sich um die frankophonen afrikanischen Länder handele. Für 5,5 % umfaßt der Begriff die französischen Kolonien in Afrika. 4,5 % haben den »Großen Maghreb« vor Augen und rechnen entweder Mauretanien, Libyen oder Ägypten hinzu. 1 % schließlich versteht unter Maghreb die arabischen Länder Afrikas, und 2 Studenten nennen so vage Dinge wie: daß es sich beim Maghreb um eine Wüste handele oder daß darunter die französische Literatur Nordafrikas zu verstehen sei.

- Auf die etwas speziellere Frage, was denn die Bezeichnung „Maghreb el Aqsa" bedeute, müssen 90,5 % der jungen Romanisten zugeben, daß sie das nicht wissen. 3 Studenten glauben zurecht, daß es sich um Marokko handele. Ein weiterer behauptet, daß der Begriff den Norden, ein anderen, daß er den Südteil des Maghreb umfasse. Ebenfalls eine Nennung behauptet, daß es sich um jenen Teil des Maghreb handele, der Kolonie war, eine weitere subsumiert darunter die Länder Algerien, Tunesien und Marokko. Schließlich hat ein Romanist die Vorstellung, es handle sich um das arabische Wort für Bazar; einer schließlich spielt auf eine gewisse El Aqsa-Moschee an, von der er aber nicht weiß, wo sie sich befindet.
- 50 % der Befragten wissen nicht, wie die Hauptstadt Marokkos heißt. 33,5 % antworten korrekt Rabat, 7 % Marrakech, 4 % Casablanca, 1,5 % Fes, je 1 % Tanger und Agadir, während 3 Studenten so falsche Dinge wie Abad, Hammamet und Atlas [sic] angeben.
- Die Gebirge Marokkos sind kaum bekannt; 63,5 % der Studenten kennen keines. 26 % sprechen vom Atlas, offensichtlich ohne zu wissen, daß es sich um den mythologischen Gott handelt, der die Welt auf seinen Schultern trägt. 8 % kennen den Rif, 1 % den Toubkal und weitere 3 sprechen von Kabylei, dem Fes-Gebirge und dem Zentralmassiv [sic].
- Unter den marokkanischen Städten, deren Namen man kennt, rangiert Casablanca auf dem Spitzenplatz mit 40 % der Nennungen, was zweifellos auf den gleichnamigen Kultfilm zurückzuführen ist (*Abb. 1*). Marrakech ist 29 % der Studenten namentlich bekannt, während 1975, als ich nach Köln kam, fast niemand unter den Studenten jemals den Namen meiner Geburtsstadt gehört hatte, von der man auch nicht wußte, wo man sie zu lokalisieren habe. Heute ist Marrakech die von Touristen am meisten besichtigte Stadt Marokkos; alle Rundreisen machen in ihr Station, so daß in der Aufzählung Marrakech einen vorderen Platz einnimmt. Es folgen in der Reihenfolge der Häufigkeit ihrer Nennungen: Rabat (18 %), Tanger (17 %), Fes (16,5 %), Agadir (4,5 %), Meknes (3,5 %), Dakar [sic] (2 %), Tétouan und Oujda (1 %) und schließlich Taroudannt, aber auch Hammamet, Haifa und Nadar [sic] mit je 0,5 %.

Es ist leicht zu erkennen, daß in dieser Aufzählung vorwiegend exotische Namen auftauchen, die man mit dem Tourismusland Marokko verbindet, das die Phantasie des Abendlandes (und hier seit zwei Jahrzehnten auch Deutschlands) anregt. Jedoch beschränkt man sich auf sehr oberflächliche Kenntnisse über das Land.

Abbildung 1: Der 1942 angelaufene, zum Mythos gewordene Film »Casablanca« mit Humphrey Bogart und Ingrid Bergmann

- Die durch Marokko fließenden Flüsse sind fast völlig unbekannt: 97 % der Studenten kennen keinen einzigen, obwohl 1986 Driss Chraïbi in Köln über sein Buch *L'Oum er Rbia (La Mère du Printemps)* gesprochen hatte. Der Oum er Rbia wurde von den Studenten nur zweimal genannt, daneben werden Sebou viermal und Draa dreimal erwähnt. Als Nennungen tauchen auch je einmal auf: Dadès, Moulouya, Za, Bou Regreg, aber auch Côte d'Azur und Pazifik [sic].
- Von den Sprachen, die in Marokko anzutreffen sind, scheinen die Studenten eine etwas genauere Vorstellung zu haben. Lediglich 12,5 % von ihnen können überhaupt nichts dazu sagen. In absteigender Reihenfolge der Nennungen werden angegeben: Französisch (77 %), Arabisch (56 %), Marokkanisch (15 %), Berberisch (8 %), Spanisch (5,5 %), Afrikanisch (1 %) und Englisch (1 %) sowie „Franzenglisch". Diese letzte ironisierende Angabe bezieht sich vermutlich auf selbst gemachte Erfahrungen im Rahmen einer

touristischen Reise. Wenn Französisch an erster Stelle genannt wird, so kann das auch damit zusammenhängen, daß die befragten Kölner Studenten Marokko zunächst einmal über die französischsprachige marokkanische Literatur kennen. Es läßt sich auch vermuten, daß eigene Reiseerfahrungen in Marokko sich in Französisch und nicht Arabisch, einer Sprache, die die meisten überhaupt nicht sprechen können, abgespielt haben.

- Die letzte Frage des geopolitischen Themenblocks behandelt das Regierungssystem Marokkos. 63 % wissen nicht, wer die Macht in Händen hat, 28 % wissen, daß es sich um eine Monarchie handelt. 20 % kennen den Namen von König Hassan II., der allerdings für 1 % Hussein heißt. Unter den weiteren Angaben findet man in 1 % der Fälle die Nennung, daß es sich um ein konservatives und strenges System handele; ja es taucht sogar die Behauptung auf, Frankreich regiere das Land. Schließlich führen je 0,5 % an, die politische Macht sei in den Händen der Marokkaner, der Sozialisten, Algeriens oder Jean Colles [sic].

Dieser erste Fragenblock läßt die Aussage zu, daß Kenntnisse über Maroko offenbar in der deutschen Allgemeinbildung keine Rolle spielen. Sicherlich tragen die Massenmedien in Deutschland mit hierzu bei, während z. B. Belgien oder Frankreich dem Land ein stärkeres Interesse entgegenbringen – wenn man diese Aussage auf die Nachrichtensendungen des Fernsehens oder die bekannten Zeitungen bezieht. Marokko gehört aber seit ungefähr zehn Jahren zur deutschen Stadtlandschaft insofern, als Reisebüros Prospekte, Foto-Poster und Sonderangebote für Pauschalarrangements auslegen, die dazu einladen, sich auf das „Abenteuer Marokko" einzulassen.

2. Kenntnisse über die marokkanische Kultur

Der zweite Teil der Befragung will den Kenntnisstand über die marokkanische Kultur erfassen.
- 73 % der jungen Romanisten sind nicht in der Lage, den Namen auch nur eines einzigen marokkanischen Schriftstellers zu nennen. Unter den genannten Autoren rangiert Tahar Ben Jelloun an der Spitze mit 11,5 %, gefolgt von Fatima Mernissi (5,5 %) und Rachid Boudjedra (5 %). Es ist wichtig, darauf hinzuweisen, daß eben diese drei Schriftsteller im Universitätsjahr 1993 nach Köln zu Vorträgen gekommen waren. Daneben werden noch genannt: Assia Djebar (3 %), Driss Chraïbi (2 %) und Albert Camus (1,5 %). Auch von diesen hier genannten Schriftstellern waren die beiden erstgenannten 1988 bzw. 1986 in Köln zu einer Lesung, während Albert Camus sicherlich einer der am meisten gelesenen französischen Schriftsteller an deutschen Gymnasien ist. Einige Studenten kennen auch den Namen von Abdellatif Laâbi, den sie 1992 ebenfalls in Köln hören konnten. Unter Vermengung und Verwechslung der Nationalität maghrebinischer Autoren werden noch die ebenfalls vorher in Köln gewesenen Albert Gemmi, Gil Ben Aych, Fatima Gallaire sowie weitere, über die ich in meinen Seminaren gesprochen habe, wie z.B. Jean Amrouche, Kateb Yacine, Aïcha Lemsine, Mouloud Feraoun und Mohamed Jabri (von dem einige Gedichte im Heft 5 der *Cahier d'études maghrébines* veröffentlicht sind), genannt. Schließlich werden noch einige weitere Autoren angeführt: Örab, Taïb Tivini und Mehdi el Menjra, die ich nicht kenne; daneben Leopold Senghor und Paul Bowles, die offenbar zu einer Kultur gehören, die als maghrebinisch wahrgenommen wird. Eigenartigerweise nennt ein Student Molière, vielleicht wegen seiner »divertissements turcs«, die einen gewissen Bezug zur maghrebinischen Kultur haben, vielleicht auch weil der Antwortende an die Übersetzung der *Fouberies de Scapin* ins Arabische gedacht hatte.

- Die Bücher, deren Titel man zu nennen in der Lage war, haben natürlich einen engen Bezug zu den erwähnten Autoren. Es ist festzuhalten, daß 78 % der Studenten keinen einzigen Titel angeben können! Von den genannten Werken erfolgen die häufigsten Nennungen für *L'Enfant de sable* von Tahar Ben Jelloun (7 %), *Fis de la haine* von Rachid Boudjedra (5 %) und *Les Yeux baissés* von Tahar Ben Jelloun (2,5 %). Diese Nennungen sind sicherlich zu erklären durch die Anwesenheit der Autoren, die ihre Werke in Köln präsentiert hatten. Deren Werke sind auch deshalb leichter zu erhalten, weil sie in deutscher Übersetzung vorliegen. Zwei oder mehr Nennungen entfallen auf *La Statue de sel* von Albert Memmi, *Le Harem politique* von Fatima Mernissi, *L'Écrivain public* und *La plus haute des Solitudes* von Tahar Ben Jelloun sowie *Civilisation, ma mère* von Driss Chraïbi; ebenfalls genannt werden *La Peste* und *L'Étranger* von Albert Camus. Unter den ein einziges Mal erwähnten Werken seien erwähnt *Ombre Sultane* und *L'Amour, la fantasia* von Assia Djebar, *Jour de silence à Tanger* von Tahar Ben Jelloun, *Les Boucs* von Driss Chraïbi, *Sexe, idéologie et Islam* von Fatima Mernissi, *Le Thé au harem d'Archimède* von Mehdi Charef, *Le Livre d'Étoile* von Gil Ben Aych, *La Répudiation* von Rachid Boudjedra, *Les Co-épouses* von Fatima Gallaire, *Agar* von Albert Memmi, *La Terre et le Sang* von Mouloud Ferouan und *Tausendundeine Nacht* erwähnt.

Diese Aufzählung läßt den Schluß zu, daß die maghrebinische Literatur – egal ob marokkanischer, tunesischer oder algerischer Provenienz – nicht in ihrer nationalen Herkunft identifiziert wird, sondern, daß sie in einen allgemeinen Kontext eingebettet ist, die alle drei Maghrebländer umfaßt. Diese Literatur ist von der deutschen Kultur so weit entfernt, daß eine eingehendere Differenzierung nicht ergiebig erscheint. Erneut sei auf die Bedeutung der persönlichen Begegnung mit den Schriftstellern, die ihre Werke den jungen Studenten vorgestellt haben, hingewiesen und daß 88 % zugeben, weder einen marokkanischen noch einen sonstigen maghrebinischen Schriftsteller gelesen zu haben.

- Die Bücher, welche die Studenten gelesen zu haben angeben, sind *L'Enfant de Sable* (4 %), *La Nuit sacrée* (2 %), *Les Yeux baissés* (2 %), *La plus haute des solitudes* (1 %) und *La Statue de sel* (1 %). Aus diesen Zahlen läßt sich leicht die Folgerung ziehen, daß die Bedeutung der persönlichen Begegnung mit einem Schriftsteller, aber auch seine internationale Auszeichnung (die oft zu einer Übersetzung ins Deutsche führt) Elemente sind, welche die Lektüre der fremden Literatur begünstigen.

Die zwei folgenden Fragen beziehen sich auf die orientalische Kultur der Europäer:

- 84 % der Romanisten können keinen Maler nennen, der durch einen Marokkoaufenthalt inspiriert wurde. Von den genannten Malern stehen August Macke (5 %) und Paul Klee (3,5 %) an der Spitze. Diese Nennungen sind möglicherweise auf eine vielbeachtete Ausstellung der drei Maler Macke, Klee und Moillet in Bonn vor einigen Jahren zurückzuführen. Weitere Nennungen sind: Paul Gauguin (2 %), Henri Matisse (1,5 %), Eugène Delacroix (1 %) sowie Cézanne, Manet, Marc, Miro, Armin Tölke und natürlich die Impressionisten (weil sie der Farbe ihr Augenmerk zuwandten), Pointillisten, Expressionisten und Orientalisten. Außer im Falle von Delacroix, unterscheiden die Studenten erneut nicht zwischen marokkanischer und maghrebinischer, ja sogar afrikanischer Kultur.

- 76 % der Studenten können keinen einzigen europäischen Schriftsteller nennen, der durch Marokko beeinflußt wurde. Unter den genannten erscheint am häufigsten Albert Camus (7,5 %), gefolgt von Paul Bowles (4,5 %), wobei letztere Nennung sicherlich etwas mit der Bedeutung der amerikanischen Kultur und der englischen Sprache in Deutschland zu tun hat. Schließlich werden St. Exupéry (3,5 %), Elias Canetti (2 %), André Gide, Gilles Perrault, Karl May (der deutsche Jules Verne) mit je 1 % und Patrick Modiano mit 0,5 % Häufigkeit erwähnt.

- Da die Küche ein wesentlicher Bestandteil einer Kultur ist, habe ich die Studenten darum gebeten, diejenigen marokkanischen kulinarischen Spezialitäten zu nennen, die sie kennen. 45 % machen keine Angaben, aber 47 % nennen den *Couscous*. Daneben, allerdings mit weitem Abstand (je 2,5 %), werden *Tajine*, Hammel und *Thé à la menthe* (grüner Tee mit frischer Minze) erwähnt. Ebenfalls angegeben werden Fleischklößchen, Fleischarten, die mit eingelegten Zitronen oder Mandeln zubereitet werden, Hähnchen, frischer Fisch, gedünstete Gurken, *Harira*, Kaffee, *Dafina*, Haschisch und einmal (wobei der orientalische Exotismus in einen Topf geworden wird) *Pilaf* (das eigentlich türkisch ist) und *Taboulé* (libanesisch).

- Zum Abschluß der Fragen, die einen recht groben Kenntnisstand über Marokko erweisen, geben 25 % keine Antwort auf die Frage, ob sie gerne einmal nach Marokko fahren möchten. 11 % geben an, daß sie kein Interesse haben. Von den 64 %, die angeben, nach Marokko zu wollen, nennen 41 % als Motiv Tourismus, 6 % Studienaufenthalt, 2 % eine vertiefte Kenntnis der marokkanischen Kultur, 1 % den Wunsch, später einmal dort wohnen zu wollen. Alle übrigen machen keine näheren Angaben trotz ihres Wunsches, Marokko zu besuchen.

3. Stereotype über Marokko

Der dritte Fragenblock bezieht sich auf vorhandene Stereotype, die, wie man sich leicht vorstellen kann, in dem Katalog der Vorstellungen, die es über Marokko gibt, zahlreich sind. Ein Teil der Studenten ist offensichtlich, wie bereits erwähnt, durch das Studium der französischsprachigen maghrebinischen Literatur geprägt. Die meisten Studenten indes haben ein sehr oberflächliches Wissen, das sie entweder aus dem Fundus der allgemeinen Vorstellungswelt über den Orient beziehen oder im Rahmen einer absolvierten Gruppenreise, die lediglich Klischees verstärkt, ohne daß man das Land und seine Menschen wirkich kennenlernt, erworben haben.

- 72,5 % der befragten Studenten haben bestimmte Vorstellungen über Marokko; die anderen haben keine Meinung, da sie diesen Teil der Welt nicht kennen. Die häufigsten Assoziationen, die mit Marokko verbunden werden, sind: Wüste (30,5 %), Hitze (29,5 %), Islam (25 %), Meer (23 %), Sonne und Souks (je 22 %). Das, was die meisten fasziniert und anzieht, ist der Mythos des Exotischen (17,5 %). Es folgen Bilder von Früchten (16 %), mit einer Betonung der Orangen (7 %), aber auch der Datteln, Feigen und Tomaten. Daneben sind weitere Vorstellungen Sand (14 %), der Kultfilm »Casablanca« (13,5 %), Ferien (13 %) und Kamele (9,5 %), die mehrfach »Camel« geschrieben werden, vermutlich beeinflußt durch die Werbung für eine Zigarette gleichen Namens.

Die vorgestellte sehr grobe Skizze deutet auf ein Bild von Marokko hin, das weitgehend durch Stereotype charakterisiert ist. Dies ist vermutlich nicht zuletzt ein Resultat der Tourismuswerbung, die sich offenbar an Personen wendet, die nach Exotik verlangen, die am *Swimming Pool* des Hotel Mamounia ein Glas Whisky zur Erfrischung schlürfen, dabei die Safari für den nächsten Tag, eine Partie Golf unter Palmen oder einen Ausritt entlang des Strandes von Agadir planen. Sicherlich ist es nicht dieser Typ von Tourismus, der das schemenhafte Bild Marokkos entscheidend zum Positiven hin verändern kann, das, so scheint es, immer noch die Handschrift der Orientalisten des 19. Jahrhunderts trägt. Seit einem Jahrhundert hat sich nichts geändert!

Stereotype sind langlebig, und es überrascht nicht, hier eine Art folkloristischen Steindruck vorzufinden, der aus Bildern von Épinal zusammengesetzt ist und eine reduzierende Vereinfachung der Unterschiede zuläßt. Sicherlich haben einige maghrebinische Schriftsteller diesen Trend verstärkt, wenn sie eine verfälschte Realität beschrieben haben, die wiederum die Nachfrage einer Öffentlichkeit befriedigt, die sich nach Exotik sehnt.

Rachid Boudjedra hat recht, wenn er seine Landsleute geißelt, die immer wieder in ihrer Literatur dieses kolonialzeitlich geprägte Bild reproduzieren. Er beschuldigt sie, „Schönfärber für überheizte Salons [zu sein], die einst und jetzt die Vorstellung von Fatima – Palmen – blauem Himmel – Berber am Brunnen nähren"[2] (*Fis de la haine*, S. 25-26).

Doch dürfen wir nicht übersehen, daß die französischsprachige maghrebinische Literatur uns in der Mehrzahl der Fälle eine tiefgehende Auseinandersetzung mit dem Wandel der maghrebinischen Gesellschaft ermöglicht – einer Gesellschaft, die zugleich in jahrtausendealten Traditionen verankert wie auch auf der Suche nach der Moderne ist. Die Bewahrung der kulturellen Werte darf nicht nur nostalgisch rückwärtsorientiert sein, sondern muß die Liebe zur Vergangenheit mit einer Bejahung der Moderne versöhnen. Die französischsprachige maghrebinische Literatur ist in dieser Hinsicht ein Modellfall – sie trägt dazu bei, unseren geistigen Horizont zu erweitern. Ein intensives Studium einer Gesellschaft, die von innen heraus durch marokkanische Intellektuelle erfolgt, ist der Weg, der den Zugang zu einer faszinierenden und zugleich tragischen Realität, zu zahlreichen Widersrüchlichkeiten, zu einem Bild unseres aufgewühlten Jahrzehnts ermöglicht.

Fragenkatalog

Zu welchem Kontinent gehört Marokko?

Was versteht man unter Maghreb?

Was versteht man unter Maghreb el-Aqsa?

Wie heißt die Hauptstadt Marokkos?

Welche Gebirge Marokkos können Sie nennen?

Wie heißen die wichtigsten Städte Marokkos?

Welche Flüsse fließen durch Marokko?

Welche Sprachen spricht man in Marokko?

Wer regiert derzeit in Marokko?

Die Namen welcher marokkanischer Schriftsteller können Sie nennen?

Welche Buchtitel können Sie nennen?

Haben Sie schon einmal ein Buch eines marokkanischen Schriftstellers gelesen? Falls ja, geben Sie den/die Titel an.

Welche Maler wurden durch Marokko inspiriert?

Welche westlichen Schriftsteller haben über Marokko geschrieben?

Können Sie kulinarische Spezialitäten der marokkanischen Küche nennen?

Würden Sie gerne einmal nach Marokko fahren? (Reise, Tourismus, Studien, dort leben ...)

Wenn Sie das Wort »Marokko« hören, woran denken Sie dann? Nennen Sie 10 Assoziationen, die Sie mit dem Begriff verbinden.

Bitte füllen Sie den Fragebogen anonym aus. Vielen Dank. Lucette Heller, Köln, Mai 1993.

---

[2] „*bonimenteurs pour salons surchauffés* [...] *qui ont fait et font encore dans l'image Fatma – palmier – ciel bleu – berbère – à – la – fontaine*"

Gerd Becker (Hamburg)

Marokkanische Migranten in Norddeutschland und ihre Wahrnehmung durch Studenten der Ethnologie an der Universität Hamburg

Für Ethnologen gilt die Feldforschung noch immer als grundlegende und konstituierende Methode des Faches. Durch die unmittelbare menschliche Begegnung wird nicht nur die fremde Kultur begreifbarer; in der sinnlichen Erfahrung der Anderen lernen wir uns auch selbst kennen. Unsere Eigenheiten, vorgefaßten Meinungen, Klischees und Stereotypen werden uns deutlich, wenn wir sie im distanzierten Blick des Fremden reflektiert sehen.

Studenten der Ethnologie entwickeln meist schon nach wenigen Semestern theoretischer Grundausbildung den starken Wunsch nach dieser Form erlebter und erfahrener Erkenntnis. Oft fehlt es aber an den Möglichkeiten zu längeren Forschungsaufenthalten im Ausland. So wurde mein Angebot, sich in einer feldpraktischen Übung mit unseren marokkanischen Mitbürgern in Hamburg auseinanderzusetzen, von den Studierenden mit Neugier und Begeisterung aufgenommen[1].

1. Protokoll eines Seminar-Experimentes

Ich möchte hier in kurzer Form über den Verlauf und die Ergebnisse dieses Seminars berichten und schildern, mit welchen Einstellungen und Vorstellungen die Studenten in die Lehrveranstaltung gekommen sind, welche Fragen sie aufgeworfen haben, welche Methoden sie zu ihrer Beantwortung gewählt und welche Ergebnisse sie erzielt haben, wie sich ihre Sicht der Marokkaner in Hamburg gewandelt und welche weiteren Folgen dies nach sich gezogen hat.

Das Bild Marokkos und der Marokkaner, mit dem die Studenten in die Lehrveranstaltung kamen, war im großen und ganzen nicht durch praktische Erfahrung vorgeprägt. Kaum jemand hatte vorher näheren Kontakt zu marokkanischen Staatsbürgern gehabt oder das Land besucht. Einige hatten den Wunsch, die in vorangegangenen Semestern in Seminaren über Formen traditioneller Sozialorganisation im Maghreb oder über Religion und Politik in Marokko erworbenen Kenntnisse durch Anschauung zu konkretisieren.

Hinsichtlich der Vorgehensweise im Seminar kamen wir überein, nur einige wenige grundlegende Texte zu ethnologischen und soziologischen Feldforschungsmethoden gemeinsam durchzuarbeiten. Die wichtigsten quantitativen Daten über die marokkanische Gemeinde wurden gemeinsam erhoben. Dann entwickelten die Studenten einzeln oder in kleinen Gruppen Fragestellungen und arbeiteten sich thematisch und methodisch in den jeweils gewählten Bereich ein. Die Zeit für diese wissenschaftliche Vorbereitung wurde absichtsvoll kurz bemessen. Flexibilität und die Bereitschaft, von den Anderen zu lernen, sollte das Gebot des Seminars bleiben. Schließlich war es unser Ziel, daß die marokkanischen „Forschungsobjekte" die Wahl der Themen mitbestimmen und in für sie sinnvolle und nützliche Bahnen lenken könnten. Denn bevor man anderen Menschen theoretische Modelle überstülpt, sollte man versuchen herauszufinden, wie sie selbst die Welt sehen.

2. Erste Kontaktaufnahme

Der Tag der Kontaktaufnahme rückte näher. Ein kollektives Ereignis. Die Existenz eines Regionalkreises der *Deutsch-Marokkanischen Gesellschaft*, der sich wenig

---

[1] Das Fehlen sozialwissenschaftlicher Untersuchungen zur Lage marokkanischer Migranten in der Bundesrepublik beklagt H. PFAFFENBERGER: Moroccan Migrant Workers in the FRG: A neglected Field of Social Science Research on Social Problems. – In: A. BENCHERIFA & H. POPP (Hrsg.): Le Maroc: espace et société. Actes du colloque maroco-allemand de Passau 1989. – Passau 1990, S. 273-278 (Passauer Mittelmeerstudien, Sonderreihe, Heft 1).

früher konstituiert hatte, erleichterte das Knüpfen erster Kontakte. Die Vereinssitzungen und zahlreiche anstehende gemeinsame Aktivitäten des Kreises ermöglichten ein zwangloses Kennenlernen in offener Atmosphäre. Das Interesse am Anderen war gegenseitig und wurde als legitim anerkannt, zahlreiche Verabredungen wurden getroffen.

Bei der ersten Seminarsitzung nach dem Treffen berichteten die Studenten begeistert über die offene und entgegenkommende Art der Marokkaner. Es melden sich jedoch auch enttäuschte Stimmen: „Dies sind ja gar nicht die ausgebeuteten Gastarbeiter, die ich erwartet hatte", beschwerte sich eine Seminarteilnehmerin in fast empörtem Ton, „und die Frauen sind auch nicht die verhüllten und unterdrückten Musliminen, mit denen wir gerechnet hatten". Vorgefaßte Meinung und Realität waren hart miteinander kollidiert. Das Bild vom hilfsbedürftigen und minderbemittelten Gastarbeiter und seiner isolierten und in fremder Kultur desorientierten, wehrlosen Ehefrau, das in Kreisen sozial engagierter Kulturwissenschaftsstudenten dominiert, war ganz und gar nicht in Einklang zu bringen mit dem tatsächlichen Erscheinungsbild der wohlsituierten und gebildeten Marokkanerinnen und Marokkaner, die im Hamburger Kreis der *Deutsch-Marokkanischen Gesellschaft* zu treffen waren.

Über Bord geworfen werden mußte auch, um ein wichtiges gemeinsames Ergebnis der Untersuchung vorwegzunehmen, die Fragestellung, mit der der größere Teil der Studenten an das Projekt herangegangen waren: Wählen die in Hamburg lebenden Marokkaner den Weg der Assimilation an die Kultur Deutschlands oder versuchen sie ihre eigene angestammte Kultur zu bewahren? Im Bild von Migranten, mit dem die Teilnehmer in das Seminar gekommen waren, schlossen sich diese beiden Möglichkeiten aus. Das Aufgehen und Zurechtfinden in einer neuen Kultur könne nur um den Preis der Aufgabe des alten Systems von Werten und Orientierungen geschehen.

Diejenigen, die uns aus dem Kreis der damals laut offiziellen Statistiken in Hamburg lebenden 588 Marokkaner[2] zur Befragung zur Verfügung standen, waren fast ausnahmslos lebende Gegenbeweise dieser Annahme. Sie lebten teils schon mehr als ein Jahrzehnt in Hamburg. Sie beherrschen die deutsche Sprache gut bis sehr gut, neigten aber dennoch dazu, im privaten Kreis ihre Muttersprache zu pflegen. Sie hatten starke Bindungen an Deutschland entwickelt, verbrachten aber trotzdem weitgehend den gesamten Jahresurlaub bei Verwandten in Marokko. Als selbständige Unternehmer, Gastronomen, Künstler oder Wissenschaftler standen viele in komplexen professionellen Zusammenhängen; private Kontakte zu anderen Marokkanern herrschen gleichwohl vor. Eine ganze Reihe lebte in gut funktionierenden bikulturellen Ehen. Auffällige Demonstration tradierter kultureller Symbole, etwa die öffentliche Ausübung religiöser Pflichten, wurde im Alltag von den meisten vermieden, auch wenn sie sich verbal zu ihrem Glauben bekannten und ihr ererbtes Wertesystem verteidigten. Die materiellen Kulturgüter, mit denen sie sich umgaben, entstammten beiden Welten: Technik aus Deutschland (oder Japan) auf marokkanischen Teppichen.

Das genauere Hinsehen hat hier die Sicht verändert: Wie es sich zeigte, ist, in gewissen Grenzen, ein gleichzeitiges Leben in zweierlei Vorstellungswelten, eine Teilhabe an zwei Kulturen möglich. Welche Ergebnisse wurden weiter im Einzelnen erzielt?

3. Qualitative Interviews

Zehn schriftliche Referate und zwei audiovisuelle Arbeiten wurden mir vorgelegt. Zwei Studentinnen regte die Übung zu umfangreichen weiteren Feldforschungen in und zu Marokko an. Die Vielfalt der Themen war ebenso groß wie die der angewandten methodischen Ansätze. Im Rahmen dieses Referates können nur einige Punkte beispielhaft ausgewählt werden. Besonderes Interesse wurde auf die Untersuchung des Frauenalltags gelegt, auf die Problematik interethnischer Ehen, auf die Wohnsituation, die Religionsausübung, auf Lebensgeschichte sowie auf Musik- und Kochkultur der Marokkaner in Hamburg. Im Gegensatz zu den migrationssoziologischen Theorieansätzen, die den ganzen Komplex der Herkunftsgesellschaft oft schlicht ausblenden[3], war es für die ethnologisch gerichtete Untersuchung zentral, herauszufinden, ob und wie grundlegende Züge der eigenen Kultur konserviert werden und welche identitätserhaltenden Handlungsstrategien entwickelt werden.

Der Natur dieser Fragestellungen entsprechend dominierten hinsichtlich der Vorgehensweise die qualitativen Methoden. Narrative oder fokussierte Interviews standen im Vordergrund. Ein ethnographisches Interview hat viel gemein mit einer normalen freundlichen Konversation. Doch versprechen solche, an Alltagstechniken angelehnte wissenschaftliche Verfahren im ethnologischen Feld oft mehr, als die schweren Geschütze der quantitativen Methodik[4]. Der Anspruch, den typischen marokkanischen Migranten zu beschreiben, konnte im Rahmen unserer Möglichkeiten ohnehin nicht erhoben werden. Vielmehr sollte menschliche Begegnung und die persönliche Erfahrung der Lebenswelt der Marokkaner in Hamburg und ihre subjektive Beschreibung durch die Studierenden im Vordergrund stehen, nicht Fragebögen und Statistik. Das nähere Kennenlernen und gemeinsame Unternehmungen ermöglichten bald auch teilnehmende Beobachtung, Gruppendiskussionen und Arbeit mit der Foto- und Videokamera. Da wir hier im Rahmen unseres Themas über das Bild und die Wahrnehmung des Anderen sprechen, sollte ich vielleicht mit

---

[2] *Statistisches Landesamt Hamburg* nach Daten der Einwohnermeldedatei. Stand: 30. Juni 1991.

[3] Vgl. Chr. GIORDANO: Ethnologisch-anthropologischer Horizont und empirische Datenerhebung in der Migrationsforschung. – In: J.H.P. HOFFMEYER-ZLOTNIK (Hrsg.): Qualitative Methoden der Datenerhebung in der Arbeitsmigrantenforschung. – Berlin 1986, S. 202-234.

[4] Vgl. G. KLEINING: Umriß zu einer Methodologie qualitativer Sozialforschung. – Kölner Zeitschrift für Soziologie und Sozialpsychologie 34. 1982, S. 224-253.

einigen Anmerkungen zu dieser wenig gebrauchten visuellen Methode beginnen.

Wie so oft in der Ethnographie wurde manche Antworten auf Fragen gefunden, die nicht gestellt waren. Hier sei nur das Beispiel der Proximitätsforschung genannt, das unbeabsichtigtes und beiläufiges Ergebnis der Videobeobachtug war. Eine Studentin hatte die Videokamera installiert, um sich selbst und einen marokkanischen Familienvater beim Interview im heimischen Wohnzimmer aufzunehmen. Um beide Personen im Bildzentrum zu plazieren, war es notwendig, auf dem Sofa recht nah aufeinanderzurücken. Zu nah offenbar für das Empfinden eines verheirateten marokkanischen Mannes – zumindest im eigenen Haus in Anwesenheit der Ehefrau. Die Auswertung des Filmmaterials enthüllte, was vor Ort nicht aufgefallen war: der Familienvater war während der zwanzig Minuten dauernden Aufnahme unmerklich langsam von der Interviewerin fortgerückt und saß zuletzt am äußersten Ende des Sofas. Er hatte sich Distanz verschafft. Jene Distanz, die im islamischen Kulturkreis als angemessen empfunden wird zwischen Menschen verschiedenen Geschlechts, die nicht miteinander vermählt sind. Zugleich hatte er, indem er in höchst unauffälliger Weise abrückte, Schroffheit vermieden und war so zugleich seiner Rolle als freundlicher Gastgeber treu geblieben.

4. Folgerungen über die Kulturmuster

Aus dem aufmerksamen Bemühen um ein Verständnis der Lebenswelten des Gegenüber hat sich in diesem Fall eine intensiven Freundschaft entwickelt. Eine Freundschaft allerdings in deren Verlauf die Studentin ihrerseits mit Distanzproblemen zu kämpfen hatte. Sie begann, sich durch die häufigen und regelmäßigen Einladungen zu langen gemeinsamen Familienabenden überfordert zu fühlen. Die Freundschaft wurde als possessiv empfunden. In einem gemeinsamen Urlaub in Marokko schließlich prallten zwei widerstrebende kulturelle Muster aufeinander. Auf der einen Seite das Bedürfnis nach Bewegungsfreiheit und Unabhängigkeit, an das die Studentin aus ihrer Kultur gewöhnt war. Auf der anderen die Schutzverpflichtung, die die marokkanische Familie dem weiblichen Gast in ihrem Heimatland schuldig zu sein glaubte. Dies ließ sich nicht ohne Probleme vereinbaren.

Dieses Beispiel zeigt auch, daß bei aller äußerlichen Angleichung an deutsche Kulturmuster Unterschiede bestehen bleiben. Diese werden zwar nicht unbedingt durch verbale Aussagen deutlich, lassen sich aber bei einer Beobachtung des Lebensalltags feststellen. Eine Erklärung, warum es der Großteil der marokkanischen Migranten gleichwohl meisterhaft versteht, praktikable Kompromisse im Leben zwischen den Kulturen zu finden, mag sein, daß Marokko selbst über eine international orientierte und multikulturell gegliederte Gesellschaft verfügt. Auch in den modernen urbanen Metropolen in Marokko kleiden sich Viele im öffentlichen Alltag westlich, im häuslichen Bereich dagegen bevorzugt traditionell marokkanisch – so halten es auch Marokkaner in Hamburg. Marokkanische Traditionen werden an islamischen Festen, am Nationalfeiertag, bei Hochzeiten und Beerdigungen gepflegt, andererseits werden zusätzlich Bräuche nach christlich-abendländischer Tradition übernommen: zur Weihnachtszeit schmücken die mit Lametta und Glaskugeln dekorierten Lichterbäume auch die Wohnungen der Migranten.

Mit Doppelstrategien dieser Art gelingt es den befragten Marokkanern in Hamburg recht gut, sich weitgehend mit der deutschen Kultur zu arrangieren ohne ihre eigene Herkunft zu negieren. Das Ziel der meisten ist es dabei, Konflikte soweit möglich zu vermeiden und die eigene ökonomische Situation zu optimieren. Nach ihrer Selbsteinschätzung gelingt dies auch verhältnismäßig gut. Gemäß ihrer eigenen Angaben haben die Marokkaner wenig unmittelbare Probleme mit der in Deutschland wachsenden Ablehnung von Ausländern.

Die eigenen Aussagen der Marokkaner sollten zwar im Zentrum der Erhebung stehen, aber alle Studenten mußten bei den Gesprächen erkennen, daß ihre Interviewpartner aus verschiedenen Gründen eine ganze Reihe von Punkten ausklammerten. Die Höflichkeit verbot den Marokkanern gegenüber Deutschen andere Deutsche für Probleme in ihrem Land verantwortlich zu machen. Weiter war eine gewisse Angst festzustellen, durch freimütige Aussagen zum Objekt des Klatsches innerhalb der marokkanischen Gemeinde Hamburgs zu werden. Schließlich wurde aus Furcht vor der Denunziation bei Behörden sorgsam vermieden, kritische Äußerungen über die politischen Verhältnisse im Heimatland zu tun.

5. Ausblick

Eine zeitlich auf die Dauer der 14 Wochen eines Hochschulsemesters beschränkte Untersuchung konnte nur explorativen Charakter haben. Zu einem grundliegenden Wandel der Sicht Marokkos hat dieser Versuch des Kennenlernens trotzdem bei allen geführt. Einige Studenten hat dies zu einer weitergehenden und näheren Auseinandersetzung mit Marokko angeregt. Etliche haben begonnen, sich um Kenntnisse des marokkanischen Umgangsarabisch zu bemühen. Manche dauerhafte Freundschaft ist geblieben.

Beispiel für eine intensive, fortgeführte wissenschaftliche Beschäftigung mit Marokko gab eine Teilnehmerin des Seminars, die im Frühjahr 1993 zwei Monate im Töpferdorf Ifrane Ali im Atlasgebirge gelebt hat. Dort hat sie als Ethnologin das von unserem Kollegen Dr. Vossen initiierte Entwicklungshilfeprojekt evaluiert. Der entstandene Bericht[5] in Form einer ethnologischen Dorfmonographie zeugt von einer kenntnisreichen, differenzierten und engagierten Sicht der Bewohner dieses Dorfes und ihrer Probleme, wie sie wohl nur

---

[5] R. WESTNER (1993): Durchführungsstudie zum Entwicklungsprojekt im Frauentöpferzentrum Ifrane Ali, Provinz Tétouan/Marokko: Studie der sozio-ökonomischen Situation [unveröffentlicht].

durch persönliche Erfahrung und Teilnahme an ihrem Leben zu gewinnen ist.

Doch auch diejenigen, die sich in ihrem Studium oder privat nicht weiter mit Marokko befasssen konnten, äußerten ausnahmslos und übereinstimmend, daß sie seit ihrer Feldforschungsübung überaus positive Assoziationen mit Marokko verbänden. Besonders hervorgehoben wurden dabei immer wieder die Offenheit und menschliche Wärme, die ihnen von Seiten der Marokkaner entgegengebracht worden war. Beeindruckt waren die Studenten von der herzlichen Gastfreundschaft der Familien und von der Persönlichkeitsstärke der marokkanischen Frauen. Und nicht zuletzt von der Fröhlichkeit und Heiterkeit, welche die Maghrebinier – in deutlichem Gegensatz zu Deutschen – auch unter widrigen Umständen an den Tag legen.

Gerhard Kuhn (Marburg)

Wahrnehmungen und Einschätzungen deutscher Studienreiseteilnehmer in Marokko

Die folgenden Ausführungen beruhen auf Beobachtungen und Erfahrungen, welche ich im Verlauf von nunmehr elf Jahren Tätigkeit als Studienreiseleiter in Marokko gemacht habe. Ganz bewußt werde ich nicht näher auf extreme, also untypische Verhaltensformen von Reiseteilnehmern eingehen, wie z.B. jener kleinen „Familiengruppe", welche, in ständiger Furcht zu erkranken, während zweier Wochen mit eiserner Disziplin auf den Besuch von Cafés und Restaurants an der Straße verzichtete und selbst die Toilettenbenutzung auf die abendlichen großen Hotels reduzierte – und das bei Tagesetappen von bis zu 450 km! Ebenso lasse ich die kleine, wohl jedem Studienreiseleiter besonders sympathische Minderheit von Teilnehmern außer Betracht, welche, mit Stift und Notizblock in der Hand, detaillierte Fragen stellen und ernsthaft daran interessiert sind, das Land in seinen spezifischen Eigenheiten kennenzulernen. Ich möchte einfach nur versuchen, eine Vorstellung von der durchschnittlichen psychischen Befindlichkeit des deutschen Touristen zu vermitteln, der – normalerweise zum erstenmal – an einer Studienreise durch Marokko teilnimmt.

Drei Themenaspekte werden in den nachfolgenden Abschnitten näher behandelt, und zwar:
1. Die Erwartungshaltung des Touristen bei Antritt der Reise und seine generelle Einstellung zum Islam.
2. Seine Wahrnehmung der einheimischen Bevölkerung und seine Reaktionen auf eine ihm fremde Mentalität.
3. Das Erleben des Naturraumes und die Besichtigung der historischen Monumente.

1. Erwartungshaltung und Einstellung zum Islam

Gleich vorweggeschickt sei, daß Marokko nicht zu denjenigen Ländern gehört, die im allgemeinen Bewußtsein der Deutschen durch ein bestimmtes Image nachhaltig verankert sind. Anders als die meisten europäischen Länder und die Vereinigten Staaten von Amerika ruft der Begriff „Marokko" beim Durchschnittsdeutschen keine Assoziationen hervor, außer vielleicht die Vorstellung süßer, saftiger Orangen. Dies ist sicher in erster Linie darauf zurückzuführen, daß infolge seiner politischen Stabilität die deutschen Medien, die ja immer auf der Suche nach spektakulären, gewalttätigen Ereignissen im Ausland sind, nur selten Anlaß haben, über Marokko zu berichten: ein bis zwei kurze Artikel pro Jahr im „Spiegel", gewöhnlich über Sahara und Polisario, einige Kultur- und Dokumentarfilme im Fernsehen, hier und da ein romantischer Reisebericht in Zeitungen und Illustrierten; darin erschöpft es sich.

Das einzige Ereignis in der marokkanischen Geschichte, das – nach meiner Erfahrung – fast allen Reiseteilnehmern geläufig ist, ist das Erdbeben von Agadir aus dem Jahr 1960, das damals, anders als vergleichbare Katastrophen heutzutage, auf die deutsche Öffentlichkeit einen nachhaltigen Eindruck gemacht haben muß, vielleicht wegen der damaligen Neuheit des Mediums Fernsehen. Was die allgemeine Bekanntheit marokkanischer Exportartikel nach Deutschland angeht, so ist neben den erwähnten „Maroc"-Orangen höchstens noch jene beige Teppichsorte zu nennen, die als „Berber" vermarktet wird.

Sicherlich tritt kein Deutscher eine Studienreise nach Marokko an, ohne sich darüber im klaren zu sein, daß er sich in ein Land des islamischen Kulturkreises begibt. Diese Grundtatsache stellt sozusagen den Rahmen aller Erwartungen dar, wobei das Stichwort „Islam" bei den meisten Reiseteilnehmern Stereotypen aktiviert, welche durch die weitgehend undifferenzierte Berichterstattung zu diesem Thema in den Medien genährt wird. So erwarten nicht wenige Touristen in Marokko die gleichen „bösen" *Mullahs* à la Khomeini wie im schiitischen Iran oder die alleinige Anwendung der *Schariaa* und sind erstaunt zu hören, daß sich die Gesetzgebung Marokkos in weiten Teilen an die französische anlehnt – sind sie doch daran gewöhnt, daß in den

Medien der Islam als hieratische Religions- und Lebensform, vom Pazifik bis zum Atlantik, dargestellt wird. Daß es neben der gemeinsamen Religion eine große Vielfalt unterschiedlicher Mentalitäten der islamischen Völker gibt, denen auch durchaus nicht religionsbedingte Faktoren zugrundeliegen, bleibt der Einfachheit und Einprägsamkeit halber weitgehend unberücksichtigt.

Oft erhebt sich bereits auf dem Flughafen in Frankfurt – neben der nach dem zu erwartenden Wetter – die Frage nach der Stärke des Fundamentalismus in Marokko. Denn auch der gebildete Deutsche neigt – zumal nach dem Golfkrieg – dazu, Islam und Fundamentalismus für Synonyme zu halten. Darüber hinaus habe ich den Eindruck, daß viele Touristen zu Beginn der Reise ein ganz unterschwelliges, unbestimmtes Gefühl beschleicht, sich in ein dem eigenen Kulturkreis letztlich feindselig oder zumindest ablehnend gegenüberstehendes Land zu begeben. Obwohl die meisten sicher keine praktizierenden Christen mehr sind und Religion für sie im Alltag, wenn überhaupt, nur eine untergeordnete Rolle spielt, stelle ich, im Augenblick des Konfrontiertwerdens mit der fremden, islamischen Welt, immer wieder ein abstraktes und zumeist unbewußtes Sich-Identifizieren mit dem christlich geprägten abendländischen Kulturkreis fest. Dieser „psychische Selbstschutzmechanismus" kommt natürlich nicht nur in Marokko, sondern mehr oder weniger stark auch in anderen islamischen Ländern zum Tragen. Wie weiter unten noch ausführlicher dargelegt werden wird, befindet sich der deutsche Tourist während der zweiwöchigen Rundreise durch Marokko in einer recht widersprüchlichen, um nicht zu sagen schizophrenen psychischen Situation. Zum einen ist da seine Vorliebe, manchmal sogar Begeisterung für archaische und zugleich malerische Szenen und Motive, welche Ausdruck einer traditionellen Normen und Werten verbundenen Lebensform sind; zum anderen ist da seine tiefe Überzeugung von der Überlegenheit des eigenen Gesellschaftssystems, dessen generelle Liberalität, und im speziellen die Emanzipation der Frau, den Untergang dieser Werte herbeigeführt habe. Letztendlich sucht der Tourist in einem Land wie Marokko eine idyllische, d.h. im Verhältnis zur eigenen Industriegesellschaft zurückgebliebene, naturverbundene Welt und irgendwie auch eine imaginäre Begegnung mit der eigenen Vergangenheit, die er sich vermittels des Photoapparates aneignet, der – wie wir noch sehen werden – eine entscheidende Rolle für das Gelingen der Reise spielt.

Der Tourist – und ich bin sicher, daß das nicht nur für die Deutschen gilt –, an einen unendlichen Pluralismus miteinander konkurrierender und im Prinzip gleichwertiger Normen und Wertvorstellungen gewöhnt, ist schlechterdings nicht in der Lage, zu verstehen und zu akzeptieren, daß in einer heutigen Gesellschaft öffentliches wie privates Leben in vielen Bereichen durch religiöse Vorschriften und den Glauben an Gott geprägt ist. So sind während des *Ramadan*-Monats etwa die meisten Reiseteilnehmer weit davon entfernt, die psychische Kraft des Busfahrers zu würdigen, der – von Sonnenaufgang bis Sonnenuntergang fastend und auch aufs Rauchen verzichtend – seine schwierige und verantwortungsvolle Arbeit leistet, gründet diese Selbstdisziplin doch auf religiösen Vorschriften, die nicht die ihren sind. Bei manchen Touristen läßt bereits die Beobachtung regelmäßigen fünfmaligen Betens am Tag den Verdacht auf Fundamentalismus aufkeimen.

So sehr das Wissen um die grundsätzlich islamische Gesellschaftsordnung Marokkos die Erwartungshaltung der Reisenden prägt, so gering ist bei den meisten doch das Interesse, sich über die materielle und damit photographierbare Manifestation hinaus mit Inhalt und Wesen dieser Religion näher zu befassen. Bezeichnenderweise kann ich mich nicht erinnern, je von einem Reiseteilnehmer gehört zu haben, er habe – natürlich in Übersetzung – den *Koran* gelesen. Und dabei ist Marokko für die meisten nicht das erste islamische Reiseland. Die unbestreitbare Tatsache, daß Allah derselbe Gott Abrahams wie derjenige des Alten und Neuen Testamentes ist, ruft immer wieder ungläubiges Erstaunen hervor, so tief wurzelt das Gefühl eines grundsätzlichen Getrenntseins zwischen Okzident und Orient.

Abschließend kann ich nicht umhin festzustellen, daß nach meinen Beobachtungen selbst der anspruchsvolle Studientourismus – um gar nicht vom Massentourismus zu reden – nur sehr wenig zu einem vertieften Verständnis der islamischen Kultur beiträgt. Ein Haupthindernis scheint mir in der unauflöslichen Einheit von Religion, öffentlicher Ordnung und Politik dieses Kulturkreises zu bestehen, welche den von der abendländischen, säkularisierten Zivilisation geprägten Menschen zutiefst verunsichert. Einerseits kann er das lebendige Phänomen der islamischen Kultur nicht auf einen rein geistesgeschichtlichen und ästhetischen Gehalt reduzieren, wie er es etwa mit der längst erloschenen Hochkultur des Alten Ägyptens tut. Andererseits findet er in einem islamischen Land wie Marokko auch nicht, so wie im Falle der griechischen Antike oder der mittelalterlichen Kathedralen, die Wurzeln der eigenen Kultur und Zivilisation.

2. Die Wahrnehmung der marokkanischen Bevölkerung durch die Studienreisetouristen

Auch dem „anspruchsvollen" Teilnehmer an einer Studienreise ist für gewöhnlich in erster Linie an einer reichen Photoausbeute gelegen, wobei grundsätzlich als besonders photogen gilt, was fremd ist, d.h. in der eigenen Heimat nicht oder nicht mehr anzutreffen ist. Sehr beliebt sind archaische Arbeitsmethoden und Geräte wie das Dreschen mit Eseln auf Tennen unter freiem Himmel, Göpelwerke (*Norias*), die von Maultieren bewegt werden, oder verschleierte Frauen, die an den Hängen des Antiatlas auf schmalen, steinigen Äckern hinter dem Holzpflug hergehen. Angesichts solcher in ihrem Ablauf auf den ersten Blick erfaßbarer und sich in einem grandiosen Naturrahmen abspielender Szenen stellt sich bei vielen Touristen ein angenehmes Gefühl von Idylle, d. h. konfliktfreiem naturnahem Leben, ein als Gegenwelt zur verstädterten, von undurchschaubarer Technik und anonymen Beziehungsstilen geprägten Form des modernen Lebens, welche den Alltag und das Lebensgefühl nicht nur des deutschen Touristen beherrscht. Die geschlossen Silhouetten der in lange Gewänder gehüllten Menschen rufen Assoziationen an religiöse Illustrationen der Kinderzeit wach. Der Vergleich mit „biblischen Gestalten" ist immer wieder zu hören. Vermittels des Photoapparates eignet man sich Ausschnitte aus dieser Idylle an und nimmt sie, fast wie Trophäen, mit zurück in das streßgeplagte Alltagsleben nach Deutschland.

Mit wieviel Begierde dieser Akt der immateriellen, rein ästhetischen Aneignung per Druck auf den Auslöser des Photoapparates auch immer erfolgen mag – und ich versichere Ihnen, daß die meisten Reiseteilnehmer es mir eher nachsehen, wenn einmal Informationen etwas dürftig ausfallen, als wenn ich an einem schönen Aussichtspunkt den Bus nicht anhalten lasse –, so sind sich die Touristen doch keineswegs bewußt, daß die von ihnen geschätzten, vermeintlich idyllischen und malerischen Motive und Szenen das Weiterbestehen von Lebensformen zur Voraussetzung haben, die sie selbst für zurückgeblieben und den eigenen weit unterlegen erachten, und in denen sie nicht auch nur für einen Tag leben möchten.

Um zu verdeutlichen, was ich sagen will, folgendes Beispiel: Ein sehr beliebtes Photomotiv sind jene Berbermädchen in Südmarokko, welche auf dem Rücken riesige Brennholzbündel tragen, die sie morgens sammeln und über zum Teil beträchtliche Entfernungen in steilem Gelände nach Hause schleppen. Nun gibt es immer wieder Reiseteilnehmer und -teilnehmerinnen – und ich muß darauf hinweisen, daß es sich bei einem Gutteil meiner Kunden um Damen bereits etwas fortgeschritteneren Alters handelt –, die eine regelrechte Photojagd auf diese unfreiwilligen Mannequins eröffnen, die sich wegen ihrer schweren Last kaum wehren können, indem sie sich wie gewöhnlich das Gesicht verhüllen und wegdrehen. Die Verlockung „gelungener" Photoaufnahmen ist in diesem Falle stärker als die Bereitschaft, die Intimsphäre und Tabus einer fremden Kultur zu respektieren. Selbst der Bettler in der *Medina* mit seinem Ruhe ausstrahlenden asketischen Gesicht unter einem kunstvoll gewundenen Turban, in die weite *Dschellabah* gehüllt, wirkt so pittoresk, daß mancher Tourist verstohlen sein Objektiv auf ihn richtet. Derselbe bedürftige Mensch würde, wenn man ihn in europäischer Kleidung in die Fußgängerzone einer deutschen Stadt versetzte, vielleicht Mitleid, vielleicht Abneigung erwecken; auf keinen Fall aber käme jemand auf den Gedanken, ihn als „idyllisch" zu photographieren.

Aber in Marokko sucht der Tourist den märchenhaften, malerischen Orient; und er findet ihn auch, indem er die Kärglichkeit des Lebens dort unter ästhetischen Gesichtspunkten wahrnimmt und als Idylle interpretiert. Ja, er kann sich sogar in dieser Einschätzung bestätigt fühlen durch die vielen zufriedenen, sogar lachenden Gesichter, durch die in Marokko allgegenwärtige Lebensfreude. Diese, sozusagen aus der Distanz gewonnene positive Einschätzung bestätigt sich zumeist auch bei der direkten Kontaktnahme des Touristen mit der marokkanischen Bevölkerung. Etliche Reiseteilnehmer verfügen über ausreichende französische Sprachkenntnisse, um sich – vorzugsweise natürlich mit dem Busfahrer und dem Beifahrer im Fond – mit Marokkanern zu unterhalten. Am Ende der zweiwöchigen Rundreise höre ich immer wieder dieselbe Einschätzung, nämlich, daß Marokkaner ein sympathisches und freundliches Volk und, trotz der – verglichen mit Deutschland – kärglichen materiellen Lebensumstände, ein zufriedenes und frohes Volk seien.

3. Das Erleben des Naturraumes und die Besichtigung historischer Monumente

Aus dem Blickwinkel des Reiseleiters sind diese beiden Komponenten einer Studienreise leichter zu vermitteln, da sie – anders als Lebensweise, Mentalität und Religion der Marokkaner – das Identitätsgefühl des Touristen kaum tangieren. Vor allem die Landschaften Marokkos vermögen sein Bedürfnis nach beeindruckenden, um nicht zu sagen überwältigenden Form- und Farbkontrasten vollauf zu befriedigen. Bizarre Felsformationen, grüne Palmoasen mit Stampflehmdörfern inmitten der Wüste bezaubern von sich aus. Man muß als Reiseleiter nur oft genug und an den richtigen Stellen den Bus zum Photographieren anhalten lassen. Darüber hinaus eignet sich der einer geschlossenen Boden- und Vegetationsbedeckung entbehrende Süden Marokkos hervorragend dazu, auch dem Laien die Grundbegriffe der Geomorphologie anschaulich nahezubringen.

Was die historischen Monumente angeht – abgesehen von den römischen Skulpturen, Mosaiken und Kleinkunstgegenständen in den Archäologischen Museen von Rabat, Tanger und Tétouan handelt es sich fast ausschließlich um Baudenkmäler –, so ist zu berücksichtigen, daß der aufwendige Dekor der islamischen Architektur dem Touristen nur in den (bis auf die *Medersa* Ben Youssef in Marrakech) alle der kurzen Zeitspanne des zweiten Viertels des 14. Jahrhunderts angehörenden *Medersen*, den Saaditengräbern des späten 16. Jahrhunderts und der Almorawiden-*Kubba* in Marrakech zugänglich ist. Denn anders als in Europa besitzen die islamischen Bauwerke, abgesehen von den Stadttoren, keine gestalteten Außenfassaden, sondern entfalten ihren Zauber und ihren Reichtum um Innenhöfe herum, welche sich dem neugierigen Blick des Fremden verschließen. In der Tat bekommt der Tourist in Marokko, verglichen mit anderen islamischen Ländern wie Ägypten oder der Türkei, nicht allzu viele und unterschiedliche Baudenkmäler zu Gesicht. Während jeder Tour höre ich erneut das Bedauern darüber, daß die Touristen in Marokko nicht in die Moscheen hineindürfen so wie in anderen islamischen Ländern. Da vermag auch mein Hinweis darauf, daß diese Regelung noch aus den Tagen des Generals Lyautey stammt, das Gefühl der meisten Reiseteilnehmer kaum zu beschwichtigen, daß ihnen etwas Wesentliches vorenthalten werde.

151

Andererseits habe ich den Eindruck, daß die allermeisten Studienreiseteilnehmer, obwohl sie oft, bevor sie nach Marokko kommen, andere islamische Länder und das spanische Andalusien bereits bereist haben, kaum über Grundkenntnisse bezüglich der islamischen Kunst verfügen, während ihnen die antiken Formen einigermaßen geläufig sind. Infolgedessen wird von vielen am Ende der Reise die Besichtigung von Volubilis, obwohl es sich dort um extrem provinzielle römische Architektur- und Kunstformen handelt, höher eingestuft als der Besuch der merinidischen *Medersen* in Fes. Denn selbst die entfernteste römische Provinzstadt wird immer noch als Teil des eigenen Kulturkreises empfunden. Eine weitere grundsätzliche Schwierigkeit bei der Erfassung islamischer Kunst besteht darin, daß das Auge des Europäers an figürliche Darstellungen gewöhnt ist und sich schwertut, der abstrakten Linienführung filigraner Ranken und Arabesken zu folgen, deren eingefügte arabische Buchstaben er meist nicht lesen kann. So erlahmt das Interesse der meisten Touristen bei der Betrachtung der islamischen Ornamentik recht schnell. Selbst bei den Saaditengräbern, diesem späten Juwel maghrebinischen Dekors, sieht man, nachdem die obligatorischen Photos gemacht sind, selten einen Touristen in stiller Betrachtung noch etwas verweilen, während die figürlichen Mosaiken in Volubilis die Aufmerksamkeit länger zu fesseln vermögen.

4. Zusammenfassung

Marokko gehört sicher zu denjenigen Reiseländern, welche die Erwartungen der deutschen Studienreiseteilnehmer in einem sehr hohen Grade zu erfüllen vermögen. Ich kann mich nicht erinnern, am Ende einer der etwa 40 von mir geleiteten Rundreisen je gehört zu haben, daß jemand von Marokko enttäuscht gewesen wäre.

Diese sehr hohe Erfolgsquote führe ich darauf zurück, daß das Land in weiten Teilen der alten Stereotype vom naturnahen, märchenhaften Orient als Gegenbild zur anonymisierten und in allen Lebensbereichen technisierten Industriegesellschaft entspricht. Die Erfüllung dieser Erwartungshaltung im Verlaufe der Reise beruht jedoch auf der dem Touristen unbewußten Voraussetzung, sich nicht wirklich auf das Fremde einzulassen, die sozialen Verhältnisse nicht mit denselben Maßstäben wie zu Hause zu messen, sondern alles unter dem verengten Blickwinkel der Ästhetik wahrzunehmen. Kurz, es ist der schöne Schein von Einfachheit und Idylle als Gegenbild zu den komplizierten Lebensverhältnissen in Europa, welcher den Erfolg Marokkos als Studienreiseziel ausmacht. Dabei garantieren der klimatisierte Bus und die Luxushotels die für die Aufrechterhaltung der gewohnten Bequemlichkeit notwendige Distanz zur exotischen Umgebung, die man sich vermittels des Photoapparates ausschnittsweise aneignet. Auf diese Weise erlebt der Tourist die zugleich faszinierende, aber auch irritierende und verunsichernde Welt des „marokkanischen Orients" in einer psychischen Befindlichkeit, die irgendwo zwischen der gewohnten Alltagswirklichkeit und der Irrealität des Films liegt. Am Ende der Rundreise ist er erfüllt von den vielfältigsten Eindrücken, aber er hat in der Regel keinen tieferen emotionalen Bezug zu dieser fremden Welt gefunden, der ihn dazu verlocken könnte wiederzukommen. Letztendlich ist er froh, nach zwei Wochen Exotik wieder in den eigenen Kulturkreis zurückkehren zu können. Als Traum ist Marokko eine beeindruckende Erfahrung, als komplexe Realität jedoch für den Touristen nicht nachvollziehbar.

Und als Allerletztes noch ein Schlüsselbegriff, der in der Beurteilung Marokkos durch deutsche Studienreiseteilnehmer oft zu hören ist: es sei ein überraschend sauberes Land – in der deutschen Mentalität gibt es kaum einen positiveren Wert.

José Antonio Serrano (Hamburg)

Reisemotive und Reiseerwartungen deutscher Marokko-Reisender aus der Sicht eines Studienreisenveranstalters

Als Mitinhaber eines deutschen Unternehmens, das seit mehr als 30 Jahren kulturelle Reisen, d. h. Studienreisen in alle Welt organisiert, möchte ich versuchen, Ihnen einen Überblick über den deutschen Studienreisenmarkt und die Erwartungen unserer Kunden an Marokko aus unserer Sicht zu geben.

Um die Thematik möglichst vielseitig zu behandeln, und um damit zum besseren Verständnis einzelner Facetten in der Erwartungshaltung der Reiseteilnehmer beizutragen, will ich die nachfolgenden Ausführungen in fünf Aspekte auffächern: **1.** Die kulturellen Reisen in Deutschland; **2.** Die deutschen „Studienreisen"; **3.** Die Teilnehmer an dieser Art von Reisen; **4.** Die Motive und Erwartungen der Studienreisenden; **5.** Marokko als Ziel für Studienreisen; **6.** Die Erwartungen der Teilnehmer von Studienreisen an Marokko.

1. Kulturelle Reisen = Studienreisen / Bildungsreisen / Besichtigungsreisen

Die allgemeine Geschichte des Reisens zeigt uns, daß über Entdeckungsreisen, Eroberungs- oder Handelsreisen hinaus oder parallel zu ihnen bereits in der Antike kulturelle Reisen unternommen wurden. Die Reisenden jener Zeit allerdings waren gezwungen, ihre Fahrten individuell zu organisieren. Herodot, Pausanias, Marco Polo, Ibn Batuta oder Alexander von Humboldt waren nicht nur individuelle Kulturreisende, die ihrem eigenen Rhythmus folgen wollten; selbst wenn sie eine Gruppenreise bevorzugt hätten – es gab zu jener Zeit keinen Reiseveranstalter, der ihnen entsprechende Programme angeboten hätte.

In Deutschland jedenfalls begannen erst nach dem Zweiten Weltkrieg einzelne Personen, vor allem Lehrer, kulturelle Reisen zu klassischen Stätten, zur Wiege ihrer Kultur zu organisieren: zuerst für ihre Schüler oder Studenten, später auch für deren Eltern oder ihre eigenen Freunde und Kollegen. Nach und nach entwickelten sich diese gelegentlichen Reiseorganisatoren zu professionellen Veranstaltern spezialisierter Studienreisen. So entstanden in den Jahren von 1950 bis 1960 ein Dutzend kleiner Familienunternehmen, die auf die Veranstaltung von Studienreisen spezialisiert waren und von denen die Mehrzahl auch heute noch existiert – mit Ausnahme eines Unternehmens sind sie immer noch im Privatbesitz einer Familie, heute zwar etwas größer, aber keines von ihnen besonders groß. Eine dieser Firmen leite ich selbst gemeinsam mit meiner Frau, und zwar die *Athena Weltweit Studienreisen*, gegründet 1960 in Hamburg.

Pioniere dieser deutschen Kulturreisen haben die Bezeichnung **Studienreisen** gewählt, um deutlich zu machen, daß es ihr Ziel war, das besuchte Land eingehend kennenzulernen, es zu „studieren".

Später allerdings (und bis zum heutigen Tag) hat diese Bezeichnung zu vielen Mißverständnissen Anlaß gegeben, da der Name gleichzeitig auch für Studentenexkursionen oder berufsspezifische Reisen benutzt wird – etwa für eine Reise von Fruchthändlern, die Orangenplantagen in Marokko oder Bananenpflanzungen in Costa Rica besuchen, oder für die Reise einer parlamentarischen Kommission, die sich in einer bestimmten Region über sozio-ökonomische Probleme informieren möchte. Auch Sprachreisen bzw. -kurse im Ausland werden von den Statistikern des Tourismus gern unter dem Sammelbegriff »Studienreisen« eingeordnet. In diesen Fällen handelt es sich jedoch nicht um kulturelle Studienreisen, wie wir sie veranstalten, sondern vielmehr um Bildungsreisen.

Um eine weitere Gruppe von kulturellen Reisen handelt es sich bei den **Besichtigungsreisen**. Sie sind meist kürzer als unsere Studienreisen (ab 1 Tag) und werden häufig als Ausflüge während eines Badeaufenthaltes am Meer organisiert. Wir zählen zu diesen z. B. einen Tagesausflug von Agadir nach Marrakech, eine

Rundfahrt von einigen Tagen bis Erfoud, um die historischen und malerischen Stätten des Landes kennenzulernen und ähnliches. Hierbei handelt es sich zwar auch um kulturelle Reisen, aber mit einer unterschiedlichen Konzeption und mit wesentlich geringeren Erwartungen der Teilnehmer an die Qualität des Programms als bei Studienreisen.

Wie bereits erwähnt, werden unglücklicherweise die Worte Studienreise, Besichtigungsreise, Bildungsreise und Sprachreise von den Medien, von wissenschaftlichen Instituten oder von Behörden ohne weitere Differenzierung und z. T. durcheinander benutzt, so daß des öfteren in den Statistiken falsche, und d. h. meist aufgeblähte Zahlen erscheinen, weil dort die Begriffe sehr weit gefaßt werden.

Hinzu kommt, daß das Wort »Studienreisen« von vielen Leistungsträgern außerhalb Deutschlands, Hotelliers, Busunternehmen etc., irrtümlich – jedoch verständlicherweise – zunächst als Reisen für Studenten mißdeutet wird.

Der Starnberger *Studienkreis für Tourismus* nennt uns in Bezug auf deutsche Touristen die folgenden Eckzahlen:

Gesamtbevölkerung in Deutschland:	80,0 Mio.
Reisende pro Jahr:	41,5 Mio.
davon	
Privatreisende (ohne Reiseveranstalter):	26,3 Mio.
Pauschalreisende (mit Reiseveranstalter):	15,2 Mio.
davon	
Studien-/Bildungsreisende:	2,1 Mio.
somit Anteil an den Pauschalreisenden:	14 %

Bei diesen 2,1 Mio. Reisenden handelt es sich unserer Meinung nach um das Gesamtvolumen aller **kulturellen Reisen**, also Studienreisen, Besichtigungsreisen, Bildungs- und Sprachreisen, wobei – wie wir aus anderen Untersuchungen wissen – auf die „echten" Studienreisen höheren Niveaus lediglich ein Anteil von ca. 10 % entfällt, d.h. ca. 200.000 Personen jährlich. Was sind nun aber aus unserer Sicht die „echten Studienreisen"?

2. Definition der deutschen „Studienreisen"

Eine Gruppe von deutschen Studienreisenveranstaltern hat vor einigen Jahren diese Reiseart wie folgt definiert: *Eine Studienreise ist **a)** eine Gruppenreise mit einer begrenzten Teilnehmerzahl; **b)** eine Rundreise mit einem festgelegten Programm; **c)** geführt von einem qualifizierten, deutschsprachigen Reiseleiter.*

Diese Definition ist immer noch gültig, obwohl Inhalt und Form der Programme sich ständig weiter entwickeln.

- Die Zahl der Teilnehmer ist heute auf maximal 18-26 Personen begrenzt, bei einem Minimum von 6-12 Personen.

- Im Rahmen der Diversifizierung, die von allen Studienreisenveranstaltern mittel- und langfristig in fast allen Ländern und allen Regionen der Welt vorgenommen wird, gibt es heute eine breite Palette von Zielen und Themen. Nicht nur Geschichte, Archäologie, Kunstgeschichte, sondern auch Architektur, Geographie, Ethnologie, Fauna und Flora usw. werden angeboten, ohne jedoch die soziokulturellen Aspekte der Vergangenheit oder Gegenwart eines Landes oder einer Region zu vernachlässigen.
- Der Leiter einer Studienreisengruppe muß zwei Bedingungen unbedingt erfüllen:
  a) eine profunde Kenntnis des Landes oder der Region besitzen,
  b) entweder ein Studiendiplom zum Hauptthema der Reise oder aber Kenntnisse von wissenschaftlichem Niveau erworben haben.

3. Kundenprofil der deutschen Studienreisenden

Um das Marktsegment der Studienreisen einzugrenzen, sollen im folgenden einige Untersuchungsergebnisse in Bezug auf die sozio-demographischen Daten dieser Zielgruppe vorgestellt werden:

Alter und Geschlecht

45-60 Jahre	60 %
61-70 Jahre	15 %
über 70 Jahre	9 %
jünger als 45 Jahre	16 %
Frauen	65 %
Männer	35 %

Berufe (aktiv oder pensioniert)

Schul- und Hochschullehrer	25 %
Beamte, Juristen	20 %
Mediziner, Apotheker	17 %
Kaufleute, höhere Angestellte	10 %
Architekten, Ingenieure	6 %
Studenten als Begleiter	4 %
andere Berufe, unbekannt	16 %

Dieses Marktsegment stellt höhere intellektuelle Erwartungen an die Qualität der Programme, der Reiseleiter und sogar an die Mitreisenden als das durchschnittliche Publikum in der Tourismusbranche. Es handelt sich folglich um einen Markt von hohem ökonomischem Wert, um einen „*high value market*". Der Durchschnittspreis einer Studienreise liegt bei ca. DM 4.000 pro Person, für Marokko bei DM 3.000, während er für die durchschnittliche Pauschalreise nur DM 1.100 pro Person beträgt. Aus diesem Grunde ist dieses Marktsegment, obwohl klein, in den Empfängerländern trotzdem hoch geschätzt. In der Tat bilden diese Touristen, bezogen auf ihre höhere Kaufkraft und ihre größere Mobilität (Kulturreisende besuchen jeden Winkel eines Landes), die Grundlage, um eine mehr oder weniger bedeutende touristische Infrastruktur zu entwickeln oder zu unterhalten – selbst oder gerade in Gegenden, die abseits der traditionellen Touristenströme liegen.

4. Die Motive und Erwartungen der Studienreisenden

Nach den Untersuchungen, die wir selbst regelmäßig unter unseren Kunden vornehmen, können die wesentlichen Motive unserer Teilnehmer wie folgt charakterisiert werden:

a) Kennenlernen der Kultur eines Landes	34 %
b) Erleben der Natur, der Landschaften	25 %
c) Kennenlernen der Bevölkerung und persönliche Kontakte	13 %
d) Vertiefung der allgemeinen Kenntnisse	12 %

Die angegebenen Anteile haben sich im Laufe der letzten Jahre gewandelt. Das Motiv des Naturerlebnisses ist von 18 % im Jahre 1986 auf derzeit 25 % gestiegen. Diese Tatsache ist insofern wichtig, als sie die thematische Entwicklung der Studienreisen verdeutlicht, über die ich später noch sprechen möchte. Ich möchte auch erwähnen, daß sich die Anteile auch je nach Destination der Reise und den vorher vorhandenen Erwartungen an das eine oder andere Land unterscheiden. Ein Studienreisender in Italien möchte aller Wahrscheinlichkeit nach in erster Linie Kunststätten besuchen, und er hat daher andere geistige Erwartungen als ein Teilnehmer einer Australienreise, der Nationalparks und außergewöhnliche Landschaften, eine fremde Fauna und Flora sowie moderne städtische Metropolen sucht.

Ganz allgemein gesprochen, erwarten die Teilnehmer an kulturellen Reisen, daß diese in jeder Beziehung befriedigend verlaufen. Welche sind jedoch die wichtigsten Elemente für den Reisenden?

Im Rahmen unserer Untersuchungen haben wir unsere Kunden gebeten, die verschiedenen Elemente einer Studienreise zu bewerten. Die Note 1 sollte für ein besonders wichtiges, die Note 5 für ein unwichtiges Element vergeben werden. Hier nun die Ergebnisse in der Reihenfolge der Nennung ihrer Relevanz:

1. Reiseprogramm mit kulturellen und geographischen Besichtigungen	1,00
2. Qualität der Führungen des Reiseleiters	1,03
3. Politische Stabilität und persönliche Sicherheit	1,23
4. Umweltqualität	1,32
5. Qualität der Unterkünfte	1.58
6. Reisezeit, klimatische Bedingungen	1,86
7. Qualität der Verpflegung	2,15
8. Verkehrsmittel	2,19
9. Zuverlässigkeit des Reiseveranstalters	2,39
10. Reisepreis	3,15

5. Marokko als Zielgebiet für Studienreisen

Schon als ich Marokko im Jahre 1958 zum ersten Male besuchte, war ich überrascht und gleichzeitig fasziniert von der Schönheit des Landes und seinem kulturellem Reichtum. Eine privilegierte geographische Lage, seine topographische und klimatische Vielfalt und ein faszinierendes Kulturerbe machen Marokko zum nahezu idealen Ziel von Studienreisen.

Aber bis auf den heutigen Tag ist die Zahl der deutschen Touristen erstaunlicherweise verhältnismäßig niedrig. Einerseits ist das Hauptziel der meisten Touristen das Meer und der Strand, und diese wenden sich denjenigen Ländern zu, die über die entsprechende Infrastruktur verfügen. Hierzu gehört zwar auch Marokko, dann aber nur Agadir. Zum anderen ist Marokko in Deutschland aber immer noch viel zu wenig bekannt.

Im Gegensatz zu anderen Ländern, wie z. B. Frankreich oder Spanien, war Marokko noch vor 20 oder 25 Jahren für deutsche Touristen ein Land, das zwar geographisch nahe, aber vom Bekanntheitsgrad her doch sehr fern lag. Das *Marokkanische Fremdenverkehrsamt*, das es in Deutschland seit langem gibt, hat sich bemüht, in seiner Öffentlichkeitsarbeit neben Strand und Badeleben um Agadir auch andere Aspekte Marokkos zu zeigen, wobei es immer wieder auch auf die kulturellen und folkloristischen Aspekte dieses schönen Landes hingewiesen hat.

Doch möchte ich bei denjenigen, die Marokko in Deutschland bekannt gemacht haben, besonders auch auf uns als die Veranstalter kultureller Studienreisen hinweisen und hierbei auf einige deutsche Experten, die das kulturelle Erbe, die geographischen und ethnologischen Aspekte, die traditionelle Architektur der *Kasbahs*, die Bewässerungssysteme, die Flora und Fauna der Ebenen, der Täler und der Gebirge erforscht haben.

Gestatten Sie mir, hier einen alten Freund zu nennen, einen bedeutenden Fachmann, Forscher und wissenschaftlichen Leiter einer großen Zahl von Marokko-Reisen, die von *Athena Weltweit* organisiert worden sind: Dr. Werner Wrage aus Hamburg. Er ist der Autor mehrerer hervorragender Bücher über Marokko, wie z. B. *Frühlingsfahrt in die Sahara, Jenseits des Atlas, Die Straße der Kasbahs*[1] und andere. Dank der wertvollen Zusammenarbeit mit ihm, konnte unser Unternehmen als eines der ersten in Deutschland Studienreisen nach Marokko anbieten. Seit 1962 führen wir regelmäßig mindestens drei verschiedene Rundreise-Programme zu jeweils mehreren Terminen in Marokko durch (vgl. *Abb. 1*).

Die Statistiken der marokkanischen Fremdenverkehrsamtes beziffern 1992 die Gesamtzahl deutscher Touristen in Marokko auf ca. 185.000 Personen. Das entspricht lediglich einem Anteil von 0,45 % aller deutschen Touristen (41,5 Mio).

Um die Bedeutung des deutschen Kulturtourismus in Marokko herauszufinden, können die statistischen Ergebnisse des *Studienkreises für Tourismus* nicht herangezogen werden. Erinnern wir uns, daß der Anteil des Kulturtourismus in Deutschland bei 14 % des Gesamtvolumens aller organisierten Pauschalreisen mit Reiseveranstaltern liegt. Bei dem Gesamtvolumen von 185.000 deutschen Touristen nach Marokko würde uns das zu einer Zahl von ca. 26.000 Teilnehmern an kulturellen Reisen führen, Besichtigungsreisen eingeschlos-

---

[1] Werner WRAGE: Frühlingsfahrt in die Sahara. – Radebeul 1959.
Werner WRAGE: Jenseits des Atlas. Unter den Berbern Südmarokkos. – Radebeul 1967 (^{2}1971).
Werner WRAGE: Die Straße der Kasbahs. Unter den Berbern Südmarokkos. – Radebeul 1966 (^{2}1969).

Abbildung 1: Angebot einer Studienreise nach Marokko von Athena-Reisen, Hamburg, in den sechziger Jahren (*aus dem Katalog Studienreisen Portugal, Spanien, Marokko 1968*)

MAROKKO

**TANGER — TETUAN — CHAUEN — FÈS — MEKNÈS — TINERHIR
OUARZAZATE — MARRAKESCH — CASABLANCA — RABAT**

Reise MR/1: 17.—31. 3. 1968 Leitung: Dr. W. W r a g e, Hamburg
Reise MR/2: 2.—16. 4. 1968 Leitung: Dr. E. H a n n ö v e r, Niebüll
Reise MR/3: 6.—20. 10. 1968 Leitung: noch nicht festgelegt.

15 Tage ab und bis Frankfurt . . . . **DM 1 635.—**

Reiseprogramm:

1. Tag Flug mit Linienmaschinen der SWISSAIR nach **Madrid** und weiter nach **Tanger**. Transfer zum Hotel.

2. Tag Besichtigung der Stadt des Sultanspalastes und der Souks. Ausflug zum Kap Spastel und den Herkulesgrotten.

3. Tag Beginn der Busrundfahrt. In **Tetuan** Besuch der farbenfrohen Medina, dem Kalifen- und dem Königspalast. Weiterfahrt und Besichtigung von **Chauen**, der heiligen Stadt am Rif-Gebirge.

4. Tag Fahrt nach **Fes**, der ältesten marokkanischen Königsstadt. Nachmittag dort zur freien Verfügung.

5. Tag Besichtigung der Altstadt mit ihren schönen Toren, Moscheen, Medressen und fesselnden Souks.

6. Tag Ausflug zu den römischen Ruinen von **Volulis**, der heiligen Stadt **Moulay Idriss** und der zweiten Königsstadt **Meknes**.

7. Tag Von Fes Fahrt über den mittleren Atlas mit seinen großen Zedernwäldern in 2000 m Höhe nach **Midelt**.

8. Tag Über den Hohen Atlas durch die Schlucht des Ziz bis Ksar-Es-Souk und zwischen Gebirge und Wüste auf der „Straße der Kasbahs" bis „Tinerhir".

9. Tag Zahlreiche Oasen liegen in den Flußtälern an der Etappe nach **Ouarzazate**.

10. Tag Durch eine großartige Gebirgslandschaft über den Hohen Atlas (Paß Tizi N'Tichka 2270 m) nach **Marrakesch**.

11. Tag Rundfahrt um die mittelalterliche Festungsmauer der Stadt und Besuch der Altstadt, der vielfarbigen Souks und des großen Platzes der Märchenerzähler, Tänzer und Schlangenbeschwörer.

12. Tag Zur freien Verfügung.

13. Tag Nach **Casablanca** und kurze Besichtigung dieser modernen Großstadt, dann Weiterfahrt nach **Rabat**, der schönen Residenzstadt des Landes.

14. Tag Vormittags Besichtigung von Rabat und nachmittags bis Tanger.

15. Tag Rückflug nach Deutschland.

Leistungen:

Flug Deutschland—Marokko und zurück mit Maschinen des Linienverkehrs in der Economy-Klasse, Rundfahrt mit Fernreisebus in Marokko lt. Programm, Besichtigungen, Eintritte, Steuern und Taxen, Übernachtung in den genannten Hotels in Doppelzimmern, volle Verpflegung, beginnend und endend mit der Bordverpflegung, **wissenschaftliche Reiseleitung**.

N i c h t eingeschlossen sind das Trinkgeld für den Omnibus-Chauffeur, persönliche Ausgaben, Getränke und die Flughafensteuern.

Zuschläge:

Einzelzimmer . . . . DM 120.—
Zuschlag für Abflug ab Berlin DM 129.—, ab Hamburg DM 50.—, ab Bremen Hannover DM 78.—, ab Nürnberg DM 27.—.

---

sen. Aber diese Zahl ist ganz offensichtlich zu niedrig. In Wirklichkeit unternehmen wesentlich mehr deutsche Touristen Kulturreisen innerhalb Marokkos, sei es als Besichtigungsreise in Gruppen oder individuell.

Im speziellen Fall von Marokko ist die Zahl der Touristen, die vom kulturellen Erbe des Landes, der Schönheit der Natur oder der Folklore angezogen werden, verhältnismäßig höher als in anderen Empfängerländern, in die sich überwiegend Badetouristen begeben. Da uns brauchbare statistische Daten fehlen, sind wir auf die grobe Schätzung angewiesen, daß sich ca. 50 % der deutschen Touristen, d. h. ca. 90.000 pro Jahr, in Marokko auch für Kultur, Landschaft und Folklore interessieren und mehrtägige Rundfahrten unternehmen

Abbildung 2: Angebot einer Marokko-Studienreise von Athena-Weltweit, Kultur- und Erlebnisreisen, Hamburg (*aus dem Katalog für 1994, S. 70*)

Vom Rif zum Großen Süden

GROSSE MAROKKO-REISE

Die Reise führt von Tanger durch die verschiedenen Landschaftsformen und Klimazonen südwärts durch das Rifgebirge, über den Mittleren und Hohen Atlas bis an den Rand der großen Sahara mit ihren reizvollen Oasen im "Großen Süden". In den alten Königsstädten Fes, Meknès, Marrakesch und Rabat lernen Sie die schönsten Bauwerke und Kunstschätze der westislamischen Kultur kennen. Eine Reise voller großartiger Bilder der Landschaft, Kunst und Menschen.

Reiseprogramm:

1. Tag Frankfurt – Casablanca – Rabat. Vormittags Flug mit Lufthansa von Frankfurt nach Casablanca. Fahrt nach Rabat, der schönen Residenzstadt des Königreiches.

2. Tag Rabat – Tanger. Besichtigung der eindrucksvollen historischen und modernen Bauten: Kasbah der Oudaia, Hassan-Turm, Mausoleum Mohammed V. Fahrt nordwärts entlang der Atlantikküste, nach Lixus zu den Ausgrabungen einer in punisch-römischer Zeit bedeutenden Siedlung. Besuch des Kap Spartel und der Herkulesgrotte, abends in Tanger.

3. Tag Tanger – Tetouan – Chaouen. Spaziergang durch die Hafenstadt zum Sultanspalast. Anschließend Fahrt nach Tetouan mit Besuch der farbenfrohen Medina und des archäolog. Museums. Weiterfahrt und Besichtigung von Chaouen, der Heiligen Stadt am Rif-Gebirge mit alter Festung und andalusischen Häusern.

4. Tag Chaouen – Fes. Abwechslungsreiche Fahrt durch das Rif-Gebirge nach Fes, der ältesten marokkanischen Königsstadt. 3 Übernachtungen.

5. Tag Fes. Besichtigung der Altstadt (Medina) mit ihren Toren, Medressen und fesselnden Souks, einem Labyrinth von Gassen und Gäßchen mit unzähligen Läden, Handwerksstätten, Kupfer- und Silberschmieden.

6. Tag Fes – Ausflug Meknès, Moulay Idriss, Volubilis. Fahrt nach Meknès und Besichtigung der alten Königsstadt mit seiner Festungsmauer, den schönen Toren, Moscheen und Gartenanlagen. Weiterfahrt nach Moulay Idriss, der malerisch gelegenen Heiligen Stadt, und zu den ausgedehnten Ruinen der römischen Stadt Volubilis.

7. Tag Fes – Midelt – Er-Rachidia. Eine der interessantesten Etappen dieser Reise ist die Fahrt über den Mittleren Atlas mit seinen großen Zedernwäldern und Weideplätzen der berberischen Halbnomaden in 2000 m Höhe nach Midelt und weiter über den Hohen Atlas bis Er-Rachidia (Ksar es Souk), der ersten großen Oase der vorsaharischen Hochebene.

8. Tag Er-Rachidia – Erfoud – Tinerhir. Fahrt entlang des fruchtbaren Tales des Oued Ziz, das als grünes Band durch die Wüste führt, bis Erfoud am Rande der Sahara in der einst besonders fruchtbaren ausgedehnten Oase Tafilalet. Weiterfahrt bis zur großen Oase Tinerhir.

9. Tag Tinerhir – Todra-Schlucht – Ouarzazate. Ausflug in die gewaltige Todra-Schlucht und Fahrt entlang der »Straße der Kasbahs« – mächtige Burgen der einstigen Feudalherren oder zur geschlossenen Stadt ineinandergebaute Festungen. Schneegedeckte Gipfel des Hohen Atlas auf der einen Seite, Steinwüste und die Berge des Anti-Atlas auf der anderen, vorbei an vielen Oasen bis nach Ouarzazate. 2 Übernachtungen.

10. Tag Ouarzazate – Ausflug Zagora. Ausflug entlang des palmenbestandenen Draa-Tales mit zahlreichen malerischen Lehmburgen bis Zagora und Tamroute mit interessanter Bibliothek und bis zur großen Düne am Rande der Sahara.

11. Tag Ouarzazate – Taroudant – Agadir. Besuch von Ait Ben Haddou, einer malerischen Kasbah-Anlage. Weiterfahrt durch immer wechselnde Landschaft zwischen Atlas und Anti-Atlas nach Taroudant, der ehemaligen Hauptstadt des Sous. Bummel durch die malerische Stadt, die noch heute von einer guterhaltenen Mauer mit Bastionen vollständig umschlossen ist. Weiterfahrt nach Agadir, der aufstrebenden Tourismusmetropole am Atlantik.

12. Tag Agadir – Tafraout. Fahrt über Tiznit in die großartige Landschaft des Anti-Atlas und in das Tal der Ammeln, wo zahllose Kasbahs steil aufgetürmt am Hang des 2000 m hohen Gebirges über dem fruchtbaren Tal liegen, in dem Dattelpalmen, Öl- und Mandelbäume wachsen. Abends in Tafraout.

13. Tag Tafraout – Agadir – Marrakesch. Fahrt über Agadir nach Marrakesch, der »Perle des Südens«. 2 Übernachtungen.

14. Tag Marrakesch. Besuch der Altstadt, der Koutoubia, der Saadier-Gräber und Rundgang durch die vielfarbigen Souks mit ihren Läden und Handwerksstätten. Nachmittags auf dem einmaligen Platz Djema-el-Fna, wo sich große Zuschauerkreise um Schlangenbeschwörer, Gaukler, Zauberer und Tänzer versammeln.

15. Tag Marrakesch – Casablanca – Frankfurt. Transfer zum Flughafen von Casablanca und Rückflug nach Frankfurt oder Verlängerungsaufenthalt.

Reisetermine:

MRS/1 19.03.–02.04.94 MRS/4 01.10.–15.10.94
MRS/2 26.03.–09.04.94 MRS/1 01.04.–15.04.95
MRS/3 30.04.–14.05.94 MRS/2 08.04.–22.04.95

IT3LH2ATR035

Reiseleitung:

Dr. Gerhard Kuhn, Geographie u. Archäologie
Dr. Volker Höhfeld, Geographie, u.a.

Reisepreis:

ab Frankfurt, HP	DM 3480,–
Flugzuschlag für MRS/3+4	DM 180,–
Einzelzimmer*	DM 460,–

Zuschlag für Flug ab/bis: Berlin, Dresden, Düsseldorf, Köln, München, Stuttgart kostenlos / Bremen, Hamburg, Hannover, Münster DM 100

Die Preise gelten nur bis 31.10.94, für spätere Reisen liegen die Preise ab Juli '94 vor.

Visum und Impfungen: Zur Zeit nicht erforderlich. Die gültigen Einreisebestimmungen erhalten Sie bei Buchung.

Vorgesehene Hotels:

***** FES, Les Merinides (3 x) – MARRAKESCH, Safir (2 x) – TANGER, Les Almohades / (1 x)
**** A AGADIR, Anezi (1 x) – OUARZAZATE, Karam (2 x) – RABAT, Safir (1 x)
**** B ER RACHIDIA, Rissani (1 x) – TAFRAOUT, des Amandiers (1 x) – TINERHIR, Saghro (1 x)
*** A CHAUEN, Asma (1 x)

Im Süden des Landes gibt es nur sehr wenige Hotels, so daß sich aus reservierungstechnischen Gründen die Übernachtungsorte bei der einen oder anderen Reise ändern können. Die Besichtigungen bleiben jedoch die gleichen.
* Da die Hotels im Süden die Zusagen für Einzelzimmer während der Hochsaison nicht immer einhalten, gilt unsere Zusage nur unter Vorbehalt.

Teilnehmerzahl: Min. 12, max. 24 Personen.

Reiseverlängerung:

bis zu 1 Monat möglich. In Casablanca oder Marrakesch ohne Flugmehrkosten. Flugzuschlag bei Verlängerung in Agadir DM 220.
Hotelvorschlag s. S. 72

Leistungen, Hinweise und Bahnanreise »rail & fly« auf den letzten Umschlagseiten.

➨ Informationen zum Land Seite 133.

(vgl. *Abb. 2*) oder zumindest Ausflüge von einem oder zwei Tagen von ihren Aufenthaltshotels aus durchführen. Die Zahl der Teilnehmer an kulturellen Studienreisen wird bei ca. 9.000 liegen – einer Zahl, die uns auch andere Untersuchungen bestätigen.

6. Erwartungen der Teilnehmer von Studienreisen nach Marokko

Im Falle des Ziellandes Marokkos sind die einzelnen weiter oben ausgeführten Dimensionen der kulturellen Studienreisen von Teilnehmern an unserem Angebot wie folgt zu konkretisieren:

1. Kultur und Landschaft im Reiseprogramm

Marokko besitzt ein außergewöhnliches historisches und kulturelles Erbe, besondere Naturschönheiten, aber auch sehr angenehme klimatische Bedingungen. Marokko ist daher für unsere Studienreisen ein ausgezeichnetes Zielgebiet. Bedauerlicherweise jedoch ist die touristische Infrastruktur außerhalb der großen Städte und der touristischen Baderegionen noch nicht sehr hoch entwickelt. Insbesondere in den Gebieten des Südens, wo nur ein rundes Dutzend von Touristenhotels eines gehobenen Standards bestehen, sind alle Reiseveranstalter mehr oder weniger alle auf die gleichen Hoteleinrichtungen angewiesen. Deshalb ist die kulturelle Rundreise, die wir in allen Reisebroschüren der Welt finden, auch fast immer dieselbe. Diese Uniformität hat nichts zu tun mit einer Einfallslosigkeit der Reiseveranstalter; die Restriktionen in der Zahl und Qualität der Hotelunterkünfte erschweren weitere denkbare Rundreiserouten. Unter anderem ist dies ein Grund dafür, daß es unter den Kulturreisenden, die nach Marokko fahren, so wenige Wiederholer (also Mehrfachreisende) gibt.

2. Reiseleitung

Der Standard der Reiseführungen nimmt in der Bedeutung der Erwartungen den zweiten Platz ein.

Unsere Reiseleiter sind, wie bereits erwähnt, Spezialisten, ausgezeichnete Kenner des Landes mit einer Universitätsausbildung. Ich freue mich ganz besonders, daß sich unter den Organisatoren und Teilnehmern dieses Kolloquiums mehrere Wissenschaftler finden, die regelmäßig oder gelegentlich unsere Gruppen durch Marokko führen. Derartige Voraussetzungen können wir von einem lokalen Führer nur selten erwarten.

Dabei hat dies natürlich nichts mit der Nationalität, sondern nur mit der Ausbildung der Reiseleiter zu tun. Der Beweis hierfür ist, daß sich auch marokkanische Professoren, hervorragende Kenner der Kultur ihres Heimatlandes und gleichzeitig bestens vertraut mit deutscher Sprache und Kultur, ebenfalls unter unseren besten wissenschaftlichen Reiseleitern finden.

Dieser Anspruch an ein hohes intellektuelles Niveau findet sich nur bei einem kleinen Kreis der Studienreisenden (ca. 9.000 Personen für Marokko), der unter anderem von uns bedient wird, und der in viel geringerem Maße bei den Teilnehmern der Besichtigungsreisen (ca. 80.000) festzustellen ist. Für die Mehrzahl der Reisenden genügen die Erklärungen eines guten lokalen Reiseführers.

3. Politische Stabilität und persönliche Sicherheit

Die politische Situation in Marokko wird als stabil betrachtet. Die persönliche Sicherheit in einem Urlaubsland ist ebenfalls eine unverzichtbare Voraussetzung, und wir möchten deshalb anregen, daß die Behörden der Zielgebiete ihre Anstrengungen zur Bekämpfung nicht nur der großen, sondern auch der kleinen Kriminalität verstärken, vor allem in Orten, wo die Lage bekanntermaßen kritisch ist.

4. Standard der Unterkunft und Verpflegung

Studienreisende erwarten einen gewissen Komfort und einen guten Servicestandard. Sie erwarten keine Luxushotels, aber bequeme Häuser der Kategorie 4-Sterne für die verschiedenen Aufenthalte von jeweils 1 bis 3 Übernachtungen an einem Ort während ihrer Rundreise. Wie bereits erwähnt, könnte die touristische Infrastruktur im Landesinneren, vor allem in manchen Übernachtungsorten im Süden, verbessert und weiter ausgebaut werden[2]. Man sollte dabei den Stil der traditionellen Architektur wahren.

Gestatten Sie mir einige kritische Anmerkungen zum Servicestandard in einigen marokkanischen Hotels. Der Standard von touristischen Anlagen wird seitens der Kunden sowohl nach den Einrichtungen bemessen, als auch nach der Professionalität und der Freundlichkeit der Mitarbeiter „im Dienste der Kunden". Das eleganteste Hotel in bester Lage wird nicht als gutes Hotel empfunden, wenn die Mitarbeiter dem Kunden gegenüber nicht freundlich sind. Es geht dabei natürlich nicht darum, „als Diener" zu arbeiten, sondern einen Service zu erbringen, für den der Kunde eine finanzielle Gegenleistung erbringt. Als ein großer Freund Marokkos erlaube ich mir, die Aufmerksamkeit der marokkanischen Hotellerie auf diesen Punkt zu lenken.

Studienreisende wollen ein Land kennenlernen: seine Kultur, seine Landschaft und seine typische Küche – wenn sie gut ist. In Marokko gibt es viele hervorragende traditionelle Gerichte. Cous-Cous, Tagine und andere sind inzwischen selbst in Europa bekannt. Wir möchten die Zuständigen in den marokkanischen Hotels gerne ermutigen, unseren Kunden noch öfter als bisher diese und andere typische Gerichte des Landes zu servieren.

---

[2] Die Errichtung zweier 4-Sterne-Hotels in Zagora (im Drâatal) vor wenigen Jahren (Hotel Reda, 4*A, und Hotel Tinsouline, 4*B) ist vor diesem Hintergrund ein wichtiger Schritt gewesen, um den Studienreisentourismus im randsaharischen Marokko hinsichtlich der Etappenstationen flexibler zu gestalten.

5. Die Umweltqualität

Die Deutschen erkennen immer mehr die Notwendigkeit, natürliche Ressourcen eines Landes oder einer Landschaft zu schützen, und sie wünschen sich auch für ihren Urlaub eine intakte und gesunde Umwelt. Eine möglichst intakte Umwelt ist die Grundlage des Tourismus. Deshalb sollte ihr Erhalt, ihre Pflege oder Wiederherstellung unbedingten Vorrang haben.

Der *Deutsche Verband der Reisebüros und Reiseveranstalter* (DRV) unternimmt seit 1987 große Anstrengungen, zum einen die Verantwortlichen der Branche in Deutschland und in den Zielgebieten, aber zum anderen auch die Touristen selbst für Umweltschutz zu sensibilisieren. Er hat verschiedene Broschüren für Touristen und für Touristiker veröffentlicht, darunter auch Umwelt-Hinweise in französischer Sprache für Besitzer und Direktoren von Hotels und anderer touristischer Anlagen.

* * * *

Ich hoffe, es ist mir gelungen, Ihnen einen Überblick über die Beweggründe und die Erwartungen der Kulturreisenden aus Deutschland nach Marokko zu geben. Marokko ist ein privilegiertes Land, das nicht nur über ein großes historisches und kulturelles Erbe verfügt, sondern auch über Landschaften von außergewöhnlicher Schönheit. Diese bilden die Grundlage, und diese sind die Anziehungspunkte der Studienreisenden nach Marokko.

Herbert Popp (München)

Das Marokkobild in den gegenwärtigen deutschsprachigen Reiseführern

Mit 1 Tabelle

Etwa seit Anfang der siebziger Jahre hat sich Marokko zu einem jener mediterranen Länder entwickelt, die von deutschen Touristen in nennenswerter Zahl besucht werden. 1970 lag die Zahl der touristischen Einreisen aus Deutschland erstmals über 50.000 (und zwar 56.000), und seither sind sie tendenziell ständig gestiegen, wenn man einmal von einigen Jahren mit stagnativer oder rückläufiger Tendenz absieht, so z. B. 1991 als Folge des Golfkriegs. Für das Jahr 1993 erfolgten bereits 222.000 touristische Einreisen aus Deutschland, womit diese Nationalitätengruppe nach den Franzosen und Spaniern an dritter Stelle rangiert[1]. Berücksichtigt man die Übernachtungszahl pro Tourist, die bei den Deutschen mit durchschnittlich 10,5 Nächtigungen höher als bei allen anderen Nationalitäten liegt, rücken die deutschen Touristen auf den zweiten Platz, knapp nach den Franzosen. Somit sind die Deutschen mittlerweile eine ganz wichtige Nationalitätengruppe für den Tourismus in Marokko – wenn man das durch sie umgeschlagene Kapital berücksichtigt, dürften sie sogar noch vor den Franzosen an erster Stelle stehen. Und der Trend, eine touristische Reise nach Marokko zu machen, nimmt in Deutschland derzeit weiterhin zu, weil Marokko als „sicheres islamisches Land" gilt (was eine zutreffende Einschätzung ist) und weil es davon profitiert, daß von der Presse dramatisierte Aktionen gegen Touristen in der Türkei oder Ägypten zu einer weiteren Umlenkung der Nachfrage auf Marokko führen dürften.

Marokko bildet somit aus deutscher Perspektive mittlerweile einen touristischen Markt, der durchaus Gewicht hat und eine expansive Tendenz zeigt. Derselbe Trend zeichnet sich natürlich auch bei der **Produktion von Reiseführern** ab – ist doch gerade Marokko nicht nur ein Land für den Strand- und Badetourismus, sondern mindestens ebenso auch für den Rundreise- und Besichtigungstourismus. Zu meiner eigenen großen Überraschung bin ich bei den Recherchen zu vorliegendem Referat allein auf 22 deutschsprachige Reiseführer über Marokko gestoßen. Daß das Literaturgenre der „Reiseführer" über Marokko derzeit Konjunktur hat, wird hieraus sehr deutlich[2].

Die folgenden Ausführungen sollen die derzeit vorliegenden deutschsprachigen Reiseführer einer kritischen Analyse unterziehen. Im einzelnen wird versucht, auf folgende Fragen eine begründete Antwort zu geben:

● Welche in den Reiseführern veröffentlichten Informationen sind ganz einfach unzutreffend und falsch?

● Inwieweit ist die Auswahl der behandelten Themenaspekte und Raumbeispiele einseitig und unausgewogen?

● Lassen sich Sehweisen und Darstellungsaspekte nachweisen, die ein Verstehen der marokkanischen Gesellschaft erschweren, ja sogar Stereotype und Vorurteile aufbauen oder verstärken?

Es ist methodisch kaum möglich, die gestellten Fragen auf den Gesamtinhalt der Bände der Reiseführerliteratur zu beziehen – zumindest für den hier vorliegenden Beitrag würde ein derartig komplexes Anliegen nicht zu leisten sein. Deshalb soll die kritische Analyse anhand vorgegebener „Sonden" erfolgen, die in sachlicher und regionaler Hinsicht wichtige Dimensionen eines Marokko-Reiseführers berücksichtigen[3]:

---

[1] Zahlen nach: *Banque Marocaine du Commerce Extérieur. Revue d'Information*, N° 206, April 1994, S. 15-17.
Eigentlich ist die zahlenmäßig stärkste Nationalitätengruppe der „touristischen Einreisen" gemäß der amtlichen Statistik die der Algerier. Da es hierbei eher um (legale oder illegale), wirtschaftlich motivierte Aktivitäten und Verwandtschaftsbesuche handelt, weniger dagegen um solche Tätigkeiten, die man gemeinhin in Europa unter „Tourismus" subsumiert, wurden die Algerier bei der hier erwähnten Rangung unberücksichtigt gelassen.
Berücksichtigt man nicht nur die Einreisen, sondern auch die Aufenthaltsdauer im Lande, so rücken die Deutschen, gemessen anhand der Übernachtungszahlen in klassifizierten Hotels, noch weiter nach oben, und zwar an die zweite Stelle (2.330.000 Übernachtungen), nahezu gleichauf mit den Franzosen.

[2] Es wird hier nicht der Anspruch erhoben, daß die nachfolgend berücksichtigten Reiseführer eine vollständige Zusammenstellung bilden. Ebenso kann es durchaus sein, daß die hier genannten Reiseführer in manchen Fällen bereits in einer jüngeren Auflage als der hier zitierten erschienen sind. Da vielfach alle ein bis zwei Jahre neue Auflagen auf den Markt kommen, ist es fast unvermeidlich, daß man nicht topaktuell ist. Dennoch ist das berücksichtigte Auswahlspektrum so breit, daß die getroffenen Aussagen als repräsentativ gelten können.

[3] Aus dieser Vorgehensweise folgt, daß streng genommen die Aussagen zu Stärken und Schwächen einzelner Reiseführer nur diese Aspekte betreffen. Vermutlich dürfte indes diese Auswahl kein völlig vom übrigen Band divergierendes Bild ergeben.

1. Da das mit Abstand am häufigsten besuchte Zielgebiet der deutschen Touristen Agadir ist, soll zunächst geprüft werden, wie Agadir und sein Hinterland thematisiert werden. Nicht nur die Aussagen über die Stadt selbst sollen dabei geprüft werden, sondern auch solche über das Sousstal (wobei im Süden noch die Stadt Tiznit, die streng genommen nicht mehr zum Sousstal gehört, einbezogen wird) (= **Agadir und das Sousstal**).

2. Einen hohen Stellenwert in den meisten Reiseführern hat die „exotische Welt" Südmarokkos mit ihren (vermeintlich?) traditionellen und malerischen Aspekten. Als Beispielgebiet, dessen Repräsentation hier analysiert wird, soll das Drâatal zwischen Agdz und M'hamid dienen (= **Drâatal**).

3. Alle Reiseführer konzentrieren sich natürlich auf solche Objekte, die als besonders attraktiv und sehenswert gelten. So gibt es wohl keinen Reiseführer von Marokko, in dem nicht die Städte Fes und Marrakech berücksichtigt wären. Daneben aber führen uns zumindest einige Reiseführer bis in die fernsten Winkel des Königreiches. Um exemplarisch den Aussagegehalt von Ausführungen über solche Lokalitäten, die gewissermaßen als „Geheimtip" gehandelt werden und abseits der ausgetretenen Tourismuspfade liegen, zu prüfen, soll hier die Oase Figuig berücksichtigt werden (= **Oase Figuig**).

4. Ein eher thematischer, allerdings auch räumlich zuordenbarer Sachaspekt, der in den meisten Reiseführern eine große Rolle spielt, sind Ausführungen über die Ethnie der Berber. Da die Berber (z. B. in Form der Berberteppiche und des Berberschmuckes) eine wichtige Komponente des touristischen Images Marokkos ausmachen und auch einen der Schlüssel zum Verständnis der marokkanischen Gesellschaft bilden, soll die Wiedergabe der Aussagen über diese Bevölkerung und ihre Sachkultur kritisch beleuchtet werden (= **Berber**).

5. Ein selbstverständlich besonders zentraler Gesichtspunkt, nämlich die Frage, wie die bekannten Königsstädte in den Reiseführern dargestellt werden, soll an dieser Stelle unberücksichtigt bleiben, da ich schon an anderer Stelle am Beispiel von Fes über diese Fragestellung berichtet habe (POPP 1994).

Zunächst erscheint noch ein kurzer Exkurs über die Praktikabilität dieses methodischen Anspruchs notwendig. Sie werden fragen: Woher nehme ich das Recht, ja die Anmaßung, als eine Art Zensor die Rolle dessen spielen zu wollen, der zu den gestellten Fragen einigermaßen objektiv, jedenfalls aber zutreffender als die Reiseführer-Literatur Stellung beziehen kann? Steht hier nicht eine weitere subjektive Position den bereits vorliegenden gegenüber? Überschätze ich mich nicht, wenn ich mir einbilde, ein weniger verzerrtes, ausgewogeneres, das Handeln der Menschen in Marokko angemessener erläuterndes Bild präsentieren zu können als die vorhandene Reiseführerliteratur?

Zweifellos handelt es sich um die Annäherung an ein Thema, bei dem auch ich meine Grenzen habe (derer ich mir wohlbewußt bin). Ich bin keineswegs der Meinung, das einzige „wahre" Marokko-Bild vorstellen zu können. Auch ich sehe – ich weiß das sehr wohl – Marokko „als Fremder, von außen", ich bin kein *insider*, bin kein Glied der marokkanischen Gesellschaft.

Und auch ich bin auf einige Themenbereiche spezialisiert, kenne dagegen andere weniger gut. Allerdings habe ich drei Trumpfkarten zu bieten, die mir meine Analysen erleichtern, und diese möchte ich für meine folgenden Ausführungen nutzen:

1. Ich kenne Marokko nunmehr seit 1975. Insgesamt war ich schätzungsweise 30-35mal in diesem Land, habe im Rahmen meiner wissenschaftlichen Tätigkeit fast alle Teilgebiete des Landes bereist und verfüge deshalb über einen eigenen Erfahrungsschatz und über eine breite Literaturkenntnis, auf die ich Bezug nehmen kann. Die Humangeographie Marokkos ist mein wissenschaftliches Hauptarbeitsgebiet.

2. Ich habe viele Freunde und Bekannte in Marokko, die es mir ermöglichen, tiefer in die Alltagswelt dieser Gesellschaft einzudringen, vielleicht auch viele Dinge anders und differenzierter zu sehen als ein normaler Europäer.

3. Ich konzentriere mich bei der Sachauswahl auf solche Aspekte, denen ich mich im Rahmen meiner wissenschaftlichen Arbeit bereits intensiv zugewandt habe, bei denen ich also mit eigenen Forschungsergebnissen aufwarten kann und vielfältige regionale Bezüge intensiv und über längere Zeit verfolgt und reflektiert habe.

1. Typisierung der deutschsprachigen Marokko-Reiseführer

Bei aller Vielzahl an Bänden, läßt sich die Palette der Marokko-Reiseführer doch schnell auf wenige Typen reduzieren[4], die ich zusammengefaßt habe zu: 1. „Klassische" Reiseführer, 2. Kunstreiseführer, 3. Sammelbände, 4. Alternative Reiseführer, 5. Städte-Reiseführer, 6. Kurz-Reiseführer (vgl. *Tab. 1*).

Durchgängig erkennbar ist bei allen Reiseführern (mit Ausnahme der Kunst-Reiseführer), daß in ihnen der Beschreibung der marokkanischen Menschen relativ breiter Raum eingeräumt wird. Das erstaunt, weil Marokko bekanntlich dem islamisch-orientalischen Kulturkreis angehört, der gänzlich andere Normen, Wertvorstellungen und Verhaltensweisen als unser eigener aufweist.

● Mit **„Klassische" Reiseführer** soll zum Ausdruck gebracht werden, daß diese Bände – bei allen Unterschieden im Detail – thematisch breit angelegt sind, sich von der Präsentation und Sprache her distanziert geben und mit reichen Routenvorschlägen und praktischen Tips ausgestattet sind.

● Diesen stehen die **Alternativen Reiseführer** als eine Gruppe gegenüber, wo nicht nur bereits durch eine flapsigere Sprache ein anderes Programm signalisiert wird, sondern auch ein (vermeintlich) besonders enger Kontakt zur Bevölkerung geliefert wird. Eindrücke und persönliche Erfahrungen des Verfassers bilden einen unverzichtbaren Bestandteil.

---

[4] Diese Typisierung erfolgt rein pragmatisch für die Zwecke dieses Referats und behauptet nicht, Ausfluß systematischer theoretisch-methodischer Reflexion zu sein. Die Typisierung wiederholt die bereits an anderer Stelle publizierte Systematik (POPP 1994).

Tabelle 1: Übersicht der im Beitrag berücksichtigten deutschsprachigen Marokko-Reiseführer

	Name der Reihe	Autor u. Titel des Bandes	S.	Ort, Jahr, Aufl.	A*	B*	C*	D*
	„Klassische" Reiseführer							
1	dtv-MERIAN-Reiseführer	I. Lehmann & G. v. Mukarovsky: Marokko	288	München ²1990	●	●	●	–
2	DuMont „Richtig reisen"	M. Köhler: Marokko	388	Köln ⁸1989	●	●	●	●
3	„Selbst entdecken", Bd. 45 (Regenbogen-Verlag)	N. & C. Machelett: Nordmarokko	168	Zürich 1990	–	●	–	●
4	Michael Müller Verlag	J. Grashäuser & W. Schäffer: Marokko	440	Erlangen ²1991	●	–	●	●
5	DuMont Reise-Taschenbücher	H. Buchholz: Südmarokko	251	Köln 1990	●	–	●	●
6	Ullstein Reiseführer	G. Eckert: Marokko	192	Frankfurt 1991	●	●	●	–
7	Baedekers Allianz Reiseführer	G. Ludwig: Marokko	672	Stuttgart 1991	●	●	●	●
8	Rau's Reisebücher, Bd. 25	E. Kohlbach: Quer durch Marokko	264	Stuttgart 1992	●	●	●	●
	Kunstreiseführer							
9	DuMont Kunst-Reiseführer	H. Helfritz: Marokko. Berberburgen und Königsstädte des Islams	266	Köln ⁸1986	●	–	●	●
10	Artemis-Cicerone, Kunst- und Reiseführer	E. Gorys: Marokko	287	München 1988	●	●	●	●
11	Knaurs Kulturführer	M. Mehling (Hrsg.): Marokko	260	München 1992	●	●	●	–
	Sammelbände (mehrere Autoren und Stichworte)							
12	Nelles Guides	G. Nelles (Hrsg.): Marokko	256	München 1992	●	–	●	●
13	APA Guides	D. Stannard (Hrsg.): Marokko	330	Berlin 1992	●	●	●	●
	Alternative Reiseführer							
14	Reise Know-How	E. Därr: Marokko. Vom Rif zum Anti-Atlas. Reiseführer für Globetrotter	880	München ⁶1994	●	●	●	●
15	Preiswert reisen (Hayit-Verlag)	H.-J. Horn: Marokko	390	Köln ⁵1990	●	●	●	●
	Städte-Reiseführer							
16	Reise Know-How, City Guide	E. Därr: Agadir und die Königsstädte Marokkos	456	Hohenthann 1991	●	–	–	–
	Kurz-Reiseführer							
17	Super reisen!, H. 24 (Merian)	I. Lehmann: Marokko	96	Hamburg ²1991	●	–	●	●
18	Marco Polo (Mairs Geogr. Verlag)	I. Lehmann: Marokko	96	Ostfildern 1991	●	●	●	●
19	Humboldt-Reiseführer	B. Rogérson: Marokko	128	München 1992	●	–	●	–
20	Berlitz-Reiseführer	T. Brosnahan: Marokko	128	London ¹⁵1993	●	–	–	–
21	APA Pocket Guides	D. Stannard: Marokko	93	Berlin ¹1993	●	–	●	●
22	Hayit Urlaubsberater	R. Botzat: Marokko	96	Köln 1993	●	●	–	●

*) Wenn die nachfolgend aufgelisteten, exemplarisch behandelten Örtlichkeiten und Themenaspekte in dem jeweiligen Band angesprochen werden, so wird dies in den Spalten A-D mit ● markiert:

A Agadir und das Souss-Tal **B** Oase Figuig **C** Drâa-Tal **D** Berber

● Die Schwerpunkte von **Kunstreiseführern** liegen auf der Sachkultur des Landes, insbesondere auf der Beschreibung von Bauwerken, kunsthandwerklichen Artikeln und Sitten und Gebräuchen – das Interesse gilt dagegen weniger den Menschen und den Landschaften.

● Thematisch und hinsichtlich der Autorenschaft als eine Art „Reader" gliedert sind zwei Bände, die beide wegen ihrer reichen Ausstattung herausstechen. Es handelt sich hier nicht um den Standardtyp des Reiseführers, weil konkret beschriebene Reiserouten fehlen. Eher lassen sich die als **Sammelbände** bezeichneten Führer im Grenzbereich zur Landeskunde einordnen.

● Der einzige **Städte-Reiseführer** nimmt zahlreiche Elemente des Marokko-Reiseführers Nr. **14** wieder auf (schließlich haben wir es auch mit derselben Autorin zu tun), erweitert sie aber durch Abschnitte, die man als „Impressionen" bezeichnen könnte. Exkurse mit Texten marokkanischer Verfasser sowie subjektive Stimmungsbilder, in besonders bildhafte Sprache gefaßt, werden in den Text integriert.

● Die **Kurz-Reiseführer** schließlich reduzieren ihre Aussagen auf eine Art Basis- und Notprogramm für denjenigen, der nur das Allerwichtigste wissen will. Auch wenn diese Bände sich natürlich nicht an einen Leser wenden, der ein weitergehendes Interesse an Land und Leuten hat, sind sie für uns besonders ergiebig, weil gerade deren „Strategie des Weglassens" besonders leicht interpretierbar ist.

Anhand der *Tabelle 1* läßt sich bereits erkennen, daß nicht alle der von uns ausgewählten zu untersuchenden Themenaspekte auch in allen Reiseführern berücksichtigt sind. Die bloße Feststellung, daß thematische Lücken vorhanden sind, ist keineswegs von vorneherein als ein qualitatives Manko anzusehen. Je nach Zielsetzung, Landeskenntnis des Verfassers bzw. nach Einschätzung der für den Touristen erwähnenswerten und interessanten Dinge wird in jedem Band eine Auswahl zu treffen sein. Dennoch sind die meisten unserer vorgegebenen Aspekte bei fast allen Bänden berücksichtigt.

● Agadir ist lediglich im Band über Nordmarokko [Nr. **3**][4] nicht erwähnt, wobei dies die logische Folge der räumlichen Beschränkung auf den Nordteil des Landes ist – Agadir liegt nun einmal im Süden Marokkos.

● Ähnliches gilt für die Frage, ob das Drâatal erwähnt wird. Wieder ist es (aus demselben Grund) der Band Nordmarokko [Nr. **3**], in dem dieses Flußtal unerwähnt ist; aber entsprechendes gilt für den Städteführer [Nr. **16**]: auch hier ist es das gewählte Selektionsprinzip des Reiseführers, das diese landwirtschaftlich geprägte Region ausschließt. Doch bereits wichtiger ist der Hinweis, daß auch bei zwei der Kurz-Reiseführer das Drâatal unerwähnt bleibt [Nr. **20, 22**]. Offenbar genießt es bei der Auswahl der Themenbereiche dieser besonders knapp gefaßten Bände keine hohe Priorität aufgrund seiner recht entfernten Lage von den städtischen Zentren.

● Ganz anders ist es im Falle der Erwähnung der Oase Figuig. Wie schon erwähnt, soll dieses Gebiet hier exemplarisch für solche Zielgebiete berücksichtigt werden, die touristisch wenig nachgefragt werden. Infolge kaum vorhandener touristischer Infrastruktur und extrem peripherer Lage wird die Oase nur in 12 der Reiseführer näher beschrieben – was keineswegs überrascht [nämlich bei Nr. **1, 2, 3, 7, 8, 10, 11, 13, 14, 15, 18, 22**].

● Die für die marokkanische Gesellschaft grundlegende Frage nach Begriff und Repräsentationsformen der Ethnie der Berber taucht wieder in den meisten Führern auf. Sie wird nicht näher beschrieben und erläutert im Städtereise-Führer [Nr. **16**], was noch verständlich ist, weil von den größeren Städten lediglich Marrakech stark berberisch geprägt ist. In allen übrigen Fällen wird dagegen ganz einfach so getan, als wäre es ganz klar, was Berber sind. Der Begriff wird zwar mehrfach erwähnt, aber nicht erläutert [Nr. **1, 6, 11, 19, 20**].

2. Falschaussagen in den untersuchten Reiseführern

a. Agadir und das Sousstal

Die Falschaussagen in Reiseführern beginnen bei so vordergründigen Informationen wie denen der Einwohnerzahl der behandelten Städte. Auch wenn man berücksichtigt, daß derartige Zahlen stets nachgeführt werden müssen (was nicht in allen Neuauflagen erfolgt) und die offiziellen Zahlen meist nur bei Volkszählungen zur Verfügung stehen, ist doch die Konfusion groß. Für Agadir ist die letzte offizielle Zahl die der Volkszählung von 1982: 110.479 Einwohner. Zwar fand im Jahr 1993 erneut eine Volkszählung statt; doch deren Ergebnisse liegen noch nicht veröffentlicht vor. Was dagegen jährlich veröffentlicht wird, sind die Zahlen für die Provinz Agadir, deren städtische Bevölkerung für 1991 z. B. 420.000 Einwohner in 9 städtischen Gemeinden betrug. Realistischerweise muß man davon ausgegangen, daß Agadir derzeit etwa 150.000-200.000 Einwohner haben dürfte. Doch was müssen wir lesen? Die Zahlen schwanken von 85.000 [**2**] und 100.000 [**1**] – das sind die „Untertreiber" – bis zu 250.000 [**4, 5, 15**], 290.000 [**11**], 291.000 [**7**], 373.000 [**8**] und gar 780.000 [**14**] – das sind die „Übertreiber". Hier handelt es sich nicht mehr um eine tolerable Schwankungsbreite, sondern schlichtweg um unzutreffende Angaben.

Nicht mehr zutreffend, da inzwischen eine Veränderung eingetreten ist, sind die Angabe über den Flughafen Agadir-Inezgane [**1**; **7**, S. 182] und den Königspalast neben dem Hotel Les Omayades [**5**, S. 110]. Hier handelt es sich um unterlassene Aktualisierungen in den Neuauflagen. Beide sind schon seit einer Reihe von Jahren verlagert worden: der Flughafen in den Wald von Admine, westlich von Aït Melloul, und der Königspalast weiter nach Süden, in Richtung der Mündung des Oued Souss.

Da die Erwähnung von weiteren Falschaussagen eine sehr langwierige und monotone Angelegenheit wäre, sollen hier nur noch einige Beispiele für unzutreffende Angaben gesammelt werden:

---
[4] Im folgenden werden die Reiseführer, auf die der Text Bezug nimmt, der Kürze wegen nur mit der laufenden Nummer der *Tabelle 1* zitiert.

- Das Erdbeben von Agadir war nicht 1962 [**4**, S. 354], sondern 1960.
- Agadir ist nicht der größte Sardinen- und Fischereihafen Marokkos [**1**, S. 186; **12**, S. 95] oder gar der ganzen Welt [**10**, S. 160]. 1991 rangierte Tan-Tan mit 239.000 t angelandeten Fisches deutlich vor Agadir mit 46.500 t (*Annuaire Statistique du Maroc 1992*, S. 60 f.)
- Die Frauen von Agadir sind keine *Sahawris* [**21**, S. 65], sondern (soweit sie aus der Region stammen) *Chleuh*-Berberinnen.
- Das Ergebnis des „Panthersprungs" im Jahr 1911 war nicht, daß Deutschland von Frankreich Kamerun zugestanden bekam [**4**, S. 355]; vielmehr handelte es sich um den französischen Kongo.
- Eine „eine Art Baumsteppe mit Arganien" gibt es generell nicht, auch nicht im Soustal [**7**, S. 22]. Eine Steppe ist baumlos; der Autor müßte hier von Savanne reden.
- In der Gegenwart wird im Soustal kein Zuckerrohr mehr angebaut [**4**, S. 340; **7**, S. 22;]; auch Baumwolle findet man nicht mehr [**4**, S. 340].
- Das vom Staudamm Youssef Ben Tachfine gestaute Wasser wird nicht zur Bewässerung des Soustals verwendet [**7**, S. 188].
- Taroudannt ist kein Wüstenort [**13**, S. 271]. Wie auch immer man „Wüste" abgrenzen mag – das Soustal gehört nicht dazu.

b. Oase Figuig

Die Angaben über die Oase Figuig sind relativ häufig falsch (sofern überhaupt greifbare Aussagen gemacht werden, die über Aussagen wie „schöne Oasengruppe" [**8**, S. 59] hinausgehen). Erneut werden die Einwohnerzahlen, die faktisch bei etwa 14.300 (1982) liegen (BENCHERIFA/POPP 1991, S. 49), z. T. astronomisch hoch angegeben und erreichen Werte von 37.000 [**7**, S. 291; **11**, S. 78], 40.000 [**14**, S. 486], 55.000 [**8**, 59].

Weitere Nennungen, die nicht stimmen, seien stichpunktartig zusammengefaßt:
- Es gibt keinen Djebel el Djorf [**2**, S. 310; **10**, S. 243; **11**, S. 81;]. *Jorf* heißt soviel wie „Kliff, Steilabfall"; damit wird der Rand eines als Plateau ausgebildeten Travertinkissens bezeichnet; von einem Berg („Djebel") kann keine Rede sein.
- Die Bewässerungsflur von Figuig als „eher dürftige Landwirtschaft" [**7**, S. 291] zu bezeichnen läßt den Schluß zu, daß der Autor die Oasenflur noch nie besucht hat!
- Die Bewohner gehören nicht zum arabischen Stamm der Beni Guil [**7**, S. 291; **10**, S. 242;] oder gar zum berberischen Stamm der Beni Guil, den es gar nicht gibt [**11**, S. 78]; sie sind vielmehr allesamt Berber und keine Beni Guil.
- Die Bewohner von Figuig haben so gut wie keine nomadischen Traditionen bewahrt [**7**, S. 291;], worin sie zugegebenermaßen eine gewisse Ausnahme bilden (vgl. BENCHERIFA/POPP 1991, S. 70).
- Ein „lebhafter Handelsplatz" [**7**, S. 291] ist Figuig wahrlich nicht.
- Figuig ist kein Handwerkszentrum für Töpferei, Kleider- und Lederherstellung [**2**, S. 309; **10**, S. 243].
- „Einige Ksar-Befestigungen umgeben die Stadt" [**3**, S. 118]. Die Aussage ist insofern irrig, als es nicht *die* Stadt, sondern lediglich sieben separate *Qsour* gibt.
- Es stimmt nicht, daß Figuig erst ab 1845 endgültig marokkanisch wurde [**7**, S. 291; **8**, S. 59; **10**, S. 242; **11**, S. 79;] vielmehr wurde im Vertrag von Lalla Maghnia erstmals die stets unumstrittene Zugehörigkeit zu Marokko von französischer Seite kodifiziert.
- Es stimmt nicht, daß Figuig immer noch sehr stark von Algerien abhängig sei [**7**, S. 292; **11**, S. 79;].
- Es ist unzutreffend, daß man bei Figuig nicht über die algerische Grenze nach Beni Ounif einreisen kann [**3**, 118].
- Die Aussage „Die Hauptksour heißt Zenaga" [**15**, S. 288] zeigt uns, daß der Autor nicht weiß, daß *Qsour* der Plural von *Qsar* ist und *Qsar* üblicherweise männlich verwendet wird.

Die von erheblicher Ignoranz zeugenden Belege über die Oase Figuig machen zugleich deutlich, was ich bereits über die Reiseführer-Aussagen zur Stadt Fes behauptet habe: viele Autoren schreiben von ihren Kollegen ab (POPP 1994, S. 120); und bei Falschangaben fällt es dann auf.

Im Falle Figuig gibt es zudem noch den Typ von Aussage, der insofern hier mit behandelt wird, als er leere Gemeinplätze umfaßt. Können Sie z. B. etwas anfangen mit der Aussage: „Es liegt im Auge des Betrachters, ob die fremdartige Landschaft ernüchternd oder befreiend wirkt"? [**13**, S. 264].

c. Drâatal

Über das Drâatal werden von den meisten Autoren nur visuelle Eindrücke geschildert, die den Reiz der Landschaft herausstellen. Dementsprechend sind ausgesprochene Falschaussagen weniger zahlreich vertreten.

Am meisten irritierend wirkt die bei einigen Autoren feststellbare terminologische Unsicherheit zur Charakterisierung der Siedlungsstruktur des Tales. Die Begriffe *Qsar*, *Kasbah* und *Tighremt* gehen z. T. in recht irreführender Weise durcheinander [**2**, S. 264 f.; korrekt dagegen in **7**, 114 f.]]. Weitere hier eigens zu erwähnende Falschaussagen sind:
- Die Oasenbauern des Drâatals sind keineswegs seßhaft gewordene Nomaden [**4**, S. 305]
- Die „Talsperre, die den Palmenwald von Tinezouline mit hinreichend Wasser versorgt" [**6**, S. 137] ist in Wirklichkeit nur ein Stauwehr, das so gut wie keinen Einfluß auf die traditionelle *Séguia*-Bewässerung hat.
- Eine Genehmigung, um nach M'hamid zu fahren. [**7**, S. 530], braucht man längst nicht mehr.
- Der Begriff „Galerieoase" [**18**, S. 80] ist bisher nicht üblich; wir benötigen ihn auch nicht, da der Begriff *Flußoase* alles aussagt.

Auch zum Drâatal sind einige kuriose Bezeichnungen anzuführen, die so abstrus sind, daß sie wohl in die Kategorie „unzutreffend" eingereiht werden müssen. In ein und demselben Band lesen wir, daß die Mezguita „ein Stamm mit größeren Machtgelüsten" [**4**, S. 306] seien, daß nach Zagora „Bewohner von austrocknenden Gebieten" [**4**, S. 306] zuzögen, daß „eine surreale Atmosphäre schwer über der Zaouiya" von Tamegroute laste [**4**, S. 308] und die dortige Bibliothek „neurologisch harmlos" [**4**, S. 308] sei. Derartige Sentenzen verstehe, wer will!

d. Berber

Die zuweilen unzutreffenden Aussagen über die Ethnie der Berber haben teilweise mit der Hypothek zu leben, die uns die Forschungsreisenden am Ende des letzten Jahrhunderts aufgebürdet haben. Deren Berber-Bild zeigt sich als erstaunlich persistent, obwohl es vielfach falsch war (vgl. POPP 1990, S. 71). Auch zur Einschätzung der Berber seien die krassesten Falschaussagen nachfolgend vorgestellt:
- Daß die Berber aus der allmählich austrocknenden Sahara nach Norden gedrängt worden seien [**3**, S. 53], wird zwar nie endgültig als These zu widerlegen sein. In der Forschung gilt sie indes als unwahrscheinlich; jedenfalls ist sie nicht zu belegen.
- Die Berber sind keine rassisch definierbare Ethnie; leider taucht diese Auffassung, die endlich einmal aus der Literatur verschwinden sollte, noch allzu häufig auf [**4**, S. 43; **6**, S. 136; **9**, S. 45; **10**, S. 255; **13**, S. 23; **14**, S. 342; **20**, S. 6];
- Auch die Tuareg sind Berber [**7**, S. 47];
- Die terrassierten Hänge der Berberbevölkerung im Antiatlas werden nicht bewässert [**7**, S. 47;]; vielmehr handelt es sich um Wasserkonzentrationsanbau, d. h. es wird nur der Niederschlag in der Abflußgeschwindigkeit reduziert, womit die Infiltrationsmenge des Wassers erhöht wird (vgl. KUTSCH 1982).
- Daß die *Chleuh* auch im Gharb anzutreffen seien [**10**, S. 255], ist barer Unsinn.

Auch über die Berber lesen wir einige Sentenzen, die eher zum Schmunzeln Anlaß geben, da ihr sozialer bzw. historischen Kontext „an den Haaren herbeigezogen" ist: „Ähnlich wie die Deutschen teilen sich die Berber in Stämme." [**4**, S. 43] oder „Hier im südlichsten Marokko fand er [Okba Ibn Nafi] zu seinem Erstaunen Berberstämme vor, bei denen nicht die Frauen, sondern die Männer Tücher vor dem Gesucht trugen." [**20**, S. 12] – endlich wissen wir, was Okba Ibn Nafi empfand.

e. Zwischenbilanz

Die vorgestellten Beispiele, die zugegebenermaßen dadurch besonders dramatisch erscheinen, daß sie hier gesammelt wurden, stimmen bedenklich. Lediglich bei zwei Bänden konnte ich zu den behandelten Aspekten bloß geringe Falschaussagen konstatieren: die Bände Nr. **5** und Nr. **14** und die Kurzausgaben Nr. **17** und **18**. Der Leser kann somit keineswegs dem Reiseführer trauen. Oft wird schludrig recherchiert; zuweilen sind auch die Autoren nicht ausreichend kompetent.

3. Einseitige und unausgewogene Darstellungen

Es wäre zu vordergründig, unsere Analyse lediglich auf Falschaussagen zu beschränken. Denn letztlich ist auch das Weglassen von Sachaussagen und Besichtigungspunkten bzw. das starke Betonen einiger Aspekte eine Entscheidung, die zu einer schiefen, unausgewogenen, einseitigen Berichterstattung führen kann. Bei dem Städteführer [**16**] und den Kunstführern [**9, 10, 11**] ist diese selektive Auswahl bewußtes Programm; bei allen übrigen entscheidet der Autor über Informationsbreite und -dichte. Es versteht sich von selbst, daß der hier angerissene Themenaspekt nur exemplarisch ausgeführt werden kann; ebenso klar ist, daß er nicht unabhängig von der Wahrnehmungsbrille und den Interessenhorizonten dessen ist, der diese Einschätzung vornimmt.

a. Agadir und das Sousstal

Als erster Aspekt, der auf die Relevanz des „Weglassens" hinweist, soll die Information herangezogen werden, daß die nach dem Erdbeben von 1960 wiederaufzubauende Stadt Agadir ca. 3 km weiter südlich erfolgte. Immerhin teilen uns die meisten Reiseführer dieses Faktum mit. In keinem einzigen Fall wird uns indes geschildert, daß das Epizentrum des Erdbebens, der Hauptverwerfungslinie am Fuß des Hohen Atlas folgend, direkt durch Alt-Talborjt, dem früheren Agadir, verlief. Als ein weitschauender Akt der Stadtplanung und der Katastrophenvorsorge hat man die neue Stadt an einer Stelle angelegt, wo – selbst wenn wieder ein Erdbeben auftreten sollte – die Wahrscheinlichkeit eines erheblichen Bauschadens deutlich reduziert ist. Man hat versäumt, uns mitzuteilen, warum der neuangelegte Ort verlagert wurde (PERE 1967, S. 57)!

Bei der Präsentation der einzelnen Viertel von Agadir – sofern sie überhaupt erfolgt –, wird nur ein Teil dieser Stadt berücksichtigt. Mehrere Autoren behaupten, das wiederaufgebaute Agadir bestehe aus drei Vierteln (Hotel- und Badeviertel, Hafen- und Industrieviertel, Geschäfts- und Verwaltungsviertel) [z. B. **2**, S. 141; **6**, S. 49; **7**, S. 184 f.]. Wahrscheinlich wird der Normaltourist tatsächlich nicht mehr als diese drei Viertel besuchen; dennoch ist Agadir wesentlich umfassender. Zunächst wird in keinem Fall erwähnt, daß Agadir mittlerweile der Kern eines Ballungsraumes ist, der bis nach Ben Sergaou, Inezgane, Dcheira, Jorf, Tarrast, Tikiouine und Aït Melloul reicht. Da das Gebiet der administrativen Einheit Agadir relativ beschränkt ist, erfolgte das bauliche Wachstum vornehmlich in den südlichen Umlandgemeinden. Der alte Flughafen wurde baulich gewissermaßen eingekreist. Doch selbst wenn man sich nur auf das Stadtgebiet Agadirs im engeren Sinn beschränkt, fallen die Aussagen über Neu-Talborjt, ein architektonisch wirklich sehenswertes Viertel, eher bescheiden aus. Lediglich in einem Fall, und zwar gerade in einem Kurz-Reiseführer, wird Talborjt als „eine Art moderne Medina" [**22**, S. 49] erwähnt. Dabei muß man, um den überhöhten Preisen der Touristenzone Agadirs zu entfliehen, gar nicht bis nach Inezgane; es reicht, nach Talborjt zu gehen. Nirgends erwähnt sind die zahlreichen Wohnviertel unterschiedlichen Standards, darunter auch marginale Viertel (*Bidonvilles*), die inzwischen recht bekannte Universität oder die geplante Entlastungsstadt von Founty (ausgenommen: **14**, S. 708).

Mehrfach lesen wir die fast schon stereotype Formel vom ach so fruchtbaren Sousstal [**1**, S. 191; **5**, S. 113; **7**, S. 156; **10**, S. 158; **12**, S. 197; **14**, S. 704; **19**, S. 100; **20**, S. 67; **21**, S. 65]. Worin diese Fruchtbarkeit denn liegt, das erfährt der Leser nicht, ja er wird, wenn er wirklich aufmerksam liest, sogar verunsichert, teilt man ihm doch mit, daß die Niederschläge um Agadir nur bei 200-300 mm pro Jahr liegen. Der mächtige, unterirdische Aquifer des Oued Souss – oberflächlich ist der Fluß nur ein Rinnsal oder ganz trocken – wird nirgends erwähnt, damit aber auch nicht, daß die blühende Landwirtschaft des Sousstales fast ausschließlich auf Grundwasserförderung, und zwar mit Hilfe von Motorpumpen, basiert. Ebensowenig erfährt man, daß die Franzosen während der Protektoratsepoche, und zwar erst seit den vierziger Jahren, diese Bewässerungstechnologie, aber auch den Agrumen- und Tomatenanbau eingeführt haben (vgl. POPP 1983a). Lediglich in zwei Bänden wird auf das spektakuläre, aber mißlungene staatliche Bewässerungsprojekt Massa hingewiesen [**5**, S. 20-22; **12**, S. 44 f.], dies aber dadurch, daß sie Anleihen bei meinen früheren Forschungen aufnehmen (POPP 1982).

Der gerade auch für Touristen so wichtige Aspekt, daß der boomende Fremdenverkehr große Wassermengen benötigt, was zunehmend zu Nutzungskonflikten mit der Landwirtschaft führt – und auch bereits in einer Entscheidung zugunsten des Tourismus ausgegangen ist, nämlich mit der Zuführung des durch den Staudamm von Tamzaourt gespeicherten Wassers des Oued Issène aus dem Hohen Atlas nach Agadir und nicht (wie geplant) für die Bewässerungswirtschaft um Oulad Teïma (vgl. POPP 1987) –, wird als Problemdimension in den Reiseführern nicht einmal erwähnt, geschweige denn ausgeführt. Und dabei resultieren aus diesem Konflikt

Konstellationen, die auch für den Touristen interessant zu besuchen wären (vgl. POPP 1983b). Um nicht in den Verdacht zu geraten, hier ein Fachhobby zum Maß meiner Kritik zu machen, sei ein französischer Reiseführer angeführt, der genau die soeben erwähnte Thematik seinem Leserkreis leicht verständlich präsentiert (LEPANOT 1984, S. 302-304).

Ebenso wird der *Forêt d'Admine*, südöstlich von Aït Melloul gelegen, nur einseitig, nämlich als Wald, in dem es Schlangen gibt [**7**, S. 187], bzw. als ökologisch intaktes Beispiel für „natürliche Lebensräume" [**19**, S. 100] vorgestellt. Es handelt sich um den größten zusammenhängenden Waldbestand von Arganien (*Argania spinosa*) im Soustal; in einem Band fälschlicherweise als „kleiner Arganienwald" [**7**, S. 187] bezeichnet. Im Falle der Arganien finden wir disjunkte Reliktareale einer Vegetation, die eigentlich südlich der Sahara als Savanne auftaucht. Wir finden hier nicht nur den ansonsten geoökologisch untypischen Fall einer Savanne nördlich der Sahara (der Normalfal ist Steppe); daneben ist der Baumbestand auch ein Hinweis auf eine zumindest entlang von Bändern kontinuierlichen Vegation durch die Sahara hindurch bis in die letzte Pluvialzeit (vgl. EHRIG 1974, MÜLLER-HOHENSTEIN/POPP 1990, S. 41, 46). Sogar bei der Nutzung wird bloß die Ernährungsfunktion des Baumes für die artistischen Ziegen angeführt, nicht dagegen die Nutzung der Früchte als hervorragendes Speiseöl und des Holzes als Brennmaterial. Und schließlich erfahren wir überhaupt nicht, daß genau in diesem ökologisch so wertvollen Wald der neue Flughafen von Agadir angelegt wurde, wodurch der Waldbestand deutlich dezimiert wurde.

b. *Figuig*

Besonders unbefriedigend ist die Berichterstattung über die Oase Figuig, die sich im wesentlichen an einigen historischen Fakten orientiert. Nahezu völlig fehlt eine Präsentation der gegenwärtigen Funktionsweise der Oasenwirtschaft oder eine Charakteristik der ungewöhnlichen Siedlungsstruktur. Zugegebenermaßen waren bis vor kurzem diese Informationen in deutscher Sprache nicht veröffentlicht; erst eigene Forschungen haben diese Befunde in Deutschland publik gemacht (BENCHERIFA/POPP 1991). Doch die französische Literatur ermöglicht uns schon seit langem die Rezeption einschlägiger Kenntnisse, und auch ein kurzer Besuch der Oase läßt weitergehende Kentnisse zu, als sie uns die Reiseführer vermitteln.

Schier unglaublich ist es, daß zwar über diese Oase in der Superlative geschwelgt wird – „eine der schönsten Oasenstädte Nordafrikas" [**7**, S. 291; **11**, S. 78], „eine der berühmtesten Oasen Nordafrikas" [**10**, S. 242], „romantische Oase" [**15**, S. 288] –, hingegen nichts oder nur Unzutreffendes über die Wasserversorgung mitgeteilt wird. Die Schlagworte „artesische Brunnen und Feggaguir" [**10**, S. 243] informieren nur recht vage über die Grundlagen der Oasenwirtschaft in Figuig. In einem Fall werden wir zwar (erfreulicherweise) sogar über das Prinzip der Wasserversorgung mittels *Foggara*-Stollen informiert [**14**, S. 486] – allerdings hat die Verfasserin das Pech, daß die *Foggaguir* von Figuig untypisch sind, das Schaubild mithin unzutreffend ist.

Gerade für einen Reiseführer ist die Beschreibung der Kombination aus natürlichem Wasseraustritt (an ca. 30 artesischen Quellen) und der künstlichen Verlagerung der Quellpunkte im Rahmen eines jahrhunderte alten „Wasserkrieges" unter den *Qsour* (was zur Schaffung der *Foggaguir* führte) sehr ergiebig. Das Prinzip der Wassergewinnung ist nicht nur spannend, sondern auch vor Ort in zahlreichen Spuren zu bestaunen: seien das nun die künstlichen Quellaustritte durch die Anlage von *Foggaguir* (z. B. Zadderte), Reste alter Mauern zur Verteidigung der Quellen oder gar der vom marokkanischen Sultan veranlaßte Graben zur Separierung der Wasser-Einflußzone der *Qsour* Zenaga und Loudaghir.

Ebenso erfahren wir nichts über die Art der Wasserverteilung (mit Wasserwächtern, sog. *Sraïfis*), durch Speicherung in Zwischenbecken und in *Séguias*), über die Wasserrechte (Zeiteinheit der *Kharrouba*, Organisation eines Wasserumlaufs) und über die Anbauverhältnisse auf der Basis des verfügbaren Wassers (BENCHERIFA/POPP 1991). Die sonst stark auf traditionelle und exotische Elemente ausgerichteten Reiseführer haben hier gewichtige Informationspotentiale dieses „klassischen Typs" bisher nicht genutzt.

c. *Drâatal*

Im Falle des Drâatales werden wir kaum über die Sozialorganisation (und ihren Niederschlag in der Siedlungsstruktur) und die wichtigsten Funktionsmechanismen der Oasenwirtschaft des Tales informiert – obwohl gerade hierüber in deutscher Sprache mehrere detaillierte Analysen, die auch den Anforderungen von Reiseführern gerecht werden, vorliegen (PLETSCH 1971, 1973; POPP 1989).

Ebenso vermißt man zumindest den Hinweis auf die Problematik, daß die reizvolle Kulisse der malerischen *Qsour* gefährdet ist, weil dieser Siedlungstyp in der Gegenwart kaum mehr genutzt wird. Der ständige Verfall beeinträchtigt aber den touristischen Reiz des Drâatals, so daß eine staatliche Strategie zu einer Restaurierung der *Qsour* notwendig erscheint – und im übrigen auch bereits in Angriff genommen wurde.

Während bei den Routenvorschlägen die meisten Reiseführer zutreffend berichten, daß die geteerte Straße nach Zagora inzwischen bis nach M'hamid führt (und auch empfehlen, dorthin zu fahren), und die bemerkenswerte *Zaouïa* Nassariya mit Bibliothek mittlerweile zum Standardprogramm der Erwähnungen gehört, ist zumindest ein höchst attraktives Element, nämlich die im Ktaoua, östlich von Tagounite, noch partiell praktizierte Bewässerung mittels einer Grundwasserförderung durch Hebelbrunnen (Regionalbezeichnung *Gounima*), unerwähnt. Das überrascht allein schon deshalb, weil die Strecke Zagora–M'hamid als eine Art „Abenteurertour" angepriesen wird.

d. *Berber*

Daß die Ausführungen über die Ethnie der Berber in vielen Fällen fehlen oder falsch sind, wurde bereits betont. Hinzu muß aber ergänzt werden, daß selbst in den Fällen, in denen das Berberbild einigermaßen korrekt wiedergegeben wird, der Schwerpunkt der Argumentation auf der historischen Vergangeneit liegt. Anders ausgedrückt: Es werden kaum Informationen über den kulturellen, sozialen und politischen Kontext geliefert, der in der Gegenwart zur „Berberfrage" von Relevanz ist. Diesbezüglich können lediglich zwei Reiseführer uneingeschränkt empfohlen werden: im einen Fall ist der Autor Ethnologe [12, S. 25-28], im anderen Fall hat der Verfasser eine meiner Publikationen sehr geschickt und gut „ausgeschlachtet" [5, S. 64-68].

4. Stereotype, Vorurteile, eurozentrische Sehweisen

Es soll nunmehr zumindest kursorisch noch die Frage behandelt werden, welches Marokkobild Reiseführer dem deutschen Touristen eigentlich vermitteln. Sind diese Führer ein „Beitrag zum Verstehen der anderen Kultur" oder transportieren sie – gewollt oder ungewollt – Stereotype, Vorurteile und eurozentrische Sehweisen in einem Maße, daß ihr Beitrag zu einer interkulturellen Kommunikation eher bezweifelt werden muß? Am Beispiel der Königsstadt Fes habe ich diesen Aspekt ausführlich behandelt und bin für einige Reiseführer zu keinem sehr schmeichelhaften Urteil gelangt (POPP 1994).

Bei der in diesem Beitrag praktizierten Vorgehensweise ist eine so detaillierte Auseinandersetzung mit der Reiseführer-Literatur nicht möglich, weil sie den Rahmen eines Artikels sprengen würde. Es seien lediglich einige zentrale Aspekte herausgegriffen, die – anders als bisher – gar nicht nach unseren vier Beispielräumen gegliedert werden sollen, sondern eher genereller Art sind.

a. Das Fortführen und Verstärken von Klischees: Beispiel Tiznit

Den Aspekt einer klischeehaften Darstellung möchte ich am Beispiel von Tiznit, ca. 90 km südlich von Agadir, erläutern. Diese Siedlung war in historischer Vergangenheit (und bis in unser Jahrhundert hinein) ein Zentrum der kunsthandwerklichen Silberverarbeitung. Sowohl die räumlich nahen Silbervorkommen des Antiatlas als auch die Präsenz einer jüdischen Bevölkerungsgruppe, die besonders stark in diesem Bereich tätig war, trugen zu dieser Spezialisierung bei.

Als die ersten Reiseführer davon berichteten, daß in Tiznit besonders kunstvolle, besonders vielfältige und zugleich preiswerte Fibeln, Armreife, Ketten, Dolche und Behältnisse zu erstehen seien, war diese Information korrekt. Überraschend ist aber, daß sie unverändert auch noch in den heutigen Reiseführern genannt wird – und das nachdem jahrzehntelang ganze Heerscharen von Touristen aus Agadir hierhergekommen sind und (entscheidender) jeder aufmerksame Besucher (also auch Reiseführer-Autoren) sich selbst schnell davon überzeugen kann, daß das Image von Tiznit der Realität nicht mehr entspricht. Was aber lesen wir in den Reiseführern?

„Bekannt ist Tiznit für seinen Schmuck" [1, S. 66]
„Zentrum der Waffen- und Silberschmuckherstellung des Sous" [2, S. 281; 5, S. 141; 11, S. 237]
„Innerhalb der Stadtmauern gibt es nur ein Muß: den *souk des bijoutiers* (Markt der Juweliere)" [13, S. 282].
„berühmt für seine Silberarbeiten" [10, S. 162; 21, S. 65]
„wunderschöne schwere alte Berberbroschen und -spangen" [20, S. 71]
„[...] in Tiznit werden Schmuck, Kupfer und Waffen so geschickt bearbeitet, daß die Hauptstadt der gleichnamigen Provinz einen überregional guten Ruf genießt." [4, S. 351]
„Wenn Sie Silberschmuck oder einen typischen marokkanischen Runddolch kaufen wollen, sind Sie hier an der richtigen Stelle." [6, S. 62]

Von den 22 untersuchten Reiseführern wagen es nur drei, zaghaft an dem Silber-Mythos zu kratzen und darauf aufmerksam zu machen, daß er wohl nicht mehr der Realität entspreche:

„Nur gelegentlich kann man hier noch alten Berbersilberschmuck finden." [7, S. 519]
„Beim Schmuckkauf im Basar von Tiznit sollte man [...] bedenken, daß nicht alles Silber ist, was glänzt!" [12, S. 204]
„In Tiznit hatte ich den Eindruck, daß auf dem Souk noch höhere Preise herrschen als anderswo im Land [...] Wir erstanden einen Gürtel zu 70 % niedrigerem Preis als ursprünglich verlangt und zahlten dann immer noch das Doppelte von dem, was der Gürtel in Agadir im Uniprix geklostet hätte." [14, S. 742 f.]

Ähnliche Stereotype und Klischeebilder wie das beschriebene liefern uns die Reiseführer für die Königsstädte (vgl. POPP 1984), zur Frage der Verschleierung der Frau (wobei der fehlende Schleier als ein Zeichen von relativer „Freiheit" interpretiert wird). Ein guter Reiseführer sollte derartige Klischees relativieren und zu ihrer Entlarvung beitragen; aber offenbar sieht die Praxis der Reiseführerproduktion noch ganz anders aus.

b. Präsentation der marokkanischen Menschen im Kontakt mit dem Touristen

Mögen klischeehafte Raumimages, so einseitig und falsch sie auch seien, hingenommen werden, ist dagegen die Frage, wie die marokkanischen Menschen in den Reiseführern als Personen, denen man begegnet, präsentiert werden, von entscheidender Bedeutung. Wieder soll eine einzige Dimension angesprochen werden: Die Behandlung von Sexualität in den Reiseführern. Man muß vorausschicken, daß hier erfreulicherweise die meisten Autoren recht umsichtig argumentieren. Eine Passage in einem jüngeren Reiseführer [5, S. 133-135] sei indes Anlaß, diese Thematik hier kurz prinzipiell zu diskutieren.

Während früher die Reiseführer insofern ihre Grenzen wahrten, als zu intime Informationen über die andere Gesellschaft unterblieben, ist es ein Trend einiger jüngerer Reiseführer, den Aspekt des Verstehens der anderen Kultur bis in gesellschaftliche Tabu- und Tiefenbereiche zu leisten. Ganz in diesem Sinne präsentiert uns der erwähnte Band in einem umrahmten Kasten (und damit als Impression gekennzeichnet) Gedanken zum Thema „Prostitution", und zwar am Beispiel von Agadir. Es wird die Geschichte einer jungen marokkanischen Frau, Khadija, konstruiert, die aufgrund wirtschaftlicher und familiärer Probleme in die Prostitrution geriet. Hier verdient sie sich nun gutes Geld von Touristen, will jedoch ins bürgerliche Leben zurückkehren – und wird auch sonst sehr sympathisch geschildert. Das

Stimmungsbild ist sprachlich ansprechend formuliert, der Ich-Erzähler scheint von dem Mädchen beeindruckt.

Was aber soll eine derartige Passage in einem Reiseführer? Um uns mitzuteilen, daß es Prostitution auf der ganzen Welt gibt, also auch in Marokko und erst recht da, wo Touristen sind, wäre nichts Neues. Wie sollen wir die Geschichte von Khadija verarbeiten: Mitleid haben mit einem sympathischen Mädchen, das auf die schiefe Bahn geriet? Hoffen, daß ihre Reintegration in die Gesellschaft ökonomisch erfolgreich sein möge? Oder gar als Aufforderung verstehen, doch diesem Typ von Mädchen behilflich zu sein, indem man ihr Kunde wird? Denn: „Prostitution in Agadir: das ist kein ordinärer Straßenstrich, sondern ein mit dezenten Fassaden verkleidetes Gewerbe" [**5**, S. 135].

Ich vertrete die Auffassung, daß weite Bereiche der marokkanischen Gesellschaft von einem Europäer – auch wenn er schon lange im Lande lebt – nicht verstanden werden können und daß auch Reiseführer Tabus wahren sollten. Prostitution ist ein Thema, das in einem Reiseführer über Marokko nichts zu suchen hat.

Es ist ohnehin problematisch genug, daß Marokkaner, aufgewachsen in einer Gesellschaft, die sexuell als sehr verschlossen gelten kann, Schwierigkeiten haben, um das Verhalten der Europäer nicht mißzuverstehen – und sie mißverstehen es sehr oft. So ist auch die Abbildungsunterschrift unter dem Photo „Ein Möchtegern-Playboy" [**13**, S. 274] deplaziert, ja stellt das Problem auf den Kopf. Abgebildet sind zwei barbusige Europäerinnen am Hotel-Pool, die von einem Marokkaner mit Zigarette im Mundwinkel recht lüstern angestarrt werden. Ist es der Marokkaner, der sich hier merkwürdig verhält? Keineswegs; die Frauen, die nicht respektieren, daß sie sich in einem islamischen Land befinden, müssen schon zur Kenntnis nehmen, daß solch ein „Fleischbeschau" für einen Marokkaner etwas besonderes ist (und er derartige Frauen entweder verächtlich als Huren abtut oder hier ein Signal sieht, sich den Damen zum Zwecke eines amourösen Abenteuers nähern zu dürfen).

Der Respekt vor einer anderen Gesellschaft und Kultur wird oft nicht dadurch manifest, daß man über die tiefsten Intimitäten und Tabus dieser Gesellschaft berichtet, sondern daß man für sie Verständnis zeigt, daß man sie toleriert. In diesem Sinne muß sich jeder Reiseführer dessen bewußt sein, daß er bei einem Eindringen in noch tiefere Sphären der anderen Gesellschaft (wenn er es denn vermag) das Problem hat, sein Wissen dem unbedarften Leser zu vermitteln, so daß sehr wahrscheinlich sein hoher Anspruch scheitern muß.

c. Der eurozentrische Blick auf Marokko

Es ist nicht zu leugnen, daß die marokkanische Gesellschaft in vielen Bereichen ganz anders als die deutsche funktioniert. Und es ist nicht immer leicht, diese Andersartigkeit dem Leser eines Reiseführers zu präsentieren. Höchst problematisch wird ein Reiseführer aber dann, wenn er das eurozentrische Bild des Touristen übernimmt und damit bekräftigt.

Solche Aspekte werden dadurch manifest, daß mitunter recht abfällige, arrogante Äußerungen abgedruckt werden. So behauptet ein Reiseführer, daß man beim Grenzübertritt von Figuig nach Beni Ounif nur über die Grenze komme, wenn man ein kräftiges Bakschisch zahle: „[...] muß man bei der Polizeistation in Figuig um eine Erlaubnis kämpfen, was nicht billig ist" [**3**, S., 118]. Abgesehen davon, daß die Sachaussage, wonach ein Grenzübertritt prinzipiell untersagt sei und nur mit einem „Schmiermittel" funktioniere, falsch ist – auch ich bin schon mehrfach ohne Probleme über diese Grenze gefahren –, wird, selbst wenn das Erlebnis des Autors zuträfe, ein Einzelfall zu einem strukturellen Zug der marokkanischen Gesellschaft hochstilisiert, wenn man ihn publiziert. Richtig ist, daß ein Grenzübertritt in Figuig recht bürokratisch und umständlich ist, auch daß er mehrere Stunden Zeit in Anspruch nimmt – aber hier handelt es sich eben nicht um eine Grenze, die den mitteleuropäischen vergleichbar ist, was der Tourist im geopolitischen Kontext des Maghreb verstehen sollte.

Das süffisante Berichten über ein mißlungenes „Festival of Popular Art 1988" in Agadir [**4**, S. 357] gehört ebenfalls zu einer Art der Berichterstattung, die das Verstehen und Achten der Marokkaner eher behindert. Auch in Deutschland gibt es gelungene und weniger gelungene Veranstaltungen, manche mit erheblichen organisatorischen und technischen Pannen. Warum sollte dies in Marokko anders sein? Die Botschaft, die uns der Autor liefert, heißt doch: Da seht ihr es wieder einmal, die Marokkaner sind nicht einmal in der Lage, ein Festival ordentlich über die Bühne zu bringen. Und das ist schlimmste Hybris!

Ein besonders Beispiel arroganter Beschreibung mit den Augen des überheblichen Europäers ist die Präsentation der Stadt Agadir im APA-Guide [**13**, S. 275-278]. Angeblich reagieren Marokkaner „höhnisch", wenn sie auf Agadir angesprochen werden. Die Stadt möchte vermeintlich „so gerne ein internationales Sebad sein [...] Nur gibt es davon schon einige (und bessere) in der Welt". In ironisierendem Ton wird weiterhin, als Beschreibung getarnt, moniert, daß Kamele mit Andenkenverkäufern am Strand entlanggehen, daß der Atlantik recht kalt ist, daß am Strand kaum Schatten zu finden ist, daß man am besten „seine »Parzelle« eifersüchtig bewacht", daß zahlreiche Baustellen anzutreffen sind, die Menus der Hotel zu wünschen übrig ließen. Fehlendes Amüsement wird bemängelt; die *Kasbah* erreicht man nur über „eine windige Straße", das illegale Führerwesen wird gebrandmarkt: „Hier braucht man keinen Führer (wer nicht aufpaßt, bekommt ihn unvermeidlich)" [**13**, S. 278].

5. Schlußfolgerungen

Auch wenn die hier vorgestellte Analyse nur ausgewählte Aspekte berücksichtigen konnte, lassen sich bereits erste Feststellungen zum Literaturgenre „Reiseführer" über Marokko treffen und zugleich auch strukturierende Wertungen fällen. Der Einfachheit halber seien diese Punkte nachfolgend in Thesenform präsentiert:

1. Agadir und das Sousstal sind in allen Reiseführern vertreten. Allerdings liegt der Aussageschwetrpunkt auf der Stadt Agadir und zuweilen noch auf den beiden

Städten Taroudannt und Tiznit. Die Landwirtschaft des Soußtales wird nahezu ignoriert. Ebenso spielen Fragen der Ballungsraumentwicklung um Agadir und daraus resultierende Nutzungskonflikte keine Rolle.

2. Figuig ist nur bei einigen Reiseführern überhaupt erwähnt. Wo es genannt wird, erhalten wir falsche, einseitige, z. T. irrelevante Informationen geliefert. In keinem einzigen Fall hat man den Eindruck, daß der Autor diese Oase wirklich kennt. Daraus leitet sich die Frage ab, ob ein Reiseführer denn zugunsten der Breite möglichst viel ansprechen sollte, was doch notwendigerweise auf Kosten der Qualität der Sachaussage geht. Persönlich präferiere ich daher den Verzicht, den „Mut zur Lücke".

3. Das Drâatal wird uns als exotische, optisch reizvolle, reichlich rückständige Welt präsentiert. Die existierende (auch deutschsprachige) Literatur wurde bislang nicht eingearbeitet. Besonders das Phänomen der Gastarbeiterwanderung und ihrer Beeinflussung der Flußoase – wodurch die These von der Traditionalität merklich relativiert würde – bleibt ausgeklammert.

4. Obwohl inzwischen reichliche Literatur über die Ethnie der Berber existiert, informieren uns mehrere Reiseführer nicht, einseitig oder falsch über sie. Dies ist um so bedauerlicher, als das Markenzeichen der „Berber" sich touristisch trefflich vermarkten läßt.

5. Kein einziger der untersuchten Reiseführer kommt ohne Falschaussagen aus. Es muß die Feststellung getroffen werden, daß mehrere Reiseführer ärgerliche Fehlinformationen vermitteln, daß somit der betreffende Autor die notwendige Qualifikation zum Verfassen eines solchen Buches vermissen läßt. Für den an Reiseführern interessierten Leser stellt sich das Problem, daß er überfordert ist, die Seriosität eines Reiseführers vorweg einzuschätzen. Markennamen für Reihen sind hier leider kein brauchbarer Hinweis!

6. Die relativ besten Reiseführer (was die untersuchten Aspekte anbetrifft) sind der Nelles Guide [12] und der Band aus der Reihe „Reise Know-How" [14]. Nachdem der letztgenannte Band bei einer Einschätzung seiner Sachaussagen zur Königsstadt Fes recht schlecht abschnitt (POPP 1994), ist dies ein deutlicher Hinweis darauf, daß jeder Reiseführer offenbar Stärken und Schwächen, bessere und schlechtere Passagen umfaßt. Der, bezogen auf Fes hochgelobte Baedeker-Allianz-Führer [7] ist so z. B. bei den hier untersuchten Aspekten wesentlich negativer einzuschätzen. Es wäre eine verdienstvolle Aufgabe, eine detaillierte Reiseführeranalyse einmal systematisch und kompetent vorzunehmen.

7. Als hinsichtlich ihrer Informationsbreite und -dichte nur bedingt zuverlässig, unzureichend, ja vereinzelt sogar geradezu ärgerlich müssen nach den vorgenommenen Analysen die Reiseführer Nr. **3, 4, 6, 9, 10, 19, 20, 21** und **13** (letzterer trotz seiner hervorragenden Photos) eingeschätzt werden.

8. Als Geograph komme ich nicht umhin, darauf hinzuweisen, daß gerade für das Verfassen guter Reiseführer die geographische Landeskunde sehr gute Voraussetzungen und Potentiale hätte, ihre Ergebnisse aber bisher zu wenig in die Reiseführer-Literatur eingehen und Geographen als Verfasser von Reiseführern eigenartigerweise – Ausnahme Nr. 12 – bislang fehlen.

Es ist zu hoffen, daß in dem bislang fast ausschließlich durch Kommerz und Verkaufserfolge dominierten Bereich der Reiseführer-Produktion über Marokko künftig auch Qualitätskriterien einen stärkeren Eingang finden. Dies ist schon allein deshalb zu wünschen, weil nur so das wechselseitige Verstehen von Marokkanern und Deutschen positiv beeinflußt werden kann.

Literatur

BENCHERIFA, A. & H. POPP: Tradition und Wandel in der Bewässerungswirtschaft der Oase Figuig (Marokko). – in: H. POPP (Hrsg.): Geographische Forschungen in der saharischen Oase Figuig. – Passau 1991, S. 9-133 (= Passauer Schriften zur Geographie, H. 10).

EHRIG, F. R.: Die Arganie. Charakter, Ökologie und wirtschaftliche Bedeutung eines Tertiärreliktes in Marokko. – Petermanns Geographische Mitteilungen 118. 1974, S. 117-125

KUTSCH, H.: Principal features of a form of water-concentrating culture on small-holdings with special reference to the Anti Atlas. – Trier 1982 (= Trierer Geographische Studien, H. 5).

LEPANOT, A.: Maroc. – Paris 1984 (= Les Guides M.A.).

MÜLLER-HOHENSTEIN, K. & H. POPP: Marokko. Ein islamisches Entwicklungslamd mit kolonialer Vergangenheit. – Stuttgart 1990 (= Klett Länderprofile).

PERE, M.: Agadir, ville nouvelle. – Revue de Géographie du Maroc, N° 12, 1967, S. 43-90.

PLETSCH, A.: Strukturwandlungen in der Oase Dra. – Marburg 1971 (= Marburger Geographische Schriften, H. 46).

PLETSCH, A.: Traditionelle Sozialstrukturen und ihre Wandlungen im Bevölkerungs- und Siedlungsbild Südmarokkos. – Geographische Zeitschrift 61. 1973, S. 94-120.

POPP, H.: Bewässerungsprojekt Massa. Eine sozialgeographische Untersuchung der Planungsziele und der Anbaurealität in Südmarokko. – Geographische Rundschau 34. 1982, S. 545-552.

POPP, H.: Moderne Bewässerungslandwirtschaft in Marokko. Staatliche und individuelle Entscheidungen in sozialgeographischer Sicht. 2 Bde. – Erlangen 1983 (= Erlanger Geographische Arbeiten, Sonderreihe, H. 15) [= 1983a].

POPP, H.: Überpumpung als „manmade hazard" im Soußtal (Südmarokko). Sozialgeographische Aspekte exzessiver Grundwasserausbeutung. – Erdkunde 37. 1983, S. 97-109 [= 1983b].

POPP, H.: Traditioneller und moderner Bewässerungsfeldbau im Hinterland von Agadir. Anbauformen und Nutzungskonflikte. – Zeitschrift für Bewässerungswirtschaft 22 (1). 1987, S. 2-27.

POPP, H.: Saharische Oasenwirtschaft im Wandel. – in: J.-B. HAVERSATH & K. ROTHER (Hrsg.): Innovationsprozesse in der Landwirtschaft. – Passau 1989, S. 113-132 (= Passauer Kontaktstudium Erdkunde, H. 2).

POPP, H.: Die Berber. Zur Kulturgeographie einer ethnischen Minderheit im Maghreb. – Geographische Rundschau 42. 1990, S. 70-75.

POPP, H.: Das Bild der Königsstadt Fes (Marokko) in der deutschen Reiseführer-Literatur. – in: H. POPP (Hrsg.): Das Bild der Mittelmeerländer in der Reiseführer-Literatur. – Passau 1994, S. 113-132 (= Passauer Mittelmeerstudien, H. 5).

Jochen Pleines (Bochum)

Die Sprachlosigkeit des Touristen

1. Einleitung

Die Tourismusbewegungen von Deutschland nach Marokko sind ein höchst komplexes gesellschaftliches Phänomen, das aus zwei grundlegenden Quellenbereichen gespeist wird, welche untereinander nur sehr indirekt verbunden sind. Der erste Bereich liegt in Deutschland als dem Herkunftsland der Touristen und umfaßt die historischen Hintergründe, die soziopolitischen und kulturellen Funktionen des Tourismus sowie die Motivationen der verreisenden Menschen. Der zweite Bereich ist der des Ziellandes Marokko, das zum einen über eine ganz spezifische Erfahrung in traditioneller und moderner Mobilität im nationalen wie im internationalen Maßstab verfügt und das zum anderen mit dem Tourismussektor vorrangige wirtschaftliche Interessen und Ziele verbindet.

Jeder der beiden genannten Bereiche stellt ein kompliziertes Netzwerk von konstitutiven Größen dar, und beide stehen nebeneinander, ohne daß zwischen ihnen die geringste Abstimmung oder Kommunikation erfolgen müßte.

Die Verbindung zwischen beiden Bereichen erfolgt – wenn auch eher vage und unzulänglich – durch die Agenten dieses Austauschs, nämlich die Reiseveranstalter (*tour operators*) und letztlich durch den Touristen selbst, der ja zugleich Käufer und Ware auf dem Tourismusmarkt ist.

Als eine erste These möchte ich daher festhalten, daß der internationale Massentourismus, der Deutschland und Marokko verbindet, durch zwei grundsätzliche Bereiche geprägt ist: den des Herkunftslandes und den des Gast- oder Ziellandes und daß der praktische Ablauf des Tourismusgeschehens kaum auf wechselseitige Kenntnis oder Kommunikation angewiesen ist.

Andererseits wäre es mit Sicherheit wünschenswert, daß deutsche Touristen, die sich für einen begrenzten Zeitraum im Maghreb aufhalten, als interkulturelle Mittler im Sinne gegenseitiger Kenntnis und Verständigung fungieren. Ist die Erfüllung einer solchen positiven Funktion des Massentouristen unter heutigen Bedingungen überhaupt vorstellbar und grundsätzlich realisierbar?

2. Reisen und Sprache: historischer Rückblick (17.-19. Jahrhundert)

Bevor der europäische Tourismus die uns heute geläufige, alle gesellschaftlichen Schichten umfassende Dimension annahm, war er – vor allem im 18. und 19. Jahrhundert – ein gesellschaftliches Ausnahmephänomen, das einigen wenigen Individuen mit privilegierten sozialem Status vorbehalten war: die Kavalierstour (*le grand tour*) der jungen Adligen mit eindeutigem Erziehungsauftrag entwickelte sich weiter zur Bildungsreise (etwa seit dem Beginn des 19. Jahrhunderts) und verband sich dort mit den Forschungs- und Studienreisen mit bürgerlichem Hintergrund, die ihren Ursprung im 17. und 18. Jahrhundert hatten.

Gemeinsames Merkmal aller oben aufgeführter Reisetypen ist der biographische Rhythmus (im Gegensatz zum jährlichen Rhythmus des modernen Tourismus) sowie der singuläre und individuelle Charakter, die informative und edukative Grundfunktion und letztlich auch – zumindest in einer Vielzahl von Fällen – das Substrat eines humanistischen und kulturanthropologischen Erkenntnisinteresses. Letzteres traf zumindest zu für das subjektive Selbstverständnis des einzelnen Reisenden; anders bestellt war es wohl um die ideologischen, politischen und wirtschaftlichen Interessen der Auftraggeber und Financiers solcher Reisen.

Die Reisenden der Zeitspanne vom 17. bis zum Beginn des 19. Jahrhunderts, die noch nicht als Touristen bezeichnet werden, waren in den meisten Fällen wahrhaftige Vermittlungsagenten von Wissen, Bildern und Klischeevorstellungen über die von ihnen besuchten fremden Regionen und ihre Bewohner. Mithilfe von Briefen, Artikelserien in Bildungszeitschriften für das aufstrebende Bürgertum, Reiseberichten in Monographieform, Vortragsreihen, aber auch mit den Mitteln der Malerei (z. B. in der Schule der »Orientalisten«) begründeten und verstärkten viele dieser Reisenden die Vorstellungen der Europäer und insbesondere der Deutschen, die ja kaum auf Erfahrungen aus eigener Kolonialtätigkeit zurückgreifen konnten, von diesen unbekannten und daher beängstigenden Regionen.

Ausgangspunkt für Forscher und Reisende war somit die Suche nach dem Anderen bzw. in vielen Fällen der Wunsch nach Bestätigung der in Europa vorherrschenden Erwartungen, Ängste und Vorurteile. Eines ihrer Hauptziele war die Vermittlung und Verbreitung der während der Reisen gemachten Erfahrungen: der Reisende war aufgerufen, an allen Etappen in der Fremde alles Sehenswerte in Augenschein zu nehmen und die bemerkenswertesten Dinge und Eigenschaften in seinem Reisetagebuch aufzuzeichnen. Im Anschluß an die Reisen galt es dann, die gesammelten Erfahrungen und Kenntnisse an möglichst viele Interessenten weiterzugeben.

Diese kleinen und großen Reisenden waren somit bedeutende Kommunikatoren, wenn auch diese Kommunikation in fast allen Fällen nur in einer Richtung verlief; und nach ihrer Rückkehr waren sie nachhaltig darum bemüht, ihr Wissen an den Mann zu bringen. Die meisten von ihnen waren zudem auf ihren Reisen keineswegs zur Sprachlosigkeit verurteilt: sofern sie nicht selber die Sprache des Landes beherrschten, was relativ selten vorkam, suchten doch die meisten von ihnen den kommunikativen Kontakt zu den Bewohnern mithilfe von Dolmetschern.

Ohne Zweifel waren die Resultate dieser Reiseberichte zumeist getränkt von den ideologischen Interessen und Sichtweisen, wie sie zu den Zeiten dieser Reisenden vorherrschten. Die Reiseberichte, die zudem nur allzu oft Plagiate von früheren Berichten aus der Feder anderer Reisender waren, haben das Fundament gelegt für fremdenfeindliche Klischeevorstellungen und Vorurteile, die heute für das kollektive Bewußtsein in Deutschland und Europa charakteristisch sind.

Der tunesische Germanist Mounir Fendri hat in einer Arbeit mit dem Titel *Kulturmensch in barbarischer Fremde* (FENDRI 1983) im Detail nachgewiesen, in welchem Maße diese kommunikativen, gelegentlich geradezu leutseligen deutschen Reisenden mitverantwortlich sind für die Vorurteile und Klischeevorstellungen über den Orient, die bis zum heutigen Tage in unserem kollektiven Gedächtnis virulent sind.

In akribischer Feinanalyse zeigt Fendri auf, wie die stereotypen Vorstellungen über die Maghrebländer durch die in den Reiseberichten deutscher Tunesien-Reisender des 18. und 19. Jahrhunderts veröffentlichten Erfahrungen geschaffen und verstärkt wurden. Die Liste der Klischees über Tunesien, die aus dieser deformierten und deformierenden Wahrnehmung entstanden sind, umfaßt regelmäßig unter anderen die folgenden Einschätzungen:
– ein schönes und blühendes Land in der Hand von Barbaren,
– soziale, politische und kulturelle Stagnation,
– eine zurückgebliebene Geisteshaltung,
– Aberglauben,
– religiöser Fanatismus,
– sexuelle Zügellosigkeit,
– der Mythos der Fruchtbarkeit,
– grausamer und irrationaler Despotismus.

Aus heutiger Sicht kann festgehalten werden, daß diese Einstellungen gegenüber dem Orient und dem Maghreb keineswegs nur in der Vergangenheit anzutreffen waren; vielmehr existieren sie zweifellos bis heute fort und haben nichts von ihrer Virulenz und negativen Dynamik eingebüßt.

3. Reisen und Sprache heute

Wenden wir nun unsere Aufmerksamkeit den heutigen Formen des Tourismus zu mit der Frage, ob dieser imstande ist, bei dem deutschen Touristen, der nach Marokko reist und sich dort für eine begrenzte Zeit aufhält, das Bild vom Orient bzw. vom Maghreb zu beeinflussen und zu verändern.

Eine notwendige Voraussetzung für eine realistische und zu mehr Verständnis führende Wahrnehmung des arabischen Partners wäre der direkte kommunikative Kontakt zwischen dem arabischen Gastgeber und dem ausländischen Touristen. Dieses wiederum setzte voraus, daß beiden potentiellen Gesprächspartnern zumindest eine gemeinsame Sprache zur Verfügung stünde.

Eine zweite These, die ich hier vertreten werde, besagt, daß zwischen dem marokkanischen Gastgeber und „seinem" deutschen Touristen systematisches Unverständnis und bewußt gesuchtes Schweigen herrschen. Die Sprache des Anderen ist in dieser Konstellation (Beziehung wäre der falsche Begriff), wenn überhaupt, lediglich von sekundärer Bedeutung: der ausländische Tourist steht weitestgehend sprachlos da vor dem Land und seiner Bevölkerung.

Der deutsche Tourist scheint den marokkanischen Boden zu betreten ohne die geringste Intention, mit dem nicht-touristischen Milieu zu kommunizieren; gleichermaßen vermeidet es auch die marokkanische Seite tunlichst, Anknüpfungspunkte zur Kommunikation und Verständigung außerhalb der touristischen Reservate zu schaffen. Es steht mithin zu befürchten, daß die oben zitierten überkommenen Vorstellungen und Klischees auf der Grundlage traditioneller Ideologeme durch den modernen Massentourismus keineswegs abgebaut, sondern eher noch verstärkt werden.

Erstaunlich ist jedoch, daß diese Ausblendung der Sprache(n) des Gastlandes aus der Sphäre des Tourismus im Widerspruch steht zu den vorherrschenden Annahmen hierzu: in Deutschland gehört der Wunsch zu Verreisen, Ferien im Ausland zu verbringen zu den wichtigsten Argumenten und Motiven für den Erwerb von Fremdsprachenkenntnissen. Dies gilt in besonderem Maße für den außerschulischen Bildungsbereich wie etwa die Volkshochschulen.

In einer im Jahre 1982 durchgeführten Untersuchung wird festgestellt, daß 70 % der Teilnehmer an Fremdsprachenkursen in Volkshochschulen angeben, ihr Interesse an der Fremdsprache beruhe auf dem Wunsch, eine Ferienreise in das betreffende Land zu unternehmen (*Landesverband* 1986).

Analog zu diesen Ergebnissen unterstreicht die Sprachlehrforscherin Schwerdtfeger, daß in Deutschland zwei Hauptmotive für das Fremdsprachenlernen anzutreffen sind: zum einen berufliche Gründe (Aus-

und Weiterbildung) und zum anderen touristische Gründe (SCHWERDTFEGER 1993).

Für die Fremdsprachendidaktik oder Angewandte Sprachwissenschaft scheint diese touristische Motivation einer absolute Selbstverständlichkeit darzustellen, die nicht mehr in Frage zu stellen ist. Ich hege jedoch die Befürchtung, daß eine genaue Evaluation dieser Sprachkurse, ihrer didaktischen Konzeptionen und Methoden – die im übrigen m. W. bislang noch nicht erfolgt ist – nur zu recht ernüchternden Ergebnissen führen würde, was die Umsetzung dieser Motivationen in die touristische Realität betrifft (vgl. PLEINES 1994).

Als ähnlich aufschlußreich scheint mir das Desinteresse zu werten zu sein, das von seiten der betroffenen Protagonisten wie der zuständigen wissenschaftlichen Disziplinen anderen Teilbereichen des Komplexes »Sprache – Tourismus« entgegengebracht wird:

● Konzeption und Bewertung von Sprachreisen ins Ausland;
● Konzeption und Nutzen von Sprachführern und Glossaren für die Hand des Touristen.

Die Auswertung einer Reihe grundlegender Publikationen zum Tourismus, die in jüngster Zeit in Deutschland erschienen sind, läßt mich zu demselben Ergebnis kommen: die wissenschaftliche Reflexion scheint die Sprachenfrage gezielt und systematisch auszuklammern bei der Behandlung von sozialen, psychologischen, geographischen und anthropologischen Aspekten des modernen Massentourismus (vgl. z. B.: *Tourismuspsychologie und Tourismussoziologie* 1993; WOLF & JURCZEK 1986; *Reisekultur* 1991).

Die oben angeführte Bedeutung, die Sprachkenntnissen im Tourismus gemeinhin beigemessen wird, scheint somit in der touristischen Realität keinen materiellen Bestand zu haben: weder auf seiten der Touristen selber noch auf seiten der Strukturen und Institutionen des Gastlandes scheint ein gesteigertes Interesse zu bestehen an einer unmittelbaren Kommunikation zwischen Touristen und Einheimischen: bei der Motivation, Fremdsprachen zu erlernen, um diese in der touristischen Situation einzusetzen, scheint es sich weitgehend um einen simplen Mythos zu handeln. Es ist bezeichnend, daß es in der Angewandten Sprachwissenschaft keinen Ansatz gibt – und sei er noch so mikroskopisch klein –, der die Analyse der für den touristischen Gebrauch bestimmten Pseudo-Sprachkurse und -methoden zum Gegenstand hätte. Dieses auffällige Desinteresse, dieser Mangel an kritischer Reflexion steht deutlich im Widerspruch zu den Lernzielen, die von den Autoren und Herausgebern dieser Werke postuliert und als realisierbar verheißen werden:

„Dieser kleine Sprachführer soll Ihnen helfen, Sprachschwierigkeiten auch ohne Vorkenntnisse meistern zu können." (*Polyglott Sprachführer* 1973, S. 3).

„Dieser Sprachführer bietet Ihnen alle auf der Reise und im Alltag des fremden Landes erforderlichen wichtigen Redewendungen und Wörter mit durchgehender Aussprachebezeichnung [...], so daß Sie Ihre Fragen und Wünsche mit Hilfe der gebräuchlichen und praktischen Wendungen dieses Buches rasch und klar zum Ausdruck bringen können." (*Langenscheidts Sprachführer* 1992, S. 3).

Sie sind in der Tat beeindruckend, die Lernziele, die in diesen Sprachführern von zumeist recht geringem Umfang angestrebt werden:

– das Beherrschen von sprachlichen Schwierigkeiten, auch ohne Vorkenntnisse;
– die Vermittlung sprachlicher Sicherheit während der Reise und des Ferienaufenthalts;
– die Fähigkeit, richtig zu kommunizieren und auch die Antworten des Gesprächspartners zu verstehen;
– das Hauptziel: freie Kommunikation und Konversation.

Diese wenigen Auszüge mit markantem Werbecharakter sind wohlgemerkt nicht etwa Sprachführern für Englisch, Dänisch oder Niederländisch entnommen, Sprachen also, die der Ausgangssprache (und -kultur!) des deutschen Lerners relativ nahe stehen, sondern sie finden sich in Sprachführern für die arabische Sprache!

Meines Erachtens kann kein Zweifel daran bestehen, daß die prätentiösen Zielsetzungen der Sprach- und Konversationsführer überzogen und unrealistisch sind, besonders wenn es sich um Sprachen handelt, die in Deutschland nicht auf dem Lehrplan der Schulen stehen und die aufgrund ihrer kulturellen Verankerung dem deutschen Lerner nur einen mit viel Mühe realisierbaren Zugang gestatten.

Wer schon einmal den Versuch unternommen hat, mithilfe eines solchen Repertoires, Glossars oder Sprachführers in einer fremden Sprache zu kommunizieren, wird bestätigen können, daß diese sog. Hilfsmittel weit davon entfernt sind, die werbewirksam deklarierten Funktionen auch nur halbwegs zu erfüllen. Ich möchte noch einen Schritt weitergehen und die These aufstellen, daß die Hauptfunktion (wenn nicht sogar die einzige) dieser Sprachführer darin besteht, dem Touristen als eine Art Fetisch zu dienen, der ihm Schutz verspricht vor dieser fremden und daher Angst einflößenden Welt: ein kleines gelbes Buch im Plastikeinband, in jeanstaschen-gerechtem Format, zudem meerwasser- und sonnenöl-resistent, darüber hinaus jedoch schlecht konzipiert und vor allem wenig effizient.

Man könnte versucht sein anzunehmen, daß es sich bei der Ausblendung der Sprache möglicherweise um ein Marokko-spezifisches Phänomen handelt. Immerhin ist es so, daß in keinem Prospekt, in keiner Werbebroschüre oder sonstigen noch so elaborierten textlichen Darstellungen, die von marokkanischen Tourismus-Institutionen vorgelegt werden, die sprachliche Situation des Landes, so wie sie sich dem Touristen präsentiert, auch nur die geringste Erwähnung findet. Könnte eine Begründung für dieses Vermeidungsverhalten in der komplexen und widersprüchlichen soziolinguistischen Situation und Sprachenpolitik Marokkos liegen? Wollte man dem interessierten Touristen wirklich einen kommunikativen Zugang zur gesellschaftlichen Realität seines Gastlandes ermöglichen, so müßte diese Kommunikation mit Sicherheit die marokkanische Variante des Arabischen (*ad-darijja*) und das Berberische (*Tachelh ait*, *Tamazirht* oder *Tarifit*) berücksichtigen.

Aber trotz der Gewichtigkeit dieses Aspekts ist die Erklärung für die Unterschlagung der sprachlichen Thematik nicht hierin zu suchen, da festzustellen ist, daß diese Unterschlagung kein Phänomen ist, das auf Marokko beschränkt wäre!

4. Sprache und staatliche Tourismuswerbung

Im Rahmen einer kleinen Untersuchung habe ich Anfang 1993 den Stellenwert von Sprachkenntnissen im Tourismus durch eine Umfrage bei staatlichen Fremdenverkehrsbüros aller Mittelmeeranrainer-Staaten zu eruieren versucht; bei Ländern, die keine solche Einrichtung in Deutschland unterhalten, habe ich mich an die Kulturabteilung der jeweiligen Botschaft gewandt.

Die Untersuchung war so angelegt, daß ein deutscher Hauptschullehrer und seine Frau mitteilten, sie wollten ihren Sommerurlaub im betreffenden Land verbringen. Ziel der Reise sei es unter anderem, die Kultur des Landes besser kennen und verstehen zu lernen, da der Lehrer auch einige Schüler aus jenem Land zu unterrichten habe. Da es der Überzeugung sei, daß ein Zugang zur Kultur des Landes nur gelingen könne, wenn man mit den Bewohnern direkt kommunizieren könne, habe sich das Ehepaar entschlossen, sich vor der Reise einige grundlegende Kenntnisse der Sprache des Gastlandes anzueignen. Es wandte sich also an das Fremdenverkehrsbüro bzw. an die Botschaft, um sich nach Einrichtungen zu erkundigen, in denen man die Sprache des künftigen Gastlandes in (Intensiv-)Kursen vorab erlernen könne.

Die Ausgangssituation ist damit klar und geradezu ideal: ein Deutscher, der aufgrund seines Berufs als Lehrer eine Multiplikatorenfunktion innehat, sowie seine Ehefrau erbitten eine praktische Auskunft, um mithilfe von Sprachkenntnissen Zugang zu finden zur Kultur des Gastlandes: zwei Touristen also, die aus dem Schatten der Sprachlosigkeit heraustreten wollen.

Die Untersuchung ergab – kurz zusammengefaßt – die folgenden Resultate: Der Lehrer hatte sich mit seiner Bitte an die Tourismusinstitutionen von 15 Mittelmeerländern gewandt; Frankreich und Italien waren ausgespart worden, da die Sprachen dieser Länder und entsprechende Lernmöglichkeiten in Deutschland genügend bekannt sind; im Falle Spaniens war nach dem Katalanischen gefragt worden, und aus naheliegenden Gründen waren die aus dem ehemaligen Jugoslawien hervorgegangenen Staaten nicht angeschrieben worden. Knapp die Hälfte (7 von 15) dieser Staaten sind arabophon: Marokko, Algerien, Tunesien, Libyen, Ägypten, Libanon, Syrien. Von den 15 angeschriebenen Ländern haben drei gar nicht reagiert; alle drei sind arabische Staaten: Syrien, Libanon und Libyen. Zwei Länder, darunter Algerien, antworteten, daß die geeignete Einrichtung zum Erwerb ihrer Sprache in Deutschland die Volkshochschulen seien. Zwei weitere Länder schickten ausführliche Antwortschreiben und benannten Adressen und Programme von Institutionen, die Intensivkurse in ihrer Sprache anbieten: Israel und die Türkei. Alle anderen Länder (insgesamt 8) haben sich damit begnügt, die üblichen Werbebroschüren und Tourismusprospekte zuzusenden. Zu dieser letzteren Gruppe zählt auch das *Staatliche Marokkanische Fremdenverkehrsamt* mit Sitz in Düsseldorf.

Diese Resultate verdeutlichen, daß die zuständigen Tourismusagenturen in ihrer Mehrheit nicht darauf vorbereitet sind, sprachbezogene Anfragen der geschilderten Art zu beantworten. Es scheint schwer vorstellbar bzw. grundsätzlich nicht vorgesehen zu sein, daß der Tourist aus dem Ausland sich von der verordneten Sprachlosigkeit lösen und befreien möchte.

5. Gründe für die »Sprachlosigkeit des Touristen«

Alle diese Indizien verstärken die eingangs vorgetragene These, wonach die Mehrheit der deutschen Touristen nicht nach Marokko reist, um in direkten Kontakt zu treten mit dem Land und seinen Bewohnern. Allerdings trifft dieselbe Einschätzung auch auf den Partner zu: das Gastland und die Gastkultur setzen alles daran, ein spezifisches und abgeschlossenes Terrain zu schaffen, zur Aufnahme dieser devisenbringenden Ausländer, eine imaginäre Welt ganz nach den Erwartungen der Touristen; über dieses abgesteckte künstliche Terrain hinaus sind direkte kommunikative Kontakte zwischen dem Mann/der Frau auf der Straße, aus der Werkstatt oder dem Büro einerseits und dem Touristen andererseits nicht vorgesehen.

Als Erklärungsmodell für diese Distribution ziehe ich das Vier-Kulturen-Modell (nach MÜLLER & THIEME 1993) heran, das zwei Paare von distinkten Kulturen etabliert: neben einer zweigeteilten primären Ebene nehme ich eine ebenso strukturierte sekundäre Ebene an.

Die primäre Ebene umfaßt:
I. die **Kultur der Quellregion** als authentische und ursprüngliche Kultur der Region und der Gesellschaft des Touristen;
II. die **Kultur der Zielregion** als authentische und ursprüngliche Kultur des Gastlandes.

Nach dem bisher Ausgeführten muß davon ausgegangen werden, daß im modernen Massentourismus eine direkte Kommunikation zwischen den Kulturen auf dieser primären Ebene nicht vorgesehen ist: zwischen ihnen herrscht eine fast vollständige Sprachlosigkeit.

Diesem primären Bereich steht der sekundäre Bereich als Provisorium mit zeitlich begrenzter Gültigkeit gegenüber:
III. die **Ferienkultur** als provisorischer, aber nichtsdestoweniger authentischer und legitimer Lebensstil des Touristen während seines Urlaubsaufenthalts;
IV. die **Dienstleistungskultur** als abgeleitete, künstliche Temporärkultur, die vom Gastland zur Befriedigung der Wünsche und Erwartungen des Touristen bereitgestellt wird.

Touristische Kommunikation findet in erster Linie auf dieser sekundären Ebene der beiden künstlichen und zeitlich begrenzten Kulturen statt. Bestimmt wird diese abgeleitete Kommunikation weitgehend durch den Ferien-Code des Touristen und die Bemühungen der Dienstleistungsinstanzen, diesem Code gerecht zu werden.

Es wäre ausgesprochen idealistisch, würde man nunmehr die Forderung aufstellen, der moderne Massentourismus solle anstreben, die Sprachlosigkeit der primären Kulturebene zu überwinden: die grundlegenden sozioökonomischen und sozialpsychologischen Funktionen des Jahresurlaubs haben zur Folge, daß die große Mehrheit der heutigen Touristen den Urlaub mit anderen Wünschen und Vorstellungen verbindet als mit kulturellen Ambitionen. Ihr Hauptaugenmerk ist ganz eindeutig nicht auf das Zielland und seine Kultur gerichtet. Die Auswahl der Region bzw. des Landes, in der dem Touristen kulturelle Alterität begegnet, erfolgt im allgemeinen eher willkürlich, beruht primär auf klimatischen, ökonomischen, allenfalls politischen Kriterien, keinesfalls aber auf kulturell geprägten Präferenzen. Die Begegnung mit dem Fremden dient dabei in erster Linie als Folie, auf die der Tourist in der Ausnahmesituation seines Urlaubs seine persönlichen Träume und Sehnsüchte projiziert. Es geht ihm vordringlich, wenn nicht ausschließlich um seine eigene Identität und deren Pflege und Wiederherstellung; die Erfahrung von Alterität hat dabei lediglich eine rein instrumentelle Funktion.

Auf der anderen Seite bemüht sich das Gastland nachhaltig darum, seine authentische Kultur vor dem Zugriff durch den Touristenstrom zu schützen, indem touristische Sonderzonen eingerichtet werden, die zum einen den Erwartungen und Wünschen der Touristen besser gerecht werden als die tatsächlichen kulturellen Gegebenheiten und zum anderen die authentische soziale und kulturelle Realität vor Schaden bewahren sollen.

Überflüssig und dysfunktional wäre demnach jedwedes Bemühen um direkte Kommunikation auf der primären Ebene, das eine (einseitige oder wechselseitige) instruktive – und damit auch für beide Seiten keineswegs risikolose – Beziehung zwischen den beiden beteiligten Kulturen zu etablieren trachtete.

6. Zusammenfassung

Der Gemeinplatz von der großen Bedeutung von Sprachkenntnissen im Tourismus entpuppt sich so als ein Mythos, der die Nützlichkeit der im Tourismus de facto herrschenden Sprachlosigkeit verschleiern hilft.

Wenn in der touristischen Situation Kommunikation stattfindet, so hat diesen ihren Platz in aller Regel auf der Ebene der sekundären Ferien- und Dienstleistungskultur:
– zum einen als interne Kommunikation im Rahmen der provisorischen Ferienkultur (Kommunikation der Touristen untereinander);
– zum anderen als kommunikatives Handlungsnetz zwischen den Touristen einerseits und den künstlichen Dienstleistungsinstanzen des Gastlandes andererseits („Man spricht Deutsch!").

Nur wenn die Werte und Funktionen dieser verschiedenen Ebenen und Kulturen respektiert werden, wird es einer koordinierten Forschung im Bereich von Sprach-, Kultur- und Tourismuswissenschaften gelingen, das erstaunliche Zusammenspiel von Sprachlosigkeit und Gesprächigkeit im Tourismusgeschäft kritisch zu beleuchten. Eine solche Orientierung sollte in der Lage sein, idealistische Fehlerwartungen und elitäre Touristenschelte sowie unrealistische didaktische Aufgabenzuweisungen an den Massentourismus zu vermeiden.

Literatur

BAUSINGER, Hermann, Klaus BEYRER & Gottfried KORFF (Hrsg.): Reisekultur: Von der Pilgerfahrt zum modernen Tourismus. – München 1991.

FENDRI, Mounir: Kulturmensch in barbarischer Fremde. – Habilitationsschrift Tunis 1993.

HAHN, Heinz & Jürgen KAGELMANN (Hrsg.): Tourismuspsychologie und Tourismussoziologie. – München 1993.

Landesverband der Volkshochschulen in Nordrhein-Westfalen (Hrsg.): Adressatenanalyse im Fremdsprachenbereich: Ergebnisse eines Forschungsprojekts. – Dortmund 1986.

Langenscheidts Sprachführer Arabisch. – Berlin, München [7]1992.

MÜLLER, Hansruedi & Marion THIEM: Kulturelle Identität. – in: Heinz HAHN & Jürgen KAGELMANN (Hrsg.): Tourismuspsychologie und Tourismussoziologie. – München 1993, S. 279-285.

PLEINES, Jochen: Sprachenkenntnisse im Tourismus – Eine nicht wahrgenommene Aufgabe der Sprachwissenschaft. Das Beispiel der arabischen Mittelmeer-Anrainerstaaten. – in: Herbert POPP (Hrsg.): Das Bild der Mittelmeerländer in der Reiseführer-Literatur. – Passau 1994, S. 47-69 (= Passauer Mittelmeerstudien, H. 5).

Polyglott Sprachführer Marokkanisch-Arabisch. – München 1973.

SCHWERDTFEGER, Inge Christine: Begegnungen mit dem Fremden im Fremdsprachenunterricht: Erleichterungen und/oder Hindernisse. – in: Lothar BREDELLA & Herbert CHRIST (Hrsg.): Zugänge zum Fremden. – Gießen 1993, S. 162-180.

WOLF, Klaus & Peter JURCZEK: Geographie der Freizeit und des Tourismus. – Stuttgart 1986 (= UTB Uni-Taschenbücher, Bd. 1381).

Wechselseitige Wahrnehmung

"**Fremden begegnen – sich begegnen**
Weil er uns Angst macht, stellt der Fremde unsere eigene Rolle in der Gesellschaft in Frage. Ich muß ihn nur ansehen, um zu begreifen, daß auch ich in den Augen eines anderen ein Fremder sein kann. Für ihn wäre ich jemand, der ihm Angst macht. Betrachtet man die ganze Menschheit, so kann man schließen, daß wir allesamt Fremde sind. Wir alle tragen etwas in uns, das uns nicht gehört, das wir nicht enträtseln, in das wir nicht vordringen können. Weil er mir auf eine Weise ähnlich ist, erschreckt mich der Fremde. Letztlich fürchte ich ihn nur, weil ich vor mir selbst erschrecke. Wie, wenn ich der andere wäre? Die Wahrheit ist: Er gleicht mir."
Elie Wiesel

Deutschland und Marokko sind zwei Länder, die in ihrer kulturellen Tradition, ihrer wirtschaftlichen Struktur und ihren gesellschaftlich-politischen Gegenwartsproblemen sehr unterschiedlich sind. Jede wechselseitige Wahrnehmung des jeweils Anderen beginnt mit der Wahrnehmung des „Fremden". So wie jedem Marokkaner deutsche Bierseligkeit einer schlagenden Verbindung, Oben-Ohne Baden in öffentlichen Freibädern oder ein Weihnachtsfest unter dem Christbaum fremdartige Elemente sein müssen, die in seinem sozial vermittelten Normensystem keinen Platz haben, gilt für den Deutschen ähnliches in Marokko beim Besuch eines öffentlichen Schwitzbades (*Hammam*), der Teilnahme am Fest zu Ehren eines Regionalheiligen (*Moussem*) oder für das Alltagsleben während des Fastenmonats *Ramadan*.

Mit der zunehmenden Begegnung zwischen Marokkanern und Deutschen – sei es im touristischen Bereich, sei es durch die Einwanderung marokkanischer Gastarbeiter, sei es im Gefolge anwachsender Wirtschaftskontakte, Kulturaustauschprogramme, wissenschaftlicher Kooperationen oder sportlicher Konkurrenz – wird es nun aber immer entscheidender für das Bild vom Anderen, inwieweit der einzelne bereit ist, die Andersartigkeit zu tolerieren, zu verstehen, ja vielleicht sogar eine Sympathie für sie zu entwickeln.

Auf formeller Ebene bleiben die deutsch-marokkanischen Kontakte noch recht vereinzelt – allerdings mit einer Tendenz zur Intensivierung. Es gibt immerhin mittlerweile ein offizielles Kulturabkommen zwischen beiden Ländern; die Wirtschaftliche Zusammenarbeit zwischen Marokko und Deutschland läuft über das *Bundesministerium für Wirtschaftliche Zusammenarbeit* sehr erfolgreich; Universitätspartnerschaften zwischen Rabat und Bochum sowie Rabat und Passau weisen auf neue Kooperationsformen hin; sogar ein deutsch-marokkanisches Graduiertenkolleg, das zwischen den Universitäten Rabat, TU München und Bayreuth von der *Gesellschaft für Technische Zusammenarbeit* eingerichtet wurde, ist kürzlich angelaufen; deutsch-marokkanische Freundeskreise und Vereine (mit Sitz in Rabat bzw. Bochum und Düsseldorf) leisten eine konstruktive Arbeit; Partnerschaften von Handwerkskammern (Frankfurt/M. – Fès), Industrie- und Handelskammern (Kénitra – Bochum) und sogar ein Jugendaustauschprogramm zwischen Kénitra und Bochum sind seit Jahren angelaufen und zeitigen bereits Erfolge. Und diese Aufzählung ist mit Sicherheit lückenhaft. Marokkaner und Deutsche kommen sich näher.

Alle diese Institutionen bemühen sich, einen Beitrag zum wechselseitigen Verstehen und Tolerieren von Deutschen und Marokkanern beizutragen. Doch dürfte der entscheidende Beitrag zur Ausbildung eines (hoffentlich differenzierten) Images des jeweils Anderen über die Medien (d.h. die Tagespresse, feuilletonistische und fachbezogene Literatur, Reiseberichte und Reiseführer) vermittelt werden. Unter ihnen gibt es sowohl Beispiele für einen sensiblen Umgang mit dem Anderen wie auch tendenzielle, undifferenzierte und ignorante Ausführungen.

Es liegt an uns allen, die Sehweise vom Anderen soweit mitzugestalten, daß klischeehafte, unfaire, vom Unverständnis gekennzeichnete Sehweisen zwischen Marokkanern und Deutschen zunehmend an Einfluß verlieren.

Im vorliegenden Band wird die Wechselseitigkeit der Wahrnehmung von Marokkanern und Deutschen (bzw. in diesem Fall: Österreichern) in dem feinfühligen, mehrfach preisgekrönten Filmexperiment über den Vergleich Wien – Figuig thematisiert. Es schließt sich ein Plädoyer für eine Öffnung des eigenen Wahrnehmungshorizontes zugunsten einer Bereitschaft zur Auseinandersetzung mit dem Anderen an.

Fotos auf der vorhergehenden Seite:
oben: „Formelle Kontakte zwischen Marokkanern und Deutschen": Die Universitätsleitung der Universität Rabat und der Universität Passau während des Symposiums, dessen Referate hier veröffentlicht werden.
unten: „Informelle Kontakte zwischen Marokkanern und Deutschen": Ein erfrischendes Getränk für Marokkaner und Deutsche nach dem erfolgreichen Reparieren einer Autopanne (in Youssoufia während einer Studentenexkursion in Marokko).

Gustav Deutsch (Wien)

Augenzeugen der Fremde / Témoins oculaires de l'étranger
Ein authentisches Filmexperiment

Mit 4 Abbildungen

1. Über den Zufall als Ursache und eine Freundschaft als Voraussetzung

Das erste Mal habe ich im Jahr 1981 eine Nacht und einen halben Tag in Figuig verbracht. Als Tourist ohne Auto wurde mir damals in Oujda (Nordostmarokko) die Einreise nach Algerien verweigert, und ich wurde 400 km „in die Wüste" geschickt, um hier in Figuig zu Fuß über die – damals wie heute – nicht definierte Grenze zu gehen. Dieser kurze Aufenthalt hat gereicht, um in mir jene Faszination für diesen Ort zu erwecken, die mich dazu bewegte, seither in regelmäßigen Abständen für jeweils mehrmonatige Aufenthalte zurückzukehren.

Diese erste Nacht – wie alle weiteren bisher – verbrachte ich in einem kleinen, traditionellen Hotel mit dem bezeichnenden Namen *Sahara*. Den Schlüssel für das Zimmer Nr. 5 (später waren es dann Nr. 8 und Nr. 9) erhielt ich von einem jungen, dunkelhäutigen Berber mit dem Namen Mostafa. Mostafa sprach Französisch und ein wenig Englisch, und er schrieb meinen Namen in ein großes Buch mit vielen Spalten, dazu meine Heimatadresse, meinen Beruf, meine Paßnummer. Bei einer Tasse Tee, zu der er mich einlud, blätterte er im Buch zurück, um mir den Namen eines anderen Österreichers vorzulesen, der auch schon hier genächtigt hatte. Touristen aus der ganzen Welt standen da in diesem Buch, sogar Japaner, die, wie Mostafa sagte, alle in der zweiten Hälfte des Monats Februar kommen, an jedem Tag einer, alle die gleiche Route fahren, alle Ethnologie studieren, alle den gleichen Reiseführer bei sich tragen, in dem er, Mostafa, namentlich erwähnt ist. Bis auf einen Willkommensgruß, mit dem er sie beim 17-Uhr-Bus empfängt, spräche er kein Japanisch, sagte Mostafa, aber er ließe sie in ein kleines Heft Nachrichten auf Japanisch für die nachfolgenden Japaner schreiben, Tips für den Umgang mit den lokalen Behörden und für den Grenzübertritt nach Algerien.

Damals hatte er, Mostafa, noch keinen eigenen Paß, den erhielt er erst sechs Jahre später; und bis zu jenem Moment am 1. Dezember 1992, an dem in der Österreichischen Botschaft in Rabat der Visastempel hineingestempelt wurde, fanden sich nur die Stempel des benachbarten Algerien auf den vielen leeren Seiten. Nein, er hatte keinen Bruder, keinen Onkel, nicht mal einen Cousin in Frankreich, und die vielen Touristen aus dem Buch im Hotel *Sahara* schickten zwar Ansichtskarten von ihren schönen Städten auf der ganzen Welt, aber für eine Einladung dorthin reichte die Urlaubsbekanntschaft von wenigen Tagen nicht aus.

Für die Generation vor ihm war es noch leichter, ins Ausland, und da bevorzugterweise nach Frankreich, zu gehen, einen Job zu finden, und mit dem in der Fremde verdienten Geld die Frau und die Kinder in der Heimat zu ernähren, und sich vielleicht im Laufe der Jahre mit den zurückgelegten Devisen ein Grundstück zu kaufen, außerhalb der traditionellen Oasengrenzen, und Jahr für Jahr eine Mauer, eine Decke, ein Zimmer eines Hauses zu bauen, um darin später als Rentner mit einer Pension aus dem Ausland seinen Lebensabend zu verbringen. Viele waren zur Emigration gezwungen worden, als durch die von den Franzosen gezogene Grenze die besten, fruchtbarsten Gärten in Algerien zu liegen kamen und Algerien später als Reaktion auf die Besiedlungspolitik Marokkos in der ehemaligen Spanischen Sahara (Westsahara) die Nutzungsrechte für diese Grundstücke untersagte. Auch Mostafas Familie hatte den Großteil ihrer Gärten in diesem Teil, und nur die Schmiede des Großvaters, die der Vater in eine Motorradwerkstätte umgebaut hatte, sicherte fortan das Überleben. Nach dem frühen Tod des Vaters übernahm Mostafa als zweitältester Sohn die Schmiede und richtete eine Fahrradreparaturwerkstätte ein. Diese und seine Tätigkeiten im Hotel sowie kleine Schmiedearbeiten sind heute seine Lebensbasis.

Im Laufe der letzten 13 Jahre ist Mostafa für mich ein Freund geworden, durch den ich viel von seinem Heimatort und dem Leben in diesem kennenlernen konnte. Sein Wunsch, einmal nach Europa reisen zu können und mein Wunsch, ihm meine Heimat zu zeigen, ließen das Projekt eines gemeinsamen Films reifen.

2. Über die Exotik als Klischee und die „Wahr"nehmung als Chance

Es sollte kein Film von jemand über jemand werden, kein Film, der die Geschichte eines Nordafrikaners bei seinem ersten Besuch in Europa erzählt, kein Film, der die Personen vor die Kamera stellt und sie beobachtet oder erzählen läßt. Es sollte ein Film werden, der die Kamera als Instrument für die Wahrnehmungen des Einen wie des Anderen, wechselseitig im jeweils anderen Heimatort, einsetzt. Ein Film als Experiment für die Zusammenarbeit zweier sehr unterschiedlicher Menschen aus sehr unterschiedlichen Ländern und Kulturen.

Im ersten Förderungsansuchen an das *Bundesministerium für Unterricht und Kunst*, im November 1991, schrieb ich zum Inhalt des geplanten Films:

„Seit meiner Kindheit habe ich mir eine Oase als palmenumwachsenen kleinen See mit ringsherum nichts als Sand vorgestellt. Erst als ich vor 10 Jahren das erste Mal eine Oase besuchte, mußte ich feststellen, daß mein Bild nicht stimmt. Ähnlich erging es mir mit fast allen jenen meist exotischen Fernwehbildern, die in mir von Kinderbüchern, Reiseprospekten und Geldscheinmotiven fest eingeprägt sind. Nicht wenig erstaunt war ich, als ich in vielen nordafrikanischen Kaffeehäusern schneebedeckte Berggipfellandschaften mit Almhütten und Bergseen entdeckte, die mir sofort als Pendant zu meinen Oasenbildern jene Scheinidentität vor Augen führten, die sich weltweit ein Volk von einem anderen Land, einer anderen Kultur, einem anderen Volk macht, und die ebenfalls weltweit als Kulisse für die Fremden aufrechterhalten wird, um „Ent"Täuschungen zu vermeiden. Mir haben gerade diese „Ent"Täuschungen aber erst die Augen geöffnet, und jeder Fremde, dem es um mehr als die Erfüllung von Klischees geht, der den Aufenthalt in der Fremde als Möglichkeit zur Auseinandersetzung mit dem Unbekannten und als Chance zum gegenseitigen Kennenlernen und Verständnis versteht, kann erst durch das „Wahr"nehmen authentischer, persönlicher Bilder fremde Menschen und Kulturen ernst nehmen, und vielleicht einen Beitrag zu einem der wichtigsten Themen unserer Zeit, der Völkerverständigung und Integration leisten."

Um die Suche und das Festhalten solcher authentischer, persönlicher Bilder der Fremde geht es bei diesem Filmexperiment. Über die Vorgehensweise schrieb ich weiters:

„Während eines zweimonatigen Aufenthalts in der Oase Figuig, an der Grenze zu Algerien am Nordrand der Sahara gelegen, sollen jene Einstellungen gesucht und jene Aufnahmen gemacht werden, die in Summe jenes persönliche, authentische Bild der Kultur, der Landschaft, der Menschen in und um der Oase vermitteln, das ich seit 1981 in regelmäßigen Aufenthalten bisher gewonnen habe; Blicke eines Europäers in Afrika. Umgekehrt sollen in Wien von einem Afrikaner in der gleichen Vorgangsweise seine authentischen, persönlichen Bilder von der Stadt, ihren Menschen, ihrer Kultur und Architektur gefunden und aufgenommen werden
Die einzelnen Aufnahmen sollen alle exakt drei Sekunden lang sein, das ist jener Rhythmus, den der Mensch durchschnittlich einhält, wenn er im flüchtigen Blick, ohne zu beobachten, schweifend Eindrücke sammelt. Insgesamt sollen so schlußendlich je 300 Aufnahmen zu je 3 Sekunden (also insgesamt eine halbe Stunde) gesammelt und aufgezeichnet werden. Die Tonebene soll im wesentlichen ebenfalls authentisch, das heißt Original-Ton vor Ort sein." (vgl. *Abb. 1*)

Das Projekt wurde in der ersten Sitzung vertagt, da die eingereichten Unterlagen nicht ausführlich genug erschienen. (Später las ich auf einem der mir zurückgegebenen Unterlagen den Satz eines Jurors: Entstehen dabei nicht nur neue Klischees?)

Für die zweite Sitzung führte ich daher weiter aus:

„Wie Sie dem ursprünglichen Treatment entnehmen können, geht es um die Suche und das Festhalten sowie die anschließende Selektion von authentischen, persönlichen Bildern der Fremde, als ein Beitrag zur Verständigung von Angehörigen verschiedener Herkunft und Kulturen. Die Kunst als ein Mittler zwischen verschiedenen Kulturen kann eine wesentliche Rolle im Prozeß eines globalen Verständnisses übernehmen. Der Abbau von Klischees und Vorurteilen, auch im Bereich der Kunst, das „Wahr"nehmen von Menschen, ihren Handlungen, ihrer Lebenssituation, ihrem Lebensraum ist eine wesentliche Voraussetzung für globales gegenseitiges Verständnis.
Reisen braucht Mut vom Verlassen von Vertrautem, heißt Grenzen überschreiten (auch persönliche – nicht nur räumliche) und sich in Gefahr begeben. Reisen heißt eindringen, heißt Konfrontation mit dem Unbekannten. Die Reise, verstanden als Möglichkeit zur Auseinandersetzung mit dem Unbekannten, meint nicht Tourismus.
Der Aufenthalt in der Fremde bewirkt erhöhte Wachsamkeit; einerseits als Selbstschutz, andererseits als Methode des Forschens, Erkennens und Verstehens. Eine Möglichkeit, die Wahrnehmung zu erhöhen und gleichzeitig zu selektieren, ist die Verwendung von Medien zur Aufzeichnung von Bildern und Tönen. In diesem Sinn sind die Kamera und das Mikrophon Werkzeuge des Forschenden. Da es sich nicht um eine Forschung im wissenschaftlichen Sinn, sondern um eine künstlerische Annäherung handelt, ist nur die Grundhaltung, der Scharfsinn und das Instrumentarium mit einer wissenschaftlichen Arbeitsweise zu vergleichen. Das Ergebnis hat rein künstlerischen Wert und soll, im Sinne der Kunst als Vermittlerin des Unsagbaren, emotional und irrational sein.
Ich erachte strenge formale Vorgaben als unabdingbare Voraussetzung für eine filmisch ethnographische Annäherung an exotische Motive, um nicht den Klischees und dem Kitsch anheim zu fallen.
Die Aufnahmedauer jeder Einstellung soll daher, wie schon dargestellt, konstant 3 Sekunden sein, entsprechend dem Zeitrhythmus des flüchtigen Schauens, des Atemholens beim Sprechen, also einem dem Menschen ureigensten Zeitempfinden und Rhythmus. Außerdem soll damit eine gestalterische Einheit zwischen den zwei verschiedenen Teilen des Films hergestellt werden."

Im April 1992 erhielt ich die Zusage zur Förderung des Filmprojekts.

3. Über die Kamera als Waffe und den Fotografen als Seelenräuber

Eigentlich wollte ich in Figuig nie filmen oder fotografieren. Im Laufe der Aufenthalte in den letzten 13 Jahren habe ich das auch nur im Rahmen der *Künstlerischen Forschungsarbeiten*, die ich gemeinsam mit Hanna Schimek in der und um die Oase betrieben habe, getan. Die Kamera in der Hand eines Touristen ist sein unverwechselbares Haupterkennungszeichen. Die Kamera vor dem Gesicht eines Touristen ist einerseits ein Schutzschild, andererseits eine Waffe. Sie gibt ihm als Tourist erst die rechte Legitimation für seine Anwesenheit und schafft trotzdem Distanz zum Geschehen. Sie ist ein Instrument der Aggressivität und gleichzeitig eines für die Defensive. (Eine Qualität, die vergleichbar nur das Automobil hat; der „beste" Tourist fotografiert aus seinem Caravan.)

Fotografieren und Filmen in Afrika hat für mich unweigerlich immer den Hauch von Safari. Der einzige wesentliche Unterschied zwischen Gewehr und Kamera ist letztlich nur für das „Opfer" existentiell. Die Ausgangssituation und die Grundhaltung der „Täter" ist die gleiche. Ich habe Touristen beobachtet, die vom Hotelzimmer aus mit armlangen Teleobjektiven verschleierte Araberinnen „geschossen" haben; aber ich habe auch arabische Kinder gesehen, die sich vor ankommende

Touristenbusse gestürzt haben, um sich für wenige Münzen „schießen" zu lassen. In diesem Fall dreht sich die Existenzfrage um – das Opfer „überlebt" durch seine Bereitschaft zur Hingabe.

Die Magie, die der Fotografie als Seelenräuberei anhaftete, ist dem Geschäft gewichen, und manchmal schlägt sie heute auf den Fotografen oder Videofilmer zurück, wenn er im Falle eines Film- oder Kameraschadens nach der Rückkehr aus dem Urlaub in Beweisnotstand gerät und so eine Identitätskrise erlebt („War ich überhaupt dort?").

Der Einsatz von Foto- und Filmkamera in der Fremde ist Charaktersache und Ausdruck der Achtung und des Respekts, den man als Fremder einer fremden Kultur, einem fremden Land und fremden Menschen entgegenbringt. Auch wenn der Glaube und die Angst vor der gestohlenen Seele im Zeitalter von Massentourismus und Video anachronistisch erscheint, die Tatsache eklatanter Unterschiede in den Machtverhältnissen wird uns gerade durch die Verwendung dieses Mediums drastisch vor Augen geführt.

4. Über die Struktur als Möglichkeit und die Zeit als Gestalter

Aus solchen und ähnlichen Überlegungen habe ich bereits zwei Jahre vor Beginn unseres gemeinsamen Projektes Mostafa Tabbou einen Fotoapparat geschickt (die Bewaffnung der Opfer) und für meinen Teil beschlossen, die Aufnahmen in Figuig so weit wie möglich ohne Blick durch die Kamera zu machen. Außerdem wollte ich mich selbst der Möglichkeit berauben, im „richtigen" Moment auf den Auslöser zu drücken und dementsprechend früher oder später wieder loszulassen.

Diese selbstbeschränkenden Vorgaben sowie die Suche nach einer geeigneten Struktur, die für Mostafa und mich einerseits ähnliche Voraussetzungen, andererseits eine Möglichkeit zur gestalterischen Einheit über beide Teile – trotz unterschiedlicher Zugänge – gewährleisten sollte, führte zu dem – im Ansuchen bereits erwähnten – Konzept der „verlängerten Blicke" von exakt 3 Sekunden Dauer, von denen ihm und mir je 300 zur Verfügung stehen sollten (vgl. *Abb. 1*). Dies erschien mir auch für Mostafa, der zu Beginn des Projektes zwar schon zwei Jahre fotografiert, aber noch nie gefilmt hatte, eine zumutbare Forderung. Für die technische Realisierbarkeit dieses Konzepts ließ ich zwei Zeitschaltuhren für die Filmkamera bauen, von denen die eine den Zeitraum der Beobachtungsdauer und die andere den Aufnahmerhythmus innerhalb dieses gewählten Zeitraums steuerte.

Als inhaltliches Konzept für meinen Teil wollte ich mich, wie schon in früheren Experimenten, vor allem mit den Phänomenen des Films, also dem Verhältnis von Filmer und Gefilmtem bei der Aufnahme und den Auswirkungen auf die Zuschauer, sowie seinen essentiellen Bestandteilen – Bewegung und Zeit – auseinandersetzen.

Abbildung 1: Aufbau des Filmexperimentes nach thematischen u. zeitlichen Einheiten

Ein authentisches Filmexperiment in 600 Einstellungen 16 mm/Farbe/33 min		Une expérimentation authentique cinéaste de 600 scènes 16 mm/couleur/33 min	
FIGUIG	25.9.92-18.11.92	1	٩٢/١١/١٨-٩٢/٩/٢٥	فيجويج
LICHT	1.1		ضوء
Wüste	1-10		صحراء
Bach	11-20		نهر
Steppe	21-30		برية
WASSER	1.2		مياه
Kanal	31-40		قناة
Becken	41-50		حوض
Feld	51-60		حقل
AUSBLICKE	1.3		منظر خارجي
Ost	61-70		شرق
Süd	71-80		جنوب
West	81-90		غرب
SCHAUPLÄTZE	1.4		أماكن المشاهدة
Park	91-100		الحديقة
Strasse	101-110		الشارع
Platz	111-120		الميدان
AUFTRITTE	1.5		مدخل
Schüler	121-130		التلاميذ
Reisende	131-140		الزوار
Gläubige	141-150		المؤمنين
AKTEURE	1.6		فرقة التمثيل
Maurer	151-160		البناؤون
Hausfrauen	161-170		ربات البيوت
Fleischhauer	171-180		الجزارين
HANDLUNGEN	1.7		الحوار
Schmieden	181-190		حدادة
Schlachten	191-200		جزارة
Kochen	201-210		طبخ
DREHEN	1.8		دوران الجسم
Sandsturm	211-220		عاصفة رملية
Sonne	221-230		الشمس
Regen	231-240		الأمطار
GEHEN	1.9		التجول
Morgen	241-250		صباحاً
Abend	251-260		مساءً
Nacht	261-270		ليلاً
FAHREN	1.10		وسيلة السفر
Fahrrad	271-280		الدراجات
Pferdewagen	281-290		عربات الحنطور
Autobus	291-300		الأوتوبيس
WIEN	21.12.92-10.3.93	2	٩٣/٣/١٠-٩٢/١٢/٢١	قسنا
OBEN/UNTEN	2.1		من أعلى/لأسفل
Dach	301-320		سطح
Turm	321-340		برج
Berg	341-360		جبل
AUSSEN/INNEN	2.2		من الداخل/للخارج
Palmenhaus	361-380		منزل من النخيل
Pagode	381-400		معبد
Kaffeehaus	401-420		مقهى
HINEIN/HINAUS	2.3		من الداخل/للخارج
Drehtür	421-440		باب دوراني
Lift	441-460		مصعد
Rolltreppe	461-480		سلم
HIN/HER	2.4		من الخلف/للأمام
Autos	481-500		سيارات
Sportler	501-520		رياضيين
Eisläufer	521-540		سباق الجليد
SCHWARZ/WEISS	2.5		أسود/أبيض
Hunde	541-560		كلاب
Möwen	561-580		نوارس
Krähen	581-600		غربان

Diese Art des experimentellen Umgangs mit Film ermöglichte mir eine Annäherung an exotische Motive und die Thematik des Filmens in der Fremde, ohne sie selbst zum Thema zu nehmen.

Im Laufe der Arbeit in Figuig kristallisierten sich zehn Themenbereiche heraus, die durch jeweils drei Motive (Szenen) abgedeckt wurden. Für jede Szene sollten zehn Aufnahmen gemacht werden. Der Vorgang war also folgender: Hatte ich zu einem Thema ein Motiv gefunden, wählte ich einen dem Geschehen entsprechenden Beobachtungszeitraum und teilte ihn in neun Einheiten, um den Aufnahmerhythmus für die geplanten zehn Aufnahmen über diesen Zeitraum zu ermitteln.

⇐ **Abbildung 2**: Ausschnitt aus der Filmsequenz: 1 – FIGUIG, 1.4 – SCHAUPLÄTZE, 101-110 – STRASSE

Dann stellte ich die erste Schaltuhr auf diesen Rhythmus ein, und die zweite Schaltuhr erhielt nun im geplanten Rhythmus einen Impuls, schaltete die Kamera für drei Sekunden ein, und wieder aus.

Manchmal „arbeitete" die Kamera einen ganzen Tag, machte also etwa jede Stunde eine Aufnahme; manchmal erstreckten sich die Aufnahmen nur auf eine Minute, sie machte dann also alle sechs Sekunden ihre Aufnahme. Im Film haben dadurch alle Szenen die gleiche Dauer; ein Tag oder eine Minute sind auf je 30 Sekunden komprimiert. Meistens stand die Kamera neben mir am Boden, manchmal ließ ich sie auch alleine.

Einige Beispiele zur Erläuterung: Das erste Thema war LICHT. Dieses Thema wurde durch die Motive WÜSTE, BACH und STEPPE abgedeckt. Das Thema LICHT bedeutete, daß der Wechsel der Beleuchtung durch den Fortgang der Sonne im Beobachtungszeitraum die hauptsächlichen Veränderungen im Bild herbeiführte und so Bewegung und Handlung erzeugte. Naturgemäß mußten die Aufnahmen weit außerhalb der Oase in der freien Natur und mit starrer Kamera gedreht werden (wo keine Gefahr bestand, daß durch Personen, Tiere, Fahrzeuge etc. Handlung erzeugt wurde) und über einen längeren Zeitraum erfolgen, der die Veränderungen durch wandernde Schatten oder den Wechsel der Farben des Himmels deutlich machte. In der Szene BACH bedeutete dies konkret drei Stunden Beobachtung mit einem Aufnahmerhythmus von 20 Minuten.

Das zweite Thema war WASSER, mit den Szenen KANAL, BECKEN, FELD. In diesem Themenblock wird einerseits im Hinblick auf die Möglichkeit der Bewegungs- und Handlungserzeugung im Film durch sich bewegende Elemente (in diesem Fall Wasser) eingegangen, andererseits auf das Wasser als lebenserhaltendes Element für die Oase und seinen Kreislauf von der Quelle über die Sammelbecken zum Feld. Hier bestimmt den Aufnahmezeitraum bereits ein Geschehnis – die Füllung eines Wasserbeckens.

Das dritte Thema sind AUSBLICKE; es umfaßt in seinen drei Motiven drei Fensterausschnitte aus dem Hotel *Sahara*. In diesen drei Szenen werden durch die Geschehnisse im Laufe von jeweils einem Tag kleine Geschichten erzählt: Im Fenster nach Osten wirft zu Mittag ein Windstoß einen Flügel zu, im Fenster nach Süden werden auf der Hauptstraße Fahnen für die Wahlen am nächsten Tag aufgehängt, im Fenster nach Westen bewegen Vögel die Zweige eines Baumes, und ein Hotelgast dreht das Ganglicht auf. Hier werden die Auswirkungen von Ereignissen oder das Eingreifen von Personen zur Veränderung der Szenerie gezeigt, ohne die Ursachen oder die Verursacher selbst darzustellen. Der Aufnahmerhythmus betrug 60 Minuten über den Zeitraum von neun Stunden.

In den folgenden Themenblöcken wird die Annäherung an die Oase durch SCHAUPLÄTZE mit den Szenen PARK, STRASSE (vgl. *Abb. 2*), PLATZ und an die Menschen der Oase durch das Kapitel AUFTRITTE mit

⇒ **Abbildung 3**: Ausschnitt aus der Filmsequenz: 2 – WIEN, 2.5 – SCHWARZ/WEISS, 541-560 – HUNDE

den Szenen SCHÜLER, REISENDE, GLÄUBIGE fortgeführt. Hierbei bestimmen konkret vorplanbare Geschehnisse Ort, Zeitpunkt und Dauer der Aufnahme. Beim Thema AKTEURE werden bereits einzelne persönliche Bekannte bei ihren Tätigkeiten beobachtet; es sind dies MAURER, HAUSFRAUEN und FLEISCHHAUER. Dieser Themenblock ist der letzte der aus einer starren Kameraposition heraus beobachtet. Im nächsten Themenbereich HANDLUNGEN wird, der Dramatik der Ereignise entsprechend, die Kamera mit der Hand geführt, die Szenen SCHMIEDEN, SCHLACHTEN und KOCHEN verweisen schon auf die handlungs- und bewegungsbestimmenden Ereignisse.

Mit diesem Thema ist der Prozeß der Annäherung abgeschlossen, die folgenden und abschließenden Themen beschäftigen sich mit Veränderungen und Handlungen im Film aufgrund von Kamerabewegungen.

Im Kapitel DREHEN wird ein und derselbe Platz bei unterschiedlichen Witterungsbedingungen – SANDSTURM, SONNE, REGEN – durch Drehung der Kamera um die Achse des Filmers beschrieben. Im Kapitel GEHEN wird dreimal die gleiche Straße, in beide Richtungen und zu verschiedenen Zeiten, am MORGEN, am ABEND und in der NACHT, einmal der Länge nach begangen. Die Länge des Aufnahmezeitraums ist durch die Länge der Straße und durch die Gehgeschwindigkeit bestimmt.

Im letzten Themenblock FAHREN werden Kamerafahrten von verschiedenen sich bewegenden Fahrzeugen festgehalten. Es sind dies ein FAHRRAD, ein PFERDEWAGEN und ein AUTOBUS. Die Länge des Beobachtungszeitraums wird durch die Strecke vom Anfangsort zum Zielort und durch die Fahrtgeschwindigkeit festgelegt. Die „Schnelligkeit" des Films entspricht der Reisegeschwindigkeit.

Die Töne zu den einzelnen Szenen wurden alle vor Ort aufgenommen und im Film über die zehn Aufnahmen zu einer Szene darübergelegt. Sie fassen so je 30 Sekunden Film zu einer szenischen Toneinheit zusammen. Manchmal sind es nur Geräusche, Stimmengewirr, Musikfragmente, manchmal sind es Dialogszenen oder herausragende Sequenzen aus dem gesamten Material zu einer Szene. So wurde zum Beispiel für die Szene NACHT aus dem Themenbereich GEHEN jene Sequenz gewählt, die einen Ausschnitt aus dem Soundtrack zu einem Kriminalfilm beinhaltet, aufgenommen im Vorbeigehen bei einem Kaffeehaus, in dem in dieser Nacht 50 Männer saßen und das erste Mal über Satellitenantenne im Fernsehen RTL Plus anschauten.

5. Über die Kamera als Weggefährte und den Film als Tagebuch

Die gemeinsame Struktur der „verlängerten" Fotos (Blicke) als Möglichkeit für eine einheitliche Gestaltung war für Mostafa Tabbou ein akzeptabler Vorschlag für seinen Teil über Wien.

Die „automatische" Kamera mit vorprogrammierten Aufnahmeintervallen entsprach allerdings weder seiner Persönlichkeit noch seinen Vorstellungen. Er bevorzugte das Auslösen der Kamera mit der Hand und wollte mobil und spontan vorgehen. Das machte den Bau einer leichteren, einfacheren Zeitschaltuhr, die die Kamera nur nach drei Sekunden abschaltete, notwendig.

Mostafa begann mit der Suche nach Drehorten, indem er stundenlang in Wien herumfuhr und Fotoaufnahmen machte. Mit Hilfe der Fotos und seinen Erklärungen suchten wir die Orte auf und machten die ersten Aufnahmen gemeinsam. Später ging er alleine. Manche Aufnahmen haben wir nach der ersten Sichtung wiederholt, um das, worauf es ihm ankam, deutlicher herauszuholen.

Auch bei seinem Material zeichneten sich einzelne Themengruppen, und innerhalb dieser eine Dreiteilung in Szenen, ab. Im Gegensatz zu mir waren es bei ihm schlußendlich nur fünf Themenbereiche; dafür drehte er zu jeder Szene zwei verschiedene Versionen: die erste „von außen", distanziert, starr, die zweite „von innen", eindringend, dynamisch. Dieses aktive, hautnahe Agieren in den Szenen scheint mir der hervorstechendste Aspekt in seiner filmischen Annäherung an die Fremde.

Die Themengruppen heißen: OBEN/UNTEN mit den Szenen DACH, TURM, BERG; AUSSEN/INNEN mit den Motiven PALMENHAUS, PADODE, KAFFEEHAUS; HINEIN/HINAUS mit den Szenen DREHTÜR, LIFT, ROLLTREPPE; HIN/HER mit den Szenen AUTOS, SPORTLER, EISLÄUFER und SCHWARZ/WEISS mit den Motiven HUNDE (vgl. *Abb. 3*), MÖWEN, KRÄHEN.

Anstelle einer Beschreibung oder Interpretation seiner Aufnahmen möchte ich Ausschnitte aus seinem Filmtagebuch bringen, das er während der gesamten Drehzeit in Wien führte:

21.12.92   13:13 h

J'ai pris la direction vers Leopoldsberg, exactement la vue de Klosterneuburg: c'est une terrasse, à côté il y a un café-restaurant, le climat beaucoup de brouillard, on ne peut pas voir Klosterneuburg, l'idée que j'avais c'était de filmer avec brouillard et d'enregistrer le sens de l'explication de cette place, une mise de 10 Schilling. Alors j'ai bien pris ça; je retournerai quand il fera beau pour filmer clairement.

31.12.92   24:00 h

C'est la nuit de Sylvestre fin d'année. J'étais avec mes amis à la terrasse de l'appartement de Hanna; j'ai posé la caméra en face des amis pour filmer les éclairantes, des pétards qu'ils avaient sur leur mains. Après ça, j'ai changé la direction de la caméra vers l'église car c'était pas loin. J'ai filmé le beau décor des éclairantes au ciel, encore l'enregistrement des amis sur la terrasse.

12.01.93   13:30 h

A Schönbrunn, j'ai entré à la grande maison bien vitrée appellée Palmenhaus. Là, j'ai filmé les plantes, les arbres; j'ai supposé la place comme un forêt, et j'ai essayé de ne pas filmer les vitres. Après, quand j'ai terminé, j'ai enregistré le son de cette place avec les oiseaux criants.

14.01.193   15:00 h

A Friedensbrücke: en marchant, j'ai filmé les oiseaux blancs, après je me suis mis au dessous d'un point de la rivière et j'ai filmé la même chose avec les oiseaux et les deux côtes du pont gauche et droit.

Abbildung 4:   Werbezettel und Bezugsquelle für das Filmexperiment „Augenzeugen der Fremde"

Augenzeugen der Fremde

Gustav Deutsch

* Wien 1952, Zeichnungen seit 1962, Musik seit 1964, Fotografie seit 1967, Architektur seit 1970, Filme seit 1981, Töne seit 1981, Aktionen seit 1983 in Österreich, Deutschland, England, Luxemburg, Frankreich, Marokko

* Vienna 1952, Drawings since 1962, Music since 1964, Photography since 1967, Architecture since 1970, Videos since 1977, Films since 1981, Sounds since 1981, Performances since 1983 in Austria, Germany, England, Luxemburg, France, Morocco

Films / Videos (selection):
Asuma, Wossea Mtotom, Adria, Welt/Zeit 25812 min, Internationaler Sendeschluß

Mostafa Tabbou

* Figuig 1964
Fahrradmechaniker, Schmied, Receptionist
zeichnet, malt, fotografiert und filmt seit 1988
in Marokko, Algerien und Österreich

A mechanic of bikes, Blacksmith, Receptionist
draws, paints, films and takes pictures since 1988
in Morocco, Algeria and Austria

A film by **Gustav Deutsch & Mostafa Tabbou**

A/MA - 1993, 16mm, colour, 33 min.

Director & Cinematography .... Gustav Deutsch & Mostafa Tabbou
Sales .... Gustav Deutsch
Morizgasse 7/19
A-1060 Wien
Contact .... Sixpack Film

19.02.93   15:00 h

J'ai pris la direction vers la sortie de Wien dans la place où il y a IKEA, le grand magasin suèdois; au 2ème étage de ce super-marché il y a un café, à travers les vitres on voit l'autoroute, la circulation avec 3 routes; j'ai filmé cette position, une fois sans soleil, l'autre avec soleil.

6. Über den Film als Buch und ein Experiment als Versuch

Nach einer ersten Zusammenstellung der Themenblöcke stellte ich fest, daß sie stark voneinander getrennt werden mußten, um nicht ineinander zu fließen, und so Zusammenhänge herstellten, die nicht beabsichtigt waren. In der Folge beschloß ich, alle Themen mit Kapitelnummern zu versehen und die Aufnahmen der einzelnen Szenen durchzunumerieren, ähnlich dem Paginieren eines Buches. Diese an Dossiers, Gesetzestexte und Archivierungen erinnernde Numerierung kam meiner Intention nach Versachlichung des exotisch-pittoresken Filmmaterials entgegen.

Der Prozeß des gesamten Projekts, die Zusammenarbeit und der dabei entstandene Film ist als ein authentisches Experiment ein Versuch über das gegenseitige Verständnis zweier Menschen verschiedener Herkunft und als solcher Teil ihrer persönlichen Geschichte(n) und ihrer Beziehung zueinander.

Mostafa Tabbou kehrte nach fünf Monaten Aufenthalt in Wien mit Ablauf seines Visums nach Marokko zurück; ich stellte den Film im Herbst 1993 fertig. Er wurde und wird seit der Vorführung im Rahmen des Deutsch-Marokkanischen Symposiums „Die Sicht des Anderen" im November 1993 in Rabat auf mehreren in- und ausländischen Festivals gezeigt (Diagonale/Österreich, Filmfestival Rotterdam, Dokumentart Neubrandenburg[1], Film/Video - Montecatani Terme, Filmfestival Melborne, Filmfestival Riga, Tage des Unabhängigen Films, Augsburg; vgl. *Abb. 4*).

---

[1] Bei der Dokumentart Neubrandenburg wurde er mit dem Hauptpreis der Jury ausgezeichnet.

Andrea Gaitzsch-Lhafi (Rabat)

Gemeinsamkeiten im Anders-Sein.
Gedanken zur Notwendigkeit eines umfassenden Ansatzes

1. Probleme mit der Alterität

Kritische Analyse und komparative Ansätze gehören selbstverständlich und anerkannterweise zum wissenschaftlichen Instrumentarium der unterschiedlichsten Forschungsbereiche; jedoch scheint es Anlaß zu Verwunderung, wenn nicht Empörung oder Ablehnung zu sein, sobald Einzelne, Gruppen oder gar Gesellschaften Urteile fällen über Verhalten, Inhalte und Optionen sozialer und kultureller Systeme, welche eben diese Betrachter als Außenstehende definieren. Gerade das, was den einen Gewißheit ist, weist mit Macht den hinterfragenden Kommentar der anderen von sich. Und trotzdem ist der „Blick des anderen" heute mehr als eine Redewendung, er ist eine Realität, der sich keiner verschließen kann, omnipräsent, lange bevor die Forschung sich seiner annimmt.

In der Tat wird es zunehmend immer schwieriger, die parallele Existenz sozialer, wirtschaftlicher, kultureller oder staatlicher Gebilde aus dem Bewußtsein zu verdrängen, nur weil diese nicht konform sind mit dem Identifikationsrahmen eines jeweiligen Individuums. Die weltweite Integration durch die Massenmedien, das Netzwerk der Weltwirtschaftsbeziehungen, dessen enge Maschen heute über alle Völker geworfen sind, die globalen Bedrohungen der Umwelt im allgemeinen und der Gesundheit der Menschen im besonderen sind nur die deutlichsten Beispiele des permanenten Kontaktes, des allgegenwärtigen Flusses von Technologien und Waren, aber auch von Wertsystemen, Denkweisen und schließlich von Menschen.

Vorab noch eine weitere Feststellung: es geht nicht darum, die Wichtigkeit unzähliger Forschungen in den verschiedensten Bereichen, die sich der Wissenschaft reklamieren, infrage zu stellen; es ist jedoch mit Nachdruck daran zu erinnern, daß alle Wissenschaft von Menschen betrieben wird und daß es wiederum Menschen sind, die mit den positiven und negativen Auswirkungen von Forschung leben müssen. Dieser generelle Rahmen kann heute nicht mehr außer acht gelassen werden – aus dem einfachen Grunde, weil die Menschen auf dieser Erde dank einiger Wissenschaften und mangels eines globalen Ansatzes so zahlreich geworden sind, daß ihre Zukunft eine Angelegenheit kollektiven Verantwortungsbewußtseins geworden ist.

Ungeachtet dieser Umstände gehört es weiterhin zu unseren Gewohnheiten, den Anderen zunächst mittels Kriterien zu definieren, die unserem momentanen ideologischen Kontext entnommen werden. Der in dieser Form unerwartete Zusammenbruch der Ost-West-Konfrontation, die uns vierzig Jahre lang als sicherer Bezugsrahmen diente, hat uns fundamental erschüttert, auch wenn wir uns das noch nicht offen eingestehen. Vielmehr erstarren wir wie gelähmt vor dem Wiedererwachen einer Suche nach geistigen Bekenntnissen und finden dabei nationale Gemeinsamkeiten, die als identifikatorische Zufluchtswerte herhalten. Und in der Tat, wie häufig fällt uns als erstes Attribut für uns selbst kein anderes ein, als jenes, das uns unser Personalausweis zuweist? Dabei kommt es uns nicht in den Sinn, daß es Zeiten gab, wo die Einteilung der Erde in Nationen und Staaten auf der Basis der Ausübung von Souveränität über Menschen in einem Territorium mit festen Grenzen nicht selbstverständlich oder zumindest in unterschiedlicher Weise vorgenommen war.

Die verwaltungstechnische Abkapselung der Menschen in Staaten mit eindeutigen Konturen ist jedoch weder undurchlässig noch definitiv. Wie hoch ist die Zahl der Haushalte, die internationale Fernsehprogramme empfangen, die Verwandte oder Bekannte zu Urlaubs- oder Arbeitsaufenthalten im Ausland wissen? Gibt es noch Bevölkerungsgruppen, die vom grenzüberschreitenden Warenhandel unberührt geblieben sind? Die Wahrnehmung des anderen ist präsent, permanent, wenn auch diffus, noch bevor die Wissenschaftler das Phänomen definiert hätten; hinzukommen all die konkreten Erfahrungen von Einzelpersonen, die in der Regel weder das Interesse von Geschichtsschreibern noch von Journalisten auf sich ziehen: Fahrer transnationaler Lastwagen, Handelsleute, Politiker, Experten jeder Richtung und unterschiedlichen Niveaus, Facharbeiter oder Handlanger, Studenten und viele andere überschreiten heute mit zunehmender Regelmäßigkeit und in großer Zahl internationale Grenzen mit dem Ziel eines kürzeren oder längeren Auslandsaufenthaltes. In dieser langen Kette individueller, nur scheinbar getrennter Erfahrungen treffen sich die Blicke, hinterfragt man sich und den Anderen, man kapselt sich manchmal ein und differenziert sich vielleicht auch.

2. Beziehungen zwischen Deutschland und Marokko

Um auf das Thema des Symposiums zurückzukommen, so kann ohne Vorbehalt behauptet werden, daß noch nie in der Geschichte der Beziehungen zwischen Marokko und Deutschland einer so großen Zahl von Individuen die Möglichkeit gegeben war wie heute, das Land des anderen kennenzulernen; auf beiden Seiten wächst die Zahl der Menschen ständig, die täglich miteinander kommunizieren, wobei sie ihr individuelles und kollektives Verhalten den jeweiligen Umständen ständig neu anpassen. Die Interpenetration ist so regelmäßig geworden und situiert sich im übrigen in einem Bezugsrahmen, der weit über die Beziehungen zwischen der deutschen und marokkanischen Gesellschaft hinausreicht, daß es für die betroffenen Individuen manchmal schwierig wird, die Grenze zwischen sich selbst und dem Anderen mit sauberer Schärfe zu definieren: Welchen Blick wirft ein Marokkaner, der seit bald zwanzig Jahren in Deutschland gelebt hat, auf sein Herkunftsland, seine Familie, seine Nachbarschaft, seine Arbeitswelt, sein Aufenthaltsland? Wo ist überhaupt die Wahrnehmung des sogenannten Anderen anzusiedeln, wenn es möglich geworden ist, diesen Anderen zu sehen, zu befragen, zu berühren – eben diesen Menschen, der in einer nicht allzu fernen Vergangenheit deswegen ein anderer war, weil er fern, weit weg war – aus welchem Grunde auch immer!

Die Komplexität der Abläufe in multidimensionalen Gesellschaften, die sich durch einen mehr oder minder anerkannten Pluralismus auszeichnen, wie dies in Marokko und Deutschland der Fall ist, macht es besonders schwierig, Systeme intrasozietärer Identifikation zu umreißen; soll dem noch die Dimension des Blickwinkels des anderen, des „Außenstehenden", oder auch noch der Blick auf eine andere Gesellschaft hinzugefügt werden, so erfordert dies organisierte Kleinarbeit.

3. Plädoyer für ein neues Menschenbild in den Humanwissenschaften

Hier stellt sich die Frage nach der Rolle des Forschers. Effekte wissenschaftlicher Forschung sind derzeit omnipräsent in allen Ländern der Welt – Technologien mit unterschiedlichster Anwendung, Pestizide und Waffen, epidemiologische Statistiken etc. sind nur Beispiele; dabei ist es erstaunlich, wie wenig wir eigentlich voneinander, d. h. von den Menschen selbst wissen. Doch gerade die zunehmende Differenzierung der Wissenschaftsbereiche und der Verdacht auf Ermüdung des Modells von Industriegesellschaft, das den technologischen Fortschritt überbewertet hat, appellieren m. E. an die Forscher der Humanwissenschaften, sich an der Suche nach einer integrativen Vision zu beteiligen, die die Rolle des Menschen in diesem Umfeld mit weichen Konturen neu zu bestimmen sucht.

Der Mensch, jeder Mensch existiert nur durch seine Beziehungen zu anderen Menschen; allerdings erlebt er diese Beziehungen individuell, entsprechend der Bewertung, mit der er jedes Element seines sozialen Verhaltens belegt. Die Wahrnehmung jedes einzelnen Augenblicks integriert einen individuellen Erfahrungshorizont, eine internalisierte Geschichte, die Zufälligkeiten des Moments ebenso wie die Zukunftsperspektiven und kurzfristigen Erwartungen.

Diese einfachen, fast banalen Feststellungen verweisen m. E. auf die Notwendigkeit eines systematischen Ansatzes, der das Ziel hätte, eine Wahrnehmung des anderen in seinem spezifischen Kontext und auf der Basis kontrollierbarer, d. h. nachvollziehbarer Reflexion zu ermöglichen.

Der Forscher der Humanwissenschaften steht heute vor einem so dichten Gewirr gesellschaftlicher Verflechtungen, daß er sich legitimerweise fragen lassen muß, welchen Beitrag er noch zu leisten vermag. Kommt es nicht gerade den Wissenschaftlern, empirischen wie theoretischen Forschern zu, die Notwendigkeit kritischer Analyse zu postulieren auf der Suche nach einer intellektuellen Zielsetzung für eine gemeinsame Zukunft? Dabei bleibt die Tatsache nicht unbenannt, daß der Forscher selbst als gesellschaftlicher Akteur durch die Komplexität seines sozialen Status definiert ist; allerdings wird von ihm erwartet, diesbezüglich mit selbstkritischer Präzision vorzugehen.

In diesem zweifelsohne einschränkenden und vereinfachenden Rahmen könnten die anschließenden Forderungen vielleicht dazu beitragen, Forschungen mit Gegenwartsbezug über die zahlreichen Fazetten der Wahrnehmung des einen durch den anderen, und umgekehrt lesbarer und vergleichbarer zu gestalten:

1. Das Gewicht der Geschichte in der Perzeption des kollektiven und individuellen Umfeldes der Untersuchungsgruppen zu einem bestimmten Augenblick ist zu untersuchen; unter „Geschichte" soll hier verstanden werden, die in einer gegebenen Gesllschaft übliche Lektüre der Vergangenheit, so wie sie von öffentlichen Institutionen zu einem gegebenen Zeitpunkt vorgenommen wird, bzw. die in einer Gesellschaft allgemein akzeptierten Weltanschauungen.

2. Die kollektive Erinnerung der Untersuchungsgruppe ist so weit wie möglich an konkrete oder für konkret gehaltene Erfahrungen anzunähern, bzw. an die Erklärungen, die diese Erfahrungen erhalten haben, und ihre spezifischen sozialen Konsequenzen.

3. Eine detaillierte Beschreibung der besonderen Bedingungen ist zu erstellen, die die Beziehungen der Untersuchungsgruppe zur Umwelt, und damit auch zum politischen, wirtschaftlichen und sozialen Machtsystem ausmachen.

4. Die Zukunftsperspektiven, die von außen an die Untersuchungsgruppe herangetragen werden, sind ebenso zu analysieren, wie die Zukunftserwartungen, die innerhalb der Gruppe gepflegt werden.

Eine solche Vorgehensweise könnte dazu beitragen, den Blick des Anderen, wer immer dieser Andere sein mag, in einen entzifferbaren Kontext mit benennbaren Bedingungen zu stellen; der mühevolle Aufwand legitimiert sich durch den Anspruch des Ansatzes selbst: die Feststellung einer systematischen Abhängigkeit des Urteils des anderen von einer individuellen und kollektiven Konjunktur könnte uns im Idealfall den Zugang zu einer weiteren globalen Dimension und der Feststellung verhelfen, daß nämlich die Menschen, trotz ihrer außergewöhnlichen kulturellen Unterschiedlichkeiten, gewisse Ziele gemeinsam haben; das wichtigste könnte in naher Zukunft sein zu überleben, als MENSCHEN. Sollte es nicht die Rolle derjenigen sein, die sich den Humanwissenschaften verschrieben haben, die Perspektiven eines gemeinsamen Projektes mit globalen Zukunftschancen vorzuzeichnen, in dem sich Menschen mehr in ihren Gemeinsamkeiten als in ihrem Anders-Sein erkennen könnten?

Das Deutschlandbild der Marokkaner

„Eine umherirrende Wolke schluckte den Mond hinunter. Nach einer kleinen, erzwungenen Dunkelheit schien er wieder majestätisch auf die Stadt [Dortmund]. Miloud blieb aber irgendwo zwischen Marokko und Deutschland hängen.

Alles hätte leichter und schöner sein können, wenn Marokko an Deutschland grenzen würde. Er könnte dann jedes Wochenende zu seiner Familie fahren und seine langen Jahre der Entfremdung wären nicht in ihrer extremen Einsamkeit verbracht worden. Er zeichnete schnell eine imaginäre Landkarte in seinem Kopf, wo Marokko Hunderte von Kilometern an Deutschland grenzte. Etwa zehn Brücken, Autobahnen, Landstraßen und Hunderte von kleinen Wegen verbanden die beiden Länder. Die Bewohner der Grenzstädte und Dörfer auf beiden Seiten sprachen fließend deutsch und arabisch und hatten keine Schwierigkeiten beim Einkaufen, Reden oder Feiern in den verschiedenen kleinen Cafés und Restaurants. Überall an den Grenzen war eine große Lebendigkeit und die surrealistische Schönheit der Natur. Direkt vor dem Gras, den Bäumen, den Wäldern und den weißen Bergen erstreckten sich eine braune, steinige Bergkette und kleine Oasen. Einige Marokkaner spielten mit dem Schnee oder lagen im grünen Gras, Deutsche spazierten an den endlosen Badestränden und genossen die Sonne.

Wahrscheinlich hätte er keine chronische Fremdheit gefühlt, wenn es so gewesen wäre; denn nur eine zweistündige Fahrt mit dem Auto hätte ihn zu seiner Familie gebracht. Ein Tag in der Woche in Marokko könnte ihm reichen, sich vor einer familiären und seelischen Zerrissenheit zu schützen."

Mohammed Mhaimah: Wenn Dortmund an Casablanca grenzen würde. – Herdecke 1992, S. 91 f.

Dieses lange Zitat aus dem Roman des Marokkaners Mhaimah, der seit 1987 in Deutschland lebt und in deutscher Sprache publiziert, ist der literarische Versuch, die Zerrissenheit und Isolation marokkanischer Gastarbeiter in Deutschland zu thematisieren, für die lediglich in Form eines phantastischen Traumes, wie im Zitat ausgeführt, Deutschland und seine Gesellschaft für sie erträglich ist. Zugleich ist dieser Roman einer der ganz wenigen Ansätze, das Deutschlandbild der Marokkaner – hier eingeschränkt auf im Ruhrgebiet lebende marokkanische Gastarbeiter – anzuritzen. Ganz eigenartigerweise gibt es zwar in den Köpfen der meisten Marokkaner Vorstellungen von Deutschland und den Deutschen; doch sind hierüber noch viel weniger publizierte Aussagen vorhanden, als dies für das (auch schon nicht besonders gut dokumentierte) Marokkobild der Deutschen der Fall ist. Das gilt für das Deutschland der marokkanischen Gastarbeiter in der Bundesrepublik; das gilt aber in noch viel stärkerem Maße für die in Marokko lebenden Marokkaner. Aus eigener Kontaktnahme mit Marokkanern weiß ich, daß so unterschiedliche, teilweise überzeichnet positiv gefärbte, teilweise durch „Angst vor dem Europäischen" (fast schon ähnlich irrational ausgeprägt wie die Fundamentalismus-Angst hier in Deutschland) geprägte Assoziationen wie Mercedes, Reichtum, Arbeitsamkeit, Hitler und die Judenverfolgung, Fremdenfeindlichkeit, zügellose Sexualität und fehlende familiäre Solidarität eine Rolle spielen.

Die folgenden Beiträge sind damit ein erster, tastender und unsystematischer Versuch, das zwar vorhandene, aber bislang kaum explizit recherchierte Deutschlandbild der Marokkaner in seinem Spannungsfeld zwischen einer begeisterten Verklärung alles Deutschen (was bis zu Formen einer Mythisierung reicht) und einer Ablehnung des als Fremd verstandenen, mit den eigenen Normen unvereinbaren, „garstigen" Deutschland zu präsentieren. Dies wurde nur dadurch möglich, daß sich auch mehrere marokkanische Wissenschaftler auf diese Thematik einließen.

Im einzelnen reicht die Palette der Aspekte von der Deutschlandwahrnehmung in Marokko während des Dritten Reiches über das Deutschlandbild in marokkanischen Geschichtsbüchern bis zu gegenwartsbezogenen Fragen einer Rezeption deutscher literaturwissenschaftlicher Konzepte, der Bewertung deutscher Technologie und deutscher Touristen in Marokko bis zum Deutschlandbild marokkanischer Gastarbeiter in der Bundesrepublik. Deutschland wird in den unterschiedlichsten thematischen Kontexten einesteils als Element des Europäischen gesehen und wie dieses bewertet, anderseits in mehreren Facetten sehr spezifisch (oft im Vergleich zu den Franzosen) eingeschätzt.

Fotos auf der vorhergehenden Seite:
oben: „Deutschland als Land wirtschaftlicher Prosperität und attraktiver, gutbezahlter Arbeitsplätze": Skyline des Bankenviertels von Frankfurt am Main.
unten: „Deutschland als Land moderner Technologie und industrieller Produktion": Atomkraftwerk Ohu an der Isar.

Jamaa Baida (Rabat)

Die Wahrnehmung der Nazi-Periode in Marokko.
Indizien für den Einfluß der deutschen Propaganda auf die Geisteshaltung der Marokkaner[*]

Einführung

Während des ersten deutsch-marokkanischen Symposiums, das den menschlichen, kulturellen und wirtschaftlichen Beziehungen zwischen Marokko und Deutschland[1] gewidmet war, hatten wir Gelegenheit, ein allgemeines Bild der Wege der Propaganda des Dritten Reiches in Bezug auf Marokko aufzuzeigen. Die vorliegende Studie schließt sich an diesen ersten Entwurf an. Sie bekennt sich bescheiden zu der Schwierigkeit, die jeder Art von Studie anhaftet, die die Meinung einer Gruppe von Menschen widerspiegeln möchte.

Erinnern wir uns jedoch zuerst kurz an die wichtigsten Kanäle, durch die die nationalsozialistische Botschaft kam, die auf die Marokkaner zielte.

1. Kanäle der nationalsozialistischen Propaganda

Das Dritte Reich, das ein wesentliches Interesse an der Propaganda als Mittel der Beeinflussung der öffentlichen deutschen und internationalen Meinung hatte, nutzte viele und unterschiedliche Wege, um sein Ziel zu erreichen. Die hiervon für Marokko relevanten, waren folgende:

– Abdel-Ouahab, einer der Vorsitzenden der muslimischen Gemeinschaft von Berlin, der marokkanischer Abstammung war.
– Die Vereinigung *Rabitat attaqafa al-Islamiyya*, die Beziehungen zu nationalistischen Führern wie Abdessalam Bennouna, Mekki Naciri und Mohammed Hassan El-Ouezzani unterhielt.
– Das Büro des arabischen Maghreb in Deutschland, das von dem Tunesier Youssef Rouissi geleitet wurde, der die Zeitung *Al-Maghrib al-Arabi* herausbrachte.
– Das arabische Pressebüro in Berlin, das von Chakib Arsalan beeinflußt und geprägt von Younès Bahri war.
– Die Radiopropaganda von Radio Stuttgart, Radio Berlin und anderer. Der Marokkaner Takieddine El-Hilali[2] tat sich auf diesem Gebiet als rechte Hand des Irakers Younès Bahri hervor. Dieser wandte sich an marokkanische Persönlichkeiten und bat sie, ihm alle Nachrichten zukommen zu lassen, die für die Kommentare von Radio Berlin wichtig sein könnten. Um die Postüberwachung zu täuschen, sollten eventuelle Informanten der Zone des Sultans ihre Post über zuverlässige Freunde in der Zone des Kalifen oder in Libyen leiten.
– Aktivitäten deutscher Staatsangehöriger in der Spanischen Zone und in Tanger.
– Die Propaganda, die auf die marokkanischen Kriegsgefangenen zielte.
– Die außervertragliche Aktivität der deutschen Waffenstillstandskommission.
– Druckerzeugnisse, und zwar als Zeitungen, Reihen, Broschüren und Flugblätter, die wiederum in zwei Gruppen unterteilt werden können:

● Die erste Gruppe sind Druckerzeugnisse aus dem Ausland: Dieses Schrifttum entwickelte ausgereifte Themen, die das Verhalten der Leser im Hinblick auf den Konflikt zwischen den Achsenmächten und den Alliierten beeinflussen sollten. Die große Zahl dieser Veröffentlichungen läßt es lediglich zu, einige der Titel aufzuführen, und zwar vor allem diejenigen, von denen wir einen gewissen Einfluß auf Marokko während dieser Zeit nachgewiesen haben[3]:

---

[*] Übersetzt von Cornelia Rauchenberger
[1] Rabat, 21.-23. November 1988. Der Symposiumsbericht wurde veröffentlicht unter dem Titel: *Le Maroc et l'Allemagne. Etudes sur les rapports humains, culturels et économiques.* – Rabat 1991 (= Publications de la Faculté des Lettres et des Sciences Humaines - Rabat, Série: colloques et Séminaires, Bd. 17)
[2] Im Januar 1946 wird er als „Agent der Achsenmächte" aus Tanger ausgewiesen. Vgl. *Bulletin Officiel* der Tanger-Zone, französische Ausgabe, Nr. 284, 15. Februar 1946, S. 33.
[3] Wir erwähnen hier nur die Titel, deren Inhalt wir anderen Orts untersucht haben. Siehe unseren Aufsatz in arabischer Sprache im Tagungsband des Symposiums *Le Maroc et l'Allemagne*, a.a.O, S. 9-30. Siehe auch die französische Version in: *Hespéris-Tamuda* 28. 1990, S. 91-106.

- *Al-Maghrib Al-Arabi*, herausgegeben von Rouissi in Berlin.
- *Nachrat al-Akhbar*.
- *Barid Ach-Charq*
- *Al-Jahir*, Monatszeitschrift von Radio Berlin.
- *Signal* und *Siknal*.
- *Service Mondial*[4]
- *Eddounia al-Jadida*
- *Er-Rachid*, von dem Algerier Mohammed Maâdi in Paris herausgegeben.
- *Lissan ul-Assir*.
- *Al-Hilal* usw.

Man kann pauschal auf die Dutzende von Verboten verweisen, die gegen diese ausländischen Veröffentlichungen ausgesprochen wurden und die im *Bulletin Officiel* (Amtsblatt) Marokkos während der französischen Besatzung veröffentlicht worden sind.

● Die zweite Gruppe umfaßte eine inländische marokkanische Produktion, die mal überlegt, mal spontan veröffentlicht wurden. Aus diesem Schrifttum lassen sich Indizien dafür erarbeiten, die es erlauben, den Zustand der öffentlichen Meinung in Marokko besser zu erfassen. Das ist auch der Grund für die besondere Aufmerksamkeit, die wir dieser Gruppe in der vorliegenden Studie widmen. Ihre wichtigsten Aktionszentren befanden sich vor allem im Norden des Landes, entweder in der kalifischen Zone (spanisches Protektoratsgebiet) oder in der internationalen Zone von Tanger, die 1940 an erstere angegliedert wurde.

a. Die kalifische Zone (= Spanisches Protektoratsgebiet)

In diesem Gebiet war es normal, daß die gesamte Presse, die der Sache Francos verpflichtet war, die engen ideologischen Verbindungen zwischen diesem und dem Dritten Reich widerspiegelte. Einige Zeitungen taten sich jedoch durch ihre Deutschfreundlichkeit besonders hervor. Dazu gehörte z.B. das *Diario Marroqui*, das in Larache erschien und das in den dreißiger Jahren praktisch in den Händen des dortigen deutschen Konsuls Renschhausen lag.

Daß die deutsche Propaganda die Bevölkerung auch direkt ansprach, beunruhigte die französischen Behörden und Verantwortlichen ganz erheblich. Nun wurde immer offensichtlicher, daß die nationalistischen Parteien der Kalifischen Zone es sich gefallen ließen, daß sich mithilfe ihrer Presse, eine Sorte von Artikeln verbreiteten, die – ohne unmittelbar von der deutschen Propaganda beeinflußt zu sein – doch eine indirekte Bühne für deren Ideen wurde, wodurch deren Wahrnehmungsmuster unter der breiten marokkanischen Bevölkerung verbreitet wurden. Die Ansicht, daß alles, was den Zugriff der französischen Kolonialisten hemmte, vorteilhaft für die Marokkaner sein mußte, war in diesen nationalistischen Kreisen weit verbreitet. Jedoch hatte allein Brahim El Ouazzani, dessen Groll gegen Frankreich recht verständlich war, den Mut, soweit zu gehen, seiner Sympathie für Hitler lautstark Ausdruck zu verleihen. Er hatte sogar eine dreisprachige Zeitung (arabisch, französisch und spanisch) ins Leben gerufen, die als Sprachrohr des *Büros für Nationalistische Verteidigung* fungierte und die als Erscheinungsort erst Tetuan und später Tanger hatte[5]. Seine Zeitung *Al-Difa* und nicht *al-Destour*, wie ich fälschlicherweise anderenorts[6] über die Glaubwürdigkeit von Informationen, die in den Memoiren von Mohammed Hassan El-Ouazzani enthalten sind, geschrieben habe, sollten kostenlos die Auffassungen der Achsenmächte propagieren.

b. Tanger: ein wichtiger Umschlagplatz der deutschen Propaganda

1935 warnte die Agentur Havas, die aufmerksam die Entwicklung der Medienlandschaft in Marokko beobachtete, mehrfach das französische Außenministerium, es möge doch seine Aufmerksamkeit auf einen erforderlichen Widerstand gegen die wachsende Propaganda der anderen Mächte in Tanger richten. Tatsächlich verfügte Italien dort immer noch über die *Vedetta di Tangeri*, mit welcher sie die Interessen des faschistischen Italien verteidigte. Deutschland schuf dort durch die Vermittlung der Spanier zusätzlich indirekte Pressefelder, die dem Dritten Reich wohlgesonnen waren: *Moghreb*, *El-Porvenir*, *Presente* usw. Im Oktober 1938 wurde als weitere spanische Tageszeitung *España* gegründet, die von Corrochano, dem früheren Direktor von A.B.C. in Sevilla geleitet wurde. Der Generalresident Noguès war der festen Überzeugung, daß dieses neue Presseprodukt nichts anderes als ein „gut getarntes deutsches Progandaorgan" war[7].

Im Vergleich zu der reichen Propaganda der Achsenmächte verfügte Frankreich in Tanger nur über eine einzige Tageszeitung, die die offiziellen französischen Interessen in dieser Region vertreten sollte. Es handelt sich dabei um *La Dépêche Marocaine*, deren Erscheinen bis ins erste Jahrzehnt des 20. Jahrhunderts zurückgeht. Da sie seit geraumer Zeit recht vernachlässigt worden war, mußte sie wieder flottgemacht werden, um sie in die Lage zu versetzen, der neuen Situation die Stirn zu bieten. Das französische Außenministerium und die Generalresidenz beschlossen, der Zeitung Subventionen zu geben und Havas stellte kostenlos einige Informationsdienste zur Verfügung, was der Zeitung aus Tanger erlaubte, die Herausforderung anzunehmen. Der Eigentümer der *Dépêche Marocaine*, Pierre André, war davon sehr angetan und drückte dies folgendermaßen gegenüber dem Generaldirektor von Havas aus:

„Dieses Zeichen eines nachhaltigen Interesses und einer hohen Wertschätzung gegenüber *La Dépêche Marocaine* verstärkt die Energie, die ich im Kampf gegen die spanisch-deutsche Tageszeitung *España* entwickeln kann, deren große, von den Achsenmächten gewährten Vorteile Sie kennen."[8].

---

[4] Dünne zweimonatlich erscheinende, mehrsprachige Broschüre aus Erfurt. Trotz der Postüberwachung hatten einige marokkanische Honoratioren 1939 einige Exemplare erhalten.

[5] Brahim El-Ouazzani wurde, wie El-Hilali, im Januar 1946 aus Tanger ausgewiesen. Siehe Fußnote 2.

[6] *Le Maroc et l'Allemagne*, a.a.O, arabischer Teil, S. 18.

[7] Erklärung von Noguès gegenüber Magnique, dem Repräsentanten von Havas. Vgl. dessen Brief an Havas (Paris) vom 8. Dezember 1933. C.A.R.A.N. Paris, 5AR 300, dossier 1.

[8] Brief von P. André vom 5.Aug.1939; C.A.R.A.N. Paris, 5AR 395.

Die *Dépêche Marocaine* erfuhr eine Modernisierung ihrer Infrastruktur, die aber schleppend vonstatten ging und auch nicht viel nutzte; jedenfalls nicht im Sinn der angestrebten Ziele. Die Besetzung Frankreichs durch die Nazitruppen (Mai 1940) hatte das Signal zur Invasion Tangers durch die Francos Soldaten gegeben (Oktober 1940). Dieses Ereignis hatte neben den Auswirkungen, die durch die Einführung der Vichy-Regierung in Frankreich bewirkte, eine neue Ära für diese Zone angekündigt, die für einige Jahre ihre internationale Verwaltung verlieren sollte.

Unter der spanischen Verwaltung konnte die Propaganda der Achsenmächte in Tanger eines gewissen Wohlwollens sicher sein. Diese Propaganda operierte jedoch nicht offen, um die spanische Regierung nicht gegenüber den Alliierten in Schwierigkeiten zu bringen. Aber ebenso handelte sie heimlich aus Gründen der Effizienz. Somit nutzte die deutsche Propaganda vor allem ihren Einfluß über einige französische und spanische Publikationsorgane. Im November 1942 konnte der deutsche Generalkonsul unter der Hand die Zeitung *L'Echo de Tanger* kaufen, deren Leitung einem Franzosen anvertraut worden war: dem Baron d'Entraigue. Als Vichy-treues und deutschfreundliches Blatt konnte *L'Echo de Tanger* seine Aufgabe als Propagandaorgan der Nazis bis Mai 1944 erfüllen, dem Datum der Schließung des deutschen Konsulats in Tanger. Der Baron d'Entraigue, der in der Stadt an der Meerenge inzwischen *persona non grata* geworden war, mußte seine Koffer packen und in Spanien Zuflucht suchen.

Es gibt keinen Zweifel daran, daß die in Marokko von marokkanischen und ausländischen Agenten produzierte Presse gleichzeitig dazu diente, die Propaganda der Nazis zu verbreiten. Sie war ihrerseits ein Spiegel, an dem sich eine bestimmte Wahrnehmung der Naziperiode in Marokko festmachen läßt. Man kann die Presse aber ebenso auch als Zeichen für die Wirksamkeit der Propaganda des Dritten Reiches interpretieren.

Daneben hat eine weitere Gattung unsere Aufmerksamkeit auf sich gezogen, die man »besonders spontan« nennen könnte und die vielleicht eine noch aussagekräftigere Manifestation der Geisteshaltung der Marokkaner darstellt. Es handelt sich dabei um

- die heimlichen Wandschmierereien (Graffitis) in den Medinen,
- um Flugblätter, die unter der Hand in Suqs oder in Dörfern verteilt wurden, und
- um anonyme Briefe, die an Verwaltungsbeamte (*contrôleurs civils*), und hierbei speziell an den Generalresidenten, adressiert waren.

2. Auswirkungen der Nazi-Propaganda auf die Geisteshaltung der Marokkaner

Wir möchten hier zur Illustration eine Sammlung von Quellenbelegen anführen, die wir in verschiedenen Archiven gefunden haben. In unserer Auswahl waren wir darauf bedacht, mehrere Regionen Marokkos und zwei unterschiedliche Perioden, d. h. vor und nach der französischen Niederlage im Frühjahr 1940, zu berücksichtigen.

1) Ein Brief des *contrôleur civil* von Souk-el-Arba im Gharb von August 1935 umfaßt eine Liste von mehreren Marokkanern, die als Agenten der deutschen Propaganda bezeichnet werden. Unter ihnen hebt sich ein gewisser Mohammed ben Abdallah, genannt Zlaïji, heraus, der verbotene Zeitungen verbreitete und als Verbindungsagent zwischen den Deutschen der spanischen Nordzone, vornehmlich Richter, und ihren Korrespondenten in Souk el-Arba, Rabat und Fes diente[9].

2) Anfang des Jahres 1936 zeigt eine Mitteilung, die den Vermerk „gute Quelle" trägt, die Deutschfreundlichkeit eines gewissen Hadj Ali Mesfioui, der „sich mit allem traf, was deutsch oder deutscher Agent war". Diesem Dokument zufolge soll er auch „in anhaltenden Beziehungen zu den eingeborenen Rebellen des Rif und des Souss" gestanden haben[10].

3) Im Oktober 1939 zirkulierte ein anonymes Flugblatt in arabischer Sprache in der Region Ouezzane und Béni Ouriaghel (Al Hoceïma). Es war stark vom mittlerweile begonnenen Krieg zwischen den Achsenmächten und den Alliierten geprägt. Hier einige Auszüge:

„Durch die Entscheidung ein stärkeres und mutigeres Volk zu bekämpfen, als sie selbst es sind, führen sie [die Franzosen] Euch in den sicheren Tod, damit Eure Körper die verhaßten Felder Frankreichs übersäen und damit Ihr zu Viehfutter oder Beute der wilden Tiere werdet. [...].
Nationalisten, ehrwürdige Brüder der Scherifischen Zone, begebt Euch kraftvoll an die Arbeit, damit die armen Unwissenden sich weigern, das verhaßte Frankreich zu verteidigen, das, bevor es in diesen Krieg geht, schon besiegt ist.
Wißt ihr nicht, daß die Schiffe, die aus dem Hafen von Casablanca ausgelaufen und mit Euren Brüdern beladen waren, im Meer untergegangen sind?
Wißt ihr nicht, daß es niemand mehr gibt in Paris, dem Nest der Juden, der die deutschen Flugzeuge zerstören könnte?
Wißt ihr nicht, daß die deutschen U-Boote alle Schiffe versenken, die aus ihren Häfen auslaufen wollen? [...]
Was diesen feigen Franzosen geschieht, wird auch ihresgleichen passieren, den englischen Juden.
Was sie in Palästina mit unseren muslimischen Brüdern getan haben, die sie einschüchtern und zur Unterwerfung unter die jüdische Diktatur zwingen, ist der Beweis dafür. [...] "[11]

Festzuhalten ist, daß die in diesem Flugblatt angesprochenen Themen, die offensichtlich aus einem oder mehreren Briefen der kalifischen Zone zusammengeschrieben wurden, eben diejenigen waren, die von der offiziellen Propaganda des Dritten Reiches entwickelt worden waren, nämlich: Überlegenheit der deutschen Armee, Antisemitismus, Anglophobie, Sympathie für die Muslime usw.

---

[9] Brief des *contrôleur civil* von Souk el-Arba im Gharb an den Direktor der *Affaires indigènes*, mit Datum: Rabat, 31 August 1935. Archiv der *Bibliothèque Générale* in Rabat (A.B.G.R.), dossier „Action allemande au Maroc espagnol entre 1934 et 1940", nicht klassifiziert.

[10] Mitteilung der D.A.P.; Datum: Rabat, 27. Januar 1936, und gerichtet an den Generalresidenten. A.B.G.R., dossier: „Action allemande au Maroc de 1930 à 1940", nicht klassifiziert.

[11] Vollständiger arabischer Text und französische Übersetzung im A.B.G.R., dossier „Action allemande au Maroc espagnol entre 1930 et 1940", nicht klassifiziert.

4) Während des Sommers 1940 wurden Hakenkreuze auf die Mauern der Medinen in verschieden Städten Marokkos gepinselt. Es wurden sogar welche in den Heften zweier Schüler in Casablanca gefunden.

5) In dieser gleichen Stadt war in vertraulichem Kreis ein Lied im Umlauf, von dem wir hier einige Auszüge zitieren[12]:

„Die Regierung ist von Verrücktheit und Verwirrung befallen
Die Verwaltung und die Verantwortlichen sind entkräftet
Auf den Deutschen ruht meine Hoffnung
Die Stadt ist ein wirkliches Schlachtengetümmel
Die Soldaten brechen zur Abreise auf
Glücklich der, der wiederkommt
Ich habe das gekrönte Deutschland gesehen
Ich habe die schmerzerfüllten und verzweifelten Franzosen gesehen
Die gefesselten Marokkaner sind Geflügel
Warum nur ist Frankreich im Moment so orientierungslos?"

6) Von den anonymen Briefen, die an französische Verantwortliche gerichtet waren, haben wir drei gefunden (es gibt sicherlich noch weitere). Zwei davon sind im März 1940 an den Generalresidenten Noguès gerichtet, einer ist im Juni 1940 an den *contrôleur civil* von Essaouira adressiert.

Der anonyme Autor aus Casablanca, der seinen Brief an Noguès am 20. März 1940 schrieb, hatte das gängige Thema der Überlegenheit der deutschen Armee wieder aufgenommen, vor allem, daß diese es geschafft hatte, ein Schiff im Hafen Casablancas zu versenken. Er fragte sich ironisch:

„Ist dies eine Manifestation der Macht der Regierung des Protektorats, seiner Organisation und seiner Verteidigung?"

Dann rief er aus:

„Es lebe Marokko, es lebe Hitler, es lebe Italien, es lebe das sowjetische Rußland. Nieder mit Frankreich, England, mit denen, die sie lieben und ihnen folgen. Oh Deutschland, erteile Frankreich und seinen Alliierten eine Lektion. Oh Deutschland, ich wünsche Deinen Sieg und Deinen Erfolg."

In Anbetracht der äußeren Form dieses Briefes, die durch eine unbeholfene Schrift und unzählige Rechtschreib- und Grammatikfehler gekennzeichnet ist, mußte der Autor eine Person mit sehr niedriger Schulbildung sein – es sei denn, diese Form sei bewußt so ausgewählt worden, um die Spuren zu einer eventuellen polizeilichen Untersuchung zu verwischen.

Der zweite Brief, der am 22. März 1940 an den Generalresidenten gerichtet wurde, läßt ein höheres intellektuelles Niveau des Absenders erkennen. ZUnächst zeichnete dieser ein düsteres Bild der kolonialen Erfahrung Marokkos mit vielfältigen Beispielen des Mißerfolgs: die Verhaftungen, die hohen Steuern, die Enteignungen von Landbesitz, die Ereignisse von Meknes, das repressive Verhalten der *contrôleurs*, der Paschas, der Kaids usw. Hieraus abgeleitet kam er zu dem Schluß, daß Deutschland nur ein Instrument göttlicher Macht sein konnte, ausgestattet mit dem Auftrag, die französische Tyrannei für immer zu beseitigen[13]. Ein ausgesprochenes Novum an diesem Brief besteht darin, daß der Autor es nicht versäumt hat, die Aktionen seiner Mitbürger zu brandmarken, die geflissentlich Frankreich ihre Unterstützung zuzusichert hatten:

„Alle Erklärungen, die im Radio von den Verrätern abgegeben wurden um Euch zu gefallen, sind ohne jeden Nutzen; alle Marokkaner wissen, mit wem sie es in diesem Fall zu tun haben und bald wird Gott die Schuldigen strafen"![4]

Um etwas, was er vergessen hatte, doch noch zu erwähnen, hatte der anonyme Absender seinen Brief mit einem Postskriptum beendet, das sich auf Großbritannien bezog. Ihm zufolge müßte diese Macht wegen ihrer Haltung gegenüber Indien und Palästina das gleiche Schicksal wie Frankreich erleiden.

Das letzte Beispiel bringt uns nach Essaouira, wo der *contrôleur civil* des Bezirks einen anonymen Brief mit Datum vom 21. Juni 1940 erhalten hatte. Der Absender dieses Briefes stellte wie der soeben zitierte eine negative Bilanz der französischen Präsenz in Marokko auf, und kam zu dem folgenden Schluß:

„Zusammenfassend sage ich, Marokko verflucht Frankreich und fordert den Triumph des Sultans von Marrakesch unter der Schirmherrschaft des Diktators Hitler. Möge Gott ihm zum Sieg verhelfen, ihm und dem Sultan von Marrakesch!
Mir ist das völlig egal!
Eine Kopie dieses Briefes geht an den Diktator Hitler".

Wir stellen zunächst den Gebrauch des Terminus »Marrakesch« zur Bezeichnung Marokkos fest. Dieser wurde und wird immer noch von vielen Orientalen benutzt, und zwar gerade von den Personen, an die sich die Propaganda des Dritten Reichs gewandt hatte, damit sie in Radiosendungen, die in Nordafrika gesendet werden, sprechen. War der Autor aus Essaouira vielleicht dem Einfluß eines deutschen Senders erlegen?

Was den Inhalt des Briefes betrifft, kommt es, wie im übrigen bei den anderen auch, nicht auf den Anteil von Wahrheit und Lüge an. Denn selbst wenn der gesamte Inhalt seiner Nachrichten im Fieberwahn entstanden sein sollte, so bleibt sein Interesse nicht weniger wertvoll für die Untersuchung der Geisteshaltung der Marokkaner in einem Moment, in dem das Prestige der französischen Kolonialmacht stark erschüttert worden war.

3. Schluß

Die verschiedenen, oben aufgeführten Einzelbeobachtungen zeigen aufgrund ihres thematischen Grundtenors einen unleugbaren Einfluß der Propaganda des Dritten Reiches. Es ist sicher schwierig, wenn nicht unmöglich, das Ausmaß diese Einflusses abzuschätzen; aber dennoch muß seine Existenz beachtet werden, um bezüglich der Wahrnehmung der Naziperiode durch die Marokkaner nicht bei den offiziellen Stellungnahmen einer Politikerelite zu verharren. Trotzdem waren jene, die ihre Parolen aus der Argumentation der nationalsozialistischen Propaganda schöpften, nicht unbedingt der Gedankenwelt der Nazis ergeben, denn es ging vor allem darum, die Gunst der Umstände zu nutzen, um das koloniale Joch Frankreichs zu erschüttern.

---

[12] *Bulletin d'Information* der D.A.P., Nr. 175, vom 8. August 1940.
[13] Übersetzung eines anonymen Briefes an den Generalresidenten Noguès; Datum: Casablanca, 22. März 1940. A.B.G.R., dossier „Action allemande. Maroc français et étranger (1936-1940)", nicht klassifiziert.

[14] a.a.O.

Mokhtar El Harras (Rabat)

Die Printmedien und das Deutschlandbild in der spanischen Protektoratszone von Nordmarokko (1934–1945)[*]

Im folgenden soll das Bild, das sich einige Politiker und Intellektuelle von Deutschland in der sog. „spanischen Protektoratszone" Nordmarokkos gemacht haben, herausgearbeitet und der Versuch unternommen werden, die Bedeutungen und Interpretationen, die damit zusammenhängen, aufzuhellen. Dabei werden als Quelle der Analyse soweit wie möglich Informationen herangezogen, die in den wichtigsten Zeitungen dieser Region (*Al-Hourrya, El-Rif* und *Al-Ouahda Al-Maghribia*) publiziert wurden und die seit den dreißiger und vierziger Jahren die Auffassung der marokkanischen Nationalisten widerspiegeln.

Dieser Medienbereich interessiert uns weniger hinsichtlich der journalistischen Informationen, die gegeben wurden, sondern vor allem hinsichtlich der Kommentare, die zwar recht zurückhaltend erfolgt sind, aus denen sich aber die Einschätzung der damaligen Ereignisse und vor allem die Artikulation nationalistischen Gedankenguts gut extrahieren läßt. Der Wandel, der sich feststellen läßt, von der bloßen Wiedergabe von Informationen hin zu einer Reflexion über die Ereignisse und zu einer Bewertung der Tatsachen und der wichtigsten Protagonisten hinsichtlich ihrer möglichen Bedeutung für die nationalen Ansprüche der Marokkaner, rechtfertigt es, eine Image-Analyse zu betreiben. Mit feinen Differenzierungen, zuweilen aber auch grundsätzlichen Unterschieden ermöglichen die Printmedien es, die Auffassungen verschiedener Akteure, seien es Intellektuelle, Politiker oder politische Parteien, einander gegenüberzustellen.

Es geht hierbei nicht darum, daß wir unsere heutige Auffassung zu einer vergangenen Geschichtsphase ausbreiten, sondern darum, das Bild zu rekonstruieren, das von den damaligen Zeitgenossen entwickelt worden ist; nicht unsere gegenwärtigen Interessen – sofern sie uns bewußt sind – sollen den Ereignissen, die sich in ihrem historischen Kontext entwickelt haben, übergestülpt werden, sondern der Sinn, den sie damals den Ereignissen zugemessen haben, soll in einer Spurensuche rekonstruiert werden. Ohne einen direkten und objektiven Zugang zum Ablauf der damaligen Ereignisse zu suchen, versuchen wir mithilfe der Vermittlung des Bildes das Hauptaugenmerk auf die subjektiven Sinngehalte und ihre Spiegelung im Gewissen und der Mentalität der Intellektuellen und Politiker Nordmarokkos zu legen. Die von uns bemühte Vergangenheit soll nicht die „historische Wahrheit"[1] ausdrücken, sondern nur die Vorstellung, die die betroffenen Zeitgenossen zur Entwicklung der Ereignisse hatten.

Zweifellos wäre es vorteilhaft gewesen, diesen Ansatz über eine relativ lange Periode zu verfolgen, um diejenigen Vorstellungen, die sich am stärksten wandeln, herausschälen zu können. Aber das Fehlen brauchbarer Unterlagen für die dreißiger und vierziger Jahre hat uns dazu gezwungen, uns fast ausschließlich auf die Periode zu konzentrieren, für die sie verfügbar sind: nämlich den Zweiten Weltkrieg. Die außerordentliche Bedeutung der damaligen weltpolitischen Auseinandersetzungen in so kurzer Zeit hatte indes zahlreiche Reaktionen der marokkanischen Nationalisten zur Folge und bildete nicht nur einen wichtigen katalytischen Nährboden, um das Bild, das sie von Deutschland hatten, deutlich auszudrücken, sondern ebenfalls das Frankreichs oder Großbritanniens.

Sicherlich gibt es Bilder, die sich recht direkt auf Kriegsereignisse beziehen. Aber es gibt auch andere, die

---

[*] Übersetzt von Herbert Popp.
In diesem Beitrag wird lediglich auf die Printmedien in arabischer Sprache eingegangen.

[1] Bei der Umsetzung dieses Ansatzes wurden wir angeregt durch den wichtigen Aufsatz von Rom BARKAI: De l'utilisation de l'image dans la recherche historique. – in: *L'image de l'autre. 16e Congrès International des Sciences Historiques*, Bd. 1. – Stuttgart 1985, S. 29-30.

demgegenüber offenbar lange Zeit verborgen und latent geblieben zu sein scheinen, bis sie unter dem Eindruck des provozierenden Backgrounds eines Weltkriegs manifest wurden. Es gibt sowohl Bilder, die ganz entscheidend individuelle Konstruktionen einer gebildeten und politischen Elite waren, wie auch solche, die eher vereinfachte Stereotypen und Gemeinplätze, die im Laufe der Jahre entstanden sind, darstellten. So erklärt sich auch das Interesse der Printmedien, nicht nur die Sicht der Eliten zu berücksichtigen, sondern auch Darstellungen einzubeziehen, die zumeist entvulgarisiert wurden und von den Mitgliedern der Gemeinschaft geteilt wurden. Deren politischer Charakter ergab sich indes weniger aus ihren individuellen oder gruppenbezogenen Zustimmungen als aus ihrer Dynamik des Austauschs und der Interaktion[2], und zwar nicht nur mit Deutschland, dessen politische Propaganda besonders intensiv in der khalifischen Zone Nordmarokkos und Tanger[3] präsent war, sondern auch mit Spanien, Frankreich, Großbritannien und der nationalistischen Bewegung in der französischen Südzone.

1. Der historische Kontext und das Deutschlandbild

Das Deutschlandbild, das die Marokkaner in der Nordzone ausgebildet haben, ist eng mit dem historischen Kontext verknüpft. Die Bedingungen und Prozesse seiner Ausbildung würden ohne Bezugnahme auf den generellen historischen Rahmen der Beziehungen Marokkos mit den eurpäischen Ländern und die innereuropäischen Beziehungen unklar bleiben.

Wenn man an den Anfang des 20. Jahrhunderts zurückblickt, kann man feststellen, daß Marokko vor allem für Frankreich und Spanien von Interesse war, während die vereinzelten deutschen Aktivitäten nur bewirkten, daß sich die faktische Eroberung des Landes hinauszögerte. Die Spanier, die ihr Protektorat in Marokko auf einem Gebiet errichten wollten, das sich an der Mittelmeerküste entlangzog und bis nach Fès reichte, wurden von den Franzosen gezwungen, sich mit einem Teil zu begnügen, der weit hinter ihren Erwartungen zurückblieb. Zweifellos warf dieser Interessenkonflikt einen Schatten auf die künftige Entwicklung der spanisch-französischen Beziehungen. Zwar hat Frankreich seither mit Spanien kooperiert, um den Widerstand Abdelkrims zu brechen; dies erfolgte aber eher mit dem Ziel, einen gefährlichen Präzedenzfall zu verhindern und seine eigenen Kolonien in Nordafrika und dem Vorderen Orient zu schützen, als Spanien dabei zu helfen, sein Protektorat zu sichern.

Die faschistische Bewegung und der Ausbruch des Spanischen Bürgerkriegs – mit dem uns bekannten Ausgang – führten zu entscheidenden Elementen einer Uneinigkeit und Unstimmigkeit zwischen Frankreich und Spanien. Nachdem die Franzosen die Sache der Republikaner verteidigt hatten, befanden sie sich seit dem Bürgerkrieg und auch danach in Konfrontation mit dem spanischen Faschismus. Die politische Allianz Spaniens mit Nazi-Deutschland entfremdete es Frankreich noch zusätzlich – und das umso mehr, als diese Allianz sich unter anderem in einer Öffnung seines marokkanischen Protektorats für die politischen Propagandaaktionen des Dritten Reiches äußerte.

Die marokkanischen Nationalisten in der Nordzone, deren Hauptziel die Unabhängigkeit Marokkos war, bejahten uneingeschränkt die Teilnahme von marokkanischen „Freiwilligen" am Spanischen Bürgerkrieg auf Seiten Francos, geleitet von dem Versprechen und der Hoffnung, daß grundlegende politische Reformen sich als erster Schritt auf dem Weg zur Unabhängigkeit ergeben würden. Die Nationalisten, die aus den komplizierten Verhältnissen in Spanien Vorteile zogen und eine Lockerung des politischen Druckes verspürten, begannen eine Verleumdungskampagne gegen die französischen und sogar englischen Besatzer; gegen Letztere deshalb, weil Großbritannien eine Herrschaft über andere arabische und muslimische Völker ausübte. Ähnlich wie die arabischen Völker des Orients versuchten auch die marokkanischen Nationalisten, die Uneinigkeit der europäischen Staaten auszunutzen mit dem Ziel, die nationalen Rechte der Marokkaner wiederzuerlangen, sich die „Abschwächung der Ereignisse" durch die beiden Weltkriege zunutze zu machen, um die Unabhängigkeit zu erreichen[4].

Vor diesem Hintergrund muß man das Angebot der marokkanischen Nationalisten an die Deutschen sehen, sich als „rettungbringende" Macht zu offerieren, die geeignet wäre, den Marokkanern und den Arabern die Hilfe zu gewähren, die sie so dringend benötigten. Es war just zu dem Zeitpunkt, als sie ihre Schwäche gegenüber der Kolonialmacht verspüren mußten, als sie Deutschland zu einer befreundeten Nation hochstilisierten, die den beherrschten Völkern durch ihr „revolutionäres" Handeln einen Schimmer von Hoffnung eröffnete. Diese Vorstellung leuchtete vielen Marokkanern um so mehr ein, als dieses Land ja bereits eine besondere Sensibilität gegenüber den Widerstandsbewegungen von El-Hiba und von Mohamed Ben Abd el-Krim an den Tag gelegt hatte und zudem während des Ersten Weltkrieges auf der Seite der muslimischen Osmanen gekämpft hatte[5]. Das Bild Deutschlands, das vor diesem Hintergrund entstand, war nicht nur ein Ausdruck seiner Kultur und Gesellschaft, sondern auch, wie E.M. LIPIANSKY und J.R. LADMIRAL es ausdrücken „ein Projekt, eine Inszenierung einer Vorstellung von einer gemeinsamen Einstellung [...], einer lebendigen Kultur"[6], ein Weg, um aus der Gegenwart eine neue Zukunft zu schaffen. Über die vordergründigen Aspekte einer „Unterstüt-

---

[2] Zum dynamischen und interaktiven Charakter der sozialen Repräsentationen siehe auch Serge MOSCOVICI: Des représentations collectives aux représentations sociales. – in: Denise JODELET (Hrsg.): Les représentations sociales. – Paris: PUF 1989, S. 82-83.
[3] Jamaâ Baida: Le Maroc et la propagande du IIIème Reich. – *Hespéris-Tamuda* 28. 1990, S. 97-99.
[4] Pierre RONDOT: Des nationalismes aristocratiques à l'arabisme en Orient. – *L'Afrique et l'Asie* 44. 1958, S. 52.
[5] Jamaâ BAIDA: op. cit., S. 91.
[6] Edmond Marc LIPIANSKY & Jean René LADMIRAL: La communication interculturelle. – Paris 1989, S. 231.

zung" und "Sympathie" für die Deutschen hinaus war das zentrale Ziel, Deutschland für die Interessen der Marokkaner zu gewinnen.

2. Die Printmedien und das Deutschlandbild

a. Eine historische Analogie

In einem der zahlreichen Artikel in der Tageszeitung *Al-Hourriya*, die er dem Thema der Beziehungen zwischen den Arabern und Europa widmete, sah Thami Ouazzani eine Parallelität zwischen Marokkos Position im Zweiten Weltkrieg gegenüber Frankreich und Deutschland und der Situation der Araber gegenüber den Persern und Byzantinern zur Zeit des Propheten und der ersten Khalifen. Während die Perser Eroberungsgelüste auf der Arabischen Halbinsel hegten und nicht zögerten, sich in dortige innere Angelegenheiten einzumischen, hatten die Byzantiner keinerlei Eroberungspläne und wollten nicht mehr als ein gewisses Gleichgewicht unter den arabischen Führern. Nachdem Frankreich, so sagt uns T. Ouazzani, in Komplizenschaft mit seinen jüdischen Verbündeten, Marokko mit Gewalt erobert und die besten seiner Söhne eingesperrt hatte, besetzte Deutschland französisches Gebiet genau so wie es mit uns geschehen war, und kämpfte außerdem entschlossen gegen das internationale Judentum. Ja durch die Verteidigung seiner eigenen Interessen habe Deutschland nach Thami Ouazzani sogar dazu beigetragen, den Kolonisierungsprozeß in Marokko zu verlangsamen. Mit seinen Siegen habe Deutschland auch dem Rachegelüste der Marokkaner und Muslime gegen Frankreich und insbesondere gegen Großbritannien entsprochen, das ihnen ihr Vaterland abgenötigt und Palästina an die Juden abgetreten habe. Die Bewunderung der Marokkaner für die Deutschen sei, so sagt er uns, keineswegs das Resultat einer wie auch immer gearteten politischen Propaganda der Deutschen, sondern vielmehr das Resultat einer unleugbaren historischen Realität, innerhalb welcher die Deutschen die Rolle des Totengräbers der Feinde Marokkos spielen[7].

Während Frankreich in seinem Verhältnis zu Marokko somit das Mißtrauen und die Unstimmigkeit verkörpere, wie es auch im Falle der Perser gegenüber den Arabern der Fall war, repräsentiere Deutschland das Einvernehmen und die Verständigung zwischen den Arabern und Byzantinern. Frankreich wird somit auf die gleiche Stufe gestellt wie der schlimmste Feind der Araber, wohingegen die Haltung Deutschlands als sehr ähnlich dem wachsamen und sogar respektvollen Verhalten der Byzantiner gegenüber den Arabern eingeschätzt wird[8].

Hätte Frankreich, so lesen wir in einem anderen Artikel desselben Autors „aus seinem Imperium eine Einheit von einander verbundenen und unabhängigen Nationen gemacht, dann wäre sein Ziel heute auch unseres". Aber da es unablässig unser Volk unterdrückt hat, können wir nur froh und wohlgemut darüber sein, daß Deutschland unseren Feind besiegt[9].

Thami Ouazzani greift auf die Geschichte zurück, um uns das Bild eines Deutschlands zu vermitteln, das zwar sicherlich von Interessen geprägt ist, aber ohne Offensivdrang und voller Respekt für andere. Als Nachbar von Ländern, die sich besonders „eroberungsorientiert und expansionistisch" verhalten, wie Frankreich und Großbritannien, sah Deutschland sich an den Rand gedrängt und von der Teilung der Beute ausgeschlossen just zu einem Zeitpunkt, da sein Potential als fortgeschrittenes Industrieland es als Beteiligten empfänglich gemacht hätte. Dieser Wunsch nach Eroberung hinderte jedoch T. Ouazzani nicht, die Deutschen als „edles Volk [...], das sich seine beduinisch-tugendhafte Moral sogar im Bereich der neuen Zivilisation erhalten hat" vorzustellen[10].

b. Gleiche Interessen als Basis der Freundschaft

Diese Bewunderung für Deutschland wird noch dadurch verstärkt, so vermittelt uns T. Ouazzani, daß dieses Land zu keiner Zeit einen wie auch immer gearteten Eroberungsanspruch an Marokko gestellt oder praktiziert hat – auch wenn nicht zu leugnen sei, daß, ausgenommen einige deutsche Einzelpersönlichkeiten, bislang keine offizielle Initiative Deutschlands erfolgt ist, um Marokko zur Rückgewinnung der Unabhängigkeit zu verhelfen[11].

Um jede Befürchtung zu zerstreuen, Deutschland wolle lediglich die französische durch eine eigene Kolonisation ersetzen, stellt der Führer der Nationalen Reformpartei, Abdelkhaleq Torrès, fest, daß es seit Beginn des Krieges unzweifelhaft nicht um so etwas ging, daß es sich somit lediglich darum handele, dem Feind unseres Feindes Hilfestellung zu leisten, um die völlige Unabhängigkeit des Landes wiederzuerlangen. Die Deutschen, so fügte Torrès hinzu, „kannten die diesbezügliche Sympathie der Marokkaner" und waren deshalb geneigt, die konkrete Umsetzung ihrer Hoffnungen zu ermuntern[12].

Alles was man bislang erhalten hatte, war die Zuleitung eines offiziellen deutschen Kommuniqués, in welchem „die feste Freundschaft, das Interesse und die

---

[7] Thami OUAZZANI: Deutschland in der Vorstellung der Marokkaner. – *Al-Hourriya*, N° 279, 9. Mai 1940.
[8] T. OUAZZANI: Ibid.
[9] *Al-Hourriya*, N° 282, vom 19. Mai 1940: „Frankreichs Niederlage ist uns egal".
Der Gegensatz zwischen dem Anti-Arabismus des kolonialen Frankreich und dem arabischen Nationalismus, der den französischen Einfluß im Maghreb als unrechtmäßig ansah, sollte noch weitere vierzig Jahre andauern. Der Beginn dieses Gegensatzes zeichnet sich kurz vor Ausbruch des Ersten Weltkrieges ab. Vgl. hierzu: Thierry FABRE: La fin d'un mythe (politique arabe de la France). – *Esprit*, Juin 1991, S. 139.
[10] Thami OUAZZANI: Es kommt ans Tageslicht, aber was? – *El-Rif*, N° 218, 7. Mai 1940.
[11] Thami OUAZZANI: Alles bleibt so wie es war. – *El-Rif*, N° 230, 9. August 1940.
[12] Abdelkhaleq TORRES: Was ist unser Schicksal? – *Al-Hourriya*, N° 303, 16. Juni 1940.

Sympathie", bekräftigt wurden, mit welchen Deutschland den Kampf der Araber um ihre Unabhängigkeit verfolge. Die verdienstvolle Funktion dieses Kommuniqués rühmte der Emir Chakib Arsalane in höchsten Tönen, registrierte aber zugleich das Mißtrauen der beherrschten Völker, die in Form von Kommuniqués der Großmächte schon so viel Enttäuschungen und unerfreuliche Erfahrungen gemacht hatten. Das Kommuniqué bleibe so lange unzureichend, so lange es nur verbal artikuliert sei und nicht durch handfeste Maßnahmen ergänzt werde, wie z. B. Deutschlands Einflußnahme, um Frankreich, das ja militärisch von den Deutschen beherrscht werde, dazu zu bewegen, die afrikanischen Führer, und unter ihnen natürlich die drei Führer des marokkanischen Nationalismus, Allal al-Fasi, Mohamed Belhassan El-Ouazzani und Mohamed Liazidi, zu befreien[13].

Aus der Sicht von T. Ouazzani sind die Deutschen ein edles und tugendhaftes Volk, das die nationalen Rechte der Marokkaner respektiert. Im übrigen sei es überhaupt nichts Schlimmes, die Abhängigkeit von Frankreich durch eine Abhängigkeit von Deutschland zu ersetzen, denn man wisse, daß Deutschland sich nie in die Angelegenheiten der Nation einmischen, sondern damit begnügen würde, Rechte und Vorrechte auf marokkanischem Boden im Gegenzug zur Entsendung technischer Fachkräfte für die marokkanische Regierung[14] zu erhalten.

Thami Ouazzani bemerkt bei den Deutschen auch eine Bereitschaft zur Machtausübung, die seine Feinde davon überzeugen soll, daß sie die Stärksten seien, und die der deutschen Nation ein gewisses Maß an Wohlstand, ähnlich dem, den die übrigen erfolgreichen Länder praktizierten, sichern sollten[15].

Jedenfalls hatte Hitler, so meint T. Ouazzani, gegenüber einem Europa, dessen Wohlstand wesentlich auf der Einvernahme der Ressourcen und Reichtümer Amerikas und des Orients beruht, Pläne, daß der alte Kontinent sich selbst genüge und nicht mehr über seine Verhältnisse lebe. In dieser Hinsicht sei er absolut auf derselben Wellenlänge wie fast alle arabischen Länder, die unaufhörlich die Erlangung ihrer wirtschaftlichen wie auch politischen Rechte reklamiert hatten[16].

Und während er für Großbritannien einen gewissen Stagnationsprozeß, was seine Macht anbetrifft, herausstrich, pries er parallel hierzu „die Jugend, die Erneuerung und die Frische des deutschen Geistes"; er hoffte, daß die Menschheit eines Tages Nutzen ziehen könne aus den moralischen und intellektuellen Qualitäten der Briten und dem „deutschen Glauben, deutschen Fleiß und der deutschen Kreativität". In seinem augenblicklichen Zustand sei Deutschland ein Modell, dem Marokko folgen könne[17]. Dies gelte insbesondere deshalb,

weil „die Deutschen von Natur aus Arbeiter und Geduldsmenschen seien, und zwar in dem Sinne, daß sie hart arbeiten und die Früchte ihrer Mühen erwarten, ohne daß es ihnen sehr wichtig zu sein scheint, wer die Ernte dieses Tuns einfährt: ihr Sohn, ihr Enkel oder Generationen einer noch späteren Zukunft ..."[18].

Diese positive Einschätzung Deutschlands hat ihren Ursprung nicht nur in persönlichen Neigungen und der Bewunderung, die einzelne gegenüber der deutschen Verwaltung sowie der Arbeits- und Denkweisen empfanden, sondern auch in den Forderungen der „nationalen Verpflichtung", sich an die Seite des Feindes von Marokkos Feind, der im vorliegenden Fall Frankreich war, zu stellen, und zwar möglichst auf der Basis „der ungetrübten historischen Beziehungen zwischen Deutschland und dem unabhängigen Marokko". Somit haben persönliche Bewunderung und nationale Pflicht, ja sogar die zeitgeschichtlichen Fakten, ohne deren Existenz zu negieren, eine Ergänzung gefunden, die sich bei einigen Intellektuellen und Politiker in die gleiche Richtung verdichtete[19].

c. Das deutsche Militär

In militärischer Hinsicht verglich man wiederholt die französische und die deutsche Armee; und man kam zu der Einschätzung, die deutsche Armee sei überlegen aufgrund ihrer Erfahrung und aufgrund „ihres Mutes, ihrer hohen Moral und des Vertrauens, das aus ihrer blinden Liebe gegenüber dem Führer genährt" sei[20].

Man pries die „psychische Stärke" des deutschen Soldaten, die ihren Ursprung in der Kraft des Volkes habe und aus dem der deutschen Armee durch ihren obersten Führer unaufhörlich vermittelten Enthusiasmus resultiere. Man wies immer wieder auf die Objektivität der bemühten Kriterien zur militärischen Anwerbung hin, die auf Verdienst und Kompetenz beruhen, und man stellte andere Überlegungen familärer oder sozialer Art in Abrede[21].

In gleicher Hinsicht sei in psychischer und geistiger Hinsicht die Liebe des deutschen Soldaten zu seinem Vaterland, sein leidenschaftlicher Nationalismus und sein Bewußtsein, zu einer „reinen" Armee und zu einer Nation zu gehören, die begriffen habe, daß die „Bewahrung ihrer biologischen Eigenschaften ihr unerschöpfliche Stärke verschaffen", eine wesentliche Triebkraft. Demgegenüber, so werden wir informiert, „ist der Franzose von Natur aus kein Soldat". Wenn er dem deutschen Soldaten schon in seinem Auftreten, seinem Sinn für Organisation und Präzision oder in der Art der Ausführung militärischer Befehle nicht glich, so war er zusätzlich gehandikapt durch seinen Glauben an „illusorische Theorien", die sich in keiner Weise auf die „Volksseele" und ihre nationalen Erfordernisse stützten, sondern auf den falschen Einschätzungen beruhten, Frank-

---

[13] Chakib ARSALANE: Zum offiziellen deutschen Kommuniqué über die arabischen Länder. – *Al-Ouahda Al-Maghribia*, N° 178, 25. April 1941.
[14] T. OUAZZANI: Alles bleibt so wie es war. – *El-Rif*, N° 230, 9. August 1940.
[15] T. OUAZZANI: Die Marokkaner lehnen es ab, um ihr Vaterland zu feilschen. – *El-Rif*, N° 241, 31. Dezember 1940.
[16] T. OUAZZANI: Europas Retttung ist, sich auf sich selbst zu beschränken. – *El-Rif*, N° 266, 6. Oktober 1941.
[17] Ibid.

[18] Titelloser Beitrag, in: *El-Rif*, N° 241, 31. Dezember 1940.
[19] AL-MAHDI: Die Weltkrise und ihr derzeitiger Zustand. – *Al-Hourriya*, N° 465, 15. Februar 1941.
[20] Anonymer Beitrag: Der Krieg in seiner letzten Etappe. – *Al-Hourriya*, N° 276, 12. Mai 1940.
[21] Anonymer Beitrag: Das Geheimnis der Überlegenheit des deutschen Soldaten. – *Al-Hourriya*, N° 456, 4. Februar 1941.

reich sei „die einzige Mutter der Zivilisation" und der Führer der gesamten Humanität. Gerade das Fehlen nationalistischer Begeisterung, so hören wir, habe den Niedergang der französischen Armee bewirkt und habe zur Folge, daß die Erscheinung seiner Soldaten verglichen mit den deutschen Soldaten, einfach unansehnlicher sei[22].

Andere Autoren bringen zum Ausdruck, daß die militärischen Erfolge der Deutschen nicht zuletzt von ihrem „außergewöhnlichen Heroismus, ihrem eindrucksvollen Nationalismus, ihrem unverletzlichen Glauben und ihrem Vertrauen zu sich selbst"[23] resultiere.

Sie weisen besonders auf die Herausforderung hin, die es für Deutschland bedeutet habe, eine mächtige und moderne Armee in einer Phase aufgebaut zu haben, in der es noch unter der Kontrolle und Aufsicht der Alliierten und Besatzer stand, von allen Seiten umgeben von „Mauern des Hasses und der Mißgunst". Was hätten die Deutschen erst geschaffen, so fragt man sich, wenn sie die Hände frei gehabt hätten? Möglicherweise mehr als das, was die augenblicklich erreicht haben, vielleicht aber auch weniger. Denn die Härte des Geistes der „Rache" für den Vertrag von Versailles barg schon den Keim der Ungnade, der sich auf Frankreich beziehen sollte, in sich. Um einen siegreichen Feind zu würgen, setzten die Franzosen faktisch Triebkräfte frei, die ihn zu einer bedrohlichen Macht werden ließen. Die Widerwärtigkeiten, denen Deutschland unmittelbar nach dem Ersten Weltkrieg getrotzt hatte, haben es in starkem Maße angeregt, gegen seinen alten „Unterdrücker" Front zu machen[24].

Trotz ungünstiger Veraussetzungen, so wird uns erläutert, haben es die Deutschen vermocht, Luft-, Land und Seeestreitkräfte von höchster Effektivität zu schaffen, die mit modernstem Kriegsgerät ausgerüstet waren und vor allem starken „Gemeinsinn" untereinander zeigten wie auch von einem „Verbandsgeist" erfüllt waren, dessen Bedeutung weit wichtiger sei als die Leistung irgendwelcher Maschinen und Kriegsgeräte.

Die militärischen Erfolge der Deutschen resultieren unter diesem Blickwinkel aus dem „Vertrauen" des Volkes zu seinem Führer, dessen „Befehle und Anweisungen" in allen sozialen Schichten der deutschen Gesellschaft Widerhall gefunden haben, aufgrund des „Vertrauens", das sie erweckten, womit der „Verbandsgeist" noch zusätzlich gestärkt worden sei[25].

Ebenso wurde anerkennend die Effektivität der Arbeit erwähnt, die die Militärs der Nazis leisteten. Sie verstanden es, durch ihre „Vorträge, Reden und Mitteilungen die Moral des deutschen Volkes zu verbessern", es zu begeistern und es empfänglich zu machen für ihre Botschaft, die darin bestand, den Deutschen klarzumachen, welche Rechte sie sich wieder sichern müßten und welche Opfer sie zu erbringen hätten. Diese Auffassung liest man zum gleichen Zeitpunkt, zu dem wir hören von der „Unfähigkeit der Marokkaner, ihre wahren und echten Gründe ausreichend darzulegen und dem Volk verständlich zu machen"[26]. Man rief außerdem den gefälligen und schmeichelhaften Aspekt einer Rede Hitlers in Erinnerung, die sich in ihrer Betonung der „ethnischen Überlegenheit des germanischen Volkes" hervorragend eignete für eine „Psychologie der Deutschen, die durch Stärke und Stolz"[27] gekennzeichnet sei.

Es war gerade die „Seele", die bei dieser Konstellation an Faktoren noch vor der „Waffenproduktion und den heroischen Menschen"[28] sich ausbildete.

d. Die deutsche Wissenschaft und Kultur

Durch die Bereicherung, welche die Deutschen durch ihre Kultur und Zivilisation erfahren, haben sie die „künstliche Größe Großbritanniens und Frankreichs" erkannt, und sie haben sich daran gemacht, so erfahren wir, die wirklich „Großen und Herren" dieser Welt zu werden. Während nämlich die deutsche Größe sich auf den Erfolg und die eigene Mühe gründe, sei die der beiden anderen „auf den Trümmern des Orients errichtet, dessen aktive Kräfte getötet wurden und dessen Institutionen verunglimpft wurden".

Man war zugleich fasziniert von der Vorstellung von einer deutschen Nation, die weniger einer diffusen, abstrakten und abgeschotteten Wissenschaft verpflichtet war als vielmehr wissenschaftlichen Spezialisten, die Experten in genau definierten Bereichen des sozialen Lebens und klar zugeordneten Tätigkeitsbereichen waren und zudem eine intensive Kommunikation und Solidarität untereinander zeigten. Thami Ouazzani glaubte, daß die Deutschen „das Volk der Spezialisten" seien und dies sie an die führende Stelle der Nationen gebracht habe, die so gehandelt haben. Dieser Tatbestand sei in Deutschland, wie der Autor meint, nicht nur an einer höheren Qualität der Forschung und der Produktion erkennbar, sondern auch an einer unleugbaren Stärkung der psychischen Einheit der Nation und dem Wegfall jeglicher Anwandlungen von Egoismus und Individualismus[29].

Es ist keineswegs überraschend, so versichert man uns, wenn zehn Jahre nach dem Versailler Vertrag Deutschland unleugbare „Siege" im Bereich Industrie und Handel verzeichnen konnte, und zwar durch Umstrukturierung eines Großteils seiner Rüstungsindustrie in zivile Industrien. Was das Land durch den Krieg verloren habe, habe es schnell wirtschaftlich zurückgewonnen durch seine eindeutige „Überlegenheit" über seine traditionellen Konkurrenten[30].

Ein anderer Antor meint gar, Deutschland habe in seiner Entwicklung alle Bereiche der Kultur und der Zi-

---

[22] Ibid.
[23] Abdallah KHATIB: Größe gestern und Größe heute. – Al-Hourriya, N° 291, 30. Mai 1940.
[24] Titelloser Beitrag: Hinter dem Vorhang des Unsichtbaren. – El-Rif, N° 328, 18. Dezember 1942.
[25] Titelloser Beitrag: Der Grund für den Sieg. – Al-Hourriya, N° 543, 1. Juni 1941.

[26] Titelloser Beitrag: Die Ausrede der Marokkaner ist so klar wie die Sonne.– El-Rif, N° 416, 5. Mai 1944.
[27] A. BALAFREJ: Ein Jahr der Regierung Hitler ist vergangen. – Al-Hayat, N° 5, April 1934.
[28] Titelloser Beitrag: Der Grund für den Sieg. – Al-Hourriya, N° 543, 1. Juni 1941.
[29] Thami OUAZZANI: Das Warten auf eine kulturelle Stufe. – El-Rif, N° 208, 5. Februar 1940.
[30] Titelloser Beitrag: Die Gesundheitsfürsorge in Deutschland.– Al-Hourriya, N° 236, 11. März 1940.

vilisation erfaßt: „Ob das jetzt in Medizin, Chemie, Dichtung, Musik, Ingenieurwesen, Erfindungen usw. ist – Deutschland hat den ersten Platz eingenommen.", so daß es ihm heute wohl anstehe, als „die am weitesten entwickelte Nation der Erde"[31] angesehen zu werden.

Weiterhin erfahren wir, daß Deutschland eine medizinische Vorsorgepolitik praktiziere, die die Kinder vor Rachitis bewahren solle. Auch die Zuteilung sauberer Wohnungen und von Vitaminpräparaten an die einfachen Sozialschichten, um die Krankheiten völlig zu reduzieren, ermögliche es dem Land, „eine starke Rasse heranzuziehen, die gesund und geschützt vor allen Krankheiten und Widernissen ist"[32].

e. Die deutsche Moral

Die moralische Komponente des Deutschlandbildes hat nicht weniger starkes Interesse beansprucht als diejenigen Komponenten, die politische, technische, militärische oder wissenschaftliche Aspekte betreffen. T. Ouazzani verdeutlicht seine Bewunderung für „den Geist der Offenheit, die Größe und die moralische Anpassungsfähigkeit", vor dem Hintrergrund der Opfer der europäischen Völker in ihrem historischen Kampf gegen den Despotismus der Regenten und die Fortschrittsfeindlichkeit der Kirche. Und er präzisiert, daß vor allem bei den Deutschen und den Briten diese positiven moralischen Eigenschaften in hervorragendem Maße ausgebildet seien und auf alle Bereiche des sozialen Lebens ausstrahlten. Vergleichbar einer Person im Alter von vierzig Jahren erscheinen ihm diese beiden Nationen in ihrem moralischen Verhalten die Reife und die Erfahrung des Alters zu verkörpern[33]. Das „Mitgefühl", das die Deutschen gegenüber den Franzosen gezeigt hätten, als diese unter ihrer Herrschaft standen, ist für T. Ouazani nur ein Beispiel von vielen für die Sensibilität der Deutschen gegenüber den Werten der Freiheit und Unabhängigkeit[34]. Selbst auf französischem Territorium erschien Deutschland als ein Land, das die „Rechte des Siegers" verteidigen und seine Soldaten und Beamten schützen mußte gegen die „politischen Machenschaften" und die „moralischen Verfehlungen" der Franzosen. Weil das so war, akzeptiere man es zuweilen, daß Deutschland auch zu den härtesten Vorgehensweisen greife, was indes in der Realität, so erfahren wir, eher die Ausnahme sei. Vielmehr dominiere „die Ehre und edle Gesinnung", mit welcher die Deutschen die Franzosen behandelt hatten, die „kompromißlose Toleranz" – und seien das ja greifbare Beweise dafür, daß die angebliche deutsche Erzfeindschaft gegenüber den Franzosen nur ein Mythos, nur eine falsche Vorstellung sei[35]. In der Sicht desselben Autors konnten die Franzosen mit dem „Respekt" der Deutschen rechnen, sofern sie die deutsche Herrschaft und die Schaffung der „neuen europäischen Ordnung" akzeptierten[36].

Weiterhin ist für T. Ouazzani das Erinnern der Deutschen an die Verdienste des griechischen Widerstands, der sich ausdrückte in dem Drang des Volkes nach Freiheit und Würde, ein weiterer Beweis der deutschen Neigung, die edlen moralischen Werte ihrer Gegner anzuerkennen und jedem das zukommen zu lassen, was er verdiene[37].

Gerade was die Wahrung der Werte des Glauben gegen den Atheismus, der Tugend gegen die sexuelle Freiheit anbetrafft, seien Deutsche und Marokkaner gleich, und sie hätten sich sogar in Spanien zusammengefunden in ihrem Kampf gegen den Kommunismus[38].

f. Das Verhältnis der europäischen Länder zueinander

Deutschland wird somit als befreundete Nation wahrgenommen, die zu keiner Zeit aggressive Ziele Marokko gegenüber zeigte. Es kämpft gegen Frankreich und Großbritannien, die die beiden wichtigsten Kolonialmächte über die arabischen und muslimischen Nationen sind[39]. Es handele im Namen der „europäischen Revolution". Es sei, so können wir lesen, der wichtigste Führer und die stärkste militärische Kraft. Gegenüber Großbritannien, das „sich somit mehr um den Erhalt seiner überseeischen Kolonien als um die eurpäische Politik sorgte", und gegenüber „Frankreich, das danach trachtete, Deutschland zu teilen", sei die Antwort Deutschlands ganz erstaunlich hinsichtlich ihrer Stärke und Entschlossenheit. Wir erfahren, daß Deutschlands Intervention in erster Linie darauf abziele, die hegemonialen Expansionsziele Frankreichs und Großbritanniens auf europäischer Ebene zu vereiteln und zu verhindern, daß „seine Völker unter das Joch des Kapitals der britischen Juden fallen". Deutschland handelt mit dem Ziel, eine „neue Union unter den europäischen Ländern" zu schaffen, die völlig frei von den „Ungerechtigkeitem" des Versailler Vertrages und von der „Unterdrückung" und „Heuchelei" sei, die aus dem offenkundigen Widerspruch zwischen den Aussagen humanistischer Prinzipien und der Unterdrückung der kolonialisierten Nationen aufscheine.

Andererseits bleibt Deutschland natürlich ein europäisches Land, dessen herausragendste Eigenschaft die Beherrschung der Forschung und die militärische Stärke sind. Deutschland wird schließlich, so wird uns mitge-

---

[31] Abdellah AL-KATIB: Größe gestern und Größe heute. – *Al-Hourriya*, N° 291, 30. Mai 1940.

[32] Titelloser Beitrag: Die Gesundheitsfürsorge in Deutschland. – *Al-Hourriya*, N° 236, 11. März 1940.

[33] T. OUAZZANI: Die Moral, eine Basis für Größe. – *El-Rif*, N° 258, 1. August 1941.

[34] Ibid.

[35] AL-MAHDI: Die Haltung Frankreichs. – *Al-Hourriya*, N° 682, 18. Dezember 1941.

[36] AL-MAHDI: Zur Frage der Zusammenarbeit zwischen Deutschland und Frankreich. – *Al-Hourriya*, N° 598, 6. August 1941.

[37] T. OUAZZANI: Der Heroismus des irakischen Volkes. – *El-Rif*, N° 255, 8. Juli 1941.

[38] T. OUAZZANI: Zum Gedenken an den 17. Juli. – *El-Rif*, N° 257, 22. Juli 1941.

[39] Das Verlassen des nationalen marokkanischen Horizontes zugunsten einer Bezugnahme auf die gesamte arabisch-muslimische Welt ist möglicherweise das Resultat des Versuches, die eng mit einer streng nationalistischen Haltung verbundenen egoistischen Positionen zu relativieren, d. h. den damals unauflöslichen Widerspruch zwischen marokkanischem Nationalismus und den Erfordernissen der islamischen Solidarität abzuschwächen. Vgl. hierzu auch: G.H. VON GRUNEBAUM: Nationalism and Cultural Trends in the Arab Near East. – *Studia Islamica* 14. 1961, S. 126-128.

teilt, die gleichen Eigenschaften auch bei den Franzosen und Briten respektieren. Auch wenn diese ihm noch so wenig seine wirtschaftlichen Interessen garantierten, würden sie doch wieder ihre Freunde werden. Denn das, worum es bei diesem Krieg geht, so meint T. Ouazzani, war nicht so sehr das Ziel, den Feind zu vernichten oder gar seine Existenz auszulöschen, sondern vielmehr, mit ihm in einen Wettstreit einzutreten. Ähnlich wie bei einem Fahrrad- oder Pferderennen, so meint der Autor, liegen diese Mächte miteinander im Krieg um festzustellen, wer von ihnen das symbolische Privileg genieße, der Erste zu sein. Auch wenn sie von Deutschland besetzt wären, würden Frankreich und Großbritannien dennoch weiterhin als mächtige und fortschrittliche Nationen existieren und im übrigen auch alle ihre Besitzungen und Kolonien in Übersee behalten. Sie könnten sich weiterhin der Bewunderung und Achtung der Deutschen sicher sein, während Marokko in seinem gegenwärtigen Zustand zwar sicherlich das Mitleid der Deutschen, nicht aber seine Wertschätzung oder Bewunderung erlangen könnte. Wie auch immer dieser Sachverhalt im einzelnen einzuschätzen sei – keine dieser siegreichen Mächte würde sich herablassen, die Beute mit Marokko zu teilen, und auch nicht das Maß an Hochachtung ausdrücken, das Marokko gerne hätte. Denn selbst wenn Sympathie ein Zeichen guten Willens und Ausdruck einer psychologischen Disposition der Solidarität zum anderen ist, „kann sie nicht alleine das Recht ersetzen", noch eine positive Einschätzung Marokkos bewirken. Solange ein Teil der Marokkaner ihre Gewohnheiten einer „Nonchalence" beibehielten und nicht bereit seien, „ihre rechtmäßigen und angemessenen Rechte zu beanspruchen" und die Europäer sich weiterhin im Sinne einer „Bewegung" orientierten, bliebe die Wertschätzung, die man erhofft, ein fernes Ziel[40].

Die Marokkaner ähneln in ihrer Beziehung zum Westen, so T. Ouazzani, einem armen Mann, der am Morgen das Haus verläßt, um Nahrung für seine hungrigen Kinder zu besorgen und auf seinem Weg sogleich an einem Luxusrestaurant vorbeikommt, wo mehrere Menschen reichhaltige Speisen bereiten, die durch ihren Duft und die Vielfalt der Formen und Farben blenden. Indem er sie anschaut, wird sein Hunger immer größer, und zwar nicht zuletzt deshalb, weil diese Menschen weder Almosen noch Mitleid kennen, sondern vielmehr an die Arbeit als mechanischen Vorgang glauben, der einen festen Preis hat, daran, daß man Brot nur geben kann im Austausch zu einem Preis und zu Arbeit. Der arme Mann hat schließlich „das Betrachten köstlicher Lebensmittel intensiv betrieben", aber er hat zugleich ganz vergessen, daß er eigentlich arbeiten mußte, um seiner Familie Nahrung zu verschaffen[41]. Die Bewunderung einer westlichen oder anderen Nation verschafft den Marokkanern keinerlei spezifischen Vorteil, was die Aufteilung der Reichtümer dieser Welt anbetrifft. Nur die Arbeit und ihr Resultat, die Macht, ebnen offenbar den Weg zu einer solchen Möglichkeit[42].

Offenbar war für T. Ouazzani die Konfrontation zwischen den europäischen Mächten nur ein vorübergehendes Ereignis, das offensichtlich sogar ein Irrweg war. Denn selbst tief im Herzen dieses Kampfes scheint ihre Zugehörigkeit zu den gleichen Prinzipien der Zivilisation durch. Und ihre Verbissenheit, in der sie Krieg führten, kann – so meint T. Ouazzani – nicht darüber hinwegtäuschen, daß die Dualität Europa–Orient weiterbesteht[43].

Die Feststellung von Ahmed Amine geht mehr oder weniger in die gleiche Richtung. Er meint, daß die Muslime zwar eine Ursache des Krieges waren, aber sie waren weder als „Opfer" oder Objekt der Auseinandersetzung zwischen den europäischen Ländern noch als geschichtliche Subjekte oder aktiv Handelnde beteiligt. Die Europäer hatten nach seiner Ansicht, egal ob Achsenmächte oder Alliierte, dieselben Kolonialisierungsansprüche gegenüber den Muslimen. Denn Deutschland und Italien würden sich keineswegs dagegen auflehnen, daß nicht-europäische Völker beherrscht wurden, sondern daß die Kolonien unter den Europäern ungleich aufgeteilt sind[44].

Sicherlich warnt der Autor die Muslime vor jedem Versuch, eine wie auch immer geartete Unterscheidung zu treffen hinsichtlich der Frage, wie sie in dem einen oder anderen Lager eingeschätzt werden, oder davor zu glauben, daß die Lösung ihrer Probleme notwendigerweise über die Allianz mit der einen oder anderen Partei ginge. Denn wenn man von den konjunkturellen Rivalitäten einmal absieht, gehörten die Europäer alle einer Zivilisation an, deren wichtigstes Organisationsprinzip die Macht in ihren verschiedenen Spielarten ist. Am Rande einer solchen Zivilisation verbleiben zu müssen oder gar an ihr überhaupt keinen Anteil zu haben, bedeute für die Muslime „zerfleischt zu werden" und „unterjocht zu werden" unter der Fremdherrschaft[45].

Da es dem europäischen Rahmen verhaftet ist, schwächt sich Deutschlands Image als Verkörperung

---

[40] T. OUAZZANI: Viel Zeit ist verflossen und die marokkanische Frage bleibt im Dämmerschlaf. – *El-Rif*, N° 286, 20. Februar 1942.
Zur Frage der Beziehungen zwischen Europa und der arabischen Welt, beginnt J. Maïla zunächst mit deren Zweischneidigkeit: „Die arabische Welt hat sich seit dem Beginn ihrer Modernisierung vor dem Hintergrund der radikale Veränderungen europäischen Ursprungs selbst analysiert und beobachtet. Die ganze Zweischneidigkeit der Beziehungen der arabischen Welt mit Europa führt zu dieser schwierigen und bedrückenden Selbstwahrnehmung, die im Spiegel des Anderen reflektiert wird." Weiter unten fügt er, indem er nun das Augenmerk auf den paradoxen Aspekt ihrer Beziehungen lenkt, hinzu: „[...] die Beziehung der arabischen Welt zur Moderne war eine Beziehung mit Europa, aber die Beziehung der arabischen Welt zu seiner Emanzipation und Unabhängigkeit war eine Beziehung »gegen Europa«" (Joseph MAILA: Europa und die arabische Welt. – *Les Cahiers de l'Orient*, N° 290, 1993, S. 48-49). In dieser Hinsicht wenig Überraschendes berichtet A. Laroui, soweit die arabische Kultur sich auf den Bereich der Konfrontation mit Europa einläßt: „[...] Das Spezifische der arabischen Kultur ist es, verglichen mit der indischen oder chinesischen Kultur, daß sie eine Kultur ist, die sich in einem Klima ausgebildet hat, das durch die Logik der Konfrontation gekennzeichnet ist. Die Opposition Islam gegen Christentum ist nicht verschwunden, sondern lediglich in einer neuen Form wiederaufgetaucht: Araber gegen westlichen Kolonialismus". (A. LAROUI: Héritage et renaissance civilisationnelle dans le monde arabe. – *Horizons Maghrébins*, N° 18/19, 1992, S. 209).

[41] T. OUAZZANI: Ibid.
[42] T. OUAZZANI: Ibid.
[43] T. OUAZZANI: Unsere Chance in diesem Krieg. – *El-Rif*, N° 256, 15. Juli 1941.
[44] Ahmed AMINE: Die Muslime als Kriegsursache. – *Al-Ouahda Al-Maghribia*, N° 196, 5. September 1941.
[45] Ahmed AMINE: Ibid.

der Befreiung somit ab. Deshalb auch wurde die Vorstellung lanciert, Marokko solle sich in erster Linie auf seine eigene Stärke stützen und nur in zweiter Hinsicht auf seine „Freundschaft mit Deutschland, die nach T. Ouazzani bislang noch nicht das Stadium einer ersten Blüte auf dem Weg zu einer echten Verteidigung der Versuche Marokkos, unabhängig zu werden, überschritten hat.

g. Deutschlands Präsenz in Tanger

Dennoch hat man den Eindruck, als wäre zu dem Zeitpunkt, als Deutschland sich anschickte, die Residenz seiner Gesandtschaft in Tanger, die es 1914 verloren hatte, wieder zu installieren, die „Freude verschiedener Personen und sozialer Gruppen auf den Gesichtern zu erkennen"[46]. Der Eindruck, daß hier eine Unterstützung der marokkanischen Interessen erfolgte, sei, so können wir lesen, kaum überraschend in einem Augenblick, wo sie sich auf eine „befreundete und vertraute Nation [bezog], die vor nicht allzu langer Zeit die Unabhängigkeit Marokkos verteidigt hat und auf der heute die Hoffnungen ruhen, Marokko könne seine Unabhängigkeit und seine verunglimpfte Würde wiedererlangen"[47].

Tanger, das zeitweise Teil der Nordzone war, stand damals völlig unter spanischer Kontrolle. Das Mindeste, was das Spanien Francos für ein Land, das ihm während des Bürgerkrieges beistand, einräumen konnte, war es, die Gesandtschaft wiedereinzurichten, zumal die Beziehungen Spaniens mit Frankreich offenkundig feindselig waren. Die Marokkaner ihrerseits, so wird uns berichtet, seien deshalb so begeistert gewesen, da sie um den symbolischen Wert des „gemeinsam vergossenen Blutes auf Seiten der Deutschen im spanischen »Befreiungskrieg« [wußten], der endlich Europa und die gesamte Welt vor der großen Wildheit gerettet hat"[48].

In einer weiteren Zeitschrift aus jener Zeit werden anläßlich der Feierlichkeiten zur Wiedereinrichtung der Gesandtschaft die Anwesenheit von deutschen Funktionären und Staatsangehörigen neben spanischen und italienischen Repräsentanten und Jugendgruppen der Phalangisten und Faschisten erwähnt. Diesen Anlaß nutzte man, um einesteils die Anerkennung einer spanischen Schuld gegenüber Deutschland und anderseits die „Sympathie" der Marokkaner für die Sache Deutschlands herauszustellen. Dieses Ereignis schien auch zu signalisieren, daß Deutschland sich künftig an den Pforten der französischen Protetoratszone in Marokko befand und daß die Marokkaner erwarteten, daß ihre freundschaftlichen Beziehungen mit Deutschland dazu beitragen würden, das Land von der französischen Herrschaft zu befreien[49].

Und auch wenn man den Drang Deutschlands nach „Lebensraum" für seine wachsende Bevölkerung anerkannte, wies man gleichzeitig darauf hin, daß diesbezüglich die arabischen Länder – und sei es nur wegen ihrer zu weiten Entfernung – für Deutschland nicht in Frage kamen[50]. Da sie die Feinde ihrer eigenen Feinde waren, konnten sie nur Freunde der Araber und Muslime sein: „Es ist üblich, daß sich die Schwachen im Falle einer Opposition gegen einen übermächtigen Gegner aus freiem Antrieb dem zuwenden, der gleich stark ist, um die Vorteile des Gleichgewichts zu nutzen"[51].

Falls tatsächlich, so steht zu lesen, Deutschland seine alten Kolonien wieder beanspruchen sollte – und damit seine Präsenz auf anderen Kontinenten – dann deshalb, weil diese Forderung weniger dem Wunsch nach Eroberung und Beherrschung entspringe, sondern einer Neigung, sich in sämtlichen Aspekten von den Forderungen des Versailler Vertrages zu lösen, der ja unter anderem auch Deutschland seine früheren Kolonien genommen hat[52].

Chakib Arsalane wies in seinen Berichten auch immer wieder hin auf die „wiederholten Bemühungen Deutschlands, den Krieg zu vermeiden" und daß die ersten deutschen Angriffe gegen Polen, Dänemark, Norwegen, Belgien und Holland „präventiv" und „defensiv" gewesen seien[53].

Trotz der „friedlichen" Bemühungen Deutschlands habe der „Starrsinn" Frankreichs und Großbritanniens den Krieg ausbrechen lassen. Gott habe sicherlich entschieden, so lesen wir, daß es so kommen müsse, um „die Ungerechten zu bestrafen" und „die Menschen auf den rechten Weg u führen". Gott hätte auch anders entscheiden können, sofern er nicht Hitler als Werkzeug erkannt hätte, um „die Hochmütigen zu bestrafen, die das Völkerrecht verunglimpft haben, die ihre Reiche besetzt haben [...], ihre Moral verdorben und das Gewissen der einen zum Nachteil der Rechte der anderen benutzt haben"[54].

h. Vergleich der politischen Systeme

Der Vergleich der politischen Systeme der Alliierten mit jenen, die in den Ländern der Achse vorherrschen, war für C. Arsalane eine weitere Möglichkeit, die „Verdienste" der Achse zu rühmen.

Als „aristokratisches" System basiere es, so teilt er uns mit, eher auf der „Herrschaft der Besten" als der Herrschaft der Mehrheit. Er stellte zuallererst Werte wie „Kompetenz" und „Verdienst" heraus, weniger die banale Hilfe für die Bevölkerung. Kurz gefaßt: in Ländern wie Deutschland, Italien und Spanien sei die „Qualität"

---

46) M.M.Kh.: Das befreundete Deutschland erlangt die Residenz seiner Gesandtschaft in Tanger wieder. – *Al-Hourriya*, N° 492, 18. März 1941.
47) M.M.Kh.: Ibid.
48) M.M.Kh.: Ibid.
49) Anonymer Beitrag: Deutschlands Wiedereinrichtung seiner Gesandtschaft in Tanger. – *Al-Ouahda Al-Maghribia*, März 1941.

50) Chakib Arsalane: Der große Hitler strebt keine Feindschaft mit einer Nation wie der arabischen an. – *Al-Ouahda Al-Maghribia*, N° 156, 25. Oktober 1940.
51) Chakib Arsalane: Die Folgen des Despotismus der Alliierten. – *Al-Ouahda Al-Maghribia*, N° 152, 30. August 1940.
52) Chakib Arsalane: Ibid.
53) Chakib Arsalane: Die Folgen des Despotismus der Alliierten. – *Al-Ouahda Al-Maghribia*, N° 152, 30. August 1940.
54) Chakib Arsalane: Ibid.

und nicht die „Quantität" das leitende Kriterium für die Entscheidungen der Regierenden[55].

Andererseits, versichert Arsalane, seien nach der Einführung der parlamentarischen Demokratien in Frankreich und Großbritannien nur negative Entscheidungen des Kolonialismus und einer Unterdückung der „schwachen Nationen" getroffen worden. Die Herrschaft über diese Völker durch die beiden europäischen Länder habe den Gipfel an Tyrannei und Ausbeutung erreicht, ohne daß eine gemeinsame Vorgehensweise mit den Handlungen der politischen Regime abgestimmt worden wäre, deren oberste Autorität lediglich „dem Einzelnen und der Elite, die mit ihm zusammenarbeitet" zukomme. Nach ihm liegt der Grund dafür darin, daß ein Einzelner, wenn er die Macht allein in seinen Händen hält, stärker das Gewicht der Verantwortlichkeit spürt. Er konsultiert seine unmittelbare Umgebung und reflektiert immer wieder über die Projekte, die er im Kopf hat, bevor er eine Entscheidung trifft. Dagegen führt in den parlamentarischen Demokratien die Aufteilung der Macht zu einer Verringerung der Verantwortung für jeden einzelnen, schwächt die individuelle Betroffenheit und somit auch die Chance, daß eine getroffene Entscheidung konsequent und effizient erfolgt[56].

Ganz in diesem Sinn ist die Demokratie, derer man „sich rühmt", so führt Arsalane aus, letztendlich nichts anderes als ein irreführender Anschein. Denn selbst wenn die Kriege durch parlamentarische Entscheidungen ausgelöst werden, sind es in Wirklichkeit nur „ein Dutzend Personen", die tatsächlich die Entscheidungen treffen. Und da in Krisen- oder akuten Konfliktsituationen die Parlaments sich meist gezwungen sehen, die Entscheidungen der Führungsspitze zu bestätigen, kommt man schließlich zu dem Ergebnis, daß die Unterschiede zwischen Demokratie und personenbezogener Macht nicht so gravierend sind, wie man oft vorgibt. Und wahrscheinlich sei die personenbezogene Macht in wichtigen Entscheidungssituationen sogar wegen der Konzentration der Verantwortung auf einen einzelnen sogar aufmerksamer und wachsamer als eine kollektive Machtverteilung[57].

Umgekehrt kann nach unserem Autor die unbeschränkte Freiheit, die jeder aristokratischen Macht eigen ist, ebenso lediglich ein falscher Schein sein. Denn auch wenn sich die Aristokratie als das alleinige Ausführungsorgan der Macht ausgibt, fällt sie in Wirklichkeit nur Entscheidungen nach Beratungen mit ihren engeren Mitarbeitern, mit Experten und hochqualifizierten und spezialisierten Wissenschaftlern, um zu einer richtigen Entscheidung zu gelangen. Der spätere Rückgriff auf das Parlament, so fügt er hinzu, der lediglich eine Formsache sei, ermögliche es, eine politische Entscheidung zu bestätigen, die vorher geprüft wurde und gewissenhaft vorbereitet worden ist. Folglich wäre man in einem solchen Fall näher an den erforderlichen Zielen, als wenn man die wichtigsten Entscheidungen im Rahmen einer „Demokratie" getroffen hätte, deren Entscheidungen meist von „wenig spezialisierten Abgeordneten" getroffen würden, die in erster Linie damit in Anspruch genommen seien, die Wünsche und Sorgen ihrer Wähler zu berücksichtigen und die politischen Richtlinien ihrer Partei zu beachten. Daraus zieht Arsalane die Folgerung, daß „die personenbezogene Macht, weil sie durch die Beratung von Spezialisten und Experten gestützt wird, näher am Allgemeininteresse liegt als die kollektive Macht, deren Aufteilung der Aufgaben die tatsächliche Konzentration in der Stunde der Entscheidung verschleiert und dazu verführt, die Priorität eher persönlichen Launen und den Zielen der Parteien zu widmen als dem Interesse der Nation selbst"[58].

In dieselbe Richtung geht die Argumentation von Abdelkhaleq Torrès, der der Meinung ist, daß „das Nazi-Regime sich vornahm, die Arbeiterklasse und die Klasse der Kapitalisten zu versöhnen und so dazu beizutragen, daß ihr Verhältnis zueinander durch mehr Gleichheit und Gerechtigkeit geprägt ist"[59]. Er hoffte also, daß es eine Veränderung des Systems im Bereich der bestehenden Beziehungen zwischen „kolonialistischen Nationen" und „beherrschten Nationen" geben werde. Alle Araber, welcher geographischer Herkunft auch immer sie sein mögen, streben nach Auffassung von A. Torrès danach, als Personen behandelt zu werden und nicht als bloße Ware, die je nach beliebigen Ambitionen und externen politischen Interessen als Spielball dienen. Und gerade aufgrund der bisher praktizierten Politik der Achsenmächte, die solch eine Zielrichtung ankündigte, haben die Araber ihnen Unterstützung und Sympathie entgegengebracht. Aufgrund ihrer Achtung vor ihrem Engagement zur Wahrung der Rechte der Araber konnten Deutschland und Italiens ihr positives Image wahren[60].

i. Wie sehen die Deutschen die Marokkaner?

In der marokanischen Presse wurde nicht nur eine Stimmung geschaffen, die ein positives Bild Deutschlands verinnerlichte, sondern ebenso geflissentlich immer wieder versichert, wie hoch das Ansehen Marokkos in der deutschen öffentlichen Meinung sei. Es wurde nicht nur ein Bild Deutschlands als einer edlen und revolutionären Nation vermittelt, sondern auch betont, daß ganz genauso auch Marokko von den Deutschen wahrgenommen und eingeschätzt werde. Welche Hoffnung hätte man auch an eine deutsche Hildfe zur Befreiung Marokkos knüpfen sollen, wenn das anders wäre?

Man hatte versucht, Deutschland davon zu überzeugen, daß die Beteiligung von Marokkanern im Krieg auf Seiten Frankreichs keineswegs ein Abbild der Auffassung des marokkanischen Volkes sei, sondern ganz einfach die der Kolonialbehörden, die allein dafür verantwortlich seien. Sie hätten zum einen die Armut vieler

---

[55] Chakib ARSALANE: Die besetzten Nationen ... dürfen nicht im Namen der Demokratie reden, weil sie sie nicht betrifft. – *Al-Hourriya*, N° 433, 26. Dezember 1940.
[56] Ibid.
[57] Ibid.

[58] Ibid.
[59] Abdelkhaleq TORRES: Die Araber und der derzeitige Krieg. – *Al-Hourriya*, N° 548, 7. Juni 1941.
[60] Ibid.

Marokkaner ausgenutzt, so daß diese sich für die französische Armee verdingten, und zum anderen deren Gutgläubigkeit insofern ausgenutzt, als man sie in die Armee steckte, ihnen aber vorgegaukelt habe, sie sollten in der Industrie arbeiten[61]. Außerdem seien die Grausamkeiten marokkanischer Soldaten gegenüber deutschen Kriegsgefangenen oftmals, so lesen wir, mit noch größerem Eifer und mit Bösartigkeit auch gegen „ihre muslimischen Brüder" bei Angriffen auf Moscheen oder bei Niederschlagung nationalistischer Veranstaltungen erfolgt – ohne daß jemand sie zur Verantwortung gezogen habe. Die Handlungen dieser Soldaten seien keineswegs Ausfluß einer bestimmten Position oder Haltung des marokkanischen Volkes, sondern vielmehr das Ergebnis einer „Fremdenlegion", die Frankreichs Willen unterworfen sei und in der neben Marokkanern auch Araber, Afrikaner und Asiaten anzutreffen seien[62].

Um die Marokkaner in ihrem Positivem Deutschlandbild zu bestärken und um zu beweisen, daß Deutschland die marokkanischen Soldaten nicht verantwortlich macht, präsentiert man den Lesern Fotos marokkanischer Kriegsgefangener in Deutschland, die einen relativ fröhlichen Eindruck machen, marokkanisch bekleidet sind und sich gerade anschicken, Flöte und Trommel zu spielen. Gleichzeitig wird darauf hingewiesen, daß in einem Lager, in dem Marokkaner sind, ein Gebetsraum, Sport- und Musiziergruppen vorhanden seien wie überhaupt generell die Beachtung der religiösen Traditionen bei der Ernährung gewahrt sei[63].

Weit über die oberflächliche Einschätzung über das Image hinaus bezögen, so meint T. Ouazzani, zahlreiche Marokkaner, oft nicht ohne ein erhebliches Maß an Emotion und Engagement, für oder gegen Deutschland Stellung. Ganz wie die Lieblinge zweier rivalisierender Fußballmannschaften, lösen die Anhänger Deutschlands und Großbritanniens endlose Diskussionen über die Fähigkeiten und Aussichten des einen oder des anderen aus. Unter dem Einfluß der politischen Propaganda der im Krieg stehenden Staaten und dem starken Zustrom gegensätzlicher Informationen kann es schon vorkommen, daß jemand seine Position vom Morgen zum Abend ändert, was ja letztlich der Beweis für eine große Unsicherheit in der Frage, wessen Partei man ergreifen soll, sei. T. Ouazzani meint, daß die Atmosphäre der Diskussionen oft so gespannt und so fern von der objektiven Realität seien, daß das aus derartigen Disputen resultierende Deutschlandbild – sei es nun positiv oder negativ – notwendigerweise nur instabil sein könne. Die ideologischen und politischen Polemiken der gegenwärtigen historischen Phase erschwerten oft die Ausbildung eines reflektierten und vergleichsweise beständigen Deutschlandbildes[64].

k. Muslimische Tradition des Hitlergrußes?

Unter den Themen, die in jener Periode besonders leidenschaftlich unter unterschiedlichen politischen Richtungen diskutiert wurden, gehörte die Frage des Hitlergrußes, der bei den Anhängern der Nationalen Reformpartei darin bestand, daß man die rechte Hand ausstreckte und sagte: „Gott ist der Größte". Nicht nur, daß dieser Gruß als äußeres Symbol einer neuen Disziplin übernommen wurde, die man der Parteijugend eintrichtern wollte; seine Verwendung wurde sogar damit legitimiert, daß man auf das Verhalten des Propheten Bezug nahm: „Als der Prophet in die Moschee trat, wollte Abou Bakr, der das Gebet leitete, in den Hintergrund treten, um ihm die Rolle zu überlassen, die im üblicherweise zustand: aber der Prophet hieß ihn bleiben, wo er war. Da hob Abou Bekr seine Hand zum Himmel ..."[65] Während diese Geste Abou Bakrs für die einen dazu diente, um die Übernahme des Hitlergrußes zu legitimieren, war sie für die anderen eine Handlung, die etwas völlig anderes bedeutete. Und da der Grad der Polemik sich zuspitzte und man Gefahr lief, Zusammenstöße zwischen den widerstreitenden Parteien auszulösen, einigte man sich schließlich darauf, zu dieser Frage bedeutende *Fquihs* (islamische Geistliche) aus Tetuan anzurufen.

Die *Fatwa* des *Fquih* Ahmed Rhoni stellte klar, daß das Erheben der Hand ein Grußeszeichen sei, das der Muslim beim Begegnen seines Bruders ausführe – womit er der Verwendung des Hitlergrußes eine islamische Legitimierung zusprach[66]. Dagegen kommt die *Fatwa* von Mohamed Sadeq Raisuni und von Mohamed Hajjaj zu der Auffassung, daß das Heben der Hand vor allem ein Dankeszeichnen gegenüber Gott sei, und damit überhaupt kein Gruß; als solchem fehle ihm jegliche Legitimierung und Entsprechung mit den Geboten des Islam[67].

Eine derartig unterschiedliche Einschätzung seitens der einen bzw. der anderen zeigt deutlich, daß das Deutschlandbild, das generell positiv war, dennoch in einzelnen Aspekten nuanciert ausfällt und verschiedene Varianten der Beständigkeit und Zustimmung fand.

3. Folgerungen

Die große Variationsbreite der Deutschlandbilder zeigt zweifellos, daß die Marokkaner in intensiver Weise das Ziel einer nationalen Befreiung anstrebten. Die Berücksichtigung nationalistischer marokkanischer Fragen bei fast allen das Deutschlandbild betreffenden Facetten zeigt nachdrücklich, in welchem Ausmaß die „Bewun-

---

[61] Anonymer Beitrag: Die marokkanischen Gefangenen in Deutschland. – *Al-Hourriya*, N° 393, 23. Oktober 1940.
[62] Anonymer Beitrag: Die Soldaten aus den Protektoraten und Kolonien schaden dem Ansehen ihrer Länder. – *Al-Hourriya*, N° 292, 3. Juni 1940.
[63] Anonymer Beitrag: Die marokkanischen Gefangenen in Deutschland. – *Al-Hourriya*, N° 393, 23. Oktober 1940.
[64] Thami OUAZZANI: Der Krieg der Nerven. – *El-Rif*, N° 250, 8. August 1941.

[65] Vgl. Ahmed MAANINOU: *Memoiren* [in arabisch]. Bd. 3 (1938–1946). - Tanger: Imprimerie Spartel 1991, S. 96-97.
[66] A. RHONI: Die Rechtfertigung des Grußes durch Erheben der Hand (Gott ist der Größte). – *El-Rif*, N° 165, 13. Dezember 1938.
[67] Mohamed Sadeq RAISUNI und Mohamed HAJJAJ: Fatawîs. – *Al-Ouahda Al-Maghribia*, N° 71, 23. Dezember 1938.
Die Information über den Inhalt der zwei vorhergehenden Nummern von *El-Rif* und *Al Ouahda Al-Maghribia* haben wir aus dem Buch von A. MAANINOU, das weiter oben erwähnt ist (Fußnote 65).

derung" für Deutschland in Wirklichkeit so etwas wie die äußerliche Manifestation einer politischen und historischen Idee, die noch in den Anfängen steckte. Die Beteiligung der bedeutendsten politischen und intellektuellen Kräfte an der Konstruktion dieses Bildes zeigt uns, wie ein allgemein verbreitetes und von den meisten geteiltes Bild von Deutschland in einer konkreten Phase der Geschichte ein zusätzlicher Kitt für die soziale Einheit sein konnte, eine zusätzliche Gewißheit über die Bedeutung und den Wert der kulturellen Normen und Werte der marokkanischen Nation. Dadurch, daß das Bild von den verschiedensten sozialen Gruppen geteilt wurde, ermöglichte es, soziale Identität und markierte eine Zusammengehörigkeit. Die Verherrlichung der deutschen Leistungen erfolgte oft in einem Atemzug mit einer vehementen Ablehnung des hegemonialen und unterdrückerischen Tuns Frankreichs und Großbritanniens. Vor allem auf diese beiden Länder, und nur weit geringer auf Spanien, bezogen sich die Spannungen, die der kolonialen Situation entspringen.

Deutschland war das Objekt eines Fremdbildes, das aber zugleich auch als ein Selbstbild fungierte. Man verstand sich als politische und soziale Einheit, dem die ökonomischen und wissenschaftlichen Eigenschaften, die Deutschlands Ruf aufmachten, fehlten. Und zugleich hoffte man auf seine Stärke in den verschiedensten Ausprägungen. Nahezu alles, was Deutschland geschaffen hatte, erschien als Modell und ein nachahmenswertes Ziel für die Marokkaner. Man maß sich selbst am deutschen Standard; zumeist erfolgte dies so, daß man sich mit viel Verbitterung darüber klar wurde, daß die marokkanische Gesellschaft sich im Rückstand befand. Während man ein positives, offenes und komplexes Bild Deutschlands entfaltete, zeichnete man ein negatives und simplifiziertes Bild Frankreichs und, in etwas geringem Maße, auch Großbritanniens. In dem Maße, in dem das Deutschlandbild als Verkörperung der Hoffnung auf die nationale Befreiung erhalten blieb, konnte es auch in den Augen der marokkanischen Nationalisten eine Sonderstellung einnehmen.

In Umkehrung des Makels der Kolonialmacht[68] (d. h. Frankreichs) stellen wir nicht so sehr die Überbetonung der eigenen Qualitäten fest, sondern eine positive Übersteigerung des Bildes des Frankreich-Bezwingers (d. h. Deutschland), mit dem man sich in hohem Maße identifiziert.

Das positive Deutschlandbild ist letztlich Ausfluß des Traumes von Befreiung und Unabhängigkeit. Seine Konstruktion entspricht voll der Notwendigkeit, in einem unterjochenden kolonialen Milieu das geistige Überleben und die Kommunikation weiterhin zu gewährleisten. Da die Realitäten ständig in Bewegung und im Umbruch sind, hoffte man, daß dieser Traum Wahrheit werden möge und tatsächlich eintreffe und daß die koloniale Situation aufhören würde real zu sein und ihrerseits imaginär werden möge.

Das Deutschlandbild beinhaltet nach einer Bezeichnung von R. Ledrut „eine mehr oder weniger reale Möglichkeit"[69] und beinhaltete zweifellos ideelle, aber deswegen keineswegs irrealen Richtlinien für die zu schaffende Gesellschaft. Es verkörperte in einem gewissen Sinn nicht nur die Hoffnung auf Befreiung, sondern auch die übergeordneten Vorstellungen von der Errichtung der künftigen Gesellschaft in der Unabhängigkeit.

Ausgehend von den Limitationen des Reellen kündigte dieses Bild implizit den Beginn einer neuen Realität, die es noch nicht gab, an. Es bürgerte sich in der realen Gesellschaft ein, war ihr aber nicht statisch, sondern mit Blick auf den ablaufenden historischen Prozeß verhaftet. Indem das Deutschlandbild irgendwie auch eine Dimension der Kultur wurde, trug es dazu bei, die Realität zu erneuern, sie für den offenen Horizont einer neuen Entwicklung zu bereiten. Diese ideelle Dimension wurde vor allem als Element, das der Kolonialherrschaft entgegenarbeitete, gesehen, indem sie sich mögliche Lösungen vorstellte und aus dem deutschen Kurs ein Modell machte, von dem man sich anregen lassen könne. Als „Gleichgewichtsstörung" hatte das Deutschlandbild eher die Funktion zerstörerisch als konstruktiv zu wirken. Da dieses Bild eine wichtige Triebkraft war, ist es müßig, die Frage zu stellen, ob das Image der Realität entspricht oder nicht. Entscheidend ist, daß dieses Image die Realität beeinflußt und zu ihrem Wandel beiträgt.

---

[68] Vgl. hierzu Pierre BOURDIEU: L'identité et la représentation. – *Actes de la Recherche en Sciences Sociales*, N° 35, November 1980, S. 69.

[69] Raymond LEDRUT: Société réelle et société imaginaire. – *Cahiers Internationaux de Sociologie* 82. 1987, S. 49.

Driss Bensaid (Rabat)

Die marokkanischen Ulemas und der Krieg, 1914–1945[*]

1. Einleitung

Zwei Jahre nach dem Beginn des französischen Protektorats in Marokko brach der Erste Weltkrieg aus. Damals schickte Frankreich auch marokkanische Soldaten an die Front; ihre Zahl wuchs mit den Ereignissen und der Dauer des Krieges und je nach dem Bedarf, den die französische Armee hatte, an. Zwar wurden die Marokkaner sehr eilig zu Soldaten gemacht, denn sie waren nicht oder nur gering ausgebildet in moderner Kriegsführung. Aber ihre Anwerbung entsprach vor allem der Nachfragestrategie des Schützengrabenkrieges, der bekanntermaßen besonders grausam war. So wurden für die französischen Truppen, die besser ausgebildet und ausgerüstet waren, Spielräume geschaffen, um sie für gezielte Angriffe und Manöver einzusetzen.

Wir dürfen nicht vergessen, daß damals Großbritannien und Frankreich zwei große Kolonialmächte waren, die fast sämtliche islamischen Länder kontrollierten und eine Allianz gegen Deutschland und die osmanische Türkei bildeten. Das bedeutet, daß bei einer bewaffneten Auseinandersetzung zwischen beiden Lagern somit muslimische Soldaten an der Seite der Alliierten gegen muslimische türkische Soldaten, die ihrerseits mit den Deutschen verbündet waren, kämpfen würden. Der Weltkrieg schuf somit eine ganz neue Situation (neben vielen weiteren); denn über die Frage der Wichtigkeit der politisch-strategischen Rivalitäten jener Zeit und die erhebliche Zahl der betroffenen Truppen hinaus, ergaben sich schwerwiegende politisch-religiöse Probleme, und zwar vor allem für Frankreich, das sich als „*führende islamische Macht auf der Welt*"[1] betrachtete, weil es die Maghrebländer und das islamische Westafrika beherrschte. In dieser Situation wies die deutsche Propaganda eine wichtige Trumpfkarte auf. Sie nutzte schlauerweise den religiösen Aspekt des Krieges aus, um jegliche religiöse Legitimität eines Krieges gegen Deutschland zu bestreiten. Diese Auffassung wurde durch türkische und deutsche Agenten, die vor allem in Nordmarokko tätig waren[2], geschürt.

Die unter deutschem »Schutz« stehenden marokkanischen Persönlichkeiten sollten eine wichtige Rolle in diesem ideologischen Krieg spielen[3] – zumindest waren sie dazu bereit. Es wurde hier ohne Bandagen gekämpft: die französischen Behörden waren sehr unfreundlich gegen den abgesetzten marokkanischen Sultan Moulay Abdellaziz[4] vorgegangen, der seit Beginn des Krieges nach Frankreich deportiert worden war. In einem an der französische Außenministerium adressierten Brief rechtfertigte General Lyautey diese Maßnahme mit „*dem im Gharb kursierenden Gerücht, wonach die Deutschen im Falle ihres Sieges ihn wieder auf den Thron setzen könnten* [...], *weil er abgesetzt worden sei, ohne abgedankt zu haben*"[5].

Aus weiteren Telegrammen geht hervor, daß die deutsche Aktion von Major von Kale koordiniert wurde, dem deutschen Militärattaché in Madrid, dem es gelungen war, den Ex-Sultan Moulay Hafid über den spanischen Geschäftsträger in Tanger dazu zu bewegen, sich zu Beginn des Krieges nach Madrid zu begeben, wo er nacheinander von den Türken und Deutschen besucht und ausgehalten wurde[6].

Deutschland war somit zu Beginn des Ersten Weltkrieges bei den muslimischen Völkern in einer starken Position, und zwar sowohl im Bereich der militärischen Operationen wie in politischer und ideologischer Hinsicht. Letztere Position kam zustande durch die deut-

---

[*] Übersetzt von Hubert Lang (*Fatwas*) und Herbert Popp (Text).
[1] Robert MONTAGNE: La politique musulmane de la France. – Paris 1938, S. 20
[2] „[...] *die zahlreichen Briefe, die an die Stämme gesandt wurden und den Stempel des Sultans von Stambul und des deutschen Sultans »Hadsch Wilhelm« trugen, schaffen entlang dieses Grenzbereiches* [= der spanischen Protektoratszone] *eine zunehmende Agitation, deren Auswirkung in ganz Marokko spürbar wird*" (L'Afrique Française, N° 6-7, 1915, S. 162).
[3] Vgl. den Bericht von Marschall Lyautey vom 31. Juli 1914, publiziert 1916 in: *Renseignement Coloniaux* (Ergänzungshefte zu *L'Afrique Française*) N° 7, Juli 1916, S. 260; vgl. auch *L'Afrique Française*, N° 6-7, 1915, S. 115-116.
[4] Hier ist darauf hinzuweisen, daß die Mutter von Moulay Abdellaziz Türkin war und daß der abgesetzte Sultan unter vielen Marokkanern jener Zeit hohe Sympathie genoß (vgl. DR. WEIZBERGER: Au seuil du Maroc moderne. – Rabat 1947).
[5] Daniel RIVET: Lyautey et l'institution du protectorat français au Maroc. Bd. 2. – Paris 1988, S. 136.
[6] RIVET a.a.O. 1988, Bd. 2, S. 130.

sche Propaganda, die es verstand, den Krieg als eine Art Heiligen Krieg (*jihad*) darzustellen, der die Befreiung dieser Völker von der unrechtmäßigen Beherrschung durch Frankreich und Großbritannien zum Ziel hatte. Bei diesem Bemühen profitierte es davon, daß die muslimisch-türkische Armee zu Deutschland stand und daß der osmanische *Kalif*, der als höchste politische und religiöse Autorität der islamischen Welt angesehen wurde, diese Strategie absegnete. Zudem hatten die deutschen Agenten, wie soeben erwähnt, es vermocht, Kontakte mit zwei legitimen marokkanischen Ex-Sultanen herzustellen, die beide ohne große Schwierigkeiten wieder auf den Thron gehievt werden konnten, falls Deutschland siegreich aus dem Krieg hervorginge – unter religiöser und politischer Anerkennung der Autorität des osmanischen Kalifen über Marokko.

Indem die deutschen und osmanischen Aktionen schwergewichtig auf die Frage der Illegitimität des Krieges, der gegen die deutschen Truppen des »Hadsch Wilhelm«[7], die Aliierten des osmanischen Khalifen, geführt wurde – eine Auffassung, die noch verstärkt wurde durch eine *Fatwa*[8], die von den türkischen *Ulemas*[9] ausgegeben wurde –, eingingen, sahen sich die Alliierten, und insbesondere die Franzosen, in die Enge getrieben und zu einer ideologischen Gegenoffensive genötigt, die gegen das Kernstück der deutschen Propaganda Stellung bezog: die Frage der Legitimität des osmanischen Kalifats (*Khilifat*).

Im Zentrum dieser Auseinandersetzung waren somit die Frage des Kalifats, d. h. der sittlichen, religiösen genealogischen und sogar materiellen Bedingungen, die erfüllt sein müssen, um zu dieser höchsten Würde zu gelangen. Deshalb war es auch erforderlich, daß sich die einzigen kompetenten und von den Muslimen anerkannten Experten zu diesem Thema zu Wort meldeten, gemäß einem schon Jahrhunderte im Islam praktizierten Verfahren: nämlich die *Ulemas* über den Umweg der *Fatwas*.

2. Die Frage des Kalifats

Die Kalifats-Frage bildete den wichtigsten Aspekt und das oberste Ziel der Außenpolitik des französischen Protektorats in Marokko. Diese Strategie wurde vor allem unter dem Prokonsulat des Marschalls Lyautey (1912-1925) praktiziert, des ersten Generalresidenten und dem eigentlichen Schöpfer der Kolonialpolitik in Marokko, der (da in Marokko wohnhaft) gemäß dem Vertrag vom 30 März 1912 die Funktionen des marokkanischen Außenministers übernahm. Nach RIVET hatte diese Frage den Charakter „*eines politikwissenschaftlichen Gesetzes*"[10].

Die Politik Lyauteys zur Frage des Kalifats stützt sich in erster Linie auf eine Rehabilitierung des Sultans, indem er die Zeichen seiner Hochachtung verstärkt betonte und ganz explizit die traditionellen äußeren Zeichen der Macht des *Makhzen* beibehielt. Lyautey selbst setzte hier ein Zeichen, indem er sich öffentlich als „*erster Diener des Sidna*"[11] bezeichnete. Die Vorstellung von einem marokkanischen Kalifat für die gesamte islamische Welt oder wenigstens für den muslimischen Westen und die Eigenschaften des marokkanischen Sultanats, die es ihm ermöglichten, eine völlige Rechtmäßigkeit und damit auch Legitimität für diesen »Posten« zu beanspruchen, wurden von Lyautey im Laufe der Jahre immer wieder hervorgehoben. Damit zielte er aber, vor dem Hintergrund der Unsicherheiten in der internationalen Politik während des Ersten Weltkrieges und der Rivalität zwischen den beiden Kolonialmächten, auf eine Kontrolle über den arabischen Teil des Osmanischen Reiches, wenn der Krieg erst zuende war.

In zutreffender Einschätzung der Besprechungen der marokkanischen *Ulemas* zur Frage des Kalifats und der Pläne der Briten stellte sich Lyautey 1915 auf den Standpunkt, daß man Marokko nicht mit Algerien vergleichen könne, das ja keine legitime Herrschaft von Bedeutung besaß. In seinen Augen ist Marokko „*ein historisch gewachsenes und unabhängiges Reich, das entschieden auf seine Unabhängigkeit bedacht ist und gegen jede Knechtschaft opponiert*"[12], und er ergänzt in seinem Bericht vom Juni 1915, der mitten im Krieg, nach der durch die Briten veranlaßten Gefangennahme des Scherifen von Mekka, Husssein, verfaßt wurde, daß es für Marokko um die *Wiedereinrichtung* des Kalifats ginge und nicht um seine *Neuetablierung*. Damit konterte er schon im Vorgriff gegen mögliche Ansprüche eines rivalisierenden Kalifats[13].

Gegen Ende des Ersten Weltkrieges dann, im Jahr 1917, vertrat er die Auffassung, daß sich die marokkanische Gesellschaft um einen »Kern« gruppiere, an dem sich alle Marokkaner orientierten und sich ihm unterordneten: dem Sultan als Anwalt aller grundlegenden Macht des »marokkanischen Hauses« (Eröffnungsrede zur Messe von Rabat, am 16. September 1917).

Nach dem Ende des Ersten Weltkrieges wandte sich Lyautey direkt an die Briten, um ihnen zu bedeuten, daß der marokkanische Sultan in Personalunion sowohl politische wie auch religiöse Macht verkörpere, da er ja zugleich „*gekrönter Kalif und Imam*"[14] sei. Aus diesem Grund könne man ihn auch nicht mit dem *Bey* von Tunis und dem *Khedif* von Ägypten vergleichen, die Lyau-

---

[7] *L'Afrique Française* N° 6-7, 1915, S. 162.

[8] „Indem die Regierung unter Enver Pascha den deutschen Empfehlungen folgte, erklärte sie den Staaten des Dreibundes den Krieg, und sie versuchte mit der Verkündung einer »fétouwa«, die zum Heiligen Krieg aufforderte, die muslimischen Länder, die unter der Herrschaft Frankreichs, Großbritanniens und Rußlands stehen, aufzuwiegeln. Einige Emissäre in türkischen Diensten versuchen unter dem Deckmantel des Islam im scherifischen Königreich Hetze zu betreiben und die Bevölkerung aufzuwiegeln." (*L'Afrique Française* N° 1, 1915, S. 47-49). Über den Begriff der *Fatwa* vgl. den Beitrag über »ifta«, in der *Encyclopédie de l'Islam*, Bd. 4 – Leiden, Paris 1932.

[9] Über die *Ulemas* (franz. Schreibweise: *oulémas*; = Schriftgelehrten), Singular *Alim*, vgl. Artikel »ulama« in der *Encyclopédie de l'Islam*, Bd. 4. – Leiden, Paris 1932, S. 1047-1048.

[10] RIVET a.a.O. 1988, Bd. 2, S. 130.

[11] Ansprache Lyauteys vor den eingeborenen Notabeln am 28. September 1917; zitiert nach RIVET a.a.O. 1988, Bd. 2, S. 135.

[12] Bericht vom 15. März 1915; zitiert nach RIVET a.a.O. 1988, Bd. 2, S. 131.

[13] RIVET a.a.O. 1988, Bd. 2, S. 135.

[14] RIVET a.a.O. 1988, Bd. 2, S. 131.

tey lediglich als türkische Beamte betrachtete[15]. Ebenso könne man ihn nicht mit dem *Scherif* von Mekka vergleichen, dessen Funktion nach seiner Meinung lediglich auf die recht untergeordnete Aufgabe eines „*großen Bettelmönchs der heiligen Stätten*"[16] beschränkt sei. 1923 schließlich, kurz vor der Aufhebung des osmanischen Kalifats (*Khilafat*-Bewegung) durch Mustapha Kemal, sprach Lyautey dem Sultan von Marokko schließlich alle Vorrechte des Kalifen zu; denn „*das Gebet wird von allen Muslimen des »Maghreb« in seinem Namen gemacht* [...], *und sogar in Timbuktu ist er der der legitime Vertreter des Islam*"[17].

Lyauteys Politik zur Frage des Kalifats ging, wie wir gezeigt haben, weit über ein bloßes Kontern auf die deutschen Aktionen hinaus. Man kann sogar so weit gehen zu behaupten, daß die Deutschen Lyautey den herbeigesehnten Vorwand geliefert haben, um die Berechtigung seiner „*muslimischen Politik in Marokko*"[18], die nicht immer bei den politischen und parlamentarischen Kreisen in Frankreich Zustimmung fand, zu demonstrieren.

Die politische Argumentation drehte sich immer wieder um die zentrale Frage, inwieweit Lyautey die marokkanischen *Ulemas* für seine Zwecke einspannen konnte. Die Frage war umso wichtiger, als er die *Ulemas* als eine der drei Komponenten der Macht ansah, die sich in Marokko in wohl einmaliger Konstellation recht kompliziert unterteilte, wodurch eine Art politischer »Führungsstab« entstand, der – neben dem *Sultan* – zum einen von den gebildeten *Ulemas*, zum anderen von einer ökonomischen Gruppe größter Wichtigkeit „*durch bedeutende Händler, die Zugang zum Weltmarkt hatten*"[19] gebildet wurde.

Dementsprechend begann Lyautey die *Ulemas* zu konsultieren und sie nach ihrer Auffassung als Juristen und Experten zu den von ihm so genannten „*türkischen und deutschen Behauptungen*" zum *Khilafat* zu fragen. Hierbei interessierte ihn die Frage, was das muslimische öffentliche Recht dazu meine, und er erbat ihre politisch-religiöse Stellungnahme zur Kriegsbeteiligung an der Seite der Franzosen gegen die Deutschen als „*Feinde des Islam*"[20].

Die starke Einbeziehung der *Ulemas* seitens des Generalresidenten und die Art und Weise der *Fatwas* und Antworten, die er erhielt, hat uns dazu angeregt, uns mit der politischen und sozialen Rolle zu beschäftigen, die die traditionsverbundenen marokkanischen Intellektuellen bis zum Ende des Zweiten Weltkrieges gespielt haben – somit bis zur Veröffentlichung des Unabhängigkeitsmanifests am 11. Januar 1944. Anders ausgedrückt, sollen zwei parallel verlaufende Trends verfolgt werden:

a) der lange Prozeß, in den die *Ulemas* in ihrer intellektuellen und politischen Entwicklung eingespannt waren, und der auf einmal in mehrere Reformen des islamischen Bildungswesens unter Lyautey und seinen Nachfolgern mündete, und

b) der wachsende Einfluß der neuen und revolutionären Ideen, die aus der arabischen Orient kamen und vor allem durch die Lehre einiger bedeutender Meister der Karaouine-Universität verbreitet wurden.

Deshalb repräsentierten die Universität und die *Ulemas* den Hauptanteil der wachsenden Macht in der Auseinandersetzung zwischen dem Generalresidenten und den noch jungen Elementen eine nationalen Bewegung, wie sie in den Moscheen einiger marokkanischer Großstädte entstanden ist, vor allem aber unter Studenten der Karaouine-Moschee in Fes, der altehrwürdigen islamischen Universität. Diese Tendenz war vor allem seit der großen politisch-religiösen Protestbewegung spürbar, die im Anschluß an die Verkündung des *Dahirs* (Gesetzes) vom 16. Mai 1930, das auch bekannt wurde unter dem Namen »Berber-*Dahir*«[21], erfolgte.

Die Generalresidenz wollte unter dem Einfluß von Lyautey den Einfluß und die Legititimität der *Ulemas* für ihre Zwecke ausnutzen und zähmen, um dann neue Macht in juristischen und administrativen Bereichen des Kolonialstaates zu lenken, wie es formal juristisch seit Protektoratsbeginn bei der Neuorganisation der *Habous*-Verwaltung[22] erfolgt war. In politisch-religiöser Hinsicht verdeckt der Versuch, die marokkanischen *Ulemas* über angeforderte *Fatwas* in die ideologische Konfrontation zwischen den Deutschen und den Allierten über die Legitimität des osmanischen *Khilafats* einzubeziehen, eine noch viel grundsätzlichere Problematik. Es ging um die Sicherstellung der Loyalität und Kampfbereitschaft von Hunderttausenden von muslischen Soldaten, die ja auf beiden Seiten kämpften. Dieser Versuch war der Auslöser für einen langen Diskussionsprozeß unter den *Ulemas*, der schließlich darin gipfelte, daß sie sich nicht nur als *Alim* verstanden, sondern auch als Nationalisten.

Bevor wir die Texte der einschlägigen *Fatwas* der marokkanischen *Ulemas* zum Ersten Weltkrieg vorstellen und interpretieren, erscheint es notwendig, einige historische und soziologische Informationen zu den *Ulemas* vorauszuschicken. Nur vor diesem Hintergrund ist es möglich, die Bedeutung der *Fatwas* und Stellungnahmen zu erkennen und gleichzeitig die Entwicklung der religiösen und politischen Ideen dieser Gruppen marokkanischer Intellektueller recht einzuschätzen – schließlich handelte es sich ja um einen Trend, der sich in vielfältiger Weise mit der politischen und theoretischen Entwicklung der gesamten nationalen Bewegung Marokkos kreuzte und vermischte.

---

[15] RIVET a.a.O. 1988, Bd. 2, S. 132.
[16] „grand aumônier des lieux saints", RIVET 1988 a.a.O., Bd. 2, S. 132.
[17] RIVET a.a.O. 1988, Bd. 2, S. 131.
[18] „*Bislang habe ich Marokko nur dank meiner muslimischen Politik halten können. Ich bin sicher, daß sie gut ist, und ich erflehe eindringlich, daß mir niemand ins Handwerk pfuschen möge* [...]" (Brief von Lyautey an Peritti de la Rocat vom 17. November 1915; zitiert nach RIVET a.a.O. 1988, Bd. 2, S. 132.
[19] Rivet a.a.O. 1988, Bd. 2, S. 132.
[20] Vgl. den Text der *Fatwa* des Scheikh Abou Chouaib Doukkali, der als Anhang 2 zu diesem Beitrag abgedruckt ist.
[21] Vgl. hierzu auch: Charles AGERON: Politiques coloniales au Maghreb. – Paris 1973.
[22] *Habous*: fromme islamische Stiftung.

3. Der Alim und die Stadt

Was ist ein *Alim* (Schriftgelehrter)? Welche wissenschaftlichen und religiösen Funktionen erfüllt er? Wie und wo erfolgt seine Ausbildung? Welche Stellung besitzt er in der Stadt und der Gesellschaft als Professor, Richter, *Mufti* (Rechtsberater) oder ganz einfach als Gelehrter? Anders gefragt: Aus welchen Quellen schöpft er seine religiöse Autorität, das Sozialprestige und den politischen Einfluß, um seine Meinung und seine Zustimmung zwingend erforderlich zu machen, damit die Legalität der intimsten Verhaltensweisen von Individuen abgesichert werden, wie z. B. die Regelung von finanziellen und wirtschaftlichen Streitfällen vorzunehmen, oder auch Einfluß auf die Gestaltung und Paraphierung der *Bai'a* (Akt der Huldigung und Investitur) zu nehmen? Was schließlich prädestiniert den *Alim* so sehr, eine unersetzliche Stellung im Kreise der *Khassa* (Elite) Marokkos einzunehmen)?[23]

Jacques Berque faßt meisterhaft die Aufgaben der *Ulemas* gegen Ende des 17. Jahrhundert zusammen. Seither hat sich nur relativ wenig geändert, was bereits Rückschlüsse über die Schnelligkeit des Entwicklungsprozesses der Funktionen, die *Ulemas* ausüben, und ebenso des damit verknüpften Sozialsystems zulassen. Jacques Berque vertrat die Auffassung, daß die *Ulemas* die Gemeinschaft in fünffacher Hinsicht beeinflußten: „1– direkt als Rechtsberater [...] 3– durch ihre Rechtsentscheidungen (*Ahqam*), die Streitfälle indirekt durch die Rügen (*Nassiha*), die sie von der Macht ausschließen, schnell lösen 4– durch die latente Zensur (*Hisba*), die sie auf die Gebräuche ausüben und schließlich 5– durch das moralische und kulturelle Vorbild ihres Verhaltens, ihrer Redeweise und sogar ihrer Gestalt"[24]. Aber die *Ulemas* bildeten keineswegs eine homogene Sozialgruppe, weil das religiöse Wissen in Marokko nie das Privileg einer einzigen bevorrechteten Sozialgruppe war. Während die *Scherifen*[25] (Abkömmlinge des Propheten oder Heilige) ein religiöses Prestige qua Genealogie genossen, mußten die *Ulemas* sich ihre herausragende Rolle erst erarbeiten, um zum gleichen Ziel zu gelangen. Was sind hierbei die nötigen Mittel, die geforderten Bedingungen und die zu übersteigenden Hürden, um dieses außergewöhnliche Prestige zu erlangen, das Studenten sich erwarben, die weder hinsichtlich ihrer Herkunft noch ihres Schicksals für diese Aufgabe vorbestimmt waren? Diese Frage ist umso wichtiger als die Rolle des *Alim* und die Weitergabe des *Ilm* (Wissens) praktisch der einzige Ausfluß einer sozialen Mobilität blieb, die ja theoretisch allen muslimischen Studenten der marokkanischen Gesellschaft offen stand, egal aus welcher Sozialschicht oder kulturellen und regionalen Herkunft sie stammten.

Um diesen Prozeß näher zu beleuchten folgen wir den Pfaden eines marokkanischen Studenten der Karaouine-Universität, der später *Alim* geworden war, zu Beginn des 20. Jahrhunderts[26]. Damals war die Karaouine zugleich das Zentrum des Wissens und der Kultur im muslimischen Westen wie auch der Stadt Fes, der politischen und wirtschaftlichen Kapitale des Landes und eine Stätte ständiger politischer und sozialer Unruhen.

a) Der Student, der später »Alim« wird

Die Zahl der *Tolbas* (Studenten) der Karaouine-Universität betrug zu Beginn des Protektorats etwa 1.000, die sich untergliederten in 400 Fassis und 600 aus den übrigen Landesteilen[27]. Die Studenten ländlicher Herkunft nennt man in Fes auch *Afaquiyn*, d. h. Fremde in der Stadt, und sie wohnten in *Medersen* (einer Art von Studentenwohnheimen).

Die Studenten erhielten kein Stipendium, aber durch *Habous* (eine fromme Stiftung) ihr tägliches Brot, das vom Vorsteher, der die *Medersa* bewachte, verteilt wurde. Auch die Unterkunft war im Prinzip unentgeltlich; der neuankommende Student mußte aber das Nutzungsrecht von seinem Zimmervorgänger zu einem Preis erwerben, der 1923 bei 2000 Francs lag[28], d. h. dem Gehalt eines *Alim*, eines Professors der Oberstufe der Karaouine, für vier Jahre entspricht[29]!

Diese Forderung war ein großes Hindernis für Studenten aus einfachen Verhältnissen. Diese waren entweder von der Ausbildung ausgeschlossen, mußten sich erheblich verschulden oder ihre Reise nach Fes solange verschieben, bis sie ein bescheidenes Kapital erworben hatten – sei es durch eine Tätigkeit im Handel, sei es durch einen mehrjährigen Aufenthalt bei einem Stamm als besoldeter Lehrer. Es wäre natürlich auch noch denkbar gewesen, daß sich ein armer Student bei einem wohlhabenden Studenten als Diener verdingt; aber diese Lösung hätte ihn blamiert und seinem Prestige als künftigem *Alim* geschadet[30].

Auch wenn das genannte „Schlüsselgeld" für ärmere Bevölkerungsschichten den Zugang zur Karaouine oft verhinderte, muß man doch betonen, daß der Student vom Lande, wenn er erst einmal *Tolba* war, den Erwerb des Nutzungsrechtes als Investition ansah, die ihm später, nach Abschluß seiner Studien, den Einstieg ins Berufsleben erleichterte.

Um an der Karaouine studieren zu dürfen mußte der Student vom Lande nur den Koran in- und auswendig beherrschen und einige Grundlagen der Grammatik und des *Fiqh* (des kanonischen Rechts) nachweisen, die er in

---

[23] Über die *Khassa* vgl. auch Abdellah LAROUI: Les origines sociales et culturelles du nationalisme marocain. – Paris 1977, S. 108-111.
[24] Jacques BERQUE: Ulémas, fondateurs, insurgés du Maghreb. – Paris 1982, S. 227.
[25] Vgl. Stichwort »sharif« in der *Encyplopédie de l'Islam*. Bd 4. – Leiden, Paris 1932, S. 336-341.
[26] Kenneth BROWN: Histoire culturelle de Salé. Profil d'un alim. – *Bulletin Economique et Social du Maroc* N° 116, 1970.
[27] Paul MARTY: L'université de Quaraouiyne. – *Renseignements Coloniaux* (Ergänzungsheft zu *L'Afrique Française*), N° 11, November 1924, S. 337.
[28] Diese Zimmer gehören eigentlich zum *Habous*, das dem Neuankömmling den Schlüssel aushändigt. Im allgemeinen ist die Nutzung der Zimmer indes ein faktisches Recht, das vom bisherigen Bewohner beim Notar an seinen Nachfolger gegen eine Summe veräußert wird, die zwischen 400 und 2.000 Francs liegen kann. Vgl. P. MARTHY a.a.O. 1924, S. 339.
[29] Gehaltsliste der Professoren, *Dahir* vom 25. Mai 1930 über die Ausbildungsreform an der Karaouine; vgl. Abderrahman IBN ZAIDANE: A d'dorar Al Fakhira (Die prächtigen Perlen). – Rabat 1937, S. 147.
[30] Mündliche Mitteilung, die wir selbst erfragt haben.

den Moscheen oder *Zaouias* der Städte und Dörfer, in denen er wohnte, erwerben konnte. Der überwiegende Teil des Unterrichts wurde in der Karaouine-Moschee, dem Sitz der Universität, erteilt. Die Gesamtstudienzeit war nicht festgelegt, doch betrug sie im allgemeinen zwischen vier und acht Jahren, vereinzelt auch bis zu 10 Jahren[31]. Die Studiendauer hing von der angestrebten Karriere des Studenten ab und von den Mitteln, über die er erfügte, so daß vor allem bei den Studenten vom Lande die Studienzeit meistens länger dauerte, weil für diese das Studium dem Zeitrhythmus angepaßt werden mußte, den das landwirtschaftliche Jahr dikierte, war er doch jeweils für Bestellungsarbeiten (Aussaat, Ernte) unabkömmlich. Das Ausbildungssystem war sehr flexibel; die Lehre an der Karaouine war Ausbildung „à la carte", und die Gesamtdauer ein und desselben Kurses war von Professor zu Professor unterschiedlich lang. Paul Marty nennt das Beispiel des *Kadi* von Fes al-Djedid, der seine zusammengefaßten Kommentare zu *Scheikh* Khalil, dem wichtigsten Lehrbuch des islamischen Rechts, das in Marokko gelehrt wird, innerhalb von zwei Jahren abhandelte, während der *Kadi* von Fes el-Bali mit seinen Erläuterungen zum gleichen Lehrbuch 28 Jahre benötigte[32]!

Der Student genoß eine Lehre, die vor allem auf Religions- und Sprachwissenschaft ausgerichtet war[33], die ihn für die Berufsfelder als Beamter in der Verwaltung des *Makhzen*, als *Adil* (Notar) oder als *Kadi* (Richter) qualifizierte. Die herausragendsten Studenten strebten die Stelle eines *Alim* an, eines Professors an der Karaouine[34].

b) Die »Ulemas«, das Wissen und die Institutionen

Im vorkolonialen Marokko bezeichnete das *Ilm* (Wissen) den Kenntnisstand über die Traditionen, das kanonische Recht und die daraus abgeleitete Theologie. Die *Ulemas*, die vor allem als die Wahrer dieser Tradition fungierten, waren Juristen und Theologen[35].

Soziologisch gesehen, identifizierten sich die *Ulemas* in hohem Maße mit der Professorenschaft der Karaouine in Fes[36]: mit den *Ulemas* (als Lehrkörper), mit der Karaouine (als Institution) und mit Fes (als Stadt). Diese drei bildeten somit ein strukturelles Ganzes. Veränderungen, die eine dieser Komponenten betrafen, mußten auch die Stellung und die Funktion der beiden anderen beeinflussen. Indes würde eine detaillierte Beschreibung der je spezifischen interrelativen Entwicklung der drei Komponenten den Rahmen dieses Beitrages bei weitem sprengen. Es sei hier lediglich nochmals betont, daß es nur aus methodischen Gründen notwendig war, die Rolle und Funktion der *Ulemas* hier aus dem Gesamtzusammenhang zu isolieren, um so einige Aspekte der politischen und sozialen Macht der *Ulemas* zu verdeutlichen, die wiederum notwendig sind, um die Legitimation der wichtigsten politischen Entscheidungen im vor- und nachkolonialen Marokko zu verstehen[37].

Der Wechsel vom *Tolba* (Student) zum Professor vollzog sich sozusagen automatisch. Denn derjenige Student, der das vorher erwähnte Lehrbuch von Khalil detailliert und gut beherrschte und dem es gelang, es vor einem Gremium der *Ulemas* vorzutragen, erhielt daraufhin eine monatliche Summe, die ihn einkommensmäßig zum Professor vierten Grades[38] machte. Die offizielle Ernennung als *Alim* war indes abhängig von wechselseitigen Einflüssen der politischen Machtkonstellation in der Stadt und den inneren Rivalitäten an der Karaouine.

Die *Ulemas* als Professoren an der Karaouine waren in vier Kategorien je etwa gleich großer Anzahl untergliedert[39]. Die Ernennung der Professoren erfolgte aufgrund eines Vorschlags der *Ulemas*, der dem *Sultan* durch den *Kadi* von Fes übermittelt wurde. In der Regel wird die Stelle eines Professors nach dem Tod eines *Alim* frei oder wenn ein Professor zum *Kadi* ernannt wird. Dann wird sowohl ein neuer Professor berufen wie ein bereits ernannter befördert in eine höhere Hierarchiestufe. Die Bewerbungen um das Amt eines Professors der vierten Stufe sind mit einer Prüfung verbunden, das der Universitätsrat abnimmt. Dieser legt die Namen der befürworteten Fälle dem Sultan zur Zustimmung vor, der sie dann ernennt. Im Falle des Aufstiegs von einer Hierarchiestufe in eine andere, legt der Rat die Liste mit jenen *Ulemas* vor, die zur Beförderung anstehen, dem Sultan vor, der dann einen davon auswählt[40].

Dieses demokratisch erscheinende System läßt dem Sultan das Recht, die ständige Aufsicht über die Universität zu führen und ermöglicht es ihm, die Ernennung und Beförderung der *Ulemas* zu steuern. Diese Kontrolle hat einen politischen Aspekt vor allem dann, wenn ein Professor in der zweite oder gar erste Hierarchiestufe befördert wird, da sowohl die *Baia* als auch *Fat-*

---

[31] P. MARTY a.a.O. 1924, S. 340.
[32] P. MARTY a.a.O. 1924, S. 348.
[33] Das Lehrveranstaltungsangebot an der Karaouine umfaßte 1924 die folgenden 13 Fächer: 1) Recht; 2) Erbrecht; 3) Grundlagen und Dogmen es Rechts; 4) Theologie; 5) Tradition des Propheten (*Hadith*); 6) Mystik; 7) Panegrik des Propheten; 8) Grammatik und Syntax; 9) Morphologische Grammatik und Konjugationen; 10) Rhetorik; 11) Prosodie und Versbau; 12) Philosophie der Grammatik; 13) Logik. Vgl. P. MARTY a.a.O. 1924, S. 345.
[34] ebd., S. 344.
[35] Vgl. Stichwort »ulama« in der *Encyclopédie de l'Islam*, Bd. 4. – Leiden, Paris 1932, S. 1047.
[36] Damit soll nicht die Bedeutung anderer kultureller und wissenschaftlicher Zentren in Frage gestellt werden, wie z.B. Marrakech oder die zahllosen *Zaouias* und *Medersen*, speziell im Tafilalet und im Souss. Vgl. auch Mokhtar SOUSSI: Souss al alima. – Rabat 1960.
[37] A. LAROUI a.a.O. 1977, S. 103. Vgl. hierzu auch mehrere Beratungen seitens der *Ulemas* am Ende des 19. Jahrhunderts über die politische und wirtschaftliche Situation, die durch ständigen Druck der Kolonialmächte auf Marokko beeinflußt wurde, in Ahmed NACIRI: Al Istiqssa, Bd. 9, S. 29-32 zur Frage der *Bai'ia* von Tlemcen, S. 103-108 zur Frage der *Meks* (nicht kanonischen Steuern und Abgaben), S. 195 bezüglich der Liberalisierung des Außenhandels (Ahmed NACIRI: Al Istiqssa Liakhbar doual al magrib al aqssa, Bd. 9. – Casablanca 1959 [arabisch].)
[38] P. MARTY a.a.O. 1924, S. 340. Die Höhe dieses Einkommens betrug 1924 25 Francs.
[39] 1905, während der Regentschaft von Moulay Abdellaziz, betrug die Zahl der *Ulemas* der Karaouine 101. Sie waren wie folgt in die vier Kategorien unterteilt: 22 in der ersten Kategorie, 22 in der zweiten Kategorie, 28 in der driten Kategorie und 29 in der vierten Kategorie. Vgl. Abderrahman IBN ZAIDANE: Al Izz wa assaoula, Bd. 2. – Rabat 1962, S. 55.
[40] P. MARTY a.a.O. 1924, S. 335

was politischen Inhalts vor allem von den *Ulemas* der erste Rangstufe ausgingen, die somit eine Art Elite (*Khassa*) bildeten. Sein Aufstieg führte den *Alim* in die oberen Entscheidungs- und Machtsphären. Aber die Steuerung der *Ulemas* durch die politischen Machtträger war nicht immer erfolgreich. Falls nämlich der Machthaber versucht, die Willfährigkeit der *Ulemas* durch Einschüchterung oder Begünstigung zu erwirken, wird er im allgemeinen wenig Erfolg haben[41]. Falls der *Alim* sich zu sehr für die Zwecke der politischen (oder anderer) Machtträger engagiert, verliert er sein Prestige, und seine Legitimität reduziert sich in der Einschätzung der Mitbürger schlagartig. Das ging, wie Jacques Berque sagte, so weit, daß das Prestige dieses Richters nur dann sehr groß ist, wenn er es unterläßt zu richten[42].

Zur sozialen Herkunft der Professoren ist zu sagen, daß die meisten *Ulemas* aus Fes stammen. Unter 172 *Ulemas*, die es Anfang der zwanziger Jahre gab, waren 30 vom Land[43]. Trotz der prinzipiellen Offenheit in der Rekrutierung des Nachwuchses stammen die Spitzenkräfte dieser Sozialgruppe zumeist aus großen städtischen *Fassi*-Familien infolge der komplexen Beziehungen zwischen der Universität und der Stadt, die soweit führen, daß immer dieselben Familien die *Ulemas* stellen; denn „*der »Fiqh« stellt den legitimierenden Aspekt der Kayseria dar*"[44].

Die *Ulemas* hatten kein ausreichendes und festes Einkommen. Sie erhielten von der *Habous*-Verwaltung, die für die Betreuung der Universitätsliegenschaften zuständig war, nur ein unregelmäßiges monatliches Einkommen von geringer Höhe. Innerhalb der vier Kategorien von Professoren schwankte es zwischen 30 und 100 Francs[45], ergänzt durch jährliche Naturalabgaben, die noch in Form der *Cila* (einer königlichen Schenkung)[46] und einer Kleiderspende, die oftmals mit erheblicher zeitlicher Verzögerung eintraf, gewährt wurden. Deshalb waren die *Ulemas* oft zu der erniedrigenden Tätigkeit gezwungen, beim *Sultan* in humorvoller Weise die alljährlich zugesagte Kleiderspende auch einzufordern[47].

Trotz allem bildete die materielle Unabhängigkeit der *Ulemas* gegenüber den Institutionen der politischen Macht den entscheidenden Aspekt ihres Sozialprestiges und zudem den Beweis ihrer intellektuellen Integrität. Die verschiedenen Regierungen konnten natürlich versuchen, sie zu domestizieren, indem man ihnen ein offizielles Amt, das zudem gut bezahlt war, anbot – und damit hätten sie wohl auch teilweise Erfolg gehabt. Aber dieser Erfolg wäre zu durchsichtig gewesen, das Volk hätte solche „*Handlanger der Regierenden*" mit Verachtung gestraft[48]. Die Behörden der Protektoratsverwaltung versuchten durchaus die *Ulemas* für ihre Zwecke zu funktionalisieren. Sie interessierten sich schon sehr bald für die *Ulemas*; denn deren legitimierende Funktion benötigte man, um Urteile zu heiklen Grundstücksstreitfällen zwischen Marokkanern und Ausländern zur Berufung zuzulassen. Die Bemühungen der französischen Protektoratsverwaltung führte zur Gründung des »Rates der Ulemas«, dem damit per *Dahir* die Funktion eines Richtergremiums zugewiesen wurde – und eine derartige Entscheidung fiel bereits ein Jahr nach Beginn des Protektorats[49]!

Ermuntert durch die Generalresidenz ergriff der marokkanische *Makhzen* mehrere Maßnahmen zur Reformierung der Karaouine. Die ersten Maßnahmen betrafen eine Verbeamtung der *Ulemas*. 1914 wurde dann ein Rat zur Verbesserung der Situation der Karaouine gegründet. Der Rat, dessen Präsident Mohamed El Hajoui war, umfaßte sechs gewählte Mitglieder, von denen zwei die Verfasser der beiden *Fatwas* sind, die zur Frage des Ersten Weltkriegs verfaßt wurden[50]. Es wurden auch die Gehälter der *Ulemas* zweimal angehoben[51]: das erste Mal 1928 und das zweite Mal per *Dahir* am 25. Mai 1930, der lediglich 10 Tage vor der Verkündung des berüchtigten Berber-*Dahirs* erfolgte. Die Ausbildungsreform, die die Stundenpläne, Curricula und Arbeitspläne betraf, wurde dagegen erst 1933 durchgeführt[52].

Die Universitätsreformen hatten somit mehrere Ziele, doch bildete hiervon die Verbeamtung der *Ulemas* ein wichtiges Element. Denn diese wurden nunmehr der Verwaltung zugeordnet, was unweigerlich zu einer Abwertung ihrer Stellung als *Alim* führte, dessen soziale Wertschätzung nunmehr vom Zentrum zum Rand der Gesellschaft absank. Die Reformen wollten auch den politischen und sozialen Einfluß der Mitglieder dieser Intellektuellenschicht dahingehend steuern, daß sie nunmehr zu anerkannten Fachleuten in Fragen der Justiz und der Ausbildung konvertierten, deren wissenschaftliche Laufbahn von den Regeln der Beförderung und des Aufstiegs in der gleichen Weise abhing wie bei allen anderen Beamten – daß sie eben zu Staatsdienern werden sollten.

Aber die Bedeutung der Universität und das Prestige der *Ulemas* gründete sich auf die sozialen Funktio-

---

[41] Jacques BERQUE a.a.O. 1982, S. 222.
[42] Jacques BERQUE a.a.O. 1982, S. 228.
[43] P. MARTY a.a.O. 1924, S. 334.
[44] J. BERQUE a.a.O. 1982, S. 228.
[45] P. MARTY a.a.O. 1924, S. 334. Wenn man die damaligen Gehälter mit dem Preis für einige Lebensmittel zu jener Zeit vergleicht, werden die Angaben aussagekräftiger. Das Kilo Zucker kostete 2 Francs, das Kilo Tee 25 Francs (Angaben nach Mohamed EL HAJOUI: Harb attar wa listi mar (Der Rache- und Kolonialkrieg). Bd. 2., S. 211-213 [Manuskript in der Bibliothek Robert]).
[46] Sie betrug in den zwanziger Jahren für die vier Kategorien 600, 400, 300 bzw. 200 Francs und wurde dreimal jährlich anläßlich großer religiöser Feste zugeteilt; vgl. P. MARTY a.a.O. 1924, S. 334.
[47] IBN ZAIDANE a.a.O. 1937, S. 140.

[48] Vgl. Stichwort »ulama« in der *Encyclopédie de l'Islam*, Bd. 4. – Leiden, Paris 1932, S. 1048.
[49] „*Dahir* vom 20. Dezember 1913, durch das ein *Majlis* (Rat) der *Ulemas* geschaffen wurde (der Vorgänge prüft und dazu Stellung nimmt) [...] Nur der Justizminister regelt alle Details der Ausführung und legt die Leitlinien fest" (vgl. L. MILLOT: Receuil de jurisprudence chérifienne, Bd. 1. – Paris 1920, S. 5).
[50] Am 4. August 1914 wurde die Karaouine-Universität auf Weisung des *Sultans* dem Justizministerium zugeordnet. Vgl. IBN ZAIDANE a.a.O. 1937, S. 134.
[51] Das Jahreseinkommen der *Ulemas*, wie es 1928 festgelegt worden war, betrug für die vier Kategorien 1.200, 720, 480 bzw. 360 Francs. Die Reform vom 25. Mai 1930 sah die vierte Kategorie von *Ulemas* nicht mehr vor und reduzierte die Abstände zwischen den Einkommensklassen, die nunmehr 1.500, 1.200 bzw. 1.000 Francs betrugen, zahlbar in monatlichen Raten. Vgl. IBN ZAIDANE a.a.O. 1937, S. 137-148.
[52] ebd., S. 150.

nen, die diese Einrichtung erfüllte – denn die Karaouine war ein integraler Bestandteil des Sozialsystems. Die Moschee war zugleich Kult- und Ausbildungsstätte; die Stellung des Studenten und des *Alim* war, gemessen an den Kriterien eines positivistischen Rationalismus, nicht genau definiert, was ebenso für die Studiendauer und die Studieninhalte gilt.

Die Symbiose zwischen Stadt und Universität, zwischen Moschee und *Kayseria*, zwischen profanem Wissen und religiöser Erkenntnis zur gleichen Zeit war die Stärke, aber auch Schwäche dieses Systems. Die starken Wandlungen, die die marokkanischen Gesellschaft bei der Konfrontation mit dem Okzident erlebte, führte die *Ulemas* und ihre Institution in einen unumkehrbaren Prozeß, den die Versuche eines Lyautey zur sozialen und politischen Mumifizierung nicht aufhalten konnte. Auch die Radikalisierung der *Ulemas* war nicht aufzuhalten. Sie manifestierte sich im Engagement der *Ulemas* zur Schaffung der theoretischen und religiösen Grundlagen der jungen Nationalbewegung, die auf der Suche nach politischer Freiheit und sozialer Modernisierung war. Zum eines war das die Herausforderung der Zwischenkriegszeit, zum anderen die Erneuerung der *Salafia* (*salafia al-jadida*). Und es blieb eine sehr subtile Differenz zwischen profanem Wissen und *Ilm*. Der Erwerb der Prestigestellung des *Alim* und vorher das Recht zur offiziellen Nominierung besitzt den Charakter eines Einführungsritus, der sich in der Intimität der Moschee abspielte, zwischen Meister und Schüler, nahezu geheimnisvoll, oder im Haus einiger bedeutender Universitätslehrer: es handelt sich dabei um das System *Ijaza*, der wahren Quelle zur Aneignung des wissenschaftlichen Stoffes seitens des Studenten.

Die *Ijaza* geht vom genealogischen Modell aus, das die Basis jeglicher Legitimität in der Gesellschaft ist, und führte den neuen *Alim* in eine neue Familie ein. Diese bildet das Glied in der Kette, das den *Alim* in die prestigebeladene wissenschaftliche Reihe einreiht, die bis zum Propheten, dem Botschafter Gottes, reicht. Und der *Alim* trägt diese Botschaft weiter und sichert dieses Erbe, denn gerade die *Ulemas* sind „*die Nachfolger des Propheten*", wie es ein berühmter *Hadith* ausdrückt. Die *Ijaza* war ein Ehrentitel, der sich in zahlreichen Einzelheiten ausdrückte. Der neue *Alim* hatte z. B. das Recht, den Titel »Sidi« (Herr) anzunehmen, der ansonsten nur den *Scherifen* zusteht. Diese neue Genealogie setzt praktisch die alte außer Kraft, die nur eine stammesmäßige oder räumliche Herkunft und einige bescheidene Elemente des Lebenslaufes beinhaltete[53].

Die *Ijaza* ist kennzeichnend für den Positionswechsel vom Studenten zum *Alim*; sie ist ein wirklich adelnder Titel, der sich auch über einige Kleidungsstücke sichtbar äußert, so z. B. das Tragen eines *Turbans*, dieses wahrhaft mobilen »Schreibbüros«, dem ständig getragenen, filzenen Gebetsteppich, der zugleich auch dazu dient, Dokumente aufzubewahren. Denn ein *Alim* trägt niemals eine Umhängetasche; diese (sowie Dolch und Säbel) sind den Händlern und Handwerkern vorbehalten, um die Zugehörigkeit zur Armee oder zum Landadel zu signalisieren. Schließlich trägt ein *Alim* immer nur weiße Kleidung; allenfalls zuweilen kleidet er sich mit einem grünen *Kaftan* oder einem *Burnus* aus schwarzem Leinen[54].

Man kann zwar den Titel eines *Alim* erwerben, aber nicht aberkannt bekommen. Jede *Ijaza*[55] umfaßt zugleich auch eine drastische Warnung gegen jeden betrügerischen oder unwürdigen Gebrauch der durch den neuen *Alim* erworbenen Rechte, der im Falle einer Übertretung von schrecklichen göttlichen Sanktionen bedroht wird. Aber ein *Alim* konnte nicht abgesetzt werden, und seine *Baraka* konnte nicht in Frage gestellt werden. Er konnte eingekerkert, gefoltert werden, man konnte ihm verbieten zu unterrichten – aber abgesetzt werden konnte er nicht. In diesem Punkt irrte der *Dahir* vom 10. Mai 1933 ganz grundsätzlich, sah er doch als Disziplinierungsmaßnahme die Absetzung des *Alims* und die Aberkennung seines Titels vor. Dies sollte dann ja bei Allal El Fassi, dem jungen *Alim* und späteren Nationalistenführer praktiziert wurde. Und es war zugleich der Anfang vom Ende eines Jahrhunderte alten soziokulturellen Systems.

4. Der Alim und der Krieg: *Fatwas* oder Stellungnahmen?

Die Besetzung Marokkos durch eine fremde Macht und der zunehmende christliche Einfluß erschütterte das Bewußtsein der *Ulemas* von Grund auf, waren sie sich doch (von wenigen Ausnahmen abgesehen) der Erwartungen ihrer Mitbürger, die in ihnen die letzte Zuflucht sahen, gewiß.

Der Erste Weltkrieg war die erste umfassende Möglichkeit, die Ideen Lyauteys in die Tat umzusetzen. Er forderte die *Ulemas* öffentlich auf, in Form einer *Fatwa* ihre Stellungnahme und Meinung zur Kalifatsfrage abzugeben. Das gleiche Ansinnen wurde 1953 ein zweites Mal an die *Ulemas* um A. Kettani[56] herangetragen, um durch sie die Entscheidung des Generals Juin zur Absetzung von König Mohamed V.[57] zu begründen und für rechtens zu erklären. Aber zwischen beiden Zeitpunkten

---

53) El Hajoui bezeichnete sich selbst wie folgt: Diener von Herrn Mohammed El Hajoui Taalibi, Fassi von Geburt, Karaouani aufgrund Ausbildung, Rabati nach Wohnsitz. Vgl. Mohamed EL HAJOUI, a.a.O. (Fn 45).

54) Freundliche mündliche Mitteilung.

55) Die *Ijaza*s lassen sich unterscheiden in a) die speziell von einem Professor, *Scheikh*, *Sufi* etc. verliehene *Ijaza* für einen bestimmten Bereich oder Text, z. B. für einen einzigen *Hadith* oder *Wird*, b) in die allgemeine *Ijaza* für die Gesamtheit der früheren Kenntnisse des Professors, die dieser ebenfalls in Form einer *Ijaza* erworben hatte und nun darart auf den Schüler überträgt, und c) die wechselseitigen *Ijaza*s zwischen *Ulemas* verschiedener Ausrichtung. Vgl. hierzu Mohamed EL HAJOUI: Mokhtassar alourwa al woutka [arabisch], 1938 in Salé herausgegeben. Dabei handelt es sich um seine allgemeine *Ijaza*. Der Text beinhaltet auch die Erlaubnis, die 95 *Scheikhs* des Autors zu nennen. Erwähnt sei auch noch, daß El Hajoui unter den Meistern auch einige Analphabeten nennt, was den Einführungscharakter der *Ijaza* nochmals unterstreicht.

56) Unterzeichner einer der *Fetwas* zur Frage des *Kalifats* und einer der wenigen bedeutenden *Ulemas*, die offen die französischen Behörden bis zum Ende der Protektoratszeit unterstützt haben aus persönlichen und familiären Gründen. Vgl. hierzu E. MICHAUX-BELLAIRE: Une tentaive de restauration idrissite. – *Revue du Monde Musulman* N° 5, 1907.

57) Gilbert GANDVAL: Ma mission au Maroc. – Paris 1956.

haben sich die Vorstellungen der *Ulemas* hin zu einer politischen Radikalisierung verändert, und das gesellschaftliche System, dessen Bestandteil sie waren, driftete in alle Richtungen auseinander: Rückgang des Handwerks in Konkurrenz zur modernen Industrie; Auswirkungen, die mit der Wirtschaftskrise zusammenhingen; der Krieg; die Öffnung Marokko für den kapitalistischen Handel – alle diese Aspekte haben das wirtschaftliche und soziale Leben nachhaltig beinflußt[58]. Das Herauslösen des Systems, aus dem die *Ulemas* und die Karaouine ihre Existenzberechtigung schöpften, und damit die Analyse der *Fatwas* zum Ersten Weltkrieg sowie die Ideen von Hajoui zum Zweiten Weltkrieg ermöglichen es uns, die Voraussetzungen der politischen und intellektuellen Entwicklung dieser Sozialgruppe zu verfolgen.

a) Das Kalifat: juristische Texte und politische Realität

Zu Beginn des Ersten Weltkriegs wandte sich die Generalresidenz an die *Ulemas* und an einige einflußreiche Chefs der großen *Zaouias* (Bruderschaften)[59] und bat um eine Beratung zur Frage der Legitimität des osmanischen Kalifats aus der Sicht des *Fiqh* (des islamischen Rechts) und zur Frage der Rechtmäßigkeit eines Kampfes marokkanischer Soldaten an der Seite der Alliierten gegen die Türken und Deutschen[60]. Bisher ist der vollständige Text der Aufforderung um Beratung nicht verfügbar; ebenfalls unbekannt sind die Anzahl der Konsultationen mit den *Ulemas* und die Art und Weise ihrer Stellungnahme. Allerdings haben wir eine grobe Vorstellung davon, um welche Fragen an die *Ulemas* es sich wohl handelte, indem wir die Texte der Fatwas selbst heranziehen, gemäß den Gesetzen und Gebräuchen der juristischen und administrativen Schriftlichkeit Marokkos. So beginnt die gemeinsame Antwort von Larbi Naciri aus Salé und Mohamed Ronda aus Rabat damit, die entscheidenden Punkte der gestellten Frage nochmals hervorzuheben. Sie schreiben: *„Befragt zu dem Aspekt, welche Bedeutung das islamische Kalifat habe, wer derjenige sei, der wirklich den Titel »Imam el Islam« führen dürfe und welche Maßnahmen unter den gegebenen Bedingungen diesbezüglich zu ergreifen seien, [...]"*. Über die Zahl der *Ulemas* und welche es waren, die zunächst kontaktiert worden waren, besitzen wir keine genaueren Angaben. Aber der Leser dieser *Fatwas* und Antworten wird wohl erkennen, daß die *Ulemas* von Fes keine kollektiven Aussagen als Gruppe treffen, wohingegen die *Fatwa* der *Ulemas* von Marrakech als kollektives Ergebnis der Beratungen von 15 *Ulemas* dieser Stadt unterzeichnet ist.

Ebenfalls feststellen läßt sich, und zwar nicht ganz ohne Verwunderung, daß die Antworten von drei der fünf Mitgliedern des Hohen Rates für Ausbildung der Universität Karaouine fehlen, eines Gremiums das durch *Dahir* 1913 geschaffen wurde und dessen Mitglieder auf geheimen Vorschlag der Generalresidenz ernannt wurden. Insbesondere ist es erstaunlich, daß eine Antwort des Präsidenten dieses Gremiums, dem damaligen stellvertretenden Premierminister Mohammed El Hajoui[61] fehlt. Aber auch andere bedeutende *Ulemas* der Karaouine, wie z. B. El Madani Bel Housni oder der berühmte Rechtsgelehrte El Hachmi Ben Khadra[62], haben eigenartigerweise keine *Fatwas* vorgelegt.

Alle fünf verfügbaren *Fatwas* wurden 1914 in einer Sondernummer der *Revue du Monde Musulman* (R.M.M.) publiziert.

Zum Zwecke einer übersichtlicheren Interpretation dieser *Fatwas*, haben wir sie in drei Typen untergliedert, wobei die jüngere von A. Kettani unberücksichtigt gelassen wurde. Wir unterscheiden somit:
1. Die *Fatwa* der *Ulemas* von Marrakech;
2. Die *Fatwa* von Abou Chaib Doukkali;
3. Die *Fatwa* von Ahmed Bel Mowaz.

Alle *Fatwas* stimmen darin überein, daß die wichtigste Bedingung, um *Kalif* zu sein, die ist, zunächst Koreichite zu sein (d. h. zu einem koreichitischen Stamm, einem Stamm des Propheten, zu gehören). Aus diesem Grund wird der osmanische *Kalif* als Usurpator dieses Titels eingestuft. Alle *Fatwas*, einschließlich der von Kettani, versichern, daß der einzige legitime *Kalif* Sultan Moulay Hassan sei, weil er über den koreichitischen »Nassab« verfüge. Und sie wiederholen bei dieser Gelegenheit die offizielle Genealogie des Sultans, der sich in direkter Linie bis zum Propheten zurückverfolgen lasse. Die *Ulemas* von Marrakech nennen diese Genealogie sogar eine *„goldene Kette"*.

b) Die Fatwa von Marrakech[63]

Der Redakteur der *Revue du Monde Musulman* stellte die *Ulemas* von Marrakech mit den folgenden Worten vor: *„Über die Lokalgeschichte des »Tassaouf« (der Mystik) haben die Ulemas von Marrakech im gesamten Islam eine Autorität und einen Ruf, der ihnen einen gleichberechtigten Rang neben den Ulemas von Fes oder Kairo einräumt."* Der Verfasser dieser freundlichen Worte relativiert gleich zu Beginn den politischen Charakter der in dieser *Fatwa* ausgedrückten Gedanken und betont listigerweise den Hang zum Mystischen, der die *Ulemas* dieser Stadt auszeichne. Dies läßt sich durchaus erklären. Die *Fatwa* von Marrakech ist ausgesprochen formal gehalten und reich dokumentiert. Der Text verdammt im Unterschied zu den anderen *Fatwas* speziell den osmanischen *Kalifen* nicht. Sie begnügt sich damit, zu betonen, daß das Kalifat *„denjenigen nicht zugestanden werden kann, die es von außerhalb*

---

[58] Jacques BERQUE: Le Maghreb entre deux guerres. 2. Aufl. – Paris 1970.
[59] Zur Frage der Bruderschaften vgl. George DRAGUE: Esquisse d'histoire religieuse du Maroc. – *Cahiers de l'Afrique et de l'Asie Modernes*. – Paris o.J. [1952].
[60] Die beiden Mitglieder, die anworteten, waren A. Bel Mouazz und A. Kettani.

[61] Zu beachten ist der Titel n° 45 des Manuskriptes von El Hajoui, deren Liste 1938 publiziert wurde. Vgl. EL HAJOUI a.a.O. 1938, S. 75.
[62] L. MILLOT a.a.O. 1920, S. 8-96.
[63] Erstmalig publiziert in der N° 29 (Dezember 1914) der *Revue du Monde Musulman* (R.M.M.). Die *Fatwas* der *Ulemas* von Marrakech und diejenige von A. Doukkali sind im Anschluß an diesen Artikel als Anhang wiedergegeben.

beanspruchen" – gemeint ist ohne koreichitische Basis. Und der Redakteur der *Fatwa* fährt mit seinen Ausführungen fort, wobei er die beiden rivalisierenden Parteien und all jene, die Muslime „*an tobenden Kriegen teilhaben lassen, wie sie derzeit in Europa zwischen fremden Nationen erfolgen*", verurteilt. Und er fährt fort: „*[...] natürlich haben die Muslime keinen Grund, hier Partei zu ergreifen, weil ihre religiösen Interessen nicht tangiert sind*". Dem Redakteur, der diese *Fatwa* kommentierte, ist es gelungen, gleichsam wie ein listiger *Faqih*, einen Kommentar hoher sachlicher Kompetenz zu abzugeben, es dabei aber gleichzeitig zu vermeiden, jegliches politische Urteil zu fällen, das zugunsten Frankreichs oder zuungunsten der Türken und Deutschen lautete. Dieser *Fatwa* blieb somit die manipulative Verwendung erspart; die Autorität des Textes und das religiöse wie soziale Prestige der Unterzeichner blieb gewahrt.

c) Die »Fatwa« von Doukkali

Die *Fatwas* von Doukkali sowie von Naciri und Ronda[64] stellen dem Historiker der modernen marokkanischen Ideengeschichte und -soziologie vor einige Probleme, wenn er versucht, die soziale Stellung der *Ulemas*, die unter den veränderten politischen Bedingungen der Kolonialherrschaft Beamte geworden waren, verbunden mit den nachhaltigen Wandlungen der sozialen Institutionen, genau zu charakterisieren.

Diese *Fatwas* wurden von drei bedeutenden Wissenschaftlern und hohen Beamten der neuen *Makhzen*-Verwaltung[65], die umgewandelt worden war und unter französischer Kontrolle arbeitete, verfaßt. Diese drei Persönlichkeiten sind Abou Chouaib Doukkali, Justizminister, Larbi Naciri, stellvertretender Justizminister, und Mohamed Ronda, *Kadi* von Rabat. Die beiden *Fatwas* ähneln sich in ganz merkwürdiger Weise so sehr, daß es reicht, nur eine heranzuziehen, die von Doukkali. Naciri und Ronda werden von uns nur dann erwähnt, wenn sie abweichende Aussagen treffen.

Die beiden *Fatwas* bestreiten, wie im Anhang auch nachgelesen werden kann, das Recht des osmanischen *Sultans* auf das Kalifat. Speziell zu den Deutschen behauptet Doukkali, „*daß Deutschland schon immer dem Islam ablehnend gegenübergestanden hat*" und weiter „*[...] die Geschichte lehrt uns, daß unter allen Konstellationen, bei denen Muslime in Verhandlungen mit anderen Nationen standen, Deutschland gegen sie opponiert hat*". Naciri und Ronda geben genau dieselbe Auffassung wieder, wobei sie ihrerseits die Meinung zum Ausdruck bringen, daß zu „*keiner Epoche der Geschichte Deutschland den Muslimen in irgendeiner Art und Weise behilflich gewesen ist [...] ganz im Gegenteil, unter allen Konstellationen, bei denen Muslime in Verhandlungen mit anderen Nationen standen – die Geschichte und die Verträge beweisen es – hat Deutschland gegen sie opponiert.*"

Die in den beiden *Fatwas* niedergelegten Aussagen – und dabei vor allem jene von Doukkali, dem späteren Theoretiker der neuen *Salafia* in Marokko und Förderer der jungen nationalistischen Studenten Afghani und Abdou mit ihren reformerischen Ideen – provozieren förmlich einige Fragen zu den Ursachen für das extrem negativ gezeichnete Bild Deutschlands. Handelt es sich vielleicht um den Einfluß der Ideen der nationalistischen und panarabischen Ägypter über die Türkei (und logischerweise auch über ihre Alliierten, nämlich Deutschland), das Doukkali während seines Aufenthaltes in Ägypten so übernommen hat? Bedauerlicherweise läßt die Quellenlage hierzu keine überzeugenden Antworten zu.

5. Schluß

Der vorliegende Beitrag hat gezeigt, daß der zunächst nicht vermutete Zusammenhang zwischen den politischen Ereignissen des Ersten Weltkrieges und der Tätigkeit der marokkanischen *Ulemas* tatsächlich eine recht wichtige und sehr differenzierte Rolle gespielt hat. Dabei haben sich die *Ulemas* – von wenigen Ausnahmen abgesehen – als ein Bollwerk gegen deutsche Versuche, die öffentliche Meinung in Marokko zugunsten der deutschen Kriegsziele und zuungunsten der Franzosen zu manipulieren, erwiesen. Als bedeutende Autoritätspersonen waren sie somit mitentscheidend für das Mißlingen der deutschen Propaganda während des Ersten Weltkriegs.

Damit waren die *Ulemas* zwar einesteils eine Stütze für die Politik des General Lyautey. Sie zeigten sich jedoch in verschiedensten Kontexten von der Protektoratsregierung so unabhängig, daß man diese Funktion nicht als Kooperation oder gar Kumpanei mit dem Protektoratssystem interpretieren darf – ja die *Ulemas* bildeten sogar auf dem Weg in die Unabhängigkeit Marokkos eine wichtige Oppositionspartei gegen französische Interessen.

---

[64] ebd., S. 372-381.
[65] Albert AYACHE: Le Maroc. Bilan d'une colonisation. – Paris 1956.

Anhang 1: *Fatwa* der *Ulemas* von Marrakech

Gott allein sei Lob und Preis!

Er möge seine Gnade unserem Herrn und Meister Mohammed und dessen Familie gewähren!

Ich preise dich, der du uns diese Worte geschenkt hast: „Ich werde einen Stellvertreter auf Erden bestimmen". Ich preise deinen Propheten, die erhabenste aller Kreaturen und seine Familie; ihr allein gebührt das Kalifat.

Ihr fragt mich, was das Wort »Kalifat« bedeutet, was es damit auf sich hat und wem es tatsächlich zusteht. Meine Antwort lautet: Das Reich setzt sich zusammen aus einer Gesellschaft von Menschen, die von Zorn und Brutalität beherrscht wird, was zwangsläufig zu Unterdrückung und Gewalt führen muß.

Was den Herrscher angeht, so sind seine Richtersprüche in Widerspruch zu Recht und Gesetz und verletzen die materiellen Rechte und Interessen seiner Untertanen. Seine Vorlieben und seine Unersättlichkeit haben zur Folge, daß er immer größere Opfer von seinen Untertanen abverlangt. Da solchermaßen die Unterordnung unter die Herrschaft des Fürsten immer unerträglicher wird, sieht sich das Volk – ohne es eigentlich zu wollen – zu Aufständen und blutigem Widerstand berechtigt.

Um solches zu verhindern oder zu ändern müssen wir bürgerrechtliche Gesetze schaffen, die von der ganzen Nation gutgeheißen werden und deren Strafenkatalog von allen angenommen wird, so wie es auch bei nicht-muslimischen Ländern und anderen Nationen der Fall ist.

Ein jegliches Land ohne solche Gesetze mangelt an Stabilität. Wenn aber solche Gesetze von herausragenden Männern geschaffen werden, sind sie von menschlicher Weisheit geprägt. Wenn sie aber von Gott ausgehen, überliefert durch einen Propheten, so sind sie von göttlicher Weisheit geprägt und geeignet, das irdische und überirdische Leben zu gewährleisten. So also haben die Menschen ihr soziales und religiöses Leben organisiert, indem sie zunächst den Gesetzgebern gefolgt sind in der Person von Propheten und Kalifen. Und so wie Gott bestimmte Männer als Propheten auserwählt hat, so hat er das Kalifat dem Stamme der Quraisch zugedacht, und nur ihm allein.

Mohammed selbst, der letzte der Propheten, hat jene bezeichnet, die das Kalifat auszuüben haben; dieses wird uns so gesagt im *sahîh* des Buhâri in der Überlieferung von Abdallah b. Omar: „Solange im Stamme der Quraisch noch zwei Männer übrig sind, wird das Kalifat von ihm ausgeübt."

Eine andere Übertragungskette überliefert das gleiche Prophetenwort, so auch diese Überlieferungskette: „Die Menschen folgen den Quraisch im Guten wie im Bösen."

In einer weiteren Überlieferung heißt es: „Die Menschen folgen den Quraisch im Guten wie im Bösen, der Muslim folgt dem Muslim, der Ungläubige dem Ungläubigen."

In der Textsammlung des Suyuti findet sich der Ausspruch: „Die Fürsten sind Quraischiten; jene, die ihnen Widerstand oder ihren Platz einnehmen wollen, werden wie Blätter vom Winde verweht." In einem anderen Werk heißt es: „Gebt den Quraisch die Vorherrschaft, setzt euch nicht vor sie, richtet euch nach ihnen und trachtet nicht danach, daß sie sich nach euch richten". Weiter heißt es an der gleichen Stelle: „Hätten die Quraischiten nicht ihren religiösen Eifer besessen, hätte ich ihnen vermitteln müssen, welch' auserwählten Rang sie bei Gott innehaben".

Diese Aussprüche [*hadît, pl. ahâdît*] des Propheten belegen in aller Klarheit, daß das Kalifat den Quraischiten zukommt, und keinen anderen. Dieses haben auch die Schriftgelehrten einstimmig so beschlossen. In seinem Werk *al-ahkâm as-sultânîya* sagt Imam Al-Mawardi, daß die siebte Bedingung, die der Kalif erfüllen muß, seine Abstammung sei, das heißt, er muß Quraischite sein. So besagen es die Texte, und so sagen es einmütig die Gelehrten.

In seinem *muhtasar* zitiert Scheich Khalîl eine Fatwa, die auf Imam Kastellani zurückgeht: „Auch wenn Nicht-Quraischiten gewaltsam die Macht ergriffen und das Volk unterworfen haben, so haben sie dennoch zugegeben, daß das Kalifat den Quraischiten zusteht".

Und Al-Kermâni hat gesagt: „Wenn ihr mich fragt, was ich davon halte, daß heutzutage die Quraischiten das Kalifat nur noch im Maghreb innehaben, so sage ich euch, daß es Quraischiten sind, die dort das Kalifat innehaben".

So also lautet die Rechtfertigung für die Worte des Propheten, wonach nämlich das Kalifat von Anbeginn an bis heute bei den Quraischiten verblieben ist, ohne daß dies jemals bestritten wurde, solange bis im Stamme der Quraisch noch zwei Männer übrig sind. Keinen anderen außer ihnen darf es übertragen werden, denn in deren Händen wäre es wertlos. Anderen zu gehorchen wäre ein Verstoß gegen das Gesetz. Sie sind zurückzuweisen, da alles, was sie tun, große Übel für die Muslime mit sich bringt, sie zu Irrtümern verleitet und sie zu Taten anstiftet, deren Folgen fatal wären, wie zum Beispiel die Teilnahme an jenen Kriegen zwischen fremden Völkern, die derzeit Europa erschüttern. In Wirklichkeit haben die Muslime keinerlei Grund mitzukämpfen, da ihre religiösen Interessen nicht auf dem Spiel stehen und ihre Gesetze nicht betroffen sind.

Es ist völlig ausgeschlossen, daß die Religionsgelehrten des Orient die Intrigen und Machenschaften der Jungtürken billigen können, da sie eine muslimische Nation in den gegenwärtigen Krieg hineingezogen haben.

Was hat sie dazu verleitet? Ist es nicht die Pflicht eines jeden, der ihren Irrweg erkennt, sie wieder auf den rechten Pfad zurückzuführen? Muß er sich nicht vom Gesetze Mohammeds und von folgenden Worten aus dem Buche Gottes leiten lassen, welche besagen: „Bringt euch nicht selbst in Gefahr!" und „Das Feuer der Zwietracht ist nicht erloschen; wehe dem, der es wider anfacht!".

Zusammengefaßt bezwecken diese Ausführungen den Nachweis, daß die Machenschaften der Jungtürken zur Befriedigung ihrer persönlichen Ambitionen in völligem Widerspruch zum Gesetz stehen und daß sie sich nicht auf einen göttlichen Befehl berufen können. Dieser göttliche Befehl hätte nur von jenem ausgehen können, der das echte und wahre Kalifat innehat, nämlich von unserem Herrn Sultan Yûssuf aus der edlen Dynastie der Alawiten, die aus dem Stamme der Quraisch hervorgegangen ist. Er ist der gegenwärtige Kalif – Gott stehe ihm bei und verhelfe ihm zum Sieg – dessen Abstammung auf *[hier folgen die Namen der Vorfahren]* Ali und Fatima Zahra, die Tochter des Propheten zurückgeht, der bestimmt hat: „Das Kalifat gebührt den Quraischiten".

Diese Ahnenreihe edler Vorfahren, auch die „Goldene Ahnenkette" genannt, ist von einer Versammlung größter Gelehrter *[es folgen die Namen]* erstellt worden.

Damit ist bewiesen, daß die alawitischen Scherifen, die von Moulay Ali Scherif abstammen, welcher seinerseits vom Prophet Gottes abstammt, die rechtmäßigen Kalifen sind, die das islamische Kalifat auszeichneten. Sie haben es vererbt von Vater zu Sohn bis auf jenen, der heute die Perle dieser Kette trägt und die höchsten Gipfel des Ruhms erklommen hat. Er ist Beistand und Hilfe für alle, die in ihn ihre Hoffnung setzen. Er trägt den Mantel des Glaubens und der Tugend, er ist dem rechten Glauben zutiefst zugetan und er hat das Gesetz seiner alleredelsten Vorfahren wiederbelebt.

Er schreitet in den Fußstapfen seines illustren Ahns, dem allerhöchsten Propheten. Deshalb hat Gott ihn auch zum Kalifen gemacht und an die Spitze seine Schöpfung gestellt und ihm auf Erden und in seinem Lande eine solch herausragende Stellung gegeben. Möge er ihm beistehen und mit seiner Hilfe zum Wohle der Muslime und des Islam beitragen. Möge er ihm und seiner Nachkommenschaft das Kalifat erhalten, bis zum Tage des Gerichts und der Auferstehung. Amen!

Gefertigt zu Marrakesch am 25. des Monats Djumâda at-tâni des Jahres 1332

[Es folgen die Namen der 14 Verfasser der Fatwa]

Anhang 2: Fatwa des Abu Chaib Doukkali

Gott allein sei Lob und Preis !

Gottes Gebete mögen auf unserem Herrn und Gebieter ruhen, wie auch auf seiner Familie und seinen Freunden.

Ich preise dich, der du in deinem Buche sagst, welches du deinem erhabenen Propheten übermittelt hast: „Ich werde einen Stellvertreter auf Erden einsetzen". Und ich lobe deinen Propheten, den besten der Söhne Adnans, der gesagt hat: „Die Herrschaft bleibt in den Händen der Quraischiten, bis es nunr noch zwei davon gibt".

Also: Auf die Frage, welche Bedeutung dem islamischen Kalifat zukommt, wer zu Recht den Titel »Imam des Islam« führt, und was unsere Haltung in der gegenwärtigen Lage und unter den obwaltenden Umständen zu sein hat, antworte ich folgendes, indem ich mich auf Gottes Hilfe stütze, um jeden Irrtum auszuschließen bei der Auswahl und Benennung jener, die die Worte [*hadît*] des Propheten weitergegeben haben:

Das Kalifat ist die Einsetzung eines Imâms, der männlichen Geschlechts sein muß, gerecht ist und von großer Geistesgabe; der die göttlichen Gesetze in ihrer ganzen Tiefe studiert hat und der unter den hervorragendsten Männern ausgewählt wird. Und er muß quraischitischer Abstammung sein.

Sein Auftrag ist, die Zwistigkeiten unter seinen Untertanen zu beseitigen und deren Hab und Gut und Ehre zu schützen. Nur dem, der diese Aufgaben erfüllen kann, steht das Kalifat zu.

Der unter den gegebenen Umständen einzig richtige Weg ist der Marokkos und seiner Bürger, die einen Quraischiten zum Sultan ausgerufen haben, einen Haschemiten, der alle ihre Geschicke regiert und der sich stets allen Glaubensübungen und -pflichten unterwirft, der alles Verdammenswerte unterläßt, der sich mit dem Studium des überlieferten Gesetzes befaßt und dessen Erleuchtung die Schatten vertreibt: Der erhabene Sultan und ruhmreiche König, Moulay Yûssuf, Sohn des *[hier folgen die Namen der Vorfahren bis Ali b. Abu Tâlib und Fatima Zahra]* Tochter unseres Herrn und Meisters Mohammed b. Abdallah, dem Gesandten Gottes und der hervorragendsten aller Kreaturen.

Zum Beweise dessen, was über das Kalifat und dessen Bedeutung ausgeführt worden ist, möchte ich folgende Aussprüche [*hadît*] des Propheten zitieren:

„Gott bestraft durch den Sultan besser als durch den Koran".

„Der Sultan ist Schatten Gottes auf Erden und alle Unterdrückten finden bei ihm Schutz und Beistand".

Hat nicht unser großer arabischer Dichter gesagt: „Die Menschen können nicht ohne Führer leben, in Anarchie und Gesetzlosigkeit".

„Es kann keine Führer geben, wo die Macht in den Händen von Ignoranten ist".

Kluge Männer haben allerorten und zu allen Zeiten erkannt, daß ein Volk nicht ohne Herrscher auskommen kann, denn gäbe es ihn nicht, würden sich die Gesellschaftsklassen vermischen, die Niedrigen würden die Erhabenen verachten und diese würden es ihnen gnadenlos vergelten.

Zum Nachweis, daß das Kalifat den Quraischiten ausschließlich vorbehalten ist, kann man sich auf die von Buhâri und Muslim überlieferten Prophetenworte stützen, deren Sinn allerseits bekannt ist.

Man kann folgende *ahâdit* anführen:

„Das Kalifat muß in den Reihen der Quraischiten weitergegeben werden".

„Das Imamât wird immer den Quraischiten vorbehalten sein, selbst wenn es deren nur noch zweie gibt".

Man kann sich auch berufen auf die Weigerung Mu'âwiyas gegenüber Abdallah b. Umar, der behauptete, daß der Imâm auch aus der Nachkommenschaft Kahtâns kommen könne, oder auf den Widerstand Abu Bakrs gegenüber Sa'ad b. Abâda und dessen Anhänger, die das Kalifat für sich beanspruchten.

Die *Hadît*-Sammlungen und islamischen Rechtsbücher quellen über von solchen Argumenten; es ist müßig, weiter darauf einzugehen.

Dies beweist andererseits auch den Wert unserer Argumente im Hinblick auf die unter den gegenwärtigen Umständen zu befolgende Linie, denn unser Herr und Meister Mohammed hat gesagt: „Glücklich kann sich der preisen, der aus dem Unglück anderer lernt".

Haben wir nicht einen Sultan erlebt, nicht der derzeitige, der Unheil über sein Haupt gebracht hat, welches er nicht mehr los wurde und dessen Folgen er nicht erkannt hat. Eigenhändig hat er sich und seine Anhänger ins Unglück gestürzt, ohne es verhindern zu können.

Es ist einleuchtend für jeden, der noch ein wenig Weitblick hat, der unseren Glauben befolgt und Gutes von Bösem unterscheiden kann, daß so ein Herrscher kein Anspruch auf das Kalifat hat, da dieses – wie gesagt – den Quraischiten vorbehalten ist, während dieser [Herrscher] nicht einmal Araber ist.

Er ist nicht einmal durch eine einmütige Proklamation der Gläubigen an die Macht gelangt, sondern er hat diese von seinen Vorfahren [ererbt], die sie sich durch Waffengewalt erschlichen haben, und er reißt immer mehr Muslime ins sichere Verderben.

Wäre er nicht um ein vielfaches besser beraten gewesen, hätte er dem Beispiel des wahren Sultans, des Quraischten und Haschemiten, gefolgt, dessen einzige Sorge dem Frieden und der Ruhe gilt und der zwischen Freunden und Feinden unterscheiden kann.

Anstatt dem Beispiel dieses Sultans, Mohammed V. nämlich, zu folgen, hat er es nicht für nötig befunden, sein Volk um sich zu scharen und hat wie ein Jüngling ohne Erfahrung gehandelt, der weder die Folgen seines Handelns abschätzen kann noch das Wohl der Muslime im Auge hat. Im Gegenteil: er verfolgt ausschließlich persönliche Interessen, zum Nachteil seines Volkes.

Die Menschen niederen Ranges folgen ihm, jene, die nichts über ihre eigene Abstammung wissen und ihre Feinde nicht von ihren Freunden unterscheiden können, und zwar in einem Maße, daß sie ausgerechnet jene zu ihren Schutzherren berufen haben, die man keinesfalls aussuchen darf; ihnen haben sie bedingungsloses Vertrauen geschenkt, im Guten wie im Bösen. Wann eigentlich hat sich Deutschland dem Islam gegenüber wohlwollend gezeigt, insbesondere gegenüber der Türkei? Niemals! Und die Geschichte beweist doch, daß jedesmal, wenn die Muslime mit anderen Nationen verhandelt haben, sich Deutschland als Gegner erwiesen hat. Aber wenn Gott den Untergang eines Volkes beschlossen hat, dann raubt er seinen Führern den Verstand. Aber nicht ihre Augen sind blind, sondern ihre Herzen.

Die Lösung aller Dinge liegt in Gottes Hand.

Der Diener seines Herrns: Bou Chaib Doukkali

Mostafa Hassani Idrissi (Rabat)

Die Wahrnehmung Europas und speziell Deutschlands im Geschichtsunterricht Marokkos[*]

1. Einleitung: Die Problematik der Geschichte des Anderen

Jedes Schulsystem zielt ebenso auf die intellektuelle Bildung des Schülers wie auf seine Sozialisation. Es stellt einen der wichtigsten Rahmen dar, in denen die Gesellschaft verschiedene Prozesse in Gang setzt, um im Bewußtsein der Kinder die „gemeinsamen Schemata des Denkens, der Wahrnehmung und der Bewertung" zu verankern, die ihr eigen sind[1].

Als kulturelles Phänomen steht die Geschichte in einem direkten Zusammenhang mit der Identität. Das Geschichtsbuch stellt für den Erzieher, der Modelle der Orientierung zu übermitteln wünscht, ein bevorzugtes Mittel dar. Mit den Kenntnissen und Meinungen über die soziale und politische Organisation eines Landes vermittelt das Lehrbuch Appelle an den Schüler, die ihm nahelegen, was er lieben und respektieren, aber auch was er hassen und verachten soll. So nimmt das Geschichtsbuch an der Identitätsbildung des Schülers teil. Es vermittelt ihm Identifikationsmodelle, zeigt ihm Ideale und gibt ihm Orientierung; damit trägt es zur Stärkung seines Über-Ichs bei.

Jede Identität definiert sich unter Bezug zum Anderen. Dieser Bezug kann einer der Übereinstimmung und der Gleichförmigkeit sein. In diesem Fall bezeichnet die Identität die Eigenschaft oder das Ensemble von Eigenschaften, die zwei oder mehr Subjekte gemeinsam haben; die Ähnlichkeit mit dem Anderen ist entweder total oder partiell.

Der Bezug kann aber auch einer der Dissonanz und der Disharmonie sein. In diesem Fall bedeutet Identität „die Treue eines Wesens gegenüber sich selbst in der Zeit durch Ausschluß des Anderen oder Verweigerung, und die Sorge, nicht an die Anderen angepaßt zu werden, mit ihnen keinen feste Verbindung einzugehen und sich nicht mit ihnen zu vermischen" (FREUND 1979, S. 66). Im Begriff der Identität konkurrieren die Suche nach dem Anderen und seine Ausschließung miteinander und ergänzen sich.

Die Erziehung, die die Identitäten formt, ist wesentlich ethnozentrisch. Das heißt, daß sie der Gruppe, zu der der Schüler gehört „[...] eine zentrale Stellung gegenüber den anderen Gruppen [zuweist], ihre Errungenschaften und Partikularismen hoch bewertet und zu einem projektiven Verhalten" gegenüber den anderen führt, die nach ihrer eigenen Art zu Denken interpretiert werden (PREISWERK & PERROT 1975, S. 49).

Die Erziehung kann jedoch auch Momente enthalten, in denen der Andere wirklich erkannt wird. Aber wie kann ein Land wie das unsere in einer ungleichen Welt mit verschiedenen Niveaus einem Okzident entrinnen, der die Welt organisiert und beherrscht hat und die Geisteswissenschaften entwickelt hat? Wie kann eine intellektuelle Dezentrierung vorgenommen werden, die unseren kulturellen Code relativiert, ohne zwangsläufig das okzidentale Wertesystem zu übernehmen, wie es durch die Medien weit verbreitet wird?

Möglich wird dies unter Rekurs auf die historische Methode. Denn diese ist anti-ethnozentrisch. Angewandt auf die Geschichte der anderen hat sie besondere Vorzüge, da sie zu einer Dezentrierung des Weltbildes, zu Toleranz und Kulturrelativismus beiträgt. Aber diese Vorzüge können nicht direkt aus dem Inhalt der Programme wirken. Erst mithilfe einer angemessene didaktischen Arbeit, die nicht nur Wissen, sondern Wissen zum Handeln und das Wissen um das Sein entwickelt, kann das Unternehmen gelingen, den Schüler im Verhältnis zu sich selbst und sogar in seiner Beziehung zur Gesellschaft zu dezentrieren, die Natur der Differenzen mit Sympathie zu begreifen und die Stereotypen und Werturteile zu dekonstruieren[2].

---

[*] Übersetzt von Ulrich Mehlem.
[1] „Ich bin nicht irgendwer, weil man mich ständig daran erinnert, wer ich bin." (SANSAT 1979, S. 44).

[2] Vgl. vor allem „Nicht-okzidentale Gesellschaften und Zivilisationen im Geschichtsuntrricht in Frankreich", 16. Internationaler Historikerkongreß, Stuttgart 1985.

2. Der Platz Europas und Deutschlands in den Programmen der Geschichte

Die Öffnung Marokkos zur Außenwelt im 19. Jahrhundert erfolgte zu einer Zeit unleugbarer geistiger Isolation, die durch das vorkoloniale Bildungssystem reproduziert wurde. Das Übergewicht des religiösen Charakters dieses Bildungswesens betraf auch die Geschichte und ließ sie im Lehrstoff fast völlig verschwinden, solange sie nicht als Magd der religiösen Studien diente.

Die koloniale Schule führte eine profane Geschichtsauffassung nach Marokko ein, in der das historische Geschick nicht als Resultat eines göttlichen Willens, sondern als Folge kollektiven Handelns gesehen wurde. Die meisten Gechichtsbücher, die in dieser Zeit in Marokko im Gebrauch waren, waren die des französischen Mutterlands. In dieser Phase lernten die Marokkaner erstmals die Geschichte der anderen, darunter auch die Deutschlands, kennen.

Um mit dem Bildungswesen der Kolonialepoche zu brechen und sich nicht mehr nur über das Gedächtnis des Anderen vermittelt zu erinnern, wurde nach der Unabhängigkeit eine Kommission beauftragt, die Programme des Geschichtsunterrichts zu revidieren (1964-65). „Die Arbeit der Kommission wurde von Anfang an von zwei Hauptprinzipien geleitet: die zu überladenen Programme zu entlasten und die zu eng an die französischen Unterrichtsmodelle angelehnten Programme zu marokkanisieren [...]. Es handelt sich nicht mehr um eine marokkanische Version der europäischen Programme, sondern um ein Lehrprogramm der Universalgeschichte aus marokkanischer Sicht." (*Mémoire* 1965)

Wie sollte aber angesichts der Materialfülle der Universalgeschichte die Geschichte der anderen gegenüber jener Marokkos gewichtet werden? „Die Programme des Geschichtsunterrichts versuchten durchgehend, die Geschichte Marokkos und der islamischen Welt im Rahmen der Universalgeschichte zu verankern und – entsprechend ihrer Beteiligung am Fortschritt der Menschheit und dem, was die Stundenzahlen und das Niveau der Schüler zulassen – Licht auf die Geschichte der anderen Völker und Nationen zu werfen." (*Instructions* 1973, S. 5)

Zwei Kriterien bestimmten also die Wahl der Programme: Das klassische verweist auf zwei Zwänge, nämlich das intellektuelle Fassungsvermögen des Schülers und die im Verhältnis zur beeindruckenden Masse des historischen Stoffs beschränkte Stundenzahl. Das neue, originale Kriterium behandelt die Geschichtsprogramme als eine Rangliste, in der die verschiedenen Völker gemäß ihrer „Beteiligung am Fortschritt der Menschheit" klassifiziert sind.

So setzen die Programme von 1967, von 1973, von 1988 und die neuesten von 1991 die islamische Welt und den Okzident an die Spitze dieser Rangliste. Der nationale Ethnozentrismus und der Eurozentrismus verbinden sich in der Absicht zu einer positiven Selbstbewertung, um mit dem Okzident im Anspruch auf einen gewissen Universalismus zu wetteifern. Zu Lasten der Geschichte der anderen Völker wird nur der nationalen und der westlichen Geschichte eine Kontinuität und Sonderstellung zugestanden. Außerhalb der arabisch-islamischen Welt und Europas taucht die Geschichte der anderen nur in ausgewählten Epochen, niemals in einer kontinuierlichen Abfolge auf. Trotz der Schläge, denen Europa seit der Unabhängigkeit ausgesetzt war, behielt seine Geschichte in den Programmen eine privilegierte Stellung noch vor Marokko, aber erst nach der arabisch-islamischen Welt.

Eine relative Kontinuität kennzeichnet diese Geschichte, da sie in allen behandelten Epochen, in der ersten und der zweiten Sekundarschulstufe aber mit einer starken Konzentration auf der Neuzeit und der Gegenwart präsent ist. Obwohl die Geschichte Europas übergreifend behandelt wird, haben doch auch punktuell vertiefende Lektionen wie die der deutschen Einigung von 1871 und Nazideutschlands in ihr einen Platz.

Dies bedeutet, daß die deutsche Geschichte in den marokkanischen Schulbüchern auf zweierlei Weise wahrgenommen werden kann: In einem Fall müßte sie aufgrund des Fehlens weiterer Themen auf die Analyse dieser beiden Abschnitte in der deutschen Geschichte reduziert werden. Im anderen Fall würde bei einem Überangebot an Stoff der Blick auf Europa insgesamt gerichtet, Deutschland aber nur in indirekter Weise berührt. Es ging also in anderen Worten darum, sich entweder mit einem direkten aber punktuellen Blick zu begnügen oder einen ausgedehnteren Blick zu wählen, der jedoch durch das Prisma Europas fallen würde. Entscheiden wir uns für diesen zweiten Zugang!

3. Die Wahrnehmung Europas und Deutschlands in den Geschichtslehrbüchern

Das Bemühen, sich in Beziehung zum Anderen zu definieren und seine eigene Vergangenheit zu verherrlichen, ist eine Konstante in den Schulbüchern des unabhängigen Marokko. Die Geschichte Europas im Mittelalter bietet die Gelegenheit, den Beitrag der arabisch-islamischen Zivilisation zur Geltung zu bringen. Das christliche Abendland erscheint – außer in einer oder zwei Lektionen – nur in seiner Beziehung zum Islam, wobei diese Aspekte anscheinend nur deshalb aufgenommen wurden, um angesichts eines in sich zurückgezogenen Europas die Ausstrahlungskraft des Islam noch besser ermessen zu können.

Auf der Idee eines Vorsprungs des Islams gegenüber dem Okzident und der zentralen Rolle, die die arabisch-islamische Zivilisation für die Renaissance in Westeuropa spielte, wird mehrfach insistiert:

„Die Europäer waren gegenüber den Muslimen kulturell völlig im Rückstand." (*L'histoire du moyen âge* 1975, S. 327).

„Diese Renaissance ist nur die Frucht dessen, was die Muslime im christlichen Lande eingepflanzt haben." (*L'histoire du monde moderne* 1976, S. 130).

„Wenn die Europäer nicht aus den Quellen der islamischen Zivilisation, Kunst und Wissenschaft geschöpft hätten, hätten sie sich keinen Weg aus der Rückständigkeit bahnen können, in der sie während der ganzen mittelalterlichen Epoche eingeschlossen waren, als die Spitze des Fortschritts und der Entwicklung in den Händen der Muslime lag." (*L'histoire du moyen âge*, S. 335).

Die Geschichte, die in der Neuzeit und der Epoche der Gegenwart Auskunft darüber geben sollte, welcher böse Geist für den Niedergang und den Rückstand (des Orients) gegenüber Europa verantwortlich ist, wird für das Mittelalter mit der Absicht konsultiert, das Prestige einer Vergangenheit zu liefern und damit die Kinder eines gegenüber dem Okzident komplexbeladenen Volkes zu beruhigen und mit ihrem eigenen Erbe zu trösten. Diese Art von Beruhigung und Trost verfolgt nicht das Ziel, eine Barriere gegenüber den kulturellen Werten des Okzidents zu ziehen – im Gegenteil, sie schafft eine psychologische Prädisposition, die die Aufnahme gerade dieser Werte erleichtert:

„Nach einer allgemeinen Regel werden die psychlogischen Hindernisse, die der Zustimmung zu einem Wechsel entgegenstehen, um so eher niedergeworfen, je stärker dieser Wechsel als etwas Autochthones verstanden wird [...]; eine Entlehnung wird als die Wiederentdeckung eines Geschenks gesehen, das man dem Okzident vor gut ein paar hundert Jahren gemacht hat." (GRUNEBAUM 1973, S. 2, 16).

Nachdem das psychologische Terrain so vorbereitet ist, können die Moderne behandelt und der Fortschritt Europas sowie der Rückstand der islamischen Welt herausgestellt werden. In einem der Lehrbücher wird ein Vergleich zwischen europäischen und islamischen Ländern angestellt. Der Schüler wird dazu ermuntert, den Abstand zu begreifen, der sich in Wirtschaft, Politik und Wissenschaft zwischen den europäischen Ländern, die „auf dem Weg des wissenschaftlichen und ökonomischen Fortschritts voraneilten", und den islamischen Ländern geöffnet hat, in denen „die Mentalität der Erstarrung und des Konservatismus zur Zurückweisung jeder Idee von Entwicklung und grundlegender Erneuerung führte."

„Im Bereich der Wirtschaft gab es keine neue Erfindung im ökonomischen Denken seit Ibn Khaldoun, und der Horizont der Interventionen des Staats blieb auf die Landwirtschaft und die Steuern beschränkt, während die europäischen Staaten vom Feudalregime zum Handelskapitalismus und zur industriellen Revolution übergingen.

In Bereich der Politik blieben die mittelalterlichen, vom Abbasidenkalifat ererbten Strukturen vorherrschend, und es gab keine Erneuerung im politischen Denken und den öffentlichen Institutionen, während sich die europäischen Staaten einen Weg zur Demokratie und zu konstitutionellen Regimen bahnten.

Im Bereich der Wissenschaft vollzog sich ein Stillstand in der Forschung und im Ijtihad bei den Muslimen, während Europa zu wissenschaftlichen Entdeckungen aufbrach, die mit den großen geographischen Entdeckungen einhergingen." (*L'histoire du monde moderne* 1975, S. 87 f.)

Vergleichen wir diesen Diskurs mit dem der vorkolonialen Periode: Jener zeichnete sich durch ein Überlegenheitsgefühl der Muslime gegenüber den Nichtmuslimen aus, während nur dem klassischen Zeitalter (besonders dem der ersten Kalifen) Bewunderung und ein Gefühl der Unterlegenheit entgegengebracht wurde. Die teilweise Desillusionierung der vorkolonialen Periode infolge der militärischen Katastrophen und der häufigeren Kontakte mit Europa wurde in und nach der Kolonialzeit noch umfassender. Seither liegt das geschichtliche Ideal nicht mehr in der Vergangenheit, sondern in Europa, und das Geschichtsbild wurde allmählich „säkularisiert".

Die genauen Konturen dieses Ideals könen durch eine erschöpfende Analyse der gesamten europäischen Geschichte, so wie sie in den marokkanischen Lehrbüchern begriffen wird, nachgezeichnet werden.

Was die Wahrnehmung Deutschlands angeht, ist präzisierend zu ergänzen, daß nur die Lehrbücher der zweiten Sekundarstufe sich mit diesem Land in selbständiger Weise im 19. und 20. Jahrhundert beschäftigen. Es handelt sich um die nationale deutsche Einigung und Reichsgründung, der eine Lektion über die nationalen und liberalen Bewegungen vorausgeht, die Europa während der ersten Hälfte des 19. Jahrhunderts erschütterten (wobei wichtige Abschnitte für Deutschland reserviert sind), sowie Nazideutschlands, dem ein Abschnitt über die Weimarer Republik vorangestellt ist.

Die Lektion über die nationalen und liberalen Bewegungen in Europa während der ersten Hälfte des 19. Jahrhunderts zeigt Deutschland als einen Schauplatz von Konflikten zwischen konservativen Kräften, die den Entscheidungen des Wiener Kongresses anhängen, und Liberalen sowie Nationalen, die eine weitgehende Demokratisierung des öffentlichen Lebens in Deutschland anstreben. Dank eines Bündnisses zwischen Bürgertum und Proletariat erreicht die liberale Bewegung eine gewisse Zahl von Reformen, die jedoch kurze Zeit später wieder in Frage gestellt werden, vor allem aufgrund des schrittweisen Scheiterns der revolutionären Bewegungen in Europa und infolge der Anbindung des deutschen Bürgertums an die konservativen Kräfte (*2ème année du second cycle* 1976, S. 11-16).

Die Studie über die nationale deutsche Einigung im 19. Jahrhundert (*2ème année du second cycle* 1976, S. 17-23) behandelt

– Die Teilung Deutschlands (unter Ausschluß Österreichs) am Vorabend des Bismarckschen Unternehmens der Einigung;

– die ökonomische Vormachtstellung Preußens;

– die Kraft der ökonomischen Expansion, die sich im Rahmen des Zollvereins entwickelte, der dem Bürgertum die Gelegenheit für einen expandierenden Markt gab und es zur Anlehnung an Preußen führt;

– die drei Kriege gegen Dänemark, Österreich und Frankreich, die eine Gelegenheit darstellen, die militärischen Macht, vor allem aber das politische Geschick Bismarcks zur Geltung zu bringen. „In den deutsch-französischen Verhandlungen brachte Bismarck Napoleon III dazu, Position zu beziehen und seine Expansionsabsichten zu erklären, was zur Isolierung Frankreichs auf der europäischen Bühne beitrug.";

– die Entstehung eines kapitalistischen Bundesstaats militärischen Charakters, der den Pan-Germanismus als Zement der nationalen Einheit entwickelte.

Diese Studie, die sich auf die nationale Einigung Deutschlands konzentriert, beschäftigt sich vor allem mit ökonomischen und militärischen Aspekten, opfert dabei aber die politischen und sozialen Gesichtspunkte. Sie läßt daher den Schüler ohne die für das Verständnis der tieferen Ursachen des Nationalsozialismus erforderlichen Kenntnisse zurück, indem sie ihm nicht erklärt, daß das Zustandekommen des Dritten Reichs auf Kosten des demokratischen Programms der Liberalen ging.

Von allen faschistischen Bewegungen in Europa behandelt das marokkanische Lehrbuch nur den Nazismus, „wo sich der Faschismus am vollkommensten verwirklichte". (*3ème année du second cycle* 1985, S. 50)

Dieser Lektion geht eine relativ ausführliche Darstellung der aus der militärischen Niederlage hervorgegangenen Weimarer Republik voraus, einer Republik, der es die politischen, ökonomischen und sozialen Schwierigkeiten nicht erlaubten, trotz relativer politischer Stabilität und ökonomischer Erholung von 1924-1930, wirkliche Unterstützung im Land zu finden. Das Handbuch erklärt, wie die Krise von 1929 die Weimarer Republik in ein ökonomisches und soziales Debakel stürzte, das die Eroberung der Macht durch die Nationalsozialisten begünstigte.

An diesem Abschnitt der Studie drängt sich eine Anmerkung auf. Im Allgemeinen halten die marokkanischen Schulbücher von der europäischen Geschichte, außer im Falle der Renaissance, nur die ökonomischen, sozialen und manchmal politischen Dimensionen fest. Kulturelle Bezugspunkte werden beinahe völlig ausgeblendet. Dies gilt auch für das Deutschland der Zwanziger Jahre, eine Periode außerordentlicher intellektueller und künstlerischer Blüte, deren Erwähnung der marokkanische Schüler vergebens in seinem Lehrbuch sucht.

Das nationalsozialistische Regime wird anhand folgender Einzelaspekte behandelt:
- Die Machtergreifung
- Die Errichtung der Nazidiktatur
- Die Nazifizierung Deutschlands
- Die ökonomische Entwicklung und die Vorbereitung des Krieges.

Was den Rassismus Hitlerscher Prägung angeht, ist von ihm nur einmal in folgender Passage die Rede: „Die Grundlage der Nazi-Ideologie ist der Rassismus. Sie strebt danach, eine Hierarchie der Rassen zu errichten, an deren Spitze die »arische Rasse« steht, die die Germanen verkörpern, da sie mit höheren körperlichen und geistigen Fähigkeiten begabt sind. Eine Pflicht des Staats ist es, diese Rasse von fremden, minderwertigen Elementen zu reinigen und ihr die Mittel zu geben, die anderen Rassen zu unterwerfen" (*3ème année du second cycle* 1985, S. 55).

Der interessanteste Punkt in dieser Wahrnehmung Nazideutschlands ist zweifellos das Schweigen der Autoren über die Rassenpolitik des Dritten Reiches. Diese wird in der Anwendung von sogenannten Maßnahmen „zum Schutz der Rasse" wie der vor allem gegen die jüdische Bevölkerung gerichteten Rassengesetzgebung deutlich, der eine Politik der Judenvernichtung folgte, die in der „Endlösung" gipfelte.

Nichts von alledem wird in den marokkanischen Schulbüchern erwähnt. Wie Alain BESANÇON sagte: „Das Schweigen ist für den Text, was das Unbewußte für das Bewußte ist [...]. Auf das Schweigen der Geschichte muß man hören." (1971, S. 35 f.).

Dieses Schweigen läßt sich in zweifacher Weise erklären:
– Es setzt das Schweigen über die Vergangenheit der Juden in der eigenen nationalen Geschichte Marokkos fort.
– Es ist ein Schweigen, das mit der Wahrnehmung der Palästinafrage zusammenhängt. Dabei könnte es darum gehen, daß der Gründung des Staates Israel durch einen ausführlichen Bericht über die Details der Judenverfolgung keine historische Legitimität verliehen werden sollte.

So wird die Wahrnehmung der europäischen und deutschen Geschichte durch die nationale Geschichte Marokkos markiert. Über den anderen zu sprechen bedeutet in gewisser Weise, auch von sich selbst zu sprechen.

Der Ethnozentrismus zeigt sich in der beinahe völligen Auslassung der mittelalterlichen europäischen Geschichte, im Lobpreis der muslimischen Zivilisation gerade kurz vor der Lektion über die Renaissance, in der Verkürzung der europäischen Geschichte um ihre kulturelle Dimension und in der Verhüllung gewisser Fakten in der europäischen Geschichte, die die eigene Erinnerung beunruhigen könnten.

Literatur

BESANÇON, Alain: Histoire et expérience du Moi. – Paris 1971.

Extrait des Instructions officielles. – in: *Ministère de l'Education Nationale* (Hrsg.): Programmes d'histoire-géographie dans l'enseignement secondaire. – Casablanca al-Kitab 1973.

FREUND, Julien: Petit essai de phénoménologie sociologique sur l'identité collective. – in: Identités collectives et travail social. – Toulouse, Privat 1979.

L'histoire du monde au XXe siècle. 3ème année du second cycle. – Casablanca. Dar al-kitab 1985.

L'histoire du monde moderne. Quatrième année secondaire. – Casablanca, dar an-nachr al-maghribiya 5 1975.

L'histoire du moyen âge. Troisième année secondaire. – Casablanca, dar an-nachr al-maghribiya 4 1975.

Manuel d'histoire de la 2ème année du second cycle. – Rabat. Matbaat al-maarif al-jadida 1989/1990.

Mémoire de la section des activités scolaires du Ministère de l'Education Nationale, N° 176 du 12-10-1965.

PREISWERK, R. und D. PERROT: Ethnocentrisme et histoire. – Paris: Anthropos 1975.

SANSAT, Pierre: Identité et vie quotidienne. – in: Identités collectives et travail social. – Toulouse, Privat, 1979.

Ahmed Bouhsane (Rabat)

Der Stellenwert der deutschen Literaturwissenschaft in Marokko – die Rezeptionstheorie als Impuls[*]

1. Problemstellung

Die Präsenz der deutschen Literatur und der in Deutschland betriebenen Literaturwissenschaft in Marokko ist im Rahmen der internationalen Literaturbeziehungen zu sehen, also hier der Beziehung zwischen zwei verschiedenen literarischen Systemen, nämlich dem deutschen und dem marokkanischen Literatursystem. Wir verstehen unter dem Terminus „System" jedes System, das die Erzeugung eines literarischen Systems ermöglicht, namentlich das soziale System, das Mediensystem[1] und das vorgegebene literarische Beziehungssystem in seiner geschichtlichen Dimension. Wir werden hier nicht auf alle Aspekte der beiden Literatursysteme eingehen, sondern konzentrieren uns auf einen speziellen Aspekt des deutschen literarischen Systems: die Rezeptionstheorie. Es geht uns darum nachzuzeichnen, wie diese in das marokkanische System eingeführt wurde: die Art und Weise ihres Transfers und ihrer Aufnahme, die Möglichkeiten ihrer Adaptation und Integration in das marokkanische literarische System und in der Folge das Funktionieren dieser Theorie im aufnehmenden System.

Das Forschungsfeld der Beziehungen zwischen der deutschen und der marokkanischen Literatur ist noch unbestellt; d. h. dazu liegen noch keine Arbeiten vor. Es handelt sich also um eine Zukunftsaufgabe. Wenn die marokkanische Literaturwissenschaft keine engen oder direkten Beziehungen zur deutschen Literatur hat, so hat das historische, politische und kulturelle Ursachen. Die Kolonisation Marokkos durch Frankreich und Spanien hat hier zu einer privilegierten Rolle der französischen Sprache und Kultur an erster und der spanischen an zweiter Stelle geführt. Daher gibt es in Marokko keine auf die Erforschung der Beziehungen der deutschen und der marokkanischen Literatur ausgerichtete literaturwissenschaftliche Tradition. Auch wenn sich dadurch ein enger und direkter Bezug zur deutschen Literatur verzögert hat, so hat die marokkanische Literaturwissenschaft doch – wie zu zeigen sein wird – auf anderen Wegen Kontakte zur deutschen Literatur erhalten.

2. Die Zugangswege zur deutschen Literatur

1) *Der Zugang durch den arabischen Orient*: Marokko hat die deutsche Literatur zuerst durch arabische Übersetzungen und durch Schriften kennengelernt, die im arabischen Orient auf arabisch zur deutschen Literatur abgefaßt worden sind, und zwar vor allem in Ägypten und anderen Machrek-Ländern wie dem Libanon, Syrien und Palästina. Der arabische Orient hatte also schon früher als Marokko Beziehungen zu Deutschland und seiner Literatur. Die erste Übersetzung eines der Werke Schillers, nämlich *Kabale und Liebe*, durch Nicolas Fayàd und Najib Ibrahim erschien im Jahre 1900 (Ägypten/Libanon) nur zwei Jahre nach der Orientreise des deutschen Kaisers Wilhelm II. im Jahre 1898[2]. Nach diesem Besuch entwickelte sich bei den ägyptischen Schriftstellern und Wissenschaftlern ein Interesse an der deutschen Literatur, die man zu übersetzen und mit der man sich zu beschäftigen begann, was für eine Reihe von ägyptischen Denkern und Dichtern zutraf wie Taha Husein, El Akkad, Tawfik El Hakim, Mohamed Awad, Mohamed Abderrahman Badaoui, Mohamed Taymour, Fathi Radouan, Ali Ahmed Bakathir, Mostafa Moher, Abderrahman Badaoui und andere[3].

Überdies hat man in Ägypten mit dem Deutschunterricht schon Anfang der 50er Jahren begonnen, während er in Marokko erst seit den 70er Jahren in einigen Schulen im Sekundarbereich und an einigen Universitäten eingesetzt hat. Außerdem muß man berücksichtigen, daß die deutsche Orientalistik die arabische Welt – und

---

[*] Übersetzt von Hans-Joachim Büchner.
[1] J. S. SCHMIDT: Theory elements: theory of communication interaction. – In: J. S. SCHMIDT: Foundations for the empirical study of literature. The components of a basic theory. – Hamburg 1982, S. 24-46. (Authorized translation from the German by R. de Beaugrande). Ebenso: J. S. SCHMIDT: Text understanding – A self-organizing cognitive process. – *Poetics* 20. 1991, S. 273-301.

[2] Mostafa MAHIR: Faust dans la Littérature Arabe. – Fusùl. Revue de la critique littéraire, H. 3, 11. April 1983, S. 238-247 [in Arabisch]. Siehe auch vom gleichen Autor den Band: L'Allemagne et le monde Arabe. – Beyrouth 1974.
[3] Ibid, S. 239.

hier vor allem den Vorderen Orient – seine Sprache, sein kulturelles Erbe, seine Literatur, seine Philosophie und Gesellschaft schon erforscht und kennengelernt hat, bevor wir entsprechende Kenntnisse von Deutschland erwerben konnten. Diese deutsche Orientalistik entwickelte sich im 19. Jahrhundert zu einer berühmten, wegen ihrer wissenschaftlichen Qualität, Strenge und Genauigkeit anerkannten Fachdisziplin[4].

Wenn wir hier den arabischen Orient und seine Beziehung zur deutschen Literatur in Erinnerung rufen, dann deshalb, weil Marokko seit Beginn des 20. Jahrhunderts bis in die 60er Jahre von diesen im Orient in arabisch verfaßten Texten zur deutschen Literatur abhängig war. D. h. die erste Wahrnehmung der deutschen Literatur verdankt Marokko den Schriften des arabischen Orients.

2) *Der Zugang über die französische Sprache*: Die deutsche Literatur ist auch auf dem Umweg über die französische Sprache nach Marokko gelangt. Wie schon erwähnt, ist sie aus historischen, politischen und kulturellen Gründen die erste Fremdsprache. Und daher ist die marokkanische Literaturwissenschaft auch der französischen Sprache, ihrer Tradition und ihrer Übersetzungspolitik ausgeliefert. Das ist der Preis, den man für die Vermittlung und deren Bedingungen zu zahlen hat.

3) *Der Zugang durch marokkanische Übersetzungen und Studien*: Die marokkanische Literaturwissenschaft hat durch die von Marokkanern erstellten Übersetzungen Kontakt zur deutschen Literatur aufgenommen. Diese Übersetzungen erfolgten zum überwiegenden Teil aus dem Französischen ins Arabische, wenige aus dem Englischen ins Arabische und nur selten aus dem Deutschen ins Arabische. Trotz der Bemühungen einzelner Marokkaner um die Übersetzung deutscher Literatur bleibt ihr Umfang noch sehr bescheiden, da es an Institutionen fehlt, die in Marokko ganz allgemein die Übersetzung zu ihrer Aufgabe machen und sie fördern.

Man kann zusammenfassend feststellen, daß die deutsche Literatur auf dem Umweg über den arabischen Orient, durch die französische Sprache oder die marokkanischen Übersetzungen und Schriften Marokko erreicht hat, so daß man hier über eine allgemeine Vorstellung von dieser Literatur, ja selbst der Geschichte und Philosophie Deutschlands verfügt. Marokko hat also auf diese indirekte Weise einen Überblick über die deutsche Literatur, und zwar vor allem die des 18., 19. und 20. Jahrhunderts, gewinnen können.

3. Die deutsche Rezeptionstheorie und die Literaturwissensschaft in Marokko

Wir wollen uns im folgenden mit einigen theoretischen Aspekten der deutschen Literaturwissenschaft und ihrer Rolle in der literaturwissenschaftlichen Forschung in Marokko näher beschäftigen. Und zwar handelt es sich um die Rezeptionstheorie. Mit diesem Begriff erfassen wir die Rezeptionsästhetik und den Akt des Lesens („Reader-Response-Criticism"). Diese Theorie nimmt den Leser/Rezipienten als Ausgangspunkt zur Erschließung des Phänomens Literatur. Dabei muß man berücksichtigen, daß sich in Deutschland in den beiden letzten Jahrzehnten bei der Rezeptionstheorie zwei Tendenzen herausgebildet haben:

• Die erste Richtung verbindet sich mit der Gruppe um Naumann in Berlin. Sie war in ihrer Konzeption des Lesers sozialistisch-marxistisch ausgerichtet. D.h. sie hat den Leser im Rahmen der literarischen Produktion als Verbraucher betrachtet und ihn daher nach dem Niveau seines gesellschaftlichen Klassenbewußtseins behandelt[5].

• Die zweite Richtung wird durch die „Konstanzer Schule" vertreten, in der die Rezeptionsästhetik und die Theorie des impliziten Lesers bzw. der „Reader-Response-Criticism" entwickelt wurden, erarbeitet vor allem durch Hans Robert Jauß[6] und Wolfgang Iser[7]. Und es ist diese Richtung, die die Literaturwissenschaft in Marokko aufgegriffen hat.

Warum hat die Konstanzer Schule das Hauptgewicht auf den Leser gelegt? W. Iser hat uns dazu zwei entscheidende Gesichtspunkte geliefert, nämlich einen wissenschaftlichen und einen zeitgeschichtlichen.

Aus wissenschaftstheoretischer Sicht ging in den 60er Jahren die Periode der naiven hermeneutischen Literaturbetrachtung zu Ende und löste eine Revision der Grundsätze dieser literaturwissenschaftlichen Tradition aus. Denn diese wird der Vielfalt an Interpretationsmöglichkeiten, die einem Text innewohnen können, nicht gerecht. Die Literaturwissenschaft hat immer mehr erkannt, daß an einen Text verschiedene Fragen gestellt werden können und daß man dabei auch mehrere unterschiedliche Antworten erhalten kann.

Während der Studentenunruhen der 60er Jahre kam es zu stark ideologiebehafteten Rahmenbedingungen. Und dabei geriet auch die herkömmliche Textinterpretation in die Kritik. In dieser Situation orientierte sich auch die Literatur nach solchen fest vorgegebenen Ideologiekonzepten, so daß die Mehrzahl der Verlage verlauten ließ, das Ende der Literatur sei nahe und die Literaturkritik an den deutschen Universitäten werde das gleiche Schicksal erleiden. In der Folge hat die politische Situation den Anstoß zur Suche nach neuen, durchaus widersprüchlichen literaturwissenschaftlichen Positionen geliefert. Denn der politische Kampf für andere gesellschaftliche Voraussetzungen hat auch zur Entwicklung anderer literaturkritischer Kriterien geführt. Mittlerweile hat sich ein Paradigmenwechsel vollzogen, der sich auf die Realität und den Leser konzentriert,

---

[4] Mohamed ALI HITHOU: Sur l'histoire de l'orientalisme Allemand. – *Revue Fikrun Wafannoun*, 1966. Siehe auch Dr. Ahmed SIMANOU-VITCH: La philosophie de l'orientalisme. – Kairo: Ed. Dar El Maàrif, 1980, S. 223.

[5] Rita SCHUBER: Le texte et ses réceptions. – *Revue des Sciences Humaines*, Lilles III, 183, 1/1989.

[6] Hans Robert JAUSS: Pour une esthétique de la réception. – Übersetzung aus dem Deutschen durch Claude Maillard. – Paris: Ed. Gallimard, 1978 (Dt. Fassung 1972-1975). Ebenso: Pour une herméneutique littéraire. – Übersetzung aus dem Deutschen durch Maurice Jacob. – Paris: Ed. Gaullmard, 1988 (Dt. Fassung 1982).

[7] Wolfgang ISER: L'acte de lecture, théorie de l'effet esthétique. – Brüssel: Mondaga, 1985 (Dt. Fassung 1976).

statt sich auf die Suche nach der Sinnaussage des literarischen Textes zu beschränken[8].

Die wissenschaftliche Literaturanalyse in Marokko hat den Kontakt zur deutschen Rezeptionstheorie und den Anstoß zu ihrer Übersetzung auf dem Umweg über die französische Sprache gefunden und deren erneute Übersetzung ins Arabische. Und diese Initiative wiederum hat es der marokkanischen Literaturwissenschaft ermöglicht, zusammen mit derjenigen des arabischen Orients an der Bereicherung der arabischen literaturwissenschaftlichen Theorie mitzuwirken.

Wenn man allerdings das, was zur Rezeptionstheorie in deutscher, englischer oder französischer Sprache erarbeitet worden ist, mit dem vergleicht, was bislang in Arabisch vorliegt, zeigt sich ein erheblicher Unterschied, der das große Problem bei der Übernahme neuer Theorien in unseren literarischen, wissenschaftlichen und kulturellen Raum verdeutlicht. Denn das, was von dieser Theorie übersetzt worden ist, erschöpft sich in etwa einem Dutzend Bücher und Artikel[9]. Das besagt nicht, daß der an dieser Theorie interessierte marokkanische Wissenschaftler oder Leser nicht über gute Kenntnisse des Französichen, Englischen oder sogar des Deutschen[10] verfügt. Aber was ihm fehlt, ist die Möglichkeit, diese Theorie in Arabisch bekannt zu machen. Allerdings setzt das eine durch die akademischen, wissenschaftlichen und kulturellen Organisationen institutionalisierte Förderung von Übersetzungen voraus.

4. Gründe für die Beschäftigung mit der Rezeptionstheorie in Marokko

Die deutsche Rezeptionstheorie hat die Literaturwissenschaft in Marokko zu Anfang der 80er Jahre erreicht. Und das ist auf wissenschaftliche und politische Ursachen zurückzuführen:

• *Der wissenschaftliche Grund*: Das marokkanische Universitätssystem kannte in den 60er Jahren nur die klassische Literaturbetrachtung streng nach philologischen, historischen und sozialen Gesichtspunkten. In den 70er Jahren dominierten ideologische und strukturalistische Prinzipien. So stand mit anderen Worten manchmal der Autor, manchmal der Text und manchmal der soziale Kontext im Mittelpunkt der Literaturbetrachtung. Der Leser aber wurde bei dieser Form der Literaturuntersuchung trotz seiner Bedeutung für die Konstitution des literarischen Phänomens stets vernachlässigt.

• *Der politische Grund*: Gegen Ende der 70er Jahre treten in Marokko neue politische Ideen hervor, die von den Prinzipien der Demokratie und der Menschenrechte geprägt sind. Damit wird der Mensch ins Zentrum der politischen und sozialen Auseinandersetzung gerückt. Ideologische Konzepte erweisen sich in einer solchen Situation als ungeeignet, die Erwartungen einzulösen, die mit dem Begriff Demokratie verbunden sind und die das Recht auf Verschiedenartigkeit und Unterschiedlichkeit zulassen. Der literarische Text hat daher wie andere Texte auch für verschiedene Interpretationen offen zu sein. Und es ist der Leser, der hier seine Rolle bei der Interpretation der Texte zu spielen hat. Die Rezeptionstheorie hat den Akzent auf diesen Leser und seine Rechte auf Textinterpretation gesetzt, denn „der Text existiert nur durch den Leser beziehungsweise seine Lektüre".

5. Die Umsetzung der Rezeptionstheorie im Rahmen der marokkanischen Literaturwissenschaft

Die deutsche Rezeptionstheorie nimmt im Universitätsbereich, und hier vor allem in der auf die Gegenwartsliteratur ausgerichteten Literaturwissenschaft, seit den 80er Jahren einen anerkannten Platz ein. Sie wird als eine neue Methode zur Analyse der arabischen Literatur in Marokko geschätzt. Und als Beleg, inwieweit diese Theorie im Rahmen des marokkanischen Literatursystems eingesetzt worden ist, sollen hier genauere Angaben folgen:

• Sie hat Eingang gefunden in die Studienprogramme der marokkanischen Universität im Rahmen der Theorien und Methoden zur wissenschaftlichen Analyse der Gegenwartsliteratur.

• Auf der Grundlage dieser Theorie sind schon mehrere wissenschaftliche Untersuchungen durchgeführt worden; andere befinden sich in Arbeit.

• Verschiedene Vorträge und Tagungen sind im Rahmen der marokkanischen Universitäten durchgeführt worden, um diese Theorie zu diskutieren und zu erörtern, wie die Resultate auf das Phänomen der arabischen Literatur angewendet werden können[11].

• Sie hat die theoretische Perspektive der arabischen Literaturtheorie und das Begriffsinventar der wissenschaftlichen Analyse der arabischen Literatur bereichert. Durch diese Theorie haben daher viele ihrer Be-

---

[8] Wolfgang ISER: Reader-Response-Criticism perspective. – Manuskript eines Vortrages, vorgestellt auf einer Konferenz in Marrakech am 28. November 1992. (Wird demnächst im Tagungsband dieser Konferenz von der *Faculté des Lettres de Rabat* publiziert).

[9] Der erste ins Arabische übersetzte Text zur Rezeptionstheorie ist der von JAUSS über die Literaturgeschichte als Herausforderung, erschienen in: *Revue de la Culture Etrangère*, Irak, N° 1, 1983. Die erste zu dieser Theorie verfaßte Studie befindet sich im Buch von A. KILITO: La littérature et l'étrangeté. – Beyrouth: Ed. Dar Attalia, 1983.

[10] Das, was zur Rezeptionstheorie aus dem Deutschen ins Arabische übersetzt worden ist, besteht aus einem einzigen Artikel, den Ahmed EL MAMOUN aus dem Buch von Gunter GRIMM: Rezeptionsgeschichte. Grundlegung einer Theorie. – München 1977, übertragen hat. Erschienen ist er in der marokkanischen Zeitschrift *Etudes Sémantiques, Littéraires Linguistiques*, N° 7, 1992, S. 16-31.

[11] Théorie de la réception. Problématique et Pratique. – Publications de la Faculté des Lettres et des Sciences Humaines - Rabat, Série: Colloques et Séminaires, N° 24, Ed. Ennajah El Jadida – Casablanca, Marokko 1993.

griffe in den in Marokko erstellten literaturwissenschaftlichen Abhandlungen einen festen Platz gefunden. Termini wie die Rezeptionsästhetik, der Akt des Lesens, der Erwartungshorizont, das Leserrepertoir, der implizite und ideale Leser, die Interaktion von Text und Leser, der „Reader Response Criticism" und verschiedene andere Begriffe bilden einen spezifischen Begriffskanaon für die Analyse arabischer Literatur.

• Die Kulturpresse in Marokko hat eine sehr wichtige Rolle bei der Einführung und Verbreitung dieser Theorie und ihrer Begriffe im Kulturbereich Marokkos gespielt.

• Die Fachdidaktik hat die Rezeptionstheorie eingesetzt, um den Literaturunterricht im Sekundarbereich weiterzuentwickeln.

6. Zusammenfassung

Aus den zuvor gemachten Feststellungen geht hervor, daß die Rezeptionstheorie von der Literaturwissenschaft in Marokko gut aufgenommen worden ist, und zwar sowohl als theoretisches und methodologisches Instrument zur Bereicherung der arabischen Literaturtheorie als auch zur Präzisierung der Methoden zur Analyse des arabischen Literaturphänomens. Auf diese Weise hat diese Theorie eine neue Dynamik bei den literaturwissenschaftlichen Studien in Marokko ausgelöst, indem einige von der arabischen Literaturwissenschaft lange vernachlässigte Aspekte entdeckt worden sind, wie der Leser, das Lesen und seine Rolle beim ästhetischen und historischen Entstehungsprozeß von Literatur.

Rahma Bourqia (Rabat)

Die Wahrnehmung der Fremde bei marokkanischen Landfrauen*)

1. Das Deutschlandbild, das Bild der Fremde

Ein Bild oder eine Wahrnehmung Deutschlands kann nicht untersucht werden, ohne die gesellschaftlichen Vorstellungen zu erfassen, die es in bestimmten Besonderheiten vom Bild unterscheidet, das die marokkanischen Frauen von anderen fremden Ländern ganz generell haben. Man findet jedoch kein isoliertes Bild Deutschlands in der Wahrnehmung der Frauen. Für sie ist *Laliman* (Deutschland) Teilmenge eines größeren Ganzen und Bestandteil eines umfassenderen Gebildes – »*blad al-kharij*« (Land der Fremde) genannt. Deutschland ist keine singuläre Einheit, die charakteristische Eigenschaften hat, außer für jene, die das Land kennen, für jene sozusagen, die durch Erfahrung eingeweiht sind. Wenn man erfragt, welche Rede darüber geführt wird, was die marokkanischen Männer und Frauen, die nie die Fremde bereist haben, über den Westen sagen, stößt man auf keinen Diskurs über Deutschland, seine Wahrnehmung ist gewissermaßen in einen umfassenderen Diskurs eingebettet. Deutschland wird als in eine Gesamtheit des uns Fremden eingeschlossen gesehen und sein Bild ist nicht aus dieser Gesamtheit herausgelöst erfaßbar. Es ist Bestandteil des Anderen und das Andere ist die Summe dessen, was im Gegensatz zu uns steht.

Der direkte und indirekte Kontakt Marokkos mit dem Westen hat einen populären Diskurs und kollektive Wahrnehmungen des Abendlandes und der Fremde hervorgebracht. Vorliegender Beitrag strebt eine Untersuchung des Diskurses der befragten ländlichen und halbverstädterten Frauen an und konzentriert sich auf ihre Wahrnehmungen dessen, was sie *al-kharij* (die Fremde) nennen. Um die Wahrnehmungen der Frauen hinsichtlich des Fremden im allgemeinen und Deutschlands im besonderen zu erforschen, müssen die Grenzen, die Orte und die Träger dieser Wahrnehmung näher bestimmt werden.

Unsere Untersuchung beruht auf 60 Interviews, die mit Frauen aus vier verschiedenen Regionen Marokkos (Oulad Hriz in der Chaouia, Qariyat Oulad Moussa an der Peripherie von Salé sowie den Gemeinden Khémisset und Tiflet bei den Zemmour) gemacht wurden. Die meisten der Frauen sind Analphabetinnen und leben hauptsächlich im ländlichen oder halbländlichen Umfeld. Bildet dieses Umfeld den Träger einer Binnenkultur? Anders gesagt: bringt es eine eigene Art der Wahrnehmung hervor? Man kann a priori zwischen einer umfassenden Kultur und den Binnenkulturen unterscheiden, von denen jede einer bestimmten gesellschaftlichen Gruppe eigentümlich ist. Obgleich man der marokkanischen Gesellschaft eine eigene umfassende Kultur zusprechen kann, setzt sich diese aus vielen Binnenkulturen zusammen, die häufig entsprechend den Trennlinien, die eine soziale Gruppe von der anderen unterscheidet, hierarchisiert sind. Zum Beispiel hat der vom Wunsch, in die Fremde zu gehen, hervorgebrachte Mythos der Auswanderung, den viele junge Leute teilen, unterschiedliche Konnotationen im Vergleich einer sozialen Gruppe mit der anderen. Aber entwickeln diese Binnenkulturen deswegen unterschiedliche Wahrnehmungen der Fremde? Die Wahrnehmungsunterschiede spiegeln nicht immer die morphologischen Konturen der Gruppe wieder. Obgleich sich diese Untersuchung auf die Frauen stützt, gehen deren Wahrnehmungen in einem Maß über die Grenzen ihrer Gruppe (jener der Frauen) hinaus, daß es gelegentlich schwierig ist, genaue Grenzen zwischen den Wahrnehmungssphären zu ziehen. Diese in den sprachlichen Diskurs eingegangenen Wahrnehmungen transzendieren die Grenzen der sozialen Gruppen und der Geschlechter, die sie hervorbringen. Durch ihre untergeordnete gesellschaftliche Stellung und ihre Aufgabe der (natürlichen, sozialen und kulturellen) Reproduktion bewahren die Frauen im-

---

*) Übersetzt von Gerd Becker.

mer die Werte der Gesellschaft und sind Trägerinnen einer Weltsicht und der gesellschaftlichen Ordnung. Über die Wahrnehmungen der Frauen kann man die Wahrnehmungen der ganzen Gesellschaft erkennen. Die soziale Gruppe ist hier nur ihr Träger. Wahrnehmungen haben keine bestimmte räumliche Begrenzung. Ihre Grenzen sind kultureller Natur. Die Wahrnehmungen der Frauen überschreiten also die Grenzen der Gruppe, die man Frauen nennt. Die Wahrnehmungen sind wie die gesellschaftlichen Vorstellungen: „[...] eine Form des Bewußtseins, gesellschaftlich erarbeitet und geteilt, sie haben ein praktisches Ziel und tragen zur Konstruktion einer gemeinsamen Realität und einer sozialen Gemeinschaft bei"[1].

Wenn die Wahrnehmungen Bestandteil einer Kultur sind, gilt es, sich eines phänomenologischen Ansatzes zu bedienen, um die Sichtweisen der Frauen zu erforschen, die eventuell jene der Männer wiedergeben. Zweifellos sind die Wahrnehmungen Bestandteil eines Diskurses. Sie bauen sich auf dem auf, was die Männer den Frauen über die Welt sagen, die sie erfahren. Die Wahrnehmungen sind „gesagte Dinge", die den gemachten Dingen, den Handlungen, die Richtung weisen. Diese Handlungen ihrerseits, persönliche Erfahrungen, nähren den Inhalt der Vorstellungen. Man kann sagen, daß die Wahrnehmungen das Handeln bestimmen und das Handeln seinerseits die Wahrnehmungen reproduziert. Diese können nur in dem Maß Gegenstand der empirischen Untersuchung sein, wie sie im Diskurs ausgetauscht und in Worten ausgedrückt werden und wie sie sich in Vorstellungen und Beziehungen kristallisieren[2].

Die Vorstellungen zu erfragen heißt also, die Redeweise zu erfragen, die Feinheiten der Worte und ihre Begleitbedeutungen im semantischen Feld einer marokkanischen Kultur, einer Weltsicht in einer gegebenen sozialen Nische zu erhellen. In diesem Rahmen muß man auch die Artikulationsformen des Diskurses erfassen, den die Frauen zum Westen, zur Fremde und zu den Christen ausbilden und die jetzt Träger ihrer Vorstellungen geworden sind. Welches Bild der Fremde entfaltet sich also in diesem Diskurs?

2. Die Fremde: eine Bewertung des Außenliegenden

Wie werden der Westen oder fremde Länder benannt?

In der marokkanischen Umgangssprache findet sich kein Ausdruck, der den Westen bezeichnet. Der Begriff *gharb*, mit dem im klassischen Arabisch und der gelehrten Literatur der Westen benannt wird, wird in den Dialekten nicht verwendet. Er ist durch den Terminus *kharij*, mit dem die Fremde bezeichnet wird, ersetzt. Wie ist die Fremde (*kharij*) im allgemeinen Gebrauch definiert?

Der Ausdruck *kharij*, der wörtlich übersetzt „das Äußere" bedeutet, bezeichnet eine äußere Einheit gegenüber einer inneren, mit der sich die Frauen identifizieren. Er bezieht sich auf alles, was äußerlich ist und im Gegensatz zum Inneren steht. In diesem Sinne wird über einen Emigranten gesagt: „Er ist nach Außen gegangen" (*kharij 'la bara*). In dieser Wahrnehmung ist die Emigration mehr als eine Reise, es handelt sich vielmehr darum, sich jenseits einer definierten Einheit wie der des Inneren zu begeben. Die Grenzen dieses Inneren sind die Grenzen einer Einheit und eines kollektiven Selbst, das die Frauen „unseren Maghreb" (*maghrib diyalna*) nennen und das sich wie das Gegenteil zum Äußeren verhält. Sie sind auch die Grenzen eines affektiven Zusammenhalts, der die Menschen aneinander bindet, mit denen sie sich im Rahmen ihrer Zugehörigkeit identifizieren und auf die sie sich beziehen, um sich selbst und die anderen zu definieren, die sich innerhalb dieser Grenzen befinden.

Sie alle teilen eine Überzeugung, welche die Tatsache sich zu entfernen, die Gruppe zu verlassen oder zu verraten, verdammt, wie es das volkstümliche Sprichwort „Nur der Satan verläßt die Gruppe" (*ma yakhrej min jma'a ghir chitan*) ausdrückt.

Kharij ist auch von dem Verbum *khrej* abgeleitet, das soviel bedeutet wie: einen inneren Raum nach außen verlassen. Es bezeichnet auch alle Formen der Abweichung. Ist das nicht das gleiche, wie „den rechten Weg verlassen" (*khrej 'la triq*)? Der volkstümliche Ausspruch: „Seine Füße ragen aus den Satteltaschen (*chwari*) heraus" drückt ebenfalls die Idee der Abweichung und des Verstoßes gegen die Normen aus.

Das Äußere ist in der marokkanischen Volkskultur der Schuttabladeplatz der Zurückweisung. Der äußere Raum (*bara*) ist der der Ungeselligkeit, dem inneren Raum (*dakhel*) des intimen Familienbereiches gegenübergestellt. Die Fremde wird auch „das Land des Äußeren" (*bled bara*) genannt. Das Äußere (*bara*) ist dieser unstrukturierte Raum, der dem geordneten Inneren gegenübersteht und zu dem man Abstand wahrt. Es scheint, daß, wenn man den Westen *kharij* nennt, sich die Sprache nicht an das Prinzip der Willkürlichkeit der Bezeichnung hält, sondern sich auf einem unbewußten Weg durch die unwillentliche Wahl der Termini rächt, die die Fremde bezeichnen.

Der Geist der Zurückweisung findet sich besonders stark in volkstümlichen Redensarten, die ein Bild entwerfen, das dem Inneren den Vorzug gibt und das Äußere zurückweist, wie es ein Sprichwort ausdrückt, das besagt: „Der Teer meines Landes ist besser als der Honig der anderen Länder" (*qatran bladi wala 'asel bladat nas*).

Ist die Fremde, assoziiert mit dem Äußeren, nicht die Summe dessen, was man ablehnt?

Und dennoch, wenn die Frauen über jemanden reden, der in die Fremde ausgewandert ist, reden sie dabei über seinen Erfolg, seinen sozialen Aufstieg. Man stellt sozusagen die Vorzüge dieses den Menschen glücklich machenden Ortes des Aufstieges dar. Anders gesagt, *kharij*, das wörtlich das Äußere, die Zurückweisung, den Abstand, kurz, das Negative ausdrückt (oder be-

---

[1] Vgl. Denise JODELET: Représentations sociales : un domaine en expansion. – in: Denise JODELET (Hrsg.): Les représentations sociales. – Paris: PUF 1989, S. 36.
[2] a.a.O. 1989, S. 32.

zeichnet), findet sich von dieser anfänglichen Bedeutung übertragen in einen positiven Beiklang, den es im Diskurs angenommen hat. Wie hat sich seine wörtliche Bedeutung gewandelt und diesen positiven Sinn angenommen?

Alles hat mit den Erzählungen begonnen.

Eine Untersuchung der Archäologie der Bedeutung des Begriffes *kharij* führt zu jenen, die die Redeweise über die Fremde in ihren Gesprächen hervorbringen. Wegen ihrer Stellung, die ihre Bewegungsfreiheit auf den inneren häuslichen Raum beschränkt, sind die Frauen weniger dem Kontakt mit der äußeren Welt (jener der Städter und jener der Fremden) ausgesetzt als die Männer. Trotzdem lebt »die Fremde« in der weiblichen Vorstellungswelt. Die Frauen sprechen über die Auswanderung, über »fremde Länder« und entwickeln einen erzählerischen Diskurs über das Abendland, indem sie wiederholen, was die Emigranten erzählen. Jede Frau erzählt, was ein Verwandter, ein Bruder oder ein Nachbar gesagt und über die fremden Länder erzählt hat. Die Erzählungen beginnen immer mit dem Ausdruck: „Man sagt, daß ...", oder auch „Man erzählt, daß ...". Gelegentlich wird die Quelle der Information genannt: „Mein Bruder (oder mein Sohn) sagt, daß ...". Die Geheimnisse der Fremde bleiben den Männern vorbehalten, die das Land verlassen und emigrieren. Auch ihre Frauen erzählen, aber ihre Geschichten sind weniger reich als die ihrer Ehegatten, denn deren Bewegungsraum im Zuwanderungsland ist größer als ihr eigener.

Der Erzähler beginnt damit, zu benennen, was der Gegenstand seiner Geschichte ist, das Wissen um das Land der Zuwanderung und der Welt, mit der er vertraut geworden ist. Die geistige Reise der Frauen in die fernen Länder beginnt mit dem Zuhören bei dieser Geschichte. Jene, die Zuwanderer geworden sind und die immer wieder von ihrem Land zurückkommen, erzählen ihre Erlebnisse, kommentieren die Ereignisse, verbreiten die Bilder. Alle befragten Frauen haben entweder einen näheren oder ferneren Verwandten oder einen Nachbarn, der die Fremde besucht hat. Sie wiederholen in ihrem Diskurs über die Fremde das, was ihnen dieser Verwandte oder Nachbar beim jährlichen und rituellen Besuch erzählt hat. Die, die keine Verwandten in der Fremde haben, haben die Berichte derjenigen Emigranten gehört, die jedes Jahr zu ihnen kommen und die von allen »die Urlauber« (*nas facance*)[3] genannt werden. Die Erzählung der Frauen, die niemals emigriert sind, speist sich aus einer Quelle der Erinnerungen: den Emigranten selbst. Die weibliche Erinnerung findet sich von der Macht eines Wortes unterjocht, dessen Quelle immer ein privilegierter und in der Fremde lebender Mann ist.

Den Frauen erstatten jene, die aus der Fremde zurückkommen, Bericht aus einer anderen Welt, wo alles verschieden vom Bekannten ist und wo sich das Fremde mit dem Wunderbaren mischt. Als Erinnerung zweiten Grades nimmt die weibliche Erinnerung die erzählten Berichte derer auf, die von ferne zurückkommen und fügt ihnen eine Sicht des Fremden, die zugleich eine Weltsicht ist, hinzu. Die Überlagerung der beiden Erinnerungen – oder besser die Verständigung zwischen diesen beiden Erinnerungen – hat einen Diskurs über das Fremde hervorgebracht, den wir im Mund der Frauen wiederfinden. Über diesen Diskurs entdeckt man die Spuren dessen, was die Erinnerungs-Quellen (die Emigranten) gesagt haben und was sie zu sagen unterlassen haben.

Für die Frauen ist die Information über die Fremde vermittelt durch das Schweigen und die Weglassungen in den Erzählungen jener, die bereits einmal fortgegangen und wiedergekommen sind.

Wenn der Emigrant von seinen Reisen in das Aufnahmeland erzählt, erzählt er nicht seine ganze Geschichte, sondern nur Fragmente dieser Geschichte; Sequenzen, die er aus dem Stoff seines Lebens ausgewählt hat, um sie einem neugierigen Zuhörer vorzustellen. Die Berichte der Emigranten sind individuelle Berichte, aber nichtsdestoweniger haben sie gemeinsame Punkte:

– Sie decken nur einen Teil des Erlebten ab. Der Emigrant erzählt nicht von seinem Leben vor der Ausreise, sondern fokussiert den Diskurs auf den Lebensabschnitt in der Fremde.
– Es gibt einen Auswahlprozeß, der die meisten Emigranten über die gleichen Ereignisse und Tatsachen berichten läßt.

Die Berichte sagen vieles, weil sie vieles zu sagen unterlassen. Die Beredsamkeit des Schweigens der Emigranten über bestimmte Dinge, den Rassismus zum Beispiel, verdient eine Reflexion.

Es besteht bei den Emigranten die Tendenz, die Vorzüge des Aufnahmelandes, seine guten Seiten zu betonen und eine andere Tendenz, alle schlechten Erfahrungen zu vergessen: die mühsame Arbeit, die Integrationsschwierigkeiten oder den Rassismus. Alle Frauen versicherten, daß die Emigranten über die Fremde nur Schönes berichten und nichts als Gutes (*khir*) sagen. Die Emigranten verbreiten also ein positives Bild der Fremde und verbergen stets das, was negativ ist.

Zwei Gründe sind denkbar, um diese Haltung zu erklären:

1) Die Erinnerung und der Bericht des Emigranten sind geformt von der Kultur des Aufnahmelandes[4]. Diese Formung ist das Ergebnis einer Beziehung zu einer dominanten Kultur. Weil sie dominant ist, überlagert und blendet die westliche Kultur, deren Erzähler und Verteidiger er geworden ist, die Erinnerung des Emigranten.

Die Erinnerung des Erzählers hat den Frauen Beschreibungen von Ereignissen einer Lebensweise und eines Raumes nahegebracht. Aber diese Erinnerung arbeitet parallel mit der Leistung des Vergessens. Alles, was diese Vermittler beharrlich verdrängt haben: den Rassismus, die Zurückweisung der Emigranten, das Ausgestoßensein, die Unbedeutsamkeit, all das, was sie so schmerzlich erfahren mußten, das sind die vergessenen Dinge[5].

---

[3] Verballhornung des französischen Wortes »vacance« (Ferien).

[4] Vgl. Michel POLLAK: L'encadrement et silence : le travail de la mémoire. – *Penelope*, N° 12, 1985, S. 35-39.
[5] Christine MAUVE: Chose promise, chose due. – *Penelope*, N° 12, 1985, S. 30.

2) Der Erzähler betont die positiven Seiten der Aufnahmegesellschaft gegenüber einem Zuhörer, der seine Erfahrung einschätzt und bewertet. Indem er mit den Errungenschaften des Aufnahmelandes prahlt, rühmt er seinen eigenen Erfolg. Der Erzähler will zeigen, was er erreicht hat. Er versteckt seine Mißerfolge und schlechten Erfahrungen, es sei denn, er spielt diesbezüglich den Helden und breitet sie mit Stolz aus.

Gelegentlich nimmt die Erzählung die Züge eines Märchens an, in der die Fremde wie eine fabelhafte und wunderbare Welt erscheint. Das hebt das Privileg hervor, unter denen zu sein, die die andere Welt kennengelernt haben.

Es ist diese eingeschränkte Erinnerung, die unter den Frauen das Bild der Fremde verbreitet. Die Wahrnehmungen der Frauen sind das Ergebnis eines sprachlichen Austausches zwischen einem beredten, erfahrenen Emigranten und den neugierig lauschenden ortsgebundenen Frauen. Wenn im allgemeinen jeder sprachliche Austausch eine Auseinandersetzung ist, anders gesagt, eine Machtbeziehung, in der einer den anderen zu beeinflussen versucht, dann ist die Wirkung dieser Beeinflussung noch größer, wenn die Zuhörerinnen Frauen sind, die Marokko noch nie verlassen haben, und die Erzähler sich in der immer als Vorteil wahrgenommenen Position der Emigration befinden. Im Kontext einer solchen Interaktion zwingt der Sprecher-Erzähler seinen Zuhörerinnen ein „Universum des Diskurses" auf, „in welchem sie eingeschlossen zu werden drohen"[6].

3. Die Fremde: Lage und Entfernung

Die Spuren einer Erzählung zu verfolgen, heißt in erster Linie, sich mit der Wahrnehmung zu befassen, die über den Ort der Fremde verbreitet wird. Man kann sich fragen, in welchem Maß das Fremde in diesen Wahrnehmungen eine geschlossene geographische Einheit bildet. Haben die Frauen eine Vorstellung von der Unterschiedlichkeit der Länder, die die Fremde bilden? Was ist die räumliche Wahrnehmung, die sich die Landfrauen von Deutschland, Frankreich und den anderen fremden Ländern machen? Weit von Marokko, ganz nah, oder keine Idee? Anders gesagt, handelt es sich bei diesem Punkt der Befragung um die räumlichen Vorstellungen von dieser Fremde.

In den Wahrnehmungen ist die Fremde ein weit entfernter Ort. Er definiert sich bei den Frauen wie ein Sammelsurium des Landes Kunterbunt. In dieser weiblichen Wahrnehmung führt die geographische Nomenklatur ein Eigenleben ohne räumliche Entsprechung. Die Frauen kennen die Namen der Länder, aber nicht ihre Lage. Es gibt die Länder nur deswegen, weil sie benannt sind. Wenn wir die Frauen beim Interview gebeten haben, frei die Namen fremder Länder aufzuzählen, war diese Auflistung reich, und Frankreich stand an erster Stelle, die danach meistgenannten Länder waren Italien, Spanien, Amerika, Belgien, Libyen, Saudi-Arabien, die Schweiz. Deutschland taucht nicht in dieser freien Auflistung auf, aber nach Aufforderung konnten die Frauen wohl über *Laliman* sprechen: ein Land, das sehr weit weg ist.

In ihrem Diskurs setzt sich die Fremde aus vielen Ländern zusammen, ihre geographische Lage ist unbestimmt. Frankreich kann so weit weg sein wie Amerika, Spanien kann an Saudi-Arabien grenzen und „alle fremden Länder befinden sich jenseits der Stadt Laa'youne in der Sahara"[7]. Kann man daraus schließen, daß die Anordnung der Länder in dieser Auflistung jeglicher Logik entbehrt?

Hinter diesem scheinbaren Durcheinander verbirgt sich eine Logik, die sich in den Feinheiten zeigt und die eine Wahrnehmung der Ordnung der Welt zum Vorschein bringt.

Auf die den Frauen gestellte Frage: „Wo befindet sich dieses Land?" haben wir drei Typen von Antworten erhalten:

• Die erste, die am häufigsten gegeben wurde, bestand darin, nach der Aufzählung der Länder zu sagen: „Gott allein weiß" (*Allah ya'lam*). In diesen Antworten zeigt sich eine Wahrnehmung, die die Anordnung der Länder, ihre Verteilung und ihre Zahl als ein Werk Gottes auffaßt. Auch wenn sich die Frauen über die Lage eines Landes äußerten, endeten sie, indem sie „allein Gott weiß" hinzufügten. Genauso drückt man sich aus, wenn man nicht wirklich Bescheid weiß. Diese Wahrnehmung fügt sich in eine allgemeine Wahrnehmung der Welt ein. Vor dem absoluten Wissen Gottes zeigen die Frauen menschliche Demut und bekennen das Scheitern aller Bemühungen das Mysterium der Lage der Länder zu erfassen, wo doch allein Gott die Geheimnisse kennt[8].

• Den zweiten Typ der Antworten kennzeichnet die Unkenntnis. In diesen Fällen antworteten die Frauen auf unsere Fragen mit: „Ich weiß nicht; nur gebildete Menschen wissen das; ich bin nicht gebildet (*maqariyach*)". Für diese Frauen verbindet sich Bildung mit dem Wissen um die Lage der Länder. Die Leute, die gebildet sind, wissen Bescheid und sie finden Frankreich, Italien, Deutschland und alle anderen Länder. Die Frauen haben eine bescheidene Haltung gegenüber dem Wissen und der Bildung der Anderen eingenommen. Weil jene gebildet sind, haben sie geographische Kenntnisse, derer schriftunkundige Frauen, wie sie es sind, entraten.

• Der dritte Typ von Antworten besteht darin, einen zögerlichen Versuch zu machen, bestimmte Länder zu lokalisieren und er beruht auf dem, was ein Verwandter erzählt hat. So ist es auch mit dem, was Mbarka (60 Jahre) auf die Frage: „Wo befindet sich Deutschland?", geantwortet hat: „Ich kann nicht sagen, wo sich dieses Land befindet, ich bin nicht imstande, Dir zu sagen, wo sich alle diese Länder befinden. Ich weiß, daß Italien

---

[6] Vgl. Pierre HERAUX und Denise DESHAIES: Interview et pouvoir langagier. – *Cahiers Internationaux de Sociologie* 79. 1985, S. 317.

[7] Nach Aussagen einer der befragten Frauen.

[8] Vgl. Mohamed BOUGHALI: La représentation de l'espace chez le Marocain illettré. Mythes et tradition orale. – Paris: Anthropos 1974 (Nachdruck: Casablanca 1988).

weiter weg ist als Frankreich, weil mein Sohn mir gesagt hat, daß man, um nach Italien zu kommen oder von dort nach Marokko zu reisen, den Weg über Frankreich nehmen muß. Aus diesem Grund weiß ich, daß Italien auf der anderen Seite Frankreichs liegt". Oder wie Nezha (27 Jahre) noch sagte: „Meine Brüder sind in der Schweiz; ich weiß viele Dinge über die Schweiz. Die Schweiz liegt auf einer Insel, die von drei Ländern gebildet wird: Deutschland, Frankreich und Italien".

Im dritten Typ von Antworten rückt man einen Ort oder ein Land ins Zentrum, das einem bekannt geworden ist, weil ein Verwandter davon erzählt und es beschrieben hat. Das, was die Frauen aus den Berichten der emigrierten Verwandten besser kennen, wird räumlich zentral und bekommt wohldefinierte Grenzen, wie im Fall von Nezha, wo „die Schweiz eine Insel" ist. Jede persönliche, von den Emigranten gemachte Erfahrung speist, wenn sie einmal an eine Verwandte weitergegeben ist, die Wahrnehmungen der Frauen über diese entfernten Orte. Die Wahrnehmungen der Orte, jener Orte, die die Frauen nie gesehen haben, findet sich umrahmt von dem Gefühl und der affektiven Bindung, die sie selbst an jene bindet, die sich in diesen Ländern aufhalten.

Die Lokalisierung der Länder, die wie ein Durcheinander erscheinen, offenbart eine gewisse logische, wirkliche Sicht der Welt, in der Gott der einzige überlegene Wissende ist. Und wenn das weibliche Wissen sich auf den Weg der geographischen Kenntnisse der Welt wagt, stößt es auf das Unwissen, von dem es verfolgt wird, denn die Frauen sind Analphabetinnen und folglich beziehen sie sich auf das Wissen der Männer: jener, die die andere Welt erlebt haben, in der Fremde.

Eine weitere Konstante, die sich aus den Antworten der Frauen ergibt, ist die der Entfernung. Viele Antworten sind folgendermaßen formuliert: „Ich kann nicht genau sagen, wo sich diese fremden Länder befinden, weiß aber, daß sie sehr weit weg sind". Die Entfernung stellt somit eine inhärente Besonderheit der fremden Länder dar. Die Reise in die Fremde ist in den Vorstellungen der Frauen voller Umwege, es dauert Tage und Nächte um dort anzukommen, man muß Dörfer und Städte durchqueren, das Meer überqueren, ein Schiff besteigen, man muß die auf Grenzen achten und dort Polizeikontrollen über sich ergehen lassen. In der weiblichen Vorstellung umgibt der Abstand und die Entfernung die Fremde mit einem Mysterienschein.

Handelt es sich nur um eine geographische Entfernung? Entfernung ist auch das, was den Einzelnen von dem trennt, was nahezu unerreichbar ist. In ihrer Wahrnehmung stehen zwischen dem Einzelnen und der Fremde die Papiere (*lawraq*): der Paß, das Visum und der Arbeitsvertrag.

Das Beschaffen der Papiere macht einen Teil der Rituale aus, denen man sich unterziehen muß, um in das Ausland zu reisen. Der Emigrant muß Prüfungen durchlaufen, die mit dem Papierkrieg beginnen und mit der Vorbereitung der Abreise enden. Die Prüfung ist akzeptiert und wird angestrebt. Wie viele Frauen es ausdrücken: „Nichts ist ohne Mühen zu erreichen". Als Ausstattung an Papieren, die es vor der Abreise zu beschaffen gilt, listen die Frauen auf: den Personalausweis, den Reisepaß, das Visum und den Arbeitsvertrag. Sie unterscheiden zwischen den Papieren, die man „bei uns" bekommt: den Personalausweis und den Paß, und jenen, die „bei denen" ausgestellt werden: Visa und Arbeitsvertrag. Beide sind nötig, um die Abreise zu gewährleisten. Darüber hinaus muß man über Geld verfügen, um die Papiere zu bekommen. Wie Fatna (60 Jahre) sagt: „Um in die Fremde zu gehen, braucht man Geld, man braucht Helfer (*wasita*), man hat Laufereien, man muß die Papiere zusammenbekommen".

Diese Papiere, die die Türe zur Fremde öffnen, sind schwer zu beschaffen und kostbar. Man findet hier einen gewissen Kult um die Papiere (*lawraq*). Diese Haltung gegenüber den Papieren muß im Zusammenhang der Wahrnehmung verstanden werden, die der schriftunkundige Marokkaner bezüglich offizieller Papiere und Dokumente hat. Obwohl die gesprochene Rede den wichtigsten Informationskanal darstellt, trifft man auf einen gewissen Kult um das, was geschrieben und registriert ist. Es sind diese Dokumente, die Eigentum begründen, Heiratsbeziehungen und die Verträge zwischen den Menschen regeln. Das offizielle Dokument gilt unwiderruflich. Es erfüllt die Aufgabe des Gesetzes. Es stellt eine Sicherheit gegen die Flüchtigkeit des gesprochenen Wortes dar. Es umgeht das Vorläufige und das Vergängliche. Der enorme Aufwand, der betrieben werden muß, um die Papiere zu beschaffen, ist unerläßlich, um sich der Fremde zu nähern. Diese Papiere, besonders das Visum und der Arbeitsvertrag (*contrada*), knüpfen das Band, das den Emigranten mit dem Gastland zusammenhält.

Das Besorgen der Papiere erfüllt so wegen der Schwierigkeit, die sich mit ihrer Beschaffung verbindet, die Aufgabe einer wirklichen Initiationsprüfung, indem sie erlaubt, in eine neue Welt und eine neue Existenz einzutreten. Erst die Papiere erlauben, den existentiellen Status des Emigranten zu verändern: er geht von hier nach dort.

4. Diese Welt des Überflusses

Finden sich in der Wahrnehmung besondere Kennzeichen der Fremde? Ist es das Geld, der Wohlstand, die bezahlte Arbeit, das Auto – oder sind es andere Dinge? Die Wahrnehmungen der Frauen stützen sich auf die Erfahrungen, die ihre Söhne und Ehegatten oder ihre nahen Verwandten bei ihren Aufenthalten im Ausland gemacht haben. Der von diesen Erfahrungen beförderte Diskurs entwickelt sich in Richtung eines Mythos der Fremde[9].

Diese Länder stellen sich in der Wahrnehmung der Frauen wie Länder dar, in denen man all das findet, woran es im eigenen Land mangelt. Ihr Diskurs befördert

---

[9] Man findet diesen Mythos in allen sozialen Schichten. Bei der Jugend siehe: Mounia BENNANI-CHRAIBI: Les jeunes Marocains et l'ailleurs : appropriation, fascination et diabolisation. – in: Pouvoirs. L'Islam dans la cité. – Paris: PUF 1992, S. 107-118.

Werturteile über das Hier und das Dort und spricht dabei dem Westen bis zur Vollkommenheit entwickelte Annehmlichkeiten zu. In diesem Diskurs kommen den Kriterien der Vollkommenheit verschiedene Ränge zu.

Das Hauptkriterium, auf das sich diese positive Wertschätzung gründet, die sich in ein aufgewertetes Bild dieser Länder überträgt, ist die Verfügbarkeit von Arbeitsplätzen. Die Gleichsetzung, nach der diese Länder gut sind, weil man eine Anstellung findet, ist in der Einschätzung der Frauen allgegenwärtig. Das schließt die Folgeerscheinungen ein: das Geld, das sich ansparen läßt. Alle Frauen versichern, daß die Fremde gut ist, weil es da Arbeit und Geld gibt.

„Ich möchte sagen, daß es in Frankreich immer Arbeit (khadma) gibt." (Jamila, 26 Jahre).

„Die Leute sagen, daß diese fremden Länder gut sind, weil es dort Arbeit und Geld gibt". (Fatima, 30 Jahre).

„Es ist die Beschäftigung und das Geld, die helfen, die Entfremdung im Exil zu überwinden. Dort, wo es Geld gibt, ist Dein Land". (Milouda, 50 Jahre).

„Dort gibt es Wohlstand (khir), die in die Fremde gehen, haben Nutzen davon und tun ihren Verwandten und sich selbst etwas Gutes." (Lala Khira, 70 Jahre).

„Warum verlassen die Männer ihr Land, besteigen das Schiff, fahren mit der Metro, besorgen sich Visa, warum? Glaubst Du etwa, daß sie ihre Väter und ihre Mütter da unten haben oder jemand der ihnen teuer ist? Sie tun es für Geld". (Nezha, 35 Jahre).

Die Frauen versicherten, daß die Emigranten keinerlei familiäre Bindung im Aufnahmeland hätten, die ihren Weggang in das Exil rechtfertigten. Und dennoch sehnen sich diese Männer, und ebenso die Frauen, aus einem einzigen Grund nach den fremden Ländern: um Geld zu verdienen. Das erlaubt ihnen, sich die Dinge des Lebens zu beschaffen. „Die Emigranten kommen im Urlaub mit vielen Sachen zurück; die, die Möglichkeiten dazu haben, bringen Geld zurück, Gewürznelken, Parfum, Seifen und ein Auto." (Nezha, 35 Jahre). Die Auflistung von Dingen, welche die Emigranten mitbringen, die diese Frau vornimmt, ist nicht willkürlich. Sie folgt einem bestimmten kulturellen Code, der im Kontakt mit dem Westen bestätigt wird. Im ländlichen Milieu gehören Gewürznelken, jener kleine Luxus, den sich Frauen gönnen, wenn sie auf dem Markt einkaufen, zu den Zugehörigkeitssymbolen des städtischen Lebens: genauso wie Parfum und Seifenstücke, ebenso wie das Beförderungsmittel der Moderne und der Reise in die Fremde: das Auto.

Das positive Bild, das die Frauen von der Fremde haben, wird verstärkt durch einen Diskurs über die Art der Beschäftigung. Die Arbeit, die man in diesen Ländern ausübt, wird wahrgenommen, als sei sie weniger mühsam. Die Frauen schätzen die „saubere Arbeit" (khadm nqiya), die die Emigranten in diesen Ländern machen. Die saubere Beschäftigung steht jener gegenüber, die der nichtqualifizierte, unausgebildete, nichtgeschulte Marokkaner vielleicht ausüben kann, wenn er nicht emigriert.

„Die Fremde ist gut, weil sie den Männern die Maurerei (baghli) und die Tischlerei (tanajarat) erspart." (Fatouma, 60 Jahre).

Die, die nicht emigrieren, arbeiten auf dem Bau oder als Tischlergehilfen, Berufe, die als herabwürdigend angesehen werden.

Die positive Wertschätzung des Auslandes bei den Frauen berührt die Gesellschaft insgesamt, ihre Umgangsformen und ihre Werte. „Im Ausland hat man Sinn für Organisation (mnadmin)". Viele Frauen haben über das Ausland gehört, dort sei alles organisiert, jede Sache hätte ihren Platz, die Leute überließen nichts dem Zufall, man sei dort pünktlich. Das Bild der Fremde findet sich auch verstärkt in ihrem Respekt vor dem Gesetz. „Sie haben das Gesetz (qanoun) und sie respektieren es", sagt eine Frau.

Zum Teil projizieren die Frauen die Werte, von denen geglaubt wird, sie gehörten zum Ausland und unterschieden es von der Gesellschaft Marokkos, auf jene, die sie selbst in ihrer eigenen Gesellschaft schätzen oder vielmehr, die die marokkanische Gesellschaft in der Verhaltensweise der Männer und der Frauen schätzt. Die idealen Verhaltensregeln werden ebenso wie die geachteten Werte der marokkanischen Gesellschaft auf die Menschen in der Fremde projiziert. In diesem Sinne sagte eine Frau: „Man erzählt, daß sie ihr Wort halten (kilma)," oder noch „Sie halten zu ihren Freunden", das heißt, sie respektieren das gegebene Wort und halten zu ihren Nächsten. Die der marokkanischen Gesellschaft eigenen Werte – Werte, die durch die Veränderungen in einer im Umbruch befindlichen Gesellschaft auf die Probe gestellt sind – werden dem Westen zugesprochen. Die Werte in der marokkanischen Gesellschaft werden als durch eine Krise gehend wahrgenommen, das erlaubt ihren Transfer nach außen. Denkt man dabei nicht daran, daß die Leute ihr Wort nicht mehr halten und sich ihre familiären Beziehungen auflösen? Anders gesagt, zu den rosigen Farben, in denen sie sich den Westen ausmalen, fügen die Frauen noch die Töne hinzu, die sie an ihrer eigenen Gesellschaft schätzen. Noch anders gesagt: das was hier zum Mangel wird, findet sich dort.

Das Bild der Fremde findet sich überhöht durch die Tatsache, daß sie denen, die dort hingehen, zum sozialen Aufstieg verhilft. Für die Frauen ernten die Leute, indem sie emigrieren, nur Profit und das Gute. Dank der Emigration sichern sie ihr Fortkommen und ihre Zukunft (moustaqbal).

„Diese Länder sind gut, weil sie den Leuten erlauben, ihre und ihrer Kinder Zukunft (moustaqbal) zu bauen." (Rabha, 30 Jahre).

„In Frankreich arbeiten die Leute, sie bringen Geld mit. Derjenige, der »den Verstand« (la'qal) hat, scheffelt Geld und verwirklicht ein Vorhaben für seine Kinder und sich selbst. Er kann eine Firma (firma) kaufen. Er wird ehrbar (ycharaf). Es gibt aber auch jene, die gegangen sind und nichts daraus gemacht haben. Weder sie selber noch ihre Kinder hatten Nutzen davon." (Lala Khira, 60 Jahre).

Nach Ansicht der Frauen muß das Dank der Emigration verdiente Geld wohlüberlegt ausgegeben werden. Man muß investieren, etwas dauerhaftes (salah) anschaffen und es nicht leichtfertig verschwenden. In ihrer Wahrnehmung ist der Aufenthalt in der Fremde eine Prüfung, die jene, die „den Verstand" (la'qal) haben, von denen scheidet, die ihn nicht haben. Die Frauen wiederholen, daß es nur die mit Verstand schaffen, ihren sozialen Aufstieg zu verwirklichen. Der Erfolg muß durch die Verwirklichung von Projekten konkretisiert werden: ein Unternehmen kaufen, Land, ein Haus etc., sozusagen durch die Aneignung dauerhafter und sichtbarer Güter einer doppelten Strategie genügen. Die dauerhaften Güter bieten eine Sicherheit, versprechen einen Rückhalt und helfen, die schwierige Zeit in der Fremde zu überstehen. Die dauerhaften Güter sind auch die sichtbaren Güter. Der Emigrant muß die Zeichen seines Erfolges den Blicken der Anderen zur Schau stellen. Das Auto, der Elektromixer, bekräftigen den Eindruck seines Aufstieges und machen seinen Erfolg sichtbar.

Alles Einkommen im Ausland ist dafür gedacht, in der Heimat sein Glück zu machen. Mit den Projekten, die er in seiner Heimat verwirklicht, muß der Emigrant immerfort zeigen und beweisen, daß er es zu etwas gebracht hat. Wenn er im Einwanderungsland ist, befindet sich der Emigrant außerhalb des Wettbewerbs um den gesellschaftlichen Erfolg; in seinem Herkunftsland unterwirft er sich den Regeln dieses Wettbewerbes. Es unter den Seinen zu etwas bringen, es besser machen als sie und sich von ihnen zu unterscheiden, das ist das Ziel der ganzen Emigration.

Das Schwinden der Bedeutung von Erziehung als Mittel der sozialen Mobilität verstärkt das Verlangen nach der Emigration, um einen gewissen sozialen Aufstieg zu verwirklichen. In dieser Wahrnehmung ist der Gang in die Fremde ein Kanal der sozialen Mobilität. Im Diskurs der Frauen sind die, bei denen der Erfolg ein sichtbares Maximum erreicht hat, die, die »Verstand haben«, sozusagen jene, die mit ihrem Gewußt-wie aus einer Situation Nutzen ziehen konnten: der Emigration. Im Gegensatz zu jenen, bei denen der Erfolg nicht sichtbar ist, was ein Zeichen des Scheiterns ist, denen fehlt es am Gewußt-wie.

In dieser Wahrnehmung liegen die Gründe für den Erfolg oder Mißerfolg in der Person selbst und nicht in den Umständen, in der sich die Person befindet. Das, woran es in den Umständen der Emigration fehlt, sehen die Frauen nicht in diesem Umständen begründet, sondern in dem, der in diesen Umständen lebt. Anders gesagt: Angesichts des Mißerfolges des Emigranten erklärt man nicht die Umstände der Emigration für schuldig, sondern ihn selbst.

Es ist dieses Verlangen nach Sichtbarkeit, das bewirkt, daß gerade Deutschland über diese sichtbaren Zeichen gegenwärtig ist. Obwohl es, wie wir oben angeführt haben, schwierig wäre, eine Wahrnehmung Deutschlands durch die Marokkaner im Allgemeinen und die Frauen im Besonderen, herauszulösen, da der Ländername *Laliman* in der in der Volkskultur gebräuchlichen geographischen Terminologie Teil eines Blocks bildet, den man die Fremde (*kharij*) nennt, hat Deutschland seinen Stellvertreter, den Mercedes, der von den Marokkanern sehr geschätzt und begehrt wird. „Die deutschen Autos sind so solide wie die, die sie gebaut haben", sagt Fatima (35 Jahre). Auch sind die Länder, aus denen die Wohlstandswelt besteht, ein Referenzmodell geworden, mit dem die marokkanische Gesellschaft verglichen wird. Das Ausland definiert sich über das, an was es der marokkanischen Gesellschaft mangelt. Ist in dieser Wahrnehmung die Fremde ohne Makel? In den Erzählungen der Frauen über die Fremde werden negative Aspekte erwähnt, aber das sind weniger Eigenschaften, die der Gesellschaft selbst zugeschrieben werden, als den Emigranten, die in die Ferne gegangen sind, um sich in diesen Ländern einzurichten.

„Ich möchte sagen, daß Frankreich gut ist, aber neuerdings sagt man. daß die Menschen zu zahlreich geworden seien in Frankreich. Wenn jemand in ein [fremdes] Land arbeiten gehen will, muß er sich ein anderes Land aussuchen, wo es nicht viele Exilanten gibt. Wenn es zu viele Einwanderer in einem Land gibt, gibt es keine Arbeit. Es gab eine Zeit, da war Frankreich gut, auch Italien, aber im Moment sind diese Länder in Verruf (*tkarfsou*) geraten, weil es zu viele Menschen gibt. Die Länder, in denen es zu viele Menschen gibt, kommen in Verruf." (Jamila, 28 Jahre).

In dieser Sicht repräsentiert die Fremde das Gute an sich, aber die ankommen, um sich dort einzurichten (die Emigranten), beschädigen sie. Die Länder werden wahrgenommen wie Gefäße, die nicht mehr als ihre Füllmenge aufnehmen können. Manche unter ihnen haben ihre Kapazität überschritten, andere noch nicht. In diesem Sinne sagte eine Frau:

„Bevor alle nach Frankreich gingen, hat jeder von Frankreich gesprochen, um zu arbeiten, aber als Frankreich voll geworden ist und auch seine Nachbarn, haben die Leute angefangen, nach Amerika oder Kanada auszureisen. Alle Welt spricht momentan von Amerika und Kanada." (Rachida, 30 Jahre).

Im Rahmen dieses glorifizierten Bildes der Fremde wird der Verstoß gegen bestimmte bekannte und anerkannte Normen, wie sie in der marokkanischen Gesellschaft gelten, duldbar, gelegentlich sogar wünschenswert. Auf dem ungewissen Boden des Auslandes wird das, was zu Hause unzulässig ist, zulässig. Für die Frauen ist z. B. die Heirat eines Mannes mit einer Fremden wünschenswert und gut angesehen. Alle von uns befragten Frauen wünschten sich, daß ihre Söhne eine Fremde heirateten. Kann man darin einen Verstoß gegen die gesellschaftlichen Normen sehen? Auf dieser Ebene ist der Verstoß gegen die religiösen Werte vom patriarchalischen Muster, das hier weiter zur Wirkung kommt, insofern abgemildert, als die Heirat zwischen einem marokkanischen Mann und einer ausländischen Frau geschlossen wird. Dagegen ist für eine Heirat zwischen einer Marokkanerin und einem Ausländer der Verstoß gegen die Normen nicht hinnehmbar, es sei denn, es handelt sich um einen Verstoß zum Schein.

„Wenn mein Sohn eine Christin heiraten will, soll er ruhig, wenn er bloß sein Problem der Arbeitslosigkeit damit löst. Alle Mittel, die ihm helfen, das zu schaffen, sind erlaubt. Wenn Gott meinem Sohn eine Christin bestimmt hat, die ihn in die Fremde mitnimmt, lasse ich ihn gehen. Mir wäre es lieber, wenn das eine Hochzeit nur für das Papier wäre. Jedenfalls sehe ich das so." (Rachida, 30 Jahre).

„Was die Heirat mit einem Fremden oder einer Fremden betrifft, wenn es sich um einen Jungen handelt, der sich zu helfen weiß, wenn die Fremde ihn heiraten und mit sich nehmen will und er das auch will, Gott möge ihnen helfen. Aber wenn es sich um ein Mädchen handelt, ist das vom Islam verboten. Es wäre besser, wenn sie sich mit einem armen Arbeitslosen (*taleb ma'achou*) vermählt als mit einem Christen (*nasrani*). Andererseits, wenn die Heirat nur geschlossen wird, um die Papiere zu bekommen, und, einmal da, trennen sie sich, warum nicht?" (Fatna, 60 Jahre).

Der Fall von Laila

Laila ist 19 Jahre alt. Sie hat zwei Brüder, die in Deutschland arbeiten und die sie mit sich nehmen wollten. Aber sie hatten Probleme mit dem Visum und der Aufenthaltserlaubnis. Also fanden sie ein Mittel, um ihr die Einreise zu ermöglichen. Sie sind mit einem Deutschen einig geworden, der sich bereit erklärt hat, gegen Bezahlung eine Scheinehe mit Laila einzugehen. Der Deutsche kam nach Marokko, die Ehe wurde geschlossen, die Verwandten organisierten ein Abendessen mit engen Freunden und Verwandten, um ihre Abreise und ihre Heirat zu feiern. Ihre Verwandten sagten, daß dieser Deutsche Drogen nähme, aber das mache nichts. Sie wußten, daß das nur eine Abmachung war, die nicht mehr als fünf Jahre dauern sollte. Sie waren zufrieden, weil sie eine Lösung für ihre Tochter gefunden hatten. Die Nachbarn beneideten sie, weil sich ihre Brüder so gut zu helfen wußten, weil sie einen Weg gefunden hatten, ihr zur Ausreise zu verhelfen, weil sie sie beschützen und verteidigen konnten, im Fall, daß sie jemand in Deutschland mißbrauchen wollte. Laila wird von ihrer Umgebung als jemand gesehen, der Glück hatte. Augenblicklich ist sie in Deutschland. Ihre Verwanden sagen, daß sie Arbeit gefunden habe und sich mit ihren Brüdern einrichte.

Der Fall von Lailas Heirat trägt alle Kennzeichen der Anti-Norm. Sie wurde zwischen einer marokkanischen Muslimin und einem deutschen Christen geschlossen, einem Fremden und Drogenkonsumenten, mit der Zustimmung der Verwandten und Brüder. Immerhin lassen sie das nur zum Schein zu. Hinter dieser ganzen Aufführung fehlt der Vorsatz (*niya*), sozusagen jener freie Wille und die Wahl, die jeder muslimischen Handlung vorausgeht. Und es ist die Tatsache, daß sie fiktiv ist, die diese Heirat tolerierbar macht.

5. Die Unterscheidungsmerkmale

Die Antworten auf die Frage: „Was unterscheidet uns von den Fremden?" ließen die Religion als essentielle Komponente der marokkanischen Identität hervortreten. Sie unterscheidet die Muslime von denen, die keine sind.

> „Jeder hat seine Religion. Die Religion der Muslime ist der Islam, die der Christen das Christentum. Der Christ ist immer ein Christ. Der Marokkaner geht da hin, um sein Brot und das seiner Familie zu verdienen, er hat kein Christ zu werden." (Ghalia, 50 Jahre).

> „Wir sind besser als die, weil unsere Religion besser ist. Wir sind besser als die, wenn es sich um die Religion dreht, aber sie sind besser als wir, was das Wohnen und Essen betrifft. Sie leben im Überfluß." (Fatna, 40 Jahre).

> „Sie unterscheiden sich von uns, weil sie nicht die *chahada* sprechen[10]. Die Religion trennt uns. Sie können nicht unsere Religion annehmen. Wir übertreffen sie, wir sind ihnen überlegen, weil wir beten und sie nicht beten und weil wir Muslime sind. Die Christen sind unsere Brüder des Lehms aber unsere Feinde der Religion (*khotna fi tin wa 'douna fi din*)." (Mina, 30 Jahre)[11].

> „Die Christen sind aufrecht. Sie lieben die Wahrheit. Ein Christ liebt seinen Freund, er will Gutes. Das, was an ihnen nicht gut ist, ist, daß sie keine Muslime sind, daß sie die *chahada* nicht sprechen. Und dennoch halten sie ihr Wort, sie verraten nicht ihre Kameraden und behandeln sie nicht schlecht. Wenn sie die *chahada* sprächen und fasteten, wären sie besser als wir." (Haja Fatima, 60 Jahre).

> „Sie vergessen nicht ihre Nächsten. Wenn bei uns jemand Erfolg hat, läßt er sich nicht mehr herab, mit seinem Bruder zu sprechen, zumal wenn sein Bruder arm ist. Er schämt sich seines Viertels und seiner Nachbarn, derer, die das nicht geschafft haben." (Latifa, 38 Jahre).

> „Sie sind geradeheraus (*nichan*). Wenn sie merken, daß einem ihrer Brüder etwas fehlt, dann helfen sie. Bei uns lebt jeder für sich." (Mina, 30 Jahre).

Die Religion ist die grundlegende Grenze zwischen dem fremden Christen und ihnen. In den Auffassungen der Frauen finden wir eine gewisse Zwiespältigkeit gegenüber dem Christen. Er ist Nicht-Muslim, also im Vergleich zum Muslim unterlegen, zur gleichen Zeit hat er moralische Qualitäten, die denen der Muslime überlegen sind. Die Rangordnung zwischen uns und den Anderen ist durcheinander geraten. Hinter diesem Durcheinander verbirgt sich eine Logik, die Grenzen zwischen der religiösen und der weltlichen Ordnung zieht. In der letzteren ist uns der Andere (der Fremde) unschlagbar überlegen, in der ersteren aber dreht sich die Hierarchie um und gibt uns die Überlegenheit.

6. Die Rückkehr oder: Zuhause sterben

Die Fremde bedeutet gleichzeitig das Exil. Wie wird dieses Exil wahrgenommen? Um diese Frage zu beantworten, muß man den Begriff *ghorba* (Exil) klären und ebenso die Rolle, die das Exil in der Wahrnehmung der Frauen spielt.

Das Exil wird immer als eine Prüfung für die Männer wahrgenommen. Ein von den Frauen wiederholtes Sprichwort sagt: „Die nicht reisen, lernen nie den Wert der Menschen kennen" (*lima jal ma'araf haq rjal*). Auch das Exil ist „von Gott und dem Schicksal" auferlegt, wie eine Frau erklärt: „Unsere Zeit verlangt, daß die Männer ins Exil gehen" (*rabi wa lwaqt bghaw l-ghorba*).

> „Das was schlecht am Exil ist, ist, daß der Einzelne nicht nah bei seiner Familie ist; er ist weit weg von seinem Land. Er ist im Exil im Land der Anderen und fern von seinem eigenen Land." (Hajib Zineb, 50 Jahre).

> „Man geht ins Exil um zu leben oder um zu überleben (*ma'icha*). Man geht ins Exil für die Dinge des Lebens (*oumour dniya*) und für die Rückkehr." (Hilma, 70 Jahre).

Um sein Auskommen zu haben, nimmt man das Exil auf sich. Das macht wahren Männern keine Angst; man nimmt es hin – vorausgesetzt man verdient Geld. Man bringt Güter nach Hause und bewahrt die Seinen vor der Bedürftigkeit. Der Aufenthalt in der Fremde er-

---

[10] *Chahada* ist eine der fünf Säulen des Islam, die darin besteht, feierlich anzuerkennen, daß Allah der einzige Gott ist, den es gibt und Mohammed sein Prophet ist.

[11] Der Ausdruck lehnt sich daran an, daß die Muslime und die Christen von Gott aus der gleichen Substanz geschaffen sind: nämlich aus Lehm.

innert an den Aufenthalt im Leben. Man unterzieht sich Prüfungen, man häuft Reichtümer an, man genießt die Annehmlichkeiten des Lebens, man verletzt vielleicht die Normen, kurz: man lebt. Die sprachliche Symbolik weist uns auf die Parallelen zwischen dem Aufenthalt in der Fremde und unserem Aufenthalt im Leben hin.

Dieser Aufenthalt ist uns für „das Brot" auferlegt. Die Frauen sagen etwa: „Die Männer wandern für das Brot aus". Ist das nicht in der Volkskultur das Symbol des Lebens und des Überlebens? Das Brot, das als Geschenk Gottes wahrgenommen wird (*ni'mat Allah*), führt den Emigranten zu seinem Schicksal. Diese Parallele erscheint noch öfter im Diskurs. Wenn sie über das Ausland sprechen, wiederholen die Frauen oft, „ihr Leben (*dniya*) [Welt] ist gut" (*dniya diyalhoum mziyana*). Der Begriff *dniya* bedeutet die Welt, soll sagen, auch das Ergebnis des Aufenthaltes in der fremden Welt. In dem Sinne sagt man von den Leuten, die emigrieren „daß sie ihr Leben machen (*ydirou dniya*)", das heißt, sie häufen irdische Güter an. Diese Bedeutung betonend, die der Begriff *dniya* in der Umgangssprache trägt, ist er dem Jenseits gegenübergestellt. In diesem Sinne ist der Ausdruck *dniya* nicht aus seinem Bezugsfeld losgelöst faßbar, in dem er dem Jenseits (*akhira*) gegenübergestellt ist.

Dem vorläufigen Charakter dieses Lebens muß Rechnung getragen werden. Die Frauen sagen, daß der Aufenthalt in diesen Ländern nicht von Dauer ist; das, was Bestand hat, ist die Heimat (*madoum lik ghir bladek*). Aus diesem Grund bereitet der vorübergehende Aufenthalt den Emigranten auf ein dauerhaftes Leben vor, das von den dauerhaften Gütern symbolisiert wird. Wenn man auch das Leben im Exil leicht erträgt, so ist es schwer, dort zu sterben. Das schlimmste Schicksal ist es, in der Fremde zu sterben (*l-mout fel ghorba*). Der Tod zu Hause, auf dem Boden des eigenen Landes, vereinigt nach der Entfremdung, die ihm der Aufenthalt in der Welt der anderen auferlegt hat, den Menschen mit sich selbst und mit seiner Religion. Die Fremde bringt den Emigranten in Kontakt mit dem Leben, die Rückkehr in sein Land vereinigt ihn mit seiner Erde, seiner Religion und seinem Tod.

Die Fremde hat alle Eigenschaften des Lebens, in dem man kämpft um zu leben, sich anpaßt, gelegentlich die Normen verletzt. Die Fremde wird wahrgenommen wie ein Übergang, also nimmt die Heimat die Eigenschaften an, die andauern und sich der Ewigkeit annähern.

Hinter dieser Wahrnehmung zeigt sich ein metaphysischer Weltentwurf. Die tieferen, durch den direkten Kontakt mit der Fremde verborgenen Schichten einer Kultur, werden zurück an die Oberfläche geworfen. *Kharij* wird zu einem Symbol für das Leben. Die Symbole enthüllen bestimmte Gesichtspunkte der tieferen Realität, „sie antworten", wie Mircea ELIADE bemerkt, „auf ein Bedürfnis und erfüllen eine Aufgabe: die geheimen Befindlichkeiten eines Menschen bloßzulegen"[12].

Die Rückkehr, auch wenn sie nicht stattfindet, wird immer als die letzte Bestimmung des Emigrantendaseins angesehen. Die Rückkehr nähert den Einzelnen wieder dem an, was Bestand hat, dem Boden, gewissermaßen. „Das, was Bestand hat, das ist dein Land, dein Haus", antworteten mir die Frauen.

Jeder Aufenthalt auf fremdem Boden wird mit der Rückkehr in die Heimat beendet. Am Schluß der Reise kommt die Vorbereitung für die Rückkehr. Der Erfolg in der Prüfung, des Abenteuers im Ausland, bemißt sich an der Sorgfalt, mit der der Emigrant seine Rückkehr vorbereitet hat. In diesen Sinne sagt man von einem, der es geschafft hat, „daß er für seine Rückkehr gearbeitet hat" (*dar 'lach iwili*). Arbeiten, Geld sparen und investieren, leben und am Leben profitieren, stellt eine Anstrengung dar, die an jene erinnert, die jeder Muslim auf sich nimmt, wenn er sich auf den Tod vorbereitet, sozusagen auf seine Wiedergeburt und seinen Neuanfang.

Das Abenteuer der Erfahrung der Fremde (*kharij*), des Äußeren und der Zurückweisung, auf die uns die Etymologie des Wortes hinweist, ist, im Prozeß der Gewöhnung an ein anderes Leben und eine andere Welt, über das Besorgen von Papieren und die Reise hinweg, dann schließlich die Rückkehr in eine intime Ewigkeit. Es ist das Andere, das den Menschen zurückbringt in seinen Fortbestand. Der Aufenthalt erlaubt dem Emigranten die ewige Rückkehr zur ewigen Herkunft von neuem zu beginnen. Wie Mircea ELIADE es ausdrückt: „Das, was wir die »Sehnsucht nach der Ewigkeit« nennen könnten, zeigt, daß der Mensch auf ein konkretes Paradies hofft und glaubt, daß die Eroberung dieses Paradieses hier unten zu verwirklichen sei, auf der Erde und in der augenblicklichen Gegenwart"[13].

Diese Sehnsucht entsteht nicht ohne einen inneren Kampf, ohne Doppelsinnigkeit. Das ist nicht ein Kampf zwischen Eros und Thanatos (Lebensinstinkt und Todestrieb), wie Freud gesagt hat, sondern ein Kampf, der eine Dialektik ausdrückt, eine Janusköpfigkeit zwischen Leben und Tod zeigt. Es ist diese Auflösung der Gegensätze im Denken, die es gelegentlich erlaubt, die Ordnung einer Wahrnehmung durcheinanderzubringen, wie es in dem Sprichwort ausgedrückt ist: „Ein Grab im Exil ist einem leeren Geldbeutel vorzuziehen." (*qbar ghrib wala chkara khawiya*).

Der Weg, den diese Wahrnehmung des Fremden nimmt, gleicht dem jener des Muslimen vom Leben; man beginnt damit, es zurückzuweisen, indem man seine Verachtung gegenüber dem Leben zeigt, dann unternimmt man alles um es festzuhalten, um sich ihm anzupassen und sich auf die Rückkehr zum Tod einzurichten, sozusagen auf die Wiedergeburt. Das Paradox dieses Todes ist es, daß nur er es erlaubt, wiederzuleben. Die Wahrnehmung des Hier und des Dort läßt sich nur innerhalb dieser dialektischen Wahrnehmung des Lebens und des Todes erfassen. Man lebt dort unten um hier zu sterben und stirbt hier um wiedergeboren zu werden und noch einmal zu leben.

---

[12] Mircea ELIADE: Images et symboles. – Paris: Gallimard 1952, S. 14.

[13] Mircea ELIADE: Traité d'histoire des religions. – Paris: Payot 1970, S. 341.

Mohamed Berriane (Rabat)

Die Wahrnehmung Deutschlands durch marokkanische Gastarbeiter in der Bundesrepublik[*]

Mit 4 Tabellen

Unter den traditionellen ländlichen Regionen Marokkos stellt die Region des östlichen Rifgebirges ein Gebiet dar, das, zeitlich gesehen, als zweites das Herkunftsgebiet von Arbeitsmigranten in die Länder Europas darstellt. Zweifellos weist dieses Gebiet kein sehr hohes naturräumliches Potential für die Landwirtschaft auf. Aber trotz der ständigen Dürrerisiken und trotz der Marginalisierung, in die es lange Zeit geraten war, ist das östliche Rif ein dichtbesiedeltes Gebiet. Die Bevölkerungsdichte liegt fast überall, sogar im Gebirge, über 100 E./km^2; in Teilbereichen findet man sogar Dichten bis zu 300-400 E./km^2. Diese Dichten sind um so überraschender, als die traditionelle agro-pastorale Wirtschaft, die die Basis für diese Bevölkerungsanhäufung ist, recht extensiv betrieben wird und mit den Risiken der Erosionsgefährdung und der Dürre leben mußte. Der kolonialzeitliche Einfluß ist sehr gering, wirkt sich bis heute in einem Rückstand an infrastruktureller Ausstattung aus und ist ein Zeichen für die merkliche Abgeschlossenheit der Region, die eigentlich noch bis heute gilt. Die saisonale Arbeiterwanderung nach Algerien und in andere Regionen Marokkos hat sich frühzeitig entwickelt und hatte seit der Kolonialisierung Algeriens die dortigen europäischen Farmen als Ziel. Seit den sechziger Jahren dann wurde die saisonale oder temporäre Arbeitsmigration durch längerfristige, oft mehrjährige Aufenthalte vorwiegend in Europa abgelöst. Die Zielländer dieser Arbeitsemigration waren im Falle des östlichen Rif weniger Frankreich, wie das z. B. für das Souss gilt, sondern vorwiegend Holland, Deutschland und Belgien.

Die Emigration hat sehr intensive Auswirkungen in der Herkunftsregion auf lokaler und regionaler Ebene durch die Gastarbeiterrimessen. Die Analyse dieser Effekte wird zur Zeit von einer deutsch-marokkanischen Forschergruppe durchgeführt. Teil dieser Studien ist auch der nachfolgende Beitrag über die Wahrnehmung Deutschlands und der Deutschen durch die Sozialkategorie der ehemaligen oder derzeitigen marokkanischen Gastarbeiter in Deutschland.

Ein Aspekt, der einmütig von allen Forschern, die über Fragen der internationalen Arbeitsmigration gearbeitet haben, herausgestellt wird, ist das Nebeneinander zweier Lebenswelten für den maghrebinischen Emigranten im allgemeinen und den marokkanischen Emigranten im speziellen. Es handelt sich einesteils um die Arbeitswelt, die durch den Gelderwerb geprägt ist, zum anderen aber um die Heimat (als Herkunfts- und Rückkehrregion), die durch das Genießen der erwirtschafteten Kapitalien und eine soziale Wiedereingliederung charakterisierbar ist. Deshalb erscheint es nicht als sinnvoll, Forschungen über die internationale Arbeitsmigration auf nur einen der Beziehungspole zu beschränken, auch wenn im erwähnten Projekt der deutsch-marokkanischen Forschergruppe das Hauptaugenmerk auf den Effekten der Herkunfts- und Rückkehrregion liegt. Die allermeisten Marokkaner, die in Deutschland leben, stammen aus dem östlichen Rif. Deshalb wurde auch die Frage der Alltagswelt der in Deutschland lebenden Marokkaner besonders stark beachtet.

Es versteht sich von selbst, daß die Vorstellung des marokkanischen Gastarbeiters in Deutschland von den zwei Lebenswelten (der Arbeitswelt und der Heimatregion) zur Folge hat, daß die deutsche Gesellschaft in seiner Wahrnehmung immer vor dem Spiegel der eigenen, marokkanischen Gesellschaft gesehen werden muß. Die Persistenz der beiden Images hat zur Folge, daß das Fremde – hier der Deutsche und Deutschland – sehr schwach entwickelt ist und oft fast fehlt. Als Folge seines Zieles, wohlhabend zu werden, akzeptiert der marokkanische Gastarbeiter Arbeits- und Wohnbedingungen, Sozialbeziehungen und einen Lebensstandard, den ein Deutscher nie tolerieren würde. Er isoliert sich vielfach physisch und sozial völlig gegenüber der Gastgesellschaft und klammert sich an die ethnische Gruppe seiner Landsleute. Deshalb sind die Kontakte mit der deutschen Gesellschaft höchst gering, was wiederum Auswirkungen auf das Image hat, das er sich von Deutschland macht.

Aber das Problem ist noch komplexer. Neben der ersten Generation der Gastarbeiter, für die oft die soeben skizzierten Bedingungen zutreffen, gibt es eine

---

[*] Übersetzt von Herbert Popp.

zweite Generation von marokkanischen Gastarbeitern, die einen engeren Kontakt mit der deutschen Gesellschaft haben, die auch aufgrund ihres Alters und einer geringeren sozialen Distanz zur deutschen Gesellschaft, vor allem geringeren sprachlichen Barrieren, ein Bild der deutschen Gesellschaft entwickeln kann, das sehr viel differenzierter als das der ersten Generation ist.

Damit wurde angedeutet, daß die Erfassung der Wahrnehmung Deutschlands und der Deutschen durch derzeitige und zurückgekehrte marokkanische Gastarbeiter nicht gerade einfach ist. Es gibt sicherlich nicht ein einziges Image, sondern deren mehrere – und dies nicht nur in Abhängigkeit von der sozio-demographischen Zuordnung des Gesprächspartners, sondern auch des Zeitraums, über den man spricht. Die ersten nach Deutschland eingewanderten Gastarbeiter Anfang der sechziger Jahre haben ein mehr oder weniger positives Bild der Deutschen und Deutschlands in ihren Köpfen; denn damals war die Phase, in der Deutschland durch seine vielfältigen Arbeitsmöglichkeiten, sein Lohnniveau und die hohe soziale Akzeptanz infolge des starken Arbeitskräftebedarfs als großzügig wahrgenommen wurde. Heute verstehen die gleichen Gastarbeiter der ersten Generation vor dem Hintergrund der schwierigen wirtschaftlichen Konjunktur und der sozialen Spannungen gerade gegenüber Ausländern diesen Wandel überhaupt nicht mehr und sind vielfach unfähig, ein einigermaßen stimmiges Bild von Deutschland zu artikulieren.

Im einzelnen wurden mehrere methodische Ansätze versucht und kombiniert, um das Deutschlandbild der marokkanischen Gastarbeiter in der Vielzahl seiner Facetten zu erfassen. Eine erste Erhebung basiert auf einer Reihe von Interviews, die mit marokkanischen Gastarbeitern in Deutschland geführt wurden, und zwar teilweise an ihren Wohnorten in Deutschland, teilweise in ihren marokkanischen Heimatgemeinden während ihres Urlaubs. Diese Interviews wurden auch mit zurückgekehrten Gastarbeitern (Remigranten) geführt. Mehrere sozialstatistische Untergliederungen wurden innerhalb der beiden Befragungsgruppen vorgenommen, um ein vielschichtiges Bild zu erzielen:
– Gastarbeiter, die sich schon lange in Deutschland aufhalten;
– erst recht kurz in Deutschland weilende Gastarbeiter;
– junge Marokkaner der zweiten Generation;
– Remigranten, die freiwillig zurückgekehrt sind, wirtschaftlich Erfolg hatten und auch die soziale Wiedereingliederung erreichen konnten;
– Remigranten, die ohne Erfolg blieben und (freiwillig oder unfreiwillig) zurückgekehrt sind.

Diese Erhebung wurde ergänzt durch eine Befragung unter jungen Marokkanern, die an Deutsch-Fortgeschrittenen-Sprachkursen teilnehmen und vorhaben, ihre Studien in Deutschland fortzusetzen. Die empirische Analyse wurde mittels standardisierter schriftlicher Befragung unter Sprachschülern des Goethe-Instituts Rabat durchgeführt[1]. Daneben wurde auch die Aufgabe an diese Probanden gestellt, eine Sprachübung zum Thema des Deutschlandbildes, das die Schüler haben, zu bearbeiten. Beide Erhebungen sollten Elemente erkennbar machen, die es ermöglichen, das Deutschland-Bild der Schüler, die gerne nach Deutschland möchten, vor ihrer Ausreise kennenzulernen.

Die Interviews in Deutschland wurden während dreier Wochen im August 1993 bei Familien marokkanischer Gastarbeiter durchgeführt. In Ergänzung konnten auch die statistischen Unterlagen über die marokkanischen Staatsbürger in Deutschland bei den Konsulaten in Frankfurt/M. und Düsseldorf eingesehen werden. Beide Konsulate führen Personenlisten der in Deutschland registrierten Marokkaner, die teilweise auf EDV-Basis gespeichert sind und einen reichen Fundus bilden, der zuvor noch nie ausgewertet wurde. Wir haben aus den Daten der Konsulate eine Stichprobe von 3.200 Fällen aus der Frankfurter und von 5.000 Fällen aus der Düsseldorfer Kartei gezogen. Die verfügbaren Merkmale pro Person sind: Datum der Erfassung, Alter, Geschlecht, Herkunftsort und Beruf. Auf der Basis dieser Daten lassen sich strukturelle Veränderungen in zeitlicher Dimension erfassen, was vermutlich auch mit Auswirkungen auf das Bild des Gastlandes und seiner Bewohner korreliert. Die Daten der Konsulate haben auch die Auswahl der zu Interviewenden (und deren Adressen) sehr erleichtert und zugleich ermöglicht, daß eine repräsentative Auswahl erfolgen konnte.

Die folgenden Ausführungen geben die ersten Ergebnisse dieser Erhebungen wieder; ein Großteil der Daten ist noch in Bearbeitung. Die vollständigen Ergebnisse bleiben einer künftigen Publikation vorbehalten.

1. Das Deutschlandbild der ersten Generation von Gastarbeitern

Aus allen Interviews und Gesprächen, sowohl den in Deutschland als auch den in Nador geführten, läßt sich ein Bild Deutschlands und der Deutschen ableiten, das recht widersprüchlich und vielfältig ist. Die Vielfältigkeit resultiert nicht nur daraus, daß unter den Befragten Gastarbeiter verschiedener Generationen sind, die jeweils unterschiedliche Beziehungen mit ihrer deutschen Umgebung, in der sie lebten, hatten. Die Vielfältigkeit der Bilder kommt vielmehr oft bei ein und derselben Person vor, und zwar insbesondere bei den Gastarbeitern der ersten Generation. Deshalb muß für diesen Beitrag unterschieden werden zwischen der Situation, wie sie bis Mitte der siebziger Jahre galt und die sich durch Gespräche mit Gastarbeitern der ersten Generation rekonstruieren läßt, und der jüngeren Phase, durch die die gegenwärtigen marokkanischen Gastarbeiter der zweiten Generation in Deutschland geprägt sind.

a. Ein einheitliches Deutschland-Bild

Die in Deutschland lebenden marokkanischen Gastarbeiter waren bis in die siebziger Jahre relativ einheitlich strukturiert hinsichtlich ihrer kulturellen und ethnischen

---
[1] Diese Erhebung wie auch die anschließende Auswertung konnte nur dank der Unterstützung der Kollegen des Goethe-Instituts Rabat durchgeführt werden. Ihnen sei an dieser Stelle für ihre freundliche Unterstützung gedankt.

Zusammensetzung. Die überwiegende Mehrzahl dieser Marokkaner stammte aus dem östlichen Rif, und vor allem aus der Provinz Nador. Dies wiederum dürfte sich auf das Deutschlandbild dieser Gruppe niederschlagen. Aus den Untersuchungen zu Beginn der siebziger Jahre (BOSSARD 1979) über die Arbeitsemigration aus dem Rif ergibt sich ein ganz spezifisches Bild der marokkanischen Gastarbeiter in Deutschland.

- **Die Zuwanderung nach Deutschland aus dem Rif ist ein neues Phänomen**

Die Arbeitsmigration aus dem Rif und auch aus anderen Landesteilen ins Ausland ist schon recht alt; einige Autoren führen sie bis auf die Regentschaft von Moulay Ismail zurück, der die Rifbewohner in Form seines *Guich* angeworben hatte (AMINE ET AL. 1967). Diese Migration hat sich in der französischen Kolonialherrschaft dann vor allem nach Algerien gerichtet. Ganz neu hingegen ist, daß sich die Arbeitsmigration aus dem Rif auch in europäische Länder ergießt. Im Rahmen der Gastarbeiterwanderung aus Marokko in die europäischen Länder ist die Emigration aus dem Rif erst relativ spät anzusetzen, sind doch die ersten Fälle erst um 1958-1960 zu verzeichnen (BOSSARD 1979). Zu Beginn der sechziger Jahre noch langsam, seit 1967 dann recht stürmisch entwickelt sich die Gastarbeiterwanderung nach Holland, Deutschland und Skandinavien zusätzlich zu dem bislang dominierenden Ziel der Arbeitsemigration Frankreich. Hier kann nicht näher darauf eingegangen werden, weshalb die Gastarbeiterwanderung aus dem Rif erst relativ spät einsetzte. Doch ist es sicherlich von Interesse, die Gründe für die ganz spezifischen – und für das übrige Marokko untypischen – räumlichen Zielgebiete der Gastarbeiterwanderung aus dem Rif nach Holland und Deutschland zu erfahren.

Zunächst fällt die erhebliche räumliche Mobilität der Gastarbeiterwanderung aus dem Rif auf. Ein hoher Anteil der von uns Befragten hatte bereits mehrere Länder besucht, bevor er nach Deutschland oder Skandinavien gekommen war. Da es im Falle Nordmarokkos die kolonialzeitlich entstandenen Bindungen mit Frankreich nicht gab – somit nichts für Frankreich als Zielgebiet der Wanderung sprach – kam die räumliche Streuung in verschiedene europäische Länder zustande. Zwar gab es Beziehungen mit Frankreich über die alteingespielten Wanderarbeiterbeziehungen bei den französischen *Colons* in Algerien, über die sich oft beim marokkanischen Konsulat ein Paß erlangen ließ, um nach Frankreich zu fahren. Aber Frankreich blieb meist nur eine Etappe. Bossard berichtet z. B. von mehreren Arbeitsemigranten aus dem Rif, die in Holllland arbeiteten, nachdem sie vorher in Frankreich und Deutschland waren.

Die starke Konzentratioon der Rif-Emigranten in Deutschland hat etwas zu tun mit dem System des Nachholens von Arbeitskräften über persönliche Kanäle. Daß Deutschland überhaupt gewählt wurde, hängt vor allem damit zusammen, daß (verglichen mit Frankreich) das Lohnniveau höher war. Einer der ersten Gastarbeiter in Deutschland hat im persönlichen Gespräch die Umstände, wie es dazu kam, daß er in Deutschland blieb, beschrieben:

> Es handelt sich um einen Gastarbeiter, der aus Midar stammt und der nach Deutschland im Jahr 1960 kam, nachdem er zuvor mit zwei weiteren Personen aus seinem Dorf durch Frankreich gereist war. Als einer der ersten Rifbewohner, die nach Deutschland kamen, begründet er seine Wahl für dieses Land mit dem Devisenwert der Deutschen Mark, der damals höher lag als für den Franc. Sein zusammen mit ihm interviewter Kollege ergänzt, daß er in Frankfurt angekommen sei, wo er mit Amerikanern in Kontakt kam. Dabei erfuhr er, daß der US-Dollar noch mehr wert sei. Er unternahm alle notwendigen Anstrengungen, um in die Neue Welt ausreisen zu dürfen. Obwohl er alle erforderlichen Papier zur Ausreise in die USA bereits in Händen hatte, gab er sein Vorhaben auf, weil er keine Weggefährten fand. Doch berichtet er uns von Fällen von Arbeitsmigranten, die damals nach Amerika ausgereist sind.

Nachdem erst einmal einige Opinion-Leader wegen des günstigen Wechselkurses eine Entscheidung für Deutschland getroffen hatten, funktionierte das familiale und stammesbezogene Netz des Nachholens weiterer Personen im selben Ausmaß, in dem Arbeitgeber in Deutschland Arbeitskräfte nachfragten. Unser Interviewter hat alleine 54 Rifbewohner, alle zum selben Stamm gehörig, nachgeholt. Derartige Mechanismen führten dazu, daß die marokkanische „Gemeinde" in Deutschland aus dem Rif, speziell dem östlichen Rif, stammt.

Bis in jüngste Vergangenheit kamen die marokkanischen Gastarbeiter in Deutschland ganz überwiegend aus der Provinz Nador. Eine Stichprobe von 303 Personen, die 1975 im Frankfurter Konsulat verzeichnet waren, weist 73,3 % aus der Provinz Nador aus, gefolgt von Fes (4,6 %) und Oujda (3,3 %). Es handelte sich somit um eine Bevölkerung einheitlicher geographischer Herkunft, aus dem gleichen ländlichen Milieu – und damit eine Bevölkerung, die auch kulturelle Homogenität und auch Homogenität in der Beurteilung der deutschen Gesellschaft wahrscheinlich macht.

Daneben hat diese Arbeitskräftewanderung noch weitere Eigenschaften, die sie vom übrigen Trend der Gastarbeiterwanderung aus Marokko unterscheidet. Es handelte sich um Einzelwanderungen, Wanderer männlichen Geschlechts und für beschränkte Aufenthaltsdauer. Ebenso erfolgten die Beschäftigungsverhältnisse in Deutschland zumeist im Arbeiterstatus, und sie waren durch Überalterung gekennzeichnet.

- **Vorherrschen männlicher Einzelwanderer für eine beschränkte Aufenthaltsdauer**

Die marokkanischen Gastarbeiter in Deutschland zu Anfang der siebziger Jahre waren meist Männer, weil nur diese aus dem Rif aufbrachen. Ganze Familien machen weniger als 5 % aller Wanderungen aus – und das obwohl 84 % der Arbeitsemigranten verheiratet waren! Somit blieben nahezu alle Familien im Herkunftsdorf zurück unter der Betreuung eines nahen Verwandten des Emigranten. Diese Art der Wanderung findet man vor allem unter den Rifbewohnern, die nach Deutschland emigrierten: Zwar lebten im Schnitt 26,9 % der marokkanischen Gastarbeiter in Europa im Gastland mit ihrer Familie, doch betrug der Anteil in Belgien 48,5 %, in Deutschland hingegen nur 8,9 %. Die Struktur als vorwiegend von männlichen Einzelpersonen geprägte Arbeitsemigration hängt vor allem damit zusammen, daß es sich im Verständnis der Gastarbeiter um einen zeitlich beschränkten Aufenthalt handelte, bei dessen Beendigung man eine nächste Person aus der Heimatregion nachziehen würde – dies muß berücksichtigt werden, auch wenn faktisch die Mehrzahl der Gastarbeiter erst nach ihrem Eintritt ins Rentenalter die Rückwanderung praktiziert.

- **Eine Arbeitsemigration mit der Tendenz zur Überalterung**

Dadurch, daß diese wenig qualifizierten Gastarbeiter aus dem ländlichen Raum erst recht spät in den Arbeitsmarkt einbezogen worden waren, sind sowohl die Beschäftigungsfelder als auch die ausgeübten Tätigkeiten die von ungelernten Kräften. Eine Beschäftigung in den Steinkohlezechen des Ruhrgebietes war nur für kurze Zeit üblich. Generell dominierten bloß ausführende Tätigkeiten, und zwar besonders im Reinigungsdienst für Büros. Waren anfangs diejenigen, die unter 25 Jahren alt waren, in der Überzahl (54,4 % der Gastarbeiter in Deutschland waren 25 Jahre oder jünger; der Anteil dieser Altersgruppe im marokkanischen Mittel betrug dagegen nur 49 %). Mit der Zeit wurde die Altersstruktur anders; denn nach 1970 gab es kaum mehr neu hinzukommende Gastarbeiter und lediglich wenige Rückwanderer.

Anfangs und Mitte der siebziger Jahre ist die Gruppe der marokkanischen Gastarbeiter in Deutschland hinsichtlich ihrer ökonomischen, sozialen und generativen Eigenschaften sehr homogen. Es handelt sich um eine Bevölkerung, die ganz überwiegend folgende Merkmale aufweist: a) aus dem Rif stammend, b) männlichen Geschlechts, c) mit einer Tendenz zur Überalterung, d) im Selbstverständnis lediglich vorübergehender, zeitlich limitierter Aufenthalt; e) vorwiegend in der Industrie beschäftigt, f) freiwillige Arbeitsaufnahme und Kapitalersparnis, um baldmöglichst (und zwar möglichst als wohlhabender Mann) zurückkehren zu können. Die so charakterisierte Bevölkerung akzeptierte ihr Exil als ein notwendiges Übel, lebte (wie schon beschrieben) als Einzelpersonen recht isoliert und träumte von einem Grenzverlauf, der Casablanca von Dortmund trennte, um den Romantitel von Mohammed Mhaimah *Wenn Dortmund an Casablanca grenzen würde* zu paraphrasieren. Unter derartigen Bedingungen war das Bild von Deutschland und den Deutschen in ganz charakteristischer Weise ausgebildet.

b. *Ein sehr schwach entwickeltes Image*

Bei einer größeren Anzahl von Interviewten tauchte das Problem auf, das Bild, das sie sich von Deutschland und den Deutschen machten, zu entschlüsseln. Offenbar ist ein derartiges Bild zuweilen überhaupt nicht ausgebildet – wohl nicht zuletzt durch die zugleich freiwillige und erzwungene Isolierung dieser Menschen, was ja wiederum zur Folge hat, daß die Kenntnisse der marokkanischen Gastarbeiter von der deutschen Gesellschaft wirklich auf ein Minimum reduziert blieben.

Zunächst einmal kennt die Gruppe der marokkanischen Gastarbeiter die Rahmenbedingungen, unter denen sie sich in Deutschland aufhält. Die Antworten mehrerer Gesprächspartner, die in Ditzenbach am Rand des Verdichtungsraumes Rhein-Main leben, kann man mit folgendem Zitat recht treffend wiedergeben:

„Wir sind nach Deutschland gekommen, weil Deutschland uns gebraucht hat und uns nun dafür bezahlt. Wir versuchen, unsere Arbeit korrekt zu machen und möglichst viel Geld zu sparen, um möglichst wohlhabend nach Hause zurückkehren zu können. Deshalb haben wir nicht die Zeit, um nachzudenken und die anderen, von denen uns so viel trennt, kennenzulernen."

So arbeitet z. B. ein Arbeiter, der zum Stamm der Beni Bou Gafer (Bezirk Guelaya) gehört, seit 1973 in einem Bauunternehmen in Deutschland, und zwar auf der Basis eines Arbeitsvertrages, den ihm sein Bruder verschafft hatte. Erst 18 Jahre später ließ er seine Familie nachziehen. Er verläßt morgens seine Wohnung um 5 Uhr, verbringt den ganzen Tag auf der Baustelle, wo der Chef nur von Zeit zu Zeit vorbeischaut – denn er vertraut seinen Arbeitern. Am Abend kehrt er nach Hause zurück, wo er noch Zeit hat, seine Familie (Frau und sieben Kinder) zu sehen und sich für den nächsaten Tag zu regenerieren. Er betont, daß er da ist, um soviel Geld wie möglich zu sparen, um in sein Land zurückzukehren. „Ich habe nicht die Zeit, um Deutsche oder um andere Ausländer zu treffen", sagt er uns (im selben Betrieb arbeiten noch 2 Jugoslawen, 2 Deutsche und 4 Türken), „nicht einmal andere Marokkaner". Diese Auffassung wird bestätigt von anderen Haushalten in einem Sozialwohnungsgebiet derselben Gemeinde, das ein wahrhaftiges Ghetto bildet und das ich während mehrerer Tage besucht habe, ohne einen einzigen Deutschen zu sehen, ausgenommen jene, welche die Marokkaner der Stadt die „falschen Deutschen" nennen, das sind die deutschstämmigen Aussiedler aus dem Osten, die nach dem Fall der Berliner Mauer hierhergekommen sind. Die Obst- und Gemüsehändler, die die Versorgung des Viertels sicherstellen, sind ausnahmslos Türken und konzentrieren sich auf einem kleinen Wochenmarkt, der regelmäßig auf einem Parkplatz des Viertels stattfindet. Die meisten Familien besuchen außerdem noch alle drei Wochen den Schlachthof, um dort dann einen Hammel zu schächten, abzuziehen und zu portionieren sowie dessen Fleisch dann im Gefrierschrank zu lagern.

Der Betrieb organisiert regelmäßig Feste für sein Personal. Aber unser Gesprächspartner geht da nur selten mit seiner Familie hin, weil – wie er sagt – die Speisen und Getränke als wichtige Dinge, um die sich das Fest dreht, für einen Muslim verboten sind. Oft führen die marokkanischen Gastarbeiter als Erklärung für ihre Unkenntnis der deutschen Gesellschaft ihre eigene Furcht vor einigen Normen dieser Gesellschaft an. Weil sie befürchten, daß diese Wertmaßstäbe sich in ihren eigenen Haushalten einnisten könnten, meiden zahlreiche Haushaltsvorstände den Kontakt mit Deutschen – sie lehnen Einladungen ab, obwohl sie ihnen angeboten werden.

Aber die Isolierung ist nicht nur durch die freiwillige Abschottung der Marokkaner zu erklären. Auch die gastgebende deutsche Gesellschaft hatte bis Anfang der neunziger Jahre kaum ein Interesse daran, ihre marokkanischen Mitbürger näher kennenzulernen. Zunächst ist festzuhalten, daß die Zahl der Marokkaner, verglichen der der Türken, kaum ins Gewicht fällt. Offiziell wohnen in Deutschland 75.145 Personen (Stand: 1991),

d. h. 1,3 % aller Ausländer in Deutschland, während 1.779.586 Türken, die 30,3 % aller Ausländer ausmachen, hier leben. Vor diesem Hintergrund wird klar, daß die in Deutschland lebenden Ausländer – insbesondere, wenn es sich um Muslime handelt – fast automatisch als Türken eingestuft werden. Ich habe mehrere Deutsche kennengelernt, die nicht wissen, daß es Marokkaner in Deutschland überhaupt gibt. Weil sie zahlreicher und besser organisiert sind, ziehen die Türken den Löwenanteil der Initiativen und Aktionen der Gemeinden und Verbände zugunsten ausländischer Minderheiten auf sich.

Des weiteren wohnen die marokkanischen Gastarbeiter, obwohl sie sich fast ausschließlich auf die Bundesländer Hessen und Nordrhein-Westfalen konzentrieren, recht weit verstreut innerhalb dieser Länder, so daß sie kaum geballt in Erscheinung treten. Die Marokkaner galten auch lange Zeit als unproblematische Nationalitätengruppe, handelte es sich doch um vorwiegend männliche Einzelhaushalte, die im Abseits lebten und ihre Zeit fast nur mit Arbeiten verbrachten sowie in ihrer Wahrnehmung stark auf ihr Herkunftsland fixiert waren. Die deutsche Bevölkerung und die Lokalpresse haben sich erst von da ab für ihre marokkanischen Mitbürger interessiert, als aus ihnen soziale Probleme, hervorgerufen durch die zweite Generation, zutage traten, wie z. B. Kleinkriminalität, Drogen, Probleme der schulischen und beruflichen Integration.

Die deutsche Gesellschaft wird von unseren Gesprächspartnern dargestellt als eine Gesellschaft, die sich fremden Elementen gegenüber stark abschottet und wenig Interesse hat, die Andersartigkeit der Marokkaner kennenzulernen, selbst wenn man neben ihnen lebt. Ist der Marokkaner nicht nur ein „Gastarbeiter", d. h. ja wörtlich ein Arbeiter, der irgendwann zurückkehrt in sein Land, wenn man ihn nicht mehr braucht? Doch die Wahrnehmung der marokkanischen Gastarbeiter ist eben in vielen Fällen nur auf das Herkunftsland, wo die Familie lebt, fixiert, wie es ja auch in dem Roman von Mohammed Mhaimah *Wenn Dortmund an Casablanca grenzen würde* zum Ausdruck gebracht wird, wenn er von Miloud, einem Marokkaner in Deutschland, dem Held des Buches, schreibt:

> „Er stand vor der großen Eingangstür des Bahnhofs. Die Minuten waren lang und leer. Er hatte Angst vor dem Tod in dieser Stadt. Außer seinen Landsleuten, mit denen er gelegentlich quatschte, kannte er keinen. Er hatte nie eine richtige Gelegenheit gehabt, jemand anderen kennenzulernen. Er fühlte sich mehr als Zahl denn als Mensch. Eine Nummer in den verschiedenen Ämtern: im Arbeitsamt, im Einwohnermeldeamt, im Ausländeramt und den verschiedenen Versicherungen. Er wollte nicht hier in Anonymität sterben. Die Leute gingen an ihm vorbei. Einige trugen große Reisetaschen oder hatten Zeitungen in den Händen. Andere trugen Koffer oder kleine Kinder. Eine junge Dame zog ihren kleinen Hund hinter sich her. Der Hund blieb einen Moment stehen, hob sein rechtes Bein und machte Pipi an das Rad eines parkenden Autos." (Mohammed MHAIMAH, *Wenn Dortmund an Casablanca grenzen würde*, Herdecke 1992, S. 23)

c. Zwei ganz unterschiedliche Deutschlandbilder

Insgesamt kann man behaupten, daß bei den marokkanischen Gastarbeitern der ersten Generation lange Zeit zwei Deutschlandbilder nebeneinander existierten, die recht entgegengesetzt strukturiert sind. Die Deutschlandwahrnehmung der Marokkaner im Lande führt einesteils zu einem positiven Bild dieser Gesellschaft, verbunden mit dem Wunsch, einige der hier vorgefundenen Werte mögen auch in die marokkanische Gesellschaft Eingang finden. Die meisten unserer Gesprächspartner waren davon überzeugt, daß die Marokkaner viel lernen könnten, wenn sie sich von den Verhaltensweisen der Deutschen anregen ließen. Aber diese Wahrnehmung kippt gleichzeitig in ein anderes Bild um, das eher negativ ist und vor allem wichtige Aspekte kultureller und sozialer Art betrifft. Dieses zweite Bild lehnt eben die Werte der deutschen Gesellschaft ab, vor allem verbunden mit der Angst, sie könnten Eingang im eigenen Haushalt finden. Diese Angst führt zu einer defensiven Haltung gegenüber der gastgebenden Gesellschaft, ja kann sogar Formen einer Verweigerung der Kontakt- und Kenntnisnahme der Deutschen als Andere annehmen.

- **Das positive Deutschlandbild**

Zunächst sei vorausgeschickt, daß ein Negativbild von Deutschland, wie es vor allem über den kommerziellen Film weitverbreitet ist, nämlich die Rolle des deutschen Soldaten im Zweiten Weltkrieg, bei den Marokkanern überhaupt nicht vorhanden ist. Mehrere Versuche von meiner Seite, dieses Bild abzurufen, haben zu keinem greifbaren Resultat geführt. Zumeist ist dieses Bild unbekannt, weil die meisten der Befragten auch keine Kinogänger sind. In den Fällen, in denen die Befragten schon von diesem Bild gehört hatten, wurde es als bloße fiktionale Welt interpretiert. Denn die negative Sicht des deutschen Soldaten in jenen Filmen als kalt, berechnend und grausam wurde spätestens seit dem ersten Kontakt mit Deutschland verdrängt, weil es, wie die Befragten betonten, nichts mit der Realität zu tun habe.

Das positive Deutschlandbild betrifft die Vorstellung von einer modernen, leistungsfähigen Wirtschaft, die nach dem Zweiten Weltkrieg sehr schnell entwickelt worden war, was ja auch zu dem Arbeitskräftebedarf geführt hatte, von dem die Gastatrbeiter profitieren. Diese Leistungsfähigkeit findet nach Auffassung unserer Gesprächspartner ihren Ausdruck im Eifer und Ernst, den die Deutschen der Arbeit entgegenbringen, eine Haltung, die ihnen angeblich im Blut liege. Die Liebe zur Arbeit und die Sorgfalt, mit der sie alle Aktivitäten angehen (Arbeit, Freizeit, Garten, Auto, Haus usw.), werden immer wieder genannt. Diese Sorgfalt der Deutschen bei der Arbeit wird indes etwas differenzierter angesprochen. Einesteils gebe es hier große Unterschiede zwischen den alten Bundesländern im Vergleich zu den neuen Bundesländern und den Aussiedlern, wobei letztere schlechter abschneiden. Handelt es sich hier um eine subjektive Interpretation oder eine objektiv faßbare Realität? Andererseits gebe es bei der Frage der Liebe der Deutschen zur Arbeit auch gewisse Ausnahmen. Sie akzeptierten nicht jede beliebige Arbeit, oft zögen sie die Arbeitslosigkeit einer Arbeit vor, die man lieber den Ausländern überläßt. Trotz der Zurückweisung ausländischer Arbeiter sind die marokkanischen Gastarbeiter davon überzeugt, daß die deutsche Gesellschaft sie weiterhin benötigen wird, zumal diese Gesellschaft ja zum Ausdruck bringt, daß sie die Qualitätsarbeit der Marokkaner schätzt.

> Unser Arbeiter vom Stamm der Beni Bou Gafer arbeitet in einem Betrieb des Baugewerbes mit 38 Beschäftigten, von denen 30 Marokkaner sind. Zwar stellt die Firma keine weiteren Arbeiter mehr ein. Aber jedesmal, wenn sie einen ausscheidenden Arbeiter (infolge Eintritts in das Rentenalter oder infolge Remigration) durch einen neuen ersetzt, greift sie wieder auf einen Marokkaner zurück. Der Vorarbeiter, der für den Trupp verantwortlich ist, in dem Marokkaner beschäftigt sind, läßt sich nur selten auf der Baustelle sehen.

Eine gewisse Bewunderung wird auch laut um alles herum, was etwas mit Disziplin zu tun hat (Verhalten am Arbeitsplatz, Befolgung der Gesetze und aller Dinge, die ein gutes Funktionieren der Gesellschaft bewirken) und was mit Bürgersinn zu tun hat. Betont wird auch die Ergänzung von Liebe zur Arbeit durch ein ausgeprägtes Vergnügen, gemeinschaftliche und familiäre Feste zu feiern. Auch eine gewisse Offenheit wird den Deutschen bescheinigt. – die sich allerdings auf Kulturgüter beschränke (vielfältige Anleihen fremder Küchen, z. B. der italienischen, türkischen, griechischen, indischen) und sich nicht auf Menschen (fehlendes Interesse an den Anderen) bezöge. Die Organisation und Bewirtschaftung der lokalen Dienstleistungen (Müllabfuhr, öffentliche Verkehrsmittel, Sicherheit) wird sehr oft genannt, ebenso die straffe Art und Weise des Umgangs von Legislative und Exekutive zur Sicherstellung der gemeinschaftlichen Spielregeln, nämlich in Form von teueren Bußgeldern und Strafen. Eine Äußerung bezieht sich auf die Rechtsprechung für einzelne oder Gruppen, um Konflikte zwischen dem einzelnen und dem Staat zu regeln, die oft zugunsten der Privatpersonen ausgehen.

> Ein seit 18 Jahren in Deutschland lebender Arbeiter, der seine Familie im Rahmen der Familienzusammenführung nachholen wollte, wozu er ein Recht hatte, stellte einen Antrag und füllte alle notwendigen Dokumente aus. Die zuständigen Behörden führten ihre Untersuchungen durch und genehmigten den Antrag. Infolge einer mißverständlichen Mitteilung zwischen Deutschland und seinen Konsulardiensten versagte das Konsulat in Rabat der Frau und den Kindern, die in Marokko geblieben sind, den Paß auszustellen, und zwar mit dem Argument, daß die Familienzusammenführung nicht genehmigt worden sei. Um diese Situation aufzuklären, bemühte sich der Marokkaner einen Anwalt, der die Angelegenheit vertrat und den geführten Prozeß gewann. Nachdem der Marokkaner seine Frau nach Deutschland geholt hatte, besuchte er den Anwalt, um ihn zu bezahlen, was dieser jedoch ablehnte, indem er ihn daran erinnerte, daß der Fehler durch die deutschen Behörden begangen worden sei, so daß diese die Prozeßkosten tragen müßten. Diese Haltung hat den Marokkaner und seine Landsleute in Deutschland zutiefst beeindruckt, und der Befragte betonte mehrmals, daß er so etwas für eine der Stärken der deutschen Gesellschaft halte.

- **Das negative Deutschlandbild**

Die Faszination und Bewunderung für Deutschland wird begleitet von einem anderen, wesentlich negativeren Bild. Es handelt sich um die Wahrnehmung der zwischenmenschlichen Beziehungen von Personen in der deutschen Gesellschaft durch marokkanische Gastarbeiter. Zwei Aspekte der deutschen Kultur werden strikt abgelehnt: die deutsche Küche und das deutsche Fernsehen. Erstere wegen der Verwendung von Schweinefleisch, letzteres wegen der zahlreichen Sexfilme.

Die marokkanischen Gastarbeiter in Deutschland beklagen einhellig die sehr individualisierende Haltung der Deutschen. Diese Haltung präge zuallererst die Beziehungen zwischen den Eltern und den Kindern. Man bemängelt das Fehlen von menschlicher Wärme zwischen Eltern und Kindern. In der Sicht der Marokkaner zielt die Erziehung der Kinder nur darauf ab, lediglich auf sich selbst zu zählen, und sie wendet sich gegen die Eltern. Denn nach der Schulausbildung verläßt das Kind die Familie und hat zunehmend distanzierte Beziehungen mit ihr. Nach der Hochzeit wohnen die Kinder nicht mehr bei den Eltern, und es entwickeln sich nur kurze freundschaftliche Beziehungen zwischen ihnen und den Eltern. Das extreme Ergebnis dieser Entwicklung ist es, die Eltern im Alter allein in ihrem Haus zurückzulassen. Man kann nicht verstehen, wie ein Sohn oder eine Tochter sich von den Eltern trennen kann und die Verantwortung auf eine externe Institution abschiebt – und sei sie noch so kompetent und effizient.

Viele Beispiele, die sie aus der Umgebung ihrer Arbeitswelt kennengelernt haben, werden berichtet. In einem Fall hatte ein Sohn Ferien im Ausland geplant und hielt an der geplanten Reise sogar fest, als seine alte und kranke Mutter sich einer schweren Operation, deren Ausgang nicht vorhersehbar war, unterziehen mußte. In einem anderen Fall kritisiert ein Gastarbeiter, der in einer Elektrofabrik arbeitet, die seiner Meinung nach als „Wegwerfkultur" zu bezeichnende Grundhaltung der Deutschen. Dieser Bewohner von Ditzenbach parallelisiert das „Wegwerfen" der alternden Eltern mit dem Konsumverhalten der Deutschen, das Artikel zum Zwecke des Gebrauchs kauft und sie schließlich wegwirft. Diese etwas überspitzte Interpretation nimmt natürlich auf die in der marokkanischen Gesellschaft – und ganz besonders im östlichen Rif – noch funktionierende familiäre Solidarität Bezug, die fordert, daß man sich um seine Eltern und nahen Verwandten kümmert, wenn sie einen brauchen.

Ein weiteres gesellschaftliches Faktum in Deutschland, das die marokkanischen Gastarbeiter stört und selbstverständlich nur auf dem Hintergrund der sozialen Normen in der Gesellschaft des Rif zu sehen ist, sind die Beziehungen zwischen Mann und Frau. Die Männer sehen mit Argwohn die Rechte und Freiheiten, die die deutsche Frau hat. Diese Auffassung haben übrigens oft auch marokkanische Frauen. Die Sozialisationsbedingungen führen offenbar zu diesen identischen Einschätzungen. Die Untreue der Männer wie auch der Frauen prägt in der Sicht der marokkanischen Gastarbeiter das Leben in den deutschen Haushalten. Nach ihrer Auffassung gibt es praktisch kein deutsches Ehepaar, das nicht außereheliche Beziehungen habe. Sie meinen, daß so etwas eng zusammenhänge mit den Beziehungen der Deutschen zu ihren Eltern bzw. Kindern, was – wie sie meinen – einer der schwächsten Punkte der deutschen Gesellschaft sei. Sie gehen sogar so weit zu behaupten, daß aus eben diesem Defekt der Untergang dieser Gesellschaft und Kultur eines Tages resultieren werde.

Dieses negative Bild bezieht sich auf die Familiensolidarität in der marokkanischen Gesellschaft im allgemeinen und der Gesellschaft des Rif im besonderen. Es prägt offenbar die Wahrnehmung der marokkanischen Gastarbeiter so sehr, daß es sich nicht nur in Form einer bloßen Beobachtung eines Außenstehenden nieder-

Tabelle 1: Alters- und Geschlechtsgliederung der Marokkaner aus der Provinz Nador in Deutschland, differenziert nach dem Jahr der Registrierung

	siebziger Jahre		achtziger und neunziger Jahre	
	absolut	in Prozent	absolut	in Prozent
männlich	551	84,5	682	53,9
weiblich	101	15,5	583	46,1

Quelle: eigene Auswertung der Unterlagen des Konsulats in Frankfurt/M.

schlägt, sondern eine Stellungnahme innerhalb der Familie erforderlich macht und bestimmte Entscheidungen für die Erziehung der eigenen Kinder zur Folge hat. Wir haben mit vielen marokkanischen Vätern in Düsseldorf und Frankfurt/M. gesprochen, die sich weigern, ihre Kinder in den deutschen Kindergarten zu schicken mit der Begründung, daß Kinder, die sich in solchen Einrichtungen aufhalten, im allgemeinen keine Achtung gegenüber ihren Eltern mehr hätten.

Ein marokkanischer Gastarbeiter aus Offenbach, der sich vorbehaltslos weigert, sein Kind in einen Kindergarten zu schicken, hat uns ausführlich das Beispiel seines Bruders erzählt, der zwei Kinder in die Koranschule und das dritte in den Kindergarten geschickt habe. Diese Entscheidung, die auf Beharren der Mutter zustandegekommen war, war – in der Sicht des Gesprächspartners – folgenreich, weil das Kind, das im Kindergarten war, erwiesenermaßen früher unabhängig wurde, es an Achtung gegenüber den Eltern fehlen ließ und große Probleme mit dem Gehorsam gegenüber den Eltern bereitete. Auf unseren Einwand, dies seien doch Anzeichen einer Persönlichkeitsentwicklung, die im deutschen Schulsystem viel besser gelingen könne, erfolgte die trockene Erwiderung: „Ich habe lieber ein Kind, das in der Schule nur mittelmäßig ist, das aber genügend Achtung empfindet, besonders in einem fremden Land und einer fremden Gesellschaft, wo die Versuchungen groß sind."

Auch unser mehrmaliger Versuch, die fehlenden freundschaftlichen Beziehungen zu deutschen Kollegen-Familien, mit denen man den Arbeitsplatz teilt, zu erhellen, führte zu derselben Aussage, wonach man Angst habe vor dem schlechten Vorbild, das die Frau des deutschen Kollegen auf die eigene Frau haben könne. Und einige Interviewte nennen das Beispiel von marokkanischen Ehepaaren, die mit deutschen Ehepaaren eine Freundschaft geschlossen haben. Folge sei gewesen, daß die marokkanischen Frauen anspruchsvoller wurden, daß sie Rechte einforderten, die in den Augen der deutschen Frauen grundlegend seien.

Mit ähnlichen Argumenten wurde uns oft das Verbot der Väter, die Familie (und zwar meist die Kinder) Geburtstag feiern zu lassen, genannt, und zwar unter dem Vorwand, daß es diese Tradition in der Gesellschaft des Rif nicht gebe.

Das war der Versuch, das Bild zu skizzieren, das sich die erste Generation von marokkanischen Gastarbeitern von der deutschen Gesellschaft gemacht hat. Oft wurde diese Wahrnehmung im Präteritum präsentiert. Tatsächlich haben strukturelle Wandlungen in der Gruppe der marokkanischen Gastarbeiter im letzten Jahrzehnt und die sozio-ökonomischen Wandlungen der deutschen Gesellschaft nach dem Fall der Mauer sich auf dieses Bild ausgewirkt, das nunmehr nicht mehr so eindeutig und klar ist und sich oft grundlegend geändert hat.

2. Das heutige Deutschlandbild der marokkanischen Gastarbeiter

a. *Sozialstatistische Unterschiede in den neunziger Jahren im Vergleich zu den siebziger Jahren*

- **Tendenz zur räumlichen Streuung der Herkunftsgebiete**

Auch wenn das Rifgebirge als Herkunftsraum der eingewanderten Marokkaner immer noch dominiert, gibt es doch heute eine gewisse räumliche Streuung der Herkunftsregionen zu verzeichnen. In der Annahme, daß die statistischen Unterlagen des marokkanischen Konsulats in Frankfurt/M. im großen und ganzen ein repräsentatives Abbild der Herkunfztsregionen für jüngere Einwanderungen zu liefern in der Lage sind, wurden diese stichprobenartig für den Zeitraum von 1975 bis 1993 ausgewertet. Dabei ergeben sich interessante Befunde über den Anteil der Einreisen, die sich auf die Provinz Nador beziehen. Waren 1975 noch 73,3 % aus dieser Provinz und war ihr Anteil an allen Einreisen 1977 immerhin noch mit 59,6 % zu veranschlagen, so sank ihr Anteil im darauffolgenden Jahr 1978 auf ca. 50 % und blieb bis 1985 in etwa konstant. Der Rückgang des relativen Anteils der Einreisen aus der Provinz Nador wird entsprechend durch eine höherew Beteiligung von Marokkanern aus den Provinzen bzw. Wilayas von Fes, Oujda, Casablanca sowie Tanger und Tétouan wettgemacht.

- **Die Differenzierung nach Alter und Geschlecht**

Die absolute Zahl der Einwanderer aus der Provinz Nador ist von 1985 bis 1989 deutlich angestiegen. Sie ist der Ausdruck des Prozesses der Familienzusammenführung, die sich als Folge erschwerter Einwanderungsbedingungen verstärkt entwickelt. Viele Gastarbeiter haben ihre Frauen und KInder, die in der Provinz Nador geboren sind, nach Deutschland geholt. Dies trägt dazu bei, daß sich die Alters- und Sozialstruktur der in Deutschland wohnhaften marokkanischen Staatsbürger verändert, und zwar eher „normalisiert".

Von 3.200 Personen, die wir im Frankfurter Konsulat erfaßt haben, sind 36,7 % weiblichen Geschlechts (für die allein 1.918 Personen aus der Provinz Nador beträgt ihr Anteil 35,6 %). Es handelt sich heute somit um eine völlig andere Zusammensetzung der marokkanischen Bevölkerung als in den siebziger Jahren, als fast nur Männer in Deutschland lebten. Durch den Familiennachzug steigt vor allem der Frauenanteil der neu eingewanderten Marokkaner stark an: 1985 betrug ihr Anteil 48 %, 1986 57 % [!], 1988 47 % und 1990 42 %. In den siebziger JAhren waren 15,5 % der erfaßten Personen weiblichen Geschlechts; dagegen betrug ihr Anteil in den achtziger und Anfang neunziger Jahren 46,1 % (vgl. Tab. 1).

Diese Veränderungen schlagen sich auch in der Altersstruktur der marokkanischen Bevölkerung in der Bundesrepublik nieder (Tab. 2) – und zwar als „Verjüngung der Alterspyramide". Der erhöhte Anteil von 33,1 % der unter Dreißigjährigen ist verantwortlich für diese Verjüngung. Dabei muß man sogar berücksichtigen, daß die Altersklasse bis 30 Jahre in den Unterlagen der Konsulate insofern unterrepräsentiert ist, als viele Kinder marokkanischer Staatsbürger in Deutschland erst ab einem Alter von 16 Jahren überhaupt statistisch erfaßt werden. Doch auch bereits anhand der „unbereinigten" Zahlen des Konsulats läßt sich die erhebliche Veränderung in der Alterszusammensetzung seit 1975 feststellen (Tab. 4). Die Veränderungen sind, wie bereits erwähnt, in erster Linie auf die Kinder und Jugendlichen, die zu ihren Eltern nach Deutschland gezogen sind, zurückzuführen.

Tabelle 2: Altersstruktur der marokkanischen Bevölkerung (nach den Unterlagen des Konsulats in Frankfurt/M.)

Altersklasse	absolut	in Prozent
– 16 Jahre	49	1,5
16–19 Jahre	266	8,3
20–29 Jahre	743	23,3
30–39 Jahre	758	23,8
40–49 Jahre	724	22,7
50–69 Jahre	598	18,7
keine Angabe	52	1,6
Gesamt	3.190	100,0

Quelle: eigene Auswertung der Unterlagen des Konsulats in Frankfurt/M.

Die Zahlen sind aber auch ein wichtiger Hinweis darauf, daß sich mittlerweile viele marokkanische Haushalte auf einen längeren, möglicherweise definitiven Aufenthalt in der Bundesrepublik eingerichtet haben. Denn auch die Geburten von Kindern, die in Deutschland zu Welt kommen, steigen deutlich an. Seit 1982 gibt es erste Registrierungen von Marokkanern, die bereits in Deutschland geboren sind; sie machen folgende Anteile aus: 6,6 % für 1982, 9,1 % für 1983, 7,7 % für 1990, 15,3 % für 1992 und 20,6 % für 1993. Es ist recht interessant, den Prozeß der Verjüngung der marokkanischen Bevölkerung anhand der neu erfolgenden Registrierungen im Rahmen des Familiennachzugs zu verfolgen (vgl. Tab. 3 und 4). Gerade im zeitlichen Vergleich zu den siebziger Jahren wird der Trend zur Familienzusammenführung in Deutschland und die daraus resultierende gänzlich andere Altersstruktur der marokkanischen Bevölkerung deutlich.

Mit dem beschriebenen Wandel in der Alters- und Geschlechtszusammensetzung der marokkanischen Population in Deutschland geht auch eine gewisse Auffächerung im Berufsspektrum einher. Es ist recht schwierig, diejenigen Berufsfelder genau anzugeben, in denen Marokkaner vorrangig tätig sind, weil die entsprechenden Angaben in den Unterlagen der Konsulate sehr unpräzis und unvollständig vorliegen. Nahezu alle, die erfaßt werden, geben an, als Arbeitnehmer tätig zu sein, und zwar in der Industrie oder im Dienstleistungsbereich: 47,2 % der registrierten Personen sind den beiden Wirtschaftssektoren zuzuordnen. Neu hingegen ist der hohe Anteil von Hausfrauen (23 %) und von Schülern/Studenten (20 %). Die Arbeitsamts-Statistik des Bundeslandes Hessen gibt demgegenüber für erwerbstätige Marokkaner folgende Zahlen an:

Land- und Forstwirtschaft	243	3,5 %
Industrie	1.108	15,8 %
Baugewerbe	898	12,8 %
Handwerk und Reparaturgewerbe	1.364	19,5 %
Dienstleistungen (Handel, Verwaltung)	3.384	48,4 %

Diese Angaben signalisieren ganz gewichtige Verschiebungen im Erwerbsspektrum. Die Mehrzahl der erwerbstätigen Marokkaner ist nicht mehr im Bergbau oder in der Industrie beschäftigt, sondern im Dienstleistungssektor.

Wir können somit zusammenfassend feststellen, daß die marokkanische Bevölkerung, die heute in Deutschland lebt, in ihren sozialstatistischen Merkmalen völlig anders strukturiert ist, als das für den Anfang der siebziger Jahre der Fall war.

Heute finden wir eine marokkanische Bevölkerung vor, die relativ heterogen zusammengesetzt ist. Zu ihr gehört zunächst natürlich immer noch der Personenkreis, der bereits 1970 anwesend war und oben beschrieben worden ist – also die Gruppe der Gastarbeiter der ersten Generation, die freiwillig nach Deutschland kamen. Aber neben dieser „Kerngruppe" gibt es mittlerweile weitere Sozialkategorien. Dazu gehören in erster Linie die jungen Marokkaner der zweiten Generation – Jungen und Mädchen, die nicht immer den Schritt der Auswanderung aus Marokko bewußt miterlebt haben, weil sie von dort oft mitgenommen worden sind, ohne selbst mitentschieden zu haben. Ganz im Gegensatz zur ersten Generation ist diese neue Sozialkategorie von Marokkanern meist in direktem Kontakt mit Deutschland; mit den Deutschen, ihrer Kultur, Normen und Wertmaßstäben in der Bundesrepublik – und zwar über

Tabelle 3: Altersstruktur der marokkanischen Bürger, nach Mehrjahresklassen ihrer Registrierung

Altersklassen	1975–1979 absolut	in Prozent	1980–1985 absolut	in Prozent	1986–1993 absolut	in Prozent
bis 16 Jahre	14	1,4	52	5,7	106	8,5
16–19 Jahre	54	5,3	248	27,3	475	38,3
20–29 Jahre	411	40,4	326	35,9	351	28,3
30–39 Jahre	292	28,7	188	20,7	194	15,6
40–49 Jahre	197	19,4	75	8,2	66	5,3
über 50 Jahre	49	4,8	20	2,2	49	3,9
Gesamt	1.017	100,0	909	100,0	1.241	100,0

Quelle: eigene Auswertung der Unterlagen des Konsulats Frankfurt/M.

Tabelle 4: Altersstruktur der registrierten Personen für ausgewählte Jahre zwischen 1975 und 1989 sowie für 1993 (in Prozent)

Altersklassen	1975	1985	1986	1987	1988	1989	1993
unter 16 Jahre	3,0	2,2	0,0	3,6	4,3	0,8	1,6
16–19 Jahre	3,3	42,9	51,1	24,3	30,8	66,2	8,5
20–29 Jahre	42,6	17,6	14,1	27,0	24,8	18,5	23,7
30–39 Jahre	28,4	19,8	16,3	31,5	14,5	6,9	24,2
40–49 Jahre	18,8	14,3	9,8	9,9	9,4	3,8	22,0
über 50 Jahre	4,0	3,3	8,7	3,6	6,8	3,8	19,0
Gesamt	100,0	100,0	100,0	100,0	100,0	100,0	100,0

Quelle: eigene Auswertung der Unterlagen des Konsulats in Frankfurt/M.

die Schulen und die Straße. Indem sie sich mit dieser Kultur auseinandersetzen, aber zugleich auch die Probleme der wirtschaftlichen und kulturellen Integration erleben, sieht diese Bevölkerung Deutschland und die Deutschen gänzlich anders. Sie gerät oft in Konflikt mit den Eltern und mit ihrer Umwelt, in der sie lebt.

Die faktisch vorhandenen Konflikte wirken sich auch auf die Wahrnehmung der marokkanischen Gastarbeiter seitens der Deutschen aus, die nunmehr eine veränderte Haltung einnehmen, nachdem für sie die marokkanische Jugend zum Problem wird. Die veränderte Einstellung der deutschen Gesellschaft beeinflußt ihrerseits auch das Image, das die erste Generation von Marokkanern von den Deutschen hatte, was zur Folge hat, daß die bisherige Orientierung ins Wanken kommt. Verkompliziert wird die Situation in der Gegenwart noch durch eine weitere Sozialkategorie junger Marokkaner in Deutschland, nämlich jene, die Marokko mit dem Ziel verlassen, eine qualifizierte Schul- und Hochschulausbildung in der Bundesrepublik anzustreben. Diese Studenten, die das deutsche Ausbildungssystem in Anspruch nehmen (wobei sie meist bei marokkanischen Verwandten in Deutschland wohnen), planen einen Studienabschluß oder eine Fortbildung. Aber da sie von den deutschen Behörden mit einreisewilligen Gastarbeitern aus Marokko in einen Topf geworfen werden, müssen sie oft erst ein Spießrutenlaufen hinter sich bringen, bevor sie ein Visum für Deutschland erhalten oder die Deutsch-Sprachprüfung erfolgreich hinter sich gebracht haben, die als Voraussetzung für einen Studienaufenthalt in Deutschland gefordert wird.

Die in der Gegenwart nach Deutschland kommenden Marokkaner haben jedenfalls ein völlig anderes Bild von der Bundesrepublik als ihre Landsleute, die in den siebziger Jahren ankamen. Vor allem der Anteil der Frauen ist weit höher als damals. Diese Frauen, die aus der konservativen Welt des östlichen Rif stammen, entdecken mit Verwunderung die Freiheit, die die deutsche Gesellschaft den Frauen einräumt, und sie geraten in Konflikt mit ihrer eigenen „marokkanischen Kolonie", die oft nicht versteht, warum das deutsche Recht und warum die deutsche Gesellschaft sich für deren Interessen stark macht.

Derartige, völlig neue strukturelle Eigenschaften der marokkanischen Bevölkerungsgruppe in Deutschland, wie sie heute vorzufinden ist, haben natürlich auch Auswirkungen auf das Bild, das sich die Marokkaner von der deutschen Gesellschaft und den Deutschen machen.

b. Das gegenwärtige Deutschlandbild der Marokkaner in der Bundesrepublik

• **Auswirkungen der sozio-ökonomischen Krise**

Die hier ins Spiel gebrachte Krise ist zweifacher Natur: Sie ist sowohl eine deutsche als auch eine marokkanische Krise. Wir wollen hier nicht auf die Gründe und die Folgen der sozio-ökonomischen Krise, die Deutschland erfaßt hat, eingehen – eine Krise, die es seit dem Fall der Mauer unzufrieden mit seinen Ausländern hat werden lassen; dieser Sachverhalt ist relativ gut bekannt. Dagegen erscheint es uns interessant, auf die Krise der marokkanischen Bevölkerung in Deutschland näher einzugehen, die so ihre Probleme mit ihrer zweiten Generation hat.

Im Rahmen der bereits erwähnten Politik der Familienzusammenführung haben zahlreiche marokkanische Gastarbeiter in Deutschland ihre Familien zu sich kommen lassen, und zwar oft auch die bereits älteren Kinder. Seit ihrer Präsenz in Deutschland stellt sich das Problem der Eingliederung in das deutsche Schulsystem. Mit dem Familiennachzug der Kinder beginnen zwei mögliche Entwicklungen. Alle jene Kinder, die nach Deutschland noch vor ihrer Einschulung gekommen sind, werden mit jungen Jahren in das deutsche Schulsystem integriert, und sie meistern in der Regel die Probleme des Wechsels. Dagegen sind diejenigen Kinder, die bereits in Marokko zur Schule gegangen sind – und das ist die Mehrzahl – aus verschiedensten Gründen nur sehr schwer in das deutsche Ausbildungssystem integrierbar. Nach der Einreise nach Deutschland wird das Kind derjenigen Klassenstufe zugeteilt, die seinem Alter entspricht. Doch diese Einordnung in das deutsche Schulsystem erfolgt ohne bindende Vorbereitung. Deshalb kann es zu schwerwiegenden schulischen Eingliederungsproblemen kommen. Oft werden die Schüler dann umgehend in eine Sonderschule eingewiesen, die ja für Problemfälle vorgesehen ist. Im Schuljahr 1981/82 z. B. waren 8,9 % der marokkanischen Schüler in Frankfurt/M. in Sonderschulen eingewiesen worden. Diese Jugendlichen werden automatisch als schulische Problemkinder eingestuft – und damit beginnt oft eine Entwicklung, die in der Folge wirklich gravierende Sozialisationsprobleme aufwirft. Der Besuch der Sonderschule endet mit dem Ausschluß aus den beruflichen Karrieremöglichkeiten. Die jungen Schulabgänger sind arbeitslos, treiben sich auf der Straße herum, leiden unter Problemen ihrer Identität und Integration (Kleinkriminalität, Drogen, Diebstahl usw.). Von 2.336 Delikten, die von Marokkanern begangen worden sind, sind 17,6 % Drogendelikte. Dieses unter den marokkanischen Gastarbeitern in Deutschland in den siebziger Jahren so gut wie unbekannte Phänomen wird von der deutschen Bevölkerung in einer Phase (ablehnend) registriert, in der der Ungeist des Rassismus beginnt, sein Unwesen im Gefolge der Wiedervereinigung zu treiben.

Es ist klar, daß derartige Probleme auch Auswirkungen darauf haben, wie die Deutschen die marokkanischen Staatsbürger in ihrem Land einschätzen und als Reaktion hierauf, wie die Marokkaner die deutsche Gesellschaft sehen, die für sie von heute auf morgen wie verwandelt erscheint. All die Vorzüge und Qualitäten, die einst so gepriesen worden waren, erkennt man mittlerweile nicht wieder.

• **Die Ratlosigkeit der Älteren**

Ein Gemüsehändler auf dem Markt von Ditzenbach, der seit 30 Jahren in Deutschland lebt (Rentner, der nun im Gemüsehandel tätig ist) betont die Veränderungen, die Deutschland in den vergangenen drei Jahren erlebt hat, inbesondere in seiner Einstellung gegenüber den Ausländern. Zuvor waren die Ausländer gefragt und geschätzt, weil man sie brauchte. Seit der Wiedervereinigung sind diese Ausländer zu unerwünschten Personen geworden, zu unliebsamen Gestalten und zu Fliegen, die man mit allen Mitteln verjagen muß. Aber diese Fliegen werden in unterschiedliche Kategorien eingeordnet. Zum ersten müssen die Türken verjagt werden, danach die Marokkaner. Der Proband fügt hinzu, daß es derzeit um die Polen und die anderen osteuropäischen Nationalitäten ruhig sei; aber deren Stunde werde auch noch schlagen.

Das Thema der Ausländerfeindlichkeit wird auffallend oft in den Aussagen der Interviewten angesprochen. Die meisten Marokkaner fühlen sich bisher nicht als Zielscheibe dieser Ausländerfeindlichkeit, die sich wohl in erster Linie gegen die Türken wendet. Aber sie verstehen überhaupt nicht das, was sie die „Kehrtwendung" der Deutschen nennen. „Gestern waren wir hocherwünscht als zuverlässige Arbeitskräfte, und heute schaut man uns schief an", ist eine Aussage, die sehr oft fällt.

Der folgende Text ist der Auszug aus einer Niederschrift eines Schülers des Goethe-Instituts in Rabat. Er legt Zeugnis von der Schwierigkeit eines marokkanischen Remigranten mit der Entwicklung in Deutschland ab, der heute im Ruhestand lebt und dessen Einschätzung hier von seinem Enkel wiedergegeben wird:

„Mein Großvater, der heute Rentner ist, arbeitete einige Jahre in Deutschland. Er spricht immer über die Deutschen, vor allem über die Kinder, die nett, freundlich und fröhlich sind. Während seines Aufenthaltes in Deutschland hatte er keine Probleme, niemand hatte etwas gegen ihn. [...] Er versteht nicht, was heute in Deutschland passiert, ich übrigens auch nicht. Aber mein Großvater sagt, daß Ausländerfeindlichkeit keine Besonderheit der Deutschen ist. Ich bin sicher, daß die Regierung und die Deutschen selbst diese Situation überwinden können. Ich habe auch gehört, daß die Deutschen ungesellig und wenig gastfreundlich sind. Aber dazu kann ich nicht viel sagen."

• **Besorgnis unter den Älteren**

Eine weitere Veränderung tritt im neuen Kontext nun zutage. Verschiedene Elemente des sozio-kulturellen Systems in Deutschland, die die marokkanische Kolonie in den siebziger Jahren zwar nicht guthieß, die sie aber auch nicht betrafen, tauchen nun in aller Schärfe über ihre Kinder auf. Die Marokkaner in Deutschland sehen die sozio-kulturellen Spielregeln der deutschen Gesellschaft nicht nur als etwas, das sie als andersartig und fremd ablehnen – sie nehmen sie vielmehr auch als eine echte Bedrohung wahr. Sie sind besorgt und reagieren in unterschiedlicher Art und Weise.

In allererster Linie handelt es sich um Probleme mit den Kindern. Diese wachsen in einer kulturellen und institutionellen Umwelt heran, die wenig mit dem marokkanischen System gemeinsam hat. Deshalb geraten sie in Konflikt mit ihren Eltern und werden darin sogar noch durch die deutsche Gesetzgebung und durch das Erziehungssystem bestärkt. Eltern haben uns über mehrere Beispiele von Kindern berichtet, die – so meinen sie – mißraten sind. Denn als die Eltern versucht hätten, sie auf ihre Weise zu erziehen, habe es eine Intervention seitens der deutschen Rechtsorgane gegeben, die sie daran gehindert hätten. Das Problem der Erziehung verkompliziert sich noch dadurch, daß die marokkanischen Eltern jede Kontrolle über die Erziehung ihrer Kinder durch die deutsche Rechtsprechung, die die Rechte der Kinder verteidigt, verlieren. Der als Integrationsproblem begonnene Konflikt hat sich zu einem Generationenkonflikt und zu einem Konflikt zwischen unterschiedlichen Kulturen ausgeweitet.

Der Höhepunkt der Konfrontation ist dann erreicht, wenn ein junges marokkanisches Mädchen den Haushalt der Eltern verläßt, um zunächst in einem Jugendheim unterzukommen und schließlich irgendwo alleine (oder gar zusammen mit einem deutschen Freund) zu wohnen, da sie es bei ihren Eltern nicht mehr aushält, die sie als zu repressiv einschätzt – und bei diesem Tun wird sie von der deutschen Rechtssprechung noch unterstützt. Die Reaktion der betroffenen Familie aus dem Rif läßt nicht auf sich warten, weil sie natürlich mit allen Mitteln versucht, die Kontrolle über das Mädchen zurückzugewinnen. Diese Bemühungen werden aber von der Rechtsprechung in der Bundesrepublik als Strafdelikte eingestuft. So kommt es, daß in den offiziellen Statistiken 17,4 % der von Marokkanern begangenen Delikte auf die Kategorie „Freiheitsberaubung von Personen" entfallen. Das führt dann teilweise zu der paradoxen Situation, daß Eltern für die Fehltritte ihrer Kinder den deutschen Staat verantwortlich machen, der – wie sie meinen – sie daran hindert, die Kontrolle über ihre Kinder zu leisten. Sie klagen folglich die deutsche Gesellschaft an, sie würde ihnen ihre Kinder nehmen.

Die Folgen, die aus solchen Konfliktkonstellationen resultieren, sind vielfältig. Eltern zwingen oft ihre Kinder (vorzugsweise Mädchen), nach Marokko zurückzukehren. Das wiederum führt zu einer Identitätskrise der betroffenen Personen und zu einem Familienkrach. Wir haben in Nador mehrere Fälle junger Mädchen registriert, die gegen ihren Willen nach Marokko zurückgeschickt worden sind. Obwohl sie bis zur Pubertät im kulturellen Kontext Deutschlands aufgewachsen sind, ist es nun im Rif die Tante oder die Großmutter, die die Erziehung in ihre Hand nehmen soll. Ich war zufällig Zeuge einer Besprechung im Frankfurter Konsulat, bei der ein Vater von der Behörde die Rückreise seines Sohnes mit einem *Laisser-passer* nach Marokko einforderte, wohingegen der Sohn dagegen protestierte und lautstark behauptete, dieser Mann sei gar nicht sein Vater. Die marokkanischen Familien versuchen, sich so intensiv wie möglich abzuschotten gegen das Eindringen von Werten und Normen, gegen dieses „abendländischen Bazillus", den man als gefährlich einschätzt. Deshalb ist jedes Mittel recht – von der Überrredung bis zur Repression, ja bis zur Hexerei und anderen scharlatanischen Praktiken. Ein in der gesamten ostmarokkanischen Gesellschaft und unter den Marokkanern in Deutschland praktizierter Aberglaube ist die Konsultation von Hellsehern und anderen Scharlatanen, die sich fürstlich bezahlen lassen für die Anfertigung von Amuletten für die Eltern, die Angst haben, ihre Töchter könnten häufiger in Kontakt zu Deutschen geraten.

- **Ambivalente Haltung der Jüngeren**

Die Haltung der jungen Marokkaner der zweiten Generation ist sehr schwierig zu charakterisieren. Während sie die Kultur und die Vorteile der deutschen Gesellschaft voll bejahen, sind sie zugleich der Beleg für eine überraschend starke Verbundenheit mit ihrem Herkunftsland.

Diese Zweischneidigkeit findet man bereits bei den befragten Sprachschülern am Goethe-Institut in Rabat, die in Deutschland studieren wollen. Die abgegebenen Statements, soweit sie sich um das Thema der Deutschland-Wahrnehmung ranken, sind immer auf zwei Aspekte konzentriert. Die jungen Leute empfinden zum einen Bewunderung für Deutschland, für sein Schulausbildungssystem, für seine Universitäten und eine Faszination für diejenigen Qualitäten, die man traditionellerweise den Deutschen zuschreibt.

„Ich finde die Deutschen arbeitsam und gewissenhaft, auch wenn sie ungesellig und materialistisch sind; denn sie haben viel gearbeitet, um ihr Land aufzubauen. Die deutsche Geschichte lehrt uns viel über die Deutschen und Deutschland. Ich glaube, daß ein Land, das fast völlig durch Krieg zerstört war, nie so gut wiederaufgebaut hätte werden können, wenn es sich nicht um eine Bevölkerung handelte, die einen eisernen Willen hat."

„Was ich an den Deutschen vor allem mag, ist ihr großes Interesse an Muße, wie die Japaner. Die beiden Länder haben vieles gemeinsam."

„Alemania bedeutet für mich immer Mercedes, Krieg und Fußball. [...] Deutschland verkörpert für mich die schöne Musik, die einige große Komponisten gemacht haben, und die Dichtung, die Philosophie und die Literatur."

Indem sie sich von der anderen Gesellsachaft so angezogen fühlen, stellen sie ihre eigene Herkunftsgesellschaft in Frage, wenn sie sie an dem Bild, das sie von Deutschland haben, messen:

„Im Vergleich zum Bild von Deutschland, das sehr positiv ist, ist mein Bild von meinem eigenen Land nicht so ungetrübt. Marokko ist ein schläfriges Gebilde, das sich bemüht, die Augen offen zu halten, um den anderen den Eindruck zu vermitteln, es sei ausgeschlafen, und dieses Spiel setzt es bis zum Ende fort. Man könnte ihm sogar die Beschreibung Spaniens während der Dekadenz zuschreiben: »Zwischen einem Spanien, das gähnt, und einem, das erwacht«."

„In Marokko denkt jeder nur daran, soviel Geld wie möglich einzustreichen, und das so schnell wie nur irgendwie möglich. Man ist nicht darauf bedacht, seine Arbeit gut zu verrichten."

„Seit ich mich im Goethe-Institut eingeschrieben habe, konnte ich meine Kenntnis Deutschlands und der Deutschen verbessern. Ich finde sie vor allem offen und nett, daneben habe ich ihren Mangel an Humor und Gesellligkeit bemerkt. Sie wollen keinen Kontakt mit Fremden haben, und sie lieben keine Kinder. Aber dennoch sind sie hilfsbereit, unternehmungslustig, vertrauenswürdig und pflichtbewußt. Wenn man in Schwierigkeiten ist, kann man auf sie zählen. Das sind eine Reihe von Eigenschaften, die man leider in unserer marokkanischen Gesellschaft nicht mehr findet."

Daneben aber nehmen die Schüler auch die „neue Realität" im Deutschland der Gegenwart mit all den Effekten der Ausländerfeindlichkeit wahr. Zwar hoffen sie weiterhin, ihr Studium in Deutschland aufnehmen zu können; doch betonen sie nachdrücklich, auf jeden Fall nach Marokko zurückkehren zu wollen. Sie meinen, man könne es nicht lange in einer Umgebung aushalten, die Andersartigkeit ablehnt. Sie können vor allem nicht verstehen, warum sie automatisch in die ganze Gastarbeiter-Diskussion hineingezogen werden, nur weil sie ein Visum für Deutschland beantragen.

„Ich war noch nie in Deutschland und ich kenne es nur durch Bücher und Freunde, die dort leben, aber das reicht nicht, um ein richtiges Bild von einem Land zu haben. Derzeit wiederholt sich gerade die Geschichte: Anschläge auf Ausländer, Gewalt seitens politischer Extremisten, Nazisymbole und -parolen bei der Jugend und Anzeichen von Antisemitismus. Leider haben einige Radikale ein anderes Bild von Deutschland und den Deutschen geprägt. Ich will mein Stiudium in Deutschland abschließen, weil dort die Technischen Universitäten leistungsfähig sind. Aber ich will so schnell wie möglich in mein Land zurückkehren, denn ich habe keine Lust, Zielscheibe rassistischer Reaktionen zu sein."

Auch bei den Marokkanern, die bereits in Deutschland leben, findet man dieselbe Auffassung – ganz egal, ob sie in Deutschland geboren wurden, ob sie im Rahmen der Familienzusammenführung erst nach Deutschland eingereist sind oder ob sie sich als Studenten in Deutschland aufhalten (wobei sie meist bei Verwandten wohnen). Sie alle wollen von ihrem Aufenthalt in der Bundesrepublik soviel profitieren wie nur möglich, doch träumen sie von Marokko. Dieser Traum führt zuweilen zu einer massiven Idealisierung, die alle Unzulänglichkeiten Marokkos verschwinden läßt und die nichts anderes berücksichtigt als menschliche Wärme, Solidarität, Familienleben und soziales Leben ganz generell – allesamt Werte, die nach ihrer Einschätzung in Deutschland fehlen.

Bei den „Problem-Jugendlichen" wendet sich das Aufbegehren nicht nur gegen die Eltern, sondern auch gegen die deutsche Gastgesellschaft, von der man sich auch dadurch zu distanzieren versucht, indem man z. B. eine ungewöhnliche Haartracht pflegt. Auch einige kleinere Diebstähle unserer jungen marokkanischen Gesprächspartner wurden von diesen als durch ein Streben nach Auflehnen und Unabhängigkeit motiviert (und damit als Protesthandlung) interpretiert.

3. Zusammenfassung

So muß man am Ende feststellen, daß sich die beiden gesellschaftlichen Verbände – die Deutschen und die Marokkaner in Deutschland – schon längere Zeit wechselseitig den Rücken zugewandt haben. Als der marokkanische Andere noch sympathisch war und der deutschen Gesellschaft keine Probleme bereitete, war es nicht notwendig, ihn näher kennenzulernen. Der Deutsche war korrekt, großzügig und er benötigte vor allem Arbeitskräfte. Der Marokkaner war ein guter Arbeiter, der keine Probleme bereitete und somit keine verstärkte Wahrnehmung auf sich lenkte. Aber in der neuen Perspektive, die den Marokkaner als Konkurrenten um den Arbeitsplatz sieht und seine zweite Generation als problembeladen wahrnimmt – wobei sich die marokkanische Kolonie deutlich von der deutschen Gesellschaft abgrenzt und dies auch manifest macht – regen sich erste Zeichen von Rassismus, was die bisherige Situation grundlegend verändert hat. Wenn heute beide Kulturen beginnen, sich wechselseitig kennenzulernen, tun sie das unter dem Druck der Ereignisse und vor dem Hintergrund der erwähnten doppelten Krise: der Krise Deutschlands, das seiner Ausländer überdrüssig ist, und der Krise der Marokkaner in Deutschland, die Probleme mit ihrer zweiten Generation haben und Opfer des aufkeimenden Rassismus sind. Und man muß sich in dieser angespannten Situation fragen, ob es nicht in der augenblicklichen schwierigen Situation von großer Hilfe wäre, um die derzeitige doppelte Krise besser zu bewältigen – wenn man sich schon früher die Mühe gemacht hätte, sich wechselseitig besser kennenzulernen.

Mohamed Kerbout (Rabat)

Das Image deutscher Technologie in Marokko: am Beispiel der Stationen zur Gewinnung von Solarenergie im Gharb*⁾

Mit 7 Abbildungen und 4 Tabellen

1. Einleitung

Das Bild, das Völker voneinander haben, entsteht und entwickelt sich einesteils auf der Basis der Beziehungen, die sie miteinander pflegen, andererseits durch die von den Medien vermittelten Vorstellungen. Die Beziehungen zwischen Marokko und Deutschland sind nicht erst ganz jungen Datums. Sie reichen bis weit in die Geschichte zurück und waren vor allem am Ende des 19. Jahrhunderts und zu Beginn des 20. Jahrhunderts schon einmal sehr intensiv. In jener Phase der Geschichte waren die Beziehungen in allererster Linie wirtschaftlicher und diplomatischer Natur.

In der Phase des französischen Protektorats über Marokko (1912–1956) waren dann angesichts der erheblichen Rivalitäten zwischen Deutschland und Frankreich auch die Relationen zwischen Marokko (als einem von den Franzosen beherrschten Gebiet) und den Deutschen weit schwächer ausgebildet und zudem recht konfliktträchtig. So standen z.B. die marokkanischen *Goumiers* sowohl im Ersten wie auch im Zweiten Weltkrieg gegen Deutschland auf seiten der Alliierten.

Erst seit der Unabhängigkeit Marokkos im Jahr 1956, die nur zehn Jahre nach dem Zweiten Weltkrieg erfolgte, haben sich dann unter den Bedingungen einer neuen weltpolitischen Konstellation (z.B. Ost-West-Konflikt und „Kalter Krieg", Unabhängigkeitsbewegungen der Völker unter Kolonialherrschaft, Arbeitskräftebedarf in den Volkswirtschaften Mittel- und Westeuropa) die Beziehungen zwischen den beiden Ländern neu ausgebildet, wobei diese nicht nur umfangreicher, sondern auch vielschichtiger geworden sind.

Somit sind insgesamt die Beziehungen beider Völker zueinander alt genug, intensiv genug und differenziert genug, um wechselseitige Vorstellungsbilder vom jeweils anderen auszubilden. Aus diesem Image, das man vom anderen gewonnen hat, ergeben sich Einschätzungen, Deutungen und Urteile, die das Verhalten und die Einstellungen sowohl auf individueller Ebene wie auch auf der von Gruppen oder gar des gesamten Staatswesens erklären und verstehen wollen.

Im folgenden soll der Versuch gemacht werden, einige Aspekte der Wahrnehmung Deutschlands durch Marokkaner im ländlichen Bereich aufzuzeigen. Hierzu greifen wir einen Aspekt der gegenwärtig ablaufenden bilateralen Beziehungen zwischen beiden Ländern heraus: die *technische Zusammenarbeit im Bereich der erneuerbaren Energien*. Hierbei sollen die Einstellungen der betroffenen marokkanischen Bevölkerung zu dieser Technologie, von der bekannt ist, daß sie aus Deutschland kommt, untersucht werden.

Drei Aspekte sollen näher behandelt werden:
- einige Hintergrundinformationen zur deutsch-marokkanischen Zusammenarbeit ganz generell;
- die deutsch-marokkanische Zusammenarbeit im Bereich der erneuerbaren Energien;
- die konkrete Anwendung der Solarenergie und die Einstellungen der Bevölkerung zu ihr.

Die notwendigen Informationen zur Behandlung dieser Aspekte wurden im wesentlichen aus Berichten und Gutachten gewonnen (vor allem des Ministeriums für Energie und Bergbau; = *Ministère de l'Energie et des Mines*), aber auch im Rahmen unserer eigenen Beteiligung an der Studie über „Erfassung der sozio-ökonomischen Auswirkungen der ländlichen Elektrifizierung durch Photovoltaik-Anlagen"[1] erhoben.

---

*⁾ Übersetzt von Herbert Popp.
Alle Photos in diesem Beitrag wurden freundlicherweise von Herrn Müller im GTZ-Projekt S.A.E.R. zur Verfügung gestellt.

[1] „*Etude de l'impact socio-économique de l'électrification rurale par systèmes solaires photovoltaïques*" (vgl. auch Literaturverzeichnis).

2. Allgemeine Hintergrundinformationen zur deutschen Entwicklungszusammenarbeit

Die Beziehungen zwischen beiden Ländern haben sich nach den Beschränkungen, die ihnen während der Protektoratszeit auferlegt waren, seit der Unabhängigkeit Marokkos intensiv entwickelt, und sie betreffen mittlerweile zahlreiche Aspekte, so z.B. demographische, wirtschaftliche kulturelle, diplomatische Bereiche ... und den Bereich der technischen Zusammenarbeit.

Im Bereich der Außenhandelsbeziehungen rangierte Deutschland im Jahr 1992 (nach Frankreich, Spanien und Italien) an vierter Stelle unter allen Wirtschaftspartnern Marokkos. Das Land hat im Wert von 3,73 Mrd. Dirhams Waren aus Deutschland importiert und dorthin Güter im Wert von 1,60 Mrd. Dirhams exportiert[2].

Daneben gibt es im Bereich der menschlichen Relationen Anfang der neunziger Jahre die Zahl von etwa 60.000 Marokkanern, die als Gastarbeiter mit ihren Familien in Deutschland leben (BELGUENDOUZ 1991, S. 48). Umgekehrt steigt auch die Zahl der deutschen Touristen, die Marokko besuchen, von Jahr zu Jahr und hat im 1992 insgesamt 184.645 einreisende Personen erreicht[3]. Schließlich wird auch die Zahl der marokkanischen Studenten und Staatsbeamten, die ihre Ausbildung in Deutschland abschließen, immer größer – wodurch fast schon automatisch gewährleistet ist, daß diese Personen auch Deutsch gelernt haben.

Ein Teil dieser Beziehungen schlägt sich auch bei den Aktivitäten der wirtschaftlichen Zusammenarbeit Deutschlands mit den Staaten dieser Erde nieder. So hat die Bundesrepublik Deutschland z.B. 1987 (noch vor der Wiedervereinigung) staatliche Entwicklungshilfe in Höhe von 7,8 Mrd. DM geleistet, was einem Anteil an seinem Bruttosozialprodukt von 0,39 % entspricht. Hiervon wurde knapp ein Drittel für Zwecke der bilateralen staatlichen Zusammenarbeit verwendet, und gut ein weiteres Drittel wurde internationalen Organisationen, wie z.B. der Weltbank und den Vereinten Nationen, zur Verfügung gestellt.

Neben der staatlichen Hilfe ist auch eine bedeutende private Entwicklungshilfe zu verzeichnen. 1987 erreichte diese für die Dritte Welt 1,7 Mrd. DM. Sie wird vor allem von den Kirchen, von Stiftungen und weiteren Organisationen geleistet.

Die staatliche deutsche Wirtschaftshilfe ist dem *Bundesministerium für Wirtschaftliche Zusammenarbeit* (BMZ) zugeordnet, dessen jährlicher Haushalt mehr als 7 Mrd. DM beträgt. Nach Abschluß der bilateralen Verträge zwischen den Regierungen werden für die Ausführung der Projekte Partnerorganisationen des BMZ beauftragt. Unter diesen sind vor allem zu nennen: die *Deutsche Gesellschaft für Technische Zusammenarbeit* (GTZ), die *Kreditanstalt für Wiederaufbau* (KfW), die *Deutsche Stiftung für Internationale Entwicklung* (DSE) und die *Carl-Duisberg-Gesellschaft* (CDG).

Zu den Partnerländer der deutschen wirtschaftlichen Zusammenarbeit gehören u.a. auch die Länder Nordafrikas (Maghrebländern und Ägypten), die 1987 zusammen 413 Mio. DM erhalten haben. Die für den Maghreb zuständige Abteilung der GTZ betreute damals 75 Vorhaben in den Ländern des „Großen Maghreb" (ohne Libyen).

Die Zusammenarbeit umfaßt so unterschiedliche Bereiche wie:
- Integrierte Regionalentwicklung und Sicherstellung der Grundversorgung im Rahmen von 31 Vorhaben, davon 12 in Marokko;
- Nutzung natürlicher Ressourcen, Umweltschutz und Energieversorgung im Rahmen von 16 Vorhaben, davon 3 in Marokko;
- Berufliche Ausbildung im Rahmen von 21 Vorhaben, davon 6 in Marokko;
- Schaffung leistungsfähiger Verwaltungsstrukturen mit 7 Vorhaben, davon 1 in Marokko.

Von insgesamt 75 Maßnahmen der GTZ, die den „Großen Maghreb" betreffen, entfallen allein 22 auf Marokko. Das zeigt deutlich die Wichtigkeit der Zusammenarbeit und die Vielfalt der Förderbereiche. Im folgenden soll aus diesem weiten Spektrum ein Bereich exemplarisch herausgegriffen werden: der der erneuerbaren Energien.

3. Die deutsch-marokkanische Zusammenarbeit im Bereich der erneuerbaren Energien

a. Allgemeiner Hintergrund

Um den wachsenden Bedarf an Energie befriedigen und die wachsende Devisenbelastung durch steigende Energieimporte bremsen zu können, ist Marokko bestrebt, verschiedene Formen von Energiequellen, die auf seinem eigenen Territorium verfügbar sind, zu erschließen und nutzbar zu machen – ganz besonders im Bereich erneuerbarer Energien. Hiervon gibt es zwar eine größere Zahl, aber die stärksten Bemühungen gelten wohl einer wachsenden Erschließung der Solarenergie.

Um die erneuerbaren Energien zu entwickeln, wurde ein Programm mit Namen *Programme Spécial Energie Maroc* (PSE Maroc; = Energiesonderprogramm Marokko) ins Leben gerufen. Es läuft im Rahmen der Entwicklungszusammenarbeit mit Deutschland. 1988 nahm es seine Arbeit auf, nachdem es im September 1986 von der gemeinsamen Kommission beschlossen worden war. Mit seiner Durchführung wurde das *Ministère de l'Energie et des Mines* (Ministerium für Energie und Bergbau) in Zusammenarbeit mit der GTZ betraut.

Die Koordination der im Rahmen des Programms vorgesehenen Maßnahmen erfolgt durch das *Centre de Développement des Energies Renouvelables* (CDER; = Zentrum zur Entwicklung erneuerbarer Energien). Das Programm soll folgende konkreten Ziele verwirklichen:
- Unterstützung und Neuorientierung des CDER in Marrakech;

---

[2] Zahlen nach: *Banque Marocaine du Commerce Extérieur. Revue d'Information*, N° 195, Avril 1993, S. 4.

[3] Zahl nach: *Banque Marocaine du Commerce Extérieur. Revue d'Information*, N° 196, Mai 1993, S. 6.

- Entwicklung des Marktes für solare Trockenanlagen für Dörrobst und Trockengemüse zusammen mit dem *Office Régional de Mise en Valeur Agricole du Haouz* (ORMVAH, = Regionales Bewässerungsamt für die Region Haouz);
- Beratung über Biogasgewinungsgeräte zusammen mit dem *Office Régional de Mise en Valeur du Souss-Massa* (ORMVASM; = regionales Bewässerungsamt für die Region Souss-Massa);
- Erarbeitung eines regionalen Energieversorgungsprogrammes (SAER) für die Provinz Krenitra zusammen mit der *Direction de l'Energie* des Ministeriums für Energie und Bergbau.

In unserem Zusammenhang interessiert das letztgenannte Vorhaben. Seine Durchführung wurde der *Division de Développement des Ressources Energétiques* (Abteilung für die Entwicklung von Energiequellen) des Ministeriums für Energie und Bergbau übertragen.

b. Was ist eigentlich der SAER?

Der *Schéma d'Approvisionnement Energétique Régional* (Regionale Energieversorgungsplan) für die Provinz Kénitra ist ein Instrument, das eine Verbesserung der Energieversorgungssituation in der Region zum Ziel hat, wobei der Einsatz erneuerbarer Energie getestet und gefördert werden soll. Er beinhaltet die Einbeziehung dieser Energiearten in das bestehende Versorgungssystem und versucht, alle Energiequellen der Region optimal zu nutzen.

Diese strategischen Ziele sollen in der Provinz Kénitra technisch umgesetzt und geprüft werden, um sie im Erfolgsfall auf andere Provinzen zu übertragen und um sie in die staatliche Entwicklungsstrategie zur Entwicklung erneuerbarer Energiequellen auf gesamtstaatlicher Ebene, die momentan in Arbeit ist, ggf. einzubauen.

Das Solarprojekt im Gharb soll in drei Hauptphasen ablaufen:
- Analyse der Nachfragesituation, der verwendeten Energiequellen und des potentiellen Substitutionspotentials;
- Entscheidung für die zu wählende Technologie und Analyse der Bedingungen für eine Beratung;
- Die Übertragung des SAER für die Provinz Kénitra auf ein allgemeines Modell, das dann in den anderen Provinzen anwendbar ist.

Die erste Phase des Projektes dauerte von 1989-1990 und schloß mit dem Bericht *Situation socio-économique de la province de Kénitra* (Die sozio-ökonomische Lage in der Provinz Kénitra) ab. Darin wurden nicht nur die wichtigsten sozio-ökonomischen, demographischen und die Energieversorgung betreffenden Daten für die Gemeinden der Provinz zusammengestellt, sondern auch die Kosten für eine mögliche Erweiterung des Stromversorgungsnetzes geschätzt.

Da wir es im Gharb mit einem Streusiedlungsgebiet zu tun haben, das – wenn man es vollständig an das Stromversorgungsnetz im Rahmen des *Programme National d'Electrification Rurale* (PNER; Staatliches Programm zur ländlichen Stromversorgung) anschließen wollte – extrem hohe Kosten erforderlich machen würde, wurde die Variante einer Stromversorgung des ländlichen Raumes mittels Solarenergie gewählt, um die steigende Nachfrage nach Energie befriedigen zu können. So wurde auch ein Beratungsprogramm entwickelt, um diese Technologie den Bewohnern zu erläutern, was in der zweiten Phase auch tatsächlich praktiziert wurde.

Die Beratung erfolgte im wesentlichen im Jahr 1991 und umfaßte die folgenden Bereiche:
- Wahl der günstigsten Standorte zur Demonstration der Technologie;
- Installation der Pilotanlagen;
- Beratung der Nutzer über technische, organisatorische und finanzielle Aspekte

Die Auswahl der Gemeinden und der Dörfer wurde auf der Basis mehrerer Überlegungen getroffen, insbesondere unter Berücksichtung: a) des bereits vorhandenen Stromversorgungsanteils; b) des Streucharakters der Siedlungen sowie c) der Erreichbarkeit der Siedlungen und der Existenz sozialer Infrastruktur (Schule, Krankenstation, Moschee (vgl. *Abb. 1*) etc.)

Abbildung 1: Mit einer SPV ausgestattete Moschee im Douar Oulad Miloud (Gemeinde Ben Mansour)

Dabei wurden solche Dörfer bevorzugt berücksichtigt, die nicht im PNER berücksichtigt waren und als Genossenschaften der Agrarreform organisiert waren.

Abbildung 2: Der im Rahmen des S.A.E.R.-Projektes durchgeführte Maßnahmenkatalog im Gharb

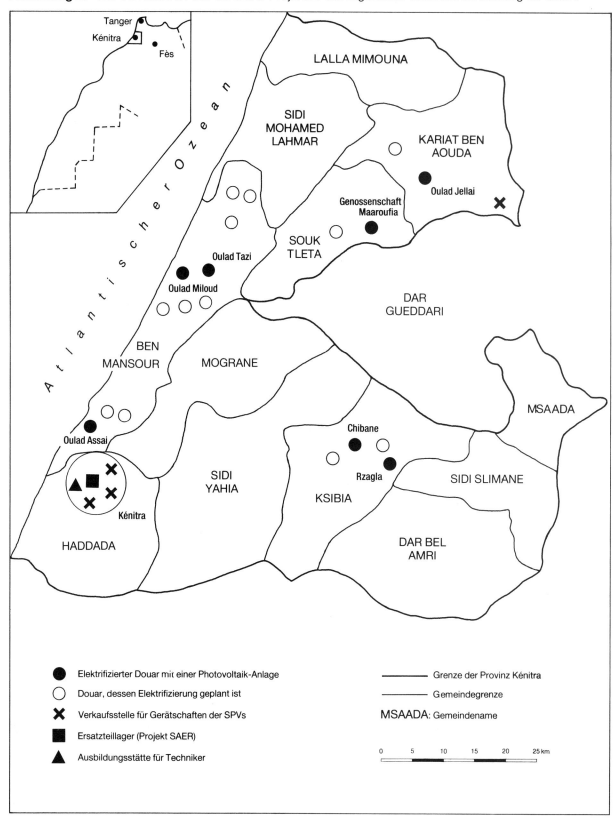

Die Wahl fiel schließlich auf vier Gemeinden (vgl. *Abb. 2* und *Tab. 1*): **Ben Mansour** mit drei Douars; **Ksibia** mit 2 Douars; **Souk Tleta** mit einer Genossenschaft (Maâroufia) und **Kariat Ben Aouda** mit 1 Douar (wo auch eine Station zum Wiederaufladen der Batterien errichtet wurde).

Tabelle 1: Maßnahmen des Projektes S.A.E.R. in der Provinz Kénitra (Stand: 1992)

Standort	Anzahl der installierten S.P.V.s	Zahl der Platten	Kapazität (in W)	Inbetriebnahme
1	11 Haushalte und 1 Moschee	(8x2) + (3x1)	(8x40) + (3x50)	18.07.1991
2	20 Haushalte, 1 Moschee, 1 Marabout, 1 Krankenstation	(11x2) + (9x1)	(20x40)	31.07.1991– 28.08.1991
3	17 Haushalte und 1 Moschee	(16x2) + (1x1)	(16x40) + (1x50)	21.08.1991
4	21 Haushalte und 1 Moschee		(19x50) + (2x40)	31.10.1991
5	20 Haushalte und 1 Moschee		(17x50) + (3x40)	16.10.1991 – 01.11.1991
6	21 Haushalte und 1 Moschee		(18x50) + (3x40)	11.–24.12.1991
7	1 Station zum Batterieladen	21 Module zu je 40 W (= 840 W), 7 Regulatoren zum Laden und Entladen, 3 galvan. Leiter mit je 7 Modulen		09.12.1991– 11.12.1991

1 Gemeinde Ben Mansour, Douar Oulad Assal, Fraktion Hialifa, *Association Azzahira pour l'énergie solaire*
2 Gemeinde Ben Mansour, Douar Oulad Miloud, Fraktion Kabat, *Association Bahara pour l'énergie solaire*
3 Gemeinde Ben Mansour, Douar Oulad Tazi, Fraktion Oulad Maroine, *Association Tazia pour l'énergie solaire*
4 Gemeinde Ksibia, Douar Rzagla, Fraktion Rsoum, *Association Rzguaouia pour l'énergie solaire*
5 Gemeinde Ksibia, Douar Chibane, Fraktion Bentaour El Ababda, *Association Chibane pour l'énergie solaire*
6 Gemeinde Souk Tleta, Douar Coopérative Maâroufia, Fraktion Merktane, *Association Maâroufia pour l'énergie solaire*
7 Gemeinde Kariat Ben Aouda, Douar Oulad Jellal, *Association d'exploitation de l'énergie solaire*

Quelle: Unterlagen des Ministère de l'Energie et des Mines.

Abbildung 3: Ausbildungspraktikum zur Schulung von Technikern, welche die SVPs installieren sollten; hier Bild mit den Teilnehmern an einem Kurs, der 1991 in Mehdia stattfand

Neben der bloß technischen Errichtung der Solaranlagen wurden mehrere begleitende Maßnahmen durchgeführt, um dem Projekt zum Erfolg zu verhelfen. Zum ersten wurde eine gesetzliche Grundlage geschaffen, durch die der Betrieb organisatorisch sichergestellt werden sollte. Dabei wurden Nutzer-Vereinigungen ins Leben gerufen, durch die der Kontakt zwischen der Bevölkerung und den Projektfachkräften, aber auch innerhalb der Nutzerschaft erleichtert wurde. Zum zweiten erfolgte die Ausbildung lokaler Techniker (*Abb. 3*). Hierzu wurden zwei Ausbildungspraktika durchgeführt. Das erste wandte sich an Techniker der Provinz Kénitra, das zweite an solche der Provinz Larache. Insgesamt haben 43 Techniker aus dem Gharb und 13 Angestellte des Landwirtschaftsministeriums, die aus verschiedensten Herkunftsgebieten Marokkos kamen, daran teilgenommen. Auch ein Handbuch, das Fragen der Dimensionierung und der Installation der Solarzellen-Elemente behandelt, wurde entwickelt und an die Techniker verteilt. Zum dritten konnte die Finanzierungsfrage der Solarenergiestationen dadurch gelöst werden, daß sich die *Caisse Nationale de Crédit Agricole* (Staatliche Landwirtschafts-Kreditbank) beteiligte. Sie gewährte der Landbevölkerung Kredite, um ihnen den Erwerb dieser Systeme zu erleichtern. Schließlich war auch eine Informations- und Werbekampagne notwendig, um die Bevölkerung für die neue Technologie zu sensibilisieren. Sie umfaßte Informationstage in Kénitra und Sidi Slimane, Ausstellungsstände auf den Souks der Provinz und den Einsatz audio-visueller Medien (Dokumentation, Debatte über die Nutzung von Solarenergie im ländlichen Marokko).

4. Technologietransfer und Einstellungen der Nutzer hierzu

a. Allgemeine Prinzipien zur Gewinnung von Solarenergie

Marokko hat hinsichtlich der Sonneneinstrahlung, die jährlich mehr als 3.000 Stunden beträgt, hervorragende Ausgangsbedingungen für die Nutzung von Solarenergie. Jeder Quadratmeter Bodenfläche erhält im Schnitt 4,7-5,6 KWh pro Tag; das entspricht 1.900–2.000 KWh pro Jahr.

Um die bislang notwendigen Energieimporte teilweise zu substituieren, will Marokko die Solarenergie fördern und sie in sein Energieversorgungsprogramm integrieren. Heute sind bereits mehr als 10.000 m² an Solarzellen in Funktion.

Die Nutzung der Solarenergie hängt entscheidend davon ab, welche besonders geeigneten Technologien zu ihrer Gewinnung verwendet werden. So gibt es im Bereich der Solarenergie zwei Hauptprinzipien der Energiegewinnung: thermische Solarenergie und Solarenergie durch photovoltische Zellen.

Die erste Technik basiert auf dem Prinzip der Umwandlung der Solarzellenenergie in Wärme; um sie zu erreichen, benötigt man Bestrahlungsflächen (eben oder konvex).

Die zweite Technik basiert auf dem Prinzip der Umwandlung von Sonnenenergie in elekrischen Strom und benötigt photovoltische Sonnengeneratoren[4], durch die die direkte Umwandlung der Sonnenenergie in elektrische Energie erfolgt. Jeder Generator besteht aus vier Teilen:
- aus einem photovoltischen Modul, das durch die serielle Zusammenfügung mehrerer Photoplatten, die auch Solarzellen genannt werden und die aus Silizium bestehen, entsteht;
- aus einer Schwachstrombatterie, die sicherstellt, daß kontinuierlich Strom zur Verfügung steht, so z. B. auch nachts und bei bedecktem Himmel;
- aus Beigeräten zur Umgestaltung der Module, je nach Elektrizitätsbedarf, und zu ihrer Neuausrichtung zur Sonne;
- aus elektronischen Geräten zur Kontrolle und Sicherung, wodurch die Funktionstüchtigkeit der Module geprüft und das Laden und Entladen der Batterien geregelt wird.

Die Nutzleistung eines photovoltischen Generators ist derjenige Anteil der einstrahlenden Energie, der jährlich tatsächlich gespeichert werden kann. Er beläuft sich auf 10-12 %.

b. Die in der Provinz Kénitra installierten Einrichtungen

Das technische Gerät, das verwendet wird, ist zum überwiegenden Teil deutscher Herkunft – und das ist keineswegs quasi automatisch schon deshalb der Fall, weil Deutschland in dem Projekt beteiligt ist. Im einzelnen wurden installiert:
- Solar-Module der Marke Siemens mit einer Leistung von maximal 40 und 50 Watt;
- Regulatoren der Marke SET, Typ SRL 07 (7A);
- Batterien der Marke Hagen mit einer Speicherkapazität von 95 AH bei einer Ladezeit von 20 Stunden;
- Glühbirnen der Marke Zenit mit einer Leistung von 11 und 18 Watt. Auch Glühbirnen aus einheimischer Produktion sind in einigen Haushalten zu Testzwekken eingesetzt worden.
- Elektrokabel verschiedener Hersteller.

Insgesamt wurden 110 Familien-Module eingerichtet, die sich aus der Station zum Wiederaufladen von Batterien versorgen (*Abb. 4, 5* und *6*), ergänzt durch einige Moscheen und Krankenstationen, die ebenfalls mit der Technologie ausgestattet wurden – soweit war der Stand im Oktober 1982 (vgl. *Tab. 1*).

c. Einstellungen der Bevölkerung zu der Energieversorgung mit photovoltischen Systemen

Es ist bekannt, daß traditionellerweise das Image, das deutsche Technologie in Marokko genießt, ein positives

---

[4] Hierbei handelt es sich um Elektrobatterien, die nur dann Strom erzeugen, wenn unmittelbare Einstrahlung erfolgt und deren Stromstärke direkt abhängig ist von der Einstrahlungsintensität, die sie erhalten.

Abbildung 4: Die Station zum Wiederaufladen von Batterien in Oulad Jellal (Gemeinde Kariat Ben Aouda) während der Installation der Anlage

Abbildung 5: Blick auf die Station zum Wiederaufladen von Batterien in Oulad Jellal. Nutzer der neuen Technologie warten darauf, ihre aufgeladenen Batterien wieder mitnehmen zu können.

Tabelle 2: Einstellungen der Gemeindeverwaltungen (*Jmâas*) zu den S.P.V.s

Name der Gemeinde/ Genossenschaft	Einschätzung der Bedeutung der Systèmes photovoltaïques (S.P.V.; = photovoltische Solaranlagen) *„Wie schätzen Sie die S.P.V.s ein?"*
Coopérative Maâroufia	Sie sind wichtig. Benötigt werden mehr Platten und Ersatzteillager.
Rzagla	Sie sind gut. Allerdings werden mehr Platten benötigt, um den Stromausfall bei längeren Schlechtwetterphasen zu vermeiden und ein Ersatzteillager in Sidi Slimane
Chibane	Sie sind wichtig. Wir würden uns statt einer Platte zwei wünschen, um die Stromunterbrechungen durch Schlechtwetter aufzufangen.
Oulad Miloud	Sie sind wichtig und gut.
Oulad Tazi	Sie sind wichtig und notwendig.
Oulad Assal	Sie sind wichtig. Durch sie erreichen wir einen Komfort wie in der Stadt.

Quelle: Ministère de l'Energie et des Mines, Studie »Etude de l'impact socio-économique ...« 1992, S. 45.

Tabelle 3: Einstellungen der Haushaltsvorstände zu den S.P.V.s

Stufen der Zufriedenheit	Nutznießer eines eigenen Moduls		Nutznießer der Batterieladestation	
	absolut	in %	absolut	in %
sehr zufrieden	53	48,2	18	100,0
zufrieden	43	39,1	–	–
unzufrieden	5	4,5	–	–
sehr unzufrieden	3	2,7	–	–
weiß nicht	4	3,6	–	–
andere Nennungen	2	1,8	–	–
Gesamt	110	100,0	18	100,0

Quelle: Ministère de l'Energie et des Mines, Studie »Etude de l'impact socio-économique ...« 1992, S. 72.

Tabelle 4: Nutzer der S.P.V.s zur Frage, ob sie das System anderen weiterempfehlen würden

Stufen der Zufriedenheit	Nutznießer eines eigenen Moduls		Nutznießer der Batterieladestation	
	absolut	in %	absolut	in %
ja, weiterempfehlen	105	94,6	12	66,7
nein, nicht weiterempfehlen	5	5,4	6	33,3
Gesamt	110	100,0	18	100,0

Quelle: Ministère de l'Energie et des Mines, Studie »Etude de l'impact socio-économique ...« 1992, S. 73.

Abbildung 6: Vorgang des Ladens der Batterien, die vorwiegend zum Betreiben von Fernsehgeräten verwendet werden.

Abbildung 7: Privathaushalt, der mithilfe der Solarenergie einen gewissen Komfort erreicht (Fernseher und Ventilator)

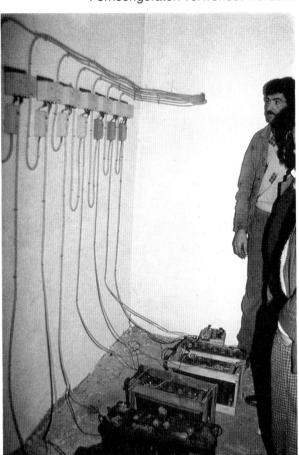

Marken-Image ist. Immer wieder wird seitens der Käufer und Händler ein hoher Grad an Zufriedenheit und an Vertrauen, das sie deutschen Produkten entgegenbringen, herausgestellt. Für sie alle unterscheidet sich deutsche Technologie, im Vergleich mit anderen, durch zahlreiche positive Eigenschaften wie solide Verarbeitung, hohe Leistung, Robustheit und Haltbarkeit, Verläßlichkeit, Präzision, Komfort ...

Dieses Image soll hier nicht weiter auf seine Genese hinterfragt werden. Es soll aber überprüft werden, inwieweit diese positive Sicht deutscher Produkte auch für den Bereich der neuen Technologien gilt, der unter anderem auch die Solarenergie umfaßt.

Zu diesem Zweck wurden sowohl die derzeitigen Nutzer der Solarzellen-Stationen in der Provinz Kénitra wie auch künftige Interessenten an diesem Energieversorgungssystem in ihren Douars zu ihren Einstellungen, Meinungen und Erfahrungen interviewt.

Die Befragung sprach drei Zielgruppen an:
a) die *Jmâas* (Dorfversammlungen) der *Douars*, die aufgefordert wurden, auf die folgende Frage zu antworten: *„Wie schätzen Sie die S.P.V.s (photovoltischen Stationen) ein?"*

b) die Haushaltsvorstände, die bereits Nutzer der Technologie sind (vgl. *Abb. 7*). Sie wurden gebeten, auf folgende Fragen zu antworten: *„Sind Sie mit den S.P.V.s zufrieden?"* und *„Können Sie die S.P.V.s auch Haushalten empfehlen, die bisher noch nicht versorgt werden?"*

c) die Haushaltsvorstände von Familien, die noch nicht in die Versorgung einbezogen sind, die allerdings entweder im gleichen *Douar* oder einem unmittelbar benachbarten *Douar* wohnen – und somit eine gewisse Basiskenntnis der Innovation haben dürften. An sie wurde die Frage gerichtet: *„Halten Sie es für nützlich, die S.P.V. zu installieren?"*

Die Antworten auf diese Fragen sind in den Tabellen 2-4 auf der vorhergehenden Seite wiedergegeben. Wenn man sie eingehend studiert, ist man geradezu überrascht von dem extrem hohen Zufriedenheitsgrad, und zwar sowohl auf der Ebene der Gemeindeverwaltung wie der Haushaltsvorstände. Insbesondere das erhebliche Vertrauen, das Haushalte zu der neuen Technologie haben, betonen sie doch einhellig, das System jederzeit auch anderen Haushalten empfehlen zu wollen.

Die Gruppe derer, die bisher noch nicht von der neuen Technologie profitiert, äußert sich in äußerst interessanter Art und Weise. Mit 97,9 % der Befragten im gleichen Dorf und 93,7 % in Nachbardörfern sind zwar die allermeisten der Meinung, die S.P.V.s sollten auch bei ihnen installiert werden (*Etude de l'impact ...* 1991, S. 82, Tab. 30). Allerdings machten sie ihre Zustimmung davon abhängig, daß bei ihnen das gleiche technische Gerät – nämlich deutsches – installiert werden würde und daß für sie auch sonst die gleichen Bedingungen zu gelten hätten wie für die Nutzer der „ersten Generation"! Das ist ein deutlicher Hinweis auf das hohe Vertrauen, das deutschen Industrieprodukten und der Zusammenarbeit mit Deutschland entgegengebracht wird.

5. Zusammenfassung

Die Beziehungen zwischen Deutschland und Marokko haben eine lange Tradition. Heute gehört die Bundesrepublik zu den wichtigsten Partnern Marokkos im Bereich der Wirtschaftsbeziehungen, der Arbeitsmigration, des Tourismus ... und der technischen Zusammenarbeit.

Seit dem Beginn der Beziehungen zwischen beiden Ländern hat sich unter den Marokkanern, z. T. sicherlich durch die Medien verstärkt, eine Wahrnehmung Deutschlands ausgebildet, die im großen und ganzen sehr positiv ist.

Derartiges kann man z. B. bei alten Soldaten des Zweiten Weltkriegs hören, die ihre Erinnerungen oft mit einer Bewunderung für die Ausdauer der Deutschen garnieren, die indes einhergeht mit einem Schwärmen über die Qualität der Waffen, wonach Produkte „Made in Germany" hinsichtlich Qualität im Vergleich mit anderen Herkunftsländern unvergleichlich seien. Aber auch unter Intellektuellen, die die deutsche wissenschaftliche Produktion und die deutsche Literatur zu lesen in der Lage sind, kommt man zu einer ähnlichen Einschätzung. Für sie gehört Deutschland in die Spitzengruppe aus diesen Bereichen in der Welt.

Insgesamt haben die Deutschen ein sehr positives Image bei den Marokkanern, das sich auf folgende stereotype Eigenschaften konzentriert: arbeitsam, streng, ausdauernd, diszipliniert, treu, präzise und seriös.

Dieses altüberkommene Image Deutschlands und der Deutschen setzt sich auch im Bereich der neuen Technologien fort, so – wie gezeigt – z. B. im Bereich der Solarenergie. Die Einstellung der Nutzer der S.P.V.s in der Provinz Kénitra, die durch Zufriedenheit und Vertrauen gekennzeichnet ist – wobei das Entscheidende ist, daß man weiß, daß Deutschland am Elektrifizierungsprojekt beteiligt ist und daß die installierten Solargeräte aus deutscher Produktion stammen – ist ein Beleg dafür, daß sich die historisch erworbene Wahrnehmung der Deutschen auch in der Gegenwart fortsetzt.

Literatur

BELGUENDOUZ, Abdelkrim: Le cadre général de l'émigration marocaine en liaison avec la problématique de l'immobilier au Maroc pour la communauté marocaine à l'étranger. – Rabat 1991 (C.G.I.) [unveröff.].

KERBOUT, Mohamed: L'évolution démographique récente dans le Rharb et ses enseignements. – Dirissat. Revue de la Faculté des Lettres et des Sciences Humaines - Agadir N° 4, 1990, S. 81-108.

Libération, N° 452 von Freitag, 22. November 1991, S. 11.

Ministère de l'Energie et des Mines, Direction de l'Energie, Division de Développement des Ressources Energétiques (Hrsg.): Schéma d'approvisionnement énergétique régional de la Province de Kénitra – Stratégies et expériences. – Rabat (C.D.E.R., M.E.M., GTZ) [unveröff.].

Ministère de l'Energie et des Mines, Direction de l'Energie, Division de Développement des Ressources Energétiques (Hrsg.): Situation socio-économique de la Province de Kénitra. – Rabat 1991 [unveröff.].

Ministère de l'Energie et des Mines, Direction de l'Energie, Division de Développement des Ressources Energétiques (Hrsg.): Etude de l'impact socio-économique de l'électrification rurale par systèmes solaires photovoltaïques – Rabat 1992 [unveröff.].

Ministère de l'Energie et des Mines, Direction de l'Energie, Division de Développement des Ressources Energétiques (Hrsg.): L'énergie solaire au Maroc. Journée d'information sur le marché de l'énergie solaire photovoltaïque dans la Province de Kénitra, le 17 février 1992. – Kénitra 1992 [unveröff.].

Ministère de l'Energie et des Mines, Direction de l'Energie, Division de Développement des Ressources Energétiques (Hrsg.): Les installations solaires photovoltaïques réalisées dans le cadre du Schéma d'Approvisionnement Energétique Régional de la province de Kénitra. Journée d'information sur le marché solaire photovoltaïque le 17 février 1992. – Kénitra 1992 [unveröff.].

Anton Escher (Berlin)

Die Wahrnehmung und Einschätzung deutscher Touristen aus der Sicht der marokkanischen „Guides" in Fes

Mit 4 Abbildungen

Einleitung

Mit dem Auftreten von ausländischen Touristen – Mitte der fünfziger Jahre kamen jährlich ungefähr 100.000 und zu Beginn der neunziger Jahre über 1,5 Millionen Ausländer nach Marokko – entstand die Tätigkeit des Touristenführers. Insbesondere in Fes, wo sich jeder, der zum ersten Mal die Medina besucht, unweigerlich verläuft, bedienen sich die Fremden bereitwillig der marokkanischen Touristenführer. Bereits für 1964/65 verzeichnet der Reiseführer *„Villes et Montagnes Marocaines"* 30 offizielle Touristenführer in Fes, von denen neben Französisch sechs Englisch, einer Deutsch und zwei Spanisch sprechen. Heute werden die „offiziellen Touristenführer" in drei Kategorien eingeteilt: *„Guides Nationaux"* (Führer für ganz Marokko), *„Guides Locaux"* (lokale Füher) und *„Guides Auxiliaires"* (Hilfsführer). Die Unterlagen der *Délégation Régional du Tourisme* weisen im Jahr 1993 44 „Guides Nationaux" aus, die berechtigt sind, im gesamten Staatsgebiet Marokkos zu führen. Weiterhin sind namentlich 148 „Guides Locaux" aufgeführt, die ausschließlich in der Stadt Fes ihren Beruf ausüben dürfen. Außerdem gibt es mindestens noch einmal soviele „Guides Auxiliaires", die die „Guides Locaux" bei der Führung durch die Medina unterstützen oder die weniger schwierigen und weniger lukrativen Abschnitte der Führung übernehmen. Hinzu kommen noch die unzähhlbaren „Guides faux", die illegalen Touristenführer, die ohne behördliche Genehmigung arbeiten. Sie werden je nach Laune der lokalen Autoritäten geduldet, von Zeit zu Zeit verfolgt und hin und wieder in das Gefängnis geworfen. Es ist noch zu erwähnen, daß in Marokko laut Gesetz jede Touristengruppe, die eine Stadt wie Fes besucht, von einem offiziellen Führer begleitet werden muß.

Die Arbeit als Fremdenführer ist insbesondere in Fes sehr lukrativ, da neben dem Entgelt für die Führung hohe Provisionen bei den Einkäufen der Touristen für den Fremdenführer anfallen. Um einen guten Verdienst zu erzielen, muß der *Guide* dem Touristen eine attraktive Führung bieten, die ihn zufrieden stimmt und dadurch seine Kauffreudigkeit anregt. Aus den genannten Gründen ist es für den *Guide* sehr wichtig, die Reisenden zutreffend wahrzunehmen und richtig einzuschätzen. Wahrnehmung und Einschätzung deutscher Touristen durch die *Guides* in Fes ist das Thema der weiteren Ausführungen.

Doch zunächst sollen noch einige kurze Anmerkungen zur Methode der vorliegenden Untersuchung gemacht werden. Im Frühjahr 1993 wurden 14 Touristenführer aus Fes interviewt. Die Leitfadeninterviews hatten durchwegs narrativen Charakter und wurden zum Teil als Gruppeninterviews (mit bis zu drei Personen) durchgeführt. Die Interviews wurden hauptsächlich in arabischer, teilweise in deutscher und zum geringsten Teil in französischer Sprache geführt und auf Tonband aufgezeichnet[1]. Die nachfolgend geschilderten Wahrnehmungen und Einschätzungen deutscher Touristen durch Touristenführer aus Fes können in hohem Maße als repräsentativ für alle Feser *Guides* gelten, da – wie von den Interviewpartnern und mehreren anderen Touristenführern, die der Verfasser seit über zehn Jahren kennt, bestätigt wurde – die intensive Kommunikation unter den Führern über ihre Wahrnehmungen und Einschätzungen der Touristen zu deutlich abgrenzbaren Meinungen und klar feststehenden Mustern führt. Die Ergebnisse und die Darstellung der Befunde wurden mit ausgewählten Touristenführern in Fes in einem zweiten methodischen Schritt ausführlich diskutiert.

Die nachfolgende Darstellung des Images der deutschen Touristen bei den marokkanischen Guides läßt sich in folgende Abschnitte untergliedern:

- „Wer und wie ist ein deutscher Tourist" (Kap. 1 und Kap. 2);
- Die typischen Eigenschaften der deutschen Touristen (Kap. 3 bis Kap. 6);

---

[1] Die arabischen Texte übertrug Herr Dr. Rachid Jai-Mansouri, Germanistikprofessor an der *Faculté des Lettres* (Philosophischen Fakultät) der Universität Fes, ins Deutsche. Ihm sei für diese Hilfe vielmals gedankt.

- Neugier und Angewohnheiten beim „Feilschen" als deutsche Eigenarten (Kap. 7 und Kap. 8);
- Wie soll man deutsche Touristen behandeln (Kap. 9) sowie das Image der deutschen Frau (Kap. 10).

Die Schilderungen orientieren sich sprachlich, soweit dies bei Übersetzungen möglich ist, eng an den Ausführungen der Touristenführer. Manche Textpassagen wurden aus verschiedenen Aussagen zusammengestellt, einige Formulierungen geändert und inhaltlich dem Textzusammenhang angepaßt. Vergleiche mit Angehörigen anderer Nationalitäten, die von den Befragten immer wieder angeführt wurden, werden teilweise beibehalten, um die Aussagen über die Deutschen stärker zu akzentuieren.

Eine weitere Vorbemerkung sei noch erlaubt: Alle interviewten *Guides* legten großen Wert darauf, daß nicht alle Deutschen mit den Eigenschaften, Kategorien und Aussagen belegt werden können, die sie im Laufe der Interviews genannt hatten. Es gibt viele feststehende Muster und klar aufzeigbare Trends, die auf die meisten Deutschen zutreffen, aber es gibt auch Ausnahmen und Modifikationen, meinen die Führer aus Fes.

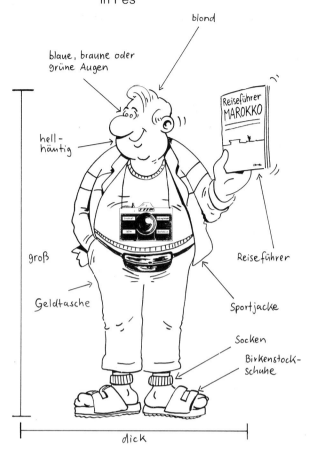

Abbildung 1: Der typisch deutsche Tourist in den Augen der marokkanischen *Guides* in Fes

1. Wer und wie ist ein deutscher Tourist?

Die Touristenführer aus Fes beschreiben Deutsche mit folgenden äußerlichen Merkmalen (*Abb. 1*):

> „Ein deutscher Tourist ist groß, hellhäutig und dick. Meist hat er blonde Haare und blaue, braune oder grüne Augen. Deutsche haben auch ein Buch dabei als Reiseführer. Wenn auf dem Reiseführer Marokko mit doppeltem K und mit O geschrieben ist, weiß man sofort: dies ist ein deutschsprachiger Tourist. Die Birkenstockschuhe unterscheiden den Deutschen vom Österreicher und Schweizer. Meistens haben sie auch Socken an. Auch ihr Dialekt spielt eine wichtige Rolle. An ihm kann man erraten, aus welcher Region der Tourist kommt. Die Deutschen sind in der Regel mit guten und modernen Kameras ausgerüstet. Sie tragen funktionale, zweckmäßige und einfache Kleidung, oftmals spezielle sportliche Winterjacken. Sie sind nicht elegant gekleidet, dennoch sind ihre Taschen voller Geld."

Bemerkenswert ist dabei, daß die Führer nicht nur über ein äußerliches Klischee verfügen, um einen deutschen Touristen identifizieren zu können, sondern daß sie darüberhinaus so gute Deutschkenntnisse besitzen, um Dialekte zu erkennen und sie bestimmten Herkunftsgebieten zuzuordnen. Nicht alle Merkmale treffen jedoch auf jeden Deutschen gleichermaßen zu: Deshalb können Situationen auftreten, in denen sich die Führer der Herkunft der Touristen nicht sicher sind. Zudem ist es für die Organisation der Führung oft wichtig, Informationen über die Gruppen oder über andere Touristen, auch unmittelbar vor den Touristen, auszutauschen, ohne daß die Touristen wissen, daß über sie gesprochen wird. Da im Arabischen die Bezeichnungen der Nationalitäten für die Touristen verstehbar klingen, wurden die Angehörigen der verschiedenen Nationen von den Feser Touristenführern mit Code-Namen bedacht: so heißen die Franzosen *harf el-fa* (Buchstabe F), die Spanier *giran* (Nachbarn), die Italiener *saria* (Nudel), die Schweizer *harf el-sin* (Buchstabe S), die Holländer *zebda* (Butter), die Engländer *dum al-barid* (kaltes Blut) oder *sam* (Gift) und die Amerikaner *mska* (Kaugummi). Jeder der Namen ist in seiner recht eindeutigen Beziehung zu der zu bezeichnenden Nation unmittelbar einsehbar. Anders beim Codenamen für die Deutschen; sie werden als *Chleuh*, als Berber bezeichnet. Die Führer geben auf die Frage: Warum nennt ihr die Deutschen *Chleuh*, mehrere Erklärungen:

- „Die Franzosen bezeichneten die Deutschen früher im Zweiten Weltkrieg als *Chleuh*. Dies war für sie eine Bezeichnung für Barbaren. Man meinte damit insbesondere die Nazis."
- „Die Berber der Rif-Region, des Mittleren Atlas und des Anti-Atlas haben mit den Deutschen wie alle germanischen Stämme dieselbe Abstammung."
- „Die deutsche Sprache klingt wie die Berber-Sprache."
- „Die meisten marokkanischen Gastarbeiter, die in Deutschland sind, kommen aus dem Nador-Gebiet und dem Rif."
- „Die Deutschen haben die gleiche Haltung wie die Berber: sie sind *aragas*; das bedeutet soviel wie geradlinig, korrekt und ehrlich."

Ein Touristenführer kommentierte die Frage kurz und bündig: „Für mich sind die Deutschen wie die Berber, echte Berber."

2. „Die Deutschen sind nicht alle gleich"

Die Touristenführer von Fes unterscheiden bei der Wahrnehmung und Einschätzung der deutschen Touristen nach ihrem Alter, ihrer Herkunft und dem Reiseveranstalter, mit dem sie nach Marokko kommen.

Die Deutschen unterscheiden sich für die *Guides* ganz deutlich, je nachdem ob sie sich im „Ersten, Zweiten oder Dritten Alter" befinden. Hier ist anzumerken, daß die Feser *Guides* unter „Erstem Alter" Personen im Alter zwischen 20 und 30 Jahren, im „Zweiten Alter" zwischen 30 und 50 Jahren und im „Dritten Alter" Menschen über 50 Jahre verstehen. Die Übergänge sind fließend, da noch weitere Kriterien, die dem Verfasser nicht explizit zugänglich waren, bei der Zuordnung eine Rolle spielen. Die Touristenführer kommentieren die Altersunterschiede wie folgt:

> „Die Deutschen im »Ersten Alter« kommen meist mit dem Rucksack nach Marokko. Sie reisen mit der Bahn und mit dem Bus; hauptsächlich sind sie an Drogen und insbesondere an Haschisch interessiert. Die Deutschen im »Zweitem Alter« kommen mit einem Studienreiseveranstalter oder privat in Kleingruppen nach Marokko. Sie betreiben oftmals Studien über Keramik oder Geologie und sind in der Regel sauber und spießig. Schließlich sind noch die Deutschen des »Dritten Alters« anzuführen. Dies sind meist Rentner; sie verbringen drei Monate hier, fahren dann nach Ceuta lassen sich die Pässe neu stempeln und kommen wieder hier her. Sie sind nicht an Geschichte und Denkmälern interessiert; sie wollen in Agadir am Meer liegen, sich die Zeit vertreiben und gut essen; sie wollen auch nichts besichtigen."

Die Feser Touristenführer haben es in erster Linie mit den Deutschen im »Zweiten Alter« zu tun.

Die zweite Einteilung treffen die Feser *Guides* nach der räumlichen Herkunft der deutschen Touristen. Früher unterschieden sie die Deutschen vor allem nach Nord und Süd. Dieser Unterschied ist aber in den letzten Jahren mit der Unterteilung in *Wessis* und *Ossis* in den Hintergrund getreten. Diese neudeutschen Bezeichnungen wurden von den Feser Führern aufgegriffen und werden von ihnen wie selbstverständlich gebraucht. Der *Wessi* wird von den Feser *Guides* vom *Ossi* durch folgende Merkmale unterschieden: Er trägt Puma oder Adidas-Schuhe bzw. -Kleidung; er ist besser ausgebildet und hat viele Vorurteile über den Islam. Der *Wessi* ist anspruchsvoller und erwartungsvoller, denn er reist viel. *Wessi*-Frauen kleiden sich mit mehr Geschmack als ihre *Ossi*-Schwestern.

Auf der anderen Seite erkennt der Feser *Guide* den Ostdeutschen an den „typischen Jacken" und an billigen Jeans. Meist ist er im »Dritten Alter« und besitzt einen alten und kleinen Photoapparat. Er hat wenig Geld und kauft keine Teppiche, kein Messing und keine anderen Gegenstände. Aus diesem Grund wird sich kein Führer um den *Ossi* bemühen. Bei Gruppenreisen nimmt er an allen Ausflügen teil, denn er will etwas erleben, er hat vieles nachzuholen. Leider gibt der *Ossi* unverschämt wenig Trinkgeld.

Ein letztes Unterscheidungskriterium, das für die Touristenführer relevant ist, ist das Reiseunternehmen, mit dem die Touristen nach Marokko kommen. „Kommen sie mit Studiosus oder Athena, weiß man, daß die Touristen sehr anspruchsvoll sind und differenzierte Ausführungen erwarten. Sind die Touristen mit Neckermann unterwegs, muß man sich auf seichtere Unterhaltung für die Kunden einstellen."

3. Die kennzeichnenden Eigenschaften der Deutschen

Die Deutschen heben sich durch mehrere Eigenschaften von anderen Nationen ab. In den Augen der Feser *Guides* sind die Eigenschaften, die die Deutschen als Deutsche kennzeichnen, Ernsthaftigkeit, Leistungsbezogenheit, Offenheit und Überheblichkeit.

Einerseits bewundern die Führer die Ernsthaftigkeit und die Leistungsbezogenheit der Deutschen. Andererseits verwundert die *Guides* die Offenheit der Deutschen bei der Beurteilung anderer Menschen, da – so meinen sie – diese Offenheit oft in Überheblichkeit und Arroganz einmündet. Unbegreiflich ist für die Führer die Photographiersucht der Deutschen, durch die auch die vorher genannten Eigenschaften ihren Ausdruck finden (*Abb. 2*).

Abbildung 2: Die typisch deutschen Eigenschaften spiegeln sich – so die marokkanischen *Guides* in Fes – in ihrer Photographiersucht wider

a. Die Deutschen sind ernsthaft und leistungsbezogen

Die Touristenführer aus Fes äußern sich folgendermaßen über die Ernsthaftigkeit der Deutschen:

> „Die Deutschen sprechen geradeheraus und sind in allen Dingen, über die sie sprechen, sehr ernsthaft. Wenn der Deutsche ja sagt, meint er ja, und wenn er nein sagt, meint er nein. Die Ernsthaftigkeit zeigt sich vor allem beim Respekt der Sitten und der Tradition. An einem Beispiel wird dies deutlich. Im Ramadan gehen viele Spanier, Engländer und Italiener mit kurzen Hosen durch die Stadt; besonders die Frauen. Die Deutschen aber machen das nicht, sie respektieren den Islam sehr gut. Die Deutschen rauchen auch im allgemeinen nicht in der Öffentlichkeit im Ramadan. Die Deutschen sind in dieser Hinsicht den Japanern ähnlich."

Über die Leistungsbereitschaft der Deutschen wissen die *Guides* endlos zu berichten; nachfolgend kurze Auszüge aus ihren Kommentaren:

„Die deutschen Touristen legen viel Wert auf Leistung. Nicht nur, daß sie von anderen Leistung erwarten, sie selbst sind gerne leistungsbereit. Das zeigt sich deutlich bei den Führungen durch die Altstadt von Fes. Die Deutschen werden – im Gegensatz zu den Amerikanern – nie müde, und die Stadtführung durch Fes nimmt manchmal von 8.30 Uhr bis 13 Uhr in Anspruch. Am Nachmittag geht es mit der Führung weiter von 14.30 Uhr bis 18.30 Uhr, und nachher sind die Leute immer noch fit und begierig, mehr zu hören und mehr zu sehen. Für eine Mittagspause genügt den Deutschen eine halbe Stunde oder sogar nur 10 Minuten. Oftmals finden sie es besser, nur einen Kaffee zu trinken, und dann sagen sie sofort: Gehen wir weiter! Bei einem Halt mit dem Bus sagen die Franzosen und Spanier oft: Hier können Sie alleine aussteigen! Das kommt bei den Deutschen nie vor. Sie sind sehr diszipliniert und pünktlich. Die Deutschen fordern jedoch auch eine entsprechende Leistung vom Touristenführer. Die Deutschen erwarten immer Information. Es ist dem Touristenführer in einer deutschen Gruppe nicht möglich, schweigend zu gehen oder zu führen. Die Reiseführer ohne Allgemeinbildung haben mit den Deutschen Schwierigkeiten. Das zählt bei den Deutschen auch als Leistung. Also, da steht auf dem Prospekt, daß sie einen deutschsprachigen Reiseführer haben, die möchten gern einen, aber sie begnügen sich nicht mit irgendeinen, sondern möchten einen perfekten, der etwas erklären kann. [...] Und den sie über alles, über Essen, über Islam, über Tradition [...] fragen können. Sie sind sehr anspruchsvoll. Dazu kommt, daß die Deutschen über das Reiseland Marokko gut informiert sind. Sie kennen den Unterschied zwischen Hanbalit und Malekit und fragen: Können sie etwas über Ibn Khaldoun erzählen. So etwas kommt bei den Spaniern und Italienern nicht vor."

Die aus der Sicht der Führer übertriebene Leistungsbereitschaft und Leistungsforderungen der Deutschen werden von ihnen – im Gegensatz zur Ernsthaftigkeit – bereits nicht mehr uneingeschränkt positiv gesehen.

b. Die Deutschen sind offen und überheblich

Die beiden weiteren grundlegenden Eigenschaften der Deutschen sind für die Touristenführer Offenheit und Überheblichkeit. Der Offenheit können die Führer – soweit sie dadurch nicht direkt persönlich betroffen sind – in einigen Punkten noch positive Aspekte abgewinnen. Zusammen mit der Überheblichkeit jedoch lehnen sie diese Eigenschaften der Deutschen entschieden ab; ja, man kann sagen, sie verachten sie. Die Führer äußern sich dazu:

„Die Deutschen sind sehr offen, wenn sie ihre Bemerkungen zu den Hotels, den Führern und den anderen Dienstleistungen sagen. Die Deutschen geben den Führern auch die schlechteste Note, wenn sie der Meinung sind, daß der Führer ihren Ansprüchen nicht genügt hat. So etwas kann nur der Deutsche machen; der Italiener, Spanier und Franzose wird dies nicht tun. Die Deutschen erinnern sich bei der Beurteilung nur an die schlechten Sachen. Die Deutschen sind auf keinen Fall nachsichtig. Dies führt sogar soweit, daß man die Deutschen als überheblich und arrogant bezeichnen muß."

Die Überheblichkeit der Deutschen drückt sich insbesondere in ihrer Haltung und Einstellung zu Marokko und den Marokkanern aus, sagen die Führer:

„In Marokko erlauben sich die Deutschen Sachen, die sie sich anderswo und vor allen Dingen daheim nicht erlauben könnten; denn sie meinen, hier ist ja die Dritte Welt und wir brauchen sie, weil sie Devisen bringen. Auf dieser Grundlage wollen die Deutschen mit den Marokkanern umgehen. Sie versuchen, einen beim Gespräch immer fühlen zu lassen: Ich bin der Europäer und du bist nur der Afrikaner."

Die Arroganz der deutschen Touristen kommt für die *Guides* auch in ihrem unversöhnlichen Auftreten zum Ausdruck.

„Man kann sagen, daß die Deutschen die anstrengendsten Touristen sind. Wenn man einem Deutschen etwas getan hat, dann kann er einen sogar schlagen. Hingegen wagt es ein Franzose, ein Belgier oder ein Schweizer gar nicht, sich hier in Marokko zu streiten. Und diese Charakteristik der Deutschen ist bei den Marokkanern bekannt, und sie versuchen sich dementsprechend zu verhalten. Zusätzlich kann man sagen, daß es nichts schlimmeres gibt als einen Deutschen, der recht hat; er wird nicht schweigen!"

Diese Verhaltensweise drückt für die Feser Touristenführer die Überheblichkeit und Arroganz der Deutschen aus.

c. Die Deutschen haben eine Photographiersucht

Die Leistungsbezogenheit und Überheblichkeit der Deutschen zeigen sich in einer Tätigkeit, die in diesem Maße bei keiner anderen Nation auftritt: „Die Deutschen haben eine Photographiersucht", meinen die Touristenführer. „Die Deutschen photographieren mehr als andere Touristen, wenn man von den Japanern absieht. Jedoch ist zu erwähnen, daß die Deutschen bei der Wahl ihrer Motive nicht nur die Sehenswürdigkeiten, Landschaften und Denkmäler photographieren, wie auch andere Touristen, sondern daß sie eigenartige Motive auswählen." In den Augen der Führer bevorzugen die deutschen Touristen Polizei, Militär und Armut als Photomotive. „Die Deutschen haben uns Probleme mit den Polizisten und Soldaten geschaffen", berichten alle befragten *Guides*. „Sie photographieren gerne Polizisten, Soldaten und Kasernen, obwohl wir sie davor warnen. Manchmal werden sie verhaftet, und wir müssen stundenlang warten, bis wir sie wieder befreit haben. Also sie glauben, sie sind in der Dritten Welt und da können sie sich alles erlauben."

„Wir bemerken oft, daß die Deutschen Bilder aufnehmen von Sachen, die uns nicht ehren und die uns selber nicht gefallen. Sie photographieren gerne Bettler oder Leute, die nicht gut angezogen sind oder manche Frauen, die dabei sind, ihre Säuglinge auf der Straße zu stillen, nicht weil sie ganz arm sind, sondern weil sie Profis sind auf dem Bereich des Bettelns. Also die Deutschen erlauben sich, Bilder aufzunehmen, die für Marokko nicht repräsentativ sind und die kein gutes Bild von Marokko geben. Sie wollen oft Bilder aufnehmen, die es nicht wert sind, photographiert zu werden."

Außerdem zeigen die Deutschen, so die Touristenführer, eine weitere Eigenart, die sich an folgendem Beispiel verdeutlichen läßt:

„Wenn ein Deutscher durch Fes läuft und jemanden photographieren will, dann will er unbedingt diese Person photographieren, obwohl diese Person sich weigert, photographiert zu werden. Sie bestehen darauf, diese Person zu photographieren, obwohl es viele andere gleiche Personen gibt, die man eigentlich ohne Probleme photographieren kann, aber sie bestehen auf dieser Person ...".

Der unsensible Umgang mit den Menschen in Marokko, ein diskriminierender Photo-Voyeurismus, den die Deutschen anscheinend in besonderem Maße praktizieren, ist für die *Guides* ein weiteres Zeichen ihrer

Überheblichkeit. Sie gipfelt darin, daß die Deutschen den „Photoobjekten", unabhängig von Status und Beruf, nachdem sie das Bild geschossen haben, einen Dirham in die Hand drücken. „So sind die Deutschen!"

4. Die Deutschen, ihr Reiseführer und die Suche nach Originalität und Intimität

Die deutschen Touristen suchen – so meinen die *Guides* in Fes – nach dem originalen Marokko und nach der Intimität Marokkos. Unverständlich für die Führer ist, daß der Reiseführer, ein Buch, für die Deutschen dabei eine erhebliche Rolle spielt (*Abb. 3*).

Abbildung 3: Die Suche nach Originalität und Intimität Marokkos mit Hilfe des Reiseführers?

a. „So steht es im Reiseführer!"

Es gibt eine Reihe von Sehenswürdigkeiten in Fes, wie die Karaouiyne-Moschee und die Attarine-Medersa, die für alle Touristen wichtig sind. Aber die Deutschen heben sich bei der Suche der Sehenswürdigkeiten und Attraktionen von den anderen Touristen ab. Mit großem Erstaunen und mit völligem Unverständnis nehmen die marokkanischen Führer zu Kenntnis, daß die Deutschen einem Buch, ihrem Reiseführer, mehr Vertrauen und Glaubwürdigkeit entgegenbringen als einem Menschen. Für die *Guides* ist dies ein typisch deutsches Verhalten.

„Die Deutschen sind sehr neugierig und richten sich streng nach dem Buch, das sie als Reiseführer benutzen. Es kann sein, daß irgendein Denkmal nicht sehr wichtig ist, aber das Buch ausführlich über das Denkmal berichtet. In diesem Fall bestehen die Deutschen darauf, das Denkmal zu besichtigen. Die Deutschen zeigen, daß sie sehr neugierig sind, dadurch, daß sie die Bücher aufschlagen, auch wenn man ihnen die genauesten Informationen über irgendetwas gegeben hat. Der Reiseführer ist für die Deutschen eine Instanz, die sie jeder anderen Autorität, und wenn es ein Marokkaner ist, vorziehen."

b. Die Deutschen suchen Originalität und Intimität

Die Deutschen wollen – in der Vorstellung der Führer – immer bestätigt haben, daß Marokko, d. h. die Ereignisse in Marokko, auch original marokkanisch sind. Dies sind Einstellungen und Erwartungen, auf die sich die Führer in Fes erst einstellen mußten.

„Für die Deutschen ist es wesentlich, daß eine Sache typisch für Marokko ist. Sie fragen bei jeder Vorführung und bei vielen Verkaufsgegenständen: Ist das typisch für Marokko, oder ist das nur für Touristen gemacht?" Die *Guides* verdeutlichen diese Haltung der Deutschen mit einem Beispiel aus Marrakech: „In Marrakech gibt es inzwischen Vorführungen von Tänzen, Musikgruppen und Reiterspielen, die ähnlich wie in Europa nur für Besucher veranstaltet werden. Die Einrichtungen gleichen Disney World. Die Deutschen lehnen Besuche bei solchen Veranstaltungen grundsätzlich ab. Solche kommerziellen Sachen kann man mit Spaniern und Italienern machen, aber nicht mit Deutschen."

Nicht nur bei den Besichtigungen, sondern auch bei der Wahl der Souvenirs zeigt sich das Bedürfnis der Deutschen nach dem originalen Marokko, erläutern die Touristenführer. „Die Deutschen suchen das Originale. Wenn sich ein Deutscher für ein Ding interessiert, dann legt er großen Wert auf die Originalität. Er wird immer nach geschmackvollen und wertvollen Sachen suchen. Wenn der Deutsche etwas kaufen will, dann kauft er wenig, aber nur gute Sachen: ausgewählte Teile, die original sind, die teuer sein können, aber wenige Sachen."

Die Feser Führer berichten, daß die Deutschen nur mit Besichtigungen von außen nicht zufrieden sind. Mit dem Bedürfnis, „hinter den Vorhang zu sehen", überschreiten sie oftmals die Höflichkeitsregeln in Marokko. Von den Führern wird dies mit der Überheblichkeit der Deutschen in Zusammenhang gebracht.

„Die Deutschen geben sich nicht damit zufrieden, Gebäude und Häuser von außen zu besichtigen. Sie wollen immer die Sachen von innen sehen. Die Deutschen wollen immer marokkanische Familien in ihren Häusern besuchen. Der wichtigste Ort für die Deutschen ist jedoch die Gerberei in Fes. Sie bleiben – anders als die übrigen Touristen – über eine halbe Stunde und wollen die traditionellen Techniken ganz genau erläutert haben. Auch das Labyrinth der Gassen begeistert die Deutschen, denn hier zeigt sich das Innere der Stadt."

Auch – wie bereits oben erwähnt – beim Photographieren wird die Suche nach der Intimität deutlich. Sie bevorzugen Motive, die man eigentlich nicht photographiert.

5. „Es muß so sein, wie es im Prospekt steht"

Ein großes Problem für die marokkanischen Touristenführer ist der Umgang der Deutschen mit den Reiseprospekten. Ein *Guide* formuliert dies wie folgt: „Bei den Deutschen müssen auf einer Reise alle Versprechen und

Leistungen, die im Prospekt angeführt sind, ganz genau erfüllt werden. Sie vergleichen immer den Ablauf eines Tages mit den Aussagen des Reiseprospektes." An zwei Beispielen, die für sich sprechen, läßt sich dies gut verdeutlichen.

Beispiel 1: Wenn vier Sterne versprochen sind, muß es ein Vier-Sterne-Hotel sein! „Es war vorgesehen, daß die Gruppe in einem Vier-Sterne-Hotel in Fes übernachtet. Da jedoch an diesem Tag ein politisches Zusammentreffen in Fes war, mußten wir auf ein gutes Drei-Sterne-Hotel ausweichen. Da protestierten die Touristen sofort und meinten: Wir sollten doch in einem Vier-Sterne-Hotel untergebracht werden. Da sagte ich: Sehen Sie sich doch erst einmal die Zimmer an. Wenn es Ihnen nicht gefällt, können wir ja über eine Preisreduktion reden. Die Deutschen waren aber erst nach Stunden zu beruhigen."

Beispiel 2: Es steht doch auf dem Prospekt! „Ich habe eine Geschichte erlebt, das war einmal, als es in Marrakech 35 bis 36 Grad Celsius hatte. Die Touristen, die mit mir unterwegs waren, hatten einen Prospekt, auf dem stand: Hotel mit fünf Sternen, mit Klimaanlage und Heizung und vielen anderen Dienstleistungen. Ich war im Flur und sah, daß eine Kundin von mir ihren Mann fragte: »Helmut guck mal, ob die Heizung läuft«. Ich bin dann zu ihr gegangen und sagte: »Gnädige Frau, was wollen Sie mit der Heizung, es ist doch warm genug!« Dann sagte sie: »Nein, es steht doch auf dem Prospekt.« Sie wolle einfach sehen, ob die Heizung funktioniert."

6. Typische Probleme der Deutschen sind andere Deutsche und Juden

Es gibt zwei Probleme, die ausschließlich bei deutschen Touristen auftreten. Bei anderen Nationen sind diese Elemente überhaupt kein Gesprächsthema; viele Deutsche haben Probleme, sich in der Gesellschaft mit anderen Deutschen wohl zu fühlen, und viele Deutsche haben Probleme, wenn sie über Juden sprechen.

Aufgrund der Verhaltensweisen der Touristen meinen die Führer, daß es bei den Deutschen zwei grundlegend verschiedene Schichten gibt:

> „Es scheint bei den Deutschen zwei Schichten zu geben. Eine Schicht kämpft ständig um diese vorhandene Differenz. Sie möchten gerne zeigen: wir sind etwas anderes, wir möchten nicht, was üblich ist. Sie machen dasselbe wie die anderen Leute. Wir trinken alle Kaffee, aber ich trinke nicht so gerne [...]. Gut, ich bin auch Deutscher, aber nicht wie die anderen, ich gehöre zu einer anderen Klasse, ich bedaure, daß ich mit dieser Gruppe bin. Ach hätte ich gewußt, daß die Leute bei dieser Gruppe so und so sind, hätte ich tausend Mark mehr bezahlt und wäre mit einer anderen Gruppe gekommen."

„70 bis 80 % der Deutschen" – sagen die Feser *Guides* – „versuchen zu zeigen, daß sie nur aus Versehen bei der Gruppe sind. Sie wollen sich aus der Masse hervorheben und haben Schwierigkeiten, sich so zu geben, wie sich die Anderen verhalten" (Abb. 4).

Die Deutschen haben große Probleme, mit Juden umzugehen und über Juden zu sprechen, wissen die *Guides* zu berichten.

Abbildung 4: „Ja, ich bin auch Deutscher, aber nicht wie die anderen ..."

„Beim Besuch der Mellah von Fes Jdid wird unweigerlich über Juden gesprochen. Manchmal wird auch der schöne Judenfriedhof besucht. Die Judenfrage wird dann von den Deutschen bei der Besichtigung der Mellah immer wieder angeschnitten. Aber man kann immer noch spüren, daß sie manchmal Mitleid mit den Juden oder auch Sympathie haben. Aber man spürt auch, daß es versteckte Gefühle gibt. Manche Deutschen wollen sich sogar jüdischer zeigen als die Juden. Nicht aus irgendeiner Überzeugung, sondern als Ergebnis des Einflusses der deutschen Massenmedien auf sie und auch aufgrund des Schuldgefühles, das die Deutschen immer noch haben."

7. Deutsche fragen nach Zeit, Sicherheit, Verdienst, Alltag und Emanzipation der Frau in Marokko

Die Deutschen sind für den Touristenführer im Vergleich mit anderen Nationen sehr neugierig; sie fragen sehr viel. Ihre Fragen drehen sich dabei immer um Zeit, Sicherheit, Verdienst, Alltag und die Emanzipation der Frau.

Die Zeit und Zeiteinteilung spielt für die Deutschen eine sehr große Rolle: „Wann essen wir? Wann kommen wir an? Wie lange fährt man nach Agadir? Es geht immer um die Zeit! Sie wollen genau wissen, wann etwas wo gemacht wird. Auch stellen sie viele Fragen, die die Zukunft betreffen: Wird die Medina von Fes in zehn oder zwanzig Jahren noch so sein wie heute? Werde ich in Zukunft, wenn ich mit meinen Enkel nach Marokko komme, Fes noch so wie heute vorfinden?" Diese Fragen sind für die Deutschen sehr wichtig, meinen die Führer.

Die Deutschen stellen auch viele Fragen, die die Sicherheit und Gesundheit betreffen. „Darf ich das Gericht essen, oder kann man davon krank werden? Warum gibt es so viele Blinde in der Stadt? Wie funktioniert die Kläranlage in der Medina? Diese und ähnliche Fragen kann man bei den Deutschen immer wieder hören."

Ebenso sind die Deutschen am Alltag der Marokkaner interessiert. „Was essen die Marokkaner zum Frühstück? Was essen sie am Mittag?" usw. Außerdem folgen viele Fragen zur Wirtschaft und zur Ausbildung. Insbesondere wollen sie sich über Kinderarbeit, Schulpflicht, Verdienst der Handwerker, Rente, Krankenkasse, Sold der Polizisten, Durchschnittseinkommen u.a. informieren.

Eine sehr wichtiges Thema – so die Touristenführer von Fes – für die Deutschen ist die Emanzipation der Frau. „Sie fragen nach dem Heiratsalter der Mädchen. Sie wollen wissen, warum die marokkanischen Frauen nicht im Café sitzen, warum die marokkanischen Frauen nicht rauchen. Sie fragen: Warum tragen manche Frauen Schleier und andere nicht? Sie interessiert, ob die Frauen in Marokko verkauft werden und ob es in Marokko noch einen Harem gibt. Sie wollen über Polygamie diskutieren. Die Deutschen meinen, die Frau soll auch ihre Freiheit haben, ihr eigenes Auto, ihre Garage, ihre Bude, ihr Taschengeld. Sie fragen, wann die marokkanische Frau so einen Zustand erreicht hat."

8. Die Deutschen und das „Feilschen"

„Die Deutschen können nicht gut mit Kleingeld umgehen", sagen die *Guides*, „denn Sie fragen immer: Wieviel Trinkgeld sollen wir geben?" Aber nicht nur dieses Verhalten ist für die Führer sonderbar, ebenso sind es die Maximen der Deutschen beim Einkaufen und Handeln. Die Touristenführer sind sich einig, daß die Deutschen in jeder Situation handeln wollen, sie sich beim Einkaufen leicht beeinflussen lassen und sie beim Feilschen nicht verlieren können. Mit mehreren Beispielen läßt sich das typisch deutsche Verhalten beim Kaufen und Feilschen aus der Sicht der Guides gut belegen.

Satz 1: Die Deutschen wollen in jeder Situation handeln!

„Ich habe einen deutschen Freund; bevor er nach Marokko gekommen ist, hatte er in Büchern gelesen, daß man in Marokko beim Einkaufen feilschen soll. Wir haben uns, als er mich besuchte, in ein Straßencafé gesetzt und Orangensaft getrunken, zu dem er mich eingeladen hatte. Als wir gehen wollten, rief er den Ober und bat um die Rechnung. Der Ober kam und sagte: »Es kostet 12 Dirham«. Mein Freund sah den Ober an und meinte: »8 Dirham?« Auch im Café wollen die Deutschen feilschen."

Satz 2: Die Deutschen lassen sich beim Einkaufen leicht beeinflussen!

„Es kann sein, daß sich ein Deutscher für den Kauf einer Sache interessiert, wenn aber eine kleine Störung dazwischen kommt, dann ändert er sogleich seine Meinung. Die Deutschen sind sehr skeptisch und können das nur schwer zu gewinnende Vertrauen zu jemanden sofort wieder verlieren. Wenn sie das Vertrauen verloren haben, dann diskutieren sie nicht mehr; also dann ist für sie schon alles erledigt. So etwas kommt im Handel vor. Wenn ein Deutscher feststellt, daß er eine Ware zu teuer gekauft hat, dann kauft er überhaupt nichts mehr, auch keine Souvenirs."

Das Verhalten der Deutschen in einer Gruppe kann aber auch zur Freude des Touristenführers in einen Kaufrausch umschlagen: „ [...] es gibt was besonderes bei den Deutschen, nämlich den Egoismus. Wenn die Leute in einem Teppichladen sind, und wenn sich einer für einen Teppich, eine Decke oder einen Teller interessiert, dann brauchen die anderen das nur anzusehen und finden es auch schön. Jeder ruft dann: Ich will auch einen. [...] jeder will zeigen, daß er Geld hat."

Die Touristenführer wissen um die leichte Beeinflußbarkeit insbesondere der deutschen Touristen, deshalb gilt für sie der Imperativ: „Man muß vermeiden, daß sich zwei deutsche Reisegruppen begegnen!" Ein Touristenführer erläutert diese Forderung näher:

„Dies ist insbesondere bei den Deutschen sehr wichtig. Die Deutschen sind sehr unflexibel. Wenn einer eine Bemerkung macht bei der Begegnung von zwei Gruppen wie z. B.: Immer diese Geschäfte, oder immer diese Führer mit ihren Geschäften, dann kauft die zweite Gruppe, die das Geschäft nicht besucht hatte, in dem Laden nichts mehr. Das ist eine Erfahrungssache."

Satz 3: Die Deutschen können beim Handeln nicht verlieren!

Viele Marokkaner deuten Handeln in gewisser Weise als Spiel. Die Deutschen wollen dabei nicht mitmachen; sie greifen zu allen möglichen Mitteln, um nicht zu verlieren, sagen die Guides.

„Wenn ein Deutscher sich mit einem Touristenführer eine Decke für 100 DH kauft und am Nachmittag feststellt, daß die Decke nur 30 DH kosten dürfte, dann geht der Deutsche unbedingt zu dem Händler und macht dort Theater und verlangt, daß er noch eine zweite Decke bekommt. Bei solchen Situationen wollen die Deutschen sogar die Ware zurückgeben und ihr Geld zurückerstattet bekommen. Sie drohen mit der Polizei und mit dem Fremdenverkehrsamt. Der Händler fühlt sich dann gezwungen, die Sache freundlich zu lösen. Wenn er das Geld zurückgibt, ist er der Verlierer, weil er die Provision vom Touristenführer nicht mehr bekommt."

9. Kontakt und Umgang mit deutschen Touristen in Marokko

Der Umgang mit den Deutschen ist nach Meinung der Führer nicht einfach. Man muß viele Punkte beachten, um die Deutschen zufrieden zu stimmen. Die Führer meinen, man muß den Deutschen gleichbleibende Freundlichkeit und niveauvolle Information entgegenbringen, um einen guten Eindruck zu machen. Außerdem muß man sie gleich behandeln und darf das Thema „Hitler und Drittes Reich" auf keinen Fall ansprechen. Die Touristenführer äußerten sich dazu:

> „Der erste Kontakt mit den Deutschen ist sehr schwierig. Viele Deutschen haben Angst; erst wenn man mit ihnen in Kontakt kommt und 10 bis 20 Minuten mit ihnen geredet hat, dann wird es besser. Hat man allerdings das Vertrauen der Deutschen gewonnen, dann kann man sich auf sie verlassen. Auch in der Gruppe sind die Deutschen gut zu führen, sie folgen den Anweisungen des Führers mehr als andere Nationen. Die Freundlichkeit und der gute Umgang mit den Menschen spielt bei den Deutschen eine große Rolle, um einen guten Eindruck auf die Deutschen zu machen. Bei Italienern oder Spaniern kann man sich Zeit nehmen und Witze erzählen. Die Deutschen erlauben es nur ganz selten, daß man zur Ablenkung Witze erzählt oder sich humorvoll gibt."

Es ist wichtig zu beachten, daß man die Deutschen, die in Gruppen reisen, gleich behandelt, sagen die Führer. „Alle Leute in der Gruppe möchten auf die gleiche Weise behandelt werden. Ein Deutscher sagte einmal zu mir: Ich habe bezahlt und die Frau hat bezahlt und der Mann hat bezahlt, was reden Sie mit ihm mehr als mit uns!"

Behandelt man die deutschen Touristen freundlich und gleich, so wird man gut mit ihnen auskommen und eine erfolgreiche Führung haben, meinen die Feser *Guides*.

10. Die Touristenführer von Fes über die deutsche Frau

Die Feser Touristenführer sind ausschließlich Männer. Ein spezielles Thema sind die deutschen Frauen, das von ihnen in den verschiedensten Variationen diskutiert wird. Die unterschiedlichsten Geschichten und Vorkommnisse werden über die deutschen Frauen erzählt. Ein Witz, der unter den marokkanischen *Guides* von Fes die Runde macht, trifft ihre Wahrnehmung und ihre Einschätzung der deutschen Frau mustergültig:

> „Eine deutsche Dame wollte wissen, wie intellektuelle Männer deutsche Frauen einschätzen. Sie befragte drei Professoren, einen Literatur-, einen Philosophie- und einen Mathematikprofessor. Der Literaturprofessor sagte: Die deutsche Dame ist wie das Licht, wie der Mond und die Sterne, ja wie die Sonne. Die Frau war begeistert und wandte sich dem Philosophieprofessor zu. Er sagte: Die deutsche Frau orientiert sich an allem Schönen, an Schmuck und vor allem an Diamanten. Zufrieden stellte sie ihre Frage an den Mathematiker. Dieser antwortete: Die deutsche Frau ist für mich wie Plus, Minus, Multiplikation und Division. Die Frau fragte verstört zurück: Ich weiß, Sie sind Mathematiker; bitte können Sie mir das näher erläutern? Ja, antwortete der Mathematiker, für mich ist die deutsche Frau ein Plus der Probleme, ein Minus der Ruhe, eine Multiplikation des notwendigen Geldes und eine Division der vorhandenen Freunde."

In der Einschätzung der deutschen Frauen sind die *Guides* aus Fes Mathematiker.

Zusammenfassung der Ergebnisse

Das Image der deutschen Touristen bei den Feser Touristenführern besteht durchgehend aus Elementen, die in der dargestellten Form in der marokkanischen Kultur nicht vorhanden sind und auch bei den anderen fremden Touristengruppen in der geschilderten Eigenart nicht auftreten. Die Sicht der Touristenführer von deutschen Touristen ist durch ihr eigenes Selbstverständnis und durch die Kommunikationssituation mit den Touristen – d. h. für die *Guides*, Touristen durch die Stadt Fes und die Bazare von Fes führen – geprägt.

Die Wahrnehmung und Einschätzung der deutschen Touristen durch die Feser *Guides* ist sehr komplex und kann daher mit einem ihrer Statements, das uns wieder an den Beginn der Ausführungen verweist, auf den Punkt gebracht werden: „Letztlich haben wir marokkanischen *Guides* in Fes mit den Deutschen keine größeren Probleme. Sie sind eben *Chleuh*, Berber, wie unsere Berber auch."

Literatur

BLOK, A.: Anthropologische Perspektiven. Einführung, Perspektiven und Plädoyer. – Stuttgart 1985.

Délégation Régional du Tourisme Fès (Hrsg.): Unveröffentliche Unterlagen und Namenslisten der marokkanischen Touristenführer in Fes. – Fes 1993.

GIRTLER, R.: Methoden der qualitativen Sozialforschung. – Wien 1992.

LEVI-STRAUSS, C.: Die eifersüchtige Töpferin. – Nördlingen 1987.

Villes et Montagnes Marocaines. Guide Touristique. – Rabat 1964/65.

PASSAUER SCHRIFTEN ZUR GEOGRAPHIE

Herausgegeben von der Universität Passau durch Klaus Rother und Herbert Popp
Schriftleitung: Ernst Struck, Armin Ratusny

HEFT 1
Ernst Struck
Landflucht in der Türkei.
Die Auswirkungen im Herkunftsgebiet – dargestellt an einem Beispiel aus dem Übergangsraum von Inner- zu Ostanatolien (Provinz Sivas). 1984. *(vergriffen)*

HEFT 2
Johann-Bernhard Haversath
Die Agrarlandschaft im römischen Deutschland der Kaiserzeit (1.-4. Jh. n. Chr.). 1984. *(vergriffen)*

HEFT 3
Johann-Bernhard Haversath und Ernst Struck
Passau und das Land der Abtei in historischen Karten und Plänen.
1986. 18 und 146 Seiten, DIN A4 broschiert, 30 Tafeln und eine Karte. DM 38,--. ISBN 3922016677

HEFT 4
Herbert Popp (Hrsg.)
Geographische Exkursionen im östlichen Bayern.
1991. 120 Seiten, DIN A4 broschiert, mit zahlreichen Karten. DM 28,--. ISBN 3922016693 *(unveränderte Neuauflage)*

HEFT 5
Thomas Pricking
Die Geschäftsstraßen von Foggia (Süditalien).
1988. 72 Seiten, DIN A4 broschiert, 28 Abbildungen, davon 19 Farbkarten, 23 Tabellen und 8 Bilder. Summary, Riassunto. DM 29,80. ISBN 3922016790

HEFT 6
Ulrike Haus
Zur Entwicklung lokaler Identität nach der Gemeindegebietsreform in Bayern. Fallstudien aus Oberfranken.
1989. 120 Seiten, DIN A4 broschiert, 79 Abbildungen, davon 10 Farbkarten, und 58 Tabellen. DM 29,80. ISBN 3922016898

HEFT 7
Klaus Rother (Hrsg.)
Europäische Ethnien im ländlichen Raum der Neuen Welt.
Kolloquium des „Arbeitskreises Bevölkerungsgeographie" in Passau am 12./13. November 1988.
1989. 136 Seiten, DIN A4 broschiert, 56 Abbildungen, 22 Tabellen und 10 Bilder. DM 28,--. ISBN 3922016901

HEFT 8
Andreas Kagermeier
Versorgungsorientierung und Einkaufsattraktivität.
Empirische Untersuchungen zum Konsumentenverhalten im Umland von Passau.
1991. 121 Seiten, DIN A4 broschiert, 20 Abbildungen und 81 Tabellen. DM 32,--. ISBN 3922016979

HEFT 9
Roland Hubert
Die Aischgründer Karpfenteichwirtschaft im Wandel.
Eine wirtschafts- und sozialgeographische Untersuchung.
1991. 76 Seiten, DIN A4 broschiert, 19 Abbildungen, davon 4 Farbbeilagen, 19 Tabellen und 11 Bilder. DM 32,--.
ISBN 3922016987

HEFT 10
Herbert Popp (Hrsg.)
Geographische Forschungen in der saharischen Oase Figuig.
1991. 186 Seiten, DIN A4 broschiert, 73 Abbildungen, davon 18 Farbbeilagen, 14 Tabellen und 27 Bilder. DM 49,80.
ISBN 3922016995

HEFT 11
Ernst Struck
Mittelpunktssiedlungen in Brasilien.
Entwicklung und Struktur in drei Siedlungsräumen Espirito Santos.
1992. 174 Seiten, DIN A4 broschiert, 55 Abbildungen, davon 6 Farbkarten, 37 Tabellen und 20 Bilder. Summary, Resumo.
DM 49,80. ISBN 3860360035

HEFT 12
Armin Ratusny
Mittelalterlicher Landesausbau im Mühlviertel / Oberösterreich.
Formen, Verlauf und Träger der Besiedlung vom 12. bis zum 15. Jahrhundert.
1994. 147 Seiten, DIN A4 broschiert, 61 Abbildungen, 4 Tabellen und 32 Bilder. Summary. ISBN 3860360132

HEFT 13
Herbert Popp und Klaus Rother (Hrsg.)
Die Bewässerungsgebiete im Mittelmeerraum.
Tagung des „Arbeitskreises Mittelmeerländer-Forschung" in Passau am 30. April und 1. Mai 1992.
1993. 195 Seiten, DIN A4 broschiert, 76 Abbildungen, davon 6 Farbkarten, 38 Tabellen, 26 Bilder. Summaries, Résumés.
DM 69,--. ISBN 3860360116

im Druck

HEFT 14
Johann-Bernhard Haversath
Die Entwicklung der ländlichen Siedlungen im südlichen Bayerischen Wald.
1994. 228 Seiten, DIN A4 broschiert, 77 Abbildungen und 30 Tabellen, 19 Bilder. Summary, Český sourhn.
ISBN 3922016979

PASSAUER KONTAKTSTUDIUM ERDKUNDE

Band 1
Herbert Popp (Hrsg.)
Probleme peripherer Regionen.
1987. 157 Seiten, DIN A4 broschiert, 76 Abbildungen, 36 Bilder, Tabellen und Materialien.
DM 32,80. ISBN 3924905177

Band 2
Johann-Bernhard Haversath und Klaus Rother (Hrsg.)
Innovationsprozesse in der Landwirtschaft.
1989. 152 Seiten, DIN A4 broschiert, 42 Abbildungen, 43 Bilder, 24 Tabellen und Materialien.
DM 29,80. ISBN 3922016936

Band 3
Ernst Struck (Hrsg.)
Aktuelle Strukturen und Entwicklungen im Mittelmeerraum.
1993. 110 Seiten, DIN A4 broschiert, 48 Abbildungen, 29 Bilder, 16 Tabellen und Materialien.
DM 29,80. ISBN 3860360094

PASSAUER MITTELMEERSTUDIEN

HEFT 1
Klaus Dirscherl (Hrsg.)
Die italienische Stadt als Paradigma der Urbanität.
1989. 164 Seiten, 16 x 24 cm broschiert, 7 Abbildungen und eine Tabelle.
DM 24,80. ISBN 3922016863

HEFT 2
Klaus Rother (Hrsg.)
Minderheiten im Mittelmeerraum.
1989. 168 Seiten, 16 x 24 cm broschiert, 19 Abbildungen, 3 Tabellen und 12 Bilder.
DM 26,80. ISBN 3922016839

HEFT 3
Hermann Wetzel (Hrsg.)
Reisen in den Mittelmeerraum.
1991. 282 Seiten, 16 x 24 cm broschiert, 11 Abbildungen und 24 Bilder.
DM 34,--. ISBN 3860360019

HEFT 4
Hans-Jürgen Lüsebrink (Hrsg.)
Nationalismus im Mittelmeerraum.
1994. 166 Seiten, 16 x 24 cm broschiert.
DM 34,--. ISBN 3860360140

HEFT 5
Herbert Popp (Hrsg.)
Das Bild der Mittelmeerländer in der Reiseführer-Literatur.
1994. 154 Seiten, 16 x 24 cm broschiert. 12 Abbildungen, 2 Tabellen und 28 Bilder (davon 14 in Farbe). Summaries, Résumés.
DM 34,--. ISBN 3860360159

PASSAUER UNIVERSITÄTSREDEN

HEFT 7
Klaus Rother
Der Agrarraum der mediterranen Subtropen.
Einheit oder Vielfalt?
Öffentliche Antrittsvorlesung an der Universität Passau –
15. Dezember 1983.
1984. 28 Seiten, DIN A5 geheftet, 8 Abbildungen, 13 Bilder.
DM 7,50. ISBN 3922016456

MAGHREB-STUDIEN

bis Heft 3: Passauer Mittelmeerstudien Sonderreihe

Heft 1
Abdellatif Bencherifa und Herbert Popp (Hrsg.)
Le Maroc: espace et société.
Actes du colloque maroco-allemand de Passau 1989.
1990. 286 Seiten, DIN A4 broschiert, 38 Abbildungen,
63 Tabellen und 32 Fotos.
DM 49,80. ISBN 3922016944

Heft 2
Abdellatif Bencherifa und Herbert Popp
L'oasis de Figuig.
Persistance et changement.
1990. 110 Seiten, DIN A4 broschiert, 18 Farbkarten,
26 Abbildungen und 10 Tabellen.
DM 49,80. ISBN 3922016952

Heft 3
Hubert Lang
Der Heiligenkult in Marokko.
Formen und Funktionen der Wallfahrten.
1992. 235 Seiten, DIN A4 broschiert, 53 Abbildungen und
3 Tabellen.
DM 49,80. ISBN 386036006X

Heft 4
Herbert Popp (Hrsg.)
Die Sicht des Anderen – Das Marokkobild der Deutschen, das
Deutschlandbild der Marokkaner.
1994. ca. 280 Seiten, DIN A4 broschiert, Abbildungen, Tabellen
und Fotos.
ISBN 3860360183